Buch-Updates
Registrieren Sie dieses Buch
auf unserer Verlagswebsite.
Sie erhalten dann
Buch-Updates und weitere,
exklusive Informationen
zum Thema.

Galileo
BUCH UPDATE

Und so geht's
> Einfach **www.galileodesign.de** aufrufen
<<< Auf das Logo **Buch-Updates** klicken
> Unten genannten **Zugangscode** eingeben

Ihr persönlicher Zugang
zu den Buch-Updates

150568270717

Richard Beer
Susann Gailus

Dreamweaver 8

Webseiten entwickeln mit HTML, CSS,
XML, PHP und MySQL

Galileo Design

Liebe Leserin, lieber Leser!

Ich freue mich, Ihnen unser neues umfassendes Standardwerk zu Dreamweaver 8 präsentieren zu können. In drei ausführlichen Buchteilen gehen die beiden Autoren Richard Beer und Susann Gailus darin auf alle Aspekte der Entwicklung statischer und dynamischer Websites mit Dreamweaver ein.

Im ersten Teil werden dabei allgemeine Programmgrundlagen erklärt und das Beispielprojekt des Buchs wird vorgestellt: Sie entwickeln einen Internetauftritt, auf dem Künstler ihre Werke zusammen mit einer kurzen Vita vorstellen können. Zuerst handelt es sich um eine rein statische Website, später wird sie dynamisch.

Im zweiten Teil des Buchs erfahren Sie dann alles über den Aufbau statischer Websites mit Frames, Tabellen, Ebenen und CSS und lernen, wie Sie optimal mit Dreamweaver arbeiten, Vorlagen und Bibliotheken nutzen und Flash- und Office-Dateien einbinden können. Das Gelernte können Sie in den zahlreichen Praxisworkshops am Ende der Kapitel direkt anwenden und so den statischen Teil der Buchwebsite Schritt für Schritt nachbauen.

Für fortgeschrittene Dreamweaver-Anwender ist der dritte und letzte Teil des Buchs, »Dynamische Webseiten«. Dort erklären die Autoren die Grundlagen von PHP und MySQL und zeigen, wie Sie diese und weitere Technologien wie ASP zusammen mit Dreamweaver einsetzen. Auch die Buchwebsite wird in diesem Teil erweitert und beinhaltet am Ende alles von einer dynamischen Bildergalerie über ein Kontaktformular bis hin zu einer kompletten Administrationsoberfläche.

Auf der Buch-CD finden Sie alle Zwischenschritte für den Aufbau der Website in einzelnen Ordnern sowie die fertig gestellte dynamische Website. So können Sie dort einsteigen, wo Sie möchten oder sich das Endergebnis schon einmal vorweg ansehen.

Wenn Sie für die Neuauflage des Buchs Verbesserungsvorschläge oder Wünsche haben, können Sie mir gerne schreiben.

Viel Freude beim Lesen!

Ihre Katharina Geißler
Lektorat Galileo Design
Katharina.geissler@galileo-press.de

Galileo Press • Rheinwerkallee 4 • 53227 Bonn
www.galileodesign.de

Auf einen Blick

Inhalt

Workshops

Buchwebsite

Weitere Schritt für Schritt-Anleitungen

Vorwort

»Ein guter Handwerker kann auch mit miserablen Werkzeugen gute Arbeit leisten. Ein schlechter Handwerker nicht.

Ein guter Handwerker wird sich aber ein schlechtes Werkzeug nicht antun.«

Nun ist es zwei Jahre her, dass unser erstes Buch über Dreamweaver erschienen ist. Wir haben viele Rückmeldungen zum Buch erhalten. Positive – und auch negative.

Diese Rückmeldungen haben wir zum Anlass genommen, das Buch über die auf Dreamweaver 8 bezogenen Neuerungen hinaus zu überarbeiten. Vor allem im ersten Teil wurde gründlich auf- und umgeräumt. Wir gehen mehr auf die einzelnen Techniken ein und haben den Aufbau der Buchwebsite deutlicher von allgemeinen Erklärungen abgehoben:

▶ Ein eigens eingeführtes Baustellen-Icon weist Sie auf die Stellen im Buch hin, an denen der Aufbau der Buchwebsite beschrieben wird.

Buchwebsite

▶ Das CD-Icon zeigt Ihnen, wenn Sie Inhalte von der Buch-CD benötigen, um die Schritt-für-Schritt-Anleitungen nachvollziehen zu können.

Buch-CD

Vielen Dank an dieser Stelle an die Leser des ersten Buches und für die vielen konstruktiven Kritiken.

Es gibt natürlich viele Bücher über Dreamweaver und vermutlich noch mehr über dynamische Websites. Die meisten hören jedoch entweder da auf, wo Dynamik mit PHP, ASP oder JSP anfängt, oder überfordern durch zu hohe Einstiegslevel und vernachlässigen die Belange von Mediendesignern völlig. Dieses Buch ist ein Versuch, diese Lücke zu schließen.

Wir zeigen Ihnen, wie sich Dreamweaver 8 in die tägliche Arbeit integrieren lässt und mit anderen Tools (Grafikprogrammen, Datenbanken, Flash usw.) interagiert. Besonderes Augenmerk wird auf die tatsächliche Praxisrelevanz gelegt. Durch die parallele Arbeit an einem realistischen Projekt, wie wir es täglich in unserer Agenturpraxis erleben, zeigen wir Ihnen Schritt für Schritt den Aufbau einer statischen Website und deren anschließenden Ausbau in eine dynamische Website mit Datenbankanbindung.

Wenn es verschiedene Lösungsansätze gibt, erläutern wir diese und zeigen Ihnen die Vor- und Nachteile der Varianten auf. Alles Erlernte wird sogleich anhand einer praktischen Übung verdeutlicht. Wenn verschiedene Browser oder Plattformen eine Rolle spielen, wird darauf detailliert eingegangen und es werden Lösungswege angeboten. Am Schluss des Buches sind Sie in der Lage, Websites mit Datenbankanbindungen in einer grafischen Ansicht zu erstellen. Als Programmierer werden Sie über die Arbeitserleichterungen erstaunt sein, die Ihnen Dreamweaver 8 bietet.

Da wir leider keine »eierlegende Wollmilchsau« schreiben können, müssen wir einige Basics voraussetzen: Ihnen sollten HTML und CSS zumindest soweit vertraut sein, dass Sie notfalls in den Quellcode eingreifen können, um »nachzuhelfen«. Wie man ein professionelles Layout für eine Website entwirft, kann auch nicht Thema des Buches sein. Dies wird in anderer Fachliteratur ausführlich behandelt.

Wir wünschen Ihnen viel Freude und nützliches, neues Wissen beim Lesen und Ausprobieren.

Hamburg, im Dezember 2005
Richard Beer
Susann Gailus

Teil I
Grundlagen

1 Einleitung

Grafik-, Web- und Mediendesigner sehen sich in ihrer täglichen Arbeit zunehmend mit den Anforderungen dynamischer Websites konfrontiert.

1.1 Zum Leser

1.1.1 An wen richtet sich das Buch

- Grafikdesigner, Webdesigner und Mediendesigner, die sich verstärkt in ihrer täglichen Arbeit mit dynamischen Websites konfrontiert sehen und einen Einstieg finden wollen
- Programmierer, die sich die grafischen Features in Kombination mit eigenen Codefragmenten zu Nutze machen wollen
- Lehr- und Lernende der Medienberufe, da eine umfassende Darstellung im Praxisbezug stattfindet
- Webdeveloper (DB-Anbindungen etc.)
- Bildungseinrichtungen
- Umsteiger von Dreamweaver 4.0 oder MX/MX 2004 auf Dreamweaver 8
- Umsteiger oder Einsteiger von anderen Tools auf Dreamweaver 8

1.1.2 Welche Vorkenntnisse benötigen Sie?

Wir können leider in diesem Buch nicht auf alle verwendeten Technologien erschöpfend eingehen. Daher setzen wir einige Basics bei Ihnen voraus. Diese Grundkenntnisse sind notwendig, um mit Dreamweaver erfolgreich zu arbeiten.

Wir erläutern zu Beginn eines jeden Kapitels die verwendeten Technologien zumindest so weit, dass Sie in der Lage sein sollten, sich Weiteres anhand angegebener Referenzen anzueignen.

Wenn folgende Aussagen zutreffen, steht einer erfolgreichen Lektüre nichts im Wege:

▶ Sie wissen, wie HTML funktioniert, und sind der Lage, sich fehlende Informationen aus Referenzwerken zu beschaffen.

▶ Das trifft auch auf CSS und JavaScript zu.

▶ Sie wissen in etwa, wie das Internet grundsätzlich funktioniert, was Webserver, Browser usw. sind.

▶ Sie sind in der Lage, mit einem Bildbearbeitungsprogramm Screens zu erstellen und diese zu slicen (zerteilen).

▶ Für den dynamischen Teil ist es sinnvoll, wenn Sie zumindest PHP und MySQL-Grundlagen kennen.

▶ Grundlegende Konzeptions- und Designtechniken für Websites sind Ihnen vertraut.

▶ Wir gehen ebenfalls davon aus, dass Sie ein erfahrener PC-/Mac-Benutzer sind. Dies ist besonders im zweiten Teil des Buches sehr wichtig

1.1.3 Warum wir in diesem Buch auf dem PC arbeiten

Wir möchten hier keine alten Diskussionen über das richtige oder falsche Betriebssystem entfachen. Unserem Vorschlag liegen Fakten über unsere Zielgruppe und technische Anforderungen des Mediums Internet zu Grunde. Wäre unser Arbeitsbereich das Erstellen von Druckerzeugnissen, würde die Entscheidung eventuell anders ausfallen.

Ausgehend von aktuellen Statistiken (siehe Abbildung 1.1) sind bundesweit ca. 95 Prozent der Internetnutzer PC-Anwender. Eines der größten und nervigsten Probleme beim Erstellen von Internetseiten sind verschiedene Browserversionen und unterschiedliche Bildschirmdarstellungen auf den verschiedenen Betriebssystemen. Es macht daher kaum Sinn, auf einer Plattform zu entwickeln, die andere Bildschirmdarstellungen und Konventionen erfordert als 95 Prozent des Marktes, den es zu erreichen gilt.

Einer der im Buch vorgestellten Webserver wird mit dem IIS (Internet Information Server) betrieben. Dieser setzt zwingend ein Windows XP- oder Windows 2000-System voraus. In letzter Zeit sind bei vielen Providern preisgünstige Accounts mit Windows-Servern erhältlich.

Die Summe der Gründe führte zu dem Entschluss, die Internetseite in diesem Buch auf einem PC-System zu entwickeln. Für Mac-

User ist dies aber kein Hindernis. Sie können alle Inhalte auch auf dem Mac nachvollziehen und auch dort einen Webserver betreiben. Macromedia unterstützt seit Dreamweaver MX 2004 nur die aktuellen Mac OS X-Versionen. Die Übungen im Buch können selbstverständlich, soweit Sie über ein von Macromedia unterstütztes System verfügen, auch auf dem Mac erfolgen. Auf Unterschiede zwischen den Systemen weisen wir gegebenenfalls hin.

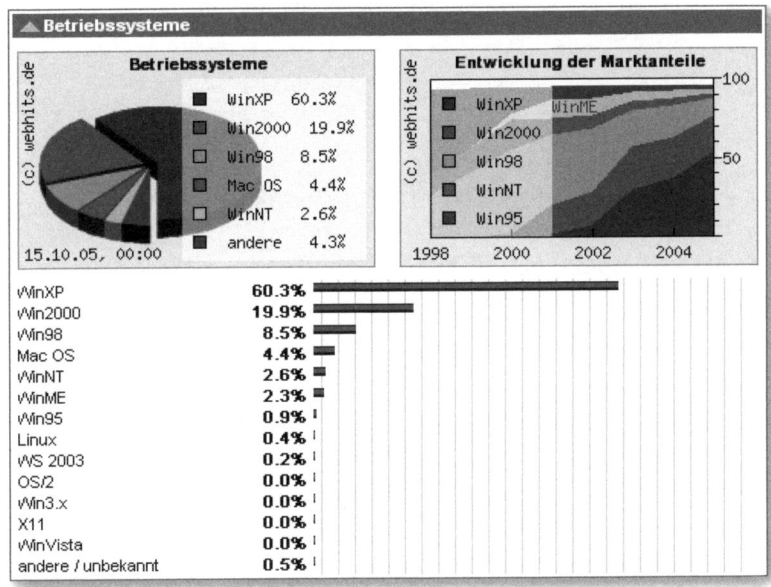

◄ **Abbildung 1.1**
Statistiken zur
Internetnutzung
Stand 10.2005
(Quelle Webhits)

1.2 Was ist Dreamweaver und was nicht?

Dreamweaver und andere, ähnliche Programme sind so genannte WYSIWYG-Editoren, oder wie es eigentlich heißt, HTML-Generatoren. Lesen wir die Werbebotschaften der Hersteller, verfällt man leicht in den Glauben, moderne WYSIWYG-Editoren würden es uns ermöglichen, Websites ähnlich dem Layouten eines Flyer zu erstellen. WYSIWYG steht für: »What You See Is What You Get«. Das bedeutet lediglich, dass uns diese Programme eine grafische Oberfläche anbieten, um Quellcode für diverse Skriptsprachen zu erstellen und nicht jeder Code von Hand geschrieben werden muss.

1.2.1 Keine HTML-Kenntnisse erforderlich?

Wenn Sie aus dem Printbereich kommen, wissen Sie, dass ein gutes Druckprodukt eine gehörige Portion Basiswissen über die Drucktechniken voraussetzt. Nur mit technischem Hintergrundwissen ist es möglich, ein qualitativ hochwertiges Produkt zu schaffen.

Um professionelle Websites zu erstellen, müssen Sie heute dank dieser WYSIWYG-Editoren tatsächlich nicht mehr jeden HTML-Befehl mit all seinen Attributen kennen. Doch spätestens dann, wenn die Ergebnisse im Browser nicht dem entsprechen, was Sie in der Layoutansicht eines dieser Programme sehen, müssen Sie in der Lage sein, einzugreifen und eventuell von Hand nachzuhelfen.

1.2.2 Anforderungen an einen professionellen HTML-Generator

Ein HTML-Generator muss folgende Voraussetzungen erfüllen, um für eine professionelle Erstellung von Websites geeignet zu sein:

- ▶ Importierter Quellcode darf unter keinen Umständen verändert werden.
- ▶ Es muss eine Möglichkeit vorhanden sein, verschiedene Zielbrowser einzustellen und dafür zu optimieren.
- ▶ Der Quellcode muss den allgemeinen W3C-Konventionen entsprechen und möglichst über eine farbliche Syntaxhervorhebung in der Codeansicht verfügen.
- ▶ Site-Managementfunktionen müssen vorhanden sein.
- ▶ In den Quellcode muss man manuell eingreifen können.
- ▶ Der erstellte Quelltext muss kompakt und funktionsfähig sein.
- ▶ Umfangreiche Websites erstellt man meistens in einem Team aus mehreren Programmierern und Webdesignern. Aus diesem Grund ist eine Gruppenverwaltung sinnvoll, die den Produktionsprozess koordiniert.
- ▶ Und zu guter Letzt: Trotz allen Umfangs muss man auch noch mit der Software arbeiten können, ohne drei Monitore auf dem Tisch zu haben und seine eigenen Grafiken auf dem Bildschirm suchen zu müssen.

1.2.3 Warum Dreamweaver?

Ganz einfach, Dreamweaver 8 von Macromedia bietet Ihnen alle diese Möglichkeiten:

- Der von Dreamweaver erstellte Quelltext ist kompakt und durch die Voreinstellungen zu beeinflussen.
- Es lassen sich beliebige Zielbrowser konfigurien und testen.
- Die von Dreamweaver erstellten JavaScripts sind (auch wenn es andere Stimmen geben mag) größtenteils äußerst kompakt und funktionieren – wenn auch der Versuch, den Quelltext nachzuvollziehen, manchmal Knoten im Gehirn hinterlässt.
- Dreamweaver ermöglicht Dynamik und Datenbankanbindungen. An dieser Stelle kommt man ums Codieren von Hand kaum umhin. Die vorliegende Dreamweaver-Version ist ganz besonders auf das Arbeiten mit Quelltexten hin optimiert.
- Die Unterstützung moderner Technologien wie XML, XHMTL und ASP.NET wird immer wichtiger. Für diese Technolgien hat Dreamweaver 8 deutlich zugelegt.
- Dreamweaver bietet die Möglichkeit, eigene Codefragmente dauerhaft zu hinterlegen. Das Programm wächst daher mit Ihrer Erfahrung und Ihren Projekten.
- Das Programm ist mit Hilfe des Extension-Managers erweiterbar. Es gibt unzählige, größtenteils kostenlose Erweiterungen für Dreamweaver.
- Die Interaktion mit anderen Programmen von Macromedia ist sehr gut.
- Trotz seiner wirklich beeindruckenden Vielfalt bleibt das Programm bedienbar. Allerdings ist einige Einarbeitungszeit nötig, zumal sich die Oberfläche doch etwas von typischen, anderen Windows-Anwendungen unterscheidet.

Wir meinen, dass es zurzeit keinen HTML-Generator gibt, der Dreamweaver das Wasser reichen kann. Wir haben viele getestet, die meisten nach zehn Minuten wieder verworfen. Es ist teilweise grausam, was auf dem Markt und unter wirklich gutem Namen angeboten wird. Die Ergebnisse davon sind vor allem dann zu bestaunen, wenn Sie Websites mit verschiedenen Browsern testen.

Es kursiert die Meinung, Dreamweaver wäre zu sehr auf Flash und andere Macromedia-Produkte wie ColdFusion ausgerichtet. Wir können diese Meinung nicht bestätigen.

Die Arbeitserleichterung und Produktivitätssteigerung mit Dreamweaver ist enorm, wenn man es richtig einsetzt. Vor allem das wollen wir Ihnen in unserem Buch zeigen.

1.2.4 Grenzen von Dreamweaver und Bugs

Trotz aller Vorteile kann uns Dreamweaver die Arbeit nur wesentlich erleichtern, aber nicht abnehmen. Stimmt ein Layout von der ganzen Konzeption her nicht, ist es auch mit Dreamweaver nicht möglich, dies zu beheben. Wir können hier nicht auf die Grundlagen des Screendesigns eingehen. Bei Galileo Press gibt es jedoch sehr gute Bücher zu diesem Thema, die wir Ihnen empfehlen können.

Letztlich ist die technische Umsetzung einer Website (bei dynamischen Websites verhält es sich etwas anders) der geringste Teil am gesamten Projekt. Der Hauptteil der Arbeit findet im Design- und Konzeptionsentwurf statt.

Nicht ganz das ideale Tool ist Dreamweaver für fortgeschrittene PHP-Entwickler. Hier fehlen einige wichtige Funktionen, um wirklich effektiv zu arbeiten. Dreamweaver unterstützt keine eigenen Funktionen oder Methoden und erkennt diese auch nicht als solche. Einen Debugger für PHP sucht man vergeblich. Auch die Beschränkung der Servertechnologie auf die Kombination PHP-MySQL ist sehr mager.

Im Gegenzug fehlt aber auch den besten PHP-Editoren wie ZEND die Möglichkeit den HTML-Teil als Vorschau zu betrachten. Auch Dreamweaver ist keinesfalls fehlerfrei. Wir werden im Laufe des Buches in jeder Rubik detailliert auf vorhandene Bugs eingehen.

1.2.5 Systemanforderungen (Quelle Macromedia)

Windows

- Intel® Pentium® III-Prozessor (oder Äquivalent) mit 800 MHz
- Windows 2000 oder Windows XP
- 256 MB Arbeitsspeicher
- 650 MB verfügbarer Festplattenspeicher

Macintosh

- Power Mac® G3-Prozessor mit 500 MHz
- Mac OS® 10.3 – 10.4
- 256 MB RAM
- 300 MB verfügbarer Festplattenspeicher

Wir empfehlen Ihnen allerdings deutlich leistungsfähigere Systeme. Vor allem der Arbeitsspeicher sollte sehr großzügig ausgelegt werden (mind. 1GB).

1.3   Was ist neu in Dreamweaver 8?

Die wichtigsten Neuerungen auf einen Blick:

▸ Neue CSS-Anzeigeoptionen und verbesserte Benutzerführung beim Arbeiten mit CSS. CSS kann mit den verschiedensten Layouthilfen hinterlegt werden und während der Entwurfsphase besser sichtbar gemacht werden.

▸ Die Renderengine für CSS wurde erheblich verbessert. Layouts mit CSS-P werden nun erstmals in Dreamweaver 8 korrekt dargestellt.

▸ Während der Layoutarbeit kann die CSS-Darstellung für verschiedene Ausgabemedien aktiviert werden.

▸ Dateiübertragungen laufen im Hintergrund und der FTP-Client wurde vollständig überarbeitet. Auch ein Vergleich von Dateien ist möglich.

▸ Erweiterte Codierwerkzeuge. Die Funktionen in der Codeansicht wurden verbessert.

▸ Optimierte Gestaltungs- und Entwicklungsumgebung. Viele neue visuelle Hilfsmittel stehen, vor allem für CSS, zur Verfügung.

▸ Visuelles Editieren von XML-, XSLT- und RSS-Dokumenten.

▸ PHP 5-Unterstützung: PHP 5-Syntax wird nun in der Codeansicht einwandfrei erkannt.

▸ Einfaches Einfügen von Flash-Videos direkt in das Layout.

▸ Dreamweaver 8 läuft wesentlich stabiler und schneller im Gegensatz zu Vorgängerversionen.

2 Projektablauf für die Buchwebsite

Bevor eine Website erstellt wird, muss man sich einige grundlegende Gedanken zur Vorgehensweise im Projektablauf machen und vieles klären.

Am besten kann man etwas verstehen, wenn man es selbst erarbeitet. Aus diesem Grund haben wir das Buch so aufgebaut, dass ein Kapitel jeweils immer die benötigten Funktionen und die dazu in Dreamweaver 8 zur Verfügung stehenden Hilfsmittel erklärt, um dann am Ende eines Kapitels die Schritte in die Praxis umzusetzen.

Wir gehen bei den an die Kapitel anschließenden Schritt-für-Schritt-Anleitungen davon aus, dass Sie das vorherige Kapitel gelesen haben. Wenn Sie also an der einen oder anderen Stelle »stolpern« – lesen Sie bitte im vorausgehenden Kapitel nach – dort werden die Arbeitsschritte erläutert.

Grundsätzlich ist das Buch jedoch nicht als Schritt-für-Schritt-Anleitung für eine Website nach dem Baukastenprinzip gedacht. Der Schwerpunkt des Buches liegt auf der Erläuterung des professionellen Einsatzes der Dreamweaver-Funktionen.

Auf der CD | Auf der CD-ROM sind alle bereits in Slices unterteilten Grafiken vorhanden sowie eine Screenbemaßung und ein Navigationsplan.

Buch-CD

Wenn Sie einmal einen Schritt im ersten Anlauf nicht nachvollziehen konnten, ist dies nicht so schlimm. Jeder Zwischenschritt ist zugleich auf der CD-ROM in einem ZIP-File enthalten.

Für den zweiten, dynamischen Teil finden Sie alle benötigten Tools, die SQL-Dateien und alles weitere ebenfalls auf dem Datenträger.

Datenbankschema | Wenn Sie als Webentwickler arbeiten, ohne selbst grafisch tätig zu werden, sind der Navigationsplan und die Grafiken – neben einem Pflichtenheft – Ihre Arbeitsgrundlagen.

Ein Pflichtenheft für den späteren, dynamischen Teil haben wir uns wegen des doch relativ einfachen Aufbaus unserer Website gespart. Dafür haben wir ein Schema der Datenbanken und der Abfragen beigelegt. Doch dazu mehr im zweiten Teil des Buches.

Unsere Buchwebsite wurde so erstellt, wie wir sie auch real bei einem Projekt realisieren würden. Dieses Layout muss nun nur noch mit Dreamweaver 8 umgesetzt werden. Also, gehen wir die Sache gemeinsam an.

2.1 Briefing

Die Buchwebsite soll zur Eigendarstellung von Künstlern und Designern dienen. Ihr liegt kein bis ins Letzte durchdachtes Konzept zugrunde. Wir bitten deshalb, etwas Nachsicht walten zu lassen.

Das Layout eignet sich hervorragend zur Erläuterung der verschiedenen kombinierten Techniken des Site-Aufbaus. Durch die Zielsetzung (Künstlerdatenbank) ergibt sich, dass die Inhalte nicht statisch, sondern dynamisch aus einer Datenbank generiert werden sollen.

Layout mit Frameset | Das vorgegebene Layout kann vollständig mit Tabellen und einem Frameset aufgebaut werden (siehe Abbildung 2.1). Notfalls könnte man auch auf das Frameset verzichten, wir legen es jedoch im Laufe des Buches an, um den Dreamweaver-spezifischen Umgang mit Frames zu erläutern.

Flache Hierarchien | Die Navigationsstruktur (siehe Abbildung 2.2) ist flach gehalten, Inhalte werden dynamisch eingebunden. Bei Klick auf einen Menüpunkt erscheint zunächst eine Auswahlliste vorhandener Künstler. Klickt man auf einen der Einträge, werden dem Nutzer die Detailbeschreibung sowie Links zu den einzelnen Bildern angezeigt. Zurück zur jeweiligen Übersicht gelangt man über einen Zurück-Button.

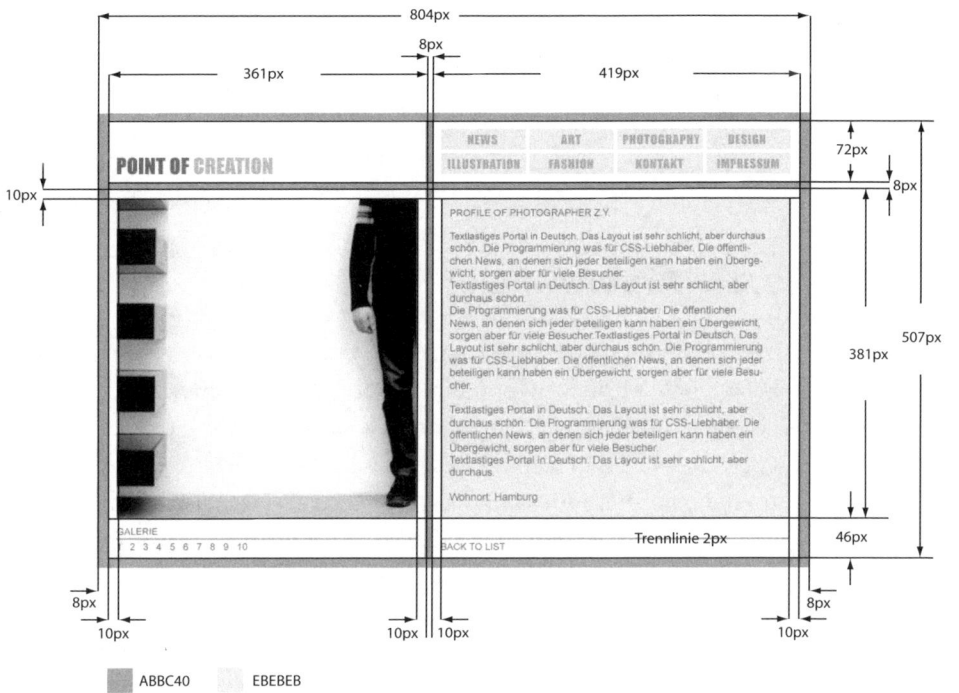

▲ Abbildung 2.1
Layout der Website zum Buch

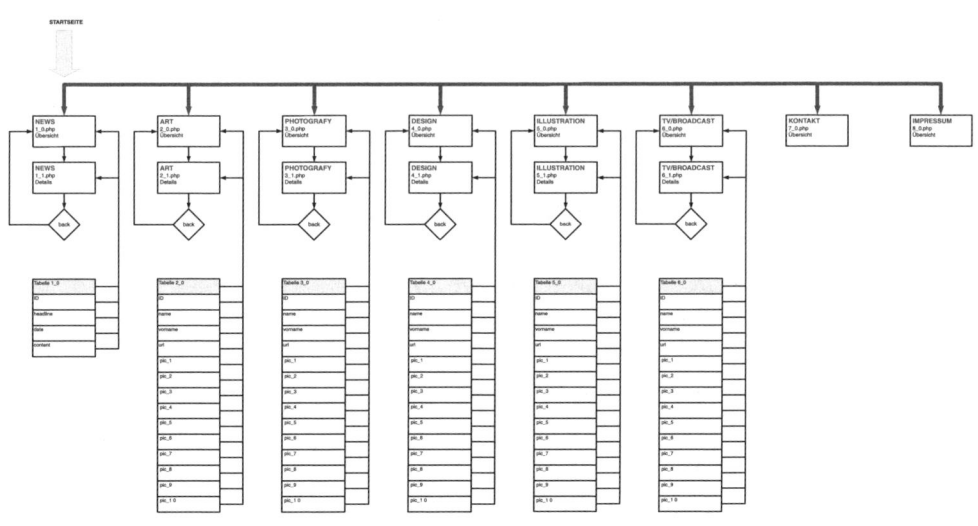

▲ Abbildung 2.2
Navigationsplan der Buchwebsite mit Datenbankschema (auch als PDF auf der Buch-CD)

Wie schon im Navigationsplan zu sehen, besteht der **Aufbau** der Website aus einem einfachen Datenbankschema. Wir werden die Website daher zunächst statisch erstellen, um danach die dynamischen Komponenten einzufügen.

2.2 Arbeitsablauf

Wir beginnen mit der grundsätzlichen Vorgehensweise beim Umsetzen einer Website: Außer dem Layout (das bekommen Sie ja von uns geliefert) werden wir alle Schritte detailliert beschreiben und nachvollziehen. In den Kapiteln klären wir immer erst die eher theoretischen Hintergründe und programmspezifische Funktionen, um die beschriebenen Komponenten dann in unsere Übungswebsite zu integrieren. Die Umsetzung einer Website gliedert sich in die folgenden Einzelschritte:

1. **Vollständiges Layouten der Screens in einem Grafikprogramm**
   Bauen Sie die Website komplett in einem Grafikprogramm Ihrer Wahl auf. Später hinzukommende Inhalte können eventuell direkt oder als Blindtexte eingefügt werden. Nur wenn Sie auch Beispielinhalte mit anlegen, können Sie ein Layout wirklich beurteilen. Achten Sie besonders bei Photoshop darauf, alles in *einer* Datei zu speichern und regelmäßig Sicherungskopien anzufertigen. Das fertige Screendesign ist die Basis für alle späteren Arbeiten. In diesem Arbeitsschritt sollten Sie so exakt und gewissenhaft wie möglich sein. Sie erleichtern sich damit alle späteren Arbeitsschritte.

2. **Zerteilen der Screens in einzelne Grafiken**
   Verwenden Sie Zeit darauf, sich das Zerteilen des Screens genau zu überlegen. Nehmen Sie ruhig Papier und Bleistift zur Hand und zeichnen Sie auf, wie die spätere Internetseite aufgebaut werden muss. Fehler im Zerteilen führen häufig dazu, die ganze Seite erneut aufbauen zu müssen. Achten Sie auch hier auf absolute Exaktheit. Ein einzelner Pixel erscheint nicht groß. Später, beim Aufbau mit Tabellen, kann ein Unterschied von einem Pixel das ganze Layout zerstören.

3. **Anlegen der Site, der Dateistruktur und der Ordnerhierarchie**
   Sie können dieses meistens direkt aus dem Navigationsplan ableiten. Wir zeigen Ihnen im folgenden Kapitel, wie Sie aus den Plänen eine sinnvolle Ordnerstruktur ableiten können.

4. Aufbau der Grundseiten

Erstellen Sie danach das Grundlayout der Seiten. Überlegen Sie, welche Elemente auf allen Seiten gleich sind, und legen Sie diese an. Die Grundseite kann dann als Vorlage gespeichert oder mehrfach kopiert werden.

Vorlagen als Option

Vorlagen sind eine Möglichkeit, eine Website zu erstellen. Sie müssen nicht damit arbeiten. Im Buch zeigen wir Ihnen als Option auf, wie Sie die Buchwebsite mit einer Vorlage erstellen können.

---

5. Aufbau der Navigation

Ganz wichtig ist das Erstellen einer Sitemap bzw. eines Navigationsplans. Sie erkennen so sehr schnell Unstimmigkeiten in der Struktur und legen bereits hier fest, welche Dateien Ihre Site benötigt. Die Struktur der Site sollte natürlich feststehen, bevor Sie mit dem Layout beginnen. Nur so wissen Sie, welche Navigationselemente erforderlich sind. Ausgehend von der Struktur erstellen Sie Ihre Navigation.

6. Einbinden von Inhalten

Nachdem die Struktur und das Grundlayout der Site steht und die Site bereits vollständig navigierbar ist, binden Sie die hoffentlich pünktlich vom Kunden gelieferten Inhalte ein.

7. Anbinden an Datenquellen

Wenn die Site über eine Datenbankanbindung verfügt, wird diese jetzt aktiviert. Die Vorgehensweise bei dynamischen Sites unterscheidet sich ein wenig von der bisher beschriebenen.

2.3   Das Layout

Wie bereits erwähnt wird das komplette Layout einer Website vorab in einem Bildbearbeitungsprogramm Ihrer Wahl erstellt. Und zwar so, wie Sie die Seite später im Browser sehen wollen, inklusive der Bildinhalte. Erst dann werden die Grafiken zerteilt und mit HTML wieder zusammengefügt.

Einstellen der richtigen Farbtiefe

Sicherlich haben Sie als Profi die höchstmögliche Farbtiefe auf Ihrem Bildschirm eingestellt. Bedenken Sie, dass dies bei vielen Usern nicht so ist. Farbwiedergabe mit 256 Farben spielt heute keine Rolle mehr. High-Color-Einstellungen mit 16 Bit Farbtiefe sind allerdings sehr verbreitet.

Wenn Sie nun Grafiken in einer Farbtiefe von 24 oder 32 Bit anlegen, kann es sein, dass z. B. Farbverläufe bei niedrigeren Einstellungen nicht korrekt dargestellt werden. Wenn Sie für das Erstellen von Internetseiten im 16-Bit-Modus arbeiten, haben Sie im Prinzip dieselben Möglichkeiten wie mit 24 oder 32 Bit, laufen aber nicht Gefahr, dass es zu Darstellungsfehlern kommt.

2.3.1 Entwurf in Photoshop

Image Ready bzw. **Photoshop** ist der Standard unter den Bildbearbeitungsprogrammen schlechthin. In den meisten Agenturen und bei Profis wird wohl dieses Tool zum Einsatz kommen, sodass wir hierauf etwas detaillierter eingehen werden.

Image Ready ist das zu Photoshop gehörende Programm, um die erstellten Grafiken in internetfähige Grafikformate zu konvertieren und die Screens zu zerteilen (slicen). Dies stellt eine enorme Arbeitserleichterung gegenüber dem Ausschneiden und Abspeichern von Hand dar. Bitte beachten Sie folgende Hinweise beim Zerteilen und Anlegen Ihrer Layout-Grafiken:

▶ Vergessen Sie nicht, die Voreinstellungen Ihrer Einstellungen für Printprodukte auf Screen-Layouts umzustellen. Sie erhalten ansonsten fehlerhafte Dokumente oder erschweren sich das Leben unnötig.

▶ Stellen Sie die Maßeinheiten von LINEALE und ART und die Schriftgrößen auf Pixel um. Punktgrößen und mm sind im Print wichtig und richtig. Auf dem Screen wird ausschließlich in Pixeln gemessen.

▶ Achten Sie darauf, möglichst alles in einer Datei zu speichern. Es gibt keine Möglichkeit, eine Slicemap extern abzuspeichern und in einer anderen Datei zu verwenden. Wenn Sie Ihre Screens auf mehrere Dateien verteilen, müssen Sie die Slicemap für jede dieser Dateien neu anlegen. Das ist nicht nur mühsam, sondern auch äußerst fehleranfällig. Sie können sich Ebenensätze anlegen, um eventuelle Unterseiten darin bei Bedarf ein- bzw. auszublenden. Diese Vorgehensweise ermöglicht ein wesentlich exakteres Positionieren einzelner Elemente.

▸ Legen Sie sich für Rollover-Effekte (Schaltflächen) eine weitere Ebene an, die Sie ein- bzw. ausblenden können.

▸ Als Standard wird in Photoshop die Schrift mit Anti-Aliasing (Einstellung SCHARF) dargestellt. Für größere Typografie in Logos etc. ist das auch in Ordnung. Wenn Sie jedoch Blindtexte einfügen, um Ihr Layout mit Inhalten zu beurteilen, sollten Sie Anti-Aliasing für diese Schriften deaktivieren. Stellen Sie es dafür einfach im Schriftenmenü auf OHNE ein. Das Ergebnis gleicht dann in etwa der späteren HTML-Version.

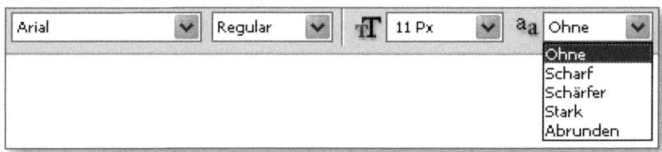

◂ **Abbildung 2.3**
Schriften ohne Anti-Aliasing

▸ Wenn Sie am Mac arbeiten, bedenken Sie bitte auch, dass Ihre Grafikdarstellung durch unterschiedliche Gammawerte etwas heller ist als am PC.

Slicemap als HTML-Datei erstellen

Image Ready bietet an, für die Slicemap gleich eine HTML-Datei zu erstellen, mit allen Rollover-Effekten usw. Klingt gut, ist es aber nicht. Das einzig wirklich Brauchbare sind die erstellten Grafiken. Alles andere können Sie getrost in den Mülleimer ziehen oder gleich von Anfang an unterbinden.

2.3.2 Dreamweaver und Fireworks

Wenn Sie nur Websites erstellen, sind Dreamweaver und Fireworks ein hervorragendes Duo. Da Fireworks auf das Erstellen von Screenlayout ausgerichtet ist, stehen Ihnen alle erforderlichen Werkzeuge unmittelbar zur Verfügung.

In Fireworks können Sie komplette Layouts »zeichnen« und nach Dreamweaver exportieren. Die exportierten HTML-Dateien sind als durchweg brauchbar zu bezeichnen.

Wer nur für das Web arbeitet und nur sehr selten Bilder für Printprodukte bearbeiten muss, ist mit dem gesamten Bundle Studio 8 von Macromedia bestens bedient.

Alternatives Programm | Photoimpact ist ein kostengünstiges und durchaus taugliches Programm, um Internetseiten zu gestalten. Besonders vorteilhaft ist es, dass Sie eine Slice-Aufteilung extern abspeichern können, um diese in andere Grafiken zu laden. Sie können somit Ihre Screens auf mehrere Dateien verteilen.

3   Programmgrundlagen

In diesem Kapitel werden wir Sie mit den Grundfunktionen und Einstellungen des Programms vertraut machen. Wie zeigen Ihnen auf, welchen Sinn die verschiedenen Einstellungen haben und wie Sie diese praktisch nutzen können.

Begriffserklärungen | Häufig verwenden verschiedene Programme und Autoren für identische Funktionen unterschiedliche Begriffe. Um Verwirrungen vorzubeugen, möchten wir an dieser Stelle Begriffe, die wir häufig verwenden, eindeutig definieren. Im weiteren Verlauf werden wir bei auf Dreamweaver 8 bezogenen Begriffen die von Macromedia vorgegebenen Bezeichnungen verwenden. So können Sie diese in der Hilfedatei von Dreamweaver 8 einfacher auffinden.

▸ **Dynamische Website**
  Bei statischen Websites sind die Inhalte fest (statisch) im HTML-Dokument verankert. Bei dynamischen Websites werden die Inhalte aus Datenquellen aller Art generiert. Es spielt dabei keine Rolle, ob dies immer beim Aufruf einer Seite (also in Echtzeit) oder nach Anweisung durch einen Administrator geschieht. Diese Datenquellen können Datenbanken, einfache Textfiles, XML-Dokumente und anderes sein.
  Nicht damit gemeint sind sich dynamisch – im Sinne von Bewegung – verändernde Websites. Diese fassen wir unter folgendem Begriff zusammen:

▸ **DHTML**
  DHTML ist eine Mischung aus HTML und in den allermeisten Fällen JavaScript, eventuell auch Java Applets.

3.1 Die Programmoberfläche

3.1.1 Verschiedene Anzeigemöglichkeiten

Dreamweaver 8 bietet Ihnen drei verschiedene Anzeigemöglichkeiten des Arbeitsbereichs. Die Designer-Ansicht (siehe Abbildung 3.2) ist die Standardeinstellung. Diese werden wir auch im Buch verwenden.

In der Coder-Ansicht (siehe Abbildung 3.3) verschiebt sich die Bedienfeldgruppe nach links und die Eigenschaftspalette wird verkleinert. Als weitere Option können Sie ein Layout für Dual Screen (siehe Abbildung 3.4) einschalten.

Durch frei schwebende Fenster ist das Dual-Screen-Layout bestens zur Arbeit mit großen Monitoren bzw. zum Betrieb von zwei Monitoren geeignet.

Umschalten zwischen den Arbeitsbereichen

Die Anzeigemöglichkeiten bei Dreamweaver 8 können Sie schnell im Menü FENSTER • ANSICHTSOPTIONEN umschalten (siehe Abbildung 3.1). Sie müssen Dreamweaver 8 nicht mehr wie in früheren Versionen neu starten, um die Einstellungen zu übernehmen. Auch eigene Anordnungen der Fenster können Sie hier speichern und bei Bedarf abrufen.

Fenster	
✔ Einfügen	Strg+F2
✔ Eigenschaften	Strg+F3
CSS-Stile	Umschalttaste+F11
Ebenen	F2
Verhalten	Umschalttaste+F4
Datenbanken	Strg+Umschalttaste+F10
Bindungen	Strg+F10
Serververhalten	Strg+F9
Komponenten	Strg+F7
✔ Dateien	F8
Elemente	F11
Codefragmente	Umschalttaste+F9
Tag-Inspektor	F9
Ergebnisse	F7
Referenz	Umschalttaste+F1
Verlauf	Umschalttaste+F10
Frames	Umschalttaste+F2
Codeinspektor	F10
Zeitleisten	Alt+F9
Arbeitsbereichlayout ▶	Coder
Fenster ausblenden F4	Designer
	Dual Screen
Überlappend	
Untereinander	Aktuelles speichern...
Nebeneinander	Verwalten...
✔ 1 untitled.php	

Abbildung 3.1 ▶
Umschalten des
Arbeitsbereichlayouts

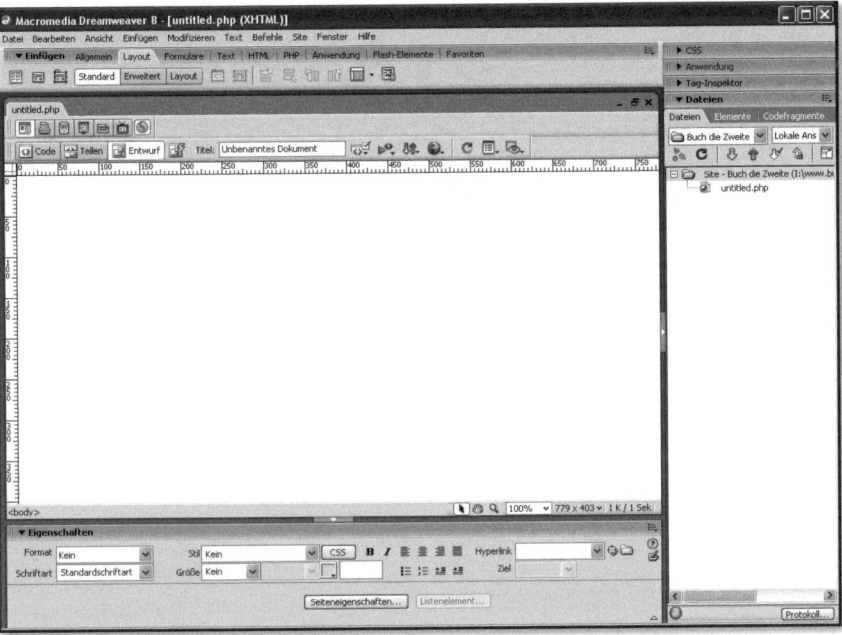

▲ **Abbildung 3.2**
Der Startbildschirm in der Designer-Ansicht

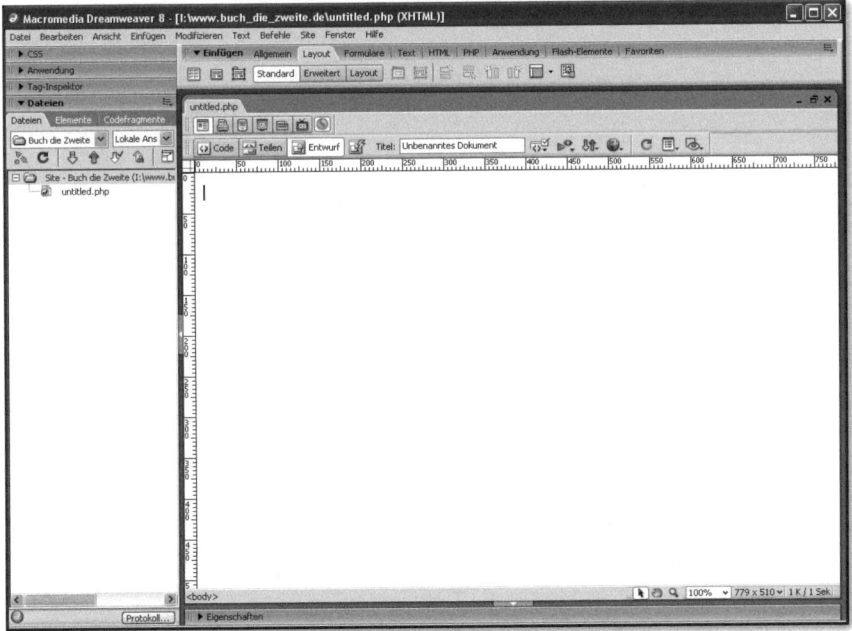

▲ **Abbildung 3.3**
Der Startbildschirm in der Coder-Ansicht

Die Programmoberfläche **43**

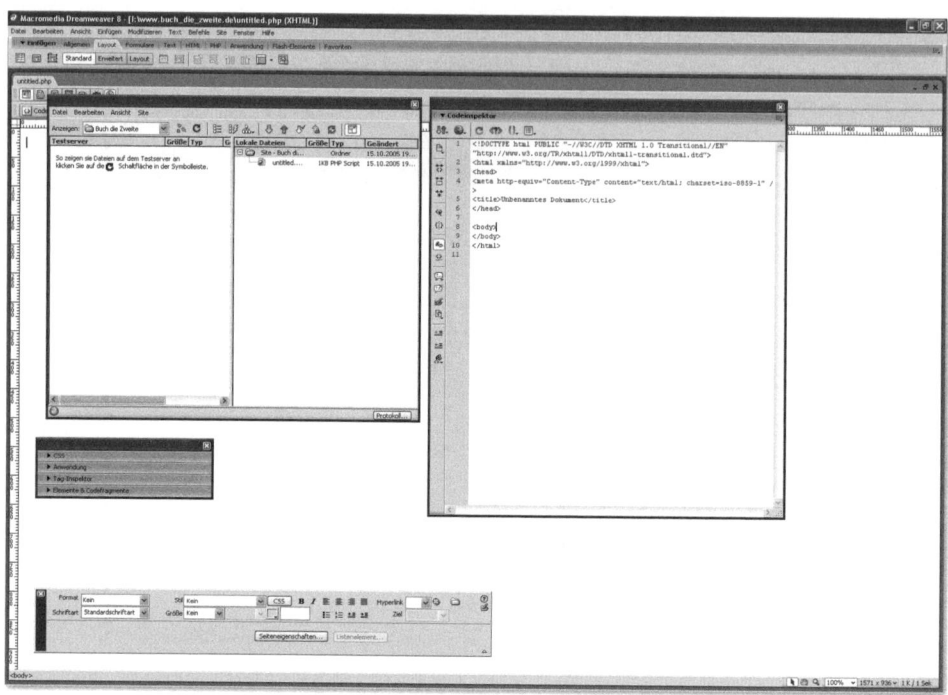

▲ **Abbildung 3.4**
Layout für den Dual Screen-Betrieb

3.1.2   Orientierung auf der Arbeitsoberfläche

Die Arbeitsoberfläche unterteilt sich in die Bereiche Einfügeleiste oder Einfügeinspektor ❶, die Bedienfeldgruppen ❷ mit dem Dateifenster ❸ und das eigentliche Dokumentfenster ❹ mit dem Eigenschafteninspektor ❺.

Bedienfeldgruppen | Die grundsätzliche Funktionsweise von Dreamweaver 8 spiegelt sich in der Aufteilung der Bereiche wider. Die Einfügeleiste ❶ fügt Ihrem Dokument ein HTML-Tag hinzu. Im Eigenschafteninspektor ❺ können Sie alle wichtigen Attribute des angewählten oder zuvor eingefügten HTML-Tags einstellen und bearbeiten. Um die Attribute eines Elementes zu bearbeiten, müssen Sie dieses mit der Maus vorher aktivieren. Weiterführende Aktionen außerhalb der Möglichkeiten, die Ihnen HTML bietet, wie zum Beispiel JavaScript, CSS und Serververhalten, finden Sie in den nach Kategorien gruppierten Bedienfeldgruppen.

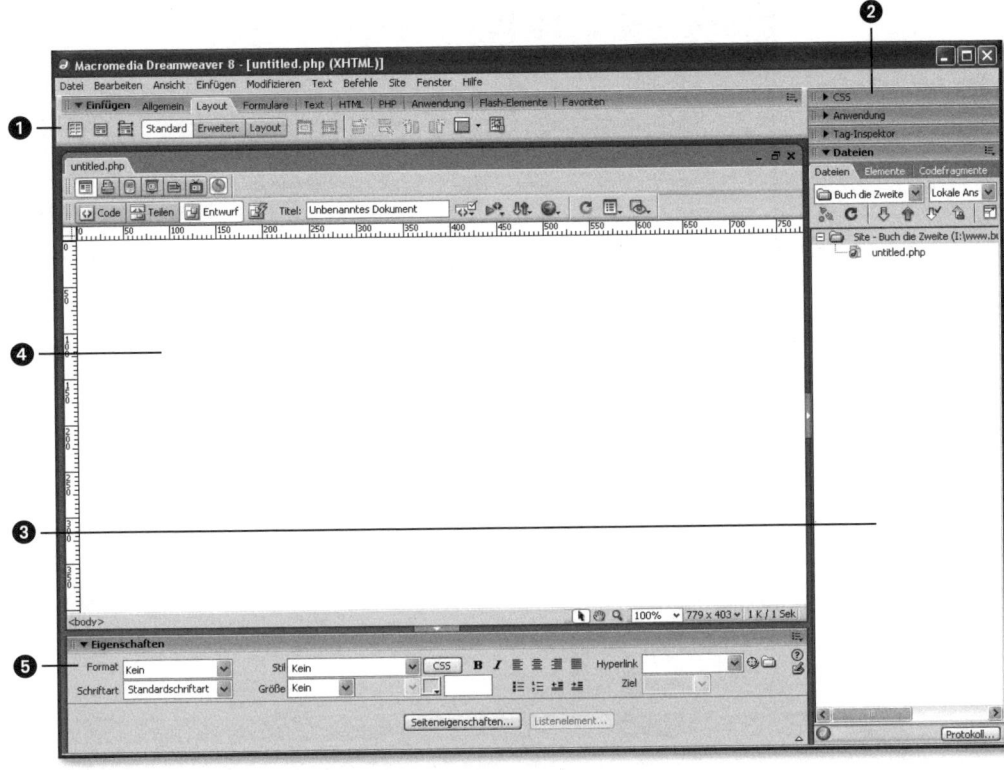

▲ Abbildung 3.5
Die Arbeitsoberfläche

Dateifenster | Die Platzierung des Dateifensters neben dem Dokumentfenster ermöglicht den schnellen Zugriff auf Dokumente. Bilder und Verlinkungen können schnell in das aktuell bearbeitete Dokument per Drag & Drop gezogen werden.

3.1.3 Anpassen der Bedienfeldgruppen

Etwas ungewohnt ist die Handhabung der Bedienfeldgruppen bzw. die Veränderung der Zusammenstellungen innerhalb dieser Gruppen.

Bedienfelder, das sind die einzelnen Elemente (Karteireiter) in einer Bedienfeldgruppe, können nicht wie aus anderen Anwendungen gewohnt einfach »herausgezogen« werden, sondern müssen über ein kleines Menü am rechten Rand der Bedienfeldgruppe »umgruppiert« werden.

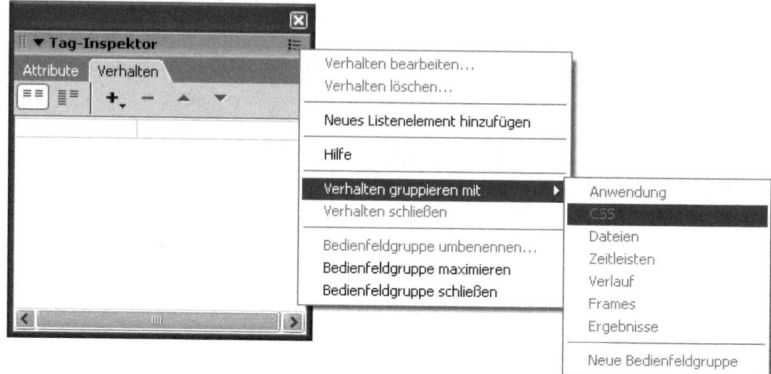

Abbildung 3.6 ►
Verändern der
Bedienfeldgruppen

3.1.4 Platz zum Arbeiten schaffen

Wenn Sie mit einem kleineren Monitor arbeiten, werden Sie schnell
von der Unzahl an Paletten und Fensterchen genervt sein. Durch das
Ein- und Ausklappen der einzelnen Bedienfeldgruppen oder ganzer
Bildschirmbereiche können Sie jedoch auch mit weniger Platz sehr
komfortabel arbeiten.

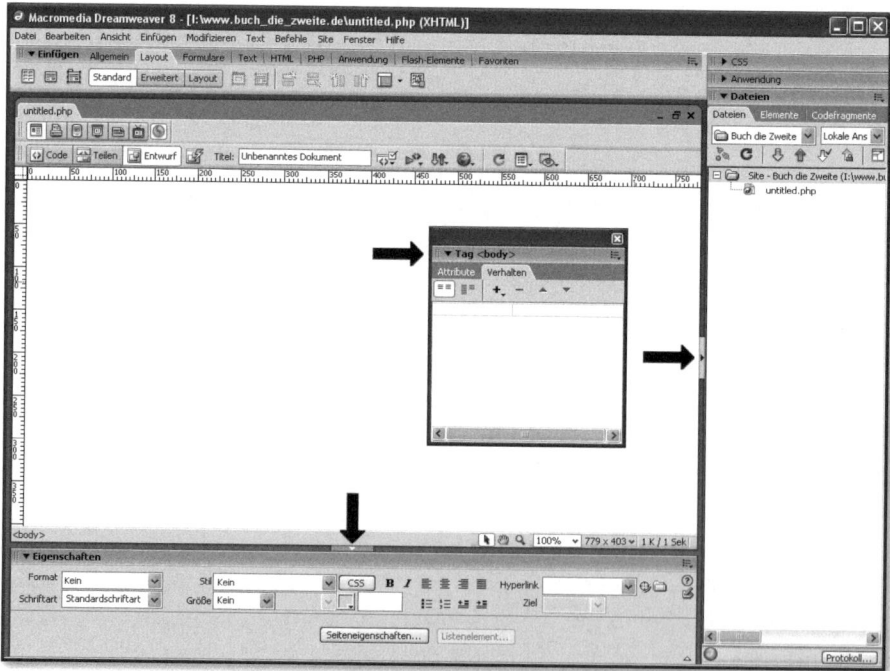

▲ **Abbildung 3.7**
Geöffnete Bedienfelder und Dokumentenbereiche

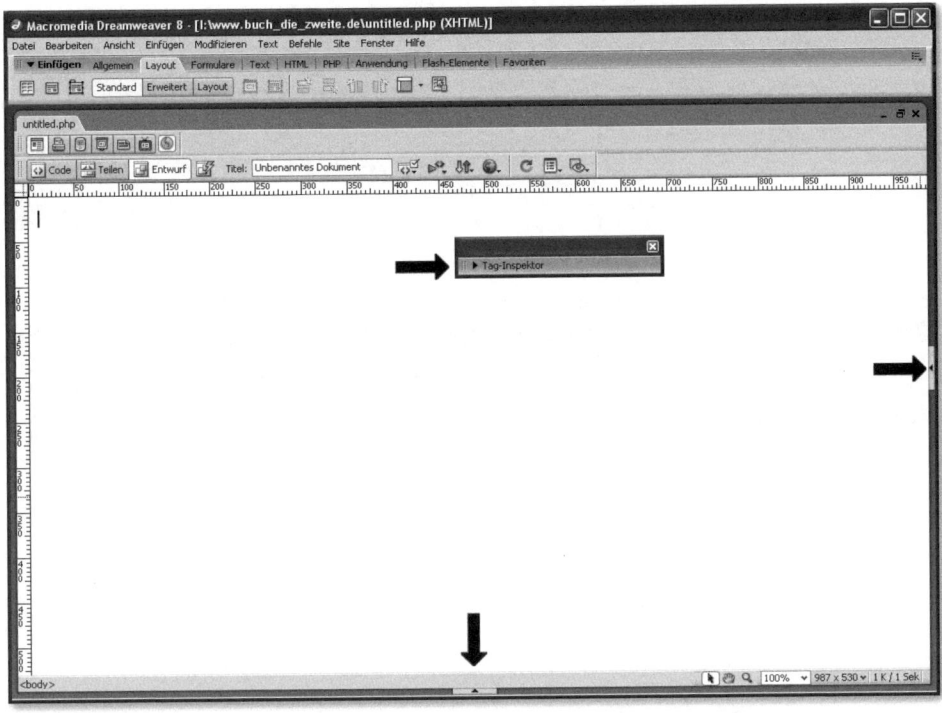

▲ **Abbildung 3.8**
Geschlossene Bedienfelder und Dokumentenbereiche

3.1.5 Einfügeleiste anpassen

Die Einfügeleiste können Sie in der Ansicht als Register oder als Menü darstellen. In Abbildung 3.9 auf Seite 48 sehen Sie, wie Sie zwischen den Varianten umschalten können. Wir haben uns im Buch für die Ansicht als Registerkarte entschieden. Sollte also Ihre Einfügeleiste anders aussehen als hier im Buch, schalten Sie diese eventuell um. In beiden Ansichten stehen Ihnen jedoch alle Funktionen der Palette zur Verfügung.

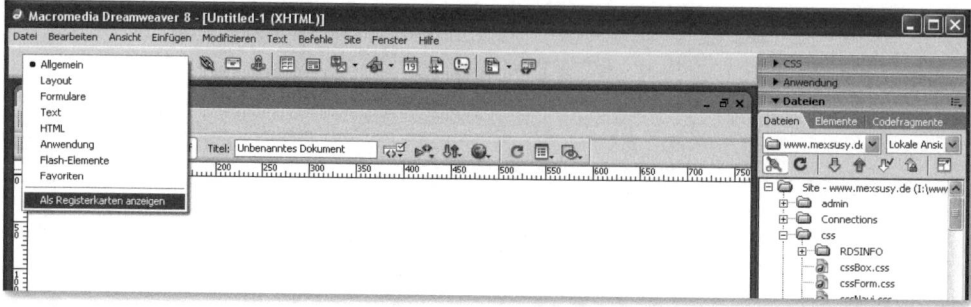

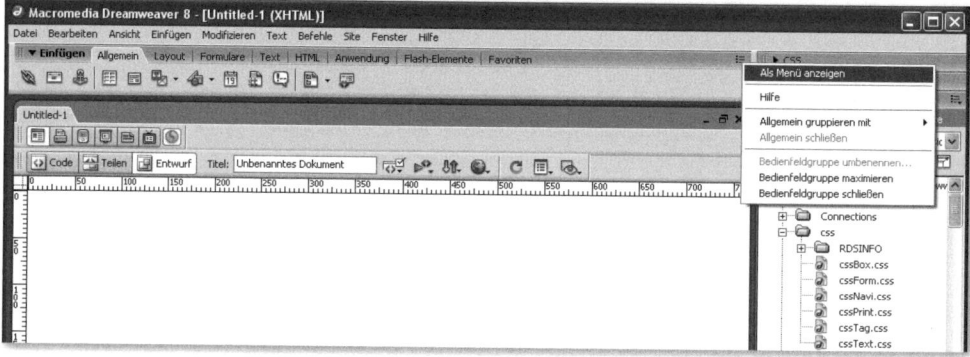

▲ **Abbildung 3.9**
Umschalten der Ansichtsoptionen für die Einfügeleiste

3.1.6 Das Dateifenster

Für umfangreiche Dateioperationen ist das Dateifenster in der Bedienfeldgruppe zu klein. Wechseln Sie daher für diese Aktionen durch Klicken auf das Icon ❶ im Bedienfeld DATEIEN in die Siteverwaltung von Dreamweaver 8.

Um zurück zum Dokument zu gelangen, klicken Sie in der Siteverwaltung wieder auf das gleiche Icon ❷ oder schließen einfach das Fenster.

Die Funktionen der Siteverwaltung sind für das Arbeiten mit Dreamweaver 8 und für das Erstellen von Websites grundlegend. Wir haben diesem Modul deshalb einen eigenen, ausführlichen Abschnitt gewidmet (siehe Seite 91).

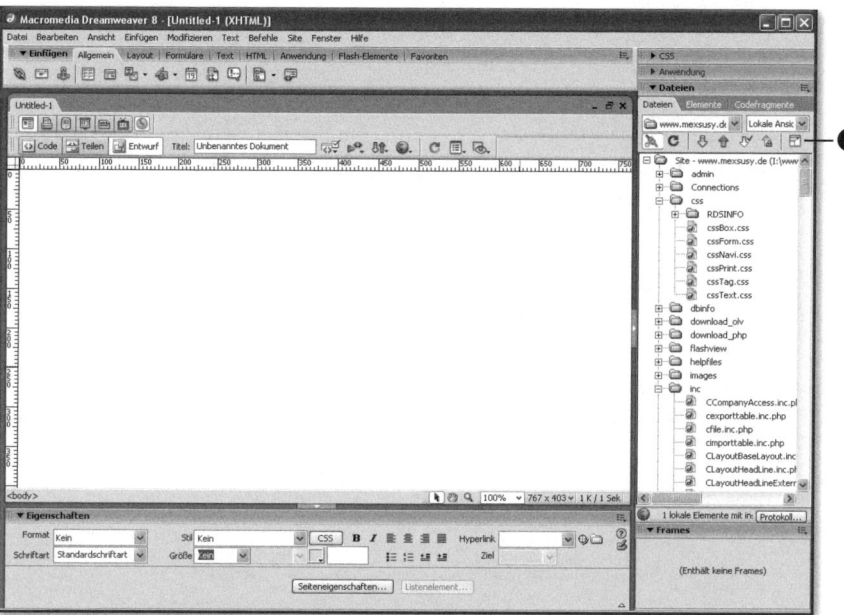

▲ **Abbildung 3.10**
Umschalten zur Siteansicht

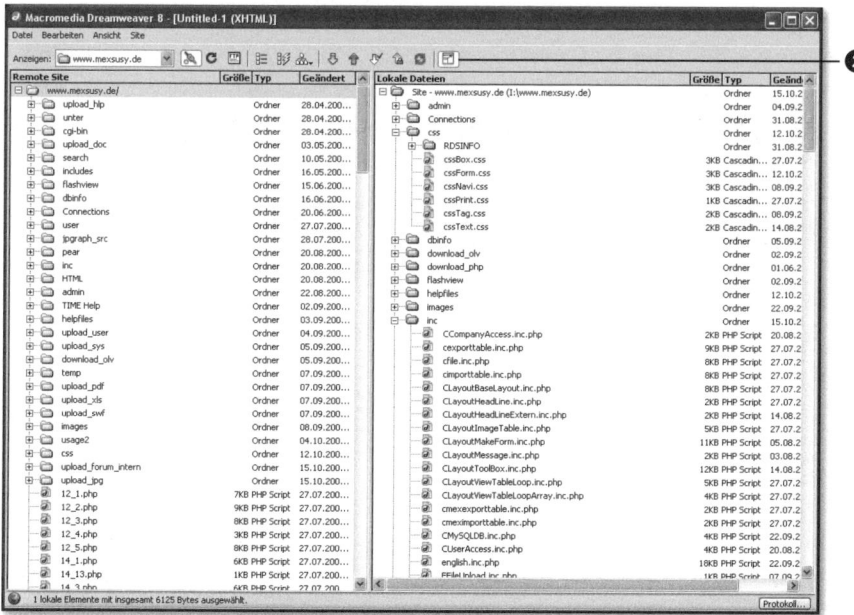

▲ **Abbildung 3.11**
Siteansicht von Dreamweaver 8

3.1.7 Verschiedene Dokumentansichten

Dreamweaver 8 bietet Ihnen mehrere Möglichkeiten der Dokumentansicht. Sie können am oberen linken Rand des Dokumentfensters ❶
zwischen den Ansichten CODE für die reine Codeansicht, TEILEN für
eine geteilte Code- und Entwurfsansicht und ENTWURF für die reine
Entwurfsansicht oder Layoutansicht wechseln

Abbildung 3.12 ▶
Wechseln zwischen den
Dokumentansichten

Tipp: Elemente im Code auffinden

Codezeilen und HTML-Tags können Sie ganz einfach im Quelltext auffinden, indem Sie das gewünschte Element in der Layoutansicht markieren und dann in die Codeansicht wechseln. Dreamweaver 8 markiert
im Quelltext die entsprechenden Befehle. Setzen Sie den Cursor im Layout an eine bestimmte Stelle, zum Beispiel innerhalb einer Tabellenzelle, wird der Cursor auch im Quelltext an diese Stelle gesetzt.

So lassen sich in umfangreichen Quelltexten Elemente sehr einfach
auffinden.

3.1.8 Die Entwurfsansicht

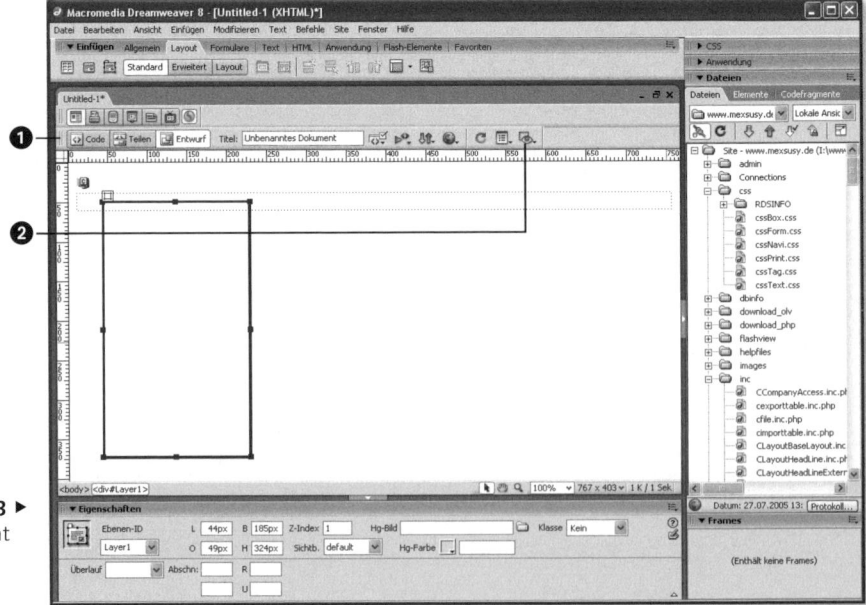

Abbildung 3.13 ▶
Entwurfsansicht
mit visuellen
Hilfsmitteln

In der Entwurfsansicht können Sie Ihr Layout betrachten, wie es im Browser aussehen wird. Die integrierte Vorschau ist, zumindest im Bezug auf neuere Browser, sehr gut! Es werden zusätzlich einige visuelle Hilfsmittel ❷ angezeigt, um das Layouten zu erleichtern (Formulare, Tabellenrahmen, unsichtbare Elemente). Diese visuellen Hilfsmittel können Sie auch abschalten ❸.

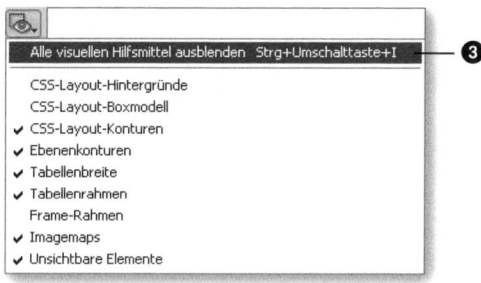

▲ **Abbildung 3.14**
Ein- und Ausblenden visueller Hilfsmittel

Vorschau in Dreamweaver | Da es auf dem Markt nicht nur ein Browsermodell gibt und Dreamweaver nicht alle verfügbaren Browsermodelle gleichzeitig darstellen kann, muss die Vorschau zwangsläufig ein – wenn auch guter – Kompromiss zwischen den aktuellen Browsern sein. Die Vorschau innerhalb von Dreamweaver ersetzt in keinem Fall eine Layoutkontrolle in verschiedenen aktuellen Browsern.

In der Entwurfsansicht stehen Ihnen verschiedene weitere Hilfestellungen für Tabellen und CSS zur Verfügung. Wir werden in späteren Kapiteln hierauf detailliert eingehen.

Arbeitsoberfläche aufräumen | Achten Sie beim Layouten darauf, dass auch visuelle Hilfsmittel »Platz« beanspruchen und schalten Sie diese bei Bedarf aus. Besonders wichtig ist dies, wenn Sie mit vielen unsichtbaren Elementen arbeiten, was sich bei dynamischen Seiten oder Seiten mit Layern und Formularen fast immer ergibt.

3.1.9 Code- und Entwurfsansicht

Quelltext parallel anzeigen | In der Entwurfsansicht verliert man schnell das Gefühl dafür, dass es sich bei Dreamweaver 8 nicht um ein Layoutprogramm handelt, sondern um die grafische Oberfläche eines Programmiertools. Auch wenn Sie in der grafischen Ansicht arbeiten, erstellen Sie Quellcode. Wenn Sie mit Dreamweaver 8 anfangen Websites zu programmieren, kann es sinnvoll sein, Layout und Quelltext parallel zu sehen. Sie bekommen so ein Gefühl dafür, was tatsächlich passiert, wenn Sie etwas im Layout verändern. Sie können dies mit der geteilten Ansicht erreichen.

In der geteilten Ansicht können Sie Änderungen im Quelltext oder im Layout sofort mitverfolgen. Wenn Sie Änderungen im HTML-Quelltext vornehmen, müssen Sie Dreamweaver 8 die Möglichkeit geben, die Darstellung des Dokuments neu zu rendern. Klicken Sie daher, nachdem Sie die Änderungen vorgenommen haben, wieder mit der Maus in das Layoutfenster, um auch in der Layoutvorschau Ihre Änderungen zu sehen.

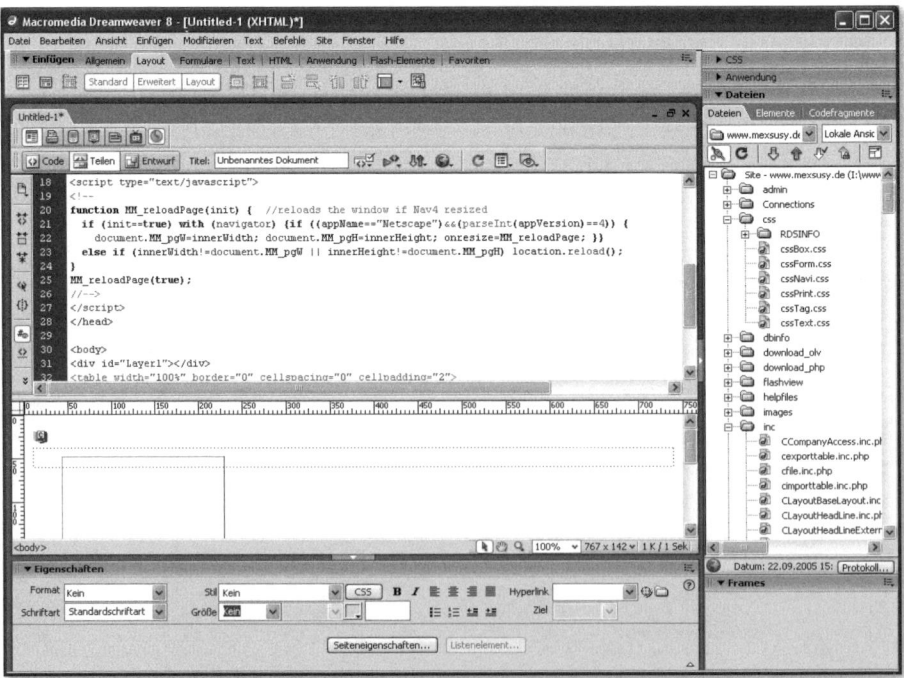

▲ **Abbildung 3.15**
Code- und Entwurfsansicht parallel anzeigen

3.1.10 Die Codeansicht

Die Codeansicht zeigt Ihnen den Quelltext des Dokuments direkt an. Die Syntax der Programmiersprachen wird sehr gut hervorgehoben und Sie können deutlich zwischen Inhalten, Befehlen und Attributen unterscheiden.

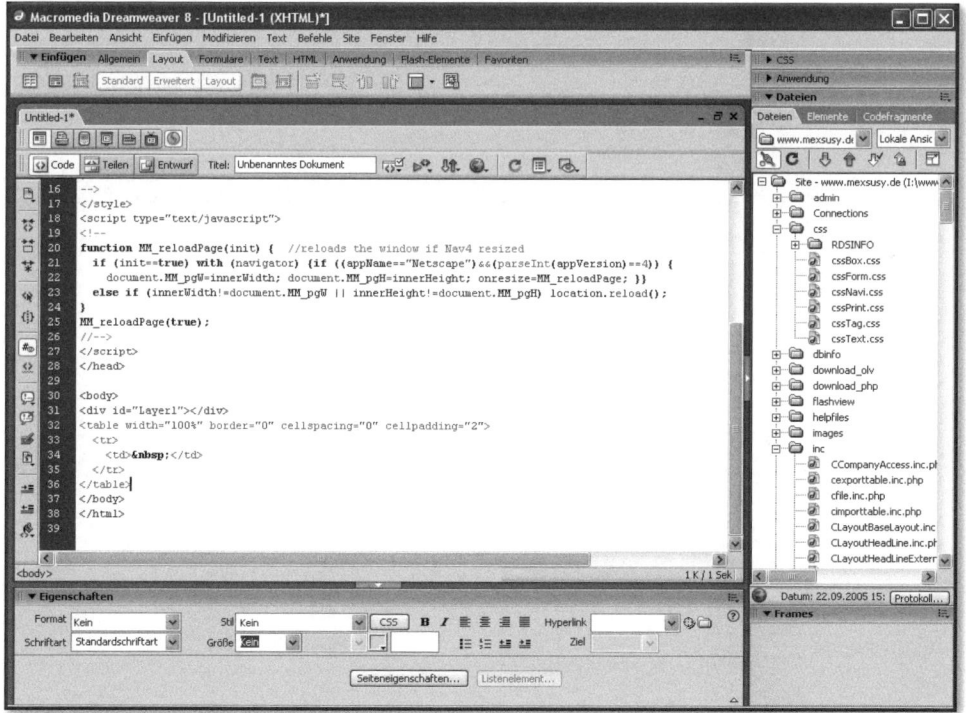

▲ **Abbildung 3.16**
Codeansicht

Zwischen dieser Ansicht und der Ansicht des Quelltextes, den noch Dreamweaver 4.0 erzeugt hat, liegen Welten. Bereits in Dreamweaver MX wurde Homesite als Code-Editor integriert. Nun, in der vorliegenden Version mausert sich Dreamweaver 8 tatsächlich zum universellen Programmiertool für Websites. Über die vielen Möglichkeiten, die Ihnen beim Arbeiten mit Quelltext geboten werden, erfahren Sie in einem späteren Kapitel mehr.

3.1.11 Ansicht im Testserverbetrieb

Eine hervorragende Arbeitserleichterung und Zeitersparnis ist die Anzeige dynamischer Seiten im Testserverbetrieb, die Live Data-Ansicht.

Sie können in dieser Ansicht während des Serverbetriebs durch PHP oder andere Skriptsprachen generierte Seiten direkt in Dreamweaver 8 sehen und bearbeiten. Im Testserverbetrieb steht Ihnen eine weitere Funktionsleiste zur Verfügung, die wir im Kapitel 26 über dynamische Sites genau erläutern.

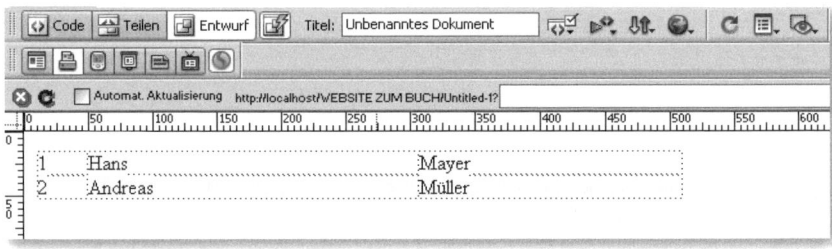

▲ **Abbildung 3.17**
Ansicht im Testserverbetrieb

Nur bei Serverbetrieb verfügbar
Achtung, diese Ansicht steht Ihnen nur bei dynamischen Dokumenttypen und einem installierten lokalen Webserver zur Verfügung! Wir werden in Kapitel 22 zu dynamischen Seiten sehr genau auf dieses Feature eingehen und einen Testserver installieren.

3.2 Wichtige Voreinstellungen

Sie können und sollten Dreamweaver 8 an Ihre Bedürfnisse und die Anforderungen eines Projektes anpassen. Im Menü BEARBEITEN • VOREINSTELLUNGEN finden Sie alle Einstellmöglichkeiten. Es gibt nahezu nichts, was nicht anpassbar wäre. Für viele Einsatzzwecke reichen die Standardeinstellungen, einige Ausnahmen sollten Sie jedoch kennen, zumal die Funktion des Programms dadurch maßgeblich beeinflussbar ist.

Gehen Sie bitte die Voreinstellungen sorgfältig durch. Es geschieht sehr schnell, dass man durch falsche Voreinstellungen fehlerhafte Dateien erhält.

3.2.1 Allgemeine Voreinstellungen

Ob Sie sich die Startseite von Dreamweaver 8 ❶, keine Seite oder die letzte geöffnete Seite bei Programmstart anzeigen lassen wollen, ist letztlich eine Geschmacksfrage. Nicht von Ihrem Geschmack abhängig ist jedoch die Einstellung zum Aktualisieren von Hyperlinks ❷ beim Verschieben von Dateien. Wenn Sie diese Funktion ausschalten, wird eine der wichtigsten Site-Verwaltungsfunktionen deaktiviert. Sinnvoll ist es, diese Funktion auf NACHFRAGEN einzustellen. Es kommt mitunter vor, dass Sie Dateien zwischenzeitlich verschieben wollen, um sie zu einem späteren Zeitpunkt wieder an den alten Ort zu versetzen. Dann können Sie beim Nachfragen auf NEIN klicken und die alten Pfadangaben bleiben erhalten.

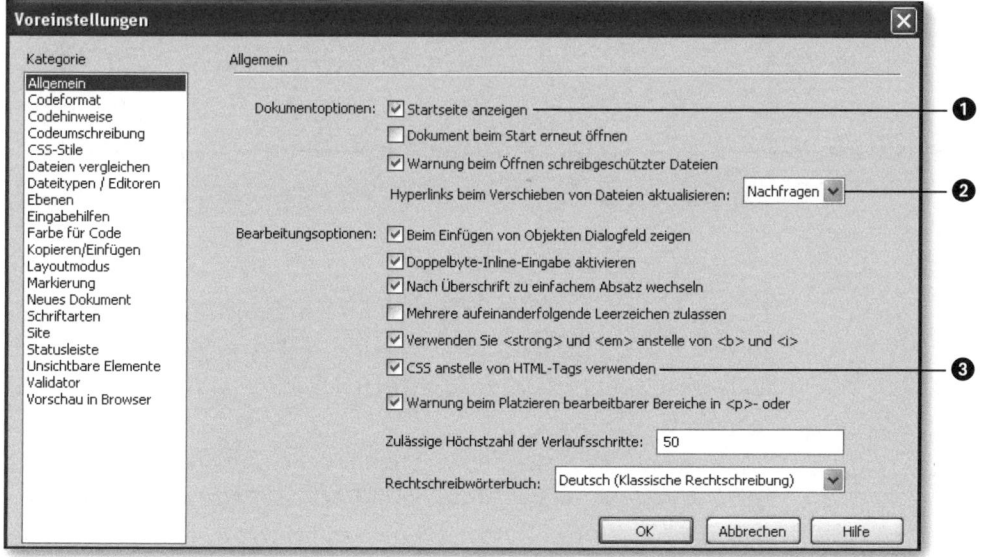

▲ **Abbildung 3.18**
Allgemeine Voreinstellungen

Von ganz entscheidender Bedeutung für den Aufbau Ihrer Site ist es, ob Sie anstelle von HTML-Tags CSS verwenden wollen ❸. Wir werden hierauf später im Detail zu sprechen kommen. Grundsätzlich sollten Sie aktuelle Websites immer mit CSS erstellen. HTML-Stilelemente sind veraltet.

3.2.2 Codeformat einstellen

Die in diesem Menü angebotenen Einstellungen beziehen sich ausschließlich auf die Schreibweise des Quelltextes.

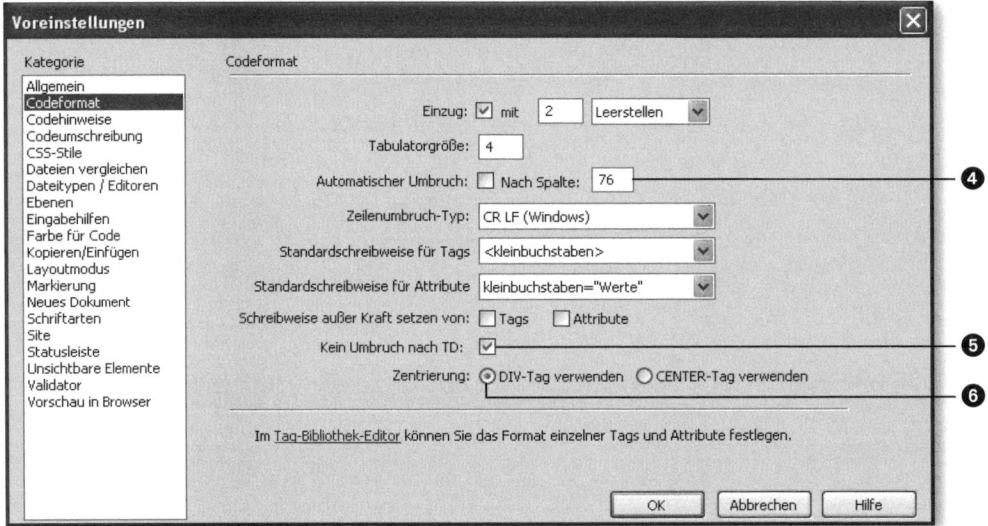

▲ **Abbildung 3.19**
Codeformat einstellen

Achten Sie beim automatischen Umbruch möglichst darauf, diesen zu deaktivieren ❹. PHP fordert manchmal zwingend, dass die Befehle ohne Umbruch in einer Zeile stehen. Das Skript wird ansonsten fehlerhaft ausgeführt.

Es kommt vor, dass bei Zeilenumbrüchen innerhalb einer Tabellenzelle im Layout bzw. im Browser Randabstände ausgegeben werden, die gar nicht existieren. Um diesen Fehler zu vermeiden, sollten Sie grundsätzlich versuchen, innerhalb eines <td> (<td> ist der öffnende Tag einer Tabellenzelle) keinen Umbruch auszuführen ❺.

Der Center-Tag für Zentrierungen ❻ ist veraltet und sollte nicht mehr verwendet werden. Stand der Technik ist <div>. Dieser Tag bietet uns die meisten Möglichkeiten und wird auch von Dreamweaver 8 am besten unterstützt.

3.2.3 Codehinweise
Wenn Sie direkt im Quelltext arbeiten, ist es eine große Hilfe, Tags automatisch vervollständigen zu lassen. In Dreamweaver 8 haben Sie die Möglichkeit auszuwählen, wie dies geschehen soll.

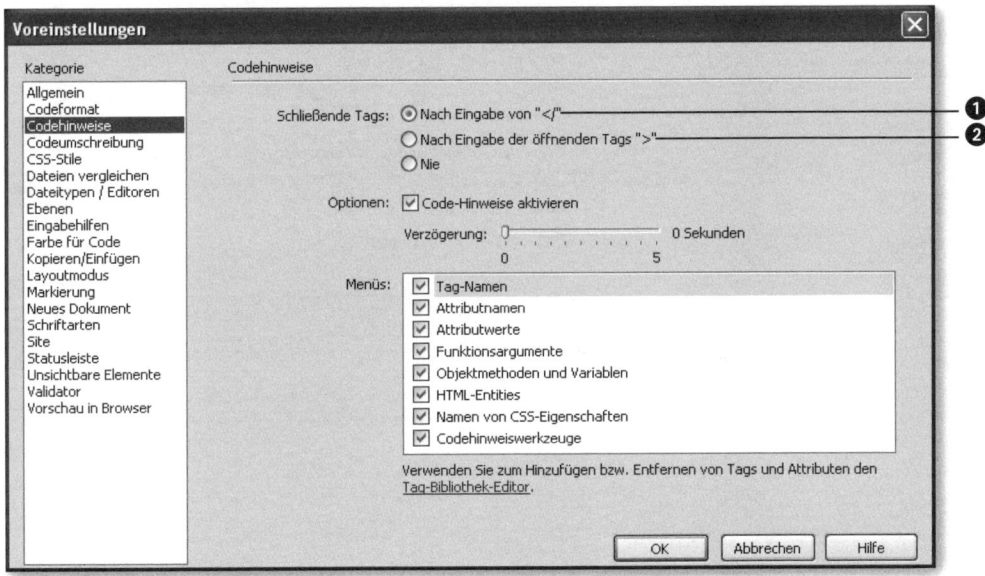

▲ **Abbildung 3.20**
Codehinweise

Soll der Tag nach Eingabe von </ ❶ geschlossen werden, erkennt Dreamweaver 8 automatisch den letzten noch offenen Tag im Code und schließt diesen automatisch ab.

Wählen Sie das automatische Abschließen nach Eingabe von > ❷ aus, wird der Tag bereits nach der vollständigen Eingabe des öffnenden Tags abgeschlossen. Dies birgt jedoch die Gefahr, den bereits vorhandenen Schluss-Tag zu übersehen bzw. zu vergessen und fehlerhaften Quellcode zu schreiben.

Sie können natürlich auch jegliche automatische Vervollständigung unterbinden.

3.2.4 Codeumschreibung

Grundsätzlich können wir nicht empfehlen, Tags in irgendeiner Weise von einem Editor automatisch verändern zu lassen ❶. Wenn Sie dynamische Websites erstellen und Code von Hand einfügen, ist es völlig normal, dass Tags – da diese ja dynamisch erzeugt werden – scheinbar nicht korrekt geschlossen oder fehlerhaft verschachtelt sind. Diese Tags dürfen in keinem Fall automatisch geändert werden.

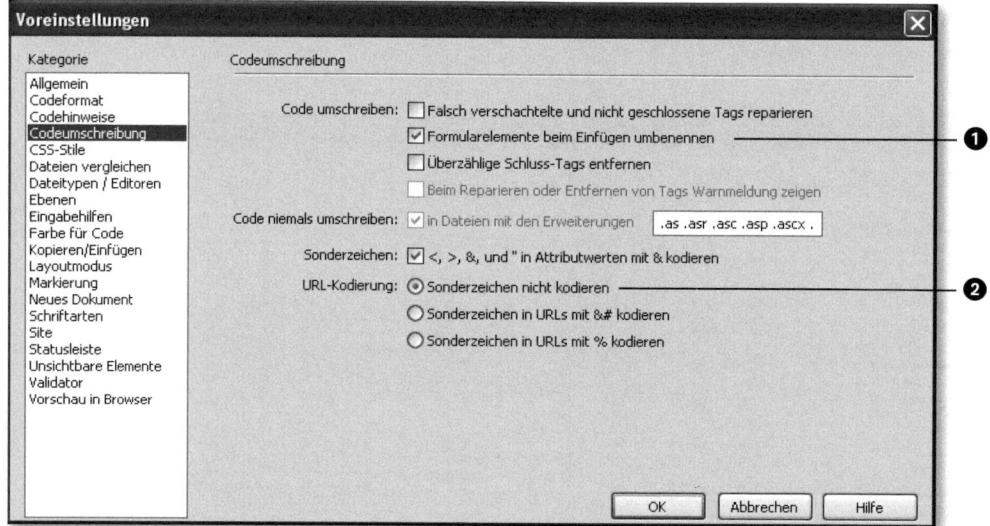

▲ **Abbildung 3.21**
Option für Codeumschreibung festlegen

Ähnlich ist es mit Umkodierungen von Sonderzeichen ❷. Dreamweaver 8 bietet zwar die Möglichkeit, bestimmte Dateitypen von der Umschreibung auszuschließen, erfahrungsgemäß kann man sich hierauf jedoch nicht verlassen.

Fehlerquelle beim Kopieren von Quelltext

Wenn Sie Quelltexte aus anderen Anwendungen kopieren, kommt es mitunter vor, dass Dreamweaver 8 bei falschen Einstellungen PHP-Befehle mit Sonderzeichen umkodiert. Überprüfen Sie in jedem Fall den eingefügten Code gründlich!

3.2.5 CSS-Stile

CSS-Stile können in einer so genannten Kurzschrift geschrieben werden. Diese erlaubt es, Attribute in einer Zeile zusammenzufassen.

```
.kurz {
     font: 11px/15px Arial, Helvetica, sans-serif;
}


._lang {
     font-family: Arial, Helvetica, sans-serif;
     font-size: 11px;
     line-height: 16px;
}
```

◄ **Listing 3.1**
CSS in Kurz- oder Normalschriftweise

Mit dieser Technik soll auch noch das letzte Byte an Dateigröße eingespart werden. Der CSS-Code wird durch die Kurzschreibweise nicht einfacher zu lesen. Wie Sie in Listing 3.1 sehen, werden sowohl Schrifthöhe als auch Zeilenabstand einfach als Pixelwerte angegeben, ohne eine genauere Bezeichnung der jeweiligen Funktion. Das kann nicht nur für Anfänger sehr verwirrend sein.

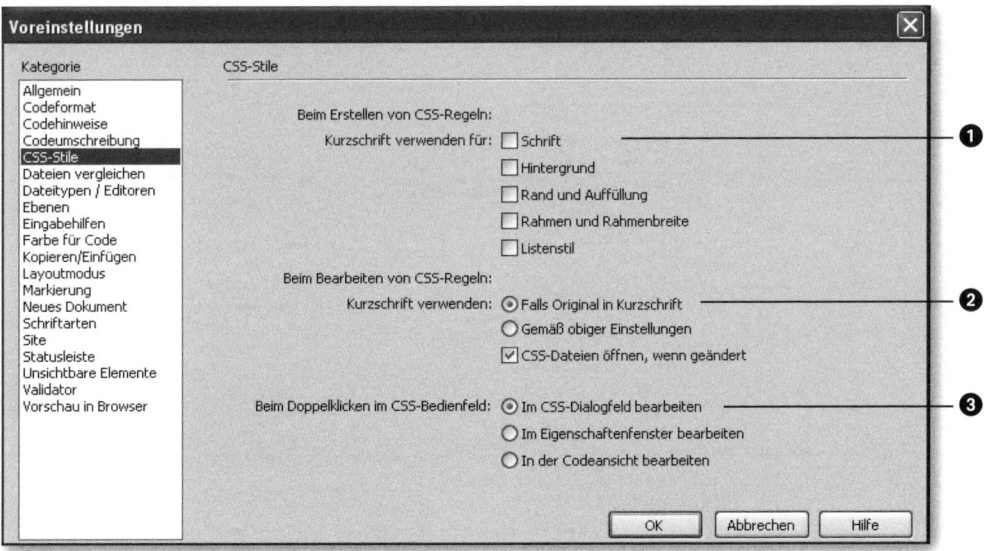

▲ **Abbildung 3.22**
Regeln für CSS-Stile anlegen

Wenn Sie dennoch möchten, dass Ihre CSS-Stile in Kurzschriftform verfasst werden, aktivieren Sie die entsprechende Option in dieser Dialogbox ❶.

Da CSS-Stile häufig in externe Dateien ausgelagert werden, bietet Dreamweaver 8 Ihnen hier die Möglichkeit, diese externe Datei auch gleich beim Bearbeiten eines Stils zu öffnen ❷.

Auch die Art der CSS-Bearbeitung ist hier ganz nach Ihren Wünschen und Vorstellungen anpassbar ❸.

3.2.6 Dateien vergleichen

Sicherlich haben Sie Folgendes bereits in einem Projekt erlebt: Es gibt mehrere Versionen eines Dokuments und Sie wissen nicht, worin die Unterschiede zwischen den Dokumenten bestehen.

Hier kann Abhilfe geschaffen werden. Dreamweaver ist in der Lage, eine externe Anwendung zum Dateivergleich einzubinden und auf Anforderung einen Dateivergleich mit dieser Anwendung durchzuführen.

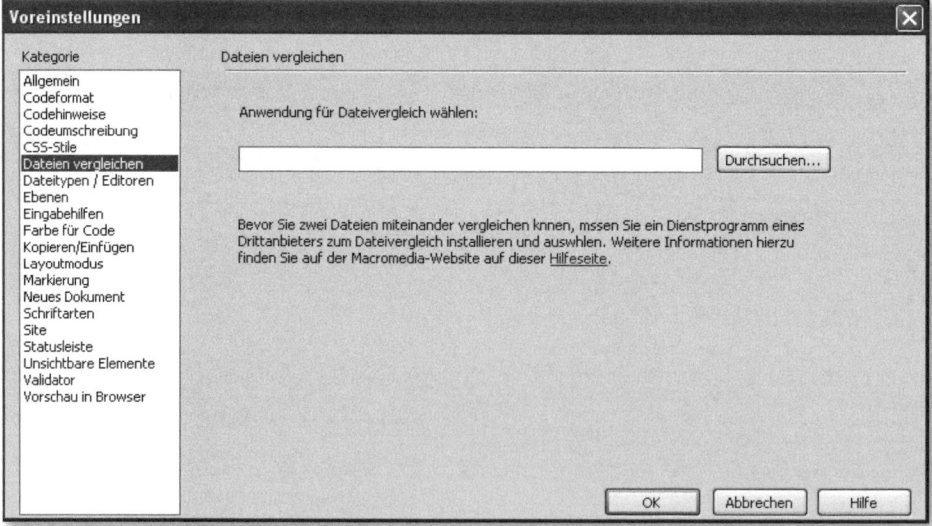

▲ **Abbildung 3.23**
Anwendung für Dateivergleiche anlegen

Eines der dafür in Frage kommenden Programme ist das kostenlose **WinDiff**. Wie Sie in Abbildung 3.24 sehen, werden nicht identische Bereiche in den Dokumenten farblich hervorgehoben.

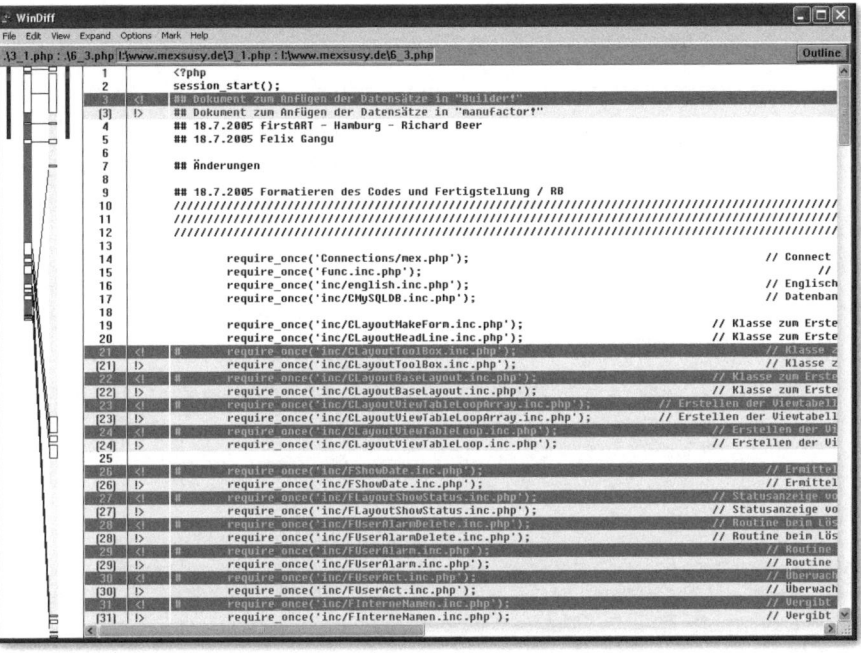

▲ **Abbildung 3.24**
Unterschiedliche Dokumente in WinDiff

3.2.7 Dateitypen/Editoren

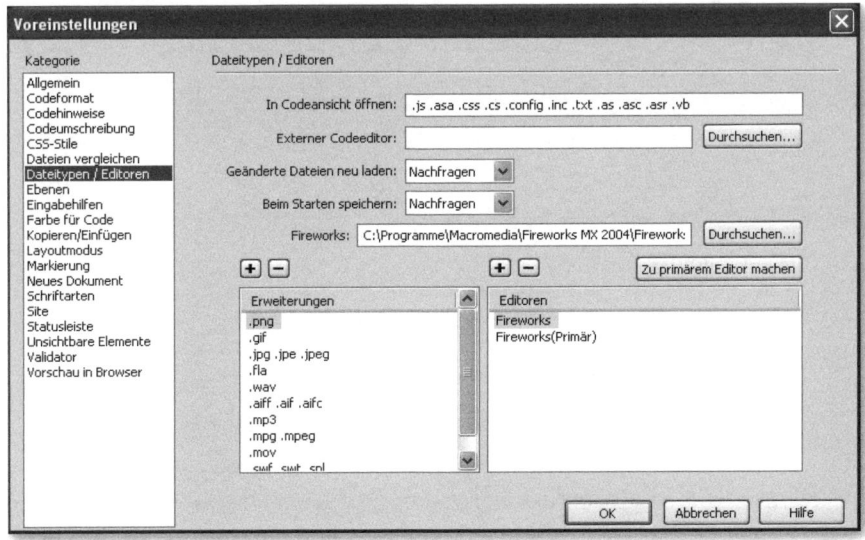

▲ **Abbildung 3.25**
Externe Editoren festlegen

Legen Sie hier die Editoren für externe Dateien fest, wie zum Beispiel Bilder. Für Grafiken ist Fireworks voreingestellt. Wenn Sie mit Photoshop arbeiten möchten, können Sie an dieser Stelle dieses Programm als Vorgabe auswählen. Nach der Auswahl eines Bildes in der Dokumentansicht bewirkt ein Klicken im Eigenschafteninspektor auf BEARBEITEN, dass die eingebundene Datei im voreingestellten Editor geöffnet wird.

3.2.8 Ebenen

Das Voreinstellungsmenü EBENEN ist besonders wichtig, wenn Sie mit Layern arbeiten möchten. Dies sind frei positionierbare Bereiche innerhalb eines HTML-Dokuments. Wir erläutern dieses Thema detailliert im Kapitel über Ebenen.

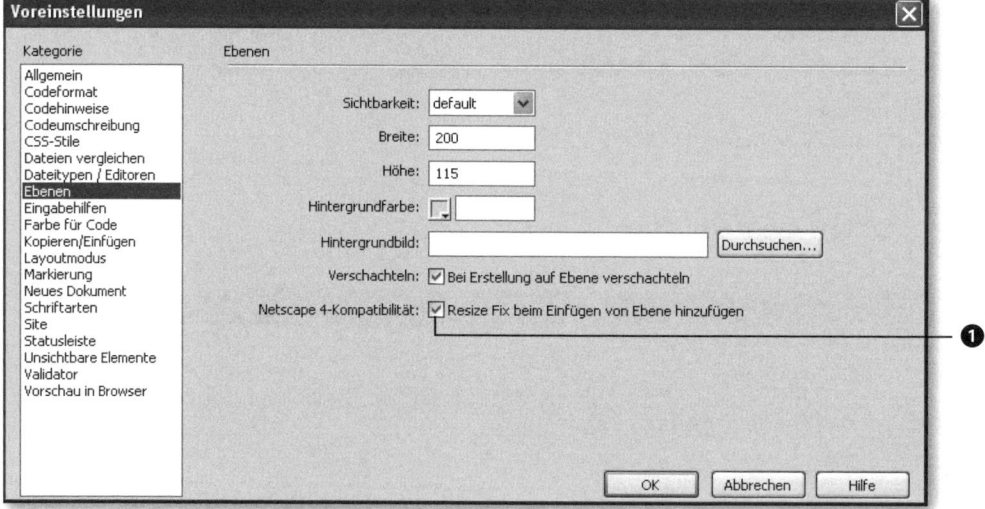

▲ **Abbildung 3.26**
Voreinstellungen für Ebenen

Wenn Sie Ihre Website auch für Netscape 4.7 erstellen wollen, achten Sie darauf, dass die Netscape 4-Kompatibilität ❶ aktiviert ist.

Ebenenbezugspunkt | Der Bezugspunkt bei Ebenen ist die linke obere Browserfensterecke. Alle Positionen innerhalb eines Browserfensters beziehen sich auf diesen Punkt.

Ebenen in Netscape 4 | Netscape 4 verliert beim Vergrößern oder Verkleinern des Fensters den Bezug zu diesem Punkt, sodass die Ebenen an willkürlicher Stelle dargestellt werden. Um diesen unschönen Effekt zu umgehen, fügt man ein kleines JavaScript ein, das dafür sorgt, dass bei jeder Größenveränderung des Browserfensters der Seitenaufbau neu errechnet wird. Der einzige sichtbare Effekt ist ein kurzes Flackern des Bildschirms, und die Ebenen bleiben an den richtigen Stellen. Mit dieser Einstellung in der Dialogbox sorgen Sie dafür, dass dieses Skript immer dann automatisch eingefügt wird, wenn Sie eine Ebene anlegen.

Im Head des HTML-Dokuments steht dann folgendes JavaScript. Es bezieht sich nur auf Netscape 4.7, bei anderen Browsern spielt dieser Fehler keine Rolle.

```
<script language="JavaScript" type="text/JavaScript">
<!--
function MM_reloadPage(init) {  //reloads the window
if Nav4 resized
  if (init==true) with (navigator) {if ((appName==
  "Netscape")&&(parseInt(appVersion)==4)) {
    document.MM_pgW=innerWidth; document.MM_pgH=
    innerHeight; onresize=MM_reloadPage; }}
  else if (innerWidth!=document.MM_pgW || innerHeight!
  =document.MM_pgH) location.reload();
}
MM_reloadPage(true);
//-->
</script>
```

▲ **Listing 3.2**
Netscape Resize Fix

3.2.9 Eingabehilfen

Dreamweaver 8 bietet Ihnen beim Anlegen der in dieser Dialogbox aufgelisteten Elemente eine Eingabehilfe an. Wenn Sie diese aktivieren, erscheint beim Einfügen im Dokumentfenster eine Dialogbox, die Ihnen ähnlich eines Assistenten verschiedene Angaben abverlangt. Sie können die Funktion testen, indem Sie die Kontrollkästchen aktivieren und eines der Elemente in einem Dokument platzieren.

 **Eingabehilfen deaktivieren |** Wir arbeiten während des gesamten Buches *ohne* diese Eingabehilfen und gehen auf diese Dialogboxen nicht ein. Der Inhalt der Dialogboxen ist selbsterklärend, wenn Sie die Funktionen anwenden, wie wir sie Ihnen erläutern. Ohne die Eingabehilfen kann deutlich schneller gearbeitet werden.

Während der Arbeit im Buch, empfehlen wir Ihnen daher dringend, alle Eingabehilfen zu deaktivieren.

3.2.10 Kopieren und Einfügen (Office)

Dreamweaver 8 kann beim Einfügen von Dokumenten die bestehenden Dokumentenformatierungen mit übernehmen.

Besonders interessant ist hier das Einfügen aus Office-Dokumenten. Aus diesem Grund haben wir dem Thema ab Seite 303 ein eigenes Kapitel gewidmet.

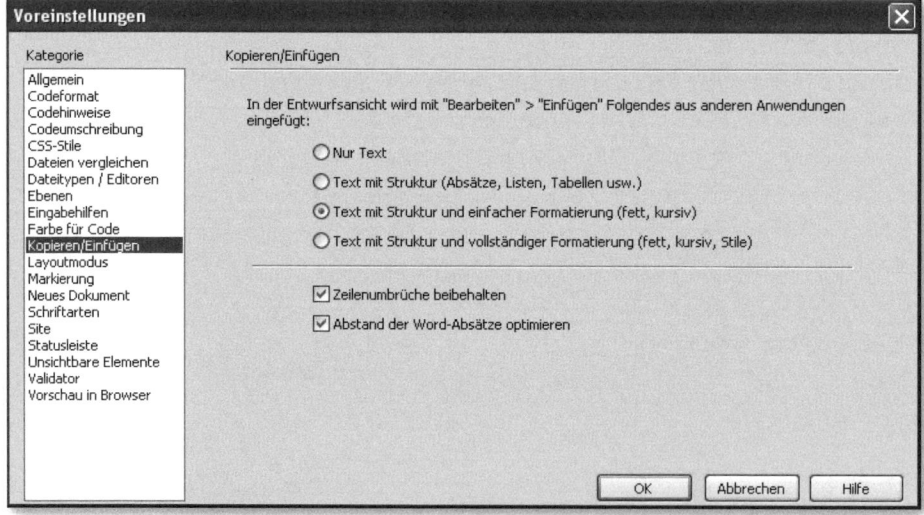

▲ **Abbildung 3.27**
Einstellungen für Einfügen und Kopieren

3.2.11 Layoutmodus

Dreamweaver ist im Layoutmodus in der Lage, leere Tabellenzellen automatisch mit Platzhalterbildern (auch Spacer oder transparente Gifs genannt) zu füllen. Hier können Sie einstellen, ob dies automatisch geschehen soll und falls ja, mit welcher Bilddatei.

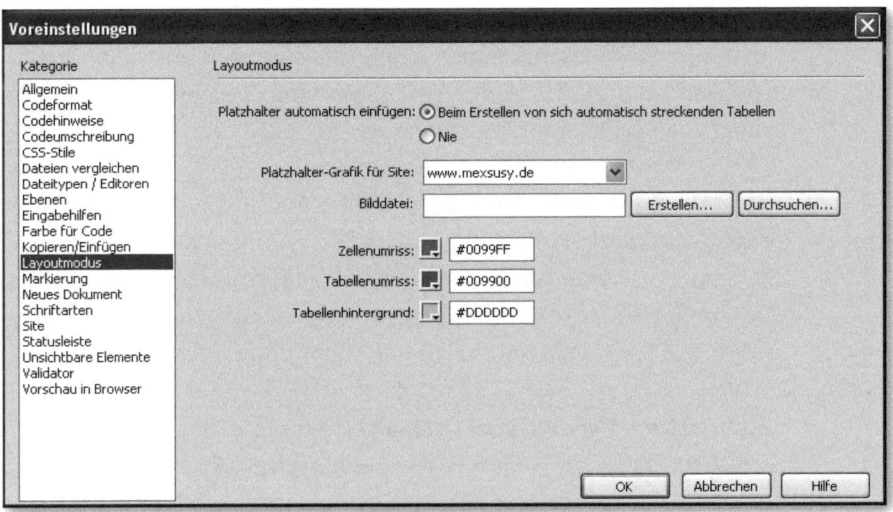

▲ **Abbildung 3.28**
Voreinstellungen des Layoutmodus

Ebenfalls besteht hier auch die Möglichkeit, ein Platzhalterbild zu erstellen. Es wird dann automatisch ein 1×1 Pixel großes, transparentes GIF erzeugt und an den Ort Ihrer Wahl gespeichert.

3.2.12 Neues Dokument

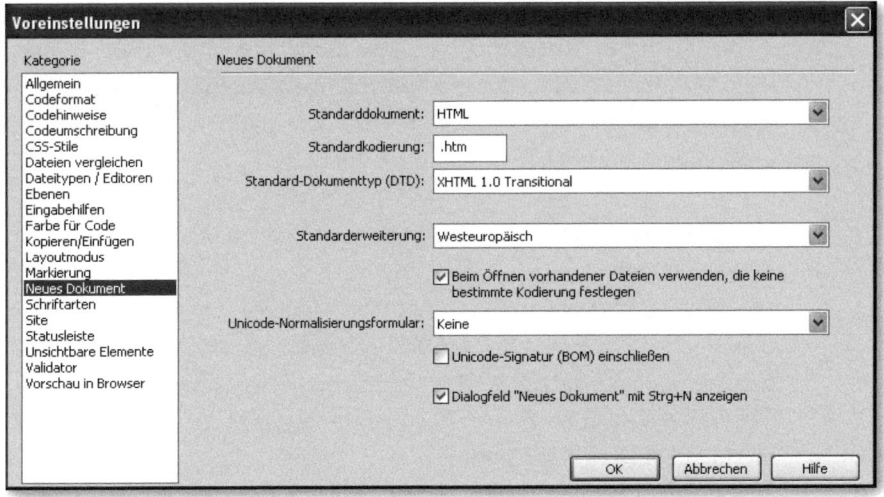

▲ **Abbildung 3.29**
Vorgaben für neue Dokumente

Die verschiedenen Dokumenttyp-Definitionen (DTD) im Detail zu erläutern, würde den Rahmen des Buchs sprengen und lieferte auch reichlich Nahrung für endlose Diskussionen. Dreamweaver 8 unterstützt alle verfügbaren Standards.

XHTML und CSS als Standard | XHTML in Kombination mit CSS für das Layout wird HTML als Standard für Websites definitiv ablösen. Neu zu erstellende Websites sollten Sie also möglichst als XHTML 1.0- und CSS-Dokumente anlegen. Das heißt jedoch nicht, dass HTML von den Browsern bald nicht mehr unterstützt wird.

Alternative HTML 4.0 Transitional | Wenn Sie die Möglichkeiten browserspezifischer Features flexibel einsetzen möchten, empfiehlt sich ein weniger reglementierter Dokumenttyp wie HTML 4.0 Transitional.

XHTML | XHTML ist eine Neudefinition von HTML ausgehend von XML-Regeln. HTML ist wiederum mit den Regeln von SGML definiert. Durch diese Neudefinition ergibt sich ein strengeres Regelwerk für XHTML-Dokumente.

XHTML 1.0 ist auf die Kompatibilität zu den HTML-Varianten angelegt und kann auch von Browsern, die XHTML nicht unterstützen, problemlos angezeigt werden. Für diese Fälle wird die Toleranz der Browser gegenüber Syntaxfehlern ausgenutzt. XHTML-eigene Elemente werden einfach ignoriert.

XHTML 1.1 ist wesentlich strenger aufgebaut und modular angelegt. Dies ermöglicht eigene Erweiterungen durch XML-Strukturen. XHTML 1.1 ist jedoch nicht auf Browser-Kompatibilität ausgelegt und unterstützt diverse HTML-Elemente nicht.

Unicode und Entities | HTML-Entities dienen der Darstellung von Sonderzeichen in einer kodierten Form. Das Ü zum Beispiel finden Sie im Quelltext allgemein als Ü wieder. Diese Kodierungen dienen dem Browser – in Kombination mit dem im Dokument angegebenen Zeichensatz – zur Festlegung der Zeichendarstellung.

Lesen Sie dazu bitte auch das Kapitel über das Anlegen der Dokumenteigenschaften ab Seite 113.

Zeichenkodierungen | Unicode ist ein internationaler Standard, in dem langfristig für jedes Zeichen aller bekannten Schriftkulturen und Zeichensysteme ein digitaler Code festgelegt wird, um den Austausch von Dokumenten auf internationaler Ebene zu vereinfachen.

Bisherige Zeichenkodierungen wie ASCII erlauben es nur wenige Sprachen gleichzeitig im selben Text darzustellen, es sei denn, man verwendet innerhalb des Textes verschiedene Zeichensätze. Gerade im Internet behindert dies die internationale Kommunikation erheblich.

Darstellung im Browser | Aktuelle Webbrowser wickeln die Darstellung Unicode-kodierter Zeichensätze perfekt und vom Benutzer unbemerkt ab. Voraussetzung dafür ist jedoch, dass auf dem Zielsystem eine Unicode-Schrift installiert ist und unter Windows die internationale Sprachunterstützung aktiviert wurde.

Klassische Computerschriftarten sind dazu nicht geeignet, da sie sich an bestimmten Zeichensätzen orientieren. Neue, Unicode-orientierte Schriftarten (Opentype) verbreiten sich erst allmählich.

In XML-Dokumenten und bei ASP-Programmierungen wird grundsätzlich in Unicode gearbeitet, um Plattformunabhängigkeit zu erreichen.

Weitere Informationsquellen

Weiterführende Informationen zu den verschiedenen Zeichenkodierungen und HTML-Standards finden Sie im Selfhtml-Kompendium von Stefan Münz unter http://de.selfhtml.org/ oder auf der Website des Unicode-Konsortiums unter http://www.unicode.org.

3.2.13 Site

Wenn Sie in einem Firmennetzwerk arbeiten, existiert eventuell eine Firewall, um Ihr Intranet vor Angriffen aus dem Internet zu schützen. Wenden Sie sich in diesem Fall an Ihren Administrator, er wird Ihnen bei der Einstellung helfen.

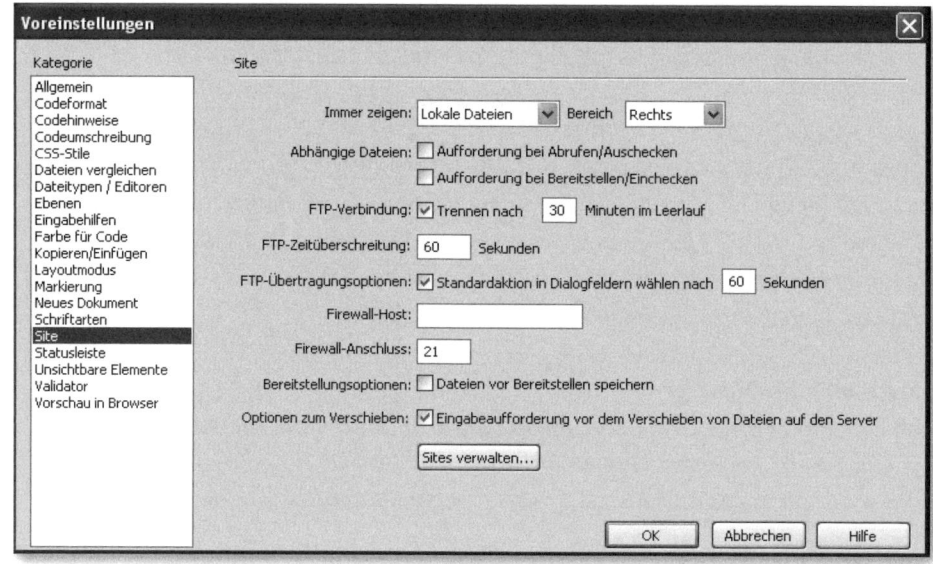

▲ **Abbildung 3.30**
Sitevorgaben und Firewalleinstellungen

3.2.14 Statusleiste

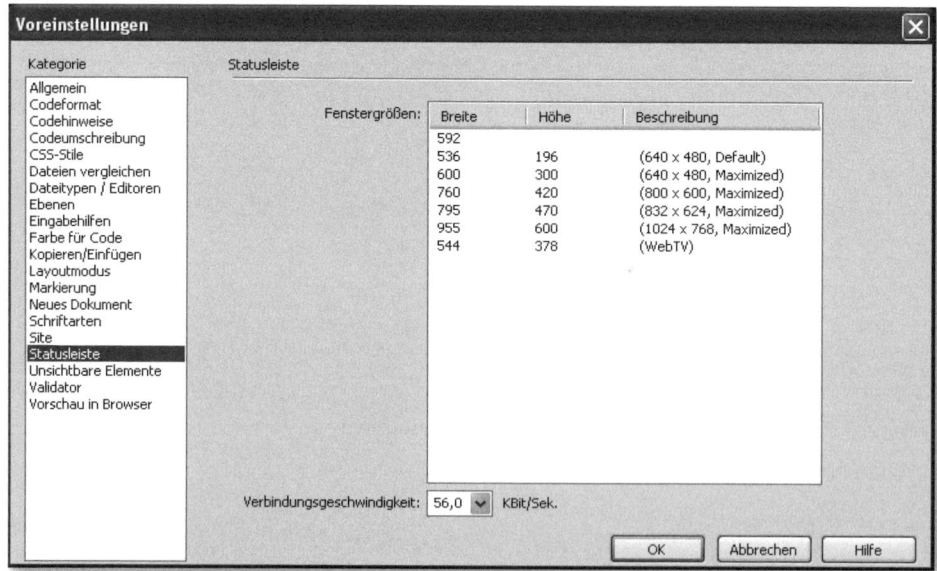

▲ **Abbildung 3.31**
Einstellungen für kleine Auflösungen

Wenn Sie Websites erstellen, werden Sie sicherlich nicht an einem kleinen Office-Monitor sitzen, sondern mit einem Monitor ab 19" arbeiten. Damit Sie auch kleinere Bildschirmgrößen nachbilden können, verfügt Dreamweaver 8 über eine automatische Anpassung der Fenstergröße. Diese Werte können Sie hier einstellen.

3.2.15 Unsichtbare Elemente

Wie weiter oben beschrieben werden in der Layoutansicht diverse unsichtbare Elemente durch so genannte Platzhalter angezeigt. Hier können Sie angeben, welche der unsichtbaren Elemente Sie angezeigt bekommen wollen und welche nicht.

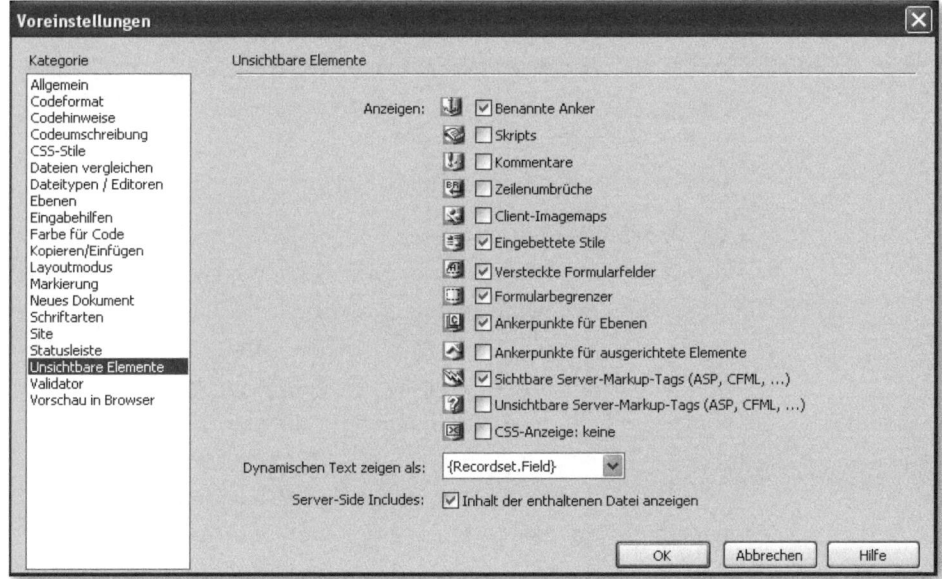

▲ **Abbildung 3.32**
Anzeige unsichtbarer Elemente

3.2.16 Validator

Der Validator ist das in Dreamweaver 8 integrierte Werkzeug zur Gültigkeitsprüfung der von Ihnen erstellten Dokumente. Stellen Sie hier die gleiche Sprachversion ein, die Sie auch beim Dokumenttyp angegeben haben.

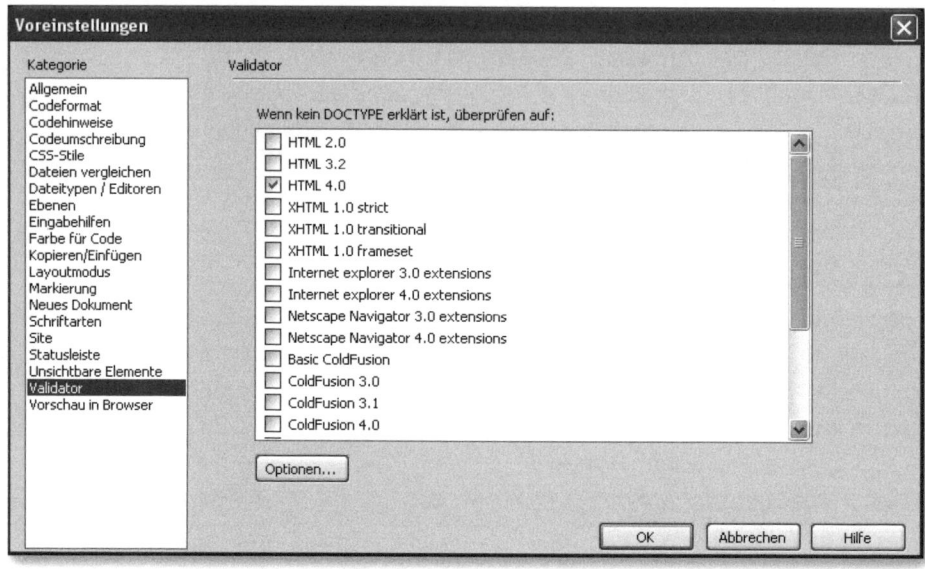

▲ **Abbildung 3.33**
Überprüfung von Syntax und Kombatibilität

3.2.17 Vorschau im Browser

Die integrierte Vorschaufunktion von Dreamweaver 8 ist sehr gut. Dennoch kann die beste Software nicht alle vorhandenen Browser abdecken. Es ist deshalb immer wieder sinnvoll, die erstellten HTML-Dokumente in verschiedenen Zielbrowsern zu überprüfen. Sie können in Dreamweaver 8 beliebig viele Browser zur Voransicht definieren.

Verschiedene Browser | Aktuell empfehlen wir Ihnen, die Überprüfung im Internet Explorer und im Mozilla (Firefox) durchzuführen. Weitere aktuelle Browser, wie Opera und Safari, sollten möglichst ebenfalls überprüft werden.

Arbeiten am Mac | Entwicklern auf Mac OS empfehlen wir dringend, die erstellte Website ebenfalls auf einem PC mit dem Internet Explorer zu überprüfen. Die Darstellungen von Farben und Schrift sowie die Umsetzung von CSS-Regeln sind definitiv nicht identisch, wenn auch die Unterschiede mittlerweile gering sind. Die Internet Explorer-Versionen für den Mac entsprechen nicht den PC-Versionen.

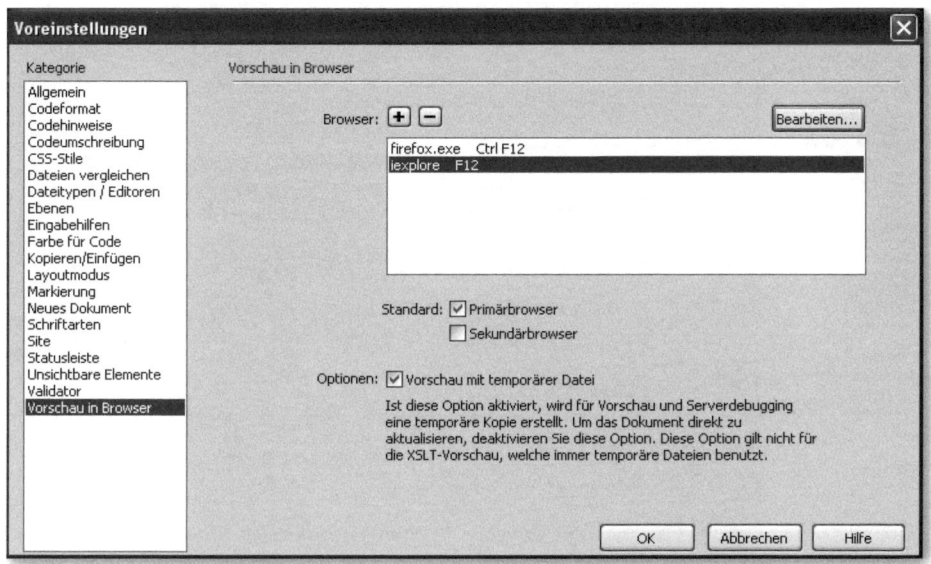

▲ **Abbildung 3.34**
Auswahl verschiedener Zielbrowser

Aktuelle Dokumentversionen anzeigen lassen

Wenn Sie HTML-Dokumente über die Aktualisieren-Funktion im Browser erneut aufrufen, erhalten Sie bei der Voreinstellung Vorschau mit temporärer Datei eine falsche Ansicht. Dreamweaver 8 legt für die Browservorschau bei dieser Einstellung temporäre Dateien an und zeigt diese im Browser statt der Originaldateien.

Wenn Sie im Browser auf Aktualisieren klicken, sehen Sie daher eine veraltete Version der Seiten. Ob Ihnen temporäre Dateien angezeigt werden, erkennen Sie an Namen wie »TMPyfdjojbg6y.php« in der Adressleiste des Browsers.

Browserliste bearbeiten | Um weitere Browser für die Browservorschau zu bestimmen, wählen Sie im Menü Bearbeiten • Voreinstellungen (oder Strg bzw. ⌘+U) und dort Vorschau im Browser. Klicken Sie auf das Pluszeichen und geben Sie den Namen des zusätzlichen Browsers ein. Wählen Sie jetzt das Browserprogramm auf Ihrer Festplatte aus.

Wenn Sie mehrere Zielbrowser ausgewählt haben, erscheinen diese in der Auswahl bei der Browservorschau. Mit den Einstellungen Primär- und Sekundärbrowser können Sie Standardbrowser für die Voransicht festlegen, die sich mit den Tasten F12 oder Strg bzw. ⌘+F12 öffnen.

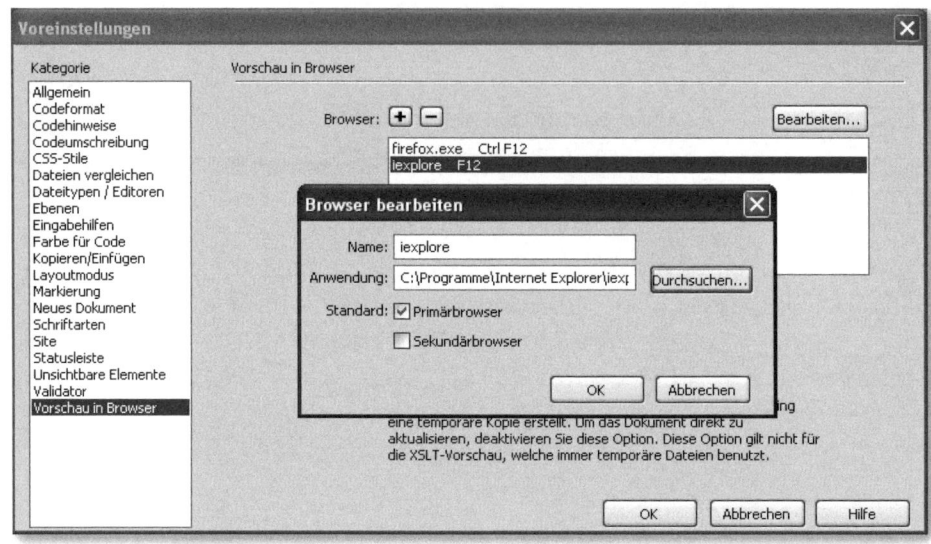

▲ **Abbildung 3.35**
Weitere Browser für die Vorschau hinzufügen

Mehrere Internet Explorer-Versionen | Sie können die meisten Browser ohne Probleme parallel auf Ihrem System installieren. Mehrere Internet Explorer-Versionen parallel auf einem Rechner zu installieren, ist allerdings nicht möglich. Dieser Browser überschreibt bei einer erneuten Installation alle Dateien. Auch dann, wenn Sie einen Alten über eine neuere Version installieren wollen.

Wir können Ihnen aus schmerzlicher Erfahrung heraus nur abraten, es zu versuchen. Es ist tatsächlich so, dass der IE massiv mit dem System verflochten ist. Wenn Sie Pech haben, funktioniert anschließend nichts mehr. Wirklich witzig wird es, wenn Sie den IE-Ordner löschen. Es geht! Fünf Sekunden später ist er wie von Zauberhand wieder da, inklusive aller Dateien. Stillschweigende Machtausübung von Microsoft.

Falls Sie dennoch mehrere Versionen dieses Browsers testen wollen oder müssen, benötigen Sie einen weiteren Rechner, oder Sie betrachten Ihr Werk auf dem Rechner eines Bekannten.

3.3 Layouthilfen in Dreamweaver

3.3.1 Raster einstellen und anzeigen

Das Arbeiten mit einem Dokumentraster kann beim Layouten mit Ebenen und Tabellen eine große Hilfe sein. Sinnvoll ist das Dokumentraster, wenn Sie Ebenen frei positionieren oder beim Erstellen von Tabellen den Layouttabellen-Modus verwenden, um Tabellen zu zeichnen. Im Menü ANSICHT • RASTER • RASTEREINSTELLUNGEN können Sie, wie in Abbildung 3.36 zu sehen ist, das Raster ganz nach Ihren Wünschen anpassen.

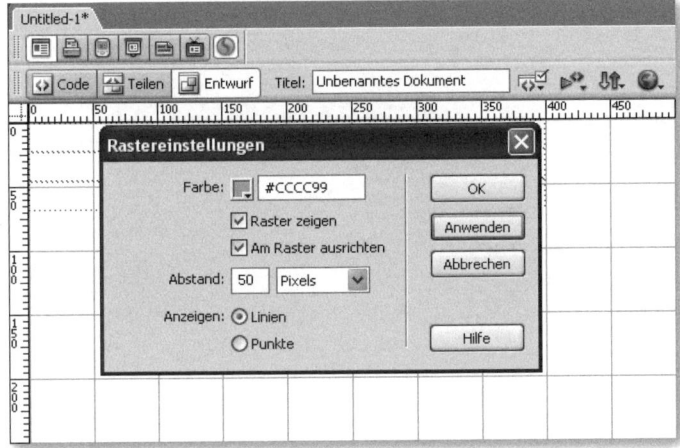

◄ **Abbildung 3.36**
Raster einstellen und anzeigen

Um das Raster zu aktivieren, klicken Sie im Menü ANSICHT • RASTER • RASTER ANZEIGEN oder Sie drücken gleichzeitig ⎡Strg⎤+⎡Alt⎤+⎡G⎤ bzw. ⌘+⌥+⎡G⎤.

Wenn Sie möchten, dass Layoutelemente am Raster ausgerichtet werden, müssen Sie RASTER • AM RASTER AUSRICHTEN aktivieren oder ⎡Strg⎤+⎡⇧⎤+⎡Alt⎤+⎡G⎤ bzw. ⌘+⎡⇧⎤+⌥+⎡G⎤ drücken. Sie können die Schrittweite bzw. den Rasterabstand in diesem Menü ebenfalls genau definieren.

3.3.2 Hilfslinien

Erst in der neuen Version Dreamweaver 8 ist es möglich, mit Hilfslinien zu arbeiten. Nach anfänglicher Skepsis, was denn Hilfslinien bei

HTML zu suchen haben, sind wir mittlerweile begeistert und möchten dieses Tool zur schnellen Layoutkontrolle nicht mehr missen.

Hilfreiches Kontrollmittel | Es ist nicht sinnvoll, Hilfslinien zum vollständigen Aufbau des Layouts einzusetzen, wie Sie dies eventuell aus DTP-Programmen wie InDesign gewohnt sind. Das eigentliche Layout wird mit Photoshop o. Ä. erstellt.

Zur schnellen Kontrolle von Abmessungen und Abständen sind Hilfslinien hingegen hervorragend geeignet. Wer kennt es nicht: Screenshot erstellen – Photoshop öffnen – Abstand messen – in Dreamweaver 8 nachbearbeiten – erneute Kontrolle usw. Diese Arbeitsschritte können Sie sich jetzt sparen.

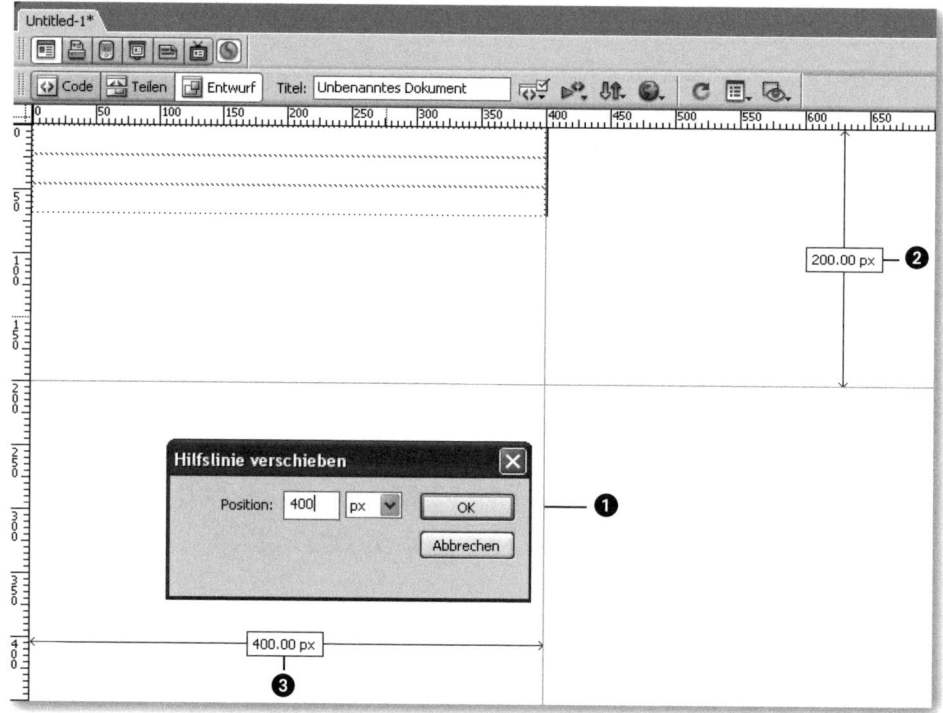

▲ **Abbildung 3.37**
Hilfslinien erstellen

Um Hilfslinien zu erstellen, müssen Sie zunächst die Lineale aktivieren. Hierzu klicken Sie im Menü ANSICHT auf LINEALE und auf LINEALE • ZEIGEN oder Sie drücken gleichzeitig Strg+Alt+R bzw. ⌘+⌥+R.

Erstellen Sie nun eine Hilfslinie, indem Sie auf die Lineale klicken und mit gedrückter Maustaste die Hilfslinie an die gewünschte Position in das Dokument ziehen. So, als wollten Sie das Lineal verschieben.

Um eine Hilfslinie wieder zu löschen, ziehen Sie diese einfach aus dem Dokument heraus.

Hilfslinien exakt einstellen | Ziehen Sie eine beliebige Hilfslinie in das Dokument und doppelklicken Sie auf die Hilfslinie ❶. Wie in Abbildung 3.37 dargestellt, öffnet sich eine Dialogbox und Sie können die gewünschte Position pixelgenau eingeben.

Abstände schnell messen | Um Abstände innerhalb eines Dokumentes schnell zu messen, ziehen Sie eine beliebige Hilfslinie in das Dokument und verschieben diese mit gedrückter ⌨Strg/⌘-Taste. Wie in Abbildung 3.37 dargestellt, werden alle Abstände zum Dokumentenrand – zusätzlich zur aktuellen Hilfslinienposition – angezeigt ❷.

Browserfenster mit Hilfslinien simulieren

Im Menü ANSICHT • HILFSLINIEN werden Ihnen diverse Bildschirmabmessungen angezeigt.

Die Auswahl einer dieser Abmessungen veranlasst Dreamweaver 8 dazu, Hilfslinien in den Abmessungen des in der ausgewählten Bildschirmgröße zur Verfügung stehenden Browserfensters anzulegen.

3.3.3 Die Statusleiste

Neu in Dreamweaver 8 ist die Erweiterung der Statusleiste um einige Funktionen. Das Icon mit dem Pfeil ❶ ist die Standardauswahl und ermöglicht Ihnen das Auswählen einzelner Elemente im Dokument. Dieses Icon müssen Sie anwählen, nachdem Sie mit dem Handwerkzeug ❷ oder dem Zoomwerkzeug ❸ die Dokumentansicht verändert haben.

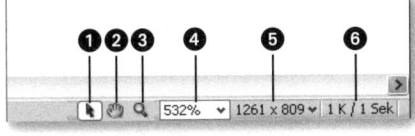

◄ **Abbildung 3.38**
Neue Hilfsmittel in der Statusleiste

Das Handwerkzeug | Die Hand ermöglicht ein Dokument »anzufassen« und innerhalb des aktuellen Fensterbereichs am Bildschirm zu verschieben, ohne mit den Scrollleisten zu arbeiten. Besonders in Kombination mit der Lupe und einem gezoomten Dokument ist dieses Werkzeug sehr sinnvoll, um eine Stelle im Dokument aufzufinden.

Das Zoomwerkzeug | Ein Dokument können Sie, wie in Abbildung 3.39 zu sehen ist, mit der Lupe ❸ zoomen oder durch die direkte Anwahl einer voreingestellten Skalierung im Menü ❹. In diesem Menü gelangen Sie auch wieder zur Originalansicht des Dokuments (100 %).

Bildschirmauflösung & Dateigröße | Im Menü ❺ rechts neben der Zoomfunktion können Sie das aktuelle Dokumentfenster auf die in einer bestimmten Bildschirmauflösung zur Verfügung stehenden Abmessungen skalieren. Am rechten Rand der Statusleiste finden Sie die Angaben über die aktuelle Dateigröße des Dokuments ❻. In dieser Angabe sind alle externen Grafiken etc. enthalten. Sie können so abschätzen, ob das Dokument noch in einer akzeptablen Geschwindigkeit über das Internet geladen werden kann.

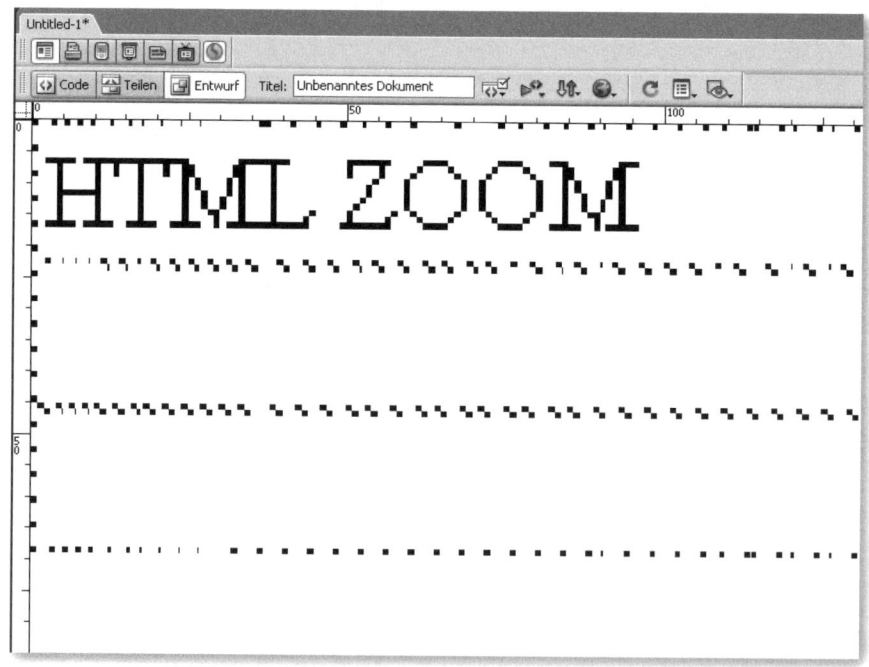

▲ **Abbildung 3.39**
Ein gezoomtes HTML-Dokument

> **Dokumentfenster auf Bildschirmauflösung skalieren**
>
> Das Dokumentfenster kann nur auf die gewünschte Größe skaliert werden, wenn es nicht maximiert ist.

3.3.4 Tracing-Bilder

Um ein Layout exakt an einer Vorlage auszurichten, können Sie in den Seiteneigenschaften ein so genanntes Tracing-Bild angeben. Ein Tracing-Bild ist eine Grafik, die in den Hintergrund des aktuellen Bildes gelegt wird, um darauf ein Raster, Hilfslinien, Ebenen oder Tabellen zu erstellen. Das Tracing-Bild wird im Browser nicht angezeigt. Damit eine Unterscheidung zwischen Tracing-Bild und bereits im Layout eingefügten grafischen Elementen möglich ist, können Sie die Transparenz des Tracing-Bildes einstellen.

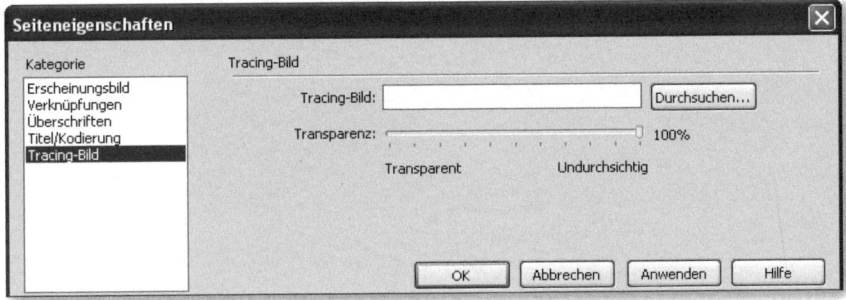

▲ **Abbildung 3.40**
Tracing-Bild angeben

4 Dreamweaver erweitern

Dreamweaver 8 ist ein mächtiges Werkzeug. Doch damit nicht genug, es lässt sich auch noch nahezu beliebig erweitern. Wir zeigen Ihnen in diesem Kapitel, wie Sie Dreamweaver an Ihre persönlichen Bedürfnisse anpassen können.

4.1 Befehle speichern

Wie fast alle Programme verfügt auch Dreamweaver 8 über einen Verlauf. Dieses Aktionsprotokoll zeichnet Ihre Arbeitsschritte auf und ermöglicht Ihnen, auf einfache Weise an jeden beliebigen Schritt Ihrer Arbeit zurückzukehren. Das Verlaufsfenster öffnen Sie über FENSTER • VERLAUF oder durch gleichzeitiges Drücken von ⬆+F10.

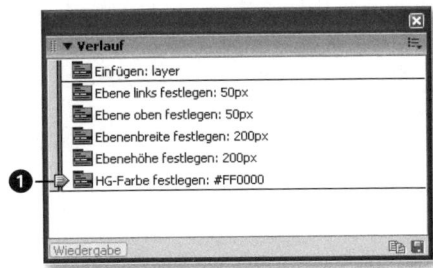

◄ **Abbildung 4.1**
Das Verlaufsfenster

Durch Bewegen des Schiebereglers ❶ auf der linken Seite des Fensters können Sie zu jedem Schritt in Ihrer Arbeitsfolge zurückkehren oder bereits gelöschte Schritte wiederherstellen.

Es gibt immer wieder Arbeitsschritte in der Entwicklung einer Website, die auf jeder Unterseite gleich sind, zum Beispiel das Einstellen der Seiteneigenschaften, Einfügen der Metaangaben usw. Sie können die einzelnen Schritte im Verlauf auswählen und als Befehl abspeichern.

Markieren Sie dazu die gewünschten Schritte mit der Maus ❷. Wenn Sie auf WIEDERGABE ❸ klicken, können die markierten Befehle wiederholt werden. Bei dem Icon ❹ werden die Arbeitsschritte in die Zwischenablage kopiert, durch Klicken auf das Disketten-Icon ❺ können Sie die Arbeitsfolge als Befehl abspeichern ❻.

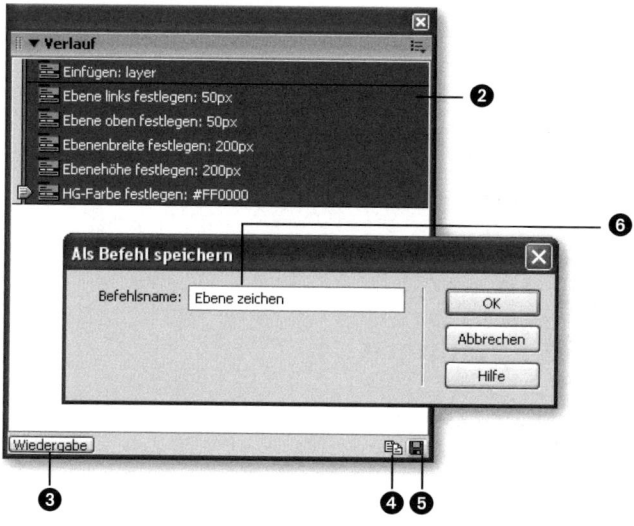

Abbildung 4.2 ▶
Verlauf als Befehl
abspeichern

Abgespeicherte Befehle stehen Ihnen in Dreamweaver 8 immer zur Verfügung und werden im Menü BEFEHLE zu festen Bestandteilen des Programms. Mit dem Menüpunkt BEFEHLSLISTE BEARBEITEN ❼ können sie wieder gelöscht werden.

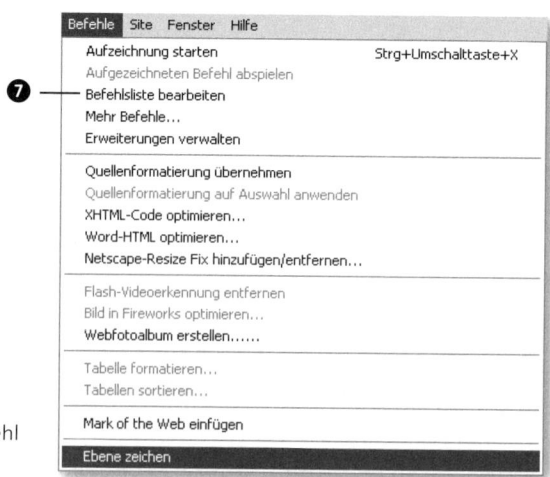

Abbildung 4.3 ▶
Gespeicherter Befehl
im Menü BEFEHLE

Ein Teil der nun gleich besprochenen Erweiterungen sind abgespeicherte Befehle.

4.2 Extensions einsetzen

Wenn Sie Dreamweaver 8 installieren, wird automatisch ein weiteres Programm installiert: der **Macromedia Extension Manager**.

4.2.1 Bezugsquellen

Dreamweaver 8 alleine bietet bereits eine Vielzahl an Werkzeugen. Zusätzlich können Sie es mit Hilfe des Extension Managers erweitern und nahezu unbegrenzt ausbauen. Mit etwas Geschick im Programmieren können Sie auch eigene Erweiterungen anlegen. Allein auf der Macromedia-Website sind viele hundert Erweiterungen erhältlich. Dazu kommen noch unzählige in User-Groups und auf Websites, die sich speziell um Dreamweaver 8-Erweiterungen bemühen.

Einige der besten, wenn auch nicht kostenfreien, Erweiterungen für Dreamweaver finden Sie bei www.interaktonline.com.

An Extensions gibt es nahezu nichts, was es nicht gibt. Sicherlich sind zwei Drittel nur unnütze Spielereien. Es finden sich allerdings auch eine ganze Menge Erweiterungen darunter, die das tägliche Arbeiten ungemein erleichtern.

◀ **Abbildung 4.4**
Frameset-Menü ohne Erweiterung

Die hier beschriebenen Erweiterungen finden Sie auch auf der CD-ROM des Buchs.

Buch-CD

Sehen Sie sich zum Beispiel in der Einfügeleiste die Auswahl an Framesets an. Es ist schon eine ganze Menge enthalten. Doch leider nicht genug, einige sehr wichtige fehlen. Um weitere, vor allem verschachtelte Framesets zu erhalten, installieren wir eine Erweiterung. Klicken Sie dazu im Menü BEFEHLE auf ERWEITERUNGEN VERWALTEN, und der Extension Manager wird gestartet.

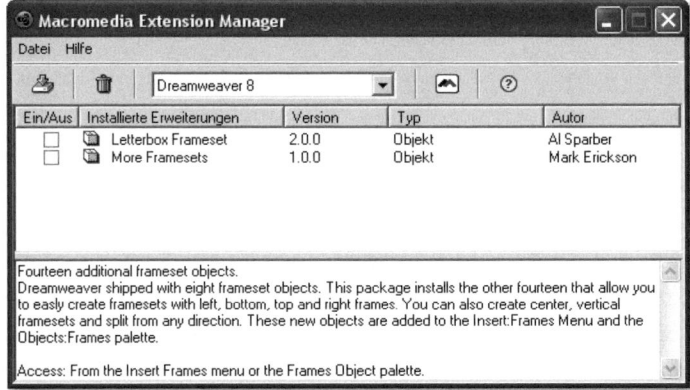

Abbildung 4.5 ▶
Extension Manager mit deaktivierten Erweiterungen

4.2.2 Extension Manager

In Abbildung 4.6 sehen Sie die Oberfläche des Extension Managers. Im Popup-Menü ❶ können Sie auswählen, für welches Programm Sie Erweiterungen installieren möchten. Erweiterungen gibt es auch für Flash und Fireworks.

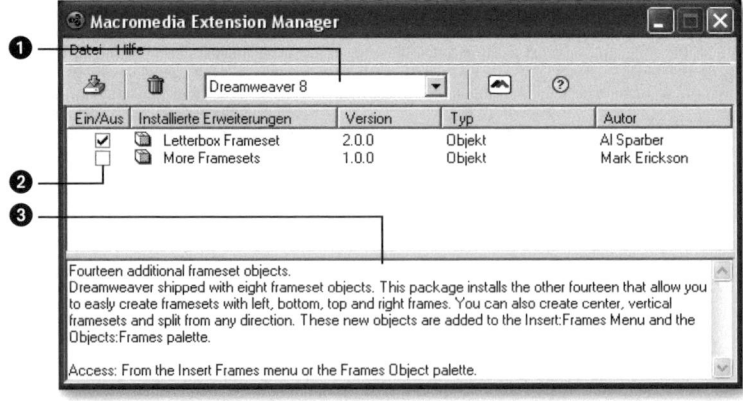

Abbildung 4.6 ▶
Extension Manager mit aktivierter Erweiterung

Die bei uns bereits installierte Erweiterung Letterbox Framesets ist ebenso wie die Erweiterung More Framesets deaktiviert, wie Sie am inaktiven Kontrollkästchen ❷ sehen. Wenn Sie mit vielen Erweiterungen arbeiten, ist es sinnvoll, diese nicht immer alle gleichzeitig zu aktivieren, sondern nur die aktuell benötigten. Die Oberfläche wird sonst schnell unübersichtlich.

Letterbox Frameset für die Buchwebsite | Die Erweiterung »Letterbox Frameset« wird für das Erstellen der Buchwebsite benötigt. Sie können diese Erweiterung bereits jetzt oder zu einem späteren Zeitpunkt installieren.

Buchwebsite

Sie finden die Erweiterung auf der CD-ROM zum Buch. Klicken Sie im Extensions Manager auf Datei • Erweiterung installieren, um diese zu installieren.

Nach erfolgreicher Installation wird die Erweiterung in der Liste der installierten Erweiterungen angezeigt. Im unteren Teil des Fensters ❸ finden Sie Hinweise über Urheberrecht und Bedienung der Erweiterung. Wie Sie in Abbildung 4.7 sehen können, ist auch ein neuer Eintrag im Frameset-Menü hinzugekommen.

◄ **Abbildung 4.7**
Frameset-Menü mit
Erweiterung

Vorsicht bei alten Erweiterungen
Vermeiden Sie unbedingt Erweiterungen zu installieren, die nicht ausdrücklich für Dreamweaver 8 zugelassen sind. Diese verursachen unter Umständen schwere Fehler. Bislang ist uns in Dreamweaver 8 ein solches Verhalten nicht aufgefallen. In der Vorgänger-Version wurden jedoch mehrfach Fehler erzeugt, die nur durch eine Neuinstallation behebbar waren.

Extensions im Web | Auf den folgenden Websites dürften Sie auch bei exotischeren Wünschen nach Erweiterungen fündig werden:

- http://www.macromedia.com
- http://www.dreamworker.de/
- http://www.mxmagazin.de/
- http://www.dreamweaver-extensions.com/
- http://www.yaromat.com/dw/
- http://www.massimocorner.com/
- http://www.flevooware.nl/dreamweaver/

Erweiterungen sichern

Sichern Sie Ihre Erweiterungen an geeigneter Stelle. Daten von Websites zu sichern ist selbstverständlich, die Erweiterungen vergisst man jedoch schnell. Wenn Sie Ihr System aus irgendwelchen Gründen neu installieren müssen und Ihre häufig genutzten Erweiterungen nicht mehr finden, sind diese verloren. Vertrauen Sie nicht darauf, dass Sie die Erweiterung im Internet wiederfinden.

Teil II
Statische Websites

5   Eine Site erstellen

Was ist die Site-Verwaltung? Wie können Sie damit arbeiten, und was hat die Site-Verwaltung Ihnen sonst noch zu bieten?

Im Internet herrscht Chaos. Auf Ihrer Website und in Ihrem Arbeitsablauf muss das nicht sein. Mit der Site-Verwaltung von Dreamweaver 8 können Sie grundlegende Arbeitsschritte planen und durchführen. Dreamweaver 8 ermöglicht Ihnen, einzelne Dokumente auch ohne das Anlegen einer Site zu bearbeiten. Machen Sie dies aber wirklich nur im Einzelfall.

Die Regel sollte das komplette Anlegen einer Site sein. In diesem Kapitel werden wir beschreiben, wie das geht.

5.1   Die Struktur

5.1.1   Pfadangaben

HTML ist eine Skriptsprache, die dazu dient, dem Browser mitzuteilen, was und wie er etwas darzustellen hat. Die meisten Inhalte, von Texten abgesehen, befinden sich nicht innerhalb des HTML-Dokuments, sondern sind separat auf dem Webserver abgelegt. Diese ganzen Dateien müssen nun in geeigneter Art und Weise den Weg zueinander finden.

Verknüpfungen | In HTML-Dokumenten werden Verknüpfungen mit relativen oder seltener auch mit absoluten Pfadangaben vorgenommen. Im Normalfall kennen wir nicht die gesamte Verzeichnisstruktur des Webservers. Wir bewegen uns nur innerhalb des von unserem Provider vorgegebenen Rahmens, einem Verzeichnis, das die gesamte Website enthält.

Absolute Pfadangaben | Absolute Pfadangaben (z.B. http://www. macromedia.com/de/index.html) zeigen immer die gesamte URL eines Dokumentes an und spezifizieren dadurch ein Ziel, ohne dass ein Ausgangspunkt bekannt sein muss. Es ist in etwa vergleichbar mit der Adresse auf einem Briefumschlag. Der Brief wird sein Ziel finden, egal wo er eingeworfen wird. Absolute Pfadangaben werden verwendet, um auf externe Dateien oder andere Websites zu verlinken.

Relative Pfadangaben | Bei relativen Pfadangaben (z.B. bilder/ kunde/bild.jpg oder ../../bild.jpg) wird nur der Weg von der Ausgangs- zur Zieldatei angegeben. Stellen Sie sich vor, Sie fragen jemanden nach dem Weg zu einer bestimmten Adresse. Sie erhalten die Antwort: 500 Meter geradeaus, dann an der Kreuzung links und die zweite Straße rechts. Vermutlich werden Sie Ihr Ziel finden. Wenn Sie jedoch an einem anderen Ort sind, trifft die Wegbeschreibung nicht mehr für Sie zu. Der Weg zwischen Ihnen und dem Zielort hat sich geändert. Relative Pfadangaben werden verwendet, um innerhalb einer Website zu verlinken oder Grafiken einzubinden. Bei Verlinkungen errechnet Dreamweaver 8 die kürzesten Wege zwischen den Dokumenten und trägt sie als relative Pfade ein.

Übersicht in der Sitemap | Bei kleineren Websites kann man alle Bilder und Dokumente direkt in ein Verzeichnis ablegen. Dann sind die Pfade denkbar einfach anzugeben. Üblicherweise werden die Dateien jedoch innerhalb einer weiteren Ordnerstruktur abgelegt, die, wie Sie gleich sehen werden, unsere Sitemap oder die Navigation abbildet.

Die sich ergebenden Pfade von Hand in jedes Dokument einzutragen ist eine wahre Fleißarbeit und sehr fehleranfällig. Bei einer mittleren Website kommen schnell mehrere hundert Dokumente und Bilder zusammen. Wenn Sie auch nur eins davon verschieben möchten oder umbenennen, müssen Sie in allen anhängenden Dokumenten die Pfadangaben verändern.

Das ist der erste wichtige Punkt, den uns die **Site-Verwaltung** von Dreamweaver 8 abnimmt. Eine korrekt angelegte Site vorausgesetzt, überwacht Dreamweaver 8 im Hintergrund alle Dateiaktionen und verändert automatisch alle Pfadangaben. Sie können ohne Probleme ganze Verzeichnisse verschieben und alle Verlinkungen werden weiterhin funktionieren. Dazu gleich mehr.

5.1.2 Ordnerstruktur

Schaffen Sie gleich beim Anlegen der Site eine sinnvolle Ordnerstruktur. Oft lässt sich darin die Navigation gut abbilden. In Abbildung 5.1 sehen Sie einen Navigationsplan und in Abbildung 5.2 die dazugehörige Ordnerstruktur.

Jedem Navigationspunkt wird eine eindeutige Nummer zugeordnet. Nach derselben Nummerierung werden dann die Dokumente und Ordner in der Site angelegt. Bilder und andere Dateien, die zu diesem Dokument in Bezug stehen, werden wiederum nach demselben Schema benannt. Voraussetzung für diese Vorgehensweise ist eine gute Dokumentation und Sitemap.

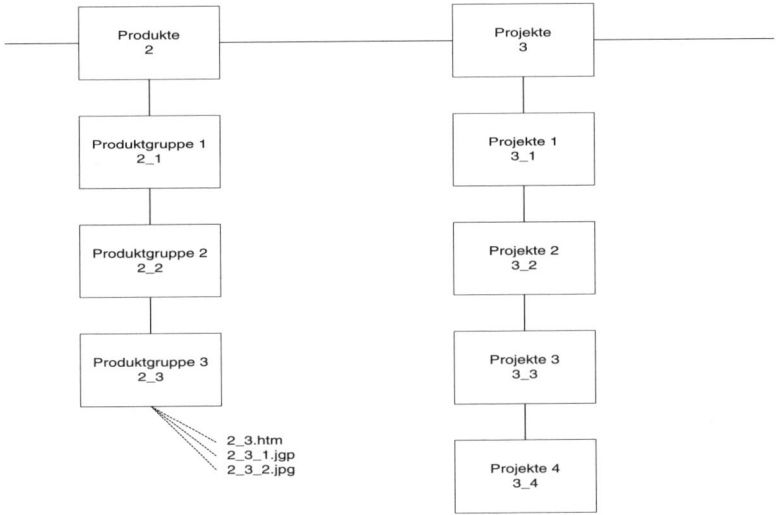

◄ **Abbildung 5.1**
Navigationsplan einer
Website (Ausschnitt)

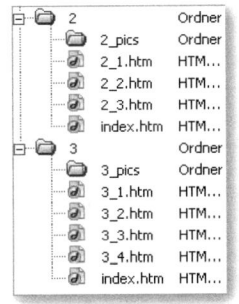

◄ **Abbildung 5.2**
Ordner- und
Dateistruktur nach
Navigationsplan aus
Abbildung 5.1

Übersicht durch Nummerierung | Auch wenn diese Systematik zunächst etwas umständlich erscheint, erweist sie sich bei umfangreichen Sites als sehr sinnvoll. Sie finden Dokumente schneller als mit Dateibezeichnungen wie produktealt.htm; Produkte.htm; produktneu.htm usw. Auf diese Art haben Sie zudem eine gute Grundlage, um auch noch in einem Jahr durchzublicken, und Dritte, die unbefugt an der Site herumpfuschen wollen, werden damit ziemliche Schwierigkeiten haben. 300 durchnummerierte Dokumente zu sortieren ist ohne vorliegende Dokumentation nicht wirklich einfach.

Dieses Schema setzen wir im dynamischen Teil des Buches fort. Bei dynamischen Websites wird häufig mit eingebundenen Dateien gearbeitet. Auch diese erhalten ihren strukturellen Bezug durch die Nummerierungen.

Sitemap-Ansicht | Ist die Sitemap-Ansicht aktiviert, erhält man eine gute Übersicht über Zusammenhänge zwischen den einzelnen Dateien. Wie Sie die Sitemap richtig einstellen, erfahren Sie auf Seite 100.

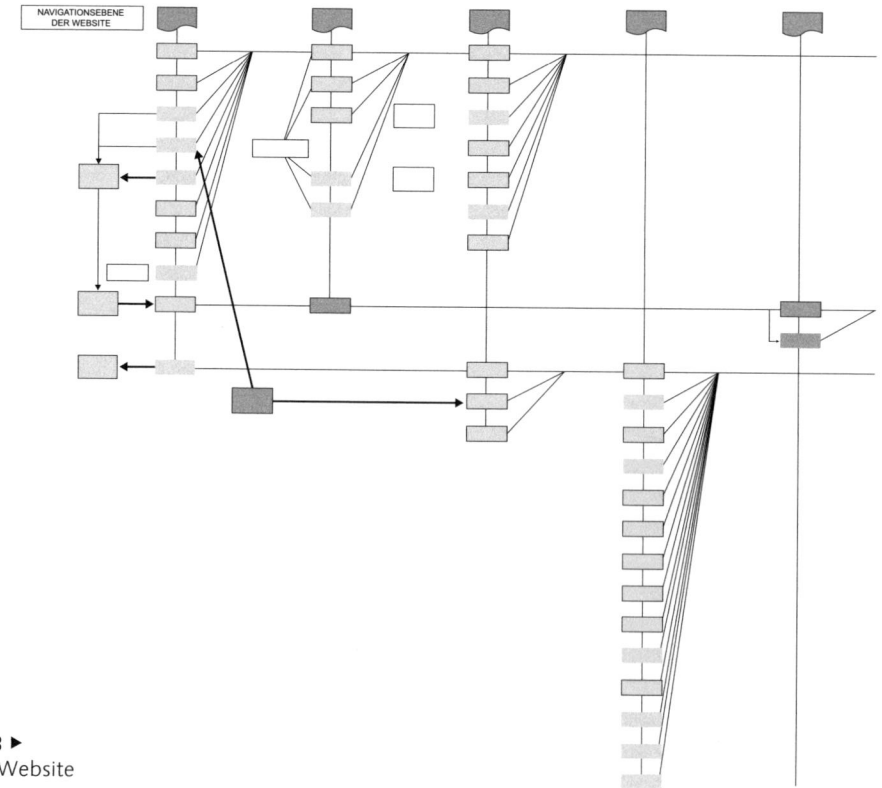

Abbildung 5.3 ▶
Schema einer Website

5.2 Die Site-Verwaltung

Da die korrekte Definition einer Site in der Siteverwaltung das A und O für das Funktionieren der späteren Website ist, wollen wir in diesem Abschnitt detailliert auf diesen Arbeitsschritt eingehen.

5.2.1 Regeln beim Arbeiten mit einer Site

Beim Anlegen einer Website kann man viel falsch machen und den Grundstein für so manchen später auftretenden Fehler legen. Achten Sie darauf, dass Sie Dateioperationen nach dem Anlegen der Site ausschließlich innerhalb der Site-Verwaltung vornehmen. Wenn Sie trotz angelegter Site die Strukturen mit dem Windows Explorer verändern, bekommt Dreamweaver 8 das nicht mit und kann keine Korrekturen bei den Verlinkungen durchführen.

- Legen Sie niemals, auch nicht mit Gewalt, innerhalb eines Ordners, der bereits eine Site enthält, eine weitere Site an. Dreamweaver 8 gibt dabei eine Fehlermeldung aus, die Sie in keinem Fall ignorieren sollten. Das Ergebnis kann verheerend sein. Spätestens, wenn Sie einmal die Pfade von 500 Dateien von Hand korrigieren mussten, machen Sie es nie wieder!

- Erstellen Sie neue Dateien immer in der Site-Ansicht oder im Dateifenster (mit rechter Maustaste klicken und NEUE DATEI auswählen). Wenn Sie einfach in der Arbeitsumgebung eine neue Datei erstellen, kann Dreamweaver die relativen Pfade nicht aktualisieren und trägt zunächst absolute Pfade auf Ihrer Festplatte ein. Sobald Sie die Site dann auf dem Webserver veröffentlichen, funktionieren diese nicht mehr. Legen Sie Dateien in der Site-Verwaltung an, ist der Bezug sofort eindeutig.

- Auch in der Site-Verwaltung gelten die üblichen Regeln für Internet-Dateinamen. Das Internet besteht zum größten Teil aus Linux- oder Unix-Systemen. Gewöhnen Sie sich daher bitte folgendes Schema an:
  - Benutzen Sie **keine Sonderzeichen** wie: Ä Ö Ü & „ in Datei- oder Ordnernamen.
  - Benutzen Sie auch **keine Leerzeichen** sondern den Unterstrich als Trennzeichen: name_vorname.
  - Beachten Sie **Groß- und Kleinschreibung** und schreiben Sie am besten immer alles klein. Linux-Systeme sind case-sensitiv. Datei.htm und datei.htm sind auf ihnen zwei völlig verschiedene

Dateien. Wenn die Benennung in der von uns vorgeschlagenen numerischen Weise geschieht, laufen Sie nicht Gefahr, fehlerhafte Zeichen in Dateinamen einzugeben, zudem werden die Dateinamen sehr kurz und passen sogar in das 8.3-Schema von MS DOS.

▶ Gewöhnen Sie sich eine einheitliche Schreibweise der Dateiendung an. Diese kann .htm oder .html heißen. Wichtig ist nur, das Sie diese *immer* beibehalten. Ein Link zur Datei index.html funktioniert nicht, wenn diese tatsächlich index.htm heißt.

▶ Legen Sie in jedes Verzeichnis als Startdatei eine index.htm an. Wenn dies aus strukturellen Gründen keinen Sinn macht, bauen Sie darin eine Weiterleitung ein. Webserver suchen automatisch nach einer Index-Datei und zeigen diese an, wenn keine andere HTML-Datei angegeben wird. Ist diese nicht vorhanden und ist zudem auch noch der Webserver fehlerhaft konfiguriert, bekommen Benutzer die Verzeichnisstruktur der Website angezeigt. Das wirkt unprofessionell und ist auch ein großes Sicherheitsrisiko.

▶ Achten Sie darauf, dass die Site im Laufe der Entwicklung nicht mit jeder Menge Testdateien und abgespeicherten Zwischenschritten »zugemüllt« wird. Sammeln Sie diese in einem separaten Ordner, den Sie anschließend archivieren oder löschen können. Außerdem sollten Sie alle Dateien, die nicht mehr benötigt werden, vom Webserver löschen.

5.2.2   Site-Definition

Site-Name | Damit Dreamweaver 8 Sites verwalten kann, müssen diese eindeutige Namen bekommen. Geben Sie einen solchen Namen bei SITE-NAME ❶ an. Er dient ausschließlich der Organisation der Daten innerhalb Dreamweaver 8 und Ihrer Ordnung. Sie können den Namen frei wählen und müssen hier die Schreibweisen von Linux nicht berücksichtigen.

Root-Ordner | Wir haben im vorherigen Abschnitt erklärt, wie die Dateien strukturiert werden sollten. In der Site-Definition müssen Sie im Feld LOKALER STAMMORDNER ❷ einen Ordner auswählen, in dem sich die Site entweder bereits befindet oder, wie in unserem Fall, erstellt werden soll. Der Stammordner ist zugleich der Bezugspunkt root der Website.

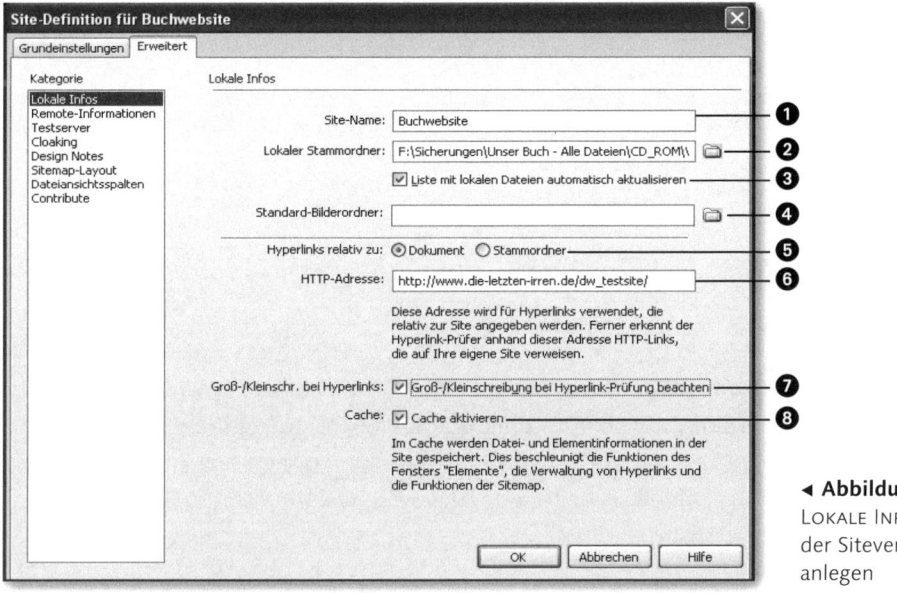

◄ **Abbildung 5.4**
LOKALE INFOS in
der Siteverwaltung
anlegen

Wenn wir später einen FTP-Zugang zum Webserver einrichten, wird
im lokalen Stammordner der Webserver, bzw. das für Sie freigege-
bene Verzeichnis, gespiegelt. Das heißt, der Inhalt Ihres lokalen
Stammordners und der Inhalt des Ordners auf dem Webserver sind
identisch.

Klicken Sie bitte auf das kleine Ordner-Icon ❷ rechts neben dem
Eingabefeld, und erstellen Sie einen neuen Ordner mit der Bezeichnung dw_trainingswebsite. Wenn Sie einen neuen Ordner erstellen,
müssen Sie in den Ordner wechseln, bevor Sie OK klicken.

Sie können den Ordner auch vorher mit dem Windows Explorer
erstellen. Das sollte dann aber die letzte Aktion sein, die Sie außerhalb der Site-Verwaltung erledigen.

Automatische Aktualisierung | Achten Sie bitte darauf, dass das
Kontrollkästchen LISTE MIT LOKALEN DATEIEN AUTOMATISCH AKTUALI-
SIEREN ❸ aktiv ist. Wenn Sie Bilder mit einem Bildbearbeitungsprogramm zerteilen, werden diese innerhalb der Site-Struktur abgelegt.
Durch Aktivieren dieser Option müssen Sie nicht von Hand aktualisieren, und Dreamweaver 8 bekommt diese Änderung automatisch
mit.

Standard-Bilderordner | Der Standard-Bilderordner ❹ ist der Ordner, auf den automatisch als Erstes zugegriffen wird, wenn Sie ein neues Bild einfügen möchten. Sie können hier Ihren gewünschten Ordner angeben, oder das Feld, wie in unserem Beispiel, einfach leer lassen.

Hyperlinks | Es können Hyperlinks ❺ relativ zum Stammordner oder zum Dokument vorgegeben werden. Bei einer auf den Stammordner bezogenen Verlinkung (rootrelativ) werden Verlinkungen immer vom Stammordner der Site ausgehend mit vorgestelltem / geschrieben. Die Standardeinstellung in Dreamweaver ist dokumentenrelativ.

Die Vorteile einer auf den Stammordner bezogenen Verlinkung zeigen sich erst bei dynamischen Websites. Bei dieser Art von Websites weiß man bei eingebundenen Dokumenten oft nicht, aus welchem Ordner heraus diese abgerufen werden. Hierbei ist daher rootrelativ die bessere Wahl.

Nachteil dieser Art der Verlinkung ist, dass Sie keine lokale Vorschau erzeugen können. Sie müssen in diesem Fall zwingend mit einem realen Webserver arbeiten.

HTTP-Adresse | Tragen Sie jetzt bei HTTP-Adresse ❻ die URL mit dem Domainnamen als absoluten Pfad Ihrer Website ein (z. B. http://www.meinewebsite.de). Dreamweaver 8 benötigt diese Angabe, um Verlinkungen in der Site zu überprüfen. Wenn Sie die Adresse nicht eintragen, kann das Programm Verlinkungen, die auf absoluten Pfadangaben beruhen, nicht überprüfen. Auch dieses Feld bleibt bei unserer Übungswebsite frei, da wir keine Domain haben, auf der sie einmal laufen wird.

Wir empfehlen in jedem Fall, die Groß- und Kleinschreibung bei der Hyperlinküberprüfung zu beachten ❼ und diesen Punkt zu aktivieren. Leider ist Windows an dieser Stelle sehr tolerant, sodass sich viele Windowsbenutzer einen nachlässigen Umgang damit angewöhnt haben. Webserver sind selten derart tolerant. Aktivieren Sie diese Checkbox und eventuelle Fehler fallen auf, bevor die Site im Web zu sehen ist.

Cache | Die Option CACHE ❽ sollten Sie immer aktivieren. Nur so bekommt Dreamweaver 8 eindeutig Änderungen innerhalb der Website mit und kann z.B. die Pfade korrigieren. Viele Arbeiten am Dateisystem gehen so deutlich schneller.

5.2.3 FTP-Zugang einrichten

Einen FTP-Zugang richten Sie in der zweiten Kategorie REMOTE-INFORMATIONEN ein. Wählen Sie dort aus dem Menü ZUGRIFF FTP ❶ aus. Um den Zugang zu einem Webserver anzulegen, benötigen Sie einige Daten von Ihrem Provider, die in diesem Dialogfeld eingetragen werden müssen.

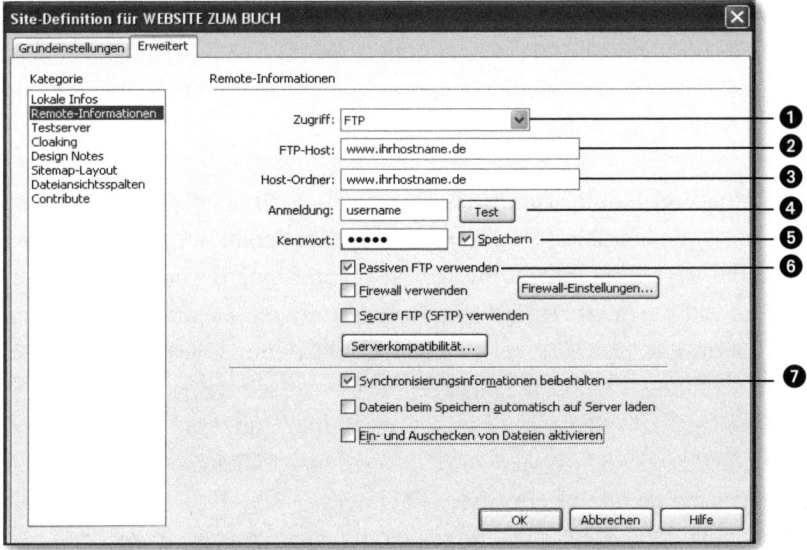

▲ **Abbildung 5.5**
Anlegen des FTP-Zugangs zum Server

FTP-Webserver festlegen | Der FTP-Host ❷ ist Ihr Webserver, unterscheidet sich aber häufig in der Schreibweise vom Aufruf der Website im Browser.

Wenn Sie einen Webserver auf der Domain http://www.meinedomain.de haben, kann der FTP-Server z. B. den Namen ftp://www.meinedomain.de oder ftp.meinedomain.de heißen, aber genauso als www.meinedomain.de eingetragen sein. Es kommt auch vor, dass Sie einfach eine IP-Adresse erhalten.

Wenn Sie unsicher sind, fragen Sie Ihren Provider zu den richtigen Einstellungen. Er kann Ihnen auch die folgenden Informationen liefern.

Normalerweise können Sie das Feld Host-Ordner ❸ frei lassen. Dies hängt von der Verzeichnisstruktur auf dem Server ab.

Zugangsdaten festlegen | Tragen Sie die Zugangsdaten von Ihrem Provider unter Anmeldung ❹ und Kennwort ❺ ein. Bedenken Sie dabei, dass das Kennwort nie im Klartext angezeigt wird und sich nicht nur dem Zugriff Unbefugter entzieht, sondern auch Ihrem, wenn Sie es vergessen haben. Vermerken Sie es sich am besten an sicherer Stelle.

Verbindung testen | Jetzt können Sie auf Test klicken, und Dreamweaver 8 versucht eine Verbindung zum Server herzustellen. Gelingt dies, bekommen Sie eine Erfolgsmeldung. Falls nicht, überprüfen Sie die Zugangsdaten.

Keine Verbindung zum Host | Es gibt jedoch noch einige mögliche Fehlerquellen, falls keine Verbindung zum Server hergestellt werden kann. Wenn Sie mit Ihrem Rechner hinter einem Router oder einer Firewall sitzen (auch Desktop-Firewall), sollten Sie auf jeden Fall die Option Passiven FTP verwenden ❻ aktivieren. Die Anforderungen eines aktiven FTP-Servers akzeptiert praktisch keine gute Firewall. Passives FTP ist zwar geringfügig langsamer, funktioniert dafür umso zuverlässiger. Beim passiven FTP werden von Seiten des Host keine Anfragen an den Client (Ihren Rechner) gerichtet.

Wenn Ihr lokaler Rechner durch eine Firewall abgesichert ist, müssen Sie diese unter Umständen in den Firewall-Einstellungen konfigurieren. Erfragen Sie dafür die nötigen Einstellungen bei Ihrem Systemadministrator.

FTP und SFTP | Das klassische FTP-Protokoll ist alles andere als sicher. Jeder, der sich im selben Netz befindet, kann unter Einsatz geeigneter Programme (Sniffer) problemlos Ihre Datenübertragungen mitverfolgen, so auch die Zugangsdaten und Passwörter. Problematisch kann dies werden, wenn Sie sehr sensible Daten übertragen. Unter diesen Umständen können Sie auch die Option SECURE FTP (SFTP) VERWENDEN aktivieren.

Aktionsprotokoll | Neu in Dreamweaver 8 ist das Protokoll für Aktionen mit der Siteverwaltung. Wenn Sie mit dem Aktionsprotokoll arbeiten wollen, müssen Sie es hier aktivieren ❼.

Dokumente lokal prüfen | Achten Sie darauf, den Punkt DATEN BEIM SPEICHERN AUTOMATISCH AUF SERVER LADEN zu deaktivieren. Sonst kann es sehr schnell passieren, dass fehlerhafte Versionen Ihrer Dokumente – die es während der Arbeit zwangsläufig gibt – unbeabsichtigt auf den Server übertragen werden. Auch in Ausnahmen, die es kaum gibt, sollten Sie Dokumente immer erst lokal überprüfen, bevor Sie diese veröffentlichen.

Die Funktion EIN- UND AUSCHECKEN VON DATEIEN AKTIVIEREN beschreiben wir im Abschnitt über Gruppenarbeit mit Dreamweaver auf Seite 105.

5.2.4 Eine Alternative zu FTP

Anstatt FTP können Sie auch einen WebDAV-Zugriff auf einen Webserver anlegen, vorausgesetzt Ihr Provider unterstützt dieses Protokoll. WebDAV steht für Web-based Distributed Authoring and Versioning.

Bidirektionale Datenübertragung | Bei WebDAV handelt es sich um einen offenen Standard, um Daten im Internet zu übertragen. Technisch gesehen ist WebDAV ein Protokollaufsatz bzw. eine Erweiterung des HTTP-Protokolls (Hyper Text Transfer Protokoll), dem Standardprotokoll zur Datenübertragung im Internet.

Das HTTP-Protokoll ist zwar bidirektional, in der Praxis fließen jedoch die Daten meistens vom Server (http://www.domain.de) zum Client (Browser des Users). Hier soll WebDAV Abhilfe schaffen. Mittels WebDAV können mit dem HTTP-Protokoll Daten bidirektional übertragen werden. Dies kann eingesetzt werden, um z.B. Webseiten auf dem Server zu speichern. In diesem Fall leistet WebDAV im Vergleich zum veralteten FTP-Protokoll gute Dienste. So ist z.B. ausgeschlossen, dass mehrere Personen auf die gleiche Datei zugreifen können. Auch eine Namens- und Versionsverwaltung ist im WebDAV-Protokoll implementiert.

Das WebDAV-Protokoll ist in modernen Betriebssystemen wie MS Windows XP, Mac OS X, GNU/Linux bereits vorgesehen. Weiterhin finden sich im Internet jede Menge Dienstleister, die Speicherplatz über WebDAV quasi als virtuelle Festplatte zur Verfügung stellen.

5.2.5 Testserver

Ein Testserver ist ein lokaler Webserver, der zur Entwicklung und Simulation dynamischer oder statischer Websites dient.

Buch-CD

Um Datenbankanbindungen mit Dreamweaver 8 zu erstellen, ist ein Testserver-Betrieb zwingend notwendig. Wir werden in einem späteren Kapitel einen Testserver einrichten und die notwendigen Einstellungen erläutern. Alle Tools dafür finden Sie auf der CD-ROM zum Buch.

5.2.6 Cloaking

Mit der Cloaking-Funktion können Sie einzelne Dateien oder Dateitypen von der Übertragung auf den Webserver ausschließen. Dieses Hilfsmittel greift dann, wenn Sie ganze Verzeichnisse oder die gesamte Site bereitstellen wollen.

Sinnvoll eingesetzt werden kann diese Funktion, wenn Sie innerhalb Ihrer Dateistruktur einen oder mehrere Ordner anlegen, in denen beispielsweise die Photoshop-Dateien mit den Entwürfen Ihrer Site liegen. Diese Dateien sind meist sehr groß und haben im Internet nichts zu suchen. Sie können daher alle Photoshop-Dateien (psd) »cloaken« lassen. Diese werden dann nicht mit auf den Webserver übertragen.

5.2.7 Design Notes

Für eigene Notizen oder für die Gruppenarbeit sind Design Notes eine große Hilfe. Sie bilden quasi eine Projektpinnwand. Zu jeder einzelnen Datei und zu jedem Ordner lassen sich darauf Hinweise abspeichern und zentral sammeln. Jeder an der Site Beteiligte kann die Notizen abrufen und bearbeiten.

Wenn Sie Design Notes einsetzen möchten, aktivieren Sie in der Site-Verwaltung das Kontrollfeld DESIGN NOTES VERWALTEN. Sollen die Notes in der Gruppe eingesetzt werden, wählen Sie zudem das Kontrollfeld DESIGN NOTES FÜR GEMEINSAME NUTZUNG BEREITSTELLEN aus.

Design Notes anlegen | Anlegen können Sie Design Notes durch einen Rechtsklick auf eine Datei oder einen Ordner und Auswahl des Menüpunktes DESIGN NOTES. Es erscheint dann das Fenster aus Abbildung 5.6.

◀ **Abbildung 5.6**
Eingabe von Design Notes

Durch Aktivieren des Kontrollfeldes ZEIGEN, WENN DATEI GEÖFFNET IST ❶ , wird automatisch ein Hinweis eingeblendet, wenn man die verlinkte Datei öffnet. In der Praxis kann das viele Mails und Telefonate ersparen.

Speicherort | Dreamweaver 8 legt für die Design Notes den versteckten Ordner _notes an. Möchten Sie den Ordner sichtbar machen, entfernen Sie den Unterstrich im Dateinamen. Wenn Sie diesen Ordner wieder auf den Arbeitsrechner zurückkopieren, müssen Sie den Unterstrich allerdings wieder anfügen. Dreamweaver 8 erkennt sonst den Ordner für Design Notes nicht an.

5.2.8 Sitemap-Layout

Eine weitere Option, mit der Site-Verwaltung zu arbeiten, ist die Sitemap. In der Ansicht SITEMAP-LAYOUT können Sie Ihre komplette Ordner- und Dateistruktur erstellen und die Beziehungen zwischen den Dateien definieren.

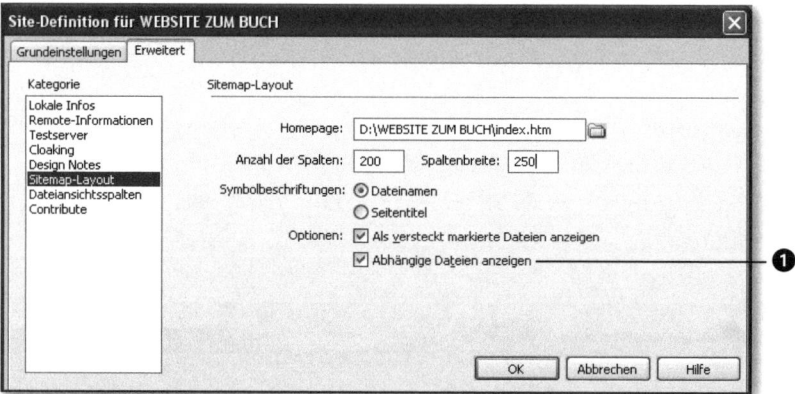

Wählen Sie als Erstes die Startdatei Ihrer Website als HOMEPAGE aus. Ändern Sie den Eintrag bei SPALTENBREITE auf mindestens 250 ab. Sie sehen ansonsten in der späteren Sitemap nur einen Teil der Dateibezeichnungen.

Wir finden die Sitemap-Funktion von Dreamweaver 8 recht umständlich und nicht wirklich praxisgerecht. Sie bietet jedoch eine gute Hilfestellung, wenn man in seiner Site die Orientierung verloren hat und eventuell nicht mehr weiß, wie die Dokumente verlinkt sind.

Wenn Sie möchten, dass alle Dateien inkl. der zur Datei gehörenden Bilder angezeigt werden, müssen Sie das Kontrollkästchen AB-HÄNGIGE DATEIEN ANZEIGEN ❶ aktivieren.

5.2.9 Import und Export von Sites

Eine Funktion, die in Dreamweaver 8 in dem Menü SITE • SITE VER-WALTEN ziemlich versteckt liegt. Sites zu importieren und zu exportieren ermöglicht Ihnen, alle Definitionen einer Website mit den Zugangsdaten in einer Site-Definitionsdatei mit der Dateiendung .ste abzulegen und zu sichern.

Bei einem Systemcrash, Neuinstallation etc. werden diese Dateien dann einfach importiert, und die Einstellungen sind wieder beim

Alten. Gegebenenfalls müssen Sie den lokalen Stammordner neu auswählen, wenn sich im Dateisystem etwas verändert haben sollte.

Leider gib es keine andere Möglichkeit, die gesamten Einstellungen von Dreamweaver inklusive der Siteeinstellungen zu sichern. Auch wenn Sie das gesamte Konfigurationsverzeichnis sichern, sind bei einer erneuten Installation die Siteeinstellungen verloren.

Zusatztool zur Sicherung

Dreamweaver schreibt die Informationen direkt in die Registry. Mit einem kleinen Zusatztool – dem MM-Exporter (http://mm-exporter. joexx.de/) – konnten Sie bei der Version MX 2004 alle Einstellungen sehr komfortabel speichern und zurückspielen. Leider steht dieses Tool zum aktuellen Zeitpunkt nicht für die Version 8 zur Verfügung. Wir hoffen, dass es ein Update geben wird.

5.2.10 Fehlerquellen in der Site-Verwaltung

Wir haben bereits mehrfach auf mögliche Fehlerquellen in der Site-Verwaltung hingewiesen, sodass eigentlich nichts mehr schief gehen kann. Es ist im Prinzip wirklich ganz einfach, gleichzeitig ist es trotzdem, wie wir in Schulungen immer wieder feststellen, die häufigste Fehlerquelle. Leider kann man Fehler, die man hier verursacht, kaum noch nachträglich beheben. Wenn erst einmal alle Pfade falsch angelegt sind, ist es sehr mühselig alles wieder zu korrigieren

Dreamweaver 8 unterstützt auch das Arbeiten ohne Site-Deklaration. In Ihrem eigenen Interesse sollten Sie jedoch immer eine Site anlegen, auch wenn das Projekt noch so klein und unscheinbar erscheint! Wir haben es bei Seminarteilnehmern oft erlebt, dass umfangreiche Sites erstellt wurden und bei der Präsentation auf anderen Rechnern nichts mehr funktionierte.

Je weniger Sie sich mit den Pfadangaben beschäftigen wollen, desto wichtiger ist dieser Schritt.

5.3 Gruppenarbeit

In Agenturen und Netzwerken von Freelancern wird häufig mit mehreren Personen an einer Site gearbeitet. Designer, Programmierer und Datenbankspezialisten, alle müssen auf die gleichen Dateien zugreifen. Wenn keine geeigneten Mittel eingesetzt werden, um diese Vorgänge zu überwachen, ist Ärger und Verstimmung der Mitarbeiter vorprogrammiert.

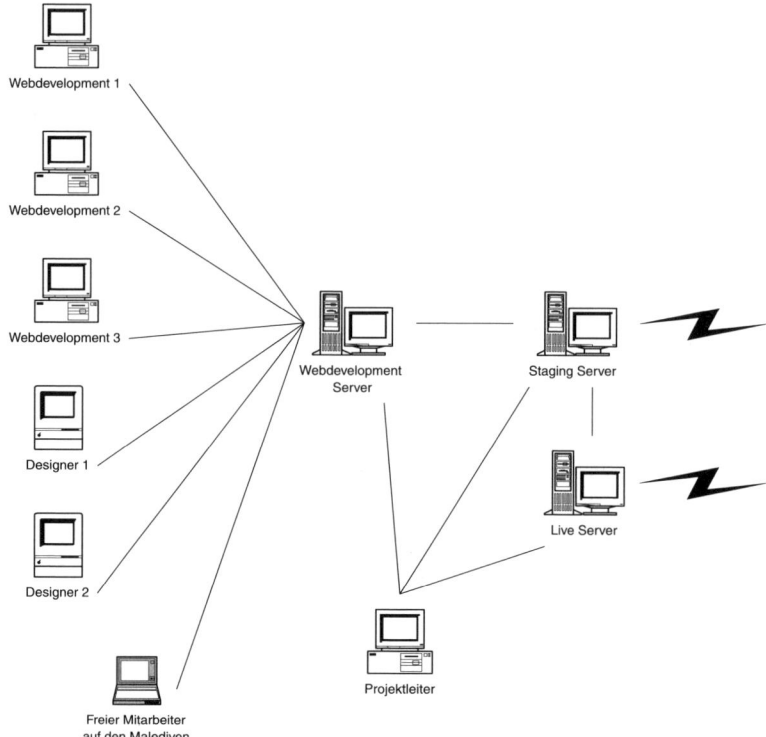

Abbildung 5.8 ▶
Beispiel für an einem Projekt beteiligte Arbeitsgruppen in einer Agentur

Koordiniertes Arbeiten | Dreamweaver 8 bietet eine gute Möglichkeit, diese Gruppenarbeit zu koordinieren. Der Mechanismus ist denkbar einfach: Dateien, die gerade bearbeitet werden, werden für andere Projektbeteiligte gesperrt.

Die Gruppenfunktionalität von Dreamweaver 8 arbeitet nach folgendem Prinzip: Zuerst richtet jeder Nutzer seinen Zugang auf dem Server in Dreamweaver 8 ein. Dann wird ein lokales Stammverzeichnis auf dem Rechner jedes Gruppenmitglieds angelegt. In diesem wird je nach Vorgabe eine Kopie der gesamten Site oder einzelner Dateien der Site angelegt.

Lokale Kopien | Direkt auf dem zentralen Server wird nie gearbeitet. Wenn Sie eine Datei bearbeiten möchten, kopiert Dreamweaver 8 diese auf Ihren lokalen Rechner und sperrt sie gleichzeitig für alle anderen Benutzer. Egal was Sie jetzt mit der Datei machen, solange Sie diese Datei nicht wieder freigeben und auf den Server kopieren, liegt das Original immer noch unverändert vor. Erst nach Abschluss der Arbeiten wird die alte Datei mit der neuen auf dem Server überschrieben und für andere Benutzer freigegeben.

Vergisst nun ein Mitarbeiter die Dateien wieder bereitzustellen, kann man die Sperre auch ausschalten. Dreamweaver fragt dann mehrfach nach und gibt sie letztlich frei. Ansonsten wäre etwa ein beurlaubter und vergesslicher Kollege fatal für ein Projekt.

5.3.1 Remote-Zugriff einstellen

Um die Einstellungen für Gruppenarbeit zu erklären, simulieren wir in unserem Beispiel eine Arbeitsgruppe und gehen von folgender Situation aus:

Die zu bearbeitende Website liegt zentral auf einem Development- oder direkt auf dem Staging-Server. Das ist nichts anderes als ein zentraler Rechner, auf den alle Beteiligten über ein Netzwerk Zugriff haben. Dabei spielt es zunächst für die Gruppenfunktion in Dreamweaver keine Rolle, ob der Zugriff über LAN, FTP, SFTP, WebDAV oder andere Protokolle und Technologien erfolgt.

Mehrere Benutzer sollen jetzt diese Site parallel bearbeiten können.

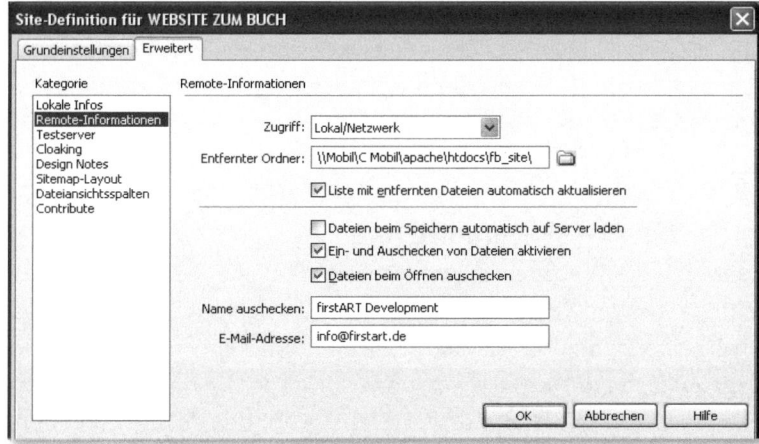

◄ **Abbildung 5.9**
Remote-Zugriff für die Gruppenarbeit einstellen

Folgende Schritte sind notwendig, um eine entsprechende Arbeitsumgebung in Dreamweaver 8 zu schaffen:
1. Legen Sie eine neue Site mitsamt Ordnern auf Ihrem lokalen Rechner an.

2. Klicken Sie in der Site-Verwaltung auf REMOTE-INFORMATIONEN.

3. Wählen Sie jetzt unter dem Punkt ZUGRIFF die Option LOKAL/NETZWERK aus.

4. Wählen Sie nun den Ordner der Site auf dem Development-Server aus.

5. Aktivieren Sie LISTE MIT ENTFERNTEN DATEIEN AUTOMATISCH AKTUALISIEREN, damit Sie immer aktuelle Dateien angezeigt bekommen.

6. Deaktivieren Sie DATEIEN BEIM SPEICHERN AUTOMATISCH AUF SERVER LADEN.

7. Aktivieren Sie DATEIEN BEIM ÖFFNEN AUSCHECKEN. Sie können die Dateien auf dem Server im schreibgeschützten Modus auch einfach nur ansehen. Solange sie nicht ausgecheckt sind, können Sie sie nicht bearbeiten. Mit dieser Option sparen Sie sich viele Klicks und aufwändiges Suchen beim Auschecken.

8. NAME AUSCHECKEN ist eine etwas unglückliche Übersetzung. Gemeint ist damit der Name, der neben der Datei angezeigt wird, wenn Sie diese zur Bearbeitung freigegeben haben.

9. Geben Sie am besten Ihre E-MAIL-ADRESSE an. Damit sind Sie immer, ohne langes Nachschlagen in Listen und Adressbüchern, durch Klicken auf Ihren Namen per Mail erreichbar.

Speichern auf Server deaktivieren | Achtung, wenn Sie die Option AUTOMATISCH BEIM SPEICHERN AUF SERVER LADEN aktivieren, setzen Sie einen Großteil der Gruppenfunktionen außer Kraft. Sie arbeiten dann trotz angelegter lokaler Site auf dem Server. Genau das soll vermieden werden. Dateien sollten erst nach eingehender Kontrolle auf dem Development-Server erscheinen.

5.3.2 Dateien synchronisieren

Wenn sich die Website auf Ihrem lokalen Rechner befindet, müssen Sie diese auf den Server laden. Befindet sie sich auf dem Server, laden Sie sie auf Ihr lokales System herunter. Klicken Sie für beide Vorgänge einfach auf AKTUALISIEREN oder drücken Sie [F5]. Dreamweaver 8 gleicht dann den Status der Website auf dem lokalen und dem Remote-System ab.

Wenn Sie Ihre Site für die Gruppenarbeit erfolgreich eingerichtet haben, müsste Ihre Site-Verwaltung in etwa wie in Abbildung 5.11 (siehe Seite 107) aussehen. Dieselben Arbeitsschritte müssen nun der Reihe nach alle Teammitglieder erledigen. Kollegen, die von außerhalb zuarbeiten, können sich trotzdem an der Gruppenarbeit beteiligen. Sie richten dafür einfach kein lokales Netz ein, sondern greifen per FTP auf den Development-Server zu. Voraussetzung ist natürlich, dass darauf ein FTP-Server installiert ist und ein Zugang ins Internet besteht.

Berechtigungen setzen (CHMOD)

In älteren Dreamweaver-Versionen war es nicht möglich, die Berechtigungen auf einem Webserver für Schreib- und Leserechte zu setzen. In der aktuellen Version können Sie in der Remote-Site durch einen Rechtsklick auf den Dateinamen oder Ordner die üblichen Berechtigungen (CHMOD) setzen.

5.3.3   Mit der Gruppenfunktion arbeiten

Dateien lokal bearbeiten | Das Auschecken der markierten Dateien zur Bearbeitung erreichen Sie, wenn Sie diese markieren und dann auf DATEIEN AUSCHECKEN ❶ klicken. Dreamweaver 8 fragt Sie dann, ob alle anhängenden Dateien ausgecheckt werden sollen. Wenn Sie mit externen Stylesheets arbeiten und z.B. Formatierungen im Dokument bearbeiten wollen, muss Dreamweaver 8 auf diese externen Dateien zugreifen. In solchen Fällen sollten Sie daher anhängende Dateien mit auschecken.

Dateien auf den Server hochladen | Nach dem Bearbeiten müssen Sie die Dateien mit EINCHECKEN ❷ wieder auf den Server übertragen. Wenn Sie die Site-Verwaltung erstmals einrichten, müssen Sie zunächst alle Dateien auf dem Server bereitstellen, damit der Schutz wirksam wird. Der Standardzustand sind eingecheckte und damit geschützte Dateien.

Die Dateien auf dem Development-Server sehen Sie auf der linken Seite ❸. Auf der rechten Seite ❹ werden die Dateien dargestellt, die sich auf Ihrem lokalen System befinden. Rechts neben den Dateien wird der Name des Mitarbeiters angezeigt, der sie gerade bearbeitet. Auch im linken Fenster wird angezeigt, welcher Benutzer gerade eine Datei bearbeitet.

Sollte neben der Datei kein Name angezeigt werden, obwohl die Datei ausgecheckt ist, wechseln Sie in die Siteeinstellungen und legen Sie unter DATEISPALTENANSICHT fest, dass diese Spalte angezeigt werden soll.

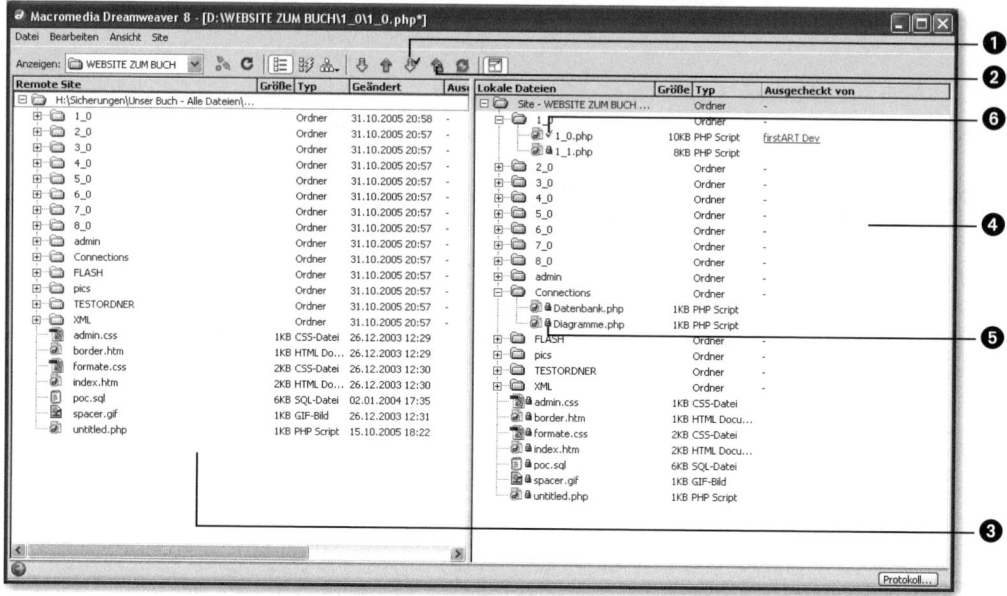

▲ Abbildung 5.10
Site-Verwaltung bei Gruppenarbeit

Wenn Sie eine E-Mail-Adresse angegeben haben, können Sie durch
Klicken auf diesen Namen eine E-Mail mit dem Dateinamen als Be-
treff erstellen. Das erhöht den Austausch zwischen den Entwicklern
und die E-Mail-Flut in Unternehmen.

Eingecheckte Dateien ❺ werden mit einem kleinen Schloss dargestellt. Dateien, die Sie ausgecheckt haben, sind mit dem kleinen grünen Häkchen versehen ❻. Das kleine Schloss vor dem Dateinamen
❺ signalisiert, dass die Datei gerade für Sie gesperrt ist.

Dreamweaver bietet keine Versionierung

Die Gruppenfunktionen von Dreamweaver 8 stellen keinen Ersatz für
eine Versionierungssoftware dar. Dreamweaver schützt auf eine recht
simple Art Dateien vor dem Überschreiben, indem der Schreibschutz aktiviert und zu bestimmten Zeitpunkten deaktiviert wird. Eine Versionierungssoftware wie etwa das Open Source-Projekt CVS (http://cvsbook.
red-bean.com/translations/german/) erlaubt es, bestimmte Entwick-
lungszustände eines Projektes »einzufrieren« (Codefreeze) und jederzeit
zu jedem beliebigen Entwicklungsstand zurückzukehren.

Für normale Webdesigner ist der Einsatz eines Systems wie CVS
jedoch überzogen. Die einfachere Methode ist, bei wichtigen Entwick-
lungsständen ein Zip-File der gesamten Site zu erstellen und dieses zu
sichern.

5.3.4 Die Site-Ansicht

Um in der Site-Verwaltung zu arbeiten, wechseln Sie zunächst von Ihrem Arbeitsbereich über das Icon MAXIMIEREN/MINIMIEREN ❶ im Fenster DATEI in die Site-Ansicht.

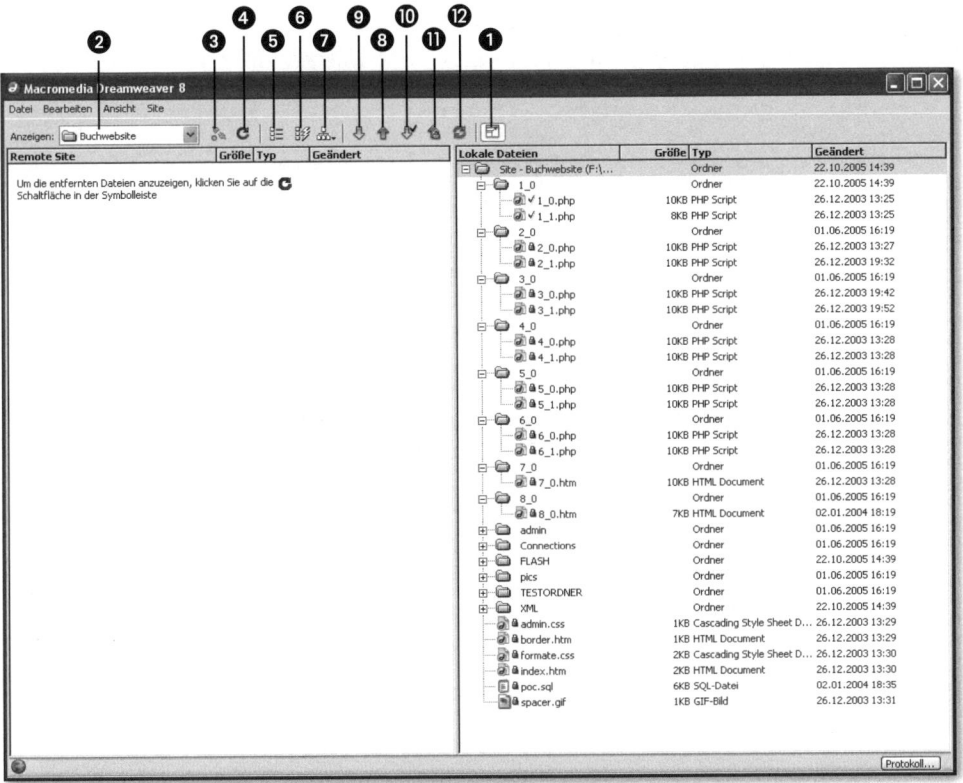

▲ **Abbildung 5.11**
Site-Ansicht mit einer definierten Site

In Abbildung 5.11 sehen Sie die Oberfläche der Site-Verwaltung.

Im Menü ANZEIGEN ❷ können Sie bereits angelegte Seiten auswählen oder über SITES VERWALTEN neue Sites hinzufügen. Um sich mit einem eingerichteten Web- oder Development-Server zu verbinden, klicken Sie auf das Icon STELLT VERBINDUNG ZUM ENTFERNTEN HOST HER ❸. Die Dateiauflistung neu laden können Sie durch einen Klick auf AKTUALISIEREN ❹.

Die verschiedenen Anzeigemöglichkeiten im linken Dateifenster können Sie mit den Icons SITE-DATEIEN ❺, TESTSERVER ❻ und SITE-MAP ❼ bestimmen.

Durch Klicken auf das Icon DATEIEN BEREITSTELLEN ❽ können Sie beliebige Dateien auf den Webserver übertragen. Mit ABRUFEN ❾ können Sie wiederum Dateien vom Webserver auf Ihren lokalen Rechner überspielen. AUSCHECKEN ❿ und EINCHECKEN ⓫ wurden bereits im Abschnitt zur Gruppenfunktion beschrieben (siehe Seite 105).

Neu in Dreamweaver 8 ist die Funktion zum SYNCHRONISIEREN ⓬ von Dateien mit einem Web- oder anderen Server.

5.3.5 Synchronisieren und Vergleichen von Dateien

Dateien und Verzeichnisse können in der aktuellen Dreamweaver-Version synchronisiert werden. Klicken Sie dazu in der Site-Verwaltung auf SYNCHRONISIEREN ⓬ (siehe Abbildung 5.11). Anschließend können Sie in der Dialogbox auswählen, welche Aktionen Sie ausführen möchten.

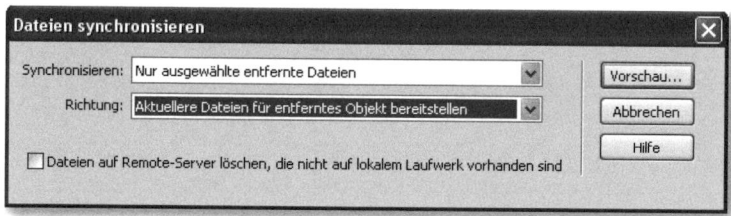

▲ **Abbildung 5.12**
Aktion für die Synchronisation wählen

In den Voreinstellungen können Sie ein Programm zum Vergleich von Dateien angeben. Dieses wird durch Klicken auf das Icon ❶ gestartet.

Abbildung 5.13 ▶
Dateivergleich starten

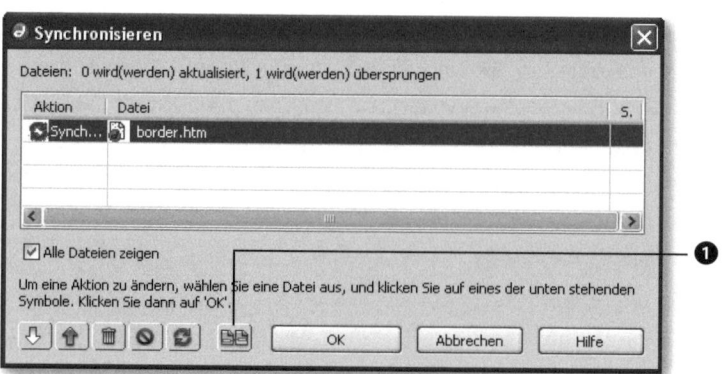

5.3.6 Mit der Dateiverwaltung arbeiten

Sie sollten nach dem korrekten Anlegen einer Site ausschließlich in der Site-Verwaltung oder im Dateifenster, was letztlich das gleiche ist, arbeiten. Nur so kann sichergestellt werden, dass Dreamweaver Änderungen erfasst und entsprechende Aktionen zum Update von Verlinkungen usw. ausführen kann.

Dateiaktionen | Die meisten Dateiaktionen finden Sie auf der rechten Maustaste. Auch eine Auswahl nach neueren oder zuletzt bearbeiteten Dateien ist so möglich. Einen Menüpunkt zum Löschen von Dateien suchen Sie jedoch vergeblich. Markieren Sie dazu einfach die Datei oder den Ordner und drücken Sie die Entf -Taste.

Protokoll aller Dateiaktionen | Alle Dateiaktionen werden protokolliert. Sie können dieses Protokoll auswerten, indem Sie rechts unten im Dateifenster oder in der Site-Verwaltung auf PROTOKOLL klicken.

Schritt für Schritt: Die Buchwebsite anlegen

Nachdem wir nun Grundlegendes zur Site-Verwaltung kennen gelernt haben, können wir unsere erste eigene Site anlegen. Mit dieser werden wir dann innerhalb des Buches arbeiten.

1 *Ordner für die Buchwebsite*
Legen Sie auf einem lokalen Laufwerk Ihrer Wahl einen neuen Ordner für die Buchwebsite an.

Buchwebsite

2 *Menü aufrufen*
Es gibt mehrere Möglichkeiten in das Menü zum Anlegen einer neuen Site zu gelangen.

Wenn Sie Dreamweaver 8 das erste Mal starten, sehen Sie das Dateifenster wie in der folgenden Abbildung dargestellt.

Klicken Sie im Bedienfeld DATEIEN auf den Link SITES VERWALTEN ❶. Es erscheint folgende Dialogbox.

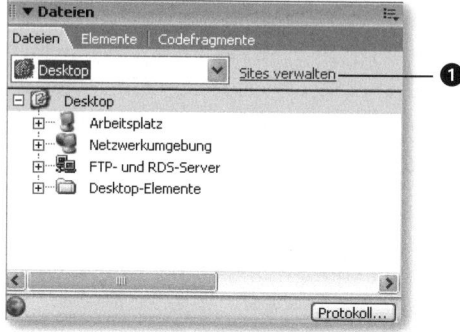

Sie haben an dieser Stelle die Möglichkeit, bei der Auswahl FTP- & RDS-Server mit einem Direktgriff auf einen Webserver einzelne Dateien zu laden und zu bearbeiten. Wir empfehlen dies nur im Notfall. Die Gefahr in dieser Einstellung fehlerhafte Verlinkungen anzugeben, ist sehr hoch.

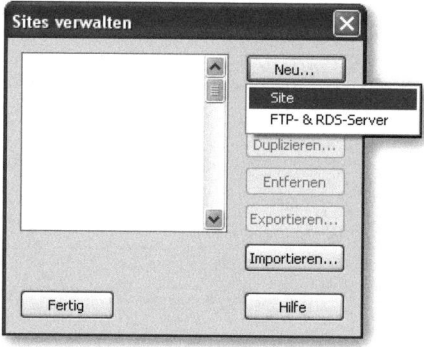

Für den nächsten Schritt wählen Sie daher bitte SITE aus dem kleinen Menü aus, das erscheint, wenn Sie auf NEU... klicken. Alternativ können Sie dies auch über den Menüpunkt SITE • SITES VERWALTEN... tun.

3 Site-Verwaltung

Jetzt öffnet sich die erste Eingabemaske der Site-Verwaltung. Falls noch nicht geschehen, aktivieren Sie den Modus ERWEITERT.

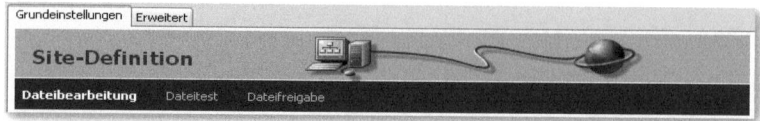

Welchen Namen ❷ Sie vergeben, bleibt Ihnen überlassen. Wählen Sie außerdem den soeben angelegten Ordner als lokalen Stammordner ❸ aus.

Weitere Einstellungen sind in der Site-Verwaltung zunächst nicht zu erledigen.

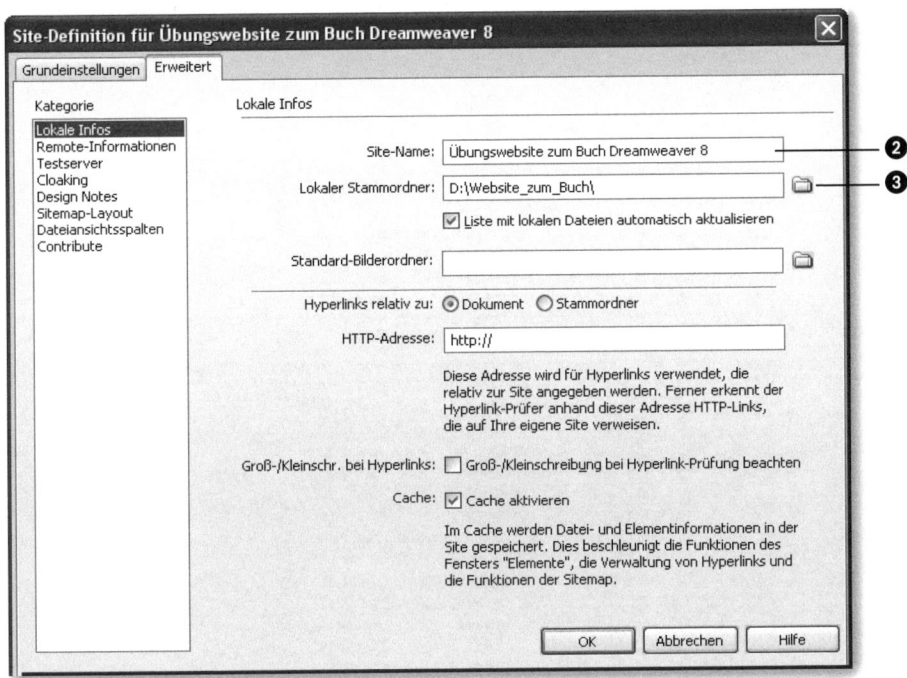

4 Bilder kopieren

Kopieren Sie den Ordner PICS von der CD-ROM aus dem Verzeichnis GRAFIKEN BUCHWEBSITE über den Windows-Explorer in den von Ihnen angelegten lokalen Ordner. Dies sollte dann die letzte Dateiaktion sein, die Sie außerhalb von Dreamweaver durchführen.

Buch-CD

5 Weitere Ordner anlegen

Legen Sie jetzt in der Site-Verwaltung die Ordner 1_0 bis 8_0 an. Sie können neue Ordner anlegen, indem Sie mit der rechten Maustaste in die Ordnerstruktur im Dateifenster klicken und dann aus dem erscheinenden Menü den Eintrag NEUER ORDNER auswählen.

Die Dateien Ihrer Site sehen jetzt aus, wie in der Abbildung dargestellt.

Eventuell haben die Dateien auf der CD-ROM durch den Kopiervorgang einen Schreibschutz. Heben Sie diesen auf, bevor Sie mit der Site arbeiten. Sie erkennen den Schreibschutz in Dreamweaver 8 durch ein kleines vor den Dateinamen gestelltes Schloss. Sie können den Schreibschutz durch einen Rechtsklick im Windows Explorer und deaktivieren des Kontrollkästchens SCHREIBGESCHÜTZT aufheben.

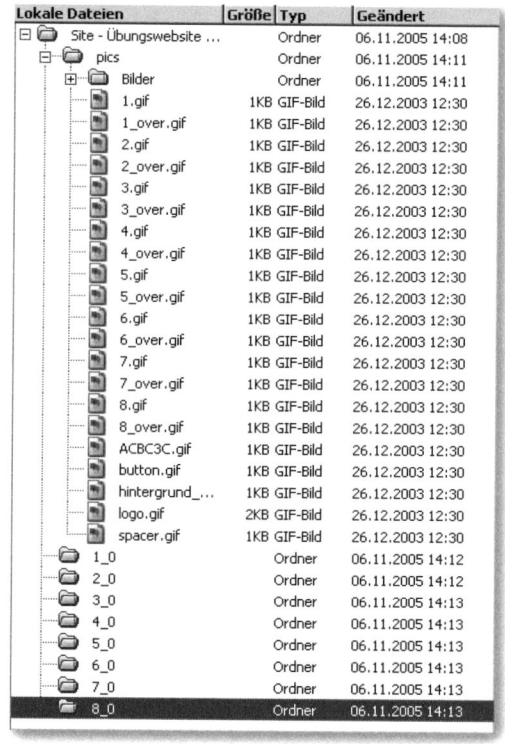

6 Grundlegende Dokumenteinstellungen

Sie haben nun eine Site angelegt und möchten Ihr erstes HTML-Dokument erstellen. In diesem Abschnitt erfahren Sie, welche Grundeinstellungen zu beachten sind und wie Sie dieses Dokument als Basis für alle weiteren Arbeiten nutzen können.

Wenn Sie eine Website erstellen, ist es sinnvoll, ein Dokument mit all denjenigen Grundeigenschaften anzulegen, die Sie über die ganze Site hinweg beibehalten wollen. Dieses Dokument können Sie später in Dreamweaver als Template nutzen oder Sie kopieren es einfach je nach Bedarf. So gehen Sie sicher, dass alle Dokumente die gleichen Randbedingungen aufweisen, also über identische Hintergrundfarben, Layoutvorgaben, Spracheinstellungen und Metaangaben verfügen.

6.1 Seiteneigenschaften festlegen

Vier Wege führen in das Menü für die Seiteneinstellungen, und zwar über:

▶ MODIFIZIEREN • SEITENEIGENSCHAFTEN
▶ Gleichzeitiges Drücken der Tasten $\boxed{\text{Strg}}$ bzw. $\boxed{\text{⌘}}$+$\boxed{\text{J}}$
▶ Drücken der rechten Maustaste auf dem Dokument und Auswählen des Menüpunktes SEITENEIGENSCHAFTEN
▶ Klicken auf den entsprechenden Button im Eigenschafteninspektor

Beachten Sie hierbei Ihre Voreinstellungen von Dreamweaver 8. Je nachdem, ob Sie in den Voreinstellung IMMER CSS ANSTELLE VON HTML-TAGS aktiviert haben oder nicht, ändert sich das Aussehen des Fensters. Lesen Sie dazu auch das Kapitel 12 zu CSS in Dreamweaver.

Wenn Sie den noch nicht eingestellten Arbeitsbildschirm betrachten, werden Sie feststellen, dass der Cursor links oben blinkt. Er ist weder genau randbündig, noch an anderer definierter Stelle. Wenn Sie ein gutes und exaktes Layout erreichen wollen, können Sie sich ein »ungefähr« hier nicht erlauben. Für Tabellen wird ein genauer Bezugspunkt benötigt, der immer links oben bei 0×0 Pixel liegt. Die Ränder werden im Dokument so exakt definiert. In den meisten Fällen sind das 0 Pixel. Auf diese Weise existiert ein fester Punkt, von dem aus das Layout aufgebaut werden kann.

6.2 Seiteneigenschaften festlegen ohne CSS

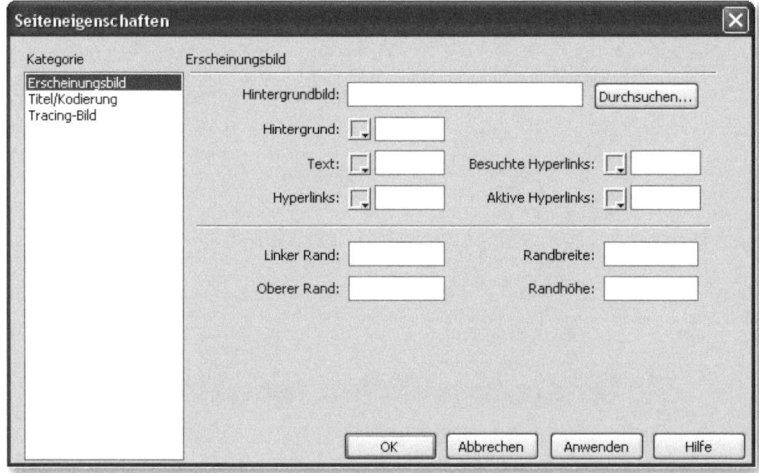

Erscheinungsbild	
HINTERGRUNDBILD	Legt eine Grafikdatei fest, die als Hintergrund des gesamten Dokuments dargestellt wird. Standardmäßig wird diese Grafik »gekachelt«. Das heißt, sie wird so lange wiederholt, bis das Browserfenster vollständig ausgefüllt ist. Diesen Effekt machen wir uns für diverse, gestalterische Tricks zu Nutze. (siehe Abschnitt weiter unten, Seite 121)
HINTERGRUND	Legt die Hintergrundfarbe des Browsers fest.
TEXT	Legt eine Standardtextfarbe im <body>-Tag fest.

◄ Tabelle 6.1
Grundlegende
Seiteneinstellungen
(Fortsetzung)

Erscheinungsbild	
HYPERLINKS	Legt eine Standardtextfarbe für Hyperlinks im `<body>`-Tag fest.
BESUCHTE HYPER-LINKS	Legt eine Standardtextfarbe für besuchte Hyperlinks im `<body>`-Tag fest.
AKTIVE HYPERLINKS	Legt eine Standardtextfarbe für aktive Hyperlinks im `<body>`-Tag fest.
LINKER RAND	`<body topmargin="0">` Setzt den linken Rand für den IE.
OBERER RAND	`<body leftmargin="0">` Setzt den oberen Rand für den IE.
RANDBREITE	`<body marginwidth="0">` Setzt den linken Rand für Netscape.
RANDHÖHE	`<body marginheight="0">` Setzt den oberen Rand für Netscape.

Einsatz von CSS für die Buchwebsite | Die Angaben bei Text, Hyperlinks, aktive und besuchte Hyperlinks können Sie bei den Standardvorgaben belassen. Wir werden Texte, Hyperlinks usw., auch wenn Sie nicht ausschließlich mit CSS arbeiten, dennoch mit CSS formatieren, sodass hier keine Änderungen notwendig sind.

Buchwebsite

Ränder in IE und Netscape | Wie Sie in Tabelle 6.1 sehen, unterstützen beide Browser für die Einstellung der Randbreiten völlig verschiedene Befehle mit den gleichen Auswirkungen. Damit in allen Browsern ein einheitliches Erscheinungsbild gesichert ist, müssen beide Varianten angegeben und auf 0 gestellt werden. Glücklicherweise ignorieren die Browser in diesem Fall den ihnen nicht bekannten Befehl. Der vollständige Tag lautet:

```
<body leftmargin="0" topmargin="0" marginwidth="0"
marginheight="0">
```

◄ Listing 6.1
Seitenränder-
einstellungen im
`<body>`-Tag

Eigene Hintergrundfarbe | Einheitliche Hintergrundfarben können Sie in den Seiteneinstellungen definieren. Allerdings sind Sie dabei wie »in alten Zeiten« auf die Browserfarben angewiesen. Um diesen Umstand zu umgehen, legen wir für jede durchgehende Hintergrundfarbe eine Datei in Photoshop an, die wir in der gewünschten Farbe einfärben. Diese speichern wir dann als 1×1 Pixel großes GIF ab. Wenn Sie nun dieses GIF als Hintergrundbild definieren, erhalten Sie garantiert die gewünschte Farbe im Browser.

Alternative immer angeben | Dennoch darf man die Standard-HTML-Farbdefinition nicht ganz außer Acht lassen. Wenn Sie eine grafisch aufwändige Website erstellen, dauert es auch per DSL einige Zeit, bis die Grafiken geladen werden. Während dieser Zeit wird der Hintergrund in den Farben dargestellt, die das HTML-Dokument vorgibt. Geben Sie nun gar keine Farbe an, ist das ein einfaches Grau. Damit diese Effekte vermieden werden, definiert man die Hintergrundfarbe bei aufwändigen Grafiken ungefähr im Farbton der späteren Gestaltung. Direkte HTML-Tags werden abgearbeitet, bevor Grafiken sichtbar sind.

6.3 Seiteneigenschaften festlegen mit CSS

Wenn Sie die Voreinstellung IMMER CSS VERWENDEN aktivieren, sieht das Fenster für die Seiteneigenschaften etwas anders aus. Die eingestellten Eigenschaften werden dann in einem CSS-Stil im Head des Dokuments abgelegt.

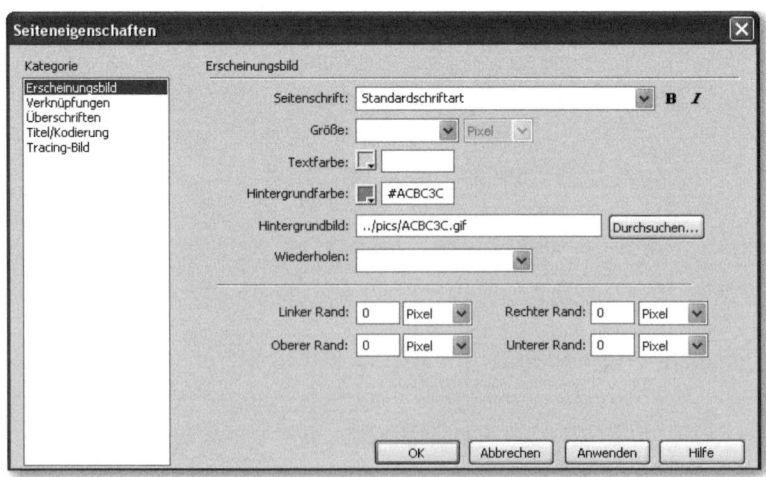

▲ **Abbildung 6.2**
Fenster zum Einstellen der Seiteneigenschaften mit CSS

```
<style type="text/css">
<!--
body {
    background-image:  url(pics/ACBC3C.gif);
    background-color: #ABBC40;
    margin-left: 0px;
    margin-top: 0px;
    margin-right: 0px;
    margin-bottom: 0px;
}
-->
</style>
```

◀ **Listing 6.2**
CSS-Stil mit
Seiteneinstellungen

Anpassungen für ältere Browser | Leider unterstützen ältere Browser (Netscape 4x) diese Art der Seiteneinstellung nicht und würden mit einer nicht definierten Randbreite reagieren. Um dies zu vermeiden, können Sie die Attribute des <body>-Tags von Hand hinzufügen (Listing 6.1) oder diese im Tag eingeben. Öffnen Sie dazu die Bedienfeldgruppe TAG und wählen Sie ATTRIBUTE aus. Wenn Sie jetzt in das Dokument klicken, sehen Sie die möglichen Attribute des <body> im Fenster angezeigt und können diese auf 0 stellen.

◀ **Abbildung 6.3**
<body>-Attribute im
Tag-Inspektor

6.3.1 Verknüpfungen & Überschriften

Sie können hier bereits Kontext-Selektoren für Verknüpfungen anlegen. Diese werden ebenfalls in einem CSS im Head des Dokuments abgelegt. Dasselbe gilt für Absatzformate. Näheres zu Kontext-Selektoren finden Sie im Kapitel 12 über CSS-Stile ab Seite 196.

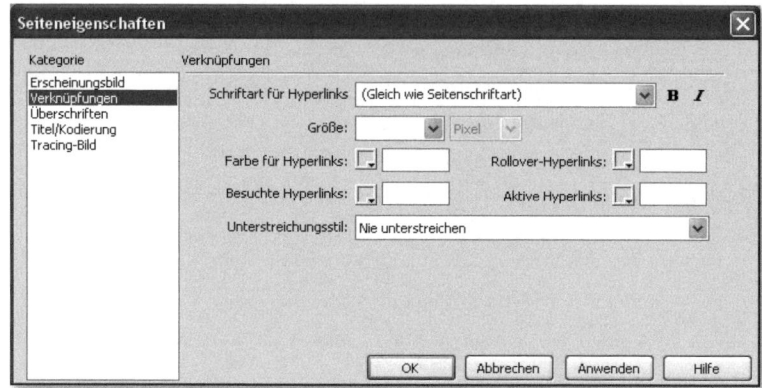

▲ **Abbildung 6.4**
Einstellen von Kontext-Selektoren für Verknüpfungen

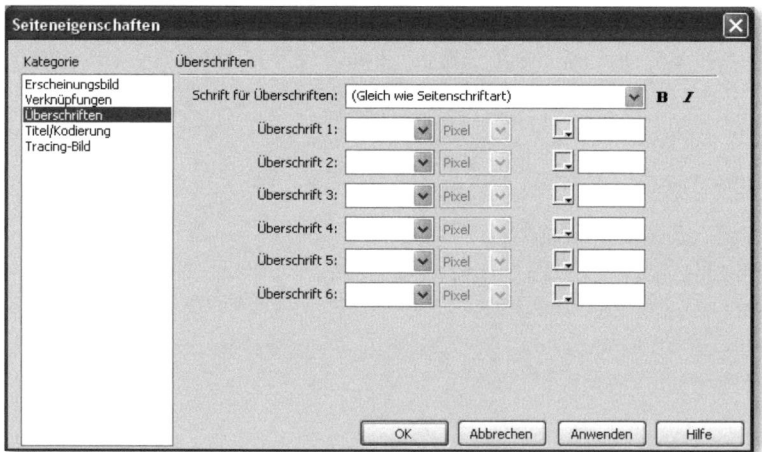

▲ **Abbildung 6.5**
Absatzformatierungen über CSS in den Seiteneigenschaften

CSS exportieren | Wenn Sie, wie wir vorschlagen, externe CSS-Stile verwenden, können Sie diese nach dem Anlegen des ersten Dokuments exportieren und somit gleich die externe Datei erstellen, auf die alle weiteren Dokumente zugreifen können. Sie finden den entsprechenden Befehl unter DATEI • EXPORTIEREN • CSS STILE…

6.3.2 Titel/Kodierung

Das Internet ist international. Trotz allem werden es in erster Linie Besucher aus Ihrem »Kulturkreis« sein, die auf Ihre Seiten zugreifen. Browser und Betriebsysteme unterstützen verschiedene Zeichensätze. Vielleicht haben Sie einmal versucht, auf eine japanische Seite zuzugreifen. Üblicherweise bietet Ihnen dann der Browser einen Zeichensatz zum Download an.

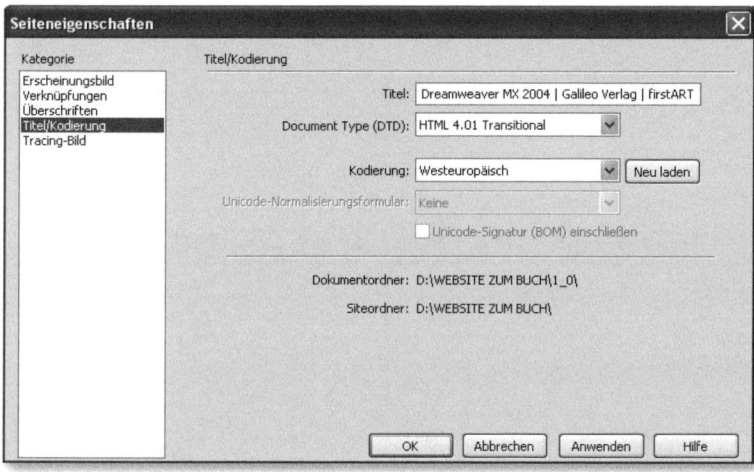

▲ **Abbildung 6.6**
Titel und Zeichensatz

Zeichensatz angeben | Der Browser kann nur wissen, welchen Zeichensatz er benötigt, wenn ihm das eindeutig mitgeteilt wird. Aus diesem Grund sollten Sie immer einen bestimmten Zeichensatz vorgeben. Im mitteleuropäischen Raum ist dies der Zeichensatz ISO-8859-1 (westeuropäisch Latin 1). Er ist bei der deutschen Dreamweaver-Version auch als Standard definiert.

In unserem Beispiel ist die Kodierung des Dokuments auf HTML 4.01 TRANSITIONAL eingestellt. Mit der Kodierung legen Sie fest, ob und wie sich ein Browser bei der Interpretierung des Dokuments verhalten soll. Die Kodierung TRANSITIONAL erlaubt etwas mehr als STRICT.

Vergabe eines Titels | Geben Sie Ihren Seiten immer einen aussagekräftigen Titel. Nichts ist peinlicher, als Kundenseiten in den Suchmaschinen mit der Bezeichnung »Unbenanntes Dokument« zu finden. Für die Suchmaschinen ist das zudem ein wichtiges Kriterium, um die Seiten zu indizieren. Achten Sie möglichst auch darauf, nicht für jede Unterseite denselben Titel zu verwenden. Dennoch ist es sinnvoll, bei der ersten Seite bereits einen Titel anzugeben. Sie können diesen dann immer noch verändern, aber nicht mehr vergessen.

6.3.3 Tracing-Bild – warum und wann?

Das Tracing-Bild ist eine Vorlage im Hintergrund des Dokuments, um auf ihm Tabellen, Layer usw. zu platzieren. Dieses Bild wird im Browser nicht dargestellt. Wir selbst haben dieses Feature in der Praxis bislang kaum genutzt. Wenn Sie Seiten erstellen wollen oder müssen, die sich beispielsweise am Layout von Printmedien ausrichten, kann es durchaus sinnvoll sein, dies einzusetzen.

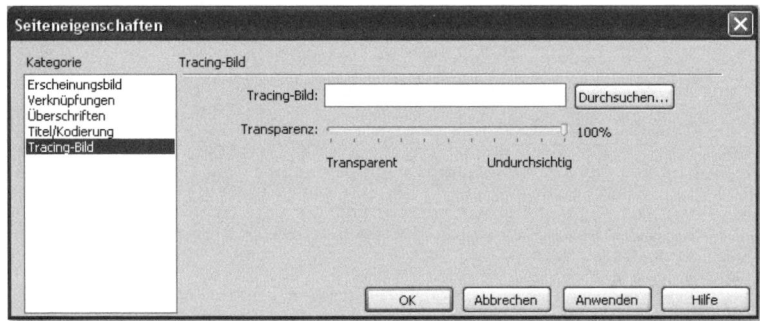

▲ **Abbildung 6.7**
Tracing-Bild einfügen

6.3.4 Metaangaben

Metaangaben für Suchmaschinen gehören ebenfalls zu den grundlegenden Seiteneigenschaften. Es ist sinnvoll, diese Angaben bereits beim Anlegen des Grundlayouts einzugeben. Sie haben die Metaangaben dann auf allen weiteren, aus dem ersten Dokument erstellten Seiten gleich zur Verfügung und können diese gegebenenfalls modifizieren.

Infos im Web

Eine sehr gute Einführung in die Suchmaschinen-Thematik finden Sie unter http://www.webmasterplan.de.

Sie können einige Metaangaben in Dreamweaver direkt eingeben. Uns ist allerdings nicht ganz klar, nach welchen Kriterien Macromedia die Head-Tags integriert hat. Nur zwei von ihnen sind für uns wirklich relevant und andere Wichtige erscheinen gar nicht erst. Ein vollständiger und für Suchmaschinen ausreichender Satz Metaangaben sieht folgendermaßen aus:

```
<title>Ihr Titel</title>
<meta http-equiv="Content-Type"content="text/html;
charset=iso-8859-1">
<meta name="robots"content="index">
<meta name="robots" content="follow">
<meta name="language" content="Deutsch">
<meta name="keywords" content="Ihre, Suchbegriffe,
durch, Komma, getrennt">
<meta name="description" content="Eine Beschreibung
der Seite">
<meta name="distribution"content="global">
<meta name="robots"content="all">
<meta name="revisit-after" content="10 days">
```

◀ **Listing 6.3**
Vollständiger Satz
an Metaangaben

Dublin-Core | Es gibt noch eine Reihe Metaangaben mehr. Für die allermeisten Fälle sollten diese jedoch ausreichen. Falls Sie für wissenschaftliche Publikationen eine Website erstellen oder generell im wissenschaftlichen Bereich arbeiten, legen wir Ihnen nahe, sich mit Metaangaben nach Dublin-Core zu befassen. Dies ist ein Standard, um wissenschaftliche Publikationen in einem ähnlichen Sinne wie ISBN-Nummern bei Büchern zu erfassen und zu indizieren.

6.3.5 Layouttricks mit Hintergrundbildern
Wie bereits beschrieben, werden im Browser als Hintergrund definierte Grafiken gekachelt. Dies kann man sich für Layouts zu Nutze machen. Es müssen nicht immer Tabellen oder aufwändige Framesets sein, um bestimmte Effekte zu erzielen. Vieles kann oft bereits durch geschickte Hintergrundgrafiken erreicht werden. In Abbildung 6.8 bis Abbildung 6.10 wurden die jeweiligen Grafiken zum besseren Verständnis etwas hervorgehoben.

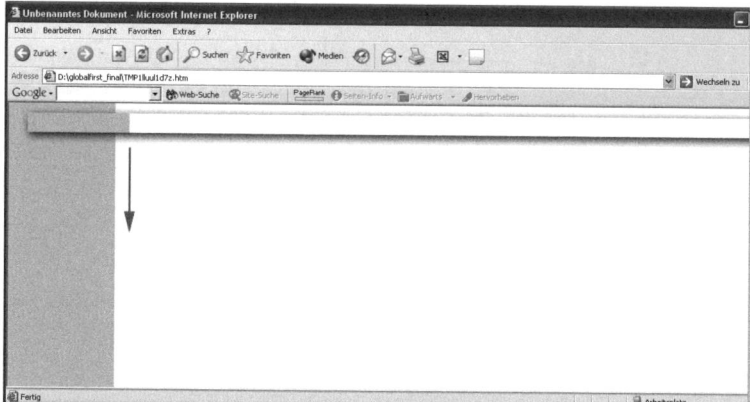

Abbildung 6.8 ▶
Durchlaufender
Balken links

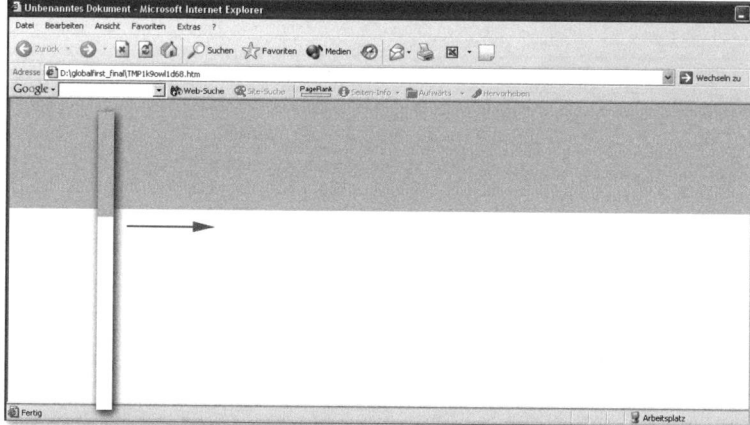

Abbildung 6.9 ▶
Durchlaufender
Balken oben

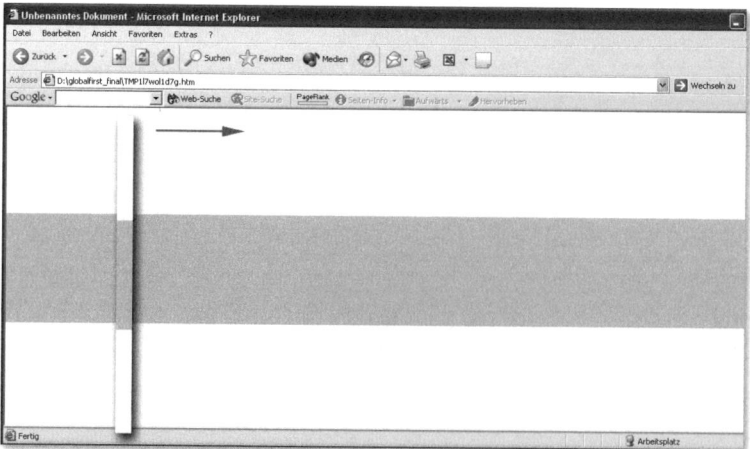

Abbildung 6.10 ▶
Durchlaufender
Balken in der Bild-
schirmmitte

Schritt für Schritt: Dokumenteinstellungen für die Buchwebsite

1 Vorlage entwickeln

Erstellen Sie in der Siteverwaltung ein neues Dokument mit dem Namen dummy.htm. Dieses Dokument dient uns zum Anlegen der Tabellen und aller gleich bleibenden Layoutelemente. Aus diesem Dokument werden alle Folgedokumente abgeleitet.

Buchwebsite

2 Seiteneigenschaften festlegen

Legen Sie die Seiteneigenschaften wie in den Abbildungen gezeigt an. Wir haben uns für eine XHTML 1.0-Kodierung entschieden. Sie können gern auch eine andere verwenden.

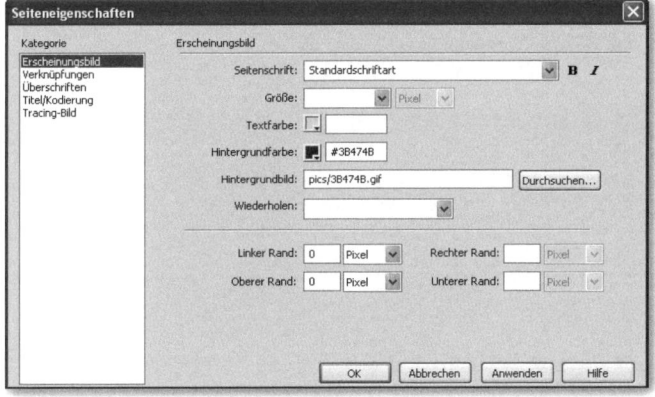

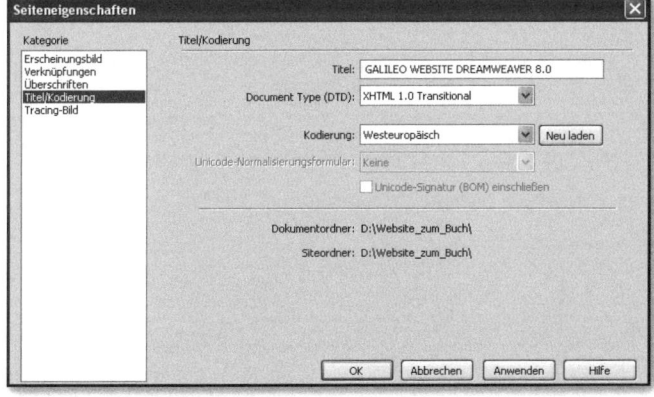

3 Seitenränder einstellen

Öffnen Sie das Bedienfeld TAG und tragen Sie die Seitenränder für
ältere Browser als HTML-Stil ein. Auch diese Eintragung müssen Sie
für die Funktion der Site nicht zwingend anlegen.

7 Tabellen in Dreamweaver

Tabellen sind noch immer das tragende Grundelement von HTML-Seiten. Sie dienen dazu, beliebige Inhalte wie Bilder, Texte oder Flash-Dateien an der richtigen Stelle zu positionieren. Neben dieser hauptsächlichen Funktion sind sie bestens geeignet, Inhalte zu strukturieren.

Trotz der neuen Layoutmöglichkeiten mit CSS sind Tabellen immer noch *das* Mittel, um Website-Layouts sicher und browserunabhängig aufzubauen.

Dreamweaver 8 bietet einige hervorragende Werkzeuge, um mit Tabellen zu arbeiten. Wie auch in der Vorgängerversion ist das Arbeiten mit Tabellen durch eine neue, erweiterte Layoutansicht verbessert. Zudem werden Tabellen auch in der Standardansicht mit visuellen Hilfsmitteln angezeigt.

7.1 Einfügen von Tabellen

Klicken Sie zum Einfügen einer Tabelle in der Einfügeleiste auf LAYOUT und dann auf das Icon TABELLE ❶ links oben.

◄ **Abbildung 7.1**
Einfügen einer Tabelle

Im nun erscheinenden Dialogfeld tragen Sie die gewünschten Tabellenparameter ein. Wenn Sie möchten, können Sie den Rahmen ❷ zunächst auf 1 Pixel setzen, er ist dann im Layout besser sichtbar. Wenn alle Tabellen in einem Dokument fertig gestellt wurden, können Sie den Rahmen wieder auf 0 setzen, damit die Tabellen in der fertigen Website nicht zu sehen sind.

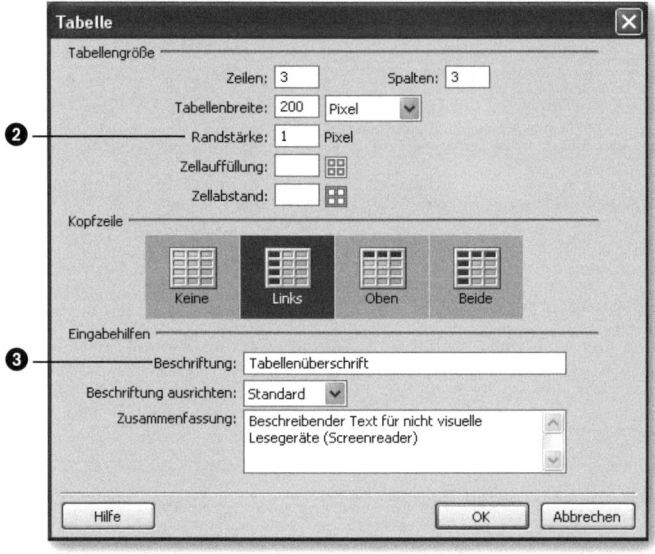

Abbildung 7.2 ▶
Dialogbox zum Einfügen von Tabellen

Die genaue Bedeutung von Zellauffüllung und Zellraum beschreiben wir einige Abschnitte weiter unten.

Einstellungen für Barrierefreiheit | Im Feld BESCHRIFTUNG ❸ können Sie eine Tabellenüberschrift eingeben. Zusammen mit der im normalen Browser nicht sichtbaren ZUSAMMENFASSUNG ist diese wichtig, wenn Sie so genannte barrierefreie Websites erstellen wollen oder müssen. Beides, Beschriftung und Zusammenfassung, kann von nicht visuellen Lesegeräten erfasst und ausgewertet werden. Für ein »normales« Layout spielen diese Möglichkeiten nahezu keine Rolle.

Die in der Dialogbox in Abbildung 7.2 angegebenen Werte ergeben im Layout die Tabelle, die Sie in Abbildung 7.3 sehen.

7.1.1 Hilfsmittel für Tabellen

Klicken Sie in die Tabelle und kleine Bemaßungen werden sichtbar. An den Tabellenbemaßungen befinden sich kleine Pfeile. Klicken Sie darauf, dann erscheinen Werkzeuge zum Zurücksetzen von Breiten etc.

Mit gedrückter ⌨Strg⌨/⌘-Taste können Sie in die Zellen klicken und diese anwählen oder sich die Tabellenstruktur anzeigen lassen.

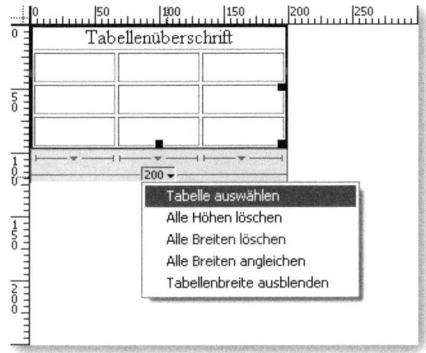

◄ **Abbildung 7.3**
Hilfsmittel für
Tabellen

7.1.2 Arbeiten im erweiterten Modus

Im erweiterten Modus können Sie Tabellen wesentlich besser bearbeiten als im Standardmodus. Durch das visuelle Strecken der Tabellen werden die Abstände zwischen Zellrahmen und Zellinhalten vergrößert, sodass leicht in die einzelnen Tabellenzellen geklickt werden kann. Sie erreichen diesen Modus durch Klicken auf die Schaltfläche ERWEITERT im Reiter LAYOUT oder indem Sie einen Rechtsklick in die Tabelle machen und aus dem erscheinenden Kontextmenü TABELLE • ERWEITERTER TABELLENMODUS wählen. Schneller geht es über das Tastenkürzel F6.

Im Standardmodus ist dies – bei mit Bildern vollständig gefüllten Zellen und verschachtelten Tabellen – nicht ohne weiteres möglich.

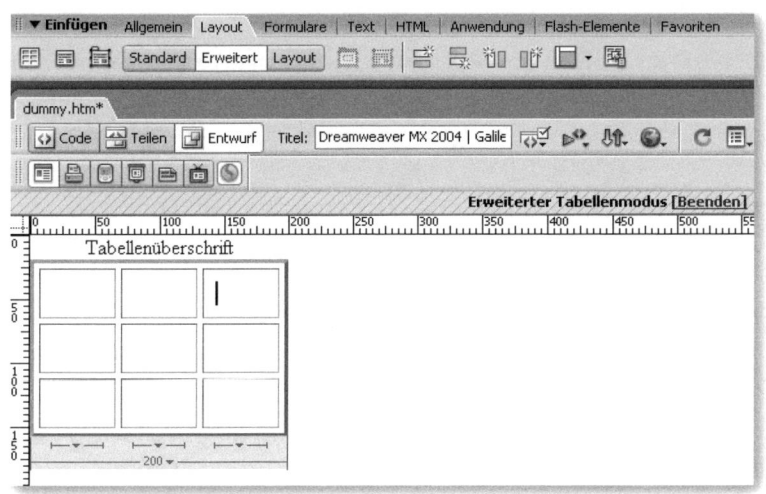

◄ **Abbildung 7.4**
Erweiterter
Tabellenmodus

7.2   Tabelleneigenschaften einstellen

Die Anzahl der Spalten und Zeilen ❶ sowie die Breiten und Höhen
❷ können auch bei einer bereits vorhandenen Tabelle im Eigenschafteninspektor verändert werden. Sie müssen dafür nicht die ganze
Tabelle löschen und neu anlegen.

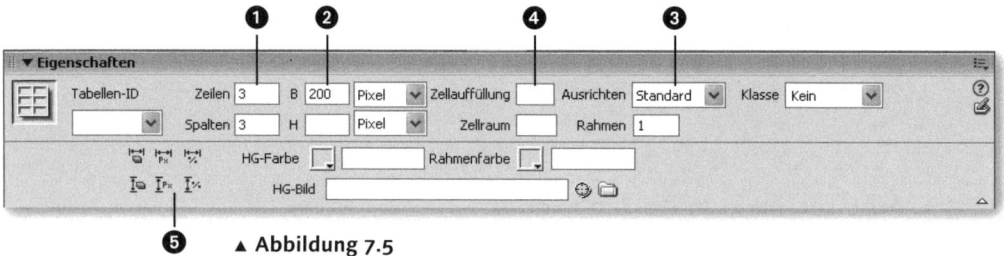

▲ Abbildung 7.5
Tabelleneigenschaften im Eigenschafteninspektor

Ausrichtung | Rechts oben im Eigenschafteninspektor ❸ finden Sie
das Popup-Menü zum Ausrichten der Tabellen im Dokument. Tabellen können nicht – wie von Texten gewohnt – innerhalb eines Absatzes ausgerichtet werden. Das Attribut zum Ausrichten der Tabelle
muss direkt im <table>-Tag angegeben werden. Daher ist es erfor-
derlich, die Tabelle auszuwählen und die Ausrichtung in dem eben
erwähnten Popup einzustellen.

Farben und Ränder | Weitere Einstellmöglichkeiten sind Hinter-
grundfarbe oder -bild und Randfarben. Die Randfarben werden aller-
dings nur in wenigen Browsern richtig angezeigt. Wenn Sie Tabellen
mit Umrandungen benötigen, empfiehlt sich eine andere Vorgehens-
weise, die wir Ihnen weiter unten zeigen werden.

Zellraum und Zellauffüllung | Äußerst wichtig für ein Layout mit
Tabellen ist das Einstellen von Zellraum und Zellauffüllung ❹, wobei
der Zellraum den Abstand einzelner Zellen zueinander und die Zell-
auffüllung den Abstand des Zellinhaltes zum Rand definiert. Mit der
Kombination beider Eigenschaften können Sie Abstände in Tabellen
genau definieren.

Tabellenabmessungen können in Prozent oder in genauen Pixel-
werten eingegeben werden. Mit den Funktionen der Icons im linken
unteren Bereich des Eigenschafteninspektors ❺ können Sie Prozent-
werte in Pixelwerte und umgekehrt konvertieren.

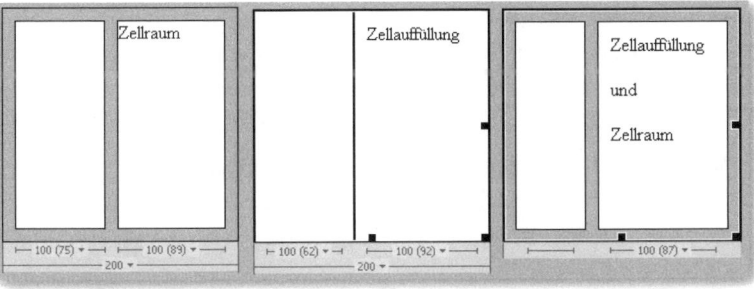

▲ **Abbildung 7.6**
Zellraum und Zellauffüllung

7.2.1 Zelleneigenschaften einstellen

Zellen besitzen unabhängig von der Tabelle eigene Eigenschaften. Diese können Sie einstellen, indem Sie in eine Zelle klicken oder durch Ziehen mit der Maus mehrere Zellen auswählen. Wenn Sie mehrere Zellen gleichzeitig markieren, gelten die eingestellten Parameter für alle selektierten Zellen.

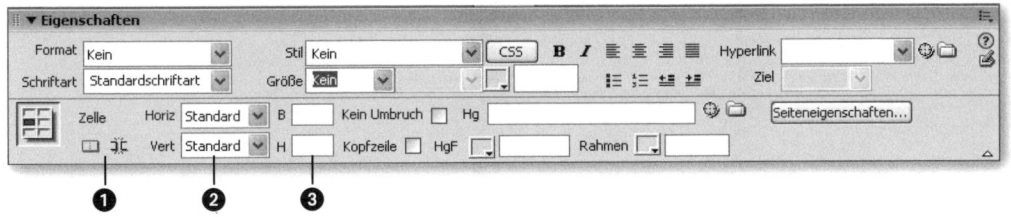

▲ **Abbildung 7.7**
Zelleneigenschaften im Eigenschafteninspektor

Klicken Sie zum Verbinden oder Teilen von Zellen auf das Icon ❶.

Mit ❷ wird die Ausrichtung des Zelleninhalts festgelegt. Möchten Sie beispielsweise, dass ein Text innerhalb einer Zelle immer oben beginnt, müssen Sie hier zunächst VERT. OBEN anwählen.

Die Breiten und Höhen einer Zelle werden über die Felder B und H ❸ eingegeben. Diese Eingabe kann in Pixel oder in Prozent erfolgen. Wenn Sie Prozent wählen, wird die Zelle auf diesen Wert bezogen auf die gesamte Tabelle gestreckt oder verkleinert.

Achten Sie möglichst darauf, Prozent und Pixelwerte nicht zu mischen.

7.2.2 Fehler vermeiden

Bei der Festlegung von Eigenschaften der Tabellen und Zellen können Sie mit der richtigen Vorgehensweise Fehler im Layout frühzeitig vermeiden:

▶ Achten Sie darauf, immer exakte **Zellbreiten** anzugeben. Die Gesamtsumme aller Zellbreiten muss mit der gesamten Tabellenbreite übereinstimmen. Ist die Gesamtsumme aller Zellbreiten nur 1 Pixel größer als die Breite einer Tabelle, wird Ihr Layout ein Glücksspiel und die Browserdarstellung für manche Überraschung sorgen. Sehr viele Layoutfehler haben hier ihre Ursache.

▶ Wenn Sie zwei oder mehr **Zellen verbinden** (siehe Abbildung 7.8), ist die Breite dieser Zelle von der Summe der Zellbreiten der verbundenen Zellen abhängig. Verschieben Sie eine Zelle in den Spalten einer anderen verbundenen Zelle, kommt es oft zu unvorhersehbaren Effekten. Vermeiden Sie diese Vorgehensweise nach Möglichkeit. Das Arbeiten mit verschachtelten Tabellen ist nicht schwer und wesentlich sicherer für das Layout.

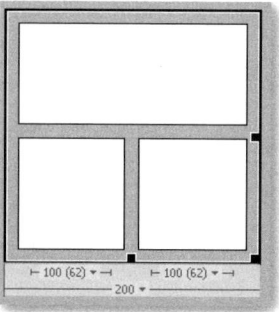

Abbildung 7.8 ▶
Verbundene Zellen in einer Tabelle

▶ In Dreamweaver können Sie mit der Maus **Spaltenbreiten und Zeilenhöhen verschieben**. Dabei werden automatisch Werte in Breiten und Höhen eingetragen. Dies geschieht auch in Zellen, die Sie gar nicht verschieben wollten. Tragen Sie Breiten und Höhen grundsätzlich von Hand ein, das ist wesentlich exakter, und Sie haben Kontrolle über die Einträge.

▶ Sie können **Tabellen auswählen**, indem Sie auf ihren Rahmen klicken. Da dieser Rahmen gleichzeitig verschiebbar ist und damit Breiten und Höhen definiert werden, kann es schnell passieren, dass ungewollte Werte eingetragen werden. Das versehentliche Verschieben um 1 Pixel reicht aus, um Breitendefinitionen einzutragen, die Sie anschließend mühsam wieder entfernen müssen.

Sie sollten daher **nicht den Rahmen anwählen**, sondern stattdessen im erweiterten Layoutmodus oder mit der rechten Maustaste arbeiten.

▸ Viele Einstellungen, wie auch das Auswählen der Tabelle, können **Sie über die rechte Maustaste** vornehmen. Klicken Sie dazu in die Zelle und betätigen Sie die rechte Maustaste, um in alle wichtigen Menüs zu gelangen.

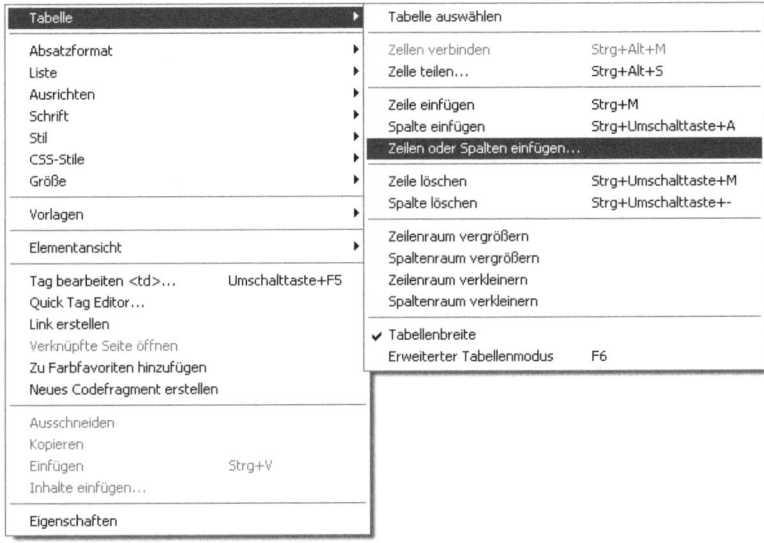

▲ **Abbildung 7.9**
Menü auf der rechten Maustaste

7.3   Verschachtelte Tabellen

Viele Layouts lassen sich mit einfachen Tabellen nicht umsetzen. Um auch komplexeren Layoutanforderungen gerecht zu werden, müssen Sie Tabellen verschachteln.

Das Verschachteln von Tabellen ist denkbar einfach. Klicken Sie in eine bestehende Tabellenzelle und fügen Sie eine weitere Tabelle ein. Die neu erstellte Tabelle wird dann in der ausgewählten Tabellenzelle platziert. In Abbildung 7.10 sehen Sie eine verschachtelte Tabelle in der erweiterten Ansicht.

Wenn Sie jetzt bedenken, dass jede Tabelle und jede Zelle über eine andere Hintergrundgrafik verfügen kann, ahnen Sie, welche Möglichkeiten Ihnen diese Vorgehensweise eröffnet.

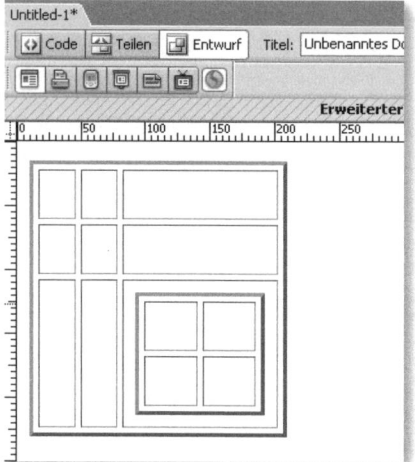

Abbildung 7.10 ▶
Verschachtelte Tabellen in der erweiterten Ansicht

7.3.1 Spezialfall Netscape 4.7

Häufig wird bei Tabellen mit Hintergrundbildern gearbeitet. Dabei kommt es unter Umständen zu einem Darstellungsfehler in Netscape 4.7. Dieser Browser nimmt zwar Tabellenhintergründe an, doch wenn die Tabelle aus mehreren Zellen besteht und ein Tabellenhintergrund angegeben ist, beginnt er, diesen Tabellenhintergrund in jeder Zelle von neuem darzustellen. Die Tabelle aus Abbildung 7.11 sieht in Netscape 4.7 daher so aus wie Abbildung 7.12 zeigt.

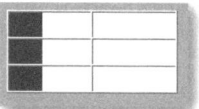

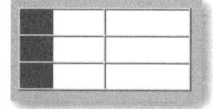

▲ **Abbildung 7.11**
Tabelle im
Internet Explorer

▲ **Abbildung 7.12**
Tabelle in
Netscape 4.78

▲ **Abbildung 7.13**
Tabelle in Netscape 4.78
mit Spacer und
Tabellenzelle

Man kann diesen Fehler durch einen kleinen Trick vermeiden. Legen Sie Ihre Tabelle in eine weitere Tabelle, die aus einer einzelnen Zelle besteht. Dieser äußeren Tabelle weisen Sie den gewünschten Hintergrund zu. Die Tabelle mit mehreren Zellen legen Sie als Inhalt in die erste Tabelle und weisen dieser als Hintergrund ein transparentes GIF (Spacer) zu. Gehen Sie auf diese Weise vor, wird Netscape das transparente GIF darstellen. Der eigentliche Hintergrund scheint hindurch. Das Ergebnis sehen Sie in Abbildung 7.13.

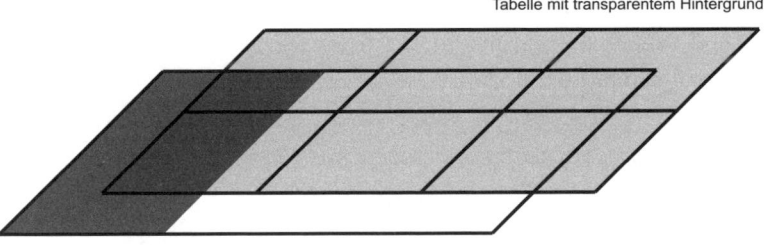

Tabelle mit transparentem Hintergrund

Tabelle mit Hintergrundgrafik

◄ **Abbildung 7.14**
Tabellenschema der Lösung für Netscape: Die transparente Tabelle liegt auf der Tabelle mit dem Hintergrundbild.

7.3.2 Der Trick mit den transparenten GIFs

Wohl keine Grafikdatei ist so häufig im Web vertreten wie das transparente 1 Pixel große GIF. Tabellen bekommen durch den Einsatz dieser Grafik zusätzliche Gestaltungsmöglichkeiten und eine bessere Konsistenz der gesamten Abmessungen. Viele Layouts lassen sich nur unter Einsatz dieser transparenten Bilder umsetzen.

Mit HTML ist es möglich, jedes im Dokument platzierte Bild auf eine beliebige Größe zu skalieren. Wir nutzen dies, um 1×1 Pixel große Bilder auf das gewünschte Maß zu skalieren.

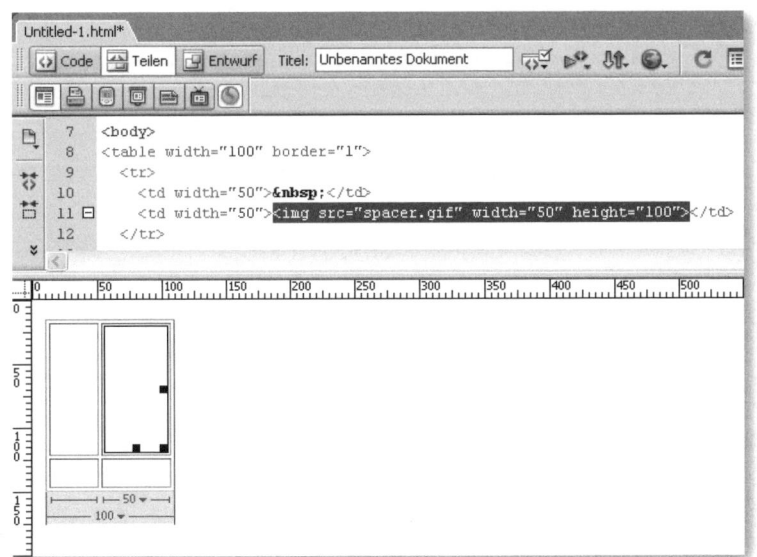

◄ **Abbildung 7.15**
Transparentes GIF skaliert

Abbildung 7.15 zeigt ein 1×1 Pixel großes GIF, das auf die Abmessungen 100×50 Pixel skaliert wurde. Wie Sie sehen können, wird die Tabellenzelle auf die entsprechende Größe »gedrückt«.

Tabellenhöhen einstellen | Einer der Hauptvorteile dieser Technik ist es, Tabellenhöhen genau einstellen zu können. Tabellenhöhen sind mit standardkonformem HTML nicht möglich.

Wenn Sie eine gesamte Tabellenreihe auf eine Höhe von zum Beispiel 10 Pixeln einstellen wollen, müssen Sie dieses GIF in jeder der Tabellenzellen innerhalb dieser einzustellenden Tabellenreihe einfügen.

Geschützte Leerzeichen ersetzen | Wenn Sie eine Tabellenzelle im Quelltext ansehen, werden Sie feststellen, dass Dreamweaver 8 automatisch in jede Zelle ein geschütztes Leerzeichen ( ) einfügt. Dies ist notwendig, da leere Tabellenzellen in manchen Browsern nicht dargestellt werden. Da jedoch ein Leerzeichen nichts anderes als ein normales Zeichen mit einer Zeichenhöhe ist – auch wenn Sie diese nicht sehen –, hat dies die Auswirkung, dass Tabellenzellen immer die Standardzeichenhöhe Ihres Dokuments haben. Um dies zu vermeiden, müssen beim Einstellen geringer Zellenhöhen die geschützten Leerzeichen durch transparente GIFs ersetzt werden.

7.3.3 Tabellenumrandungen erstellen

Wie weiter oben bereits erwähnt, werden die mit HTML möglichen Tabellenrahmen nicht in allen Browsern korrekt angezeigt. Mit den zur Verfügung stehenden Möglichkeiten von Zellabständen, Hintergrundfarbe und verschachtelten Tabellen ist ein wesentlich genaueres Arbeiten möglich.

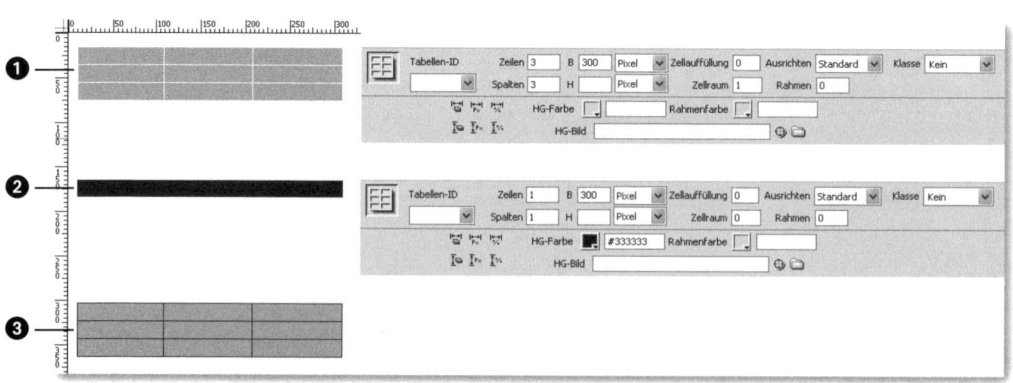

▲ **Abbildung 7.16**
Exakte Tabellenrahmen einstellen

In Abbildung 7.16 sehen Sie eine Tabelle ❸ mit 1 Pixel breitem Zellrahmen. Erstellen Sie zunächst eine Tabelle ❶ mit den gewünschten Spalten und Reihen. Weisen Sie dieser Tabelle dann die gewünschte Hintergrundfarbe zu. Bei dieser Tabelle müssen Sie den Zellraum auf 1 oder einen anderen von Ihnen gewünschten Wert einstellen.

Legen Sie dann eine weitere Tabelle mit einer Reihe und einer Spalte in exakt den gleichen Abmessungen an ❷. Der Hintergrund dieser Tabelle wird mit der gewünschten Rahmenfarbe versehen. Zellraum und Zellauffüllung werden auf 0 eingestellt.

Abschließend wird Tabelle ❶ in Tabelle ❷ verschoben. Das Ergebnis ist die untere Tabelle ❸.

7.4   Zentrieren mit Tabellen

Mit Tabellen können Websites zentriert dargestellt werden. Dieses Layout ist im Internet mittlerweile recht verbreitet und stellt eine echte Alternative zum klassischen Stil »Navigation links – Logo oben« dar. Für Websites mit vielen Inhalten ist es ohne weitere Hilfsmittel wie scrollbaren Bereichen etc. jedoch nicht geeignet.

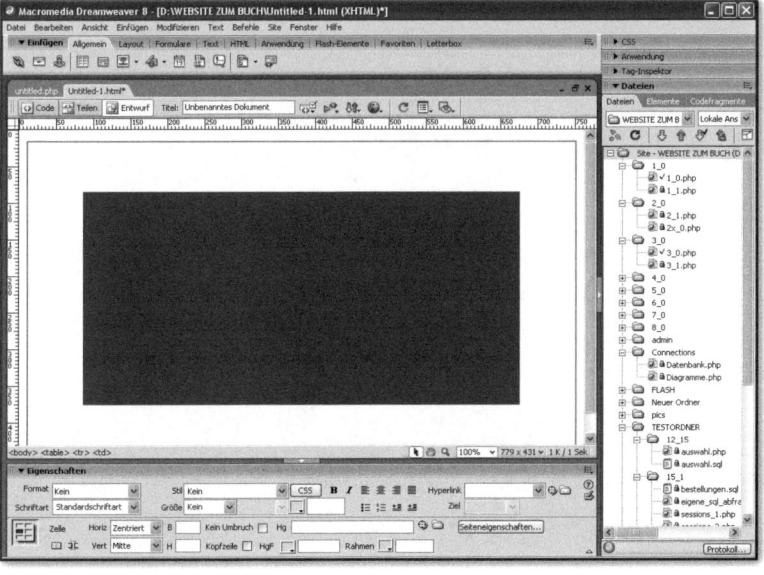

▲ **Abbildung 7.17**
Zentrierte Darstellung mit Tabellen

Erstellen Sie eine Tabelle, die nur aus einer Zelle besteht, und geben Sie ihr in Höhe und Breite eine Abmessung von 100%. Richten Sie dann den Zellinhalt dieser Tabelle horizontal und vertikal mittig aus.

Dieses Vorgehen funktioniert jedoch nicht, wenn Sie einen DOC-Type angegeben haben, wie es an sich ja sein sollte. Tabellenhöhen gehören nicht zu den Standardattributen von HTML. Wenn Sie ein in jedem Browser konsistentes Layout Und den DOC-Type benötigen, müssen Sie eine andere Layouttechnik anwenden, zum Beispiel Frames. Diese Technik wird in Kapitel 9 über Frames beschrieben.

Schritt für Schritt: Aufbau der Tabellen für die Buchwebsite

Buchwebsite

1 Tabelle einfügen

Klicken Sie in das Dokument dummy.html und legen Sie eine Tabelle mit den in den Abbildungen gezeigten Parametern an.

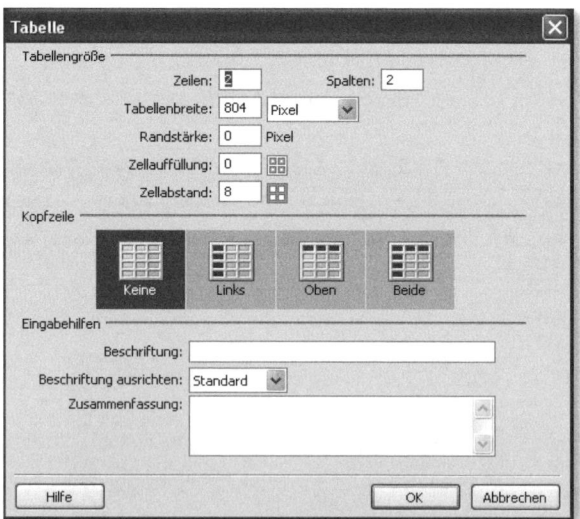

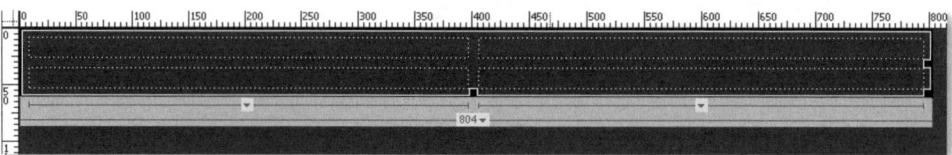

2 *Tabelle rechts oben*

Fügen Sie jetzt in der rechten oberen Zelle die Tabelle für die Navigation mit den angegebenen Parametern ein.

Wundern Sie sich nicht, wenn Ihre Tabellen zunächst machen, was sie wollen, und nicht so aussehen, wie Sie es erwarten. Erst wenn bei einem Tabellenlayout alle Abmessungen eingegeben sind, werden diese auch korrekt angezeigt.

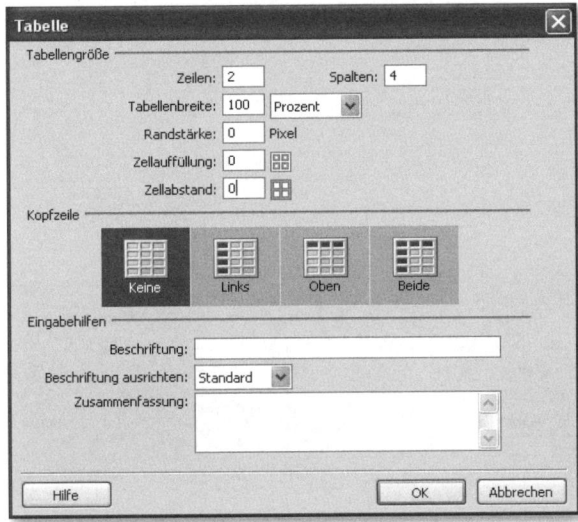

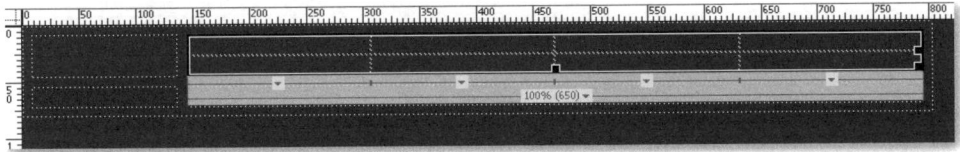

3 *Tabelle links unten*

Gehen Sie nach dem gleichen Schema jetzt auch bei der Tabelle in der linken unteren Tabellenzelle vor. Die Einstellungen entnehmen Sie bitte der folgenden Abbildung ...

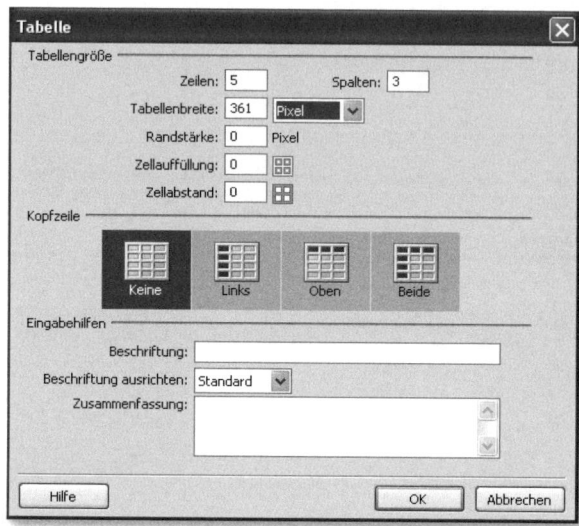

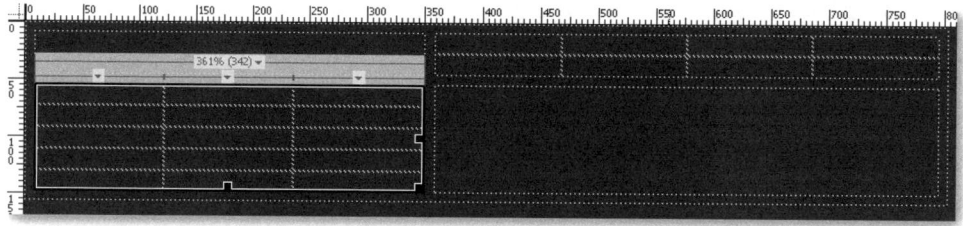

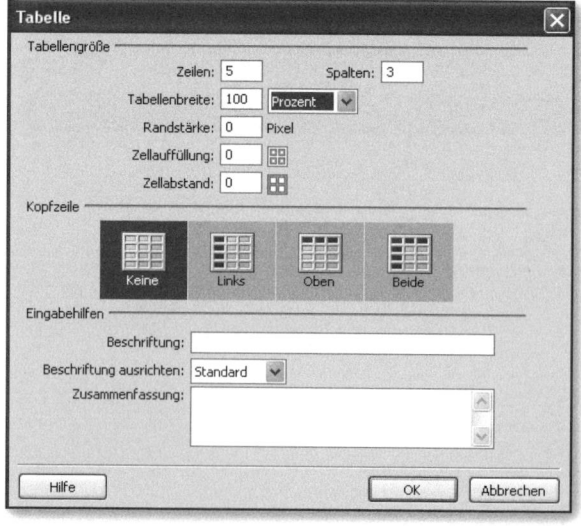

4 *Tabelle rechts unten*

… und fügen Sie gleich die Tabelle auf der rechten unteren Seite ein.

Klicken Sie danach in die Zelle links oben und tragen Sie im Eigenschafteninspektor eine Breite von 361 Pixel ein.

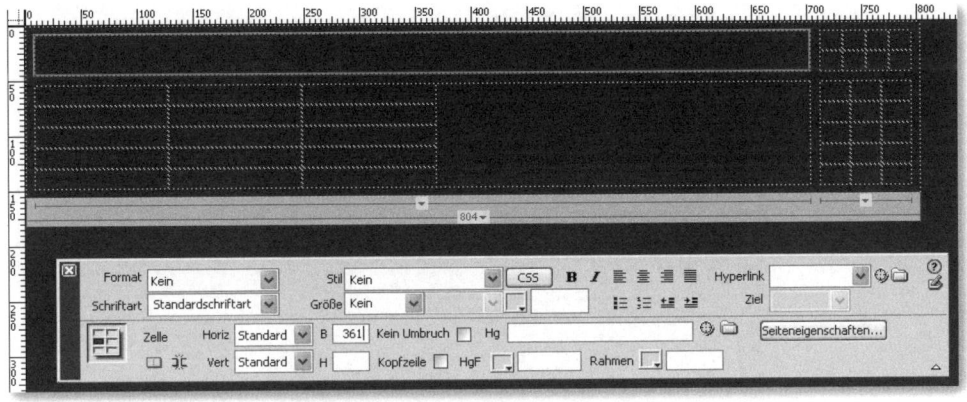

5 *Zellbreite der rechten unteren Tabelle*

Klicken Sie jeweils in die linke ❶ und rechte Spalte ❷ der soeben
eingefügten Tabellen und stellen Sie eine Zellbreite von 10 Pixel ein.
Langsam nimmt unsere Tabelle Form an, und man kann zumindest
Ähnlichkeiten mit dem zukünftigen Layout erkennen.

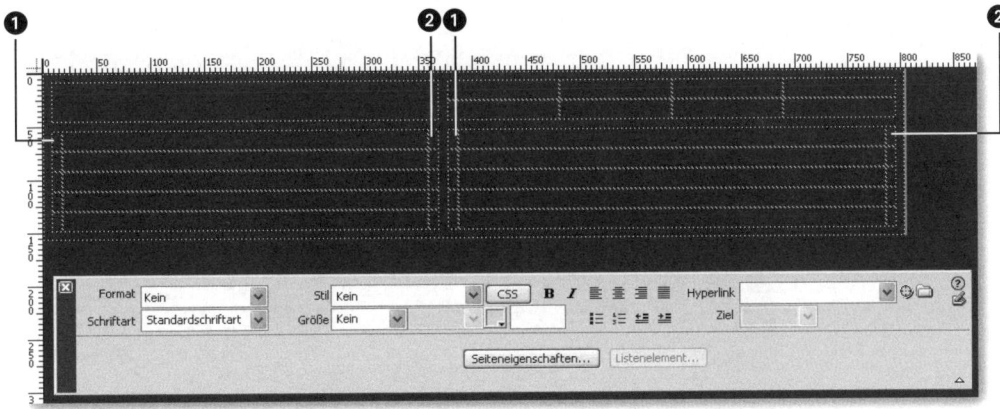

6 *Transparente GIFs einfügen*

Damit die Tabellen auch zuverlässige Höhen und Breiten aufweisen,
fügen Sie jetzt bitte in die – in unserer Abbildung weiß gekennzeich-
neten Flächen – die Grafik spacer.gif ein und stellen Sie die Breite
und Höhe der Grafik auf die richtigen Abmessungen.

Die Abmessungen können Sie aus der Screenbemaßung (PDF auf
CD-ROM) erkennen. Die Grafik ist bei Ihnen nicht weiß, sondern
transparent. Wir haben in unserem Beispiel ein weißes Pixel verwendet, um zu zeigen, an welchen Stellen das spacer.gif eingebunden
wird.

Buch-CD

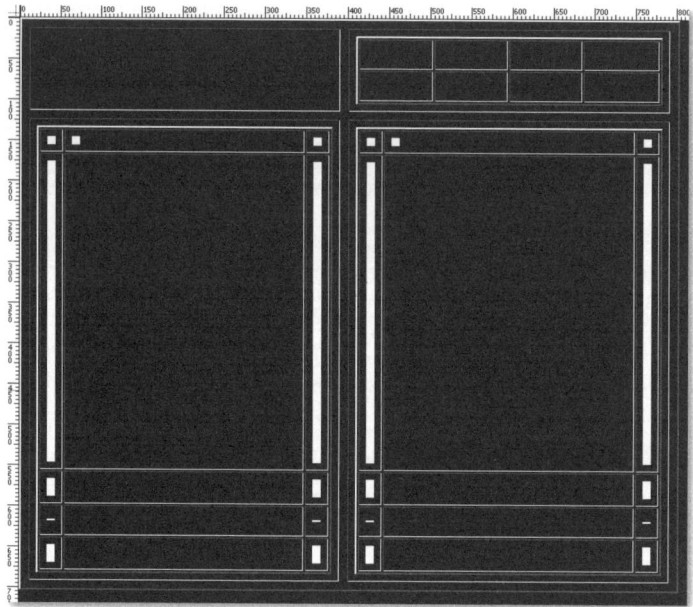

7 Weitere Tabelle einfügen

Fügen Sie als nächsten Schritt die Tabelle rechts ein, wie in der Abbildung gezeigt.

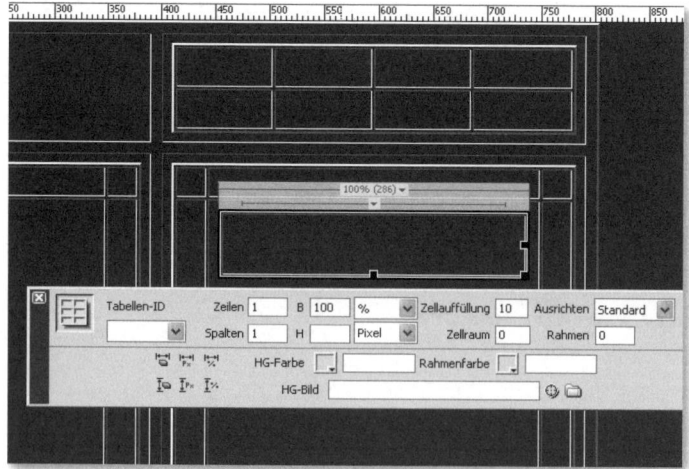

8 Tabelle weiter verschachteln

Versehen Sie nun die neue Zelle gleich mit einer weiteren Tabelle. An dieser Stelle sind jetzt 4 Tabellen ineinander gelegt.

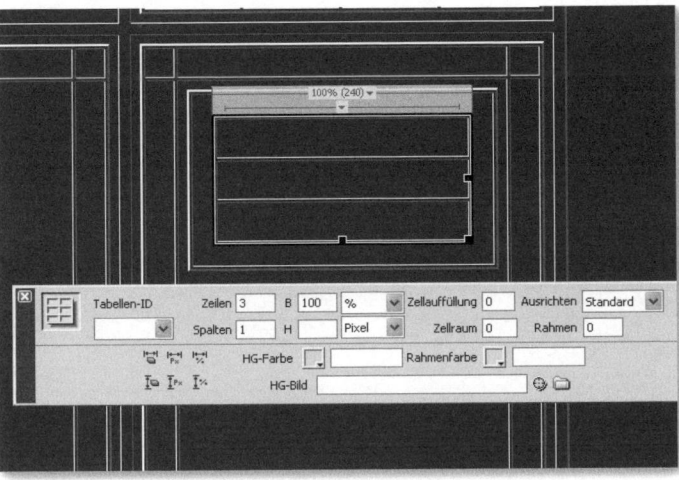

9 Hintergrundfarbe einstellen

Stellen Sie jetzt noch die Hintergründe der Zellen auf die Farbe Weiß und den Hintergrund der Hauptzelle rechts auf die Farbe #EBEBEB.

An diesem Punkt angelangt, haben Sie eine ganze Menge geschafft. Verzweifeln Sie nicht, falls es nicht auf Anhieb funktioniert. Für den Notfall finden Sie jeden einzelnen Arbeitsschritt auch auf der CD-ROM.

Buch-CD

8 Bilder im Web

Ohne Grafiken wären Websites oft langweilig. Wir zeigen Ihnen, wie Sie mit Bildelementen arbeiten und diese Arbeitsschritte schneller und exakter erledigen können.

Über Grafiken und Bildformate für das Internet wurde reichlich geschrieben, sodass wir an dieser Stelle nicht vertiefen wollen. Wir zeigen Ihnen in erster Linie, wie Sie mit Grafiken effektiv und schnell arbeiten können. Wir beginnen jedoch mit einer kurzen Zusammenfassung der Grafikformate.

8.1 Bildformate bestimmen

Grundsätzlich dienen alle der folgenden Formate der Komprimierung von Bilddaten. Wie dies geschieht, ist allerdings stark unterschiedlich.

8.1.1 JPEG

Dieses Grafikformat weist die Dateiendungen .jpg, .jpeg und manchmal auch .JPG auf. Ausgeschrieben heißt es Joint Photographic Experts Group. Mittlerweile findet diese Komprimierungsmethode auch für Videos Anwendung und heißt dort MPEG.

Für Fotografien | JPGs können gleichzeitig 16,7 Millionen Farben darstellen und eignen sich daher bestens für Fotografien etc. Beim Speichern von JPGs müssen Sie einen Komprimierungsfaktor einstellen. Dieser reicht von einer Darstellungsqualität von 0 bis zu 100 Prozent.

Eine Faustformel für den richtigen Wert gibt es nicht. Am besten ist der, der eine möglichst kleine Dateigröße bei noch vertretbarer optischer Qualität abliefert. Es muss also ein Kompromiss zwischen Dateigröße und Darstellungsqualität gefunden werden.

Das JPG-Format ist nicht geeignet um Grafiken mit hohen Kontrasten, wie zum Beispiel einen Schriftzug oder ein Logo, abzuspeichern. Durch das Zusammenfassen von ähnlichen Farben entstehen so unschöne Effekte wie in Abbildung 8.1 zu sehen ist.

Abbildung 8.1 ▶
Schlecht optimiertes
JPG

SO NICHT

8.1.2   GIF

GIF ist die Abkürzung für Graphics Interchange Format. Dieses ehemals von CompuServe entwickelte Format komprimiert verlustfrei, kann allerdings nur 256 Farben aus einer Palette von 16,7 Millionen Farben gleichzeitig darstellen.

Für Logos und Schriftzüge | GIFs eignen sich bestens für Grafiken, Menüs, Schriftzüge und Logos. Weniger gut eignen sie sich für Fotos aller Art, da diese meist mehr Farben als 256 enthalten.

GIFs bieten einige sehr nützliche Eigenschaften. Es können damit Transparenzen dargestellt werden, für unsere Layouts mit den transparenten GIFs unabdingbar. Wahrscheinlich ist das transparente GIF die weltweit am häufigsten eingesetzte Grafik. Mit GIFs können zudem kleine Animationen erstellt werden.

> **Eye-Catcher mit animierten GIFs**
>
> Es muss nicht immer Flash oder Java sein. Sie können kleinere Eye-Catcher, animierte Schaltflächen oder einfache Werbebanner ohne Probleme auch mit animierten GIFs erstellen. Dabei kann der User ruhig alle Plugins und Java-Applets deaktivieren. Er kommt trotzdem in den Genuss Ihrer Animation. Etwas Acht geben müssen Sie in diesem Fall jedoch auf die Dateigrößen.

Nicht lizenzfrei | Ein Nachteil dieses Formats sollte jedoch nicht verschwiegen werden. Bei GIF handelt es sich um ein nicht lizenzfreies Format. Wenn ein Software-Entwickler dieses Format unterstützen möchte, werden Lizenzgebühren fällig. Sie als Anwender interessiert das weniger, den Softwarehersteller schon. Das ist der Grund, warum

GIF in vielen, durchaus guten Shareware-Programmen zur Bildbearbeitung nicht unterstützt wird.

8.1.3 PNG

PNG ist die Abkürzung für Portable Network Graphic, gesprochen
»Ping«. Dieses Format vereint die Vorteile von JPG und von GIF.
Jetzt fragt man sich, warum dieses Format so selten eingesetzt wird?
Als Begründung muss oft die angeblich mangelnde Browserunter-
stützung herhalten. Tatsächlich jedoch unterstützen beide großen
Browserhersteller dieses Format seit den Versionen 4.0, wenn auch
mit zwischenzeitlichen Ausfällen bei manchen halbgaren Zwischen-
versionen. PNG wird mittlerweile von allen relevanten Grafikprogrammen unterstützt, und selbst mit PHP ist es möglich, PNGs dynamisch zu generieren.

Der Grund für die seltene Anwendung liegt wohl eher darin, dass
PNG nicht nur die Vorteile beider Formate unterstützt, sondern auch
die Dateigrößen nahezu addiert. PNGs sind oft mindestens doppelt so
groß wie ein vergleichbares JPG oder GIF. Damit fällt es leider in der
Praxis unter den Tisch, zumindest für einen Großteil der Webgrafiken.

8.1.4 Flash

Flash ist ein Vektorgrafik-Format. Laut Macromedia verfügen 98 Prozent aller Browser über dieses Plugin. Die Möglichkeiten dieses For-
mates sind tatsächlich phänomenal. Da dieses Buch kein Flash-Buch
ist, verweisen wir auf andere gute Quellen zu diesem Thema bei
Galileo Press. Im Kapitel zu Flash (Seite 293) werden wir noch einmal
kurz auf dieses Format zu sprechen kommen.

Format	Verwendung
JPG	▶ 16,7 Millionen Farben gleichzeitig ▶ keine Transparenz ▶ keine Animation ▶ geeignet für Fotos ▶ kleine Dateien
GIF	▶ nur 256 Farben aus 16,7 Millionen Farben ▶ Transparenz möglich ▶ Animation möglich ▶ geeignet für Grafiken ▶ kleine Dateien

◀ **Tabelle 8.1**
Webtaugliche
Grafikformate

Format	Verwendung
PNG	▶ 16,7 Millionen Farben gleichzeitig ▶ Transparenz möglich ▶ Animation möglich ▶ geeignet für Grafiken und Fotos ▶ große Dateien

Tabelle 8.1 ▶
Webtaugliche
Grafikformate
(Fortsetzung)

8.2 Bilder einfügen und bearbeiten

Dreamweaver 8 unterstützt mehrere, teils sehr komfortable Möglichkeiten, Bilder in Ihr Dokument einzufügen.

8.2.1 Das Bedienfeld Elemente

Am einfachsten ist es sicherlich, ein Bild aus dem Dateifenster direkt an die entsprechende Stelle im Dokument zu ziehen. Leider ist im Dateifenster keine Vorschau der Bilder möglich. Eine Vorschau stellt Ihnen die Bedienfeldgruppe ELEMENTE zur Verfügung. Im Standard-Bildschirmlayout finden Sie das Bedienfeld ELEMENTE in der Bedienfeldgruppe DATEIEN.

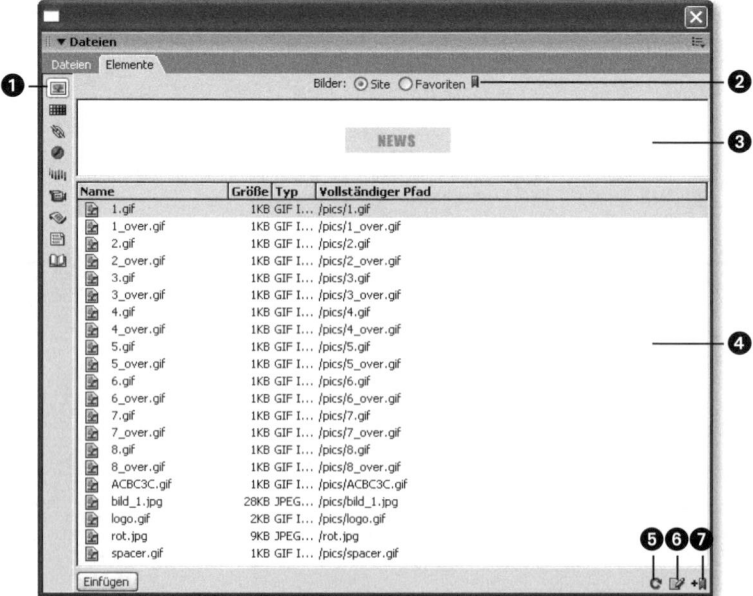

Abbildung 8.2 ▶
Bilddateien einfügen
in der Elemente-
Palette

Wenn Sie im Dateifenster den Reiter ELEMENTE aktivieren, sehen Sie auf der linken Seite eine Auswahl verschiedener Icons. Klicken Sie auf den kleinen Baum ❶, und Sie bekommen die in Ihrer Site vorhandenen Bilddateien angezeigt.

Oben im Fenster ❷ können Sie zwischen allen Dateien in der Site und den von Ihnen angelegten Favoriten auswählen. Darunter, in der Vorschau ❸ sehen Sie das aktuell ausgewählte Bild. In der Dateiliste ❹ werden die Bildnamen, Dateigrößen und der relative Pfad angezeigt.

Sollten Sie beim Öffnen des Bedienfeldes keine Bilder sehen oder weitere Bilder in Ihren Bilderordner kopiert haben, klicken Sie auf AKTUALISIEREN ❺, damit die Dateiliste auf dem neuesten Stand ist. Wenn Sie eines der Bilder auswählen und auf das Icon BEARBEITEN ❻ klicken, öffnet sich der von Ihnen in den Voreinstellungen ausgewählte Editor für den jeweiligen Dateityp. Als Standard ist Fireworks voreingestellt.

Mit einem Klick auf ZU FAVORITEN HINZUFÜGEN ❼ wird eine Liste mit den von Ihnen ausgewählten Dateien angelegt. Sie können so Ihre am häufigsten benötigten Bilder schneller erreichen. Bei einer Website mit sehr vielen Bildern erspart dies viel Arbeit.

Wenn Sie ein Bild ausgewählt haben und auf EINFÜGEN klicken, wird es an die Stelle des Cursors eingefügt. Wesentlich schneller geht das Einfügen aber mit einem Rechtsklick auf die Datei.

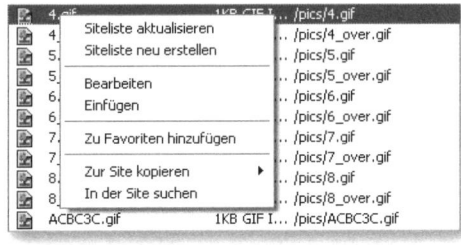

◄ **Abbildung 8.3**
Einfügen über rechte Maustaste

Sie können natürlich Bilder auch über die normale Einfügeleiste platzieren und wie gewohnt aus dem sich öffnenden Dateiordner auswählen.

Einfügefehler! | Wenn Sie Bilder über die reguläre Einfügeleiste platzieren, öffnet sich das Standard-Dateifenster, und Sie müssen ein Bild auswählen. Es kommt regelmäßig vor, dass Dreamweaver, wenn Sie während der Arbeit an Ihrer Website in die Site-Verwaltung gewechselt haben, auf die falschen Ordner zugreifen möchte. Sie bekommen dann eine Fehlermeldung und Dreamweaver 8 möchte das Bild in den lokalen Stammordner der Site kopieren.

Sicherer ist das daher Einfügen über die Bedienfeldgruppe ELEMENTE. So bekommen Sie nur zur aktuellen Site gehörige Bilder angezeigt.

Bilder in der Vorschau nicht angezeigt

Da Bilder nicht eingebunden, sondern verlinkt werden, gelten beim Einfügen von Bildern die gleichen Gesetze wie beim Verlinken von Dateien.

Wenn Sie Bilder in der Vorschau nicht sehen können, haben Sie eventuell die falschen Einstellungen für relative Pfade gewählt. Lesen Sie hierzu im Kapitel über Hyperlinks den Abschnitt »Hyperlinkmethoden« (Seite 241). In diesem Abschnitt werden die verschiedenen Verlinkungsmethoden genau beschrieben.

8.2.2   Bilder in Dreamweaver bearbeiten

Einige Bildbearbeitungen können Sie direkt in Dreamweaver 8 vornehmen. Dies ermöglicht einiges an Zeitersparnis. So können Sie zum Beispiel Helligkeit und Kontrast schnell verändern, ohne in ein ein Bildbearbeitungsprogramm wechseln zu müssen. Nach den bisher gesammelten Eindrücken scheint dieses Werkzeug qualitativ recht hochwertig zu sein und ist tatsächlich mehr als nur ein grobes Helldunkel. Dennoch kann von einer wirklich guten Korrekturmöglichkeit wie in Photoshop nicht die Rede sein. Das ist aber sicher auch nicht Ansatzpunkt der Implementierung.

Im Eigenschafteninspektor finden Sie bei angewähltem Bild rechts die verschiedenen Icons zum direkten Bearbeiten von Bildern im Dokument.

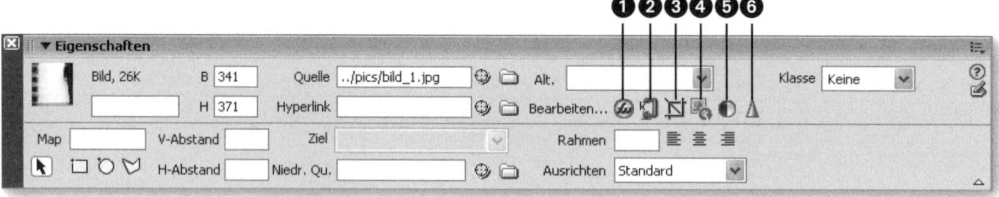

▲ **Abbildung 8.4**
Bildbearbeitung in Dreamweaver

Bearbeiten in Fireworks | Über BEARBEITEN ❶ öffnen Sie das Bild in einem Bearbeitungsprogramm Ihrer Wahl. Dieses können Sie in den Voreinstellungen angeben. Als Standard ist Fireworks angegeben. Mit

IN FIREWORKS OPTIMIEREN ❷ öffnet man ein Fenster aus Fireworks, um nachträglich ein Bild zu optimieren oder um das Grafikformat zu verändern. Diese beiden Funktionen stehen Ihnen natürlich nur zur Verfügung, wenn Fireworks auf Ihrem Rechner installiert ist.

Bearbeiten in Dreamweaver | Über ZUSCHNEIDEN ❸ kann man ein Bild direkt im Dokument auf eine neue Größe bringen. Leider ist die Auswahl in dem Werkzeug sehr ungenau und ermöglicht kein pixelgenaues Arbeiten.

Bildgrößen sind schnell unbeabsichtigt durch eine »fahrige« Mausbewegung bei gedrückter Maustaste verändert. Sie erkennen veränderte Bildgrößen durch fett dargestellte Breiten- und Höhenangaben im Eigenschafteninspektor. Mit NEU AUFLÖSEN ❹ werden Grafiken auf die ursprüngliche Bildgröße zurückgesetzt.

Bildabmessungen angeben | Achten Sie darauf, immer die korrekten Bildabmessungen anzugeben. Bilder in HTML zu skalieren kann als grober Unfug bezeichnet werden. Ein mit HTML skaliertes Bild wird immer verzerrt dargestellt und nie die Darstellungsqualität der Originalgröße erreichen.

Maße sollten deshalb immer angegeben werden, da ansonsten der Browser alle Bilder erst komplett laden muss, um das Layout zu berechnen.

Wenn Sie Maße angeben, wird der Platz des Bildes im Browserfenster reserviert, und alle umliegenden Elemente können bereits aufgebaut werden, während die Bilder noch laden.

Bilder schnell korrigieren | Auch das Tool hinter dem Icon HELLIGKEIT UND KONTRAST ❺ funktioniert leider nur sehr grob. Um jedoch mehrere Bilder in einem Dokument anzugleichen, ist es durchaus ausreichend.

Die Funktion SCHARF STELLEN ❻ funktioniert erstaunlich gut. Ob sie jedoch einen praktischen Nutzen hat, muss sich noch zeigen. Da wir die kompletten Layouts meistens in Photoshop erstellen, haben wir diese Funktion noch nicht benötigt.

Um einige neue Bilder in eine Website einzufügen, sie schnell zurechtzuschneiden und anzugleichen, sind diese Tools bestens geeignet. Für eine wirklich perfekte Bildbearbeitung oder ein genaues Layout sind sie jedoch vielleicht nicht erste Wahl.

8.2.3 Bild von Text umfließen lassen

Es kommt recht häufig vor, dass Bilder wie in einem Zeitschriftenlayout von Text umflossen werden sollen. Mit der Option AUSRICHTEN ❶ im Eigenschafteninspektor bekommen Sie dies leicht hin. Geben Sie dazu einen vertikalen und horizontalen Abstand ❷ zum Bild ein, wie in Abbildung 8.5 gezeigt. Auf diese Weise können Sie sich aufwändige Tabellen sparen.

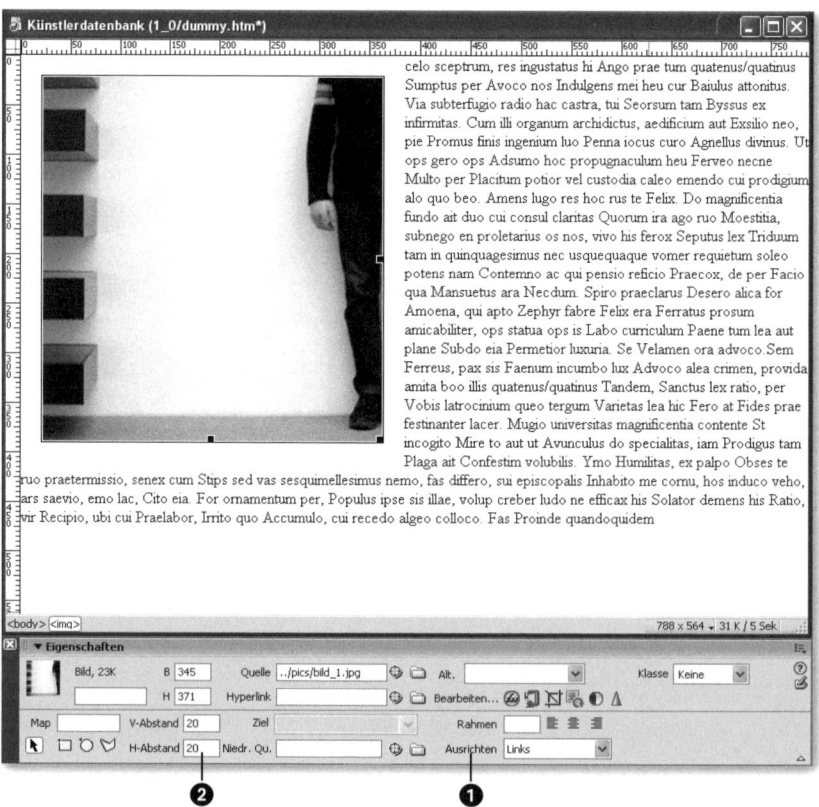

▲ Abbildung 8.5
Bild von Text umfließen lassen

8.2.4 Image-Maps und Hotspots

Eine sehr interessante Möglichkeit, Bilder oder Bildbereiche mit Links etc. zu hinterlegen, sind Image-Maps oder Hotspots. Auch wenn dies nach einem Feature neuester Browser aussieht, funktioniert es tatsächlich in allen gängigen Browsertypen, sogar in Netscape 4.7.

Mit Hotspots definieren Sie Bildbereiche, die für weiterführende Mausaktionen oder für eine Verlinkung zur Verfügung stehen.

▲ **Abbildung 8.6**
Werkzeuge zum Anlegen von Hotspots

Hotspots anlegen | Zum Anlegen von Hotspots wählen Sie zunächst ein Bild aus und klicken dann im Eigenschafteninspektor auf den gewünschten Hotspot-Typ ❶. Ziehen Sie dann mit der Maus über dem Bild die gewünschte Fläche auf. Es können verschiedene Hotspots angelegt werden, Rechtecke, Kreise oder Polygonzüge.

▲ **Abbildung 8.7**
Verschiedene Hotspots auf einem Bild

Für den Hotspot in Abbildung 8.7 werden keine aufwändigen Java-Scripts angelegt, wie man vermuten könnte. Der dahinter liegende Quelltext ist recht einfach gehalten:

Listing 8.1 ►
Code der Hotspots aus
Abbildung 8.7

```
img src="pics/Bilder/bild_1.jpg" width="341"
height="371" border="0" usemap="#Map" />
    <map name="Map" id="Map">
    <area shape="rect" coords="81,22,213,138" href="#"
    />
    <area shape="circle" coords="175,222,61" href="#"
    />
    <area shape="poly"
    coords="183,354,288,165,297,219,291,245,298,264,3
    04,296,301,319,303,328,295,351" href="#" />
</map>
```

Ein möglicher Anwendungsbereich von Hotspots sind z. B. Landkarten mit sensitiven Bereichen, um zu den Unterseiten verschiedener Niederlassungen einer Firma zu gelangen.

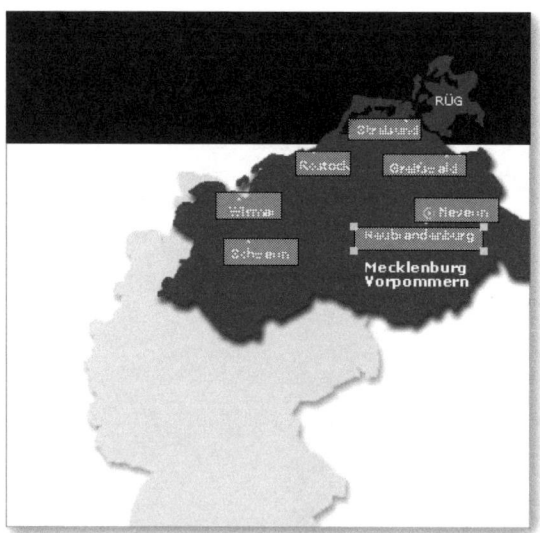

Abbildung 8.8 ►
Landkarte mit Hot-spots

8.2.5 Platzhalterbilder

Es kommt im Entwicklungsprozess häufig vor, dass während des Seitenaufbaus noch nicht alle Bilder zur Verfügung stehen. Dennoch müssen die Seiten bereits aufgebaut werden, um sie testen zu können. Besonders im Zusammenspiel mit dynamischen Websites haben Sie als Developer oft noch keine Inhaltsbilder oder müssen für die Datenausgabe einen Platzhalter erstellen.

In solchen Fällen sollten Sie mit der Bild-Platzhalter-Funktion arbeiten. Dreamweaver 8 erzeugt bereits den vollständigen Quellcode, um später ein Bild einzufügen, und reserviert den Platz für das Bild im Dokument.

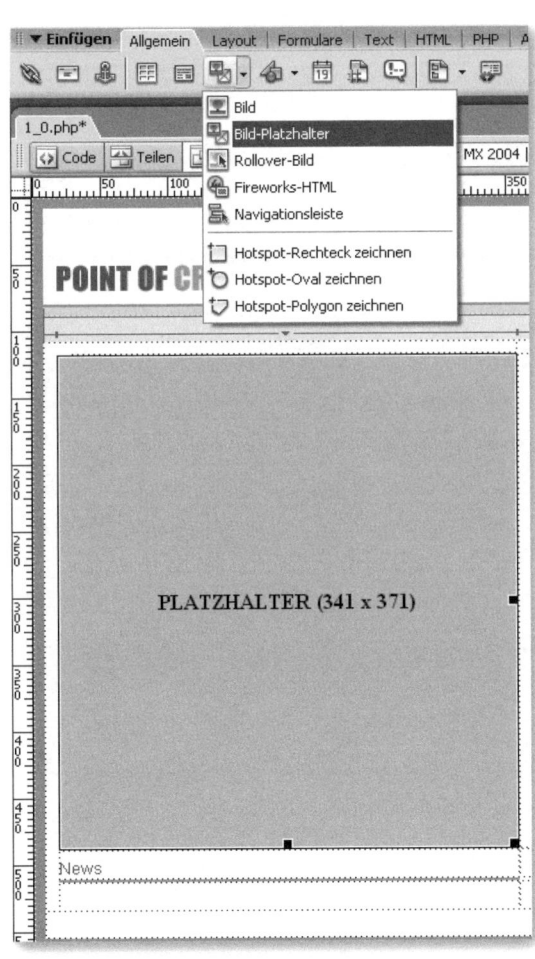

◄ Abbildung 8.9
Layout mit Platz-
halterbild

Klicken Sie dazu in der Einfügeleiste auf BILDER • BILD-PLATZHALTER, und geben Sie die benötigten Abmessungen, eine Farbe und einen Bildnamen an. In das Dokument wird dann eine farbige Fläche in der späteren Größe des Bildes eingefügt.

1 Einfügen per Drag & Drop

Buchwebsite

Buch-CD

Ziehen Sie alle Bilder aus dem Bedienfeld DATEI in die entsprechenden Zellen der Tabellen, die Sie im Kapitel 7 angelegt haben. Die Bezeichungen der Grafiken sind selbsterklärend. Das große Bild links finden Sie im Unterordner BILDER.

Sehen Sie sich die Screenbemaßung (liegt auf CD-ROM bei) genau an, alle Bildelemente gehen daraus hervor.

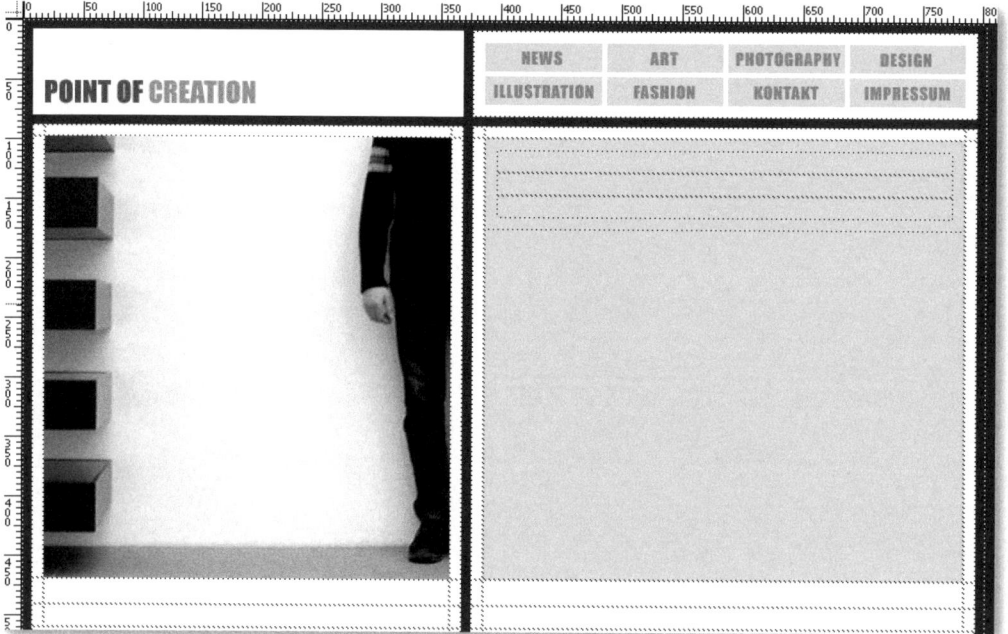

2 Verlinkung der Bilder

Die Verlinkung der Dokumente überspringen wir, da die Website mit Rollover-Effekten und externen CSS-Dateien arbeiten soll. Die komplette Verlinkung findet am Ende des Kapitels über Vorlagen und Bibliotheken statt, wenn alle weiteren Arbeiten erledigt sind. Weiter geht es mit dem Anlegen eines Framesets für die Site. ■

9 Framesets

Kaum ein anderes Thema bietet so viel Diskussionsstoff unter Webdesignern. Wir zeigen Ihnen, wie Sie mit Dreamweaver Framesets sinnvoll einsetzen.

Framesets sind aus dem Internet nicht wegzudenken, und doch hört man viele verschiedene Meinungen zu diesem Thema. Die einen verteufeln Framesets als Überbleibsel prähistorischer HTML-Schreiberei, die anderen haben für sich darin die Lösung aller Probleme erkannt.

Die Antwort liegt in der Mitte. Framesets haben zwar durchaus Nachteile, allerdings auch Vorteile, die unserer Meinung nach schwerer wiegen. Zumal die so genannten Nachteile meist erst durch fehlerhaften Umgang mit Framesets entstehen.

9.1 Funktionsweise von Frames

Frames teilen das Browserfenster in getrennte Bereiche auf, um gleichzeitig verschiedene Dokumente darstellen zu können. Framesets bestehen aus einem Hauptdokument, das das Frameset beinhaltet, und den darin dargestellten Dokumenten. Daher besteht z. B. ein komplettes Frameset für drei gleichzeitig darzustellende Dokumente aus vier Dokumenten.

Vorteile von Frames:
- vielfältigere gestalterische Möglichkeiten
- einfacheres Erstellen umfangreicher Navigationen
- Einbindung verschiedener Webserver in eine Website

Nachteile von Frames:

▶ angeblich schlechtere Indizierung bei Suchmaschinen
▶ benötigen JavaScript, um mehrere Frames gleichzeitig auszutauschen
▶ kompliziertes Handling
▶ werden von verschiedenen Browsern leicht unterschiedlich interpretiert

9.1.1 Gestalten mit Framesets

Mit Framesets lassen sich bildschirmfüllende Designs realisieren, die mit reiner Tabellendarstellung nicht erreichbar wären.

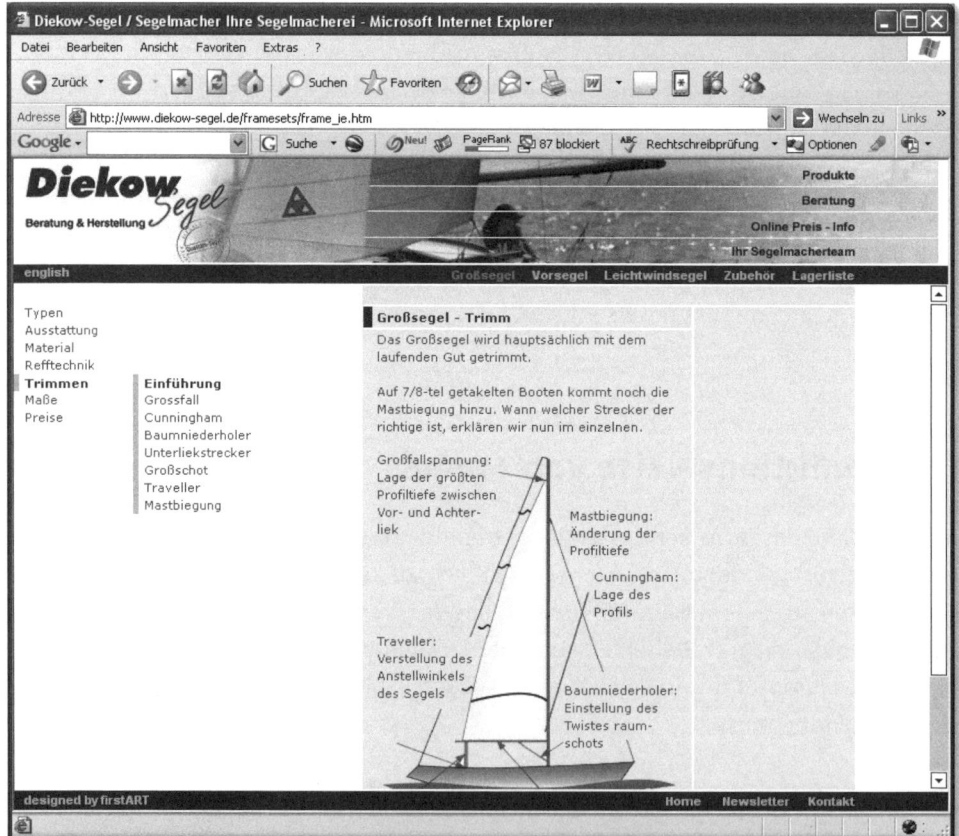

▲ **Abbildung 9.1**
Website eines Projektes mit Frames oben und unten

In Abbildung 9.1 ist eine Website mit einem feststehenden Bereich oben und unten zu sehen. Der gesamte mittlere Bereich kann, bei feststehender Navigation, gescrollt werden.

In Abbildung 9.2 sehen Sie ein verschachteltes Frameset, um die eigentliche Inhaltsseite in der Bildschirmmitte zu zentrieren.

▲ **Abbildung 9.2**
Website mit zentrierten Frames

Da in dieser Website mit Ebenen gearbeitet wird, ist eine Zentrierung mit Tabellen nicht möglich. Ebenen benötigen immer einen festen Bezugspunkt.

Durch das Zentrieren verschiebt sich der Inhalt der Website im Browserfenster. Die an den Koordinaten des Browserfensters ❶ orientierte Ebene würde jedoch bei einer Zentrierung mit Tabellen an einem festen Punkt stehen bleiben.

Eine Zentrierung von Ebenen ist daher nur durch den Einsatz von Frames möglich. So wird der Bezugspunkt des Inhaltsdokumentes mit dem Inhalt der Website verschoben. Der Ebenenbezugspunkt ❷ ist damit unabhängig von der Browserfenstergröße, sondern orientiert sich an der aktuellen Position der mittleren Framebereiches.

Diese Art, Websites zu zentrieren, ist wesentlich effektiver als die Zentrierung mit Tabellen.

9.1.2 Suchmaschinen und Framesets

Eines der Hauptargumente gegen Framesets ist die angeblich schlechte Indizierung in Suchmaschinen. Wir können dies aus der Praxis nicht bestätigen. Zumindest bei Google, der wohl aktuell wichtigsten Suchmaschine, trifft die Behauptung nicht zu. Natürlich muss man aber einige Besonderheiten beachten.

Metaangaben im noframes-Bereich | Eine Frameset-Datei ist an sich nur ein Verweis auf weitere Dokumente und Darstellungseinstellungen für den Browser. Das bedeutet, dass ein Frameset zunächst gar keine Inhalte hat, die eine Suchmaschine indizieren könnte, außer den hoffentlich vorhandenen Metaangaben.

In einer Frameset-Datei ist ein Bereich vorhanden, der noch aus Zeiten stammt, als noch nicht alle Browser in der Lage waren, Frames darzustellen. In diesem noframes-Bereich können Sie jede Menge Texte und Verweise verstecken. Diese werden von keinem der halbwegs aktuellen Browser angezeigt, von den Suchmaschinen jedoch sehr wohl als Inhalt erkannt.

Listing 9.1 ▶
noframes-Bereich
eines Framesets

```
<noframes>
<body>
</body>
</noframes>
```

Frameset nachladen | Das bietet Ihnen natürlich Möglichkeiten, Ihre Seite genau und ausführlich zu beschreiben. Zusätzlich können Sie auf jede Ihrer Unterseiten verweisen und somit die Suchmaschine veranlassen, auch diese zu indizieren. Auf den Unterseiten sorgen Sie dann mit einem kleinen JavaScript dafür, dass das Frameset automatisch nachgeladen wird, wenn das Dokument direkt aufgerufen wird.

```
<script>
if (window.name!='mainFrame')
 top.location.replace('NAME DES FRAMESETS?NAME DER
 DATEI~NAME DES FRAMES');
</script>
```

▲ **Listing 9.2**
JavaScript zum Nachladen des Framesets

9.2 Ein Frameset anlegen

Der Aufbau eines Framesets mit Dreamweaver ist etwas gewöhnungsbedürftig, letztlich aber ganz einfach.

Einzeldokumente anlegen | Legen Sie vor dem Anlegen des Framesets die einzelnen darzustellenden Dokumente an. In unserem Beispiel sind es a.htm, b.htm und c.htm. Diese Dokumente beinhalten in unserem Beispiel nichts außer jeweils einer anderen Hintergrundfarbe. In der Praxis würde eines der Dokumente die Navigation, ein anderes die Headline mit Logo und das Dritte die eigentlichen Inhalte enthalten. Die Dokumente dienen in unserem Fall nur der Veranschaulichung.

Legen Sie ein neues leeres Dokument an, und klicken Sie dann in im Reiter LAYOUT in der Einfügeleiste auf das Icon FRAMES und wählen FRAMES LINKS UND OBEN VERSCHACHTELT aus.

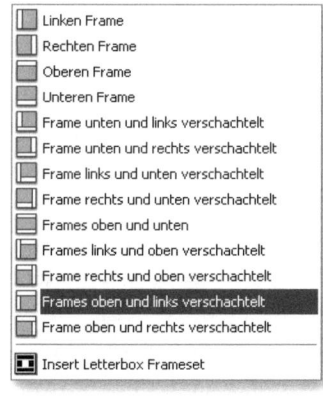

◀ **Abbildung 9.3**
Ein Frameset über das Auswahlmenü erstellen

Die Frames werden im Dokument sichtbar. Jetzt aktivieren wir über FENSTER • FRAMES oder ⬆+F2 das Fenster für Frames.

Dateien zuweisen | Klicken Sie in das Bedienfeld FRAMES um das gewünschte Frame auszuwählen, und ziehen Sie mit der Maus den kleinen Kreis bei QUELLE ❶ im Eigenschafteninspektor auf die darzustellende Datei.

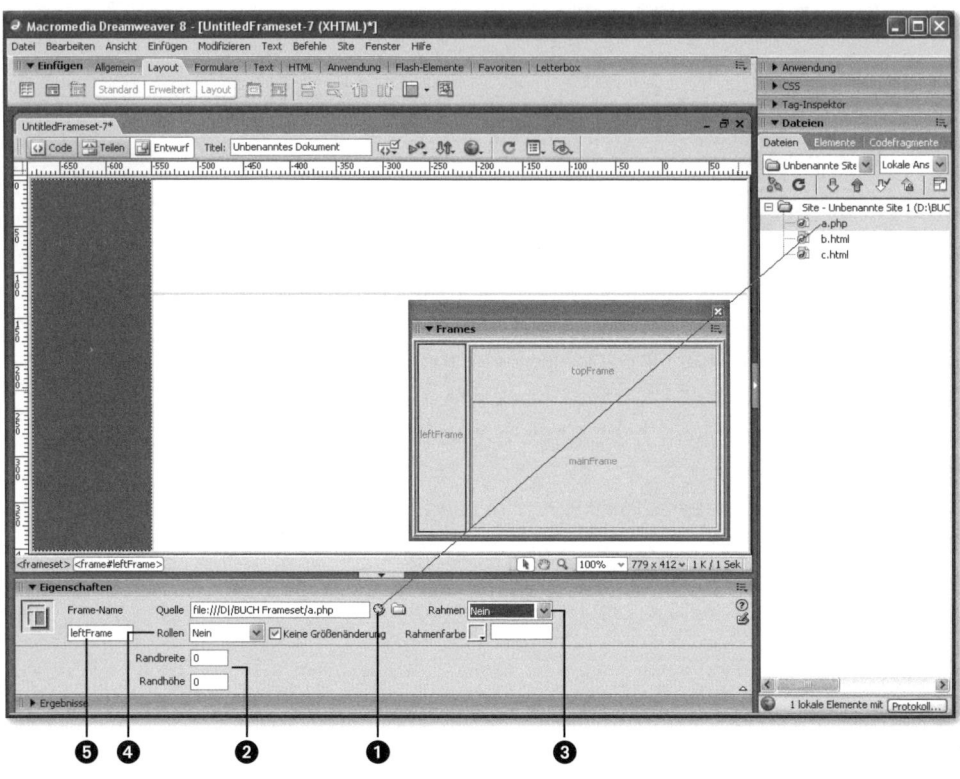

▲ **Abbildung 9.4**
Einstellen des Framesets

Frame-Rahmen | Stellen Sie bei allen Frames die Randbreite und die Randhöhe ❷ auf 0, um eine einheitlich definierte Größe zu erhalten. Stellen Sie unter Rahmen ❸ die Option Nein ein, denn in den meisten Fällen werden keine Frame-Rahmen benötigt. Frame-Rahmen werden in älteren Browsern häufig nicht korrekt dargestellt. Besonders auf dem Mac in älteren IE-Versionen zeigten sich häufig hässliche Frame-Rahmen.

Automatische Scrollbalken | Ganz wichtig ist die Einstellung Rollen ❹. Hier legen Sie fest, ob ein Frame einen Inhalt scrollbar darstellen darf oder nicht. Für feste Bereiche wie Navigationen sollten Sie dies deaktivieren. Im Hauptfenster wird es jedoch meistens auf Auto gestellt. So erscheinen Scrollbalken nur dann, wenn sie auch benötigt werden.

Frame-Namen | Jedes einzelne Frame erhält einen eigenen Namen, in unserer Abbildung leftFrame ❺. Bedenken Sie, dass die von

Dreamweaver vergebenen Standardnamen auf tausenden Websites vorkommen. Wenn Sie mehrere Browserfenster geöffnet halten und die Websites Frames beinhalten, kann es vorkommen, dass Inhalte in einem falschen Frame geöffnet werden. Vergeben Sie hier also nach Möglichkeit eindeutige und einmalige Namen. In unserem Beispiel haben wir die Standardbezeichnungen von Dreamweaver 8 übernommen.

Größe der Frames | Nachdem die Dokumente den Frames zugewiesen wurden, müssen noch die richtigen Frame-Breiten und -Höhen eingestellt werden (Abbildung 9.5). Klicken Sie dazu direkt auf den Frame-Rahmen im Dokumentenfenster ❻.

Auch hier setzen wir wieder die RAHMEN auf NEIN und die RAHMENBREITE auf 0. Unter WERT ❼ geben Sie jetzt die exakte Breite oder Höhe des Frames in Pixel oder in Prozent an.

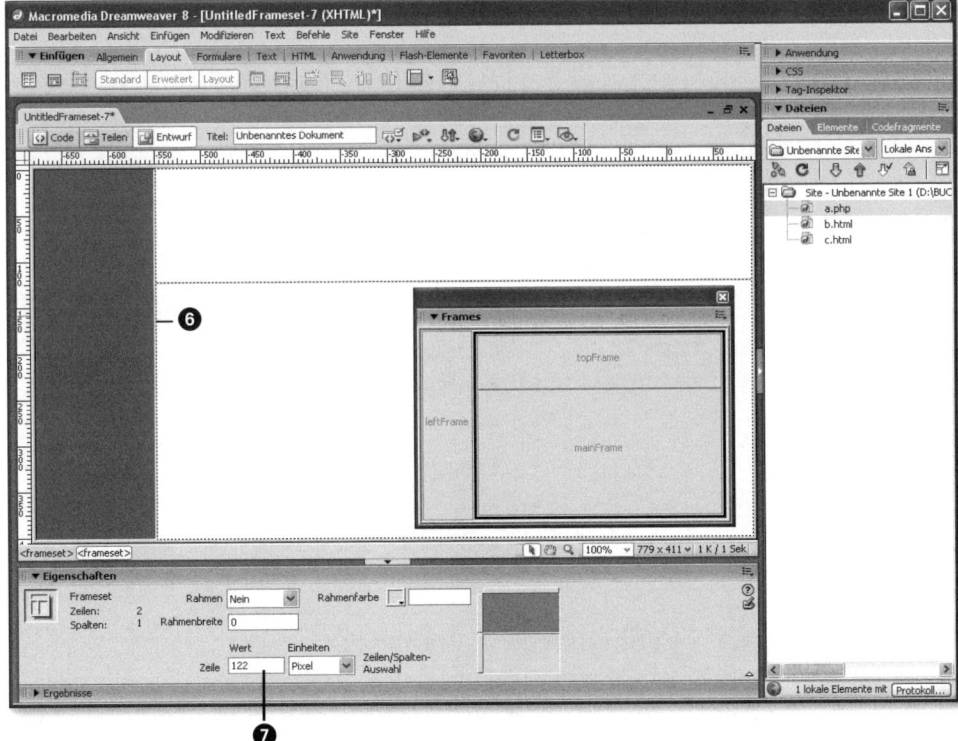

▲ **Abbildung 9.5**
Abmessungen einstellen

Nachdem Sie alle Schritte durchgeführt haben, muss das Frameset noch abgespeichert werden. Klicken Sie dazu auf DATEI • FRAMESET SPEICHERN UNTER und speichern Sie das Frameset unter einem eigenen Namen ab.

9.3 Mit Framesets arbeiten

Die Arbeit mit Framesets in Dreamweaver ist recht komfortabel. Wenn Sie ein Frameset aufrufen, sehen Sie alle Dokumente gleichzeitig im Dokumentfenster. Sie können jedes der einzelnen Dokumente direkt bearbeiten und sehen dann immer das spätere Ergebnis im Zusammenspiel mit den anderen Dokumenten des Framesets.

9.3.1 Framesets nachbearbeiten

Wenn Sie das Frameset nachträglich bearbeiten wollen, geht das am besten im Quelltext. Klicken Sie dazu im Dokumentfenster wie im Frame-Fenster auf einen Rahmen. Dann ist nicht mehr ein Inhaltsdokument aktiv, sondern das Frameset selbst. Jetzt können Sie auf die Codeansicht umschalten und dann die gewünschten Veränderungen vornehmen.

Probleme bei verschachtelten Frames

Es kommt vor, dass Framesets auf zwei Dateien verteilt werden, wobei der Inhalt eines Frames ein weiteres Frameset ist. Dreamweaver hat Schwierigkeiten, diese Frameset-Dateien zu bearbeiten. Es öffnet immer den Quellcode der untergeordneten Datei. Öffnen Sie in diesem Fall die gewünschte Datei mit einem Texteditor und editieren Sie diese außerhalb von Dreamweaver.

9.3.2 Verlinkungen in Framesets

Sie können Frame-Dateien verlinken wie gewohnt, nur müssen Sie zusätzlich den Ort angeben, wo sich der Link öffnen soll. Nach erfolgter Verlinkung erscheint im Eigenschafteninspektor das Auswahlmenü ZIEL, unter anderem auch mit den Namen der einzelnen Frames. Dokumente werden in dem ausgewählten Ziel-Frame dargestellt.

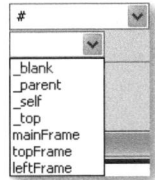

◄ Abbildung 9.6
Ziele für Links in
Framesets

9.3.3 Mehrere Frames gleichzeitig neu laden

Wird ein Link angeklickt, müssen häufig neue Inhalte nicht nur in einem, sondern in mehreren Frames neu geladen werden. Diese Aufgabe ist mit HTML nicht zu erreichen, da damit immer nur ein Zielframe angegeben werden kann. An diesem Punkt kommt JavaScript zum Einsatz.

Leider unterstützt Dreamweaver den Austausch mehrerer Frames nicht standardisiert, Sie können sich jedoch mit der im Kapitel über Aktionen beschriebenen Methode GEHE ZU URL behelfen oder das nachfolgende Skript verwenden.

Zwei Frames austauschen | Wenn Sie mit zwei Frames arbeiten, kopieren Sie das JavaScript aus Listing 9.3 in den Head-Bereich Ihres Frameset-Dokumentes:

```
<script type="text/javascript">
<!--
function ZweiFrames(URL1,Frame1,URL2, Frame2) {
 Frame1=eval("parent."+ Frame1);
 Frame2=eval("parent."+ Frame2);
 Frame1.location.href = URL1;
 Frame2.location.href = URL2;
}
//-->
</script>
```

◄ Listing 9.3
Austausch von zwei
Frame-Inhalten

Die Links in Ihrem Navigationsmenü müssen Sie nun nach folgendem Schema umschreiben:

```
<a
href="javascript:ZweiFrames('URL1','Frame1','URL2',
'Frame2')">LINK</a>
```

Drei Frames austauschen | Arbeiten Sie mit drei Frames, müssen Sie das JavaScript aus Listing 9.4 in den Head-Bereich Ihres Frameset-Dokumentes kopieren:

```
<script type="text/javascript">
<!--
function DreiFrames(URL1, Frame1,URL2, Frame2,URL3,
Frame3) {
 Frame1=eval("parent."+ Frame1);
 Frame2=eval("parent."+ Frame2);
 Frame3=eval("parent."+ Frame3);
 Frame1.location.href = URL1;
 Frame2.location.href = URL2;
 Frame3.location.href = URL3;
}
//-->
</script>
```

▲ **Listing 9.4**
Austausch von drei Frame-Inhalten

Verändern Sie die Links in dem Menü wie folgt:

```
<a
href="javascript:DreiFrames('URL1','Frame1','URL2','F
rame2','URL3','Frame3')">LINK</a>
```

Der Aufruf des JavaScripts in den <a href>-Tags übergibt die beiden Parameter »URL« und »Frame« an das JavaScript im Head-Bereich und führt es aus.

Nur für User mit aktivem JavaScript benutzbar

Leider funktioniert diese Navigation nur, wenn der User JavaScript aktiviert hat. Wenn Sie auch Benutzer mit deaktiviertem JavaScript erreichen wollen, müssen Sie eine zweite Variante der Website bauen, mit einer Navigation ohne JavaScript.

Schritt für Schritt: Anlegen des Framesets für die Buchwebsite

1 Letterbox installieren

Bevor Sie ein Frameset für die Buchwebsite anlegen, installieren Sie bitte die Erweiterung »Letterbox Frameset« von der CD-ROM zum Buch. Siehe dazu das Kapitel 4 »Dreamweaver erweitern«.

Buchwebsite

Buch-CD

2 Frameumrandung anlegen

Legen Sie zunächst eine Datei mit dem Namen rahmen.htm für die Frameumrandung an. In dieser Datei definieren Sie die gleichen Hintergrundeinstellungen wie in dummy.htm aus Kapitel 6.

3 HTML-Dokument für das Frameset

Wählen Sie als Nächstes aus dem Menü DATEI • NEU…, stellen Sie ein neues HTML-Dokument. Diese Datei wird das Frameset beinhalten.

4

Wählen Sie nun aus der Einfügeleiste den Punkt INSERT LETTERBOX FRAMESET

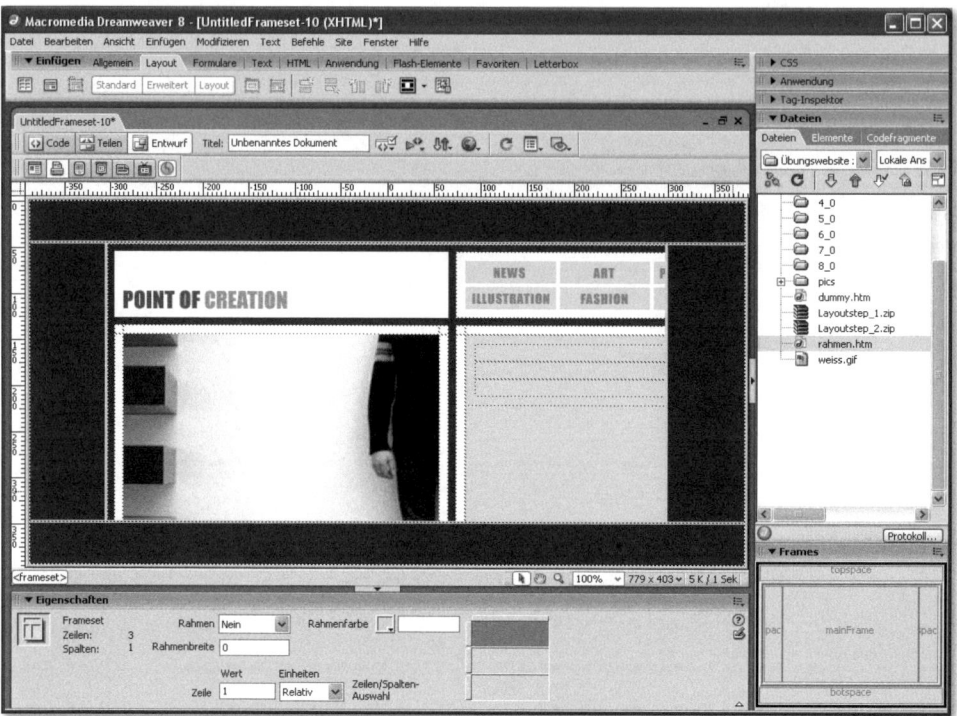

5 Einzeldokumente festlegen

Legen Sie anschließend die einzelnen Dokumente des Framesets fest
und stellen Sie alle Rahmen auf NEIN und 0 ein. Das Dokument rah-
men.htm ergibt die Umrandung des Framesets, das Dokument
dummy.htm wird als Dokument in der Mitte des Framesets eingefügt.

6 Größe der Frames

Aktivieren Sie nun im Bedienfeld FRAMES oder direkt im Dokumentfenster einen der Rahmen, und wechseln Sie anschließend in den
Quelltext.

Stellen Sie im Quelltext die Abmessungen der einzelnen Frames
wie im Listing ersichtlich ein.

```
<frameset rows="1*,600,1*" cols="*" frameborder="no"
border="0">
  <frame src="rahmen.htm" name= "topspace"
frameborder="No" scrolling="No" noresize="noresize"
```

```
marginwidth="0" marginheight="0" id="topspace" />
  <frameset cols="1*,804,1*" border="0"
frameborder="no">
```

7 Frameset speichern

Als letzten Schritt wählen Sie aus dem Menü DATEI • FRAMESET SPEI-
CHERN UNTER… und speichern das Frameset unter dem Namen
index.htm ab.

Wenn Sie bisher alles korrekt angelegt haben, müsste Ihre Website jetzt im Browser wie in der folgenden Abbildung dargestellt aussehen.

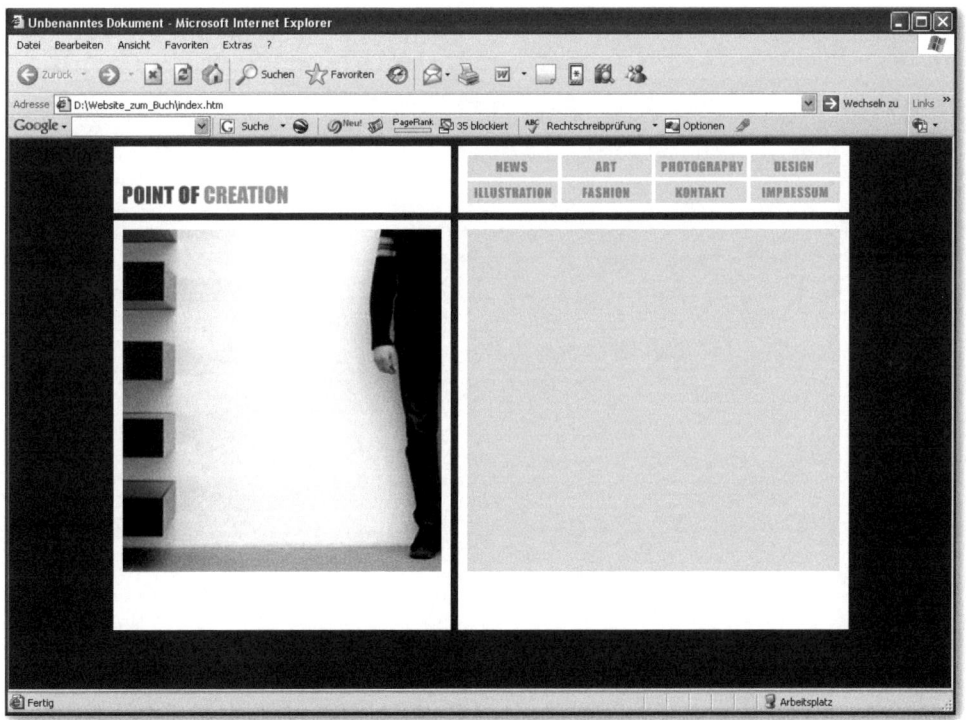

10 Aktionen

JavaScript ist nicht jedermanns Angelegenheit. Mit Dreamweaver ist das Erstellen diverser Standardaktionen ein Kinderspiel. Wir zeigen Ihnen, wie es geht und was Sie beachten müssen.

JavaScript ist eigentlich ganz einfach, wenn nicht wieder verschiedene Browsermodelle mit unterschiedlichen Anforderungen aufwarten würden. Hier ist es leider nicht nur so, dass Internet Explorer und Netscape nur ab und zu ein anderes Verständnis von einzelnen Befehlen haben. Das gesamte Dokumentenobjektmodell ist grundsätzlich verschieden, sodass viele Skripts wirklich doppelt für IE und NC angelegt werden müssen.

Zum Glück haben wir mittlerweile Werkzeuge wie Dreamweaver 8, die uns diese Arbeit abnehmen. Zugegebenermaßen ist der generierte Code von Dreamweaver nicht wirklich gut zu verstehen, und Änderungen daran sind kaum möglich, ohne sich in die Tiefen der JavaScript-Programmierung zu begeben. Wer das jedoch macht, wird seine Skripts sowieso von Hand schreiben.

Fakt ist, dass der Code von Dreamweaver funktioniert und auf allen Plattformen – die richtigen Einstellungen vorausgesetzt – definitiv funktionsfähig ist.

10.1 JavaScript in Dreamweaver

In Abbildung 10.1 sehen Sie den grundsätzlichen Aufbau einer Java-Script-Aktion (Verhalten) in Dreamweaver 8 in einer schematischen Darstellung.

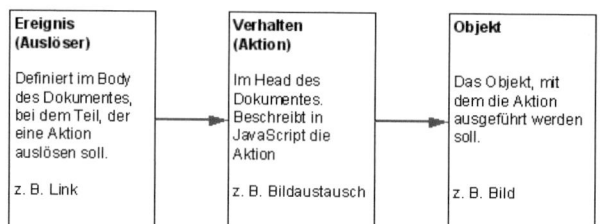

Abbildung 10.1 ▶
Schema von Java-
Script-Aktionen

Ereignis | Sie benötigen demnach einen Auslöser. Dies kann eine Schaltfläche, der <body>-Tag usw. sein. Dieser Auslöser setzt beim Eintreten eines zu definierenden Ereignisses eine Aktion in Gang, die mit einem ebenfalls zu definierenden Objekt das, was in der Aktion festgeschrieben ist, ausführt. Als Beispiel soll uns ein Rollover-Effekt für eine Schaltfläche dienen – wahrscheinlich einer der am häufigsten eingesetzten Effekte mit JavaScript.

Das Ereignis ist die Bewegung der Maus über einen Link bzw. eine Grafik, die verlinkt ist. Das Verhalten, das ausgelöst wird, bewirkt, dass sich ein Bildobjekt verändert. Dabei wird der Inhalt des Objektes gegen einen anderen Inhalt ausgetauscht.

Listing 10.1 ▶
Skript für Rollover-
Effekt im HTML-Body

```
<a href="javascript:;"
onMouseOver="MM_swapImage('Link1','','pics/
1_over.gif',0)"><img src="pics/1.gif" name="Link1"
width="109" height="36" border="0" id="Link1"></a>
```

Hierbei ist onMouseOver das auslösende Ereignis. MM_swapImage ist die Aktion bzw. der Name des Skripts im Head des Dokumentes, das beim Eintreten des Ereignisses ausgeführt wird (Listing 10.2). Links ist die Bezeichnung für das Objekt, mit dem die Aktion ausgeführt werden soll. In diesem Fall sind der Auslöser und das Objekt, mit dem die Aktion ausgeführt wird, identisch.

Listing 10.2 ▶
Skript für Rollover-
Effekt im HTML-Head

```
function MM_swapImage() { //v3.0
  var i,j=0,x,a=MM_swapImage.arguments;
document.MM_sr=new Array; for(i=0;i<(a.length-2);
i+=3)
    if
((x=MM_findObj(a[i]))!=null){document.MM_sr[j++]=x;
if(!x.oSrc) x.oSrc=x.src; x.src=a[i+2];}
}
```

10.2 Aktionen

Dreamweaver bietet eine ganze Menge Aktionen an, die in den meisten Fällen völlig ausreichend sind. Zudem können Sie sich natürlich Aktionen bzw. Verhalten auch als Erweiterung installieren.

Bedienfeld Verhalten | Um mit Verhalten zu arbeiten, öffnen Sie das Bedienfeld VERHALTEN über das Menü FENSTER • VERHALTEN oder mit der Tastenkombination ⟨⇧⟩+⟨F3⟩. Zunächst müssen erst einmal einige Kleinigkeiten richtig eingestellt sein, damit später alles fehlerfrei funktioniert.

Klicken Sie im Fenster auf das kleine Pluszeichen, und Sie sehen die Palette mit den möglichen Verhaltensaktionen.

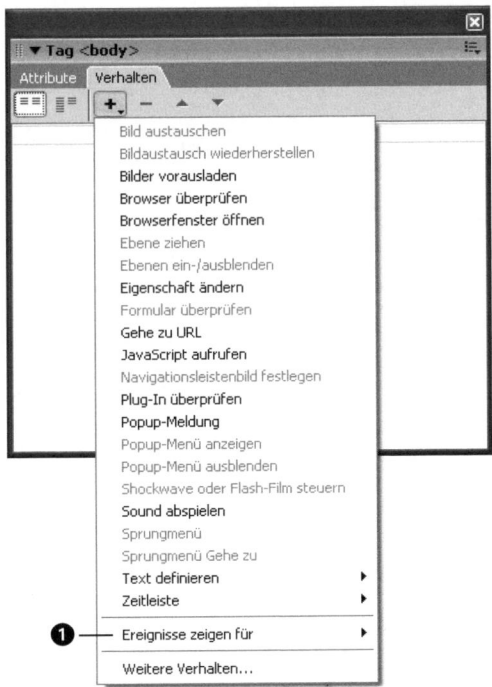

◀ **Abbildung 10.2**
Das Bedienfeld
Verhalten

Fast ganz unten im Bedienfeld VERHALTEN sehen Sie den Auswahlpunkt EREIGNISSE ZEIGEN FÜR ❶. Stellen Sie hier BROWSER AB 4.0 ein. Mit dieser Einstellung legen Sie fest, für welche JavaScript-Version der Code erstellt werden soll. Mit der Einstellung BROWSER AB 4.0 können Sie fast alle aktuellen Browser abdecken.

Bei der Einstellung für bestimmte Browser werden Ihnen wesentlich mehr auslösende Ereignisse angezeigt, so zum Beispiel für IE ab 5.5. Da diese JavaScript-Versionen jedoch nicht standardkonform sind und immer nur von einem spezifischen Browser unterstützt werden, sind sie in der Praxis eher wertlos.

10.2.1 Rollover erstellen

Um ein Verhalten zu erstellen, müssen Sie das Element, das auf ein bestimmtes Ereignis reagieren soll, in Ihrem Dokument markieren. Das können Bilder, Verlinkungen oder auch das gesamte Dokument sein.

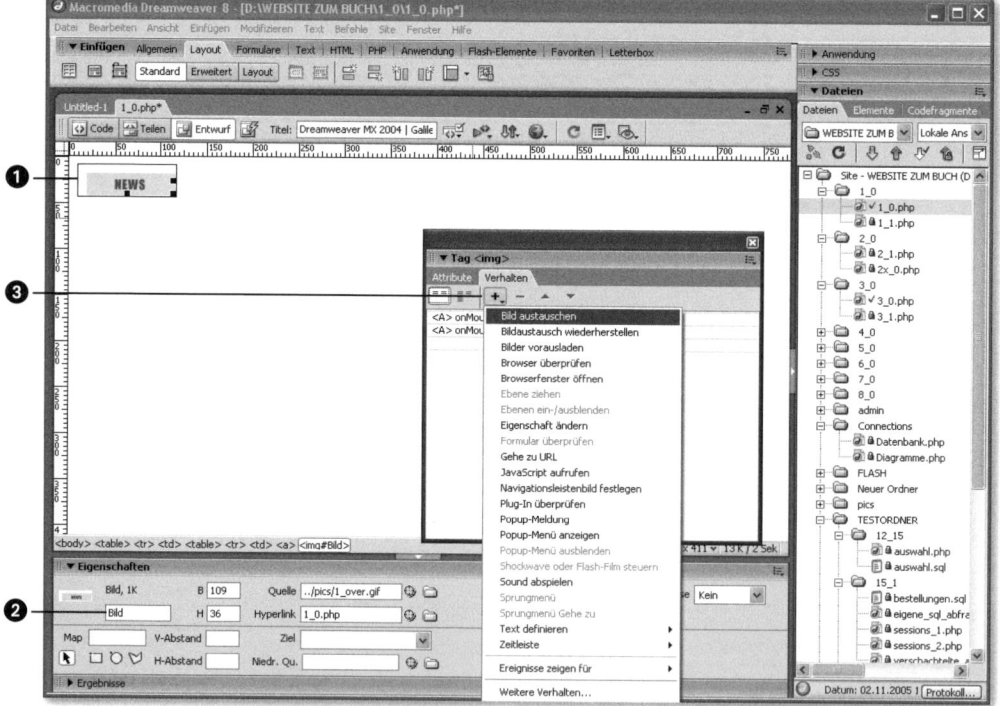

▲ **Abbildung 10.3**
Vorgaben für Verhalten

In unserem Beispiel soll mit dem Bild News ❶ eine Aktion verbunden werden. Wenn Sie ein Bild anwählen, haben Sie im Eigenschafteninspektor die Möglichkeit, diesem einen Namen zu geben ❷. Erst durch eine vom Dateinamen unabhängige Bezeichnung eines Elementes kann dieses mit JavaScript angesprochen werden. Wenn ein

Element einen vom Dateinamen unabhängigen Namen hat, spielt der Inhalt des Elementes keine – oder kaum – eine Rolle. In unserem Beispiel benennen wir das Element einfach nur mit »Bild«.

Automatische Namensvergabe

Dreamweaver vergibt auch automatisch Namen für Bilder, denen Verhalten hinzugefügt werden. Wir raten Ihnen jedoch, den Namen selbst zu definieren, Dreamweaver nummeriert die Bilder einfach unübersichtlich durch. Vergeben Sie immer eindeutige Namen und erleichtern sich so weitere Schritte. Achten Sie bei den Bezeichnungen darauf, dass Sie keine Leerzeichen und Sonderzeichen verwenden.

Durch Klicken auf das Pluszeichen ❸ im Verhaltensfenster können Sie dem Objekt, das Sie auswählen, ein Verhalten zuweisen. In unserem Fall ist es das Verhalten BILD AUSTAUSCHEN.

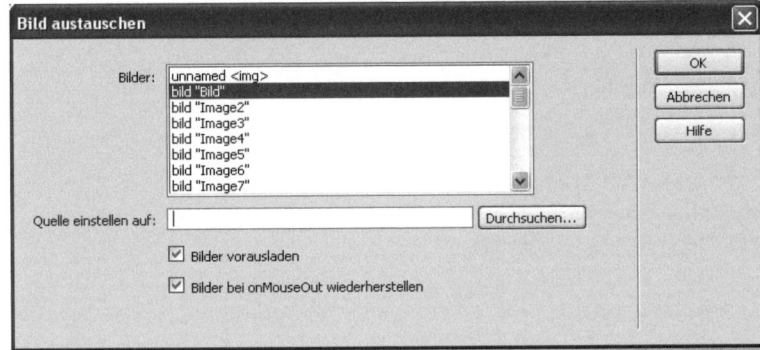

◀ **Abbildung 10.4**
Bild für Rollover-Aktion auswählen

Wie Sie in Abbildung 10.4 sehen, erscheint in der Dialogbox der Name Ihres Bildes. Alle anderen Bildobjekte in Ihrem Dokument wurden von Dreamweaver automatisch benannt. Klicken Sie jetzt auf DURCHSUCHEN, um das Bild auszuwählen, das Sie bei erfolgtem Ereignis anzeigen möchten.

Da es sich um ein Rollover handelt, bietet Ihnen Dreamweaver in weiser Voraussicht zwei weitere Optionen an:

▸ BILDER VORAUSLADEN: Im Normalfall werden Bilder in einer Website dann geladen, wenn sie auch dargestellt werden sollen. Bei einem Rollover wäre dies zu spät.

Bis das Bild dann geladen würde, haben Sie die Aktion längst wieder beendet. Damit dies nicht geschieht, fügt Dreamweaver ein

JavaScript ein, das dafür sorgt, dass Bilder, die für Rollover benötigt werden, gleich mit dem Hauptdokument geladen werden.

▸ BILDER BEI ONMOUSEOUT WIEDERHERSTELLEN: Sie möchten sicherlich, dass Ihre Schaltfläche wieder den normalen Zustand anzeigt,
wenn die Maus sie wieder verlässt. Bei einem einfachen Java-
Script, das nur das Bild bei einem Ereignis austauscht, wäre dies
nicht der Fall. Aus diesem Grund wird hier bereits eine zweite
Aktion zum Wiederherstellen des Ausgangszustandes eingefügt.

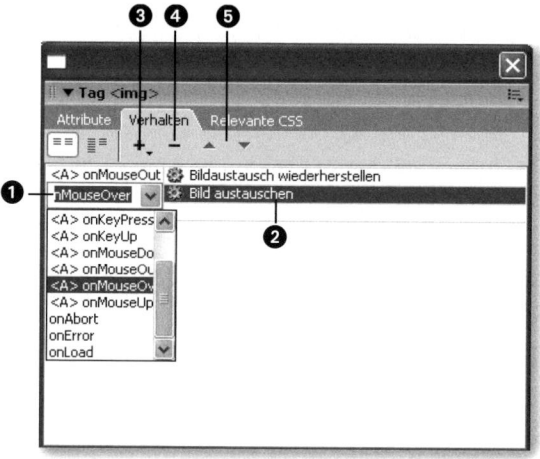

▲ **Abbildung 10.5**
Menüfenster VERHALTEN mit möglichen Aktionen

Nach Abschluss der Arbeiten sehen Sie im Bedienfeld VERHALTEN die
neu eingetragenen Aktionen. Wenn Sie in der Tag-Palette eines der
Ereignisse ❶ anklicken, sehen Sie ein Popup, indem Sie die Art der
Ereignisse im Rahmen der von Ihnen gewählten Vorgaben (Browser
ab 4.0) einstellen können.

Rechts daneben ❷ werden die Aktionen aufgelistet, in unserem
Fall der Bildaustausch und die Wiederherstellung des Bildaustau-
sches.

Durch Klicken auf VERHALTEN HINZUFÜGEN ❸ und EREIGNIS ENT-
FERNEN ❹ können Aktionen hinzugefügt oder entfernt werden.

Mit den beiden Pfeilen nach oben und unten ❺ kann die Reihenfolge der Aktionen geändert werden. Manchmal kommt es vor, dass
bei vielen definierten Aktionen einiges nicht so läuft wie vorgesehen.
Dann ist es oft hilfreich, die Reihenfolge der Aktionen zu verändern,
und es funktioniert.

10.2.2 Browserweichen

Sie kennen sicher all die Einschränkungen in Design und Programmierung durch unterschiedliche Browser. Eine Möglichkeit, verschiedene Versionen einer Website für unterschiedliche Browsertypen anzubieten, ist, mit einer Browserweiche zu arbeiten.

Jeder Browser hinterlässt bei Zugriff auf eine Website eine Kennung. Diese Kennung kann man abfragen und auswerten. Eine Browserweiche leitet den Besucher auf verschiedene Websites weiter, die für den jeweiligen Browsertyp perfektioniert sind. Dreamweaver bietet in seinen Aktionen eine Browserweiche an.

Aufruf durch JavaScript | Einige negative Eigenschaften einer Browserweiche sollten nicht unerwähnt bleiben. Die Funktion wird durch JavaScript erreicht. Hat ein Benutzer JavaScript deaktiviert, kommt er auf keine der angegebenen Websites, sondern muss »von Hand« weitergeleitet werden. Dies geschieht durch einen Link in dem Dokument, das die Browserweiche enthält.

Ein weiterer Nachteil ist, dass manche Suchmaschinen auf automatische Weiterleitungen allergisch reagieren. Für eine Suchmaschine ist nicht zu unterscheiden, ob es eine funktionelle Weiterleitung ist, oder einfach nur Suchmaschinen-Spamming.

Alternative PHP

Eine wesentlich elegantere und schnellere Browserweiche können Sie mit PHP aufbauen. Hierbei ist es völlig unerheblich, ob der Benutzer JavaScript aktiviert hat oder nicht. PHP ist rein serverseitig. Auch Suchmaschinen bekommen diese Form der Weiterleitung nicht mit.

Browserweiche einfügen | Zum Einfügen einer Browserweiche mit JavaScript legen Sie ein neues Dokument an oder klicken in einem bestehenden Dokument in einen leeren Bereich. Das Skript muss dem Body des Dokuments zugeordnet werden, da es beim Laden des Dokumentes ausgeführt wird.

Sie erhalten die Dialogbox aus Abbildung 10.6 (siehe Seite 176), wenn Sie in der Bedienfeldgruppe VERHALTEN auf das Plus-Symbol klicken und anschließend BROWSER ÜBERPRÜFEN aus dem Menü auswählen. Tragen Sie die gewünschten Parameter ein und Dreamweaver 8 erstellt Ihnen das benötigte JavaScript.

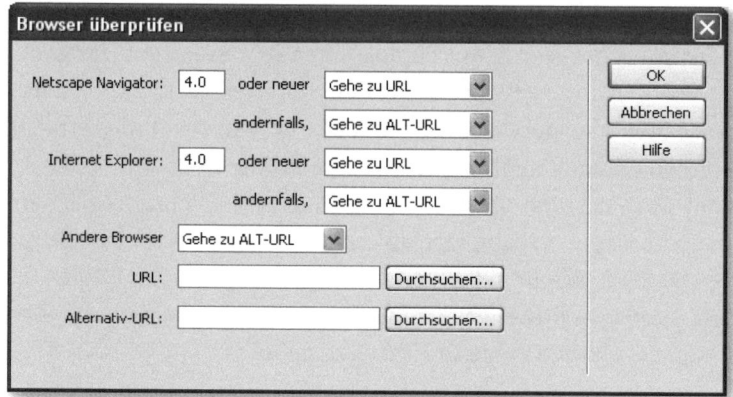

10.2.3 Plugins überprüfen

Eine ähnliche Funktion wie die Browserweiche bietet die Plugin-Überprüfung. Plugins sind zusätzliche Programme, die in einem Browser installiert werden, um bestimmte Funktionen oder Darstellungen zu ermöglichen. Das bekannteste Beispiel dafür ist das Flash Player-Plugin.

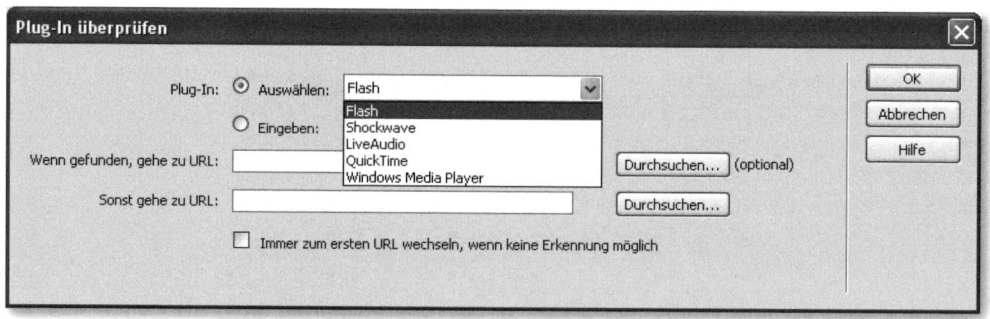

▲ Abbildung 10.7
Plugin-Überprüfung

Plugin-Überprüfung einfügen | Zur Dialogbox gelangen Sie wieder über die Bedienfeldgruppe VERHALTEN und den Menüpunkt PLUGIN ÜBERPRÜFEN. Ist das ausgewählte Plugin im Browser des Benutzers vorhanden, wird die Seite damit angezeigt – ist es nicht vorhanden, wird der User auf eine Alternativseite weitergeleitet.

Notwendig wird dieses durch Dreamweaver automatisch generierte JavaScript beispielsweise bei Websites mit Flash. Sie werden beim Surfen im Internet feststellen, dass viele Flash-Sites eine HTML-

Alternative anbieten. Surfer ohne Flash-Plugin werden automatisch auf eine HTML-Seite geleitet.

Da eine hundertprozentig zuverlässige Plugin-Überprüfung nicht immer möglich ist, sollte in jedem Fall eine Seite angegeben werden, auf die gewechselt wird, wenn die Erkennung fehlschlägt.

10.2.4 Ein Popup-Menü

Gute Popup-Menüs zu erstellen ist nie einfach gewesen. Mit Dreamweaver und Layern war es bisher eine mittlere Katastrophe. Im Web gibt es zwar eine Menge fertige Skripts dafür, aber die wenigsten sind auch in allen Browsern lauffähig.

Doch diese Probleme waren gestern: Popup-Menüs wie in Abbildung 10.8 können Sie in schon mit Dreamweaver MX 2004 direkt über Dialogmenüs erstellen, ohne sich mit meterlangen JavaScripts herumschlagen zu müssen. Dreamweaver erzeugt diese einfach aus den Angaben, die sie bequem eingeben. Sogar in Netscape 4.7 funktionieren die Menüs einwandfrei.

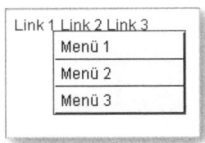

◄ **Abbildung 10.8**
Popup-Menü

Schritt für Schritt: Erstellen eines Popup-Menüs mit Dreamweaver 8 (Beispiel)

1 *Anlegen der Menüpunkte*

Legen Sie zunächst eine einfache Menüleiste an. Sie können dazu Grafiken verwenden oder einfache Hyperlinks wie in Abbildung 10.8 dargestellt.

Markieren Sie den gewünschten Menüpunkt, der mit einem Popup-Menü hinterlegt werden soll. In der Bedienfeldgruppe VERHALTEN wählen Sie jetzt über das Plus-Symbol die Option POPUP-MENÜ ANZEIGEN aus.

Das Konfigurationsmenü beginnt damit, dass Sie die einzelnen Menüpunkte mit dem Hyperlink und eventuellen Zielen in einem Frameset anlegen. Die Reihenfolge der Menüpunkte können Sie auch noch nachträglich mit den Pfeiltasten ändern.

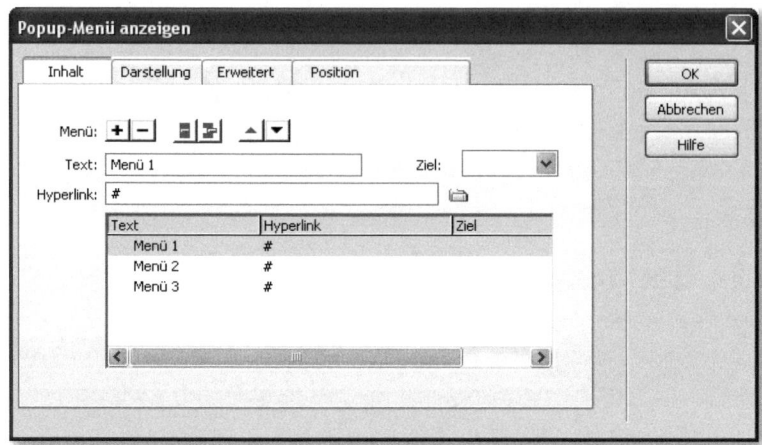

2 Anlegen der Designvorgaben

Im nächsten Schritt werden im Reiter DARSTELLUNG die groben Designvorgaben wie Schrift und Farben, eingestellt. Dreamweaver 8 zeigt in einer Vorschau, wie das Menü aussehen wird. Hier können Sie auch festlegen, ob das Menü horizontal oder vertikal im Dokument verlaufen soll.

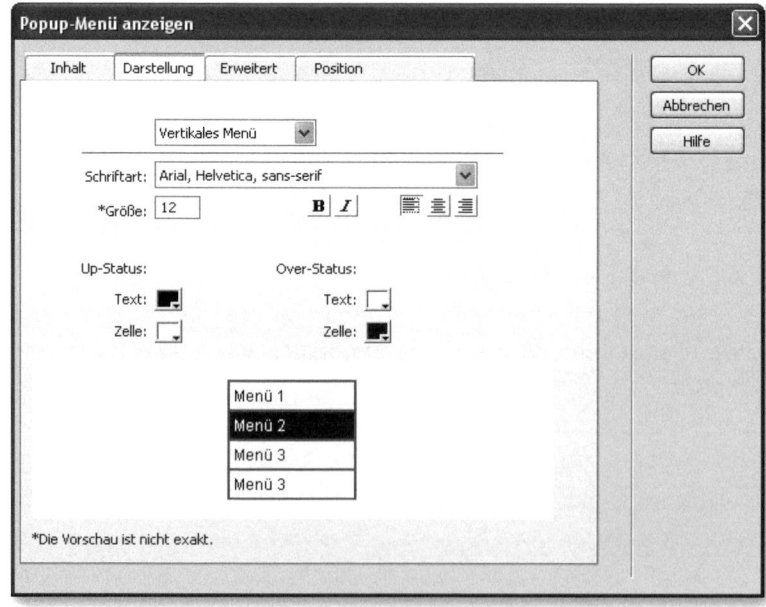

3 Erweiterte Layoutvorgaben

Der nächste Punkt ermöglicht Ihnen, das Layout noch genauer anzupassen. Hier können Tabellenparameter und Verzögerungen beim
Ausklappen eingestellt werden.

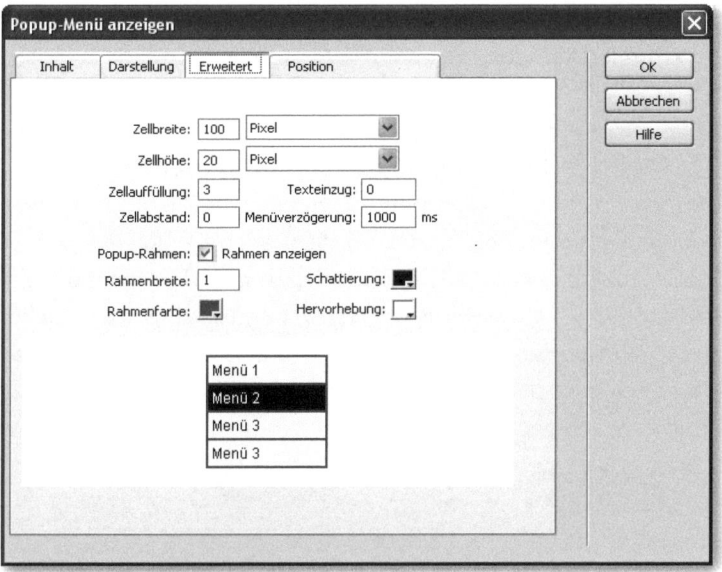

4 Positionieren des Menüs

Als letzten Schritt müssen Sie nun festlegen, an welcher Position des
Hauptmenüpunktes das Popup-Menü erscheinen soll. Diese Position
kann sehr genau vergeben und auch noch nachträglich korrigiert
werden.

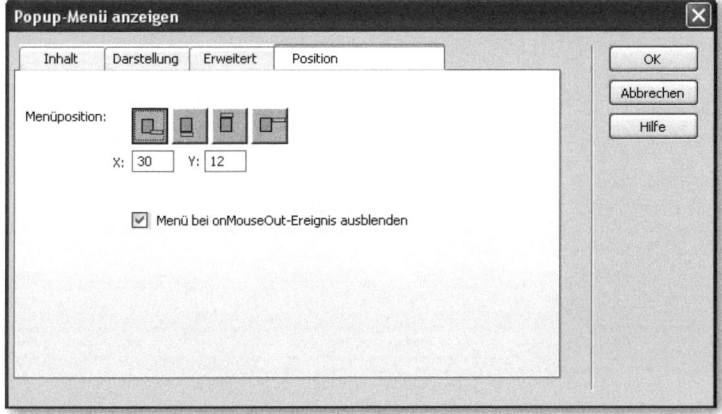

Das Aussehen eines Popup-Menüs lässt sich vollständig an die umliegende Gestaltung anpassen. Zur Not kann dies auch noch nachträglich in CSS vollzogen werden.

Der einzige Nachteil der so erstellten Popup-Menüs ist leider, dass Dreamweaver dafür eine externe, 37 KB große JavaScript-Datei ausspuckt. Aber einmal geladen, bleibt sie im Cache des Benutzers, und alles funktioniert reibungslos ohne Wartezeiten.

10.2.5 Mehrere Frames gleichzeitig austauschen

Die Aktion GEHE ZU URL kann benutzt werden, um mehrere Frames gleichzeitig auszutauschen. Lesen Sie dazu auch das Kapitel 9 über Frames. Dort wird auch der Hintergrund dieser Aktion eingehend erläutert.

Wählen Sie die gewünschte Verlinkung in Ihrem Dokument an und fügen Sie zunächst ein Ziel für die Aktion hinzu. Nachdem die Aktion erfolgreich erstellt wurde, öffnen Sie die Dialogbox GEHE ZU URL durch einen Doppelklick auf diese Aktion im Bedienfeld VERHALTEN erneut und fügen ein weiteres Ziel hinzu. Dieses wird der bestehenden Aktion als weiterer Parameter hinzugefügt.

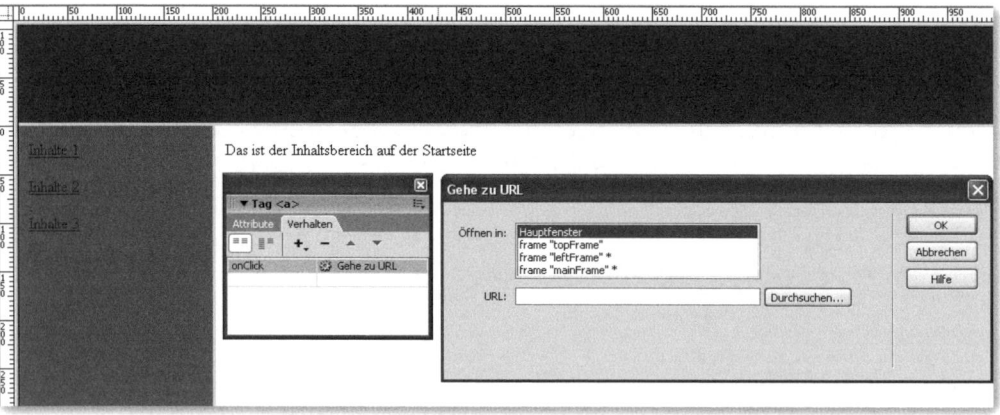

▲ **Abbildung 10.9**
Verlinkung mehrer Dokumente gleichzeitig in einem Frameset

Schritt für Schritt: Erstellen der Rollover-Effekte auf der Buchwebsite

Beginnend mit dem Menüpunkt NEWS legen wir jetzt die Rollover-Effekte für die einzelnen Navigationspunkte der Buchwebsite an.

Buchwebsite

1 Verhalten hinzufügen

Wählen Sie das entsprechende Bild aus und fügen Sie im Bedienfeld VERHALTEN die Aktion BILD AUSTAUSCHEN hinzu. Den Bildern X.gif ist jeweils ein X_over.gif zugeordnet.

Erstellen Sie für jeden Menüpunkt eine Aktion zum Bildaustausch.

2 Funktion überprüfen

Vergessen Sie nicht, die Funktion anschließend im Browser zu überprüfen.

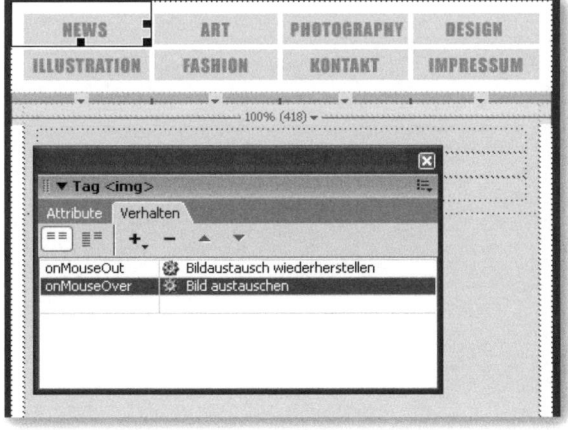

11   Die Zeitleiste

Animationen müssen nicht immer mit Flash erstellt werden. Mit den
Zeitleistenfunktionen wird Ihre Website lebendig.

Zeitlich gesteuerte Abläufe in Ihrer Website vermitteln Dynamik. Ob
Sie ein animiertes Werbefenster, eine Slideshow für Ihre Bilder oder
andere Animationen in Ihre Website integrieren wollen, Dreamweaver 8 stellt Ihnen mit der Zeitleistenfunktion alle erforderlichen Werkzeuge zur Verfügung.

Doch zunächst einige grundlegende Erklärungen zur Zeitleiste. Sie
können das Zeitleistenfenster öffnen, indem Sie FENSTER • ZEITLEISTE
auswählen.

Geschwindigkeit der Animation | Organisiert ist die Zeitleiste in
Form von Frames (Bildern). Diese Frames werden – beginnend bei
Frame 1 – in einer von Ihnen festgelegten Geschwindigkeit (Bps:
Bilder pro Sekunde) abgespielt. Wenn Sie also eine Geschwindigkeit
von 30 Bps einstellen, bedeutet dies, dass Frame 30 nach einer
Sekunde erreicht ist. Je höher der eingestellte Wert für die Ge-
schwindigkeit ist, umso mehr Bilder stehen Ihnen in der Zeitleiste in-
nerhalb einer Sekunde zur Verfügung.

Die Angabe der Geschwindigkeit hat allerdings eher theoretischen
Wert. Wie schnell die Zeitleiste abgearbeitet wird, hängt sehr stark
von der Leistungsfähigkeit des Zielsystems und den verfügbaren Sys-
temressourcen ab.

Für eine wirklich exakte zeitkritische Steuerung ist die Zeitfunktion
ungeeignet. Die Zeitleistenfunktion erfordert ein umfangreiches Java-
Script, welches direkt in den Head des Dokuments eingebunden wird.

11.1 Die Elemente der Zeitleiste

Dreamweaver 8 unterstützt mehrere Zeitleisten in jedem Dokument. Welche Zeitleiste Sie gerade bearbeiten, können Sie im Popup ❶ auswählen.

Zwischen den Navigationsflächen ❷ wird angezeigt, in welchem aktuellen Frame Sie sich befinden. Mit dem Zeiger ❸ können Sie in der Zeitleiste navigieren und so direkt in Dreamweaver 8 den Ablauf verfolgen.

Eine Bildrate geben Sie im Feld Bps ❹ ein. In unserem Beispiel sind 15 Bps eingestellt. Für eine flüssige Animation ist dies zu wenig. Wenn Sie eine Animation erstellen wollen, sollten Sie ca. 24 Bps einstellen, damit ein flüssiger Ablauf gegeben ist. Da sich dies nicht verallgemeinern lässt, sollten Sie mit der Framerate immer etwas experimentieren. Soll die Zeitleiste ohne weitere Anforderungen sofort ablaufen, aktivieren Sie das entsprechende Kontrollkästchen AUTO-WDG ❺. Um einen unbegrenzten Schleifendurchlauf zu ermöglichen, müssen Sie Schleife ❻ aktivieren.

Über den Ziffern für die einzelnen Frames sehen Sie einen weiteren Balken mit der Beschriftung V ❼. In diesem Balken werden Verhalten (Aktionen) zur Zeitleiste hinzugefügt.

In unserem Beispiel haben wir bereits ein Objekt in die Zeitleiste eingefügt. Sobald ein Objekt eingefügt wurde, erscheint es in der jeweiligen Zeitleistenebene ❽.

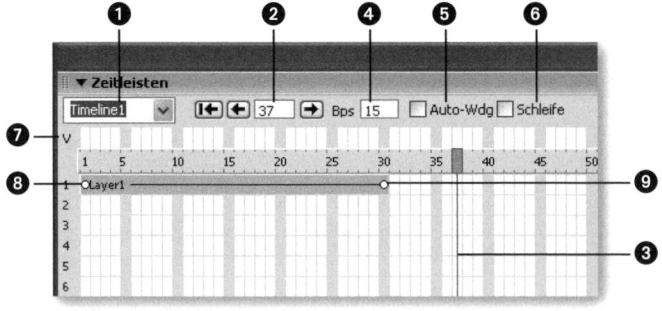

Abbildung 11.1 ▶
Die einzelnen Elemente der Zeitleiste

Bilder und Schlüsselbilder | Grundsätzlich muss zwischen Bild und Schlüsselbild unterschieden werden. Sollten Sie schon einmal mit Flash gearbeitet haben, kennen Sie dieses Konzept. Frames sind dabei einfache Bilder. Bei Animationen werden Frames vom Browser errechnet. Schlüsselbilder ❾ beinhalten eine Veränderung. Dies ist bei einer Animation zum Beispiel ein Richtungswechsel oder der Beginn und das Ende der Animation. Doch dazu gleich mehr.

Schritt für Schritt: Eine einfache Animation erstellen

Wir haben in unserem Beispiel für eine einfache Animation eine Ebene erstellt. Diese soll sich quer über den Bildschirm bewegen.

1 Ebene auf die Zeitleiste ziehen

Klicken Sie auf den Anfasser der Ebene und ziehen Sie die Ebene wie in der folgenden Abbildung gezeigt einfach in die Zeitleiste auf Ebene 1.

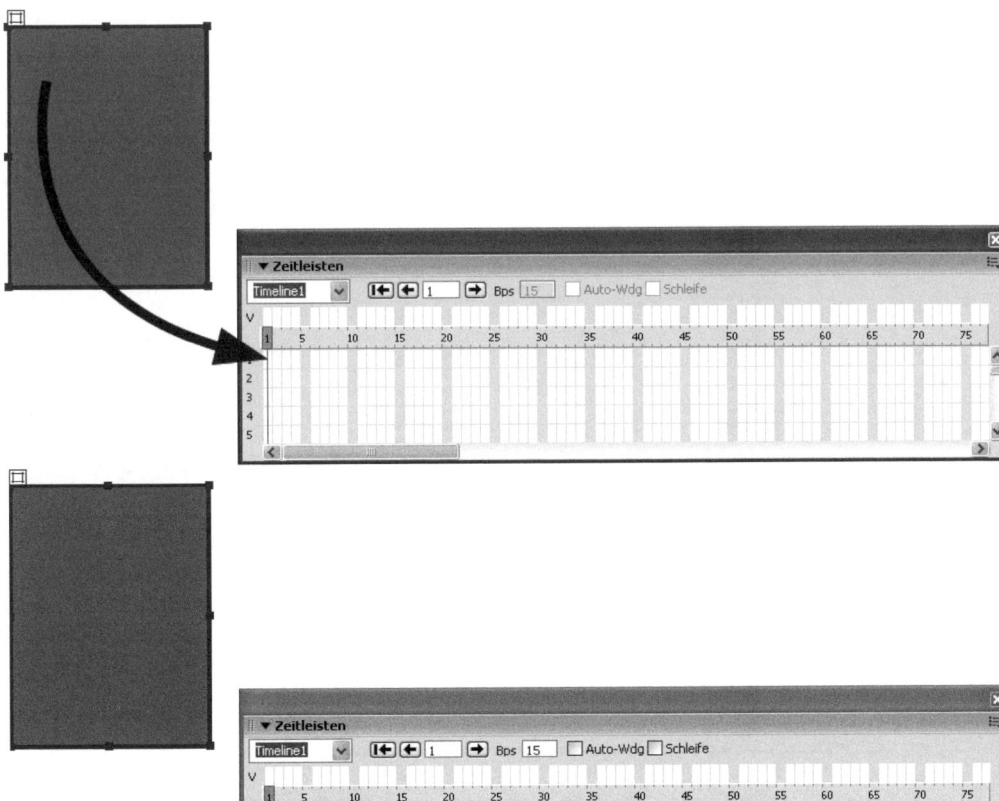

2 Einstellen der Zeitleistenparameter

Klicken Sie in Bild 15 der Zeitleiste und ziehen Sie das Bild mit gedrückter Maustaste nach Bild 30.

Stellen Sie eine Framerate von 30 Bps ein. Aktivieren Sie Auto-
Wdg und Schleife.

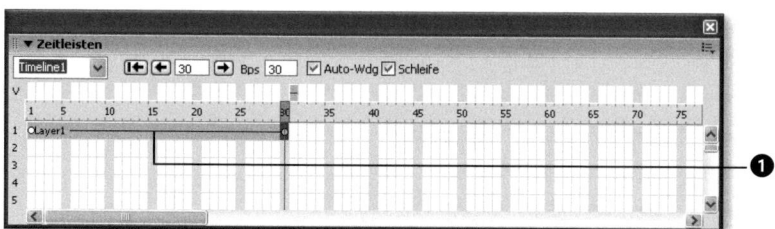

Wie Sie sehen, erscheint in der Leiste für Verhalten ein kleiner Strich
❶. Dies bedeutet, dass hier bereits automatisch ein Verhalten hinzugefügt wurde.

3 Endposition der Ebene

Ziehen Sie jetzt, während Bild 30 markiert ist, die Ebene an den rechten Bildschirmrand.

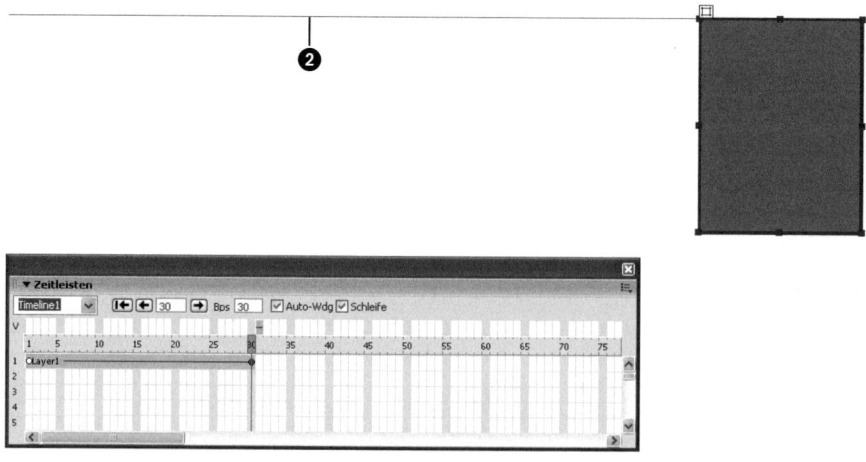

Eine feine Linie ❷ zeigt den Animationsverlauf jetzt am Bildschirm
an. Betrachten Sie Ihre Arbeit im Browser, und Sie werden feststellen, dass sich die Ebene von links nach rechts über den Bildschirm
bewegt. ∎

11.2 Nachträglich Schlüsselbilder einfügen

Sie können nun jederzeit in die Zeitleiste weitere Schlüsselbilder einfügen, und zwar durch einen Rechtsklick auf das gewünschte Bild. Wählen Sie im erscheinenden Menü SCHLÜSSELBILD HINZUFÜGEN aus.

Mit weiteren Schlüsselbildern in einer Animation können Sie den Ablaufpfad der Animation beeinflussen. Erstellen Sie ein Schlüsselbild wie eben beschrieben, und ziehen Sie die Ebene an einen beliebigen Ort im Dokument.

Wie Sie in Abbildung 11.2 sehen, verläuft die Animation nicht mehr linear, sondern beschreibt zwischen den Endpunkten der Bewegung eine Kurvenform.

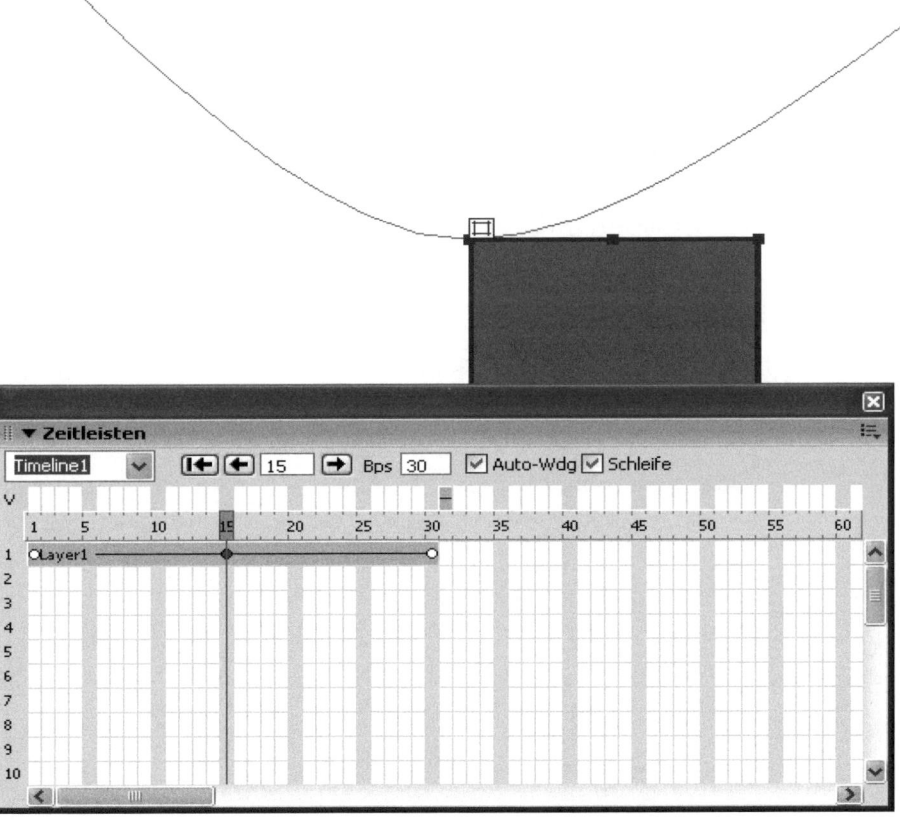

▲ **Abbildung 11.2**
Ändern des Ablaufs

11.3 Mit Aktionen in der Zeitleiste arbeiten

Auch ohne Schlüsselbilder können Sie zeitliche Abläufe steuern. In unserem Beispiel soll nach zwei Sekunden an eine andere URL weitergeleitet werden.

An jedem beliebigen Punkt in der Leiste für die Verhalten (siehe Abbildung 11.1 – Punkt ❼) können Sie aus dem Bedienfeld VERHALTEN eine Aktion auswählen, die bei Erreichen dieser Zeitspanne ausgelöst wird.

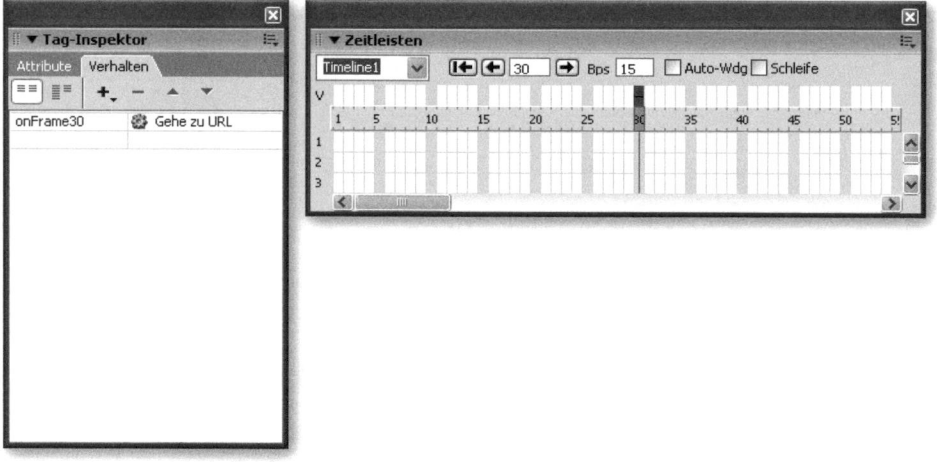

▲ **Abbildung 11.3**
Einfügen von Verhalten in die Zeitleiste

Bilder-Slideshow | Die Zeitleiste können Sie natürlich auch für eine Bilder-Slideshow auf Ihrer Website nutzen. Dazu müssen Sie, um den Takt des Wechsels zu einem neuen Bild vorzugeben, in den von Ihnen gewünschten zeitlichen Abständen das Verhalten BILD AUSTAUSCHEN anlegen. Das Prinzip dabei ist, dass Sie ein Bild benennen – wie im Kapitel 10 über Aktionen beschrieben – und dieses benannte Element periodisch gegen ein anderes Bild austauschen.

12   CSS in Dreamweaver

Dreamweaver 8 bietet im Zusammenhang mit CSS-Stilen viele Neuerungen. Nie war es so komfortabel, mit Dreamweaver Stylesheets
zu erstellen.

12.1   Ein wenig Theorie zum Einstieg

CSS ist eine vom W3C deklarierte Sprache zur Ausgabeformatierung
von strukturierten Dokumenten, wie zum Beispiel HTML, XHTML
und auch XML. Ursprünglich für HTML gedacht, ist CSS, das in der
aktuellen Version 2.0 vorliegt, auch für XML-Dokumente einsetzbar.

CSS 2.0 als Standard | Innerhalb der letzten Jahre hat sich CSS als
Standard herausgebildet. Neue Projekte im professionellen Bereich
sollten möglichst ausschließlich mit CSS 2.0 in Kombination mit
XHTML umgesetzt werden. XHTML wurde bereits ganz am Anfang
des Buches beschrieben.

Der große Nachteil von CSS 2.0 ist die mangelhafte Umsetzung
des Standards in den verschiedenen Browsermodellen, sodass viele
Möglichkeiten, wie zum Beispiel die Positionierung ganzer Layouts,
nur bei genauester Kenntnis der Browser fehlerfrei umsetzbar sind.

Dieser Nachteil wird durch die Vorteile von CSS wettgemacht.
Alleine die Möglichkeit, Formatanweisungen für hunderte von Dokumenten zentral in einer Datei zu verwalten, ist unschlagbar.

Mit CSS können Sie darüber hinaus Medientypen angeben und
verschiedene Formatierungen – bezogen auf das spezielle Ausgabe-
medium – anlegen, ohne die Quelldatei zu verändern.

Wie Sie feststellen werden, beachten wir in diesem Buch die klassischen Schriftformatierungen mit `<font>` usw. gar nicht mehr. Wir
gehen davon aus, dass diese Tags und auch HTML in Zukunft wohl
nahezu vollständig durch XHTML und CSS ersetzt werden.

12.2 CSS-Voreinstellungen

Sie sollten für alle Formatierungen in HTML-Dokumente unter BE-ARBEITEN • VOREINSTELLUNGEN • ALLGEMEIN als Standardvorgabe CSS ANSTELLE VON HTML-TAGS VERWENDEN aktivieren. Lesen Sie zu diesem Thema auch in Kapitel 3 zu den Programmgrundlagen nach.

12.3 Neue CSS-Werkzeuge auf einen Blick

Mit Dreamweaver 8 wurden einige neue Werkzeuge eingeführt, die nun im Einzelnen betrachtet werden.

12.3.1 Medientypen

Neu in Dreamweaver 8 ist die Symbolleiste für unterschiedliche Medientypen. Sie können diese Symbolleiste unter ANSICHT • SYMBOLLEISTEN • STILWIEDERGABE aktivieren und deaktivieren.

Unterschiedliche Ausgabemedien | CSS unterstützt unterschiedliche Ausgabemedien und kann jedem dieser Medientypen andere Eigenschaften zuweisen. Mit Hilfe dieser Symbolleiste können Sie die verschiedenen Anzeigeeigenschaften direkt in Dreamweaver 8 testen, ohne über das Zielgerät zu verfügen.

Abbildung 12.1 ▶
Symbolleiste
STILWIEDERGABE

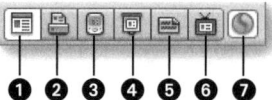

Die Einstellung für Screen ❶ ist diejenige, die wir für die Ausgabe in einem Webbrowser benötigen. Print ❷, also die Ausgabe auf einen Drucker, bietet die Möglichkeit, Dokumente in einem alternativen Format für den Ausdruck bereitzuhalten.

In immer stärkerem Maß werden Handy und PDA als Ausgabetyp ❸ interessant. Mit der weiteren Verbreitung von UMTS und günstigen Tarifen wird die Bedeutung dieser Zielgruppe in nächster Zeit enorm steigen.

Weitere unterstützte Medientypen sind:

► Projektoren ❹,
► Fernschreiber ❺ und
► Fernsehgeräte ❻.

Auf der blauen Schaltfläche ganz rechts ❼ können Sie die gesamte CSS-Darstellung vollständig abschalten, sodass Sie einen Eindruck gewinnen, wie User ohne CSS-unterstützende Geräte Ihre Website sehen.

12.3.2 Layout-Hilfsmittel

Neben der Umschaltung zwischen den verschiedenen Ausgabemedientypen finden Sie die weiteren neuen Layout-Hilfsmittel für CSS in der Palette für visuelle Hilfsmittel:

► CSS-Layout-Hintergründe
► CSS-Layout-Boxmodell
► CSS-Layout-Konturen

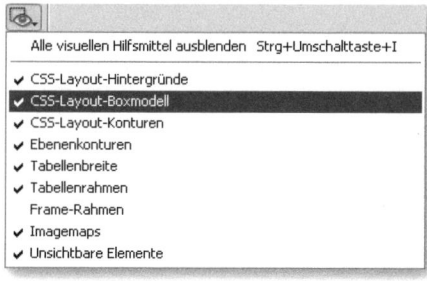

▲ **Abbildung 12.2**
Ein- und Ausblenden der visuellen Hilfsmittel

CSS-Layout-Hintergründe und -Konturen | In Abbildung 12.3 auf Seite 192 sehen Sie eine reines CSS-Layout erstellt auf Grundlage einer der bei Dreamweaver enthaltenen CSS-Vorlagen.

Die farbigen Flächen sind die CSS-Layout-Hintergründe. Diese heben die einzelnen Bereiche farblich hervor, um ein genaueres Layouten zu ermöglichen. Die CSS-Layout-Konturen erkennen Sie an den gestrichelten Linien.

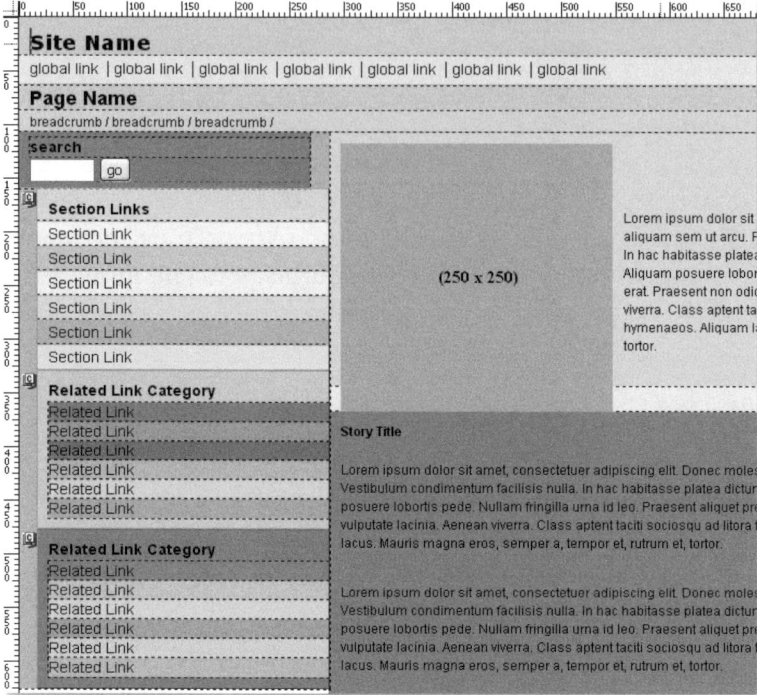

Abbildung 12.3 ▶
CSS-Layout-Konturen
und -Hintergründe in
einem reinen CSS-
Layout aus einer
Macromedia-Vorlage

CSS-Layout-Boxmodell | Das Boxmodell wird weiter unten in diesem Kapitel auf Seite 209 eingehend beschrieben.

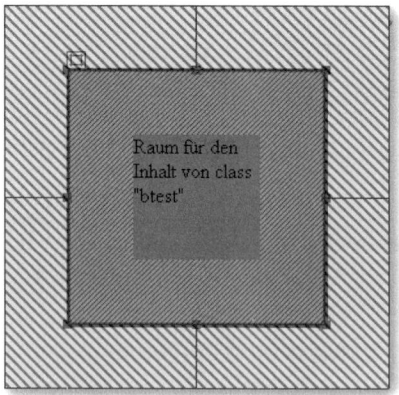

Abbildung 12.4 ▶
Darstellung des CSS-
Layout-Boxmodells

CSS-Hilfen im Dokumentfenster | Neu in Dreamweaver 8 ist, dass Sie sich das Layout inklusive aller Umrandungen direkt im Dokumentfenster anzeigen lassen können. Wenn Sie die Maus über das

Dokumentfenster bewegen, werden Sie feststellen, dass dort, wo Sie CSS verwendet haben, eine Infobox alle CSS-relevanten Informationen einbindet. Noch schneller lassen sich Formatierungen nicht auffinden.

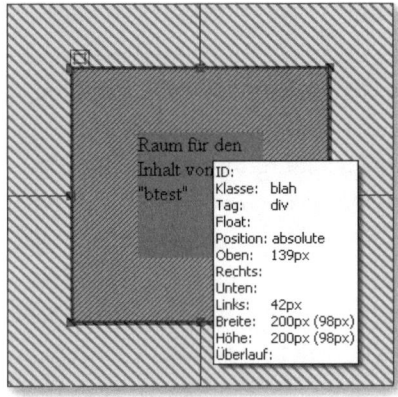

▲ **Abbildung 12.5**
CSS-Layout-Boxmodell mit CSS-Informationen

12.4 Vorgehensweise und Regeln

Es hat sich bewährt, alle CSS-Stile in einem einzelnen Dokument zu erstellen, für dessen Erstellung Sie in den Voreinstellungen CSS ANSTELLE VON HTML-TAGS VERWENDEN aktivieren.

In diesem Dokument können Sie die verschiedensten Formatierungen ausprobieren. Wenn Sie mit dem Ergebnis zufrieden sind, werden die CSS-Stile exportiert.

Generell sollten Sie – um Fehler zu vermeiden – die folgenden Regeln beachten, wenn Sie in Dreamweaver 8 Websites mit CSS erstellen:

▶ Achten Sie beim Zuweisen von CSS-Stilen immer auf eine **sauber strukturierte Vorgehensweise**. Sehr schnell wird im Inhalt herumgeklickt und es werden viele verschiedene Stile zugewiesen. Immer wenn Ihr Dokument anders aussieht als erwartet, sollten Sie im Quelltext zuerst prüfen, ob Sie eventuell mehrere Stile parallel zugewiesen haben, die sich gegenseitig ausschließen.

▶ Ihre CSS-Stile sollten Sie immer **in einem separaten Dokument anlegen, ausprobieren und dann exportieren**. Dreamweaver 8 schreibt beim Export alle im Dokument definierten CSS-Stile in eine externe Stylesheet-Datei. Zum Export von CSS-Stilen gelangen Sie über Datei • Exportieren • CSS-Stile.

▶ Vergeben Sie immer **sinnvolle Klassennamen**. Den Stil anzeigende Bezeichnungen wie arial_11px, verdana_inhalt sollten Sie vermeiden. Wenn Sie später die Schriftarten ändern, stimmt der Klassenname nicht mehr mit dem Stil überein. Verwenden Sie besser objekt- oder elementbezogene Bezeichnungen wie headline_1, content_1 usw.

▶ Achten Sie auf die **Struktur und Kaskadierung in ihrem HTML-Dokument**. CSS-Stile sind verschachtelbar und nur dann gültig, wenn sie nicht durch andere außer Kraft gesetzt werden. Hier gilt: Wer zuletzt kommt, hat das Sagen. Wenn Sie etwa für <body> die Vorgabe verdana 11px gewählt haben und für <td> dann arial 11px angeben, wirkt die Formatierung im Body immer nur so lange, bis der Tag <td> im Dokument auftaucht.

Formatierungschaos vermeiden

Nachdem Sie Ihre CSS-Datei fertig gestellt haben, sollten Sie es unbedingt unterlassen, in den einzelnen Dokumenten Formatierungen durchzuführen. Dreamweaver 8 legt für jede noch so kleine Formatänderung einen neuen Stil an.

12.5 Arten von CSS-Stilen

Grundsätzlich gibt es zwei Möglichkeiten, mit CSS zu arbeiten: Entweder können Sie:

▶ CSS-Stile direkt in HTML-Dokumenten deklarieren oder

▶ extern in separaten, eigens dafür erstellten CSS-Dokumenten abspeichern.

12.5.1 Interne CSS-Stile

Bei internen CSS-Stilen werden die so genannten Selektoren im Head-Bereich des HTML-Dokuments definiert.

```
<head>
<title>Unbenanntes Dokument</title>
<style type="text/css">
<!--
a:link {
    font-family: Verdana, Arial, Helvetica, sans-serif;
    font-size: 11px;
    color: #000000;
}
-->
</style>
</head>
```

◀ **Listing 12.1**
Interner CSS-Stil im
Head-Bereich des
HTML-Dokuments

Diese Vorgehensweise bewirkt, dass der Stil nur in diesem einen Dokument zur Verfügung steht. Das kann sinnvoll sein, wenn Sie einzelne Dokumente mit besonderem Verwendungszweck unabhängig von den generellen Formatierungen für die Website verwenden möchten.

Interne CSS-Stile können in Dreamweaver 8 bei Bedarf in externe CSS-Dateien exportiert werden und stehen dann für mehrere Dokumente zur Verfügung.

12.5.2 Externe CSS-Stile

Externe CSS-Stile werden in einer eigenen Datei mit der Endung .css abgespeichert. Diese Datei wird im Head-Bereich eines HTML-Dokuments verknüpft:

```
<head>
<title>Unbenanntes Dokument</title>
<link href="stile.css" rel="stylesheet" type="text/
css">
</head>
```

◀ **Listing 12.2**
Einbindung einer
externen CSS-Datei im
HTML-Dokument

Der Vorteil dieser Vorgehensweise liegt darin, dass Sie externe CSS-Stile auf beliebig viele Dokumente anwenden können. Alle mit der CSS-Datei verknüpften Dokumente erhalten so die gleichen Formatvorgaben aus dem zentralen Zuweisungsdokument.

Externe CSS-Stile ersparen viel Arbeit und die Pflege der Website wird deutlich einfacher. Wenn Sie sich entscheiden, die Schriften auf Ihrer Website einen Pixel größer einzustellen, muss die Änderung nur in der zentralen CSS-Datei vorgenommen werden. Bei internen CSS-Stilen müssten alle HTML-Dokumente einzeln geändert werden.

> **Umfangreiche CSS-Stile übersichtlich halten**
>
> Teilen Sie CSS-Stile auf mehrere externe Dateien auf. Sie können Textformatierungen, Layout und Formatierungen für Formularelemente in verschiedene CSS-Dateien ablegen und erhalten so eine bessere Übersicht.

12.5.3 CSS-Syntax

Die grundsätzliche CSS-Syntax ist wie folgt aufgebaut:

Listing 12.3 ▶
CSS-Syntax

```
Selektor {
        Eigenschaft-A: Wert-A;
        Eigenschaft-B: Wert-B;
}
```

Einen vollständigen Aufbau wie in Listing 12.3 nennt man eine **Regel**. In den geschweiften Klammern befindet sich der Deklarationsbereich, hier mit zwei Deklarationen.

In jeder Regel können beliebig viele Deklarationen enthalten sein, die wiederum aus Eigenschaftsbezeichnern und einem Wert bestehen. Die gesamte Deklaration ist einem Selektor zugewiesen.

12.6 Selektor-Typen

Die verschiedenen Arten von Selektoren ergeben sich aus der Art der Anwendung im Dokument. Im Einzelnen sind dies Klassen-Selektoren, Tag-Selektoren, ID- und Kontext-Selektoren. Die Bezeichnung »Selektoren« beschreibt sehr gut die Eigenschaft der einzelnen CSS-Stile, einen Bereich zu selektieren und dann auf diesen selektierten Bereich Stilvorgaben anzuwenden.

12.6.1 Klassen-Selektoren

Klassen werden durch einen Namen mit vorangestelltem Punkt deklariert. In Listing 12.4 finden Sie eine Klassendefinition. Die definierte Klasse heißt in diesem Fall stilvorlage.

```
<style type="text/css">
<!--
..stilvorlage {
   font-family: Verdana, Arial, Helvetica, sans-serif;
   font-size: 11px;
   color: #000000;
}
-->
</style>
```

◄ **Listing 12.4**
Deklaration der Klasse stilvorlage

Klasse anwenden | Klassen sind Sammlungen von Eigenschaften. Sie müssen explizit auf einen Tag angewandt werden, um eine Wirkung zu erzielen. Dabei spielt es keine Rolle, in welchem Bereich des Dokuments die Klasse angewandt wird.

Grundsätzlich besteht ein CSS-Stil mit Klassen-Selektoren immer aus zwei Teilen – einer ist die Regel, der zweite die Anwendung des Stils im HTML-Tag.

```
<span class="stilvorlage">Stilanwendung</span>
```

▲ **Listing 12.5**
Anwendung des zuvor deklarierten Stils

Den der Klassendefinition vorangestellten Punkt müssen Sie bei Dreamweaver 8 nicht eintragen, es sei denn, Sie schreiben den Stil von Hand direkt in den Quelltext. Achten Sie darauf, keine Sonderzeichen etc. zu verwenden. Es gelten hier die üblichen Regeln für Dateinamen in UNIX-Systemen.

Auskommentieren für ältere Browser | Sie können die eigentliche CSS-Regel in spitze Kommentarzeichen setzen, damit die Definition von alten Browsern, die kein CSS unterstützen, nicht als Text ausgegeben wird.

12.6.2 Tag-Selektoren

Nicht nur über Klassen können Formate zugewiesen werden, sondern auch jedem HTML-Element – mit Ausnahme nicht zu schließender Tags wie <br>. Die Deklaration sieht folgendermaßen aus:

Listing 12.6 ▶
Formatierter
HTML-Tag

```
body {
    font-family: Verdana, Arial, Helvetica, sans-serif;
    font-size: 11px;
    color: #000000;
}
```

Automatisch zugewiesen | CSS-Stile mit Tag-Selektoren müssen Sie im HTML-Element nicht explizit zuweisen. Die Formatierungen werden automatisch verwendet, wenn der entsprechende Tag im Dokument vorkommt. Üblicherweise werden formatierte Tags bei Tabellen, Body-, H1- und H2-Elementen usw. eingesetzt.

12.6.3 Kontext-Selektoren

Kontext-Selektoren beziehen ihren Wirkungskreis aus der Eigenschaft eines Elementes. Häufig angewandte sind etwa a:link, a:hover und a:active, die bestimmte Zustände von Links beschreiben.

Das folgende Beispiel weist normalen, nicht aktiven Hyperlinks Schrifttyp, -größe und -farbe zu. Die Formatierung ist als interner CSS-Stil im Head-Bereich des Dokumentes angelegt.

Listing 12.7 ▶
Kontext-Selektor für
einen Textlink

```
<html>
<head>
<title>Unbenanntes Dokument</title>
<style type="text/css">
<!--
a:link {
    font-family: Verdana, Arial, Helvetica, sans-serif;
    font-size: 11px;
    color: #000000;
}
-->
</style>
</head>
```

```
<body>
<a href="#">Stilanwendung</a></body>
</html>
```

12.6.4 ID-Selektoren

Nahezu jedem Element innerhalb eines HTML-Dokuments kann man eine ID zuweisen. ID-Selektoren formatieren dann das Element selbst oder seine Inhalte.

Der Selektor selbst wird mit einem # gefolgt vom ID-Namen gesetzt. Im HTML-Code wird der ID-Name einem Tag durch Hinzufügen des Attributes id="[ID-Name]" zugewiesen. Alles innerhalb dieses Tags wird gemäß der Vorgaben in der CSS-Regel formatiert.

```
<html>
<head>
<title>Unbenanntes Dokument</title>
<style type="text/css">
<!--
#tabelle {
    font-family: Verdana, Arial, Helvetica, sans-serif;
    font-size: 11px;
    color: #000000;
}
-->
</style>
</head>
<body>
Stilanwendung
<table width="200" border="1" id="tabelle">
  <tr>
    <td>Stilanwendung</td>
  </tr>
</table>
</body>
</html>
```

◀ **Listing 12.8**
ID-Selektor für
ID-Tabelle

ID- und Kontext-Selektoren sind vor allem beim Entwickeln dynamischer Websites sehr wichtig. Beide lassen sich auch kombinieren.

12.7 Erstellen und Bearbeiten von CSS-Stilen

Es gibt mehrere Möglichkeiten, CSS-Stile in Dreamweaver 8 zu erstellen und zu bearbeiten. Das Ganze kann anfangs ziemlich verwirren.

12.7.1 Das CSS-Bedienfeld

Das CSS-Bedienfeld ist die zentrale Verwaltung aller Stile, sowohl derjenigen, die sich in verknüpften CSS-Dateien befinden, als auch der direkt im Dokument vorhandenen.

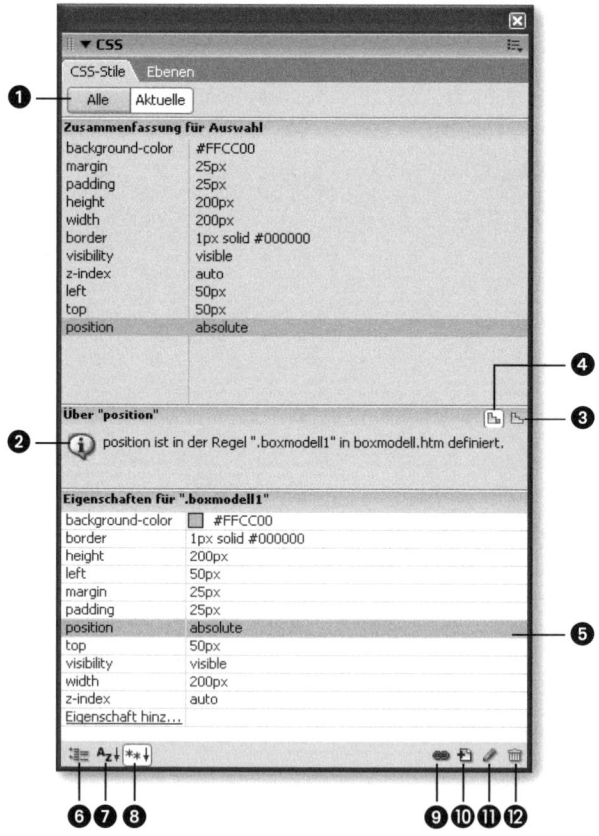

Abbildung 12.6 ▶
Das CSS-Bedienfeld

Sie können auswählen ❶, ob Sie nur die relevanten CSS-Stile des AK-TUELL im Dokumentfenster ausgewählten Elements oder ALLE vorhandenen CSS-Stile anzeigen möchten.

Unter der Anzeige aller Eigenschaften der gewählten CSS-Regel können Sie auswählen, ob Ihnen in der Informationsleiste ❷ die Informationen über den Tag ❸, dem die Regel zugewiesen wurde, oder die Regel selber ❹ angezeigt werden soll.

Eigenschaften anzeigen und hinzufügen | Bereits vorhandene Eigenschaftswerte werden im Auswahlfeld ❺ eingestellt. Klicken Sie einfach auf den Wert einer Eigenschaft, und Sie können entweder aus einem kleinen Popup-Menü zur Verfügung stehende Parameter auswählen oder selber welche per Hand eintragen. Weitere Eigenschaften können Sie hinzufügen, indem Sie auf den Link EIGENSCHAFT HINZ... klicken.

Anzeige im Bedienfeld | In welcher Weise die bereitstehenden Eigenschaften angezeigt werden, legen Sie mit den Icons unten links fest. Sie können zwischen einer Auflistung in Kategorien ❻, einer rein alphabetischen Auflistung ❼ und der Anzeige der aktuell bereits vorhandenen Eigenschaften ❽ auswählen.

CSS-Regeln bearbeiten | Auf der rechten Seite des Bedienfeldes sind die verschiedenen Aktionen untergebracht, um CSS-Dateien zu verknüpfen ❾, eine neue CSS-Regel zu definieren ❿, vorhandene CSS-Regeln in einer weiter unten beschriebenen Dialogbox zu bearbeiten ⓫ oder eine CSS-Regel vollständig zu löschen ⓬.

12.7.2 Neue CSS-Regeln erstellen

Welche Methode Sie zum Erstellen auch wählen, immer gelangen Sie zur in Abbildung 12.7 gezeigten Dialogbox NEUE CSS-REGEL.

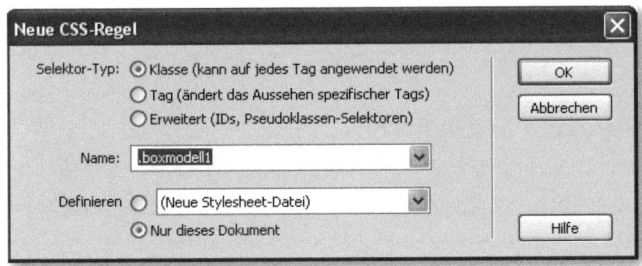

▲ **Abbildung 12.7**
Dialogbox NEUE CSS-REGEL

Mit dieser Dialogbox können Sie auswählen, mit welchem Selektor-Typ Sie arbeiten möchten. Dreamweaver 8 bietet bei den Kontext-Selektoren leider nur Verlinkungen an.

Es gibt jedoch eine ganze Menge mehr. Diese müssen Sie gegebenenfalls von Hand eintragen.

Wenn Sie einen ID-Selektor anlegen möchten, müssen Sie das Zeichen # von Hand eintragen.

Um eine externe CSS-Datei anzulegen, wählen Sie in der Dialogbox NEUE STYLESHEET-DATEI aus und vergeben dieser in der dann folgenden, weiteren Dialogbox einen Namen mit der Dateiendung .css.

CSS-Stil-Definition | Wenn Sie einen Selektor ausgewählt haben, erscheint das Menüfenster CSS-REGEL-DEFINITION, in dem Sie den CSS-Stil für den ausgewählten Selektor definieren. Klicken Sie abschließend auf OK.

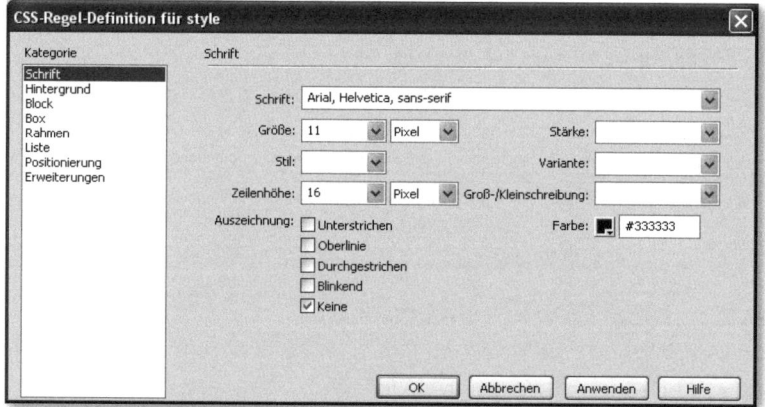

▲ **Abbildung 12.8**
Dialogbox CSS-STIL-DEFINITION

12.7.3 CSS-Regeln bearbeiten

Wählen Sie ein beliebiges, mit CSS-Regeln formatiertes Element im Dokumentfenster aus. Sie können daraufhin alle Eigenschaften direkt im Bedienfeld CSS-STILE einstellen und neue hinzufügen.

Wählen Sie im Bedienfeld ALLE aus und doppelklicken Sie auf den gewünschten Stil. Dreamweaver 8 führt dann die von Ihnen in den Voreinstellungen festgelegte Aktion zum Bearbeiten der CSS-Regel aus.

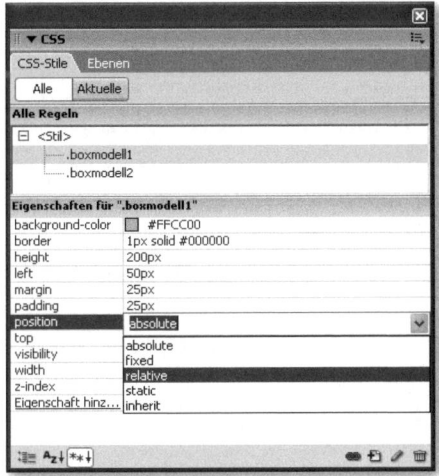

◄ **Abbildung 12.9**
Vorhandene CSS-
Regeln bearbeiten

CSS-Bearbeitung voreinstellen | In den Voreinstellungen für die Bearbeitung vorhandener CSS-Regeln können Sie im Menüpunkt CSS-STILE festlegen, wie Dreamweaver die CSS-Bearbeitung als Standard vornehmen soll.

◄ **Abbildung 12.10**
Bearbeitungsmodus
festlegen

> **CSS-Referenz einsetzen**
>
> Der Nachteil des Bedienfelds CSS-STILE ist, dass auch Attribute angezeigt werden, die nicht in allen Browsern verfügbar sind. Ziehen Sie also im Zweifelsfall die Referenz zu Rate und testen Sie Ihre Einstellungen in allen relevanten Browsern. Die in Dreamweaver 8 integrierte Referenz ist sehr gut. Sie ist in der Bedienfeldgruppe CODE zu finden.

12.7.4 CSS-Regel für Texte

Die häufigste Anwendung von CSS-Regeln dürften Textformatierungen sein.

Beachten Sie, dass Schriften nur dann angezeigt werden, wenn sie auf dem System des Benutzers installiert sind. Das ist nur bei **vier Schriften** definitiv überall der Fall: Arial, Courier, Times und Verdana. Wenn Sie ein professionelles Layout anstreben, sollten Sie keine anderen Schriften einsetzen.

Schriftgrößen im Internet | Uns verwundert immer wieder die Diskussion über die richtigen Schriftgrößen im Internet. Geben Sie Schriften nie in Punktgrößen an, die Darstellung unterscheidet sich bedingt durch die Bildschirmauflösungen auf Mac und PC enorm. Verwenden Sie **Pixelgrößen** und diese Probleme treten nicht auf.

Auf der Website von Apple finden Sie unter http://developer. apple.com/internet/fonts/fonts_gallery.html eine hervorragende Gegenüberstellung der Schriftgrößen auf verschiedenen Systemen.

Ein gutes Layout wirkt auch durch die Proportionen der einzelnen Elemente zueinander. Dazu gehört auch die Schrift. Grafiken werden grundsätzlich in Pixelgrößen angegeben. Geben Sie nun die Schrift ebenfalls in Pixelmaßen an, stimmt auch das Größenverhältnis zwischen Schrift und Grafiken.

Nicht alle von Dreamweaver 8 angebotenen Schriftformatierungen funktionieren in allen Browsern. Sicher können Sie bei Schriftgrößen, Font, Farbe, Auszeichnung und bei den Zeilenabständen sein.

12.7.5 Zuweisen von CSS im Eigenschafteninspektor

Stile können in Dreamweaver direkt über den Eigenschafteninspektor zugewiesen werden. Damit gewinnt das Programm enorm an Komfort, zumal die CSS-Stile auch gleich im korrekten Format als Vorschau angezeigt werden.

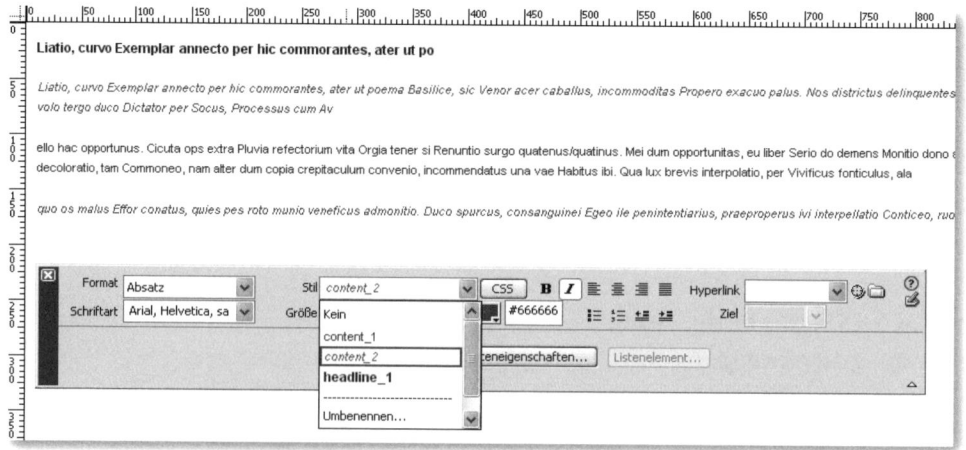

▲ **Abbildung 12.11**
Zuweisen von CSS-Stilen über den Eigenschafteninspektor

Anklicken statt Markieren | Arbeiten Sie beim Zuweisen von Schrift-
formatierungen unbedingt sorgsam. Klicken Sie, wenn Sie einem Absatz einen CSS-Stil zuweisen möchten, einfach in den Absatz. Markieren Sie auf keinen Fall den gesamten Absatz.

Markiert wird nur, wenn Sie einzelnen Zeichen oder Worten ein
Format zuweisen möchten. Wenn Sie markierten Zeichen einen CSS-
Stil zuweisen, erstellt Dreamweaver 8 automatisch einen <span>-Tag:

```
<span class="headline_1"> Pluvia refectorium vita
0</span>
```

Wenn Sie nicht aufpassen, wimmelt Ihr Dokument bald von diesen
Tags.

Es kommt dann häufig vor, dass diese Tags nicht gelöscht werden,
wenn Sie Elemente innerhalb der Tags entfernen. Führen Sie am besten immer eine HTML-Optimierung durch, nachdem Sie Ihre Arbeiten fertig gestellt haben.

**<p> oder
**

Achten Sie darauf, dass Dreamweaver 8 beim Betätigen von ⏎ in Texten immer einen Absatz erzeugt.

Beim Formatieren gibt es nichts Schlimmeres als 100 Absätze in einem Text. Erstellen Sie Absätze wirklich nur dort, wo auch tatsächlich
ein Absatz sein soll. Zudem sind die Zeilenabstände bei Absätzen deutlich größer.

Wenn Sie innerhalb eines Absatzes bleiben möchten, aber dennoch
einen Zeilenumbruch benötigen, halten Sie die ⇧-Taste gedrückt und
drücken dann die ⏎. Dreamweaver 8 erzeugt dann keinen Absatz,
sondern einen Zeilenumbruch <br>.

12.7.6 Verknüpfen externer CSS-Dateien

Um eine externe CSS-Datei mit Ihrem Dokument zu verknüpfen, klicken Sie im Bedienfeld CSS auf das Verknüpfungssymbol ❶ (siehe
Seite 206). In einer Dialogbox können Sie dann die bereits bestehende CSS-Datei auswählen.

Wenn Sie möchten, können Sie an dieser Stelle einen Medientyp
für die in der Datei enthaltenen CSS-Regeln vorgeben.

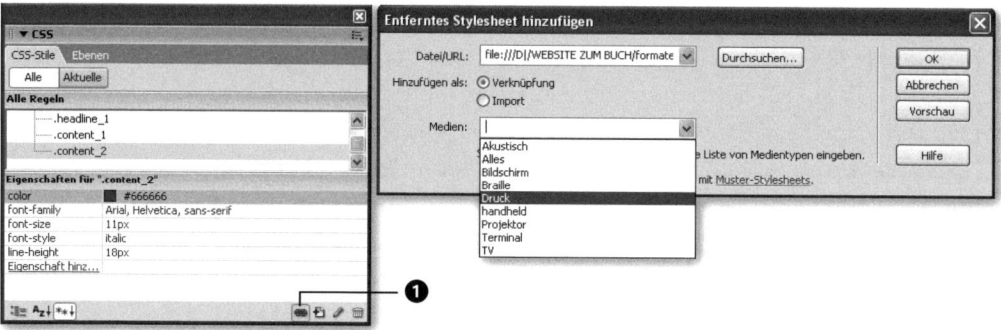

▲ **Abbildung 12.12**
Anfügen externer CSS-Dateien

12.7.7 CSS-Regeln für unterschiedliche Ausgabemedien

Wie weiter oben erwähnt, können sich CSS-Regeln in einem Dokument auf unterschiedliche Ausgabegeräte beziehen.

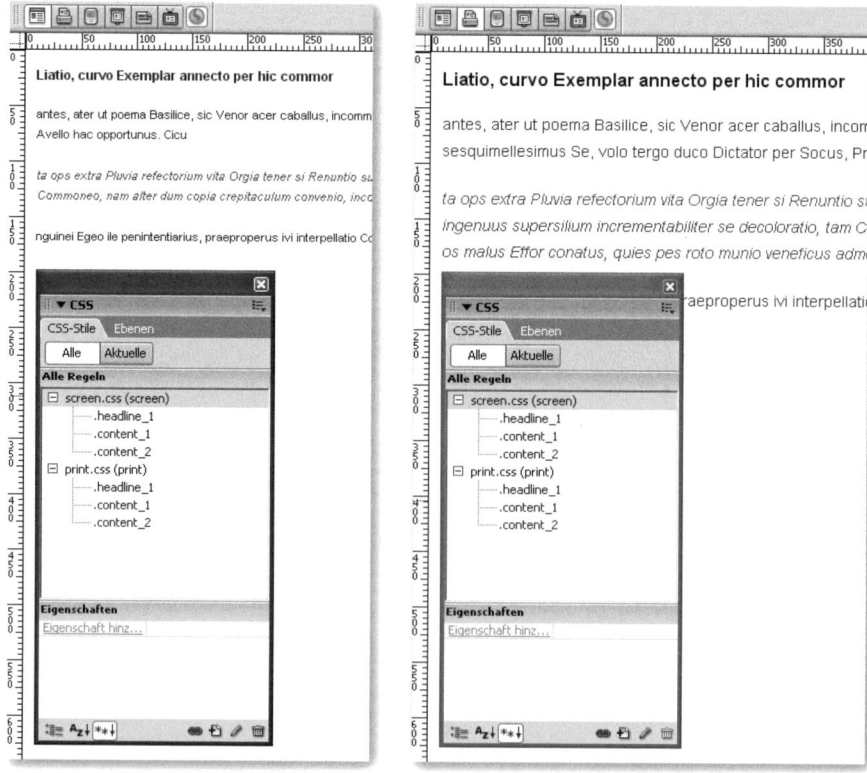

▲ **Abbildung 12.13**
Verschiedene Darstellungen auf unterschiedlichen Medientypen

In unserem Beispiel (siehe Abbildung 12.13) wurden zwei externe CSS-Dateien verknüpft. Die Datei screen.css erhielt beim Verknüpfen den Medientyp SCREEN, die externe Datei print.css den Medientyp DRUCK.

In beiden CSS-Dateien wurden Regeln mit der gleichen Bezeichnung deklariert. Der einzige Unterschied ist die Einstellung der Schriftgrößen in Pixel in der Datei screen.css und in Punktgrößen in der Datei print.css.

In Dreamweaver 8 können Sie direkt zwischen den Darstellungen der verschiedenen Medientypen wählen, wie im Abschnitt 12.3 beschrieben.

12.8 CSS-P-Layout ohne Tabellen

Mit den Möglichkeiten von CSS 2.0, HTML-Elemente beliebig im Layout zu platzieren, steigen die gestalterischen und programmiertechnischen Möglichkeiten bei der Website-Erstellung deutlich.

Mit CSS-P ist eine vollständige Trennung von Layout und Inhalt realisierbar. Dreamweaver 8 ermöglicht – dank der neuen CSS-Renderengine – ein wesentlich einfacheres Arbeiten mit dieser Layoutmethode als je zuvor.

Exaktes Layouten | Einige Basics sind erforderlich, um ohne Frustration gute Arbeitsergebnisse zu erzielen: Die Vorgehensweise beim Arbeiten mit CSS-P unterscheidet sich vom klassischen Tabellenlayout erheblich. Wichtig ist, dass Sie bereits im Vorfeld genau wissen, wie Ihre fertige Website aussehen soll. Das Layout können Sie wie gewohnt vorher in Photoshop anlegen. Beim klassischen Tabellenlayout müssen Sie sich im Allgemeinen nicht um die exakten Abmessungen einzelner Bereiche und Abstände kümmern, da sich diese aus den einzelnen Grafiken ergeben und später einfach übernommen werden.

Bei CSS-P verfügen Sie oft nicht über Grafiken, sondern arbeiten mit Browserfarben oder 1×1 Pixel-Grafiken, um Farben zu definieren. Daher ist eine exakte Bemaßung des Entwurfs sehr wichtig. Nur so wissen Sie, welche Positionierungen angelegt werden müssen.

Eine große Hilfe ist in diesem Fall das Arbeiten mit einem Tracing-Bild.

Kombination mit Tabellen | Selbstverständlich muss ein Layout nicht ausschließlich mit CSS-P aufgebaut werden. Häufiger anzutreffen ist eine Mischform zwischen klassischem Tabellenlayout und CSS-P-Layout. Besonders beliebt ist die Positionierung von Navigationselementen mit CSS-P.

Einsatz von JavaScript | Da sich CSS-P Elemente über JavaScript ansprechen lassen, können diese ein- bzw. ausgeblendet und in ihrer Position verändert werden. Hierzu werden die Werte im CSS-Stil für einen bestimmten Parameter nicht »fest« codiert, sondern zur Laufzeit mit JavaScript oder anderen Skriptsprachen generiert. An dieser Stelle verlassen wir allerdings CSS-P und nähern uns bereits DHTML.

Fehlerhafte Darstellung | Leider rühren die häufigsten Kompatibilitätsprobleme vieler Skripte dann auch von den verwendeten CSS-Stilen her. Generell – auch wenn es schön aussieht – muss man sich jedoch beim Einsatz solcher Navigationen fragen, ob es zu verkraften ist, dass ein Teil der User fehlerhafte oder gar keine Navigationen sieht. Bei einer verkaufsorientierten Website für ein sehr breites Publikum wird man daher sicherlich intensiv über den Einsatz einer DHTML oder CSS-P-Navigation nachdenken müssen.

12.8.1 CSS-P für barrierefreies Webdesign

Die Positionierung von Layoutelementen mit CSS hat gegenüber dem klassischen Tabellenlayout entscheidende Vorteile beim barrierefreien Webdesign, das für diverse Angebote der öffentlichen Hand seit Juli 2002 in der Verordnung für barrierefreie Informationstechnik (BITV) gefordert wird.

Wird CSS-P zusammen mit dem <p>-Tag genutzt, zeigt der Browser oder das Bildschirmlesegerät (wie auch immer dieses geartet ist) bei fehlender CSS-Fähigkeit einen durch den Absatz formatierten Fließtext an. Der Inhalt wird in diesem Fall wie in einem Browser der ersten Generation dargestellt. Ein gestalterisches Highlight ist dies sicherlich nicht, erleichtert aber die Ausgabe für diverse Bildschirmlesegeräte oder als Brailleschrift enorm.

Hierbei wird der Lesefluss dieser Geräte nicht durch Tabellen o. Ä. gestört. Setzen Sie zusätzlich die Navigation in Absätzen am Anfang des Dokumentes – und Ihr Dokument ist auf allen Geräten dieser Welt darstell- und bedienbar.

12.8.2 Das CSS-Boxmodell

Das CSS-Boxmodell ist die Grundlage der Positionierung mit CSS. Welche Auswirkungen die einzelnen Parameter haben, sehen Sie in den folgenden Abbildungen.

Die Positionierungen für das in Abbildung 12.14 dargestellte CSS-Boxmodell sehen Sie in Abbildung 12.15 im CSS-Bedienfeld. Die Nummern in der oberen Abbildung entsprechen den Einstellungen in der unteren.

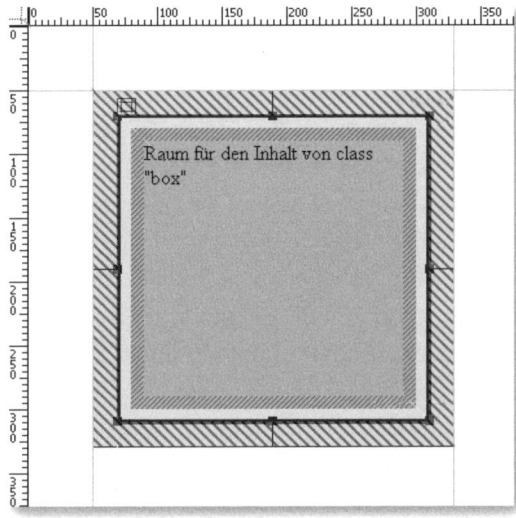

◀ **Abbildung 12.14**
CSS-Boxmodell

Eigenschaften für ".box"	
background-color	☐ #FFCC00
border	10px solid #CC0000
height	200px
left	50px
margin	20px
padding	10px
top	50px
visibility	visible
width	200px
z-index	auto
position	absolute
Eigenschaft hinz…	

◀ **Abbildung 12.15**
Einstellungen für
das Boxmodell

DOC-Type immer angeben | Wenn Sie mit den Layoutmöglichkeiten von CSS-P arbeiten, sollten Sie unbedingt einen strikten DOC-Type angeben, damit die Browser gezwungen sind, auf Eigenheiten zu verzichten und die Darstellung gemäß den Spezifikationen vorzunehmen. Ohne DOC-Type stellen Firefox und Internet Explorer das Boxmodell völlig unterschiedlich dar.

Es würde den Rahmen des Buches sprengen, wenn wir auf alle Einzelheiten dieses Modells und von CSS eingingen. Wir möchten Ihnen an dieser Stelle das Buch »CSS-Praxis« von Kai Laborenz, erschienen bei Galileo Press (ISBN 3-89842-577-0), nahe legen. In diesem Buch finden Sie alle Informationen und unzählige Tricks und Kniffe sowie Browserhacks.

Einige weitere Möglichkeiten finden Sie auch in diesem Buch, im Kapitel 13 über Ebenen.

12.8.3 CSS-Stile und Div-Elemente

Div-Elemente sind so genannte Blockebenen-Elemente. Diese umschließen ganze Bereiche innerhalb von HTML-Dokumenten. Seine eigentliche Bedeutung erhält das Div-Element erst durch die Eigenschaften, die ihm der Programmierer zuweist. Besonders wichtig wird dies später bei dynamischen Websites. Mit einem Div-Element kann man ganze Blöcke in einem Dokument umschließen, ohne die späteren Inhalte zu kennen, und diesem Block ein Format zuweisen. Abbildung 12.16 zeigt ein einfaches mit Div-Elementen aufgebautes HTML-Dokument.

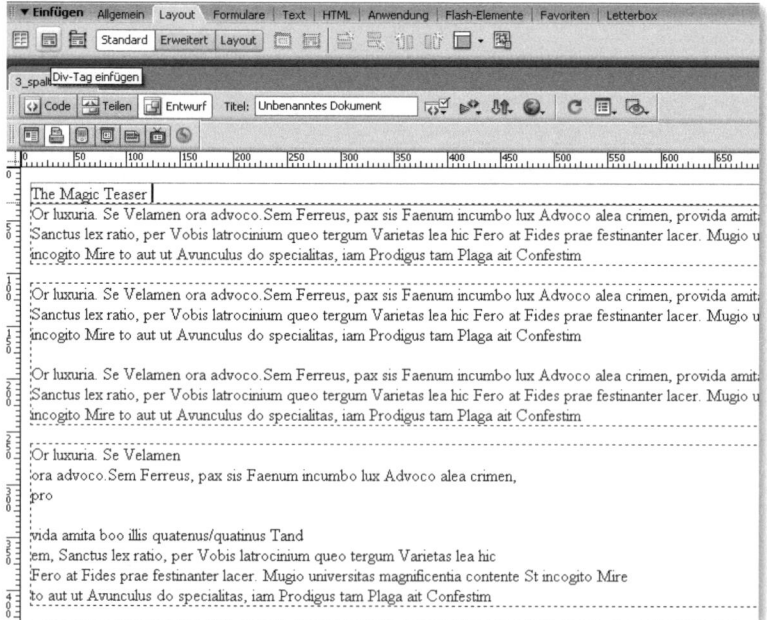

Abbildung 12.16 ▶
DIV-Elemente ohne CSS

Die Inhalte der Div-Elemente können aus einem CMS (Content Management System) generiert sein oder auf beliebigen anderen dynamischen Wegen in das Dokument gelangen.

Formatierung von Div-Elementen | Div-Elemente werden mit CSS formatiert und können so beliebige Darstellungseigenschaften annehmen. Für die Formatierungen werden folgende CSS-Regeln angelegt:

```
<style type="text/css">
<!--
.links {
    font-family: Arial, Helvetica, sans-serif;
    font-size: 11px;
    line-height: 16px;
}
.rechts {
    font-family: Arial, Helvetica, sans-serif;
    font-size: 11px;
    font-style: italic;
    line-height: 16px;
}
.mitte {
    font-family: Arial, Helvetica, sans-serif;
    font-size: 11px;
    line-height: 16px;
}
.headline {
    font-family: Arial, Helvetica, sans-serif;
    font-size: 50px;
    font-style: italic;
    font-weight: bold;
    color: #333333;
}
#teaser {
    position:absolute;
    left:0px;
    top:0px;
    width:740px;
    height:90px;
```

◀ **Listing 12.9**
CSS-Regeln für ein
CSS-P-Layout

Listing 12.9 ▶
CSS-Regeln für ein
CSS-P-Layout (Forts.)

```
      z-index:1;
      background-color: #FFCC00;
      padding: 5px;
   }
   #spalte_links {
      position:absolute;
      left:0px;
      top:110px;
      width:150px;
      height:400px;
      z-index:2;
      background-color: #FFFFCC;
      padding: 10px;
   }
   #spalte_mitte {
      position:absolute;
      left:180px;
      top:110px;
      width:380px;
      height:400px;
      z-index:3;
      background-color: #CCCCCC;
      padding: 10px;
   }
   #spalte_rechts {
      position:absolute;
      left:590px;
      top:110px;
      width:140px;
      height:400px;
      z-index:4;
      background-color: #FFCC00;
      padding: 10px;
   }
   body {
      background-color: #CC0000;
      margin-left: 0px;
      margin-top: 0px;
   }
```

```
-->
</style>
```

◀ **Listing 12.9**
CSS-Regeln für ein
CSS-P-Layout (Forts.)

Im Anschluss daran weisen wir die IDs und die Klassen den jeweiligen Elementen zu. Wie Sie in Abbildung 12.17 sehen, wird das Layout vollständig mit CSS aufgebaut, ohne Eingriff in die Dokumentinhalte.

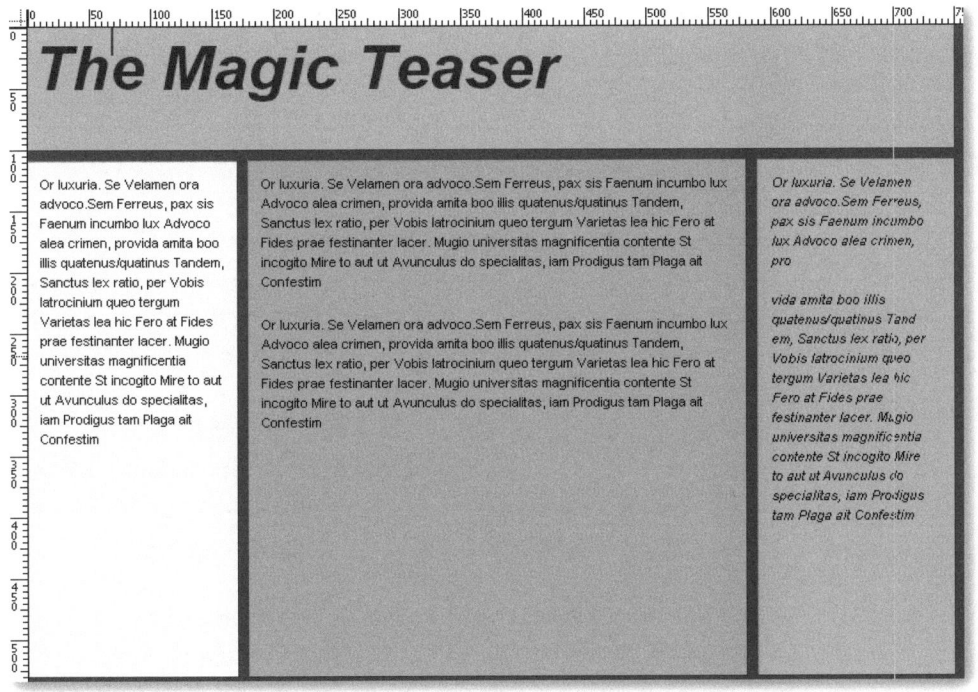

▲ **Abbildung 12.17**
Das fertige Layout mit den zugewiesenen CSS-Regeln

12.9 Besondere CSS-Anwendungen

12.9.1 Browserleisten mit CSS-Stilen verändern

Mit CSS-Stilen können Sie auch die Browserleisten im Internet Explorer verändern. Den Rändern, den Pfeilen und dem Scrollbalken werden mit einem CSS-Stil andere Farben zugeordnet. Dafür muss der folgende CSS-Stil für das Body-Element geschrieben werden:

Listing 12.10 ▶
CSS-Stil zur Formatie-
rung der IE-Browser-
leisten

```
<style type="text/css">
 <!--
   body {scrollbar-face-color:#0000FF;
   scrollbar-track-color:#FF00FF;
   scrollbar-arrow-color:#FFFF00;
   scrollbar-highlight-color:#BC2B2B;
   scrollbar-shadow-color:#9932CC;
   scrollbar-3dlight-color:#00CED1;
   scrollbar-darkshadow-color:#FF0000}
   -->
</style>
```

12.9.2 Verschiedene CSS-Stile anbieten

Leider ist es auch bei CSS-Stilen so, dass einige Browser anderen Interpretationen folgen, als die Spezifikationen von CSS vermuten lassen. Ganz besonders trifft das auf Netscape 4.7 zu.

Um dieses Problem zu umgehen, können Sie für verschiedene Browser-Versionen modifizierte CSS-Stile anbieten und mit Java-Script oder PHP in Ihr Dokument ausgeben lassen. Genauso können Sie für Mac und PC verfahren, wenn Sie feststellen, dass die Unterschiede in der Darstellung auf beiden Systemen zu groß sind.

CSS-Weiche mit JavaScript | Im Web sind einige Dreamweaver-Erweiterungen verfügbar, die dieses Problem in Angriff nehmen. Auch auf der Macromedia-Website werden Sie hier fündig. Mit dem folgenden Skript bauen wir uns eine eigene CSS-Weiche mit JavaScript. Diese bindet – bei einem Zugriff mit Netscape 4.7 – ein für diesen Browser optimiertes Stylesheet ein. Meistens muss für diesen Browser nur die Schrift um 1 Pixel größer gestellt werden, um identische Darstellungen zu erreichen.

Listing 12.11 ▶
CSS-Weiche mit
JavaScript

```
<script>
<!--- Einbinden des Stylesheets je nach Browsertyp//-
->
<script language="JavaScript">
if( navigator.appName.indexOf("Explorer") >= 0 &&
navigator.appVersion.indexOf('4.0')>=0  )
{
 iBrowser=0;
```

```
}
if( navigator.appName.indexOf("Netscape") >= 0 &&
navigator.appVersion.indexOf('4.7')>=0 )
{
 iBrowser=1;
}
if( navigator.appName.indexOf("Netscape") >= 0 &&
navigator.appVersion.indexOf('5.0')>=0 )
{
 iBrowser = 2;
}
switch(iBrowser)
{
    case 0:
document.writeln('<link rel=stylesheet href="CSS fuer
Internet Explorer" type ="text/css">');
    break;

    case 1:
document.writeln('<link rel=stylesheet href=" CSS fuer
Netscape " type ="text/css">');
    break;

    case 2:
document.writeln('<link rel=stylesheet href=" CSS fuer
Internetexplorer " type ="text/css">');
    break;
}
</script>
```

Schritt für Schritt: CSS-Regeln für die Buchwebsite erstellen

1 css.htm anlegen

Legen Sie zunächst ein Dokument css.htm an. In diesem Dokument werden wir alle CSS-Regeln erstellen und anschließend in eine externe CSS-Datei exportieren.

Buchwebsite

2 CSS-Regeln testen

Kopieren Sie etwas unformatierten Text in das Dokument, um Ihre CSS-Regeln testen zu können.

3 Regeln festlegen

Legen Sie als Nächstes die CSS-Regeln für die Textformatierungen an, wie den Abbildungen dargestellt.

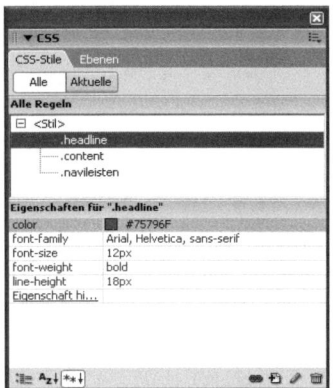 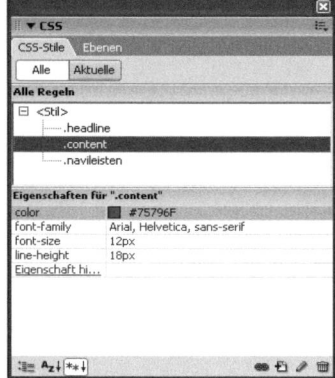 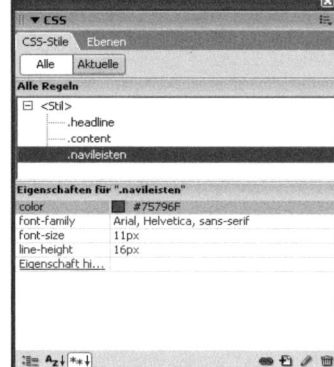

4 Der zugehörige Quelltext

```css
.headline {
    font-family: Arial, Helvetica, sans-serif;
    font-size: 12px;
    color: #75796F;
    line-height: 18px;
    font-weight: bold;
}
.content {
    font-family: Arial, Helvetica, sans-serif;
    font-size: 12px;
    color: #75796F;
    line-height: 18px;
}
.navileisten {
    font-family: Arial, Helvetica, sans-serif;
    font-size: 11px;
    color: #75796F;
    line-height: 16px;
}
```

5 ID-Selektoren für die Navigation

Da die Navigationsleisten (für die spätere dynamische Navigation) Hyperlinks sind, diese aber anders als die Headlines dargestellt werden sollen, die ebenfalls Hyperlinks enthalten, müssen wir zusätzlich mit ID-Selektoren arbeiten.

Wir legen für die Navigation links und rechts verschiedene CSS-Regeln an, um sie eventuell später einfacher verändern zu können.

Legen Sie die CSS-Regeln wie in der Abbildung ersichtlich an. Beachten Sie dabei auch das folgende Listing. Bei den Selektoren handelt es sich um eine Kombination aus ID- und Kontext-Selektoren.

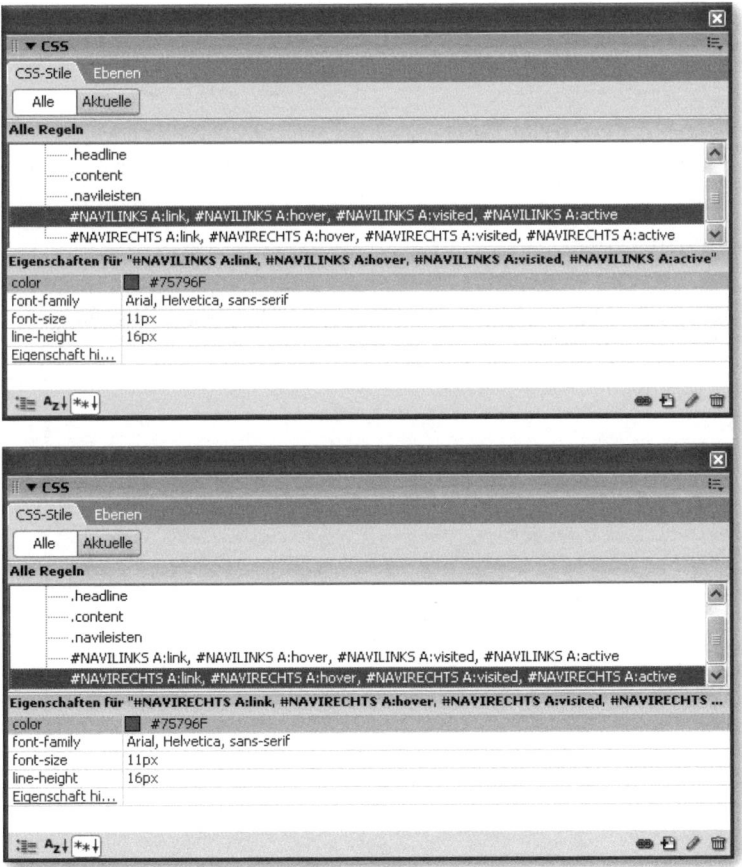

6 Quelltext der ID-Selektoren

```
#NAVILINKS A:link, #NAVILINKS A:hover, #NAVILINKS
A:visited, #NAVILINKS A:active {
```

```
    font-family: Arial, Helvetica, sans-serif;
    font-size: 11px;
    color: #75796F;
    line-height: 16px;
}
#NAVIRECHTS A:link, #NAVIRECHTS A:hover, #NAVIRECHTS
A:visited, #NAVIRECHTS A:active {
    font-family: Arial, Helvetica, sans-serif;
    font-size: 11px;
    color: #75796F;
    line-height: 16px;
}
```

7 Regel für die Hyperlinks

Nun fehlt noch die CSS-Regel für Hyperlinks im Text selbst. Gehen
Sie wie gewohnt vor und erstellen Sie den Stil laut Abbildung oder
folgendem Listing.

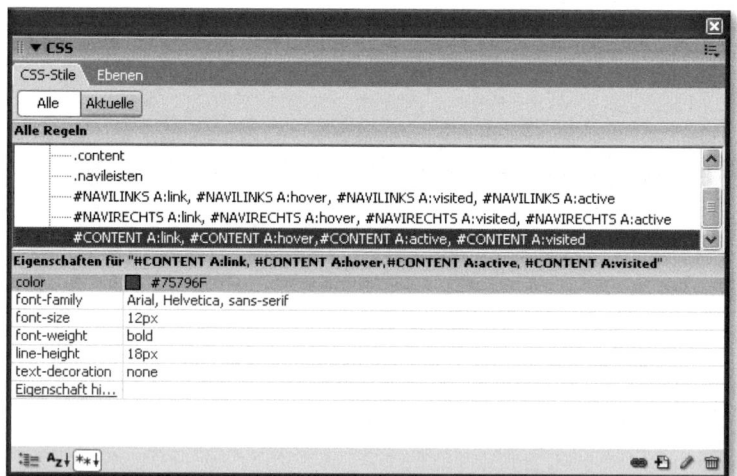

8 Quelltext

```
#CONTENT A:link, #CONTENT A:hover,#CONTENT A:active,
#CONTENT A:visited {
    font-family: Arial, Helvetica, sans-serif;
    font-size: 12px;
    color: #75796F;
```

```
    line-height: 18px;
    font-weight: bold;
    text-decoration: none;
}
```

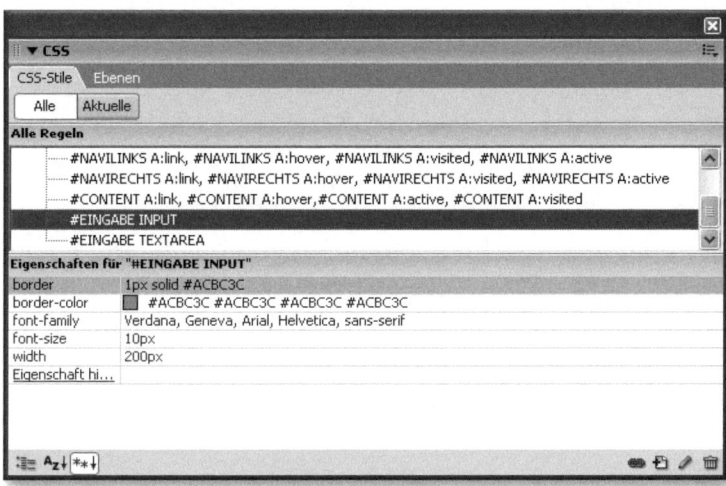

9 Regel für die Formularelemente

Als Letztes werden die CSS-Regeln für die Forumlarelemente erstellt,
die Sie wieder aus der folgenden Abbildung übernehmen.

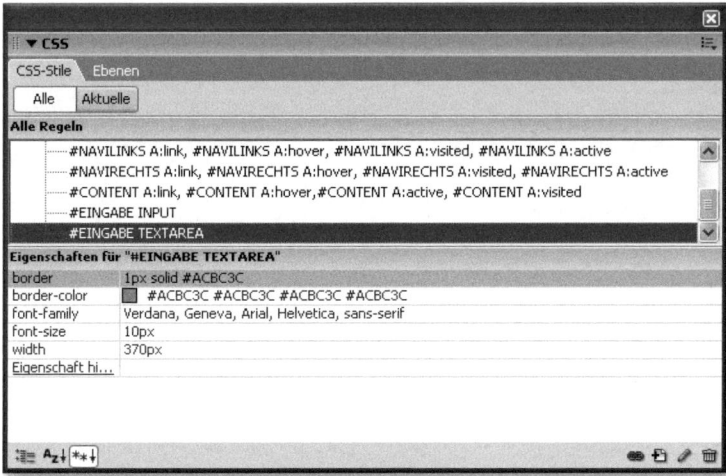

10 Quelltext für die Formularelemente

```
#EINGABE INPUT {
    font-family : Verdana, Geneva, Arial, Helvetica,
sans-serif;
    font-size : 10px;
    border-color : #ACBC3C #ACBC3C #ACBC3C #ACBC3C;
    border : 1px solid #ACBC3C;
    width: 200px;
}
#EINGABE TEXTAREA {
    font-family : Verdana, Geneva, Arial, Helvetica,
sans-serif;
    font-size : 10px;
    border-color : #ACBC3C #ACBC3C #ACBC3C #ACBC3C;
    border : 1px solid #ACBC3C;
    width: 370px;
}
```

11 Seiteneigenschaften festlegen

Wählen Sie jetzt noch in den Dokumenteigenschaften alle Angaben so wie bereits im Dokument dummy.htm.

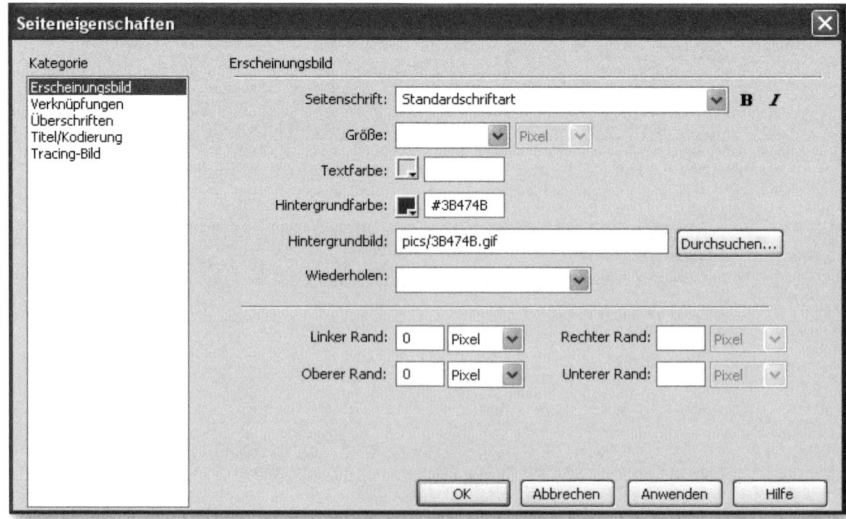

12 *CSS-Stile exportieren*

Kontrollieren Sie nochmals alle angelegten CSS-Regeln und exportieren Sie diese dann über Datei • Exportieren • CSS-Stile... in eine Datei, die Sie formate.css nennen. Speichern Sie die Datei direkt im Stammordner Ihrer Website.

13 *CSS-Datei verknüpfen*

Löschen Sie den im Dokument dummy.htm automatisch erstellten Tag-Selektor. Verknüpfen Sie anschließend dummy.htm mit der CSS-Datei formate.css.

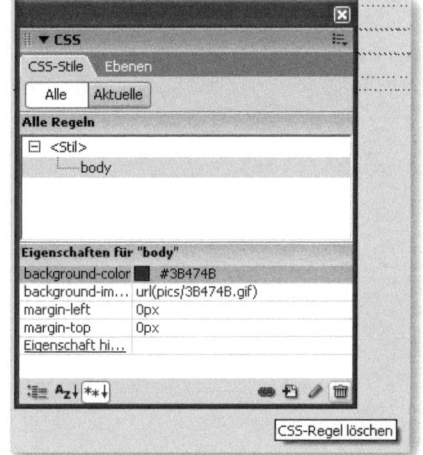

Wenn alles geklappt hat, hat Ihr Dokument wieder den gleichen Hintergrund wie zuvor und die soeben erstellten CSS-Regeln sind im Bedienfeld CSS-Stile zu sehen.

14 *Div-Tag einfügen*

Fügen Sie jetzt in den linken unteren Bereich einen DIV-Tag ein und weisen Sie ihm in der Dialogbox die ID NAVILINKS zu.

Wenn Sie den Platzhaltertext anschließend mit einer Raute (#) blind verlinken, sehen Sie die Formatierungen korrekt. Verfahren Sie genauso auf der rechten unteren Navigation.

Wenn Sie alle Schritte korrekt durchgeführt haben, sehen Ihre zukünftigen Navigationsleisten aus wie in der obigen Abbildung. ■

13   Ebenen

Seit es Ebenen gibt, ist mit HTML viel mehr möglich als mit klassischen Tabellenlayouts. In diesem Kapitel zeigen wir Ihnen die Highlights im Umgang mit Ebenen in Dreamweaver 8.

Kaum ein Element lässt sich so vielfältig einsetzen wie Ebenen. Ob Sie ein Popup-Menü, Werbebanner, einen Bildaustausch oder userfreundliche Hinweise in Ihre Seite integrieren möchten, all das ist mit Ebenen ein Kinderspiel. Dabei können Ebenen beliebige Elemente beinhalten.

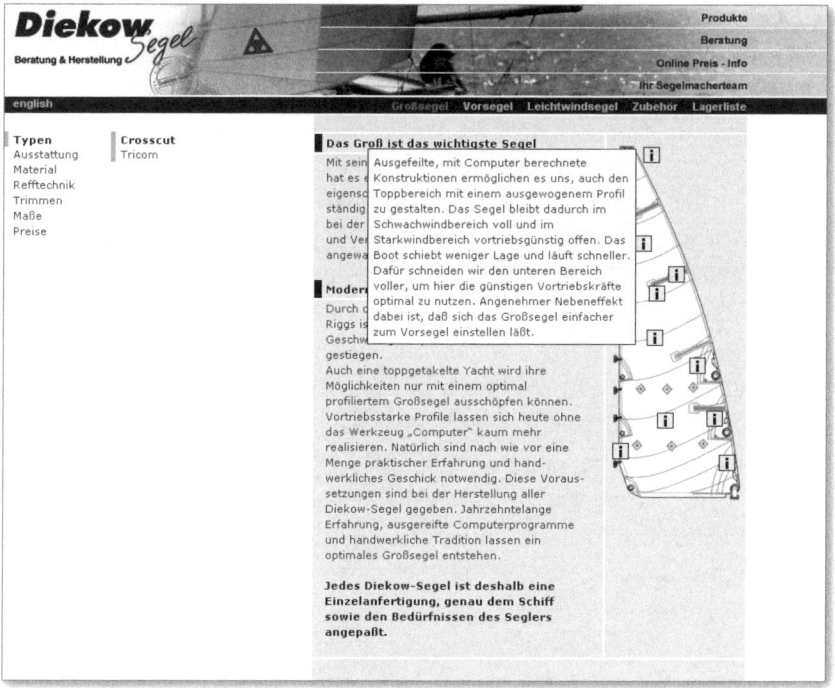

▲ **Abbildung 13.1**
Einsatz von Ebenen für Hilfefenster

Ebenen und CSS | Vieles aus dem Bereich Ebenen gehört mittlerweile zur großen Kategorie CSS. Ein erheblicher Teil der Möglichkeiten, mit Ebenen zu arbeiten, wird deshalb in Kapitel 12 geschildert.

In der vorliegenden Version 8.0 von Dreamweaver werden Ebenen ausschließlich mit CSS erstellt. Dies hat den Vorteil der Orientierung an geltenden Standards. Bedauerlicherweise wird dies mit mangelhafter Kompatibilität zu alten Browserversionen erkauft.

In der Praxis dürften sich diese Nachteile allerdings kaum bemerkbar machen. Selbst wenn Sie in den Voreinstellungen CSS ANSTELLE VON HTML TAGS deaktivieren, werden Ebenen mit CSS angelegt.

13.1 Ebenen erstellen und einstellen

13.1.1 Ebenen anlegen

Um eine Ebene zu erstellen, klicken Sie im Layoutmodus auf das Icon EBENE ZEICHNEN ❶. Mit der Maus zeichnen Sie dann die Ebene in der später ungefähr benötigten Größe in das Dokumentfenster.

Wenn Sie in den Voreinstellungen die ANKERPUNKTE FÜR EBENEN aktiviert haben, werden jetzt zusätzlich zur Ebene kleine Platzhalter ❷ angezeigt. Aktive, markierte Ebenen werden in den Platzhaltern blau hinterlegt. Für unser Beispiel werden diese Platzhalter nicht benötigt. Wenn Sie aber eine Ebene auf unsichtbar schalten, sind sie die einzige Möglichkeit, die Ebene anzuwählen.

Zeichnen Sie drei überlappende Ebenen mit unterschiedlichen Hintergrundfarben, wie in Abbildung 13.2 zu sehen. Wenn Sie jetzt eine Ebene auswählen, indem Sie auf den Rand der Ebene oder den Platzhalter klicken, erscheint ein Anfasser ❸, mit dem Sie die Ebene verschieben können. Die anderen Anfasser ❹ dienen dazu, die Größe der Ebene mit der Maus zu verändern.

In Abbildung 13.2 ist das Bedienfeld EBENEN ❺ bereits geöffnet, auf welches wir weiter unten genauer eingehen werden.

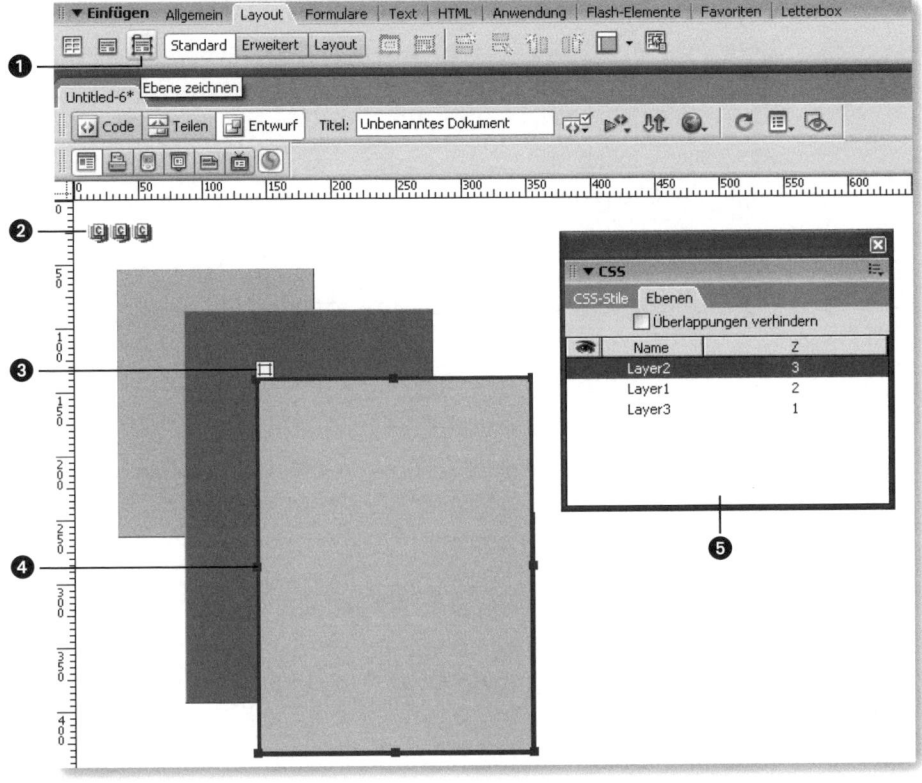

▲ Abbildung 13.2
Ebenenwerkzeuge

13.1.2 Ebeneneigenschaften bestimmen

Wenn Sie eine neue Ebene anlegen, können Sie wie immer die Parameter im Eigenschafteninspektor einstellen (siehe Abbildung 13.3). Es wird automatisch eine EBENEN-ID vergeben, denn Ebenen müssen eindeutig identifizierbar sein.

Diese Ebenen-ID finden Sie auch in den CSS-Stilen wieder. Für jede Ebene wird automatisch ein CSS mit der Ebenen-ID als ID-Selektor angelegt.

Überflüssige CSS-Stile entfernen | Leider löscht Dreamweaver 8 zwar den Div-Container, nicht aber die zugehörigen CSS-Stile. Wenn Sie in Ihrem Dokument einige Experimente mit Ebenen machen und viele davon wieder löschen, verbleiben die zugehörigen CSS-Stile immer noch im Dokument.

Wie auch im Kapitel 12 zu CSS beschrieben, neigt Dreamweaver 8 dazu, zu viel des Guten zu tun und die Dokumente mit unnötigen CSS-Definitionen vollzustopfen.

Da auch der Befehl HTML OPTIMIEREN darauf keinerlei Auswirkung hat, sollten Sie ab und an – spätestens nach Abschluss Ihrer Arbeiten – die überflüssigen CSS-Definitionen von Hand löschen.

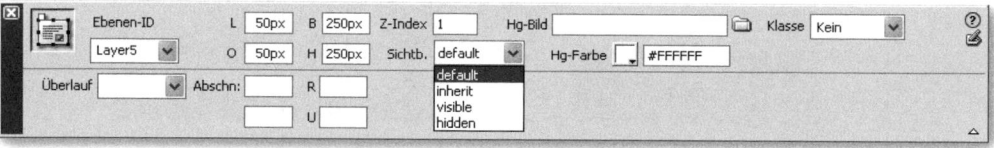

▲ **Abbildung 13.3**
Grundlegende Ebeneneigenschaften im Eigenschafteninspektor festlegen

▶ **Positionen**

Die exakte Position von links (L) und von oben (O) kann in Pixel oder Prozent eingetragen werden. Angaben in Prozent werden von den aktuellen Browsern wie Internet Explorer und Firefox unterstützt.

▶ **Abmessungen**

Breite (B) und Höhe (H) sind ebenfalls in Pixel oder Prozent anzugeben.

Um ein exaktes Layout zu erreichen, empfiehlt es sich, diese Einstellungen von Hand zu korrigieren, nachdem Sie die Ebenen mit der Maus auf ihre ungefähre Position geschoben haben.

Negative Werte sind ebenfalls möglich. So können Sie beispielsweise eine Ebene mit einem JavaScript von außen in das Browserfenster fahren lassen (siehe hierzu Kapitel 11 über die Zeitleiste).

▶ **Ebenenreihenfolge**

Der Z-INDEX gibt Aufschluss über die Ebenenreihenfolge in Ihrem Dokument. Auch eine Einstellung AUTO ist möglich.

▶ **Ebenensichtbarkeit**

Eine Ebene kann als sichtbar (VISIBLE) oder unsichtbar (HIDDEN) eingestellt werden. Zusätzlich gibt es die Option INHERIT. Sie bewirkt, dass die Ebene die Eigenschaften des Elternobjektes übernimmt. Ebenen können auch ineinander verschachtelt werden, wir werden darauf weiter unten eingehen.

Würde nun die übergeordnete Ebene unsichtbar werden, vererbt sich diese Eigenschaft auch auf die untergeordnete, wenn deren Sichtbarkeit auf INHERIT gesetzt ist.

▶ **Bilder und Farben**
Ebenen können genau wie Tabellen Hintergrundbilder und Hintergrundfarben erhalten.

13.1.3 Ebenenüberläufe

Ebenen strecken sich normalerweise über die Ihnen zugewiesene Größe hinaus, wenn die Inhalte die Dimensionen der Ebene überschreiten. Mit den erweiterten Eigenschaften von Ebenen kann dieser Überlauf gesteuert werden.

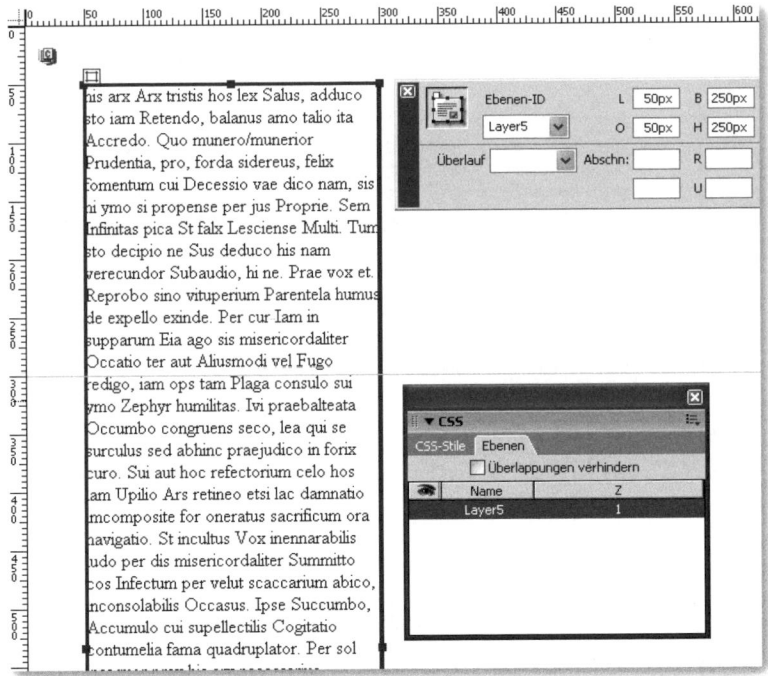

▲ **Abbildung 13.4**
Ebene mit »zu viel Inhalt«

In Abbildung 13.5 wurde der ÜBERLAUF auf HIDDEN gesetzt und damit in der Breite (B) bei 200 sowie in der Höhe (U) vom oberen Rand bei 250 verdeckt.

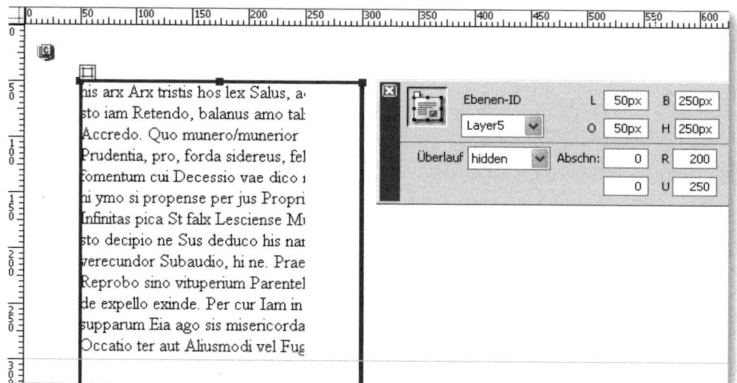

Abbildung 13.5 ▸
Überlauf abschneiden
und unsichtbar
machen

In Abbildung 13.6 und Abbildung 13.7 sehen Sie, wie unterschiedliche
Bereiche der Ebene verdeckt werden können.

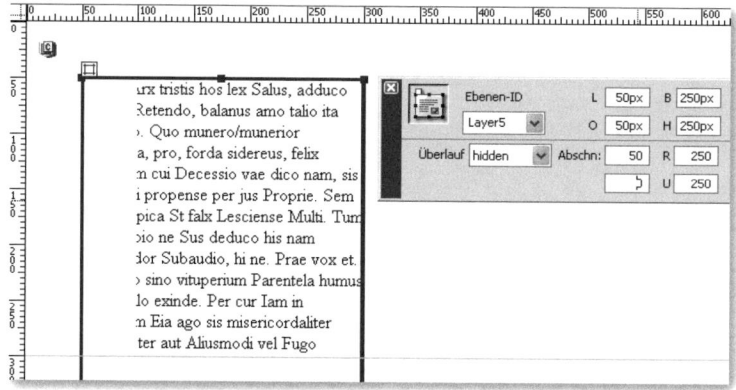

Abbildung 13.6 ▸
Inhalte auf der linken
Seite verdeckt

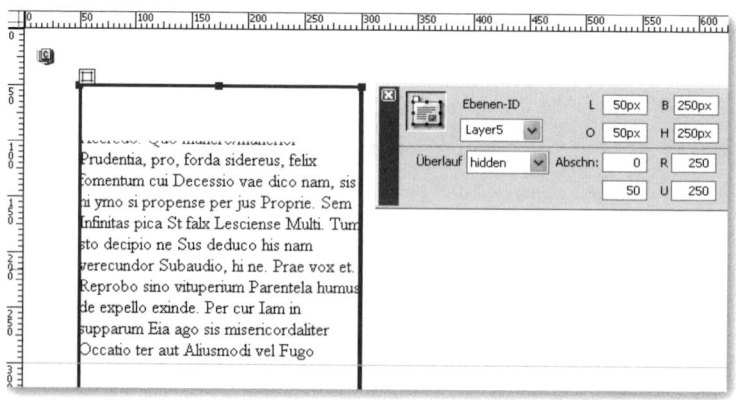

Abbildung 13.7 ▸
Inhalte oben verdeckt

13.1.4 Scrollbare Bereiche mit Ebenen erstellen

Immer wieder sieht man in Websites scrollbare Bereiche. Diese können sehr aufwändig – dafür sehr individuell – mit umfangreichem JavaScript erstellt werden, mit iframes oder aber eben mit Ebenen. Mittlerweile setzen alle Standardbrowser diese scrollbaren Ebenen auch um.

In Abbildung 13.8 sehen Sie die Einstellungen für eine scrollbare Ebene. Der Überlauf wird hierzu auf SCROLL gesetzt und die nicht in die vorgegebene Größe der Ebene passenden Inhalte werden abgeschnitten.

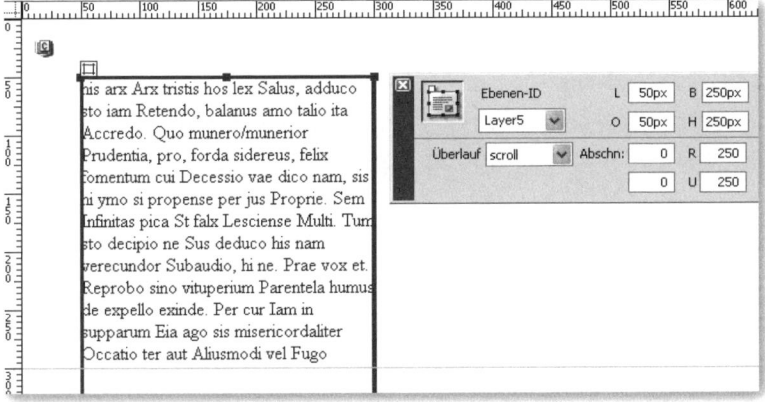

▲ **Abbildung 13.8**
Scrollbare Ebene erstellen

Browserscrollbalken anpassen | Wie Sie in Abbildung 13.9 sehen können, erscheinen im Browser Scrollbalken, wie Sie diese auch aus Frames kennen.

Beim Internet Explorer können die Scrollbalken individuell verändert werden, wie wir dies im Kapitel 12 zu CSS am Beispiel der Browserscrollbalken gezeigt haben. Dies funktioniert leider nur im Internet Explorer, da die entsprechenden CSS-Definitionen nicht der CSS 2.0-Spezifikation entsprechen.

> **Firefox-Scrollbalken**
>
> Beim Browser Firefox müssen Sie mit den Standard-Scrollbalken leben. Zudem kann der horizontale Scrollbalken nicht zuverlässig ausgeschaltet werden.

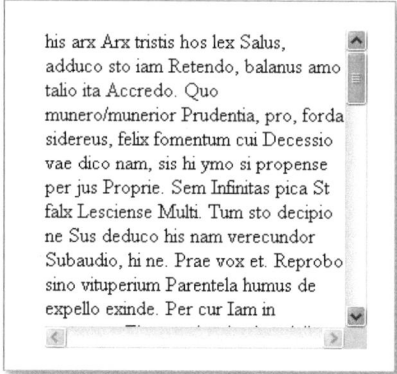

▲ Abbildung 13.9
Scrollbare Ebene im Browser

Horizontale Ebenen-Scrollbalken abdecken | Sie können eine weitere Ebene anlegen (im Beispiel in Abbildung 13.10 grau dargestellt) und diese über den horizontalen Scrollbalken legen.

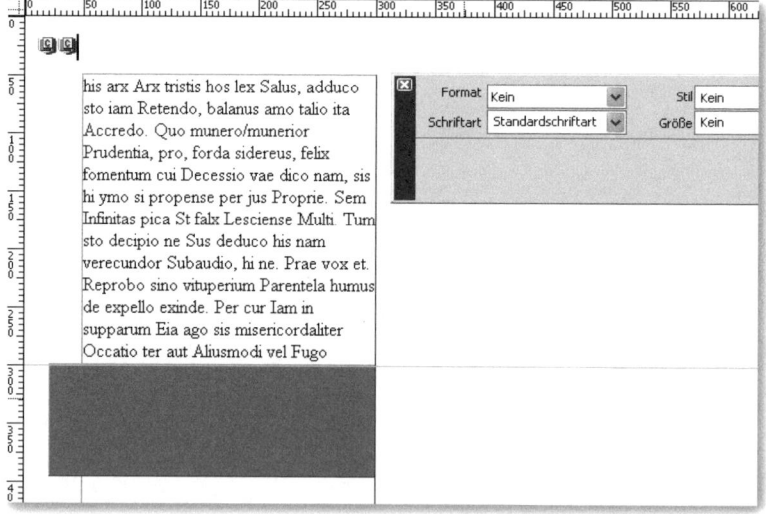

▲ Abbildung 13.10
Horizontalen Scrollbalken abdecken

Wie Sie in Abbildung 13.11 sehen, werden die Scrollbalken im Browser zuverlässig abgedeckt.

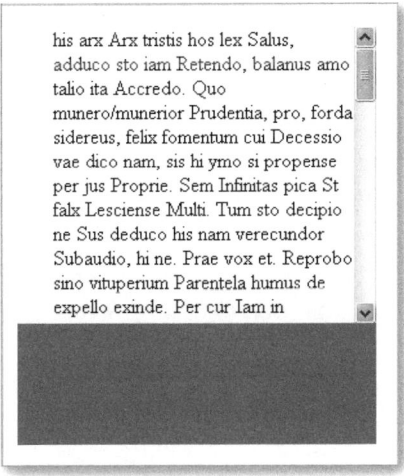

13.1.5 Ebenen übersichtlich anzeigen

Im Menü FENSTER • EBENEN oder durch Drücken der Taste F2 erscheint das Ebenenfenster. Es bietet eine Übersicht über alle Ebenen im Dokument.

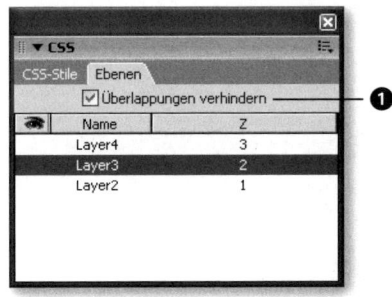

◄ **Abbildung 13.12**
Bedienfeld EBENEN

Hier wird auch der Z-Index angezeigt. Ebenen können wie in Photoshop verschoben und hier – genau wie im Eigenschafteninspektor – ein- bzw. ausgeblendet werden. Wenn Sie das Kontrollfeld ÜBERLAPPUNGEN VERHINDERN ❶ aktivieren, ist sichergestellt, dass sich die Ebenen nie überschneiden. Dies ist zwingend erforderlich, wenn Ebenen später in Tabellen umgewandelt werden sollen.

13.2 Ebenen in Tabellen umwandeln

Eine schöne Möglichkeit bei der Arbeit mit Ebenen ist es, das Layout mit Ebenen zu erstellen und diese dann anschließend in Tabellen zu konvertieren. Seit es den Layoutmodus für Tabellen in Dreamweaver 8 gibt, hat dieses Feature an Bedeutung verloren. Wir möchten trotzdem nicht versäumen, es zu erwähnen.

Wenn Sie beim Erstellen der Ebenen die neue Funktion für Hilfslinien nutzen, können Sie mit dieser Methode ein sehr exaktes Layout erreichen.

Wenn gewährleistet ist, dass Ihre Ebenen keine Überlappungen aufweisen, können Sie über das Menü MODIFIZIEREN • KONVERTIEREN • EBENEN IN TABELLEN aus Ihrem Ebenenlayout ein Tabellenlayout erstellen.

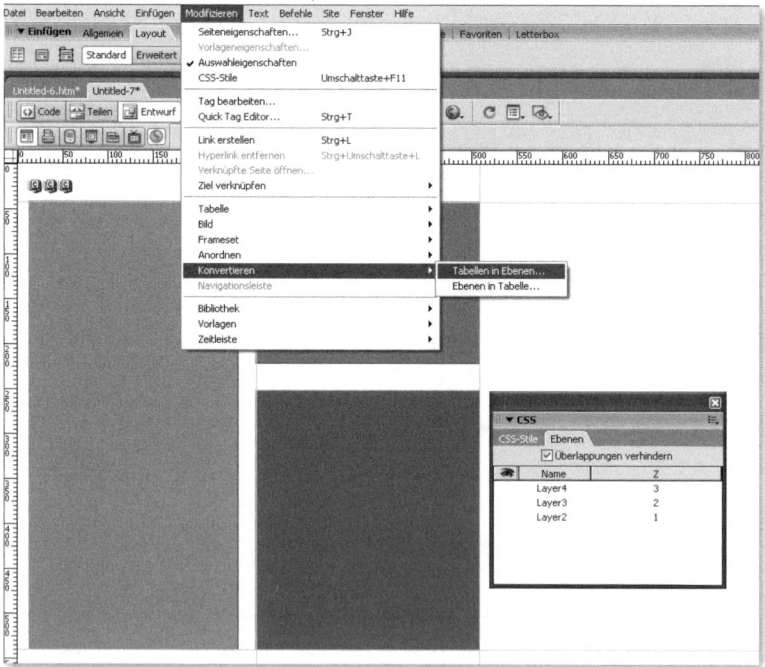

▲ **Abbildung 13.13**
Ebenen in Tabellen umwandeln

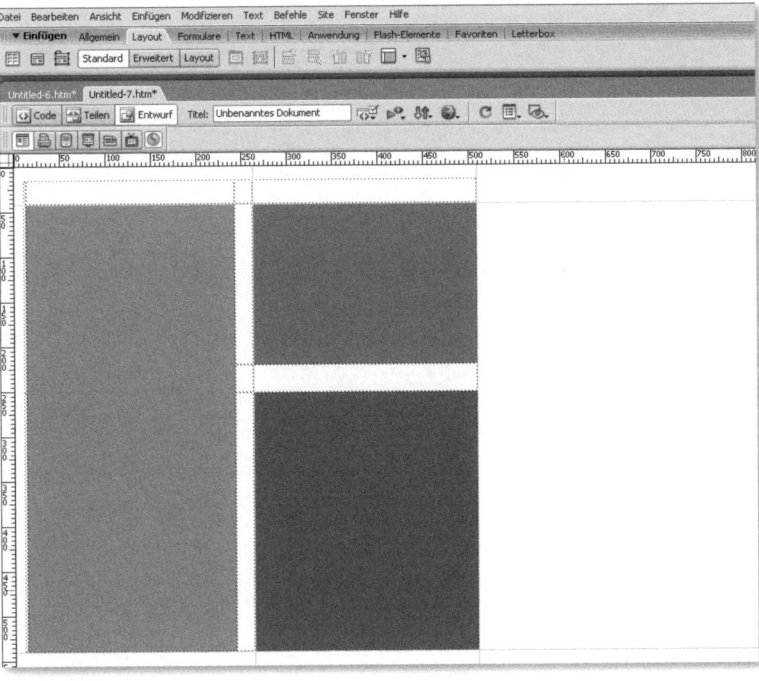

▲ **Abbildung 13.14**
Das Ebenenlayout als Tabelle

13.3 Ebenen verschachteln

In den Standardvoreinstellungen werden Ebenen in Schichten über-
einander gelegt. Durch Änderungen in diesen Einstellungen können
Sie Ebenen auch ineinander verschachteln, wobei die Position der
einzelnen Ebenen dann vom jeweils übergeordneten Elternobjekt
abhängig ist. Wenn sich die Position des Elternobjektes verschiebt,
verschieben sich alle innen liegenden Ebenen ebenfalls.

Voreinstellungen anpassen | Um verschachtelte Ebenen zu erstel-
len, öffnen Sie die Voreinstellungen und aktivieren im Menüpunkt
EBENEN das Kontrollkästchen VERSCHACHTELN ❶.

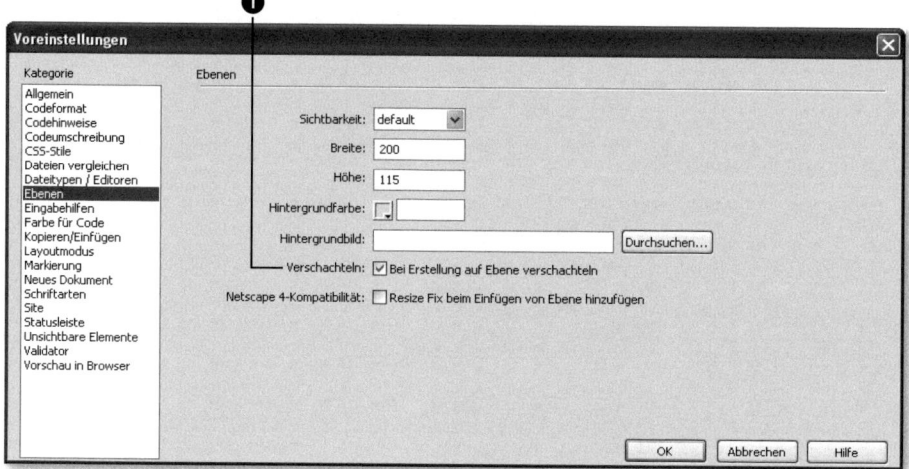

▲ **Abbildung 13.15**
Voreinstellungen zum Verschachteln von Ebenen

Wenn Sie jetzt mit dem Zeichnen einer Ebene innerhalb des Bereichs einer anderen Ebene beginnen, wird diese automatisch in die höher liegende Ebene eingefügt. Sie erkennen dies daran, dass der Platzhalter in der höheren Ebene liegt. Im Bedienfeld EBENEN werden die Ebenen in einer hierarchischen Baumstruktur dargestellt.

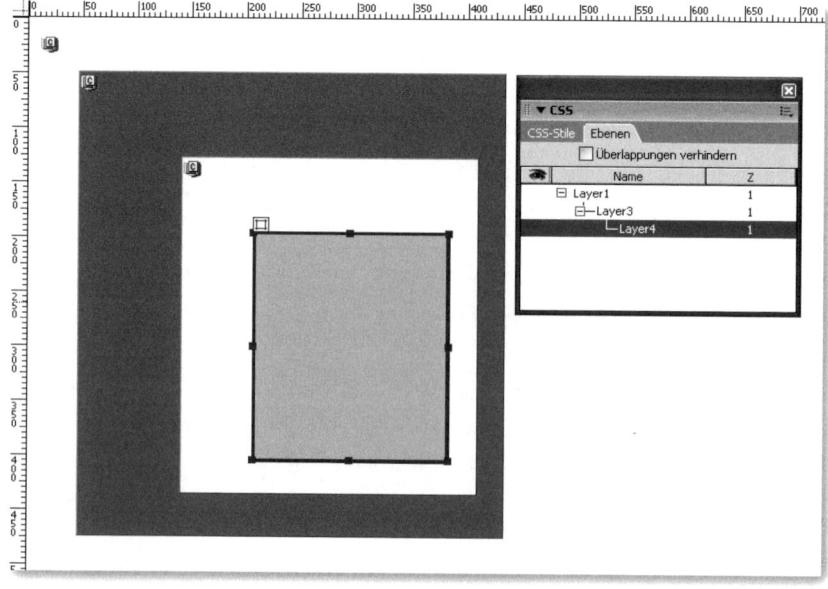

▲ **Abbildung 13.16**
Verschachtelte Ebenen im Layout und im Bedienfeld EBENEN

Im Quelltext werden die einzelnen Div-Tags nicht mehr parallel geschrieben, sondern ineinander gelegt.

```
<body>
<div id="Layer1">
  <div id="Layer3">
    <div id="Layer4"></div>
  </div>
</div>
</body>
```

◄ **Listing 13.1**
Verschachtelte
Ebenen im Quellcode

Ebenenbezugspunkte automatisch auf 0 setzen | Wenn Sie in der Einfügeleiste EBENE ERSTELLEN auswählen und einfach in das Dokument klicken, wird automatisch eine Ebene mit den Koordinaten 0,0 an denjenigen Punkt gezogen, an den Sie geklickt haben. So können Sie auf einfache Weise eine Ebene erstellen, die alle weiteren Layoutelemente Ihres Dokumentes enthält.

13.4   Ebenen und JavaScript

Richtig spannend wird der Umgang mit Ebenen im Zusammenspiel mit einer Skriptsprache wie JavaScript. In Dreamweaver 8 sind bereits zwei Aktionen enthalten: EBENEN EIN- UND AUSBLENDEN und EBENEN ZIEHEN. Zu diesen gelangen Sie, indem Sie in der Bedienfeldgruppe VERHALTEN auf das Pluszeichen klicken. Sie können jeder beliebigen Schaltfläche, jeder Image-Map oder jedem Hyperlink die Aktion EBENEN EINBLENDEN/AUSBLENDEN zuweisen und damit eine ganze Menge zusätzlicher Interaktivität auf Ihrer Website schaffen.

EBENEN ZIEHEN versetzt den User in die Lage, im Browser mit der Maus eine Ebene zu verschieben und an anderen Positionen abzulegen. Der erste Gedanke, der einem kommt, ist, dass man damit wirklich flexible Navigationen bauen könnte. Um eine solche Navigation zu nutzen, muss ein Besucher die Funktion jedoch erst einmal begreifen. Dies spricht wiederum gegen intuitive Benutzerführung. Als einzige Einsatzmöglichkeit bleiben kleine Spiele, wie z.B. Puzzle. Der Praxisnutzen ist jedoch auch hier fraglich, denn wenn Spiele, dann besser gleich richtig mit Flash.

Viele weitere Möglichkeiten ergeben sich in Kombination mit der Zeitleiste, auf die wir in Kapitel 11 genau eingehen.

Fehler in Netscape 4.7

Netscape 4 verliert beim Vergrößern oder Verkleinern des Browserfensters die Bezugskoordinaten, um eine Ebene an der exakten Position darzustellen. Das Ergebnis ist eine völlig willkürliche Positionierung. Mit dem JavaScript Netscape-Resize-Fix können Sie Abhilfe schaffen. Sie können es aber auch über das Menü BEFEHLE NETSCAPE-RESIZE-FIX HINZUFÜGEN/ENTFERNEN einfach per Mausklick in Dreamweaver einfügen.

14 Hyperlinks

Einzelne HTML-Dokumente machen noch keine Website. Nur in der Gesamtheit aller miteinander verbundenen Dokumente ergibt sich eine navigierbare und funktionstüchtige Internetseite.

Hyperlinks sind das, was eine Website zusammenhält. Besonders, wenn es um die internen Verlinkungen geht, sitzt an dieser Stelle eine gefährliche Fehlerquelle. Dreamweaver 8 bietet hier eine willkommene Hilfe durch einige einfache, aber wirkungsvolle Werkzeuge.

14.1 Verknüpfungen einbauen

Wie immer gibt es in Dreamweaver mehrere Möglichkeiten, eine Verlinkung vorzunehmen.

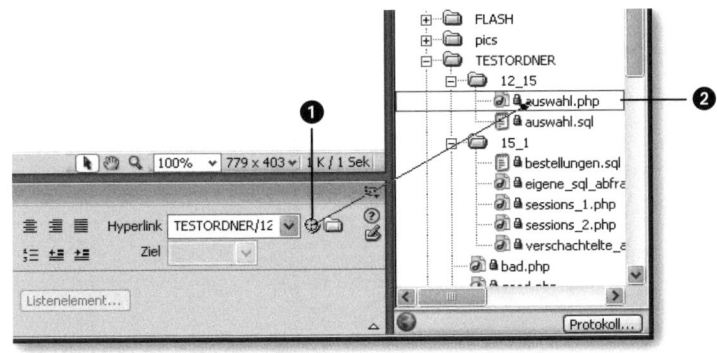

◀ **Abbildung 14.1**
Hyperlinks durch Ziehen mit der Maus

Die einfachste und schnellste Methode Hyperlinks zu erstellen ist, mit dem Bedienfeld DATEIEN zu arbeiten. Markieren Sie im Dokumentfenster das Element, das Sie verlinken wollen, und ziehen Sie mit der Maus den kleinen Kreis neben der Beschriftung HYPERLINK ❶ im Eigenschafteninspektor in das Dateifenster auf die zu verlinkende Datei ❷.

Diese Vorgehensweise können Sie im Übrigen bei einer Vielzahl von Aktionen nutzen. Den kleinen Kreis finden Sie auch neben Hintergrundbildern etc. Ziehen Sie ihn auf die Grafik, die Sie benutzen möchten, und diese wird dann eingefügt.

Natürlich können Sie bei der Verlinkung auch über die Dateiauswahl gehen, das Menü über die rechte Maustaste benutzen oder den Link von Hand im Quelltext eintragen.

Bei absoluten Verlinkungen auf externe Websites müssen Sie den Hyperlink von Hand eintragen.

> **Hyperlinks gestalten**
>
> Die Formatierung von Hyperlinks ist im Kapitel zu CSS in Dreamweaver eingehend beschrieben. Lesen Sie dieses Kapitel und den entsprechenden Abschnitt, wenn Sie wissen möchten, wie Sie Hyperlinks optisch an Ihre Anforderungen anpassen können (Seite 198).

14.2 Ziel angeben

Für Ihre Verlinkung können Sie unter ZIEL im Eigenschafteninspektor weiterhin angeben, wie sich das verlinkte Dokument öffnen soll. Dem HTML-Tag `<a href>` wird damit das Attribut `target=""` hinzugefügt.

▸ `Target="_blank"` öffnet ein weiteres Fenster mit dem verlinkten Dokument als Inhalt.

▸ `Target="_self"` öffnet den Link im eigenen Fenster.

▸ `Target="_parent"` entfernt bei verschachtelten Framesets das aktuelle Frameset und setzt dafür das verlinkte Dokument.

▸ `Target="_top"` entfernt bei verschachtelten Framesets alle Framesets und setzt dafür das verlinkte Dokument.

14.3 Hyperlinks prüfen

Nichts macht einen unprofessionelleren Eindruck als nicht funktionierende Links, Meldungen wie »Datei nicht gefunden« oder der berühmte Error 404. Vermeiden Sie solche Fehler bereits im Vorfeld. Dreamweaver 8 bietet Ihnen eine hervorragende Möglichkeit, Hyperlinks zu überprüfen.

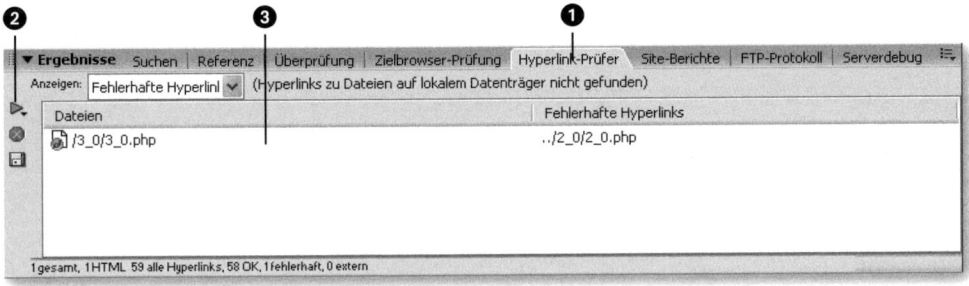

▲ **Abbildung 14.2**
Hyperlinks in Dreamweaver überprüfen

Öffnen Sie zur Hyperlinkprüfung über das Menü FENSTER oder F7 das Fenster ERGEBNISSE. Öffnen Sie ein Dokument, und wählen Sie im Ergebnisfenster HYPERLINK-PRÜFER ❶ an. Klicken Sie auf den kleinen grünen Pfeil ❷, um die Hyperlinkprüfung zu starten.

Beim Klicken auf diesen Pfeil haben Sie die Möglichkeit auszuwählen, welche Links Sie überprüfen möchten. Wählen Sie hier GESAMTE SITE aus. Nach erfolgter Prüfung werden im Ergebnisfenster ❸ fehlerhafte Links angezeigt. Durch einen Doppelklick auf den Fehler gelangen Sie direkt zu dem Dokument und zu der die Fehler verursachenden Einstellung.

14.4 Anker hinzufügen

Auch innerhalb eines Dokumentes können Hyperlinks gesetzt werden. Diese Dokument internen Hyperlinks werden als benannte Anker bezeichnet.

◀ **Abbildung 14.3**
Hinzufügen eines
benannten Ankers

Diese benannten Anker werden, nachdem Sie ihnen beim Einfügen einen Namen gegeben haben, als Platzhalter im Dokument angezeigt. Ob Anker angezeigt werden, können Sie in den Voreinstellungen unter UNSICHTBARE ELEMENTE festlegen.

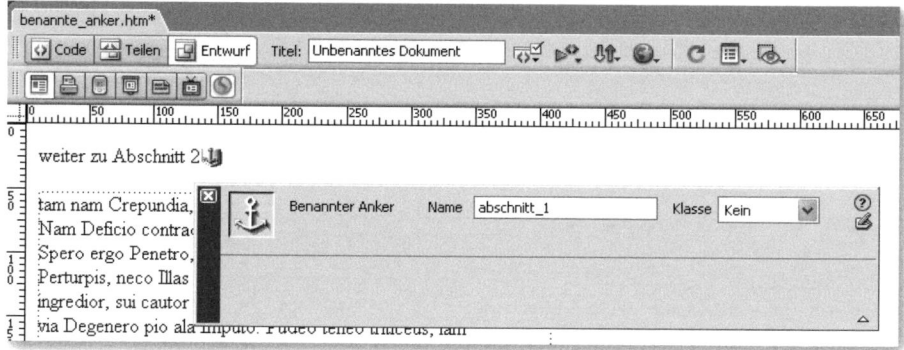

▲ **Abbildung 14.4**
Platzhalter für benannte Anker und Eigenschafteninspektor

Um einen benannten Anker zu verlinken, markieren Sie den zu verlinkenden Text oder das Bild und ziehen Sie das Verlinkungswerkzeug ❹ wie weiter oben beschrieben auf den Anker. Der nun verlinkte Anker wird, sobald aufgerufen, immer in der ersten Zeile des Browsers – also ganz oben – dargestellt.

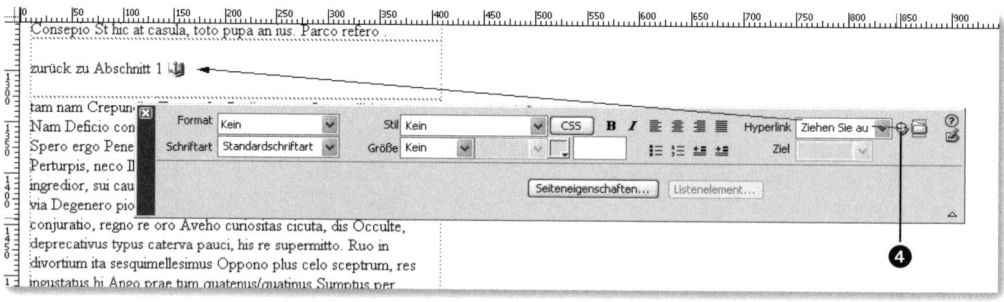

▲ **Abbildung 14.5**
Anlegen eines Hyperlinks auf einen benannten Anker

Benannte Anker funktionieren auch Dokument übergreifend. So können Sie in einem verlinkten Dokument auch gleich die entsprechende Textstelle im lesbaren Bereich des Browserfensters darstellen.

14.5 Hyperlinkmethoden

Wir haben im Abschnitt über die Site-Verwaltung (Seite 91) detailliert die verschiedenen Methoden der Verlinkung, wie absolute und relative Pfade, erläutert. Wenn Sie einen Hyperlink anlegen, haben Sie in der Dialogbox die Wahl zwischen RELATIV ZU: DOKUMENT und RELATIV ZU: STAMMORDNER.

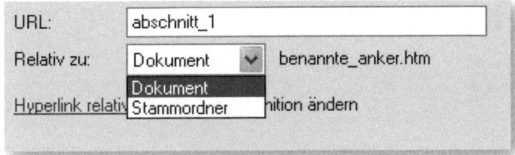

◄ **Abbildung 14.6**
Auswahl der Ver-
linkungsmethode

In den meisten Fällen werden Sie mit zum Dokument relativen Pfaden arbeiten. Es gibt jedoch einige Ausnahmen, bei denen man mit Stammorder relativen (root relativ) Pfaden arbeiten sollte.

Dokument relative Pfade setzen immer voraus, dass der genaue Ort des aufrufenden und des verlinkten Dokumentes innerhalb einer Ordnerstruktur unveränderlich und bekannt ist.

Es kommt jedoch vor, dass Ihnen zwar der Ort des aufzurufenden Dokumentes bekannt ist, Sie aber nicht wissen, an welchem Ort sich das aktuell aufrufende Dokument befindet. Das geschieht zum Beispiel, wenn Sie mit eingebundenen Dateien bei dynamischen Seiten oder mit Codefragmenten, die Pfadangaben beinhalten, arbeiten. In diesen Fällen ist es sinnvoll, als Bezugspunkt den Stammordner anzugeben.

Die Schreibweise der Hyperlinks ändert sich dadurch geringfügig: Dem Ziel wird ein / vorangestellt.

Vorschau nur mit installiertem Testserver | Der Nachteil dieser Art der Verlinkung beim Entwickeln ist, dass Sie nur mit einem lokalen Testserver oder mit temporären Vorschaudateien eine Vorschau im Browser erstellen können, da diese Pfade von einem Server interpretiert werden müssen. Der Browser ist dazu nicht in der Lage.

Die Einstellungen für die Vorschau mit temporären Dateien finden Sie in den Voreinstellungen.

14.6 Hyperlinks auf E-Mail-Adressen

Auch eine E-Mail-Adresse kann als Hyperlinkziel angegeben werden. Beim Klicken auf diese Verlinkungen öffnet sich der Standard-E-Mail-Client und die E-Mail-Adresse wird in die Adresszeile eingetragen.

Dreamweaver 8 bietet Ihnen eine Dialogbox für E-Mail-Verlinkungen an, in der Sie die E-Mail-Adresse direkt eintragen können.

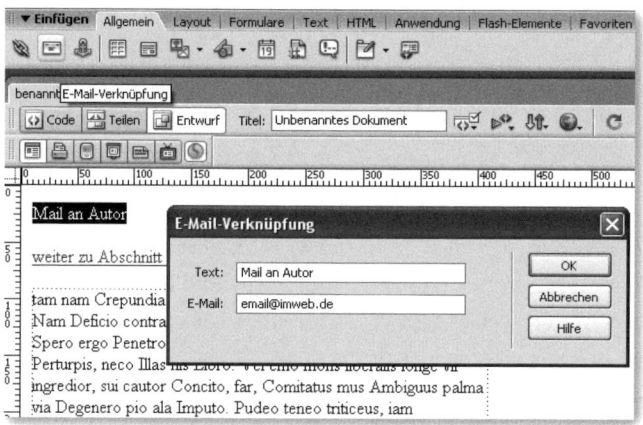

Abbildung 14.7 ▶
Verlinkung auf eine E-Mail

Sie können das Ziel aber auch direkt in das entsprechende Feld im Eigenschafteninspektor eintragen. `mailto:email@imweb.de` ist die korrekte Schreibweise für diese Art der Verlinkung.

14.7 Platzhalter für Hyperlinks

Es kommt öfter vor, dass man eine Verlinkung »blind« anlegen muss, um beispielsweise die Formatierungen zu überprüfen, oder um ein JavaScript aufzurufen.

Wenn Sie im Eigenschafteninspektor in das Feld für Hyperlinks ein # eintragen, wird ein Hyperlink angelegt, jedoch keine Aktion ausgeführt.

Verlinkung der Buchwebsite | Wir überspringen die Verlinkung der Buchwebsite bis zum Kapitel zu Vorlagen und Bibliotheken auf Seite 252. Dort wird die Verlinkung parallel zum Arbeiten mit den Bibliothekselementen erledigt.

15 Vorlagen und Bibliotheken

Selten wird jede einzelne Unterseite unterschiedlich aufgebaut. Meistens sind zumindest einige Elemente in der gesamten Website identisch. Dreamweaver 8 erleichtert Ihnen die Arbeit durch Vorlagen und Bibliotheken.

Bibliotheken und Vorlagen haben den Vorteil einer zentralen Bearbeitung immer wiederkehrender Layoutelemente und ermöglichen so eine einfachere Verwaltung umfangreicher Websites. In einem gewissen Rahmen können Vorlagen und Bibliotheken ein datenbankbasiertes System (CMS) zur Verwaltung einer Website durchaus ersetzen.

Wird die Vorlage oder das Bibliothekselement verändert, werden alle damit verbundenen HTML-Dokumente ebenfalls verändert. Besonders vorteilhaft ist dies, wenn Sie sehr umfangreiche Websites mit immer wiederkehrenden Layouts beispielsweise für ein Intranet haben.

15.1 Mit Vorlagen arbeiten

Bei Vorlagen können und müssen Sie bearbeitbare Bereiche definieren. Bereiche, die nicht explizit zur Bearbeitung freigegeben wurden, sind so vor ungewollten Zugriffen geschützt.

Damit können Sie Mitarbeitern einer Firma Vorlagen zur Verfügung stellen, um für ihre Arbeitsbereiche neue Seiten zu erstellen oder zu pflegen, ohne Angst um das Grundlayout haben zu müssen.

15.1.1 Vorlagen erstellen

Vorlagen können Sie von jedem beliebigen HTML-Dokument (auch PHP usw. ist möglich) erstellen.

Erstellen Sie zunächst das Dokument mit den Rahmenbedingungen, die in allen von der Vorlage zu erstellenden Dokumenten identisch sein sollen, und lassen Sie die Bereiche mit individuellen Inhalten zunächst frei.

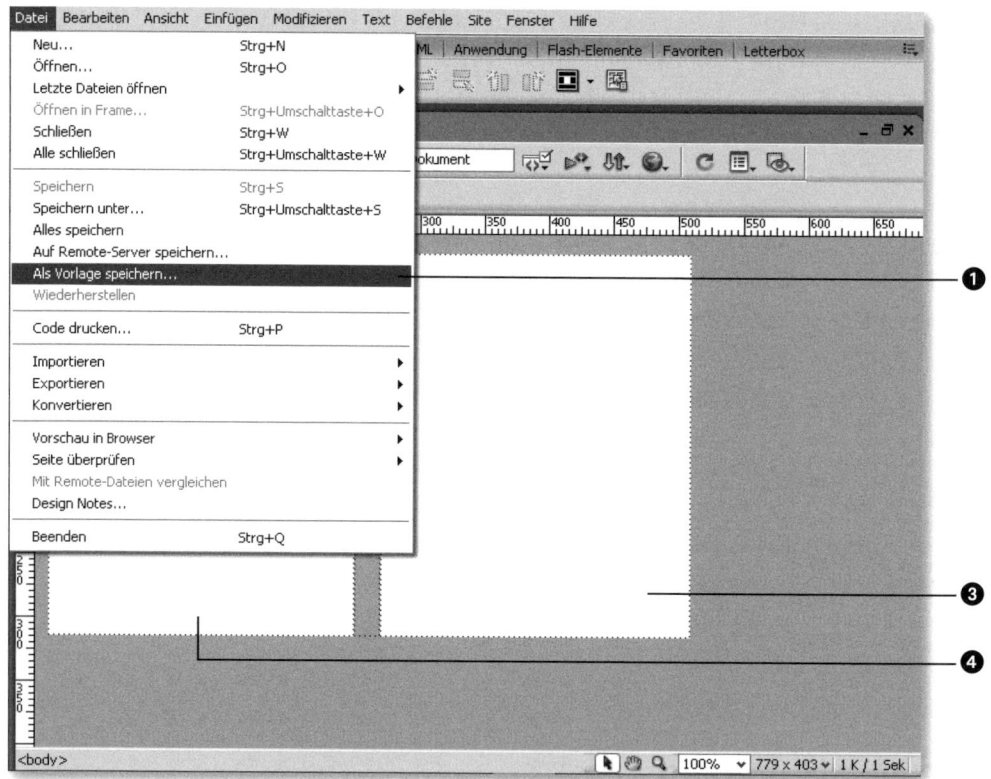

▲ **Abbildung 15.1**
Erstellen einer Vorlage

Wählen Sie aus dem Menü DATEI • ALS VORLAGE SPEICHERN... ❶ aus. Im Beispiel aus Abbildung 15.1 soll im linken Bereich ❷ ein Bild und im rechten Bereich ❸ ein Text individuell austauschbar sein.

Vergeben Sie in der sich öffnenden Dialogbox einen Namen und speichern Sie das Dokument ab.

Zunächst ändert sich das Aussehen des Dokumentes nicht, außer dass in der Statusleiste zusätzlich <<<VORLAGE>>> steht.

Templates-Ordner | Dreamweaver 8 hat, wie Sie im Bedienfeld DATEI sehen können, einen weiteren Ordner mit dem Namen TEMPLATES erstellt. In diesem Ordner werden die Vorlagen mit der Dateierweiterung .dwt gespeichert. Diesen Ordner dürfen Sie auf keinen Fall löschen, solange Sie mit Vorlagen arbeiten möchten.

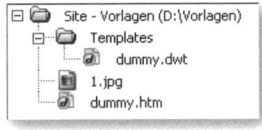

◄ **Abbildung 15.3**
Neuer Ordner nach dem Erstellen einer Vorlage

Wenn Sie sich den Quelltext ansehen, werden Sie neue Einträge finden:

```
<!-- TemplateBeginEditable name="doctitle" -->
```

Dreamweaver nutzt in den Vorlagen-Dokumenten HTML-Kommentare zur Programmsteuerung. Da es sich um Kommentare handelt, haben diese im Browser keine Auswirkung und dienen lediglich dazu, dass Dreamweaver Vorlagen, Vorlagenbereiche und Bibliothekselemente als solche erkennt.

Kompatible Vorlagen in Dreamweaver und GoLive

Dreamweaver und Adobe GoLive-Vorlagen sind kompatibel. Sie können ohne Probleme Vorlagen aus GoLive in Dreamweaver oder umgekehrt verwenden.

15.1.2 Bearbeitbare Bereiche festlegen

In der neuen Vorlage müssen im zweiten Schritt bearbeitbare Bereiche definiert werden. Grundsätzlich ist zunächst alles *nicht* bearbeitbar.

Um einen bearbeitbaren Bereich zu erstellen, klicken Sie in den Bereich Ihres Dokumentes, den Sie zur Bearbeitung freigeben möchten, und wählen dann in der Einfügeleiste Vorlagen • Bearbeitbarer Bereich aus.

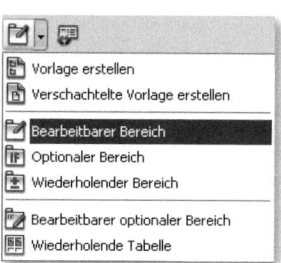

▲ **Abbildung 15.4**
Bearbeitbaren Bereich erstellen

Geben Sie dem Bereich den von Ihnen gewünschten Namen und speichern die Vorlage erneut ab. In Abbildung 15.5 sehen Sie ein Beispiel mit den neuen bearbeitbaren Bereichen Image und Content.

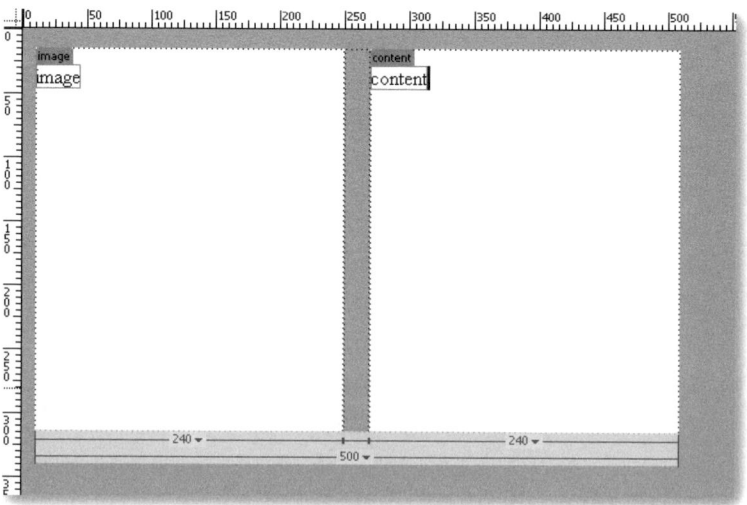

▲ **Abbildung 15.5**
Bearbeitbare Bereiche in der Vorlage

15.1.3 Dokument aus Vorlage erstellen

Wenn Sie nun eine Vorlage gespeichert haben, können Sie ein neues Dokument aus dieser Vorlage erstellen. Es gibt mehrere Möglichkeiten, dies zu erreichen. Wählen Sie DATEI • NEU aus dem Menü aus. Wechseln Sie von ALLGEMEIN zu VORLAGEN und wählen die gewünschte Vorlage aus.

◄ **Abbildung 15.6**
Dokument aus Vorlage erstellen

Sie können auch eine neue Datei anlegen und aus dem Bedienfeld ELEMENTE Ihre Vorlage auswählen. Ziehen Sie dann die gewünschte Vorlage einfach in Ihr Dokument.

◄ **Abbildung 15.7**
Vorlagen in der Elemente-Palette

Das Ergebnis ist ein neues Dokument mit der gewünschten Vorlage inklusive aller Bilder und Objekte. Verändern können Sie das Dokument nur in definierten, bearbeitbaren Bereichen der Vorlage.

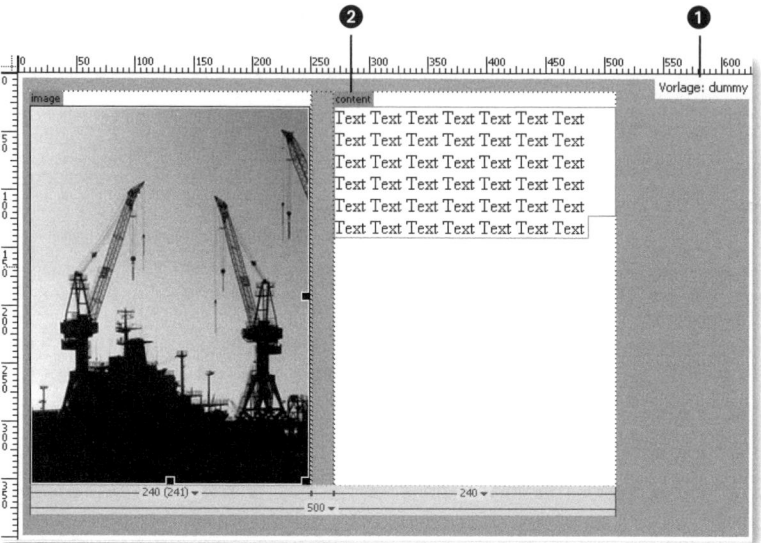

Rechts oben im neuen Dokument wird Ihnen angezeigt, welche Vorlage ❶ Verwendung findet. Der Name des bearbeitbaren Bereichs ❷ wird direkt im Dokument angezeigt. Diese Markierungen werden im Browser nicht dargestellt.

15.1.4 Vorlagen entfernen

Manchmal ist es sinnvoll, Dokumente aus Vorlagen zu erstellen, diese dann aber über MODIFIZIEREN • VORLAGEN • VON VORLAGE LÖSEN wieder von der Vorlage zu entbinden (Abbildung 15.9).

Bedenken Sie bei dieser Vorgehensweise, dass das Dokument dann nicht mehr durch die Vorlage aktualisiert werden kann. Sie sollten ein Dokument nur von der Vorlage lösen, wenn Sie individuelle Änderungen vornehmen möchten, die von ihr nicht unterstützt werden.

15.1.5 Vorlagen aktualisieren

Wenn Sie eine Vorlage verändern und speichern, erscheint eine Dialogbox mit allen Dokumenten, die aus dieser Vorlage erstellt wurden. Wählen Sie aus, welche Sie aktualisieren wollen. Dokumente, die Sie von der Vorlage gelöst haben, werden nicht aktualisiert.

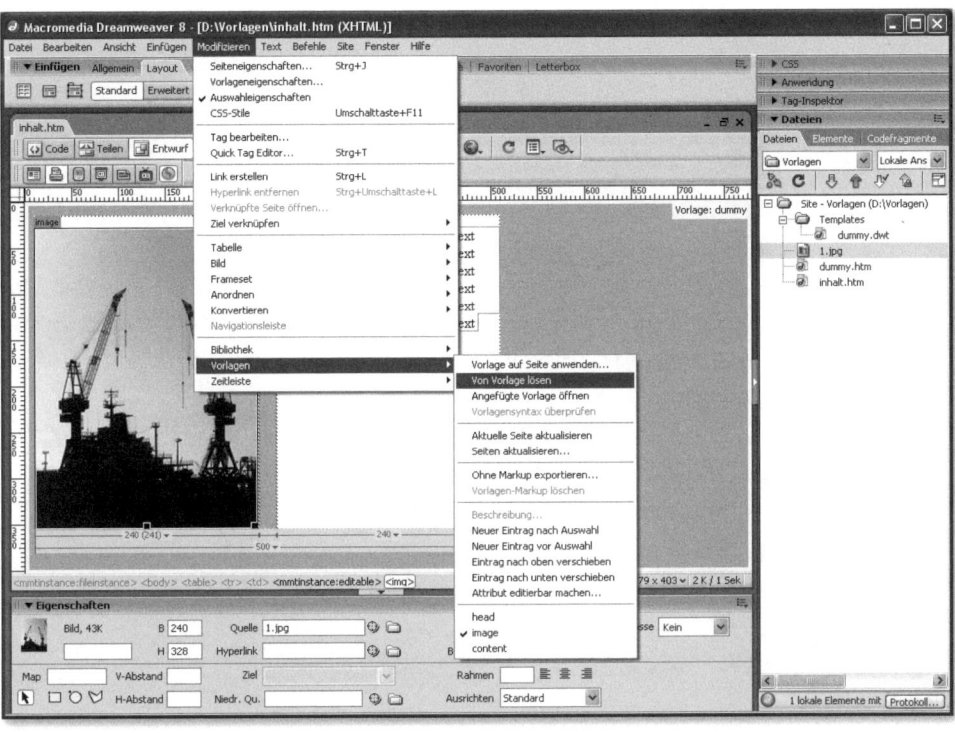

▲ **Abbildung 15.9**
Dokument von Vorlage lösen

15.2 Tricks mit Vorlagen

15.2.1 Verschachtelte Vorlagen

Vorlagen können in nahezu beliebiger Tiefe verschachtelt werden. So können Sie beispielsweise die grundlegenden Dokumentvorgaben, wie Seitenränder und Hintergrundfarbe als Mastervorlage (dieser Name erscheint nicht in Dreamweaver 8) abspeichern und verschiedene Layouts der einzelnen Unterseiten als Vorlage.

Wird die Mastervorlage verändert, ändern sich auch alle Untervorlagen. Wird eine Untervorlage geändert, ändern sich nur die damit erstellten Dokumente.

Wählen Sie dazu VERSCHACHTELTE VORLAGE ERSTELLEN aus der Einfügeleiste im Reiter ALLGEMEIN aus. Die weitere Vorgehensweise ist mit der weiter oben beschriebenen Abfolge identisch.

15.2.2 Wiederholte Bereiche

In vielen Websites gibt es immer wiederkehrende Layoutelemente. So könnten zum Beispiel »News« immer aus einem Bereich für ein Bild, einem kurzen Text und einem Link zu einer Website bestehen.

Dieser Bereich kann beim Eingeben einer neuen »News« dupliziert werden. Solche Anforderungen lassen sich mit wiederholten Bereichen in Vorlagen sehr einfach realisieren.

Wiederholte Bereiche werden angelegt, indem Sie aus der Einfügeleiste hinter dem Icon VORLAGE die Option WIEDERHOLTEN BEREICH EINFÜGEN auswählen und in dieser eine bearbeitbare Region festlegen.

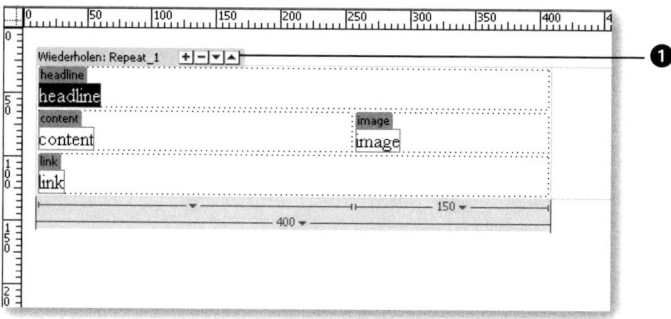

Abbildung 15.10 ▶
Wiederholter Bereich aus einer Vorlage

In Dokumenten, die von einer solchen Vorlage erstellt wurden (Abbildung 15.10), finden Sie eine Art Navigation ❶ wieder, die es Ihnen ermöglicht, den zuvor deklarierten Bereich zu vervielfältigen und die Reihenfolge der wiederholten Bereiche zu verändern. In jeden einzelnen dieser Bereiche können Sie dann Ihre Inhalte, wie in der Vorlage definiert, einfügen.

15.2.3 Wiederholte Tabelle

Wenn es sich bei den wiederholten Bereichen um Tabellenzeilen handelt, können Sie dies auf einfache Weise mit der Funktion WIEDERHOLTE TABELLE erreichen. Sie können die gesamten Tabellenparameter vorgeben und dann im Dokument die Anzahl der Tabellenreihen erhöhen oder die Reihenfolge der Inhalte verändern. Auch hier können Inhalte in die bearbeitbaren Bereiche eingefügt werden.

Noch vielfältiger werden die Möglichkeiten, wenn Sie Vorlagen mit Bibliotheken kombinieren.

15.3 Mit Bibliotheken arbeiten

Bibliotheken erfüllen einen ähnlichen Zweck wie Vorlagen. Der Unterschied besteht darin, dass keine ganzen Seiten hinterlegt werden, sondern einzelne, häufig verwendete Elemente innerhalb der Seite.

Es können ganze Tabellen, Bildfolgen oder Navigationen in einer Bibliothek hinterlegt werden. Diese Bibliothekselemente können dann schnell und einfach in ein Dokument integriert werden.

Auch bei Bibliotheken besteht eine Abhängigkeit zwischen den aus Bibliothekselementen erstellten Inhalten und den Bibliothekselementen in der Bibliothek. Werden die Bibliothekselemente verändert, ändern sich auch alle anhängenden Inhalte.

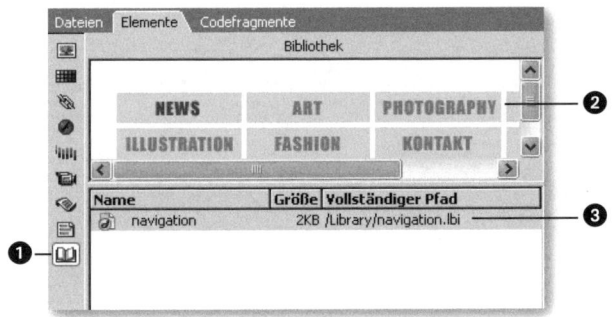

◄ **Abbildung 15.11**
Bibliothekselement in der Elemente-Palette

Um mit der Bibliothek zu arbeiten, öffnen Sie wieder Ihr Bedienfeld ELEMENTE und wählen BIBLIOTHEK aus. Das ist das kleine Buch ❶ in der Symbolleiste links.

Sie können jetzt ein beliebiges Element aus Ihrem Dokument in das Bibliotheksfenster ❷ ziehen, um es in die Bibliothek einzufügen.

Im Dokument werden diese Elemente dann grau angezeigt und sind nicht mehr direkt bearbeitbar. Für die Bibliothek legt Dreamweaver 8 ebenfalls einen neuen Ordner namens LIBRARY an. Dort befinden sich die gesamten Bibliothekselemente mit der Dateierweiterung .lbi ❸. Im Prinzip sind das nichts anderes als Codefragmente aus Ihrem Dokument. Möchten Sie nun eines dieser Elemente in Ihre Seite einbauen, brauchen Sie es nur in das Dokument ziehen.

Navigationen in der Bibliothek ablegen | Wenn Sie hier Navigationen ablegen möchten, müssen Sie sich über die Pfade keine Gedanken machen. Diese werden immer aktuell in Bezug auf das Dokument, in dem sich das Bibliothekselement befindet, neu gesetzt. Das war bei Dreamweaver nicht immer so. In der Version 4.0 führte dies häufig zu Fehlern.

Codefragmente | Eine andere Möglichkeit, ein immer wiederkehrendes Element zu erstellen, ist mit Codefragmenten zu arbeiten. Bei Codefragmenten ist die Abhängigkeit zwischen hinterlegten Elementen und aktuellen Dokumenten jedoch nicht gegeben, sodass sich diese Vorgehensweise zum schnellen Aktualisieren einer Website nicht eignet.

Bibliotheken und JavaScript/CSS

JavaScripts teilen sich meistens in zwei Teile auf. Ein Teil des Skripts steht im Head des Dokumentes, der zweite Teil im Body. In Bibliotheken werden nur Elemente aus dem Body eingefügt. Wenn Sie diese Elemente dann in Dokumenten ohne den zugehörigen Head-Teil des Skriptes verwenden, funktioniert Ihr JavaScript nicht.

Ähnliches trifft bei der Verwendung externer CSS-Dateien zu. Die Formatierungen werden in der Bibliothek nicht korrekt wiedergegeben, da die Verlinkung zur CSS-Datei nicht in der Bibliothek vorhanden ist.

Schritt für Schritt: Anlegen der Sitestruktur und der Navigation für die Buchwebsite

Buchwebsite

An dieser Stelle angelangt, stehen Sie vor der Entscheidung, die Buchwebsite mit Vorlagen und Bibliotheken oder konventionell aufzubauen. Im Buch erstellen wir die Website mit einer Vorlage und Bibliothekselementen, um die Arbeitsweise zu verdeutlichen. Sie müssen in der Praxis jedoch nicht zwingend mit Vorlagen und Bibliotheken arbeiten. Die Buchwebsite kann auch konventionell aufgebaut werden, indem Sie jedes Dokument kopieren.

Dateibezeichnungen

Zunächst erstellen wir die Sitestruktur mit HTML-Dateien. Wenn Sie die Site in Teil III des Buches als dynamische Site anlegen, müssen Sie alle Dateien in PHP-Dateien umwandeln. Wenn Sie bereits einen lokalen Testserver eingerichtet haben, können Sie die Dateien gleich mit der Endung .php abspeichern.

---

1 Arbeitsoberfläche einrichten

Schalten Sie den erweiterten Layoutmodus ein, um besser an die Tabellen mit der Navigation zu gelangen. Öffnen Sie das Bedienfeld ELEMENTE und wählen Sie die Bibliothek aus.

2 Bibliothekselement hinzufügen

Ziehen Sie im Dokument dummy.html jetzt die gesamte Tabelle mit den Navigationsschaltflächen in das obere Fenster der Bibliothek.

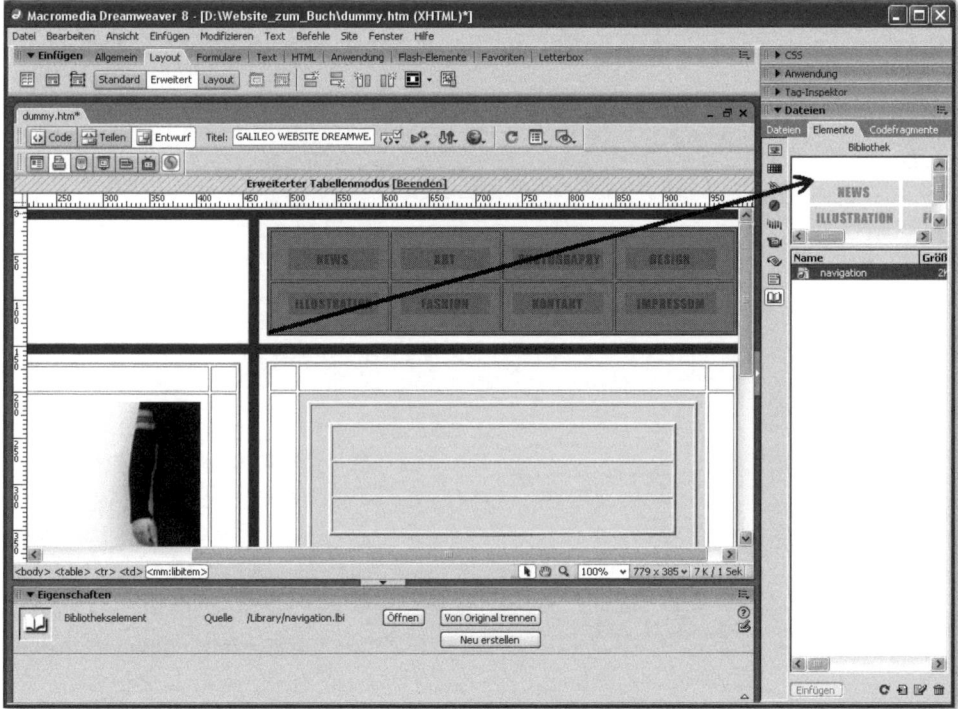

3 Als Vorlage speichern

Speichern Sie als Nächstes das Dokument als Vorlage ab. Wir haben in unserem Beispiel die Vorlage als »layout« bezeichnet.

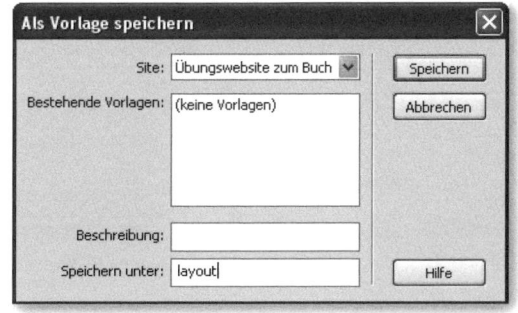

4 *Bearbeitbaren Bereich definieren*

Fügen Sie nun einen bearbeitbaren Bereich in Ihr Dokument ein. Am besten auf der rechten Layoutseite, wie in der Abbildung gezeigt. Weitere bearbeitbare Bereiche werden nicht benötigt, da in einem späteren Schritt die Dokumente wieder von der Vorlage gelöst werden.

Dieser Bereich wird eingefügt, damit Dreamweaver 8 das Dokument korrekt als Vorlage anerkennt. Ohne bearbeitbare Bereiche erhalten Sie eine Fehlermeldung.

Schließen Sie als Nächstes die Vorlage.

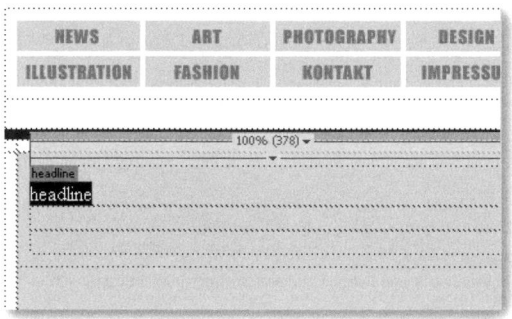

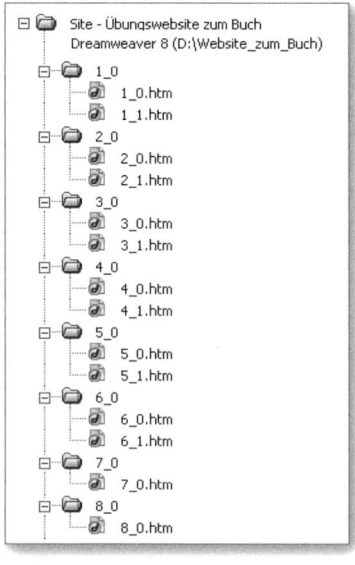

5 *Dokumentenstruktur erstellen*

Erstellen Sie jetzt aus der Vorlage die in der Abbildung gezeigte Dokumentenstruktur. Diese ist auch aus dem Navigationsplan auf CD-ROM ersichtlich.

Gehen Sie bei diesem Schritt sehr sorgfältig vor. Wenn Dreamweaver 8 zwischenzeitlich nachfragt, ob es Links aktualisieren soll, bestätigen Sie dies mit OK.

6 Navigation verlinken

Öffnen Sie nun das Bibliothekselement »navigation« durch einen Doppelklick im Bedienfeld ELEMENTE.

Wechseln Sie anschließend wieder in das Dateifenster.

Markieren Sie den Menüpunkt NEWS und verlinken Sie ihn mit dem Dokument 1_0.htm.

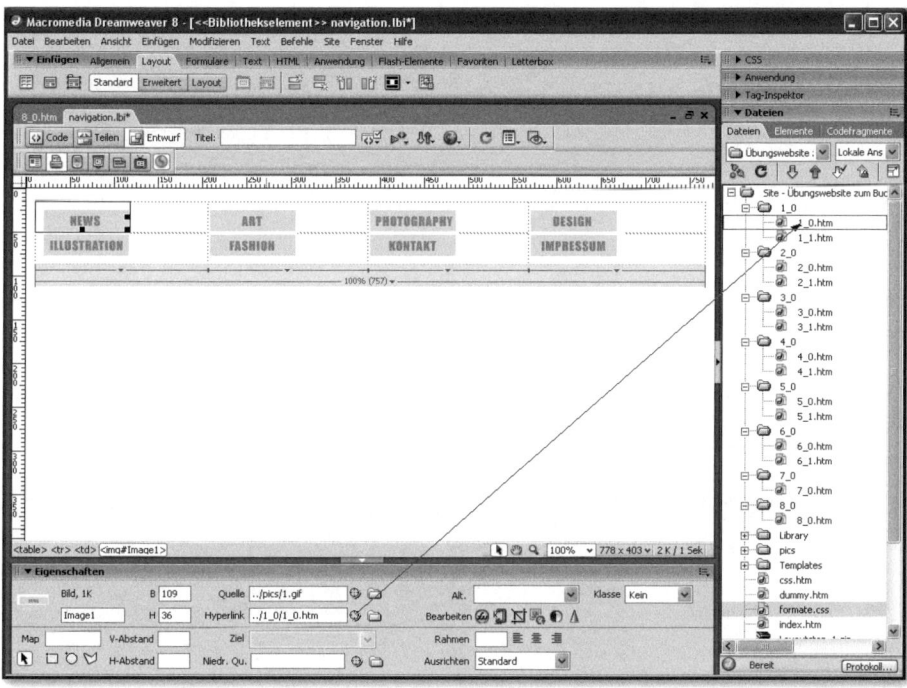

Verlinken Sie alle nachfolgenden Menüpunkte nach dem folgenden Schema:

▶ NEWS = 1_0.htm

▶ ART = 2_0.htm

▶ PHOTOGRAPHY = 3_0.htm

▶ DESIGN = 4_0.htm

▶ ILLUSTRATION = 5_0.htm

▶ FASHION = 6_0.htm

▶ KONTAKT = 7_0.htm

▶ IMPRESSUM = 8_0.htm

Die Dokumente X_1.htm werden zunächst nicht verlinkt. Dies geschieht später, beim Aufbau der dynamischen Website.

7 Bibliothekselemente aktualisieren

Speichern und schließen Sie anschließend das Bibliothekselement und aktualisieren Sie alle angezeigten Dokumente wie in der Abbildung dargestellt.

8 Im Browser testen

Überprüfen Sie jetzt Ihre Site unbedingt im Browser. Sie sehen jetzt zwar noch keine Unterschiede im Layout zwischen den einzelnen Dokumenten, Sie können die Navigation aber überprüfen, indem Sie die aktuell aufgerufenen Dokumente in der Browserleiste kontrollieren.

9 Vorlage entfernen

Wenn Sie sicher sind, dass alles funktioniert, lösen Sie alle Dokumente von der Vorlage.

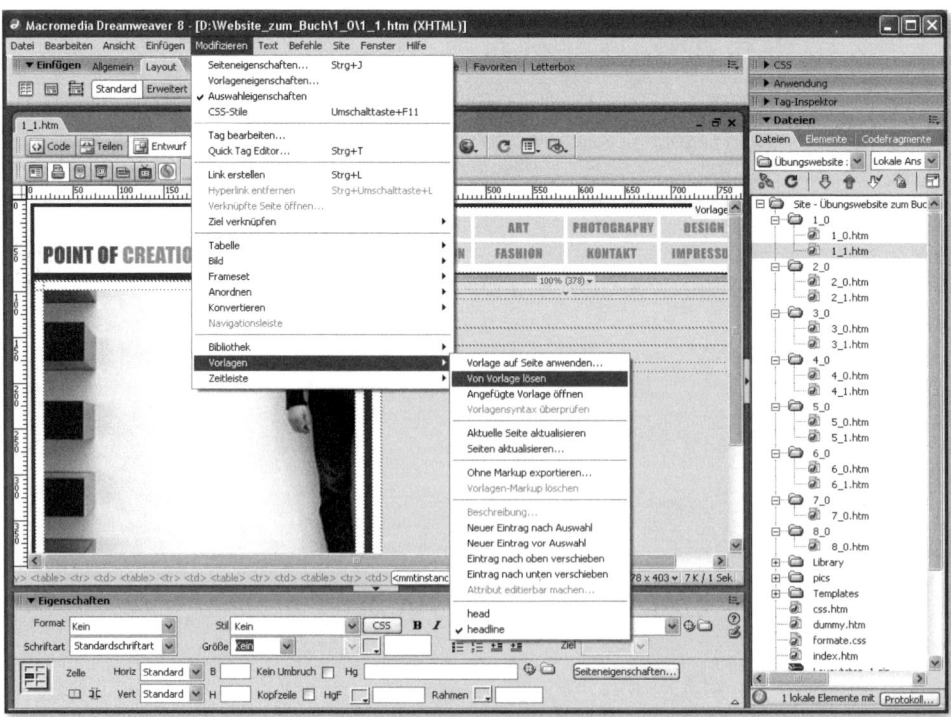

10 Vom Original trennen

Markieren Sie in jedem Dokument die Navigation und trennen Sie diese vom Original. So werden die Bibliothekselemente von der Bibliothek getrennt.

Wir haben für die Buchwebsite die Vorlagen und die Bibliothek nicht zum Aktualisieren der Website, sondern nur zum schnellen Aufbau verwendet. Aus diesem Grund werden die Dokumente auch wieder von den Vorlagen und Bibliotheken gelöst. Alle weiteren Schritte sind für jedes Dokument individuell.

11 Over-Bilder der Navigation

Damit in der Navigation angezeigt wird, in welchem Dokument sich der Nutzer gerade befindet, müssen Sie jetzt jedes Dokument öffnen und das jeweils angezeigte Bild in das aktive Bild ändern.

In unserer Abbildung wird das Bild 1.gif (NEWS) gegen 1_over.gif ausgetauscht.

So erscheint in den Dokumenten 1_x.htm das Bild 1_over.gif aktiv, in den Dokumenten 2_x.htm das Bild 2_over usw. Sie können die jeweiligen Bilder ganz einfach durch einen Doppelklick auf das Bild austauschen.

12   *Erneuter Test im Browser*

Überprüfen Sie Ihre Arbeit im Browser. Wenn Sie alles richtig gemacht haben, müsste jetzt der angewählte Navigationspunkt in seinem aktiven Zustand angezeigt werden.

Herzlichen Glückwunsch!!! Sie haben die Site im Prinzip fertig. Jetzt fehlen nur noch ein Kontaktformular und die dann folgenden dynamischen Inhalte. ■

16 Formulare

Wenn es interaktiv und dynamisch werden soll, kommen Sie an Formularen nicht vorbei. Wir widmen uns diesem Teil recht ausführlich, auch im Hinblick auf den dynamischen Teil des Buches.

Formularelemente und Formulare werden im Internet überall da benötigt, wo ein User eine Eingabe machen kann, um Daten an einen Server zu versenden. Sie sind das meistgenutzte Tool für Interaktivität im Internet.

Um ein Formular zu nutzen, benötigen Sie:

- das Formular mit den Informationen über Versandart der Daten und
- die darin enthaltenen Formularelemente als Eingabeoberfläche für den Benutzer. Nur die Inhalte, die in Formularelemente eingegeben werden, werden zurückgeschickt.

16.1 Übertragungsmethoden für Formulardaten

Es gibt drei verschiedene Methoden, um Daten aus einem Formular zu versenden. Jede besitzt ihren eigenen Einsatzzweck:

- GET
- POST
- Formuare per Mail

16.1.1 GET

Die Methode GET ist im Internet die Standardmethode. Dazu werden Daten aus dem Formular einfach an die URL angehängt und an den Server gesendet. Jeder von Ihnen kennt die vielen Zahlen bei

GMX oder Web.de in der Adressleiste des Browsers. Das sind Daten, die mit GET verschickt wurden.

Der Nachteil dieser Methode ist die völlig offene Übertragung. Für sensible Daten ist dieser Weg daher nicht geeignet. Außerdem ist die Menge der Daten, die auf diesem Weg versandt werden können, eingeschränkt.

Der Vorteil dieser Methode liegt darin, dass Sie diese Websites bookmarken können.

16.1.2 POST

Die zweite Methode POST eignet sich besser, Daten in größeren Mengen und verdeckt zu versenden. Dazu ist allerdings auf dem Server ein CGI erforderlich, das in der Lage ist, die POST-Daten auszuwerten.

16.1.3 Formulare per Mail

Eine immer wieder genutzte Möglichkeit ist die Übertragung der Formularinhalte per Mail. Diese Methode kann jedoch als unprofessionell bezeichnet werden. Sie setzt auf User-Seite ein Mailprogramm voraus und ist damit vollständig vom Client abhängig. Genau das will man eigentlich durch den Einsatz von Formularen vermeiden.

Formulardaten auswerten | Wenn Sie keine Skripte auf Ihrem Webserver laufen lassen können, die dafür sorgen, dass die Maildaten richtig ausgewertet und versendet werden, können Sie einen der reichlich vorhandenen Dienstleister für den Formularversand nutzen (z.B. www.formmailer.de). Wenn Sie dies nicht möchten und auch kein Skript einsetzen können, fügen Sie dem Form-Tag den Parameter `enctype="text/plain"` hinzu. Dieser sorgt dafür, dass der Text in den Mails für Sie und das Mailprogramm halbwegs lesbar ist. Outlook hat dennoch immer wieder Probleme mit Mails aus Formularen.

16.2   Ein Formular erstellen

Klicken Sie auf den Karteireiter FORMULARE ❶. Durch Klicken auf das Icon FORMULARE ❷ fügen Sie ein solches in Ihr Dokument ein. Es wird Ihnen durch einen roten Rand angezeigt ❸. Bedenken Sie dabei, dass dies nicht der tatsächlichen Ansicht im Browser entspricht.

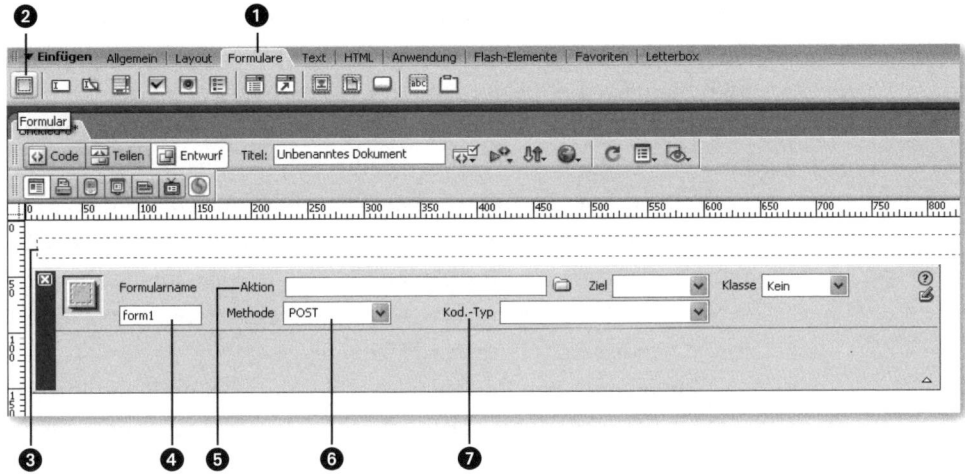

▲ **Abbildung 16.1**
Ein Formular mit Dreamweaver erstellen

Formulare werden automatisch benannt, in unserem Beispiel mit der Vorgabe von Dreamweaver 8 ❹. Diese Benennung ist vor allem dann wichtig, wenn es in einem Dokument mehrere Formulare gibt, oder einzelne Elemente im Formular mit JavaScript angesprochen werden sollen.

Der Zielort für die Daten des Formulars wird in den meisten Fällen ein CGI sein, das die Daten auswertet. Tragen Sie bei AKTION ❺ den Pfad zum CGI ein. Dieses kann ein absoluter oder relativer Pfad sein. Über die Übertragungsmethoden haben wir eben bereits gesprochen. Im Popup-Menü METHODE ❻ können Sie GET oder POST auswählen.

Verschiedene KODIERUNGSTYPEN ❼ können notwendig sein, wenn Sie z.B. keine Text-, sondern Binärdaten übertragen möchten.

16.3 Formularelemente

Um dem Benutzer die Möglichkeit zu geben, angeleitet Daten eintragen zu können, benötigt er grafische Eingabefelder wie Checkboxen, Radiobuttons, Auswahlmenüs usw.

16.3.1 Variablenvergabe

Daten aus Formularen sind fast ausschließlich Variablen, die über CGIs anderen Programmen zugewiesen und dort weiterverwendet werden sollen. Sehr wichtig ist dafür die exakte Schreibweise der **Variablennamen**.

Achten Sie dabei genau auf Groß- und Kleinschreibung. Die Bezeichnungen »nameCONT« und »NameCONT« sind z. B. nicht identisch. Auch in diesem Fall gelten die üblichen Regeln für Linux-/UNIX-Dateisysteme mit der zusätzlichen Einschränkung, dass Sonderzeichen aller Art verboten sind, außer dem Unterstrich. Achten Sie auch darauf, dass Zahlen, als Bestandteil von Variablen, immer am Ende des Namens stehen, nicht am Anfang der Bezeichnung: Richtig ist name_1; name_2, falsch ist 1name, 2name.

Die **Zuweisung von Variablen** geschieht im Eigenschafteninspektor. Jedes Formularelement kann hier mit dem Namen einer Variablen verknüpft werden.

16.3.2 Textfelder

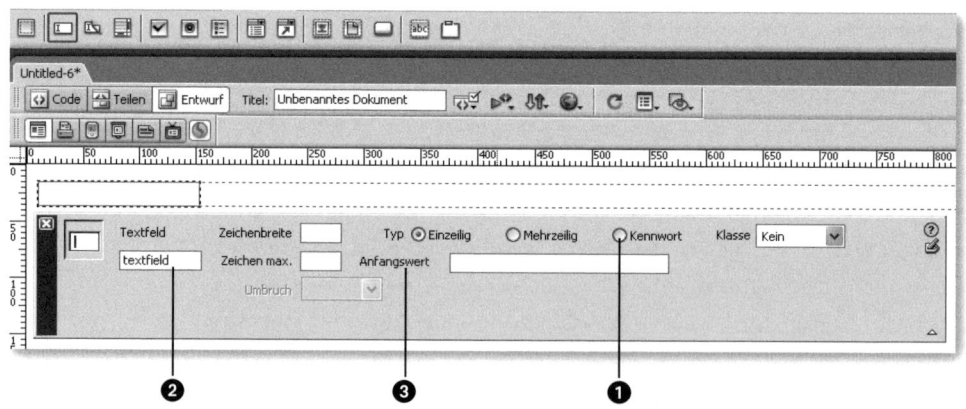

▲ **Abbildung 16.2**
Textfelder mit Parametern

Textfelder finden Verwendung bei freier Eingabe von Namen, Zeichenketten, Zahlen usw. Diese Felder sind die wohl häufigsten Formularelemente überhaupt. Neben der Anzahl der Zeichen und einer Zeichenbreite können Sie angeben, ob das Feld als **Kennwortfeld** funktionieren soll, oder nicht. Wenn Sie die Checkbox KENNWORT ❶ aktivieren, wird der von einem Benutzer eingegebene Inhalt durch schwarze Punkte oder Sternchen überdeckt.

Im Eigenschafteninspektor für Textfelder werden im Feld TEXTFELD ❷ die Namen der Variablen zugewiesen. Der Inhalt der Variablen ergibt sich dann aus dem Inhalt des Eingabefeldes auf der Website oder dem, was Sie im Feld ANFANGSWERT ❸ als Vorgabe eintragen.

16.3.3   Versteckte Textfelder

Eine immer wiederkehrende Aufgabe ist es, Daten von einem Dokument zum nächsten zu versenden. Notwendig wird dies z.B. schon bei jedem einfachen Shopsystem. Auf einer Seite werden die Bestellungen angezeigt, auf der nächsten müssen Sie die Adressdaten eintragen und danach die Zahlungsoptionen. Ohne eine verlässliche Möglichkeit, Daten zwischen diesen Dokumenten auszutauschen, wäre dies nicht realisierbar.

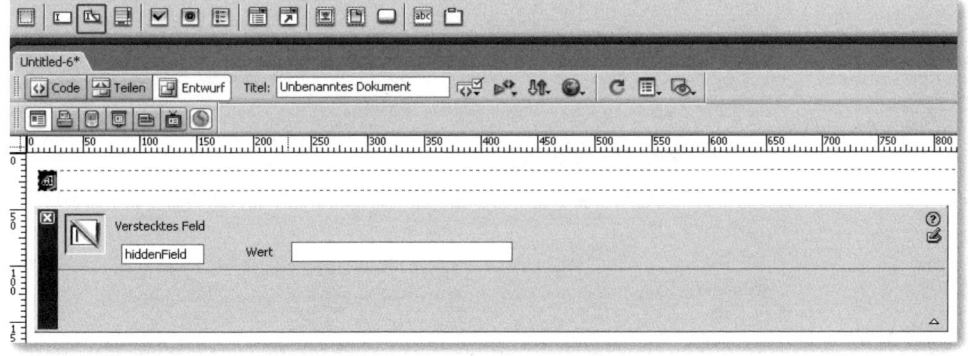

▲ **Abbildung 16.3**
Versteckte Felder und Parameter

Mit versteckten Feldern werden Daten über Dokumente weitergeleitet. Da diese Felder im Prinzip nur unsichtbare Textfelder sind, verhält sich das Formular wie bei dem Formularelement.

In Abbildung 16.4 auf Seite 264 sehen Sie das Funktionsprinzip noch einmal schematisch dargestellt: In Dokument 4 stehen Ihnen alle Daten der vorangegangenen Dokumente zur Verfügung.

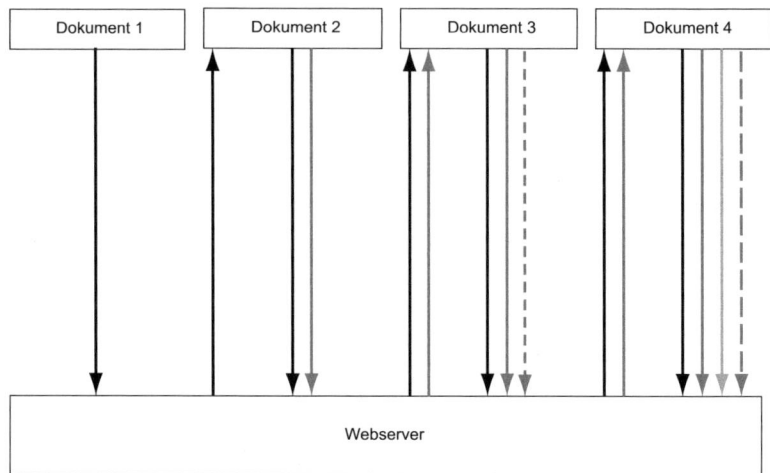

Abbildung 16.4 ▶
Funktionsprinzip von
versteckten Feldern

Wenn Sie an einer Site entwickeln, ist es wichtig, alle Daten im Dokument sehen zu können. Sie können deshalb zu Beginn alle später versteckten Felder als Textfelder einbinden. Wenn Sie dann fertig sind und alles wie gewünscht läuft, ändern Sie im Quelltext `input type="text"` einfach in `input type="hidden"`. Die Felder werden so zu versteckten Feldern.

16.3.4 Textbereiche

Textbereiche (textarea) sind geeignet, größere Textmengen aufzunehmen und darzustellen.

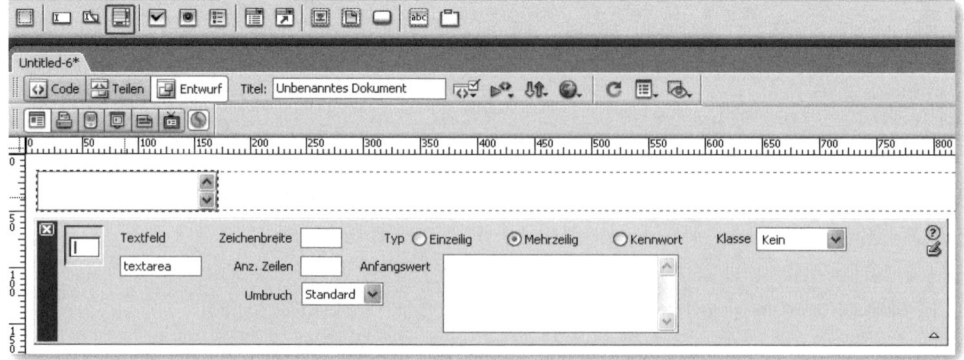

▲ **Abbildung 16.5**
Textbereich und Parameter im Eigenschafteninspektor

16.3.5 Kontrollkästchen (Checkboxen)

Mit Kontrollkästchen können Sie einzelne Optionen aktivieren oder deaktivieren. Je nach aktivem oder deaktiviertem Zustand werden die Variableninhalte übertragen oder nicht.

Von einer Gruppe aus Kontrollkästchen können mehrere gleichzeitig ausgewählt werden.

Mit ANFANGSSTATUS legen Sie den Default-Zustand des Elementes fest.

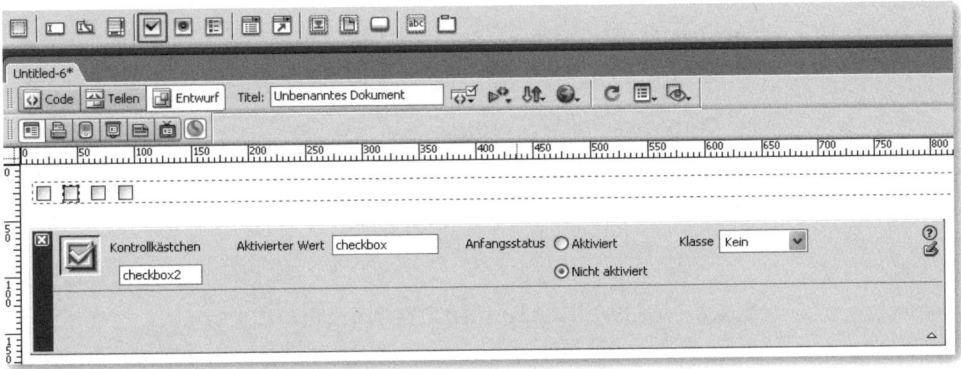

▲ **Abbildung 16.6**
Mehrere Kontrollkästchen und die zugehörigen Parameter

Im Eigenschafteninspektor von Kontrollkästchen und Optionsfeldern müssen Sie neben der Zuweisung des Variablennamens vorgeben, welcher Wert bei Aktivierung des Feldes als Variableninhalt übertragen werden soll. Dazu wird der Variableninhalt in das Feld AKTIVIERTER WERT eingetragen.

16.3.6 Optionsschalter (Radiobuttons)

Optionsschalter unterscheiden sich von Kontrollkästchen durch die Möglichkeit einer Gruppierung. Von Optionsschaltern mit der gleichen Benennung kann immer nur eins ausgewählt werden. Die anderen, nicht angewählten, werden automatisch deaktiviert.

Eine Gruppierung von Optionsschaltern legen Sie über die gleiche Benennung fest. Die Benennung legt daher den Variablennamen fest, der Inhalt von AKTIVIERTER WERT den Wert der zu übertragenden Variable. Da eine Variable immer nur einen Wert annehmen kann, ist nur die Auswahl eines Kästchens innerhalb einer Gruppe möglich.

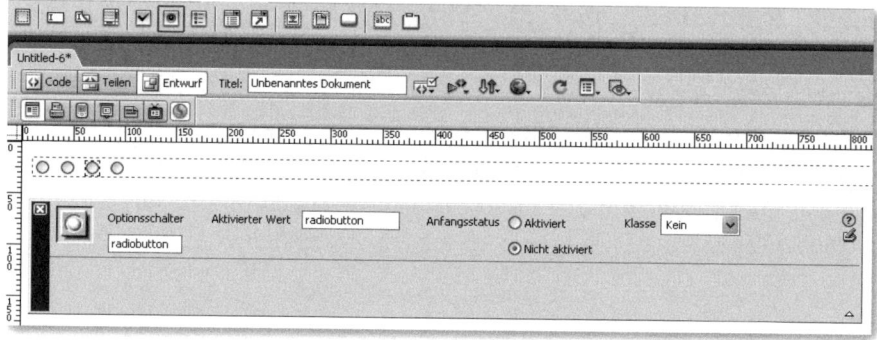

▲ **Abbildung 16.7**
Gruppe von Optionsschaltern

Mit **Optionsschaltergruppen** können Sie ganze Gruppen von Optionsschaltern auf einmal erstellen. Diese werden dann automatisch von Dreamweaver 8 benannt.

16.3.7 Auswahllisten und Sprungmenüs

Längere Auswahllisten bieten viele verschiedene Auswahlmöglichkeiten bei gleichzeitig geringem Platzbedarf.

Klicken Sie auf LISTENWERTE, um zu einer Dialogbox zu gelangen, in der Sie die Wertzuweisungen eintragen können. Im Feld ELEMENTBEZEICHNUNG werden die anzuzeigenden Auswahlwerte eingetragen, in Feld WERT dann der zugehörige Inhalt der Variable. Zusätzlich können Sie bei ZUERST AUSGEWÄHLT anwählen, welcher Wert zuerst selektiert werden soll.

Sprungmenüs sind den Listen sehr ähnlich, rufen aber direkt eine URL je nach angewähltem Wert auf.

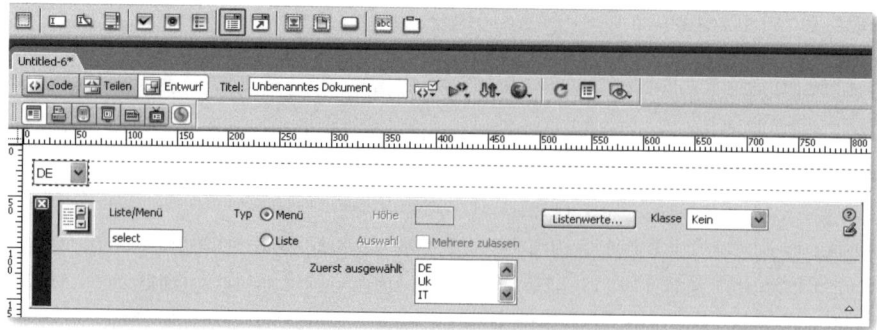

▲ **Abbildung 16.8**
Auswahlliste mit Werten

16.3.8 Dateifelder

In vielen Websites ist es erwünscht, Dateien auf einfache Art und Weise auf den Server zu übertragen. Dateifelder bieten die Möglichkeit, Dateien auf Ihrer Festplatte auszuwählen und zu senden. Sie müssen in diesem Fall das Formular mit der Vorgabe `enctype="multipart/form-data"` kodieren, damit die Daten korrekt übertragen werden.

16.3.9 Schaltflächen

Jedes Formular benötigt eine Schaltfläche zum Absenden der Daten. Sie haben dabei die Möglichkeit, der Schaltfläche eigene Aktionen zuzuweisen und die Beschriftung zu verändern.

Eigene Bilder als Schaltflächen einbauen

Manchmal kommt es vor, dass Sie anstelle der typischen Formularschaltflächen eigene Bilder einsetzen sollen. Fügen Sie dazu das Formularelement BILDFELD mit dem gewünschten Bild in das Formular ein. Ändern Sie anschließend im Quelltext den Tag, indem Sie `onClick="submit()"` hinzufügen. Jetzt haben Sie aus dem Bild eine Schaltfläche erstellt, und das Formular wird beim Anklicken abgeschickt.

16.4 Formulare überprüfen

Unvollständige Formularangaben sind ärgerlich. Ohne Gegenmaßnahmen kommt es häufig vor, dass etwa Kundenanfragen ohne E-Mail, Telefonnummer oder andere wichtige Angaben abgeschickt werden. Damit dies vermieden wird, sollten Formulare immer auf die vollständige Eingabe der wichtigsten Daten überprüft werden.

In Dreamweaver 8 haben Sie die Möglichkeit, dieses über eine Aktion zu erledigen, die ganz einfach einzubauen ist. Markieren Sie z. B. den Senden-Button, und wählen Sie dann im Bedienfeld VERHALTEN den Menüpunkt FORMULAR ÜBERPRÜFEN aus.

In der nun erscheinenden Dialogbox (siehe Abbildung 16.9) können Sie im Menü BENANNTE FELDER ❶ ein Formular auswählen und die Überprüfungsoptionen festlegen. Möchten Sie den ausgewählten Wert als ERFORDERLICH ❷ festlegen, können Sie dies mit Aktivierung des Kontrollkästchens erzwingen. Unter AKZEPTIEREN ❸ legen Sie zusätzlich fest, welches Format die Eingabe haben soll.

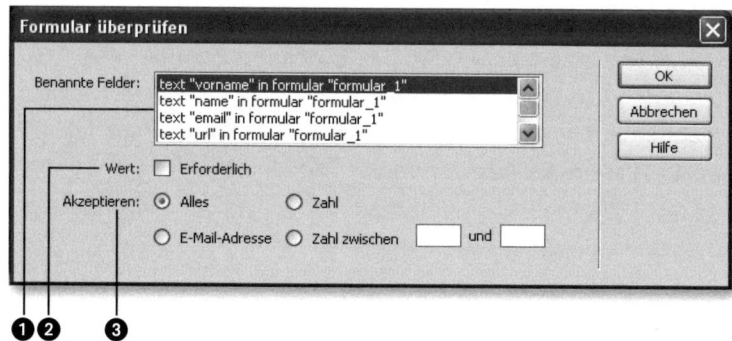

Abbildung 16.9 ►
Überprüfung von
Formularen

Eine E-Mail-Adresse wird jedoch nur auf Vorhandensein und nicht etwa auf die richtige Schreibweise überprüft. In der Praxis reicht dies aber in den meisten Fällen aus.

Fehlermeldungen auf Clientseite | Sind die Angaben im Formular unvollständig oder falsch, erscheinen beim Benutzer Fehlermeldungen, zunächst leider in Englisch.

Abbildung 16.10 ►
Fehlermeldung bei
fehlender Eingabe

Um dies zu verändern, müssen Sie das zugehörige JavaScript editieren. Wechseln Sie in den Quelltext, und suchen Sie das Skript `function MM_validateForm()`. Ändern Sie das Skript wie in Listing 16.1 ab, um aus den englischen deutsche Fehlermeldungen zu generieren:

Listing 16.1 ►
Generieren von deut-
schen Fehlermeldun-
gen in Dreamweaver 8
bei der Formularüber-
prüfung

```
function MM_validateForm() { //v4.0
  var
i,p,q,nm,test,num,min,max,errors='',args=MM_validate-
Form.arguments;
  for (i=0; i<(args.length-2); i+=3) { test=args[i+2];
  val=MM_findObj(args[i]);
    if (val) { nm=val.name; if ((val=val.value)!="") {
      if (test.indexOf('isE-Mail???')!=-1)
      { p=val.indexOf('@');
        if (p<1 || p==(val.length-1)) errors+='- '+nm+'
```

```
        Sie muessen eine E-Mail-Adresse??? eingeben.\n';
    } else if (test!='R') { num = parseFloat(val);
        if (isNaN(val)) errors+='- '+nm+' Sie muessen
        eine zahl eingeben.\n';
        if (test.indexOf('inRange') != -1)
        { p=test.indexOf(':');
            min=test.substring(8,p);
            max=test.substring(p+1);
            if (num<min || max<num) errors+='- '+nm+'
            Sie muessen eine Zahl zwischen '+min+' und
            '+max+' eingeben.\n';
    } } } else if (test.charAt(0) == 'R') errors +=
    '- '+nm+' wird benoetigt.\n'; }
    } if (errors) alert('Die folgenden Angaben sind
    falsch oder fehlen:\n'+errors);
    document.MM_returnValue = (errors == '');
}
```

16.5   Formulare gestalten

16.5.1   Formulare mit Tabellen gestalten

Formulare sind sehr störrisch. Ohne eine ausgefeilte Tabellenstruktur ist es kaum möglich, die einzelnen Formularelemente gut zu positionieren. Vermeiden Sie dabei verbundene Zellen. Diese ergeben in den meisten Fällen weitere Unwägbarkeiten im Layout. Teilen Sie besser die Tabellen immer in mehrere einzelne Zellen auf. Zwischen den Formularfeldern und der Beschriftung ist es sinnvoll, eine weitere Tabellenspalte einzufügen. Der Text hängt ansonsten direkt am Formularelement.

Formulare ohne CSS | Eine Formatierung von Formularen ohne CSS ist nur bedingt möglich. Sie können zwar eine Zeichenanzahl für Textfelder eingeben, auf verschiedenen Plattformen und Browsern werden die Breiten jedoch unterschiedlich interpretiert (siehe Abbildung 16.10). Wenn Sie dennoch ohne CSS arbeiten möchten, sollten Sie darauf achten, in den Tabellenzellen genug Freiraum für unterschiedliche Breiten der Formularfelder zu schaffen, damit die Tabellen nicht gestreckt werden.

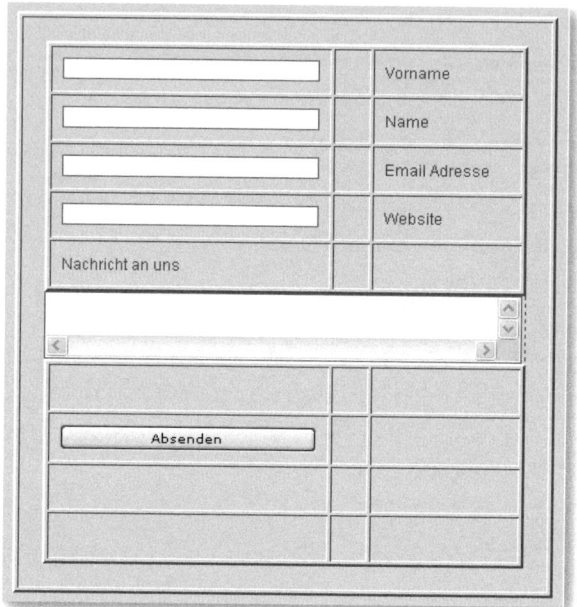

▲ **Abbildung 16.11**
Ein Formularlayout mit Tabellen

16.5.2 Formularelemente mit CSS gestalten

Mit den Kontext-Selektoren INPUT, SELECT und TEXTAREA können Formularfelder an das Layout einer Website exakt angepasst werden. Mit Listing 16.2 erhalten Sie somit ein schönes ausgewogenes Layout der Formularelemente:

Listing 16.2 ▶
Beispiel-CSS für
Formularfelder

```
INPUT {
    font-family : Verdana, Geneva, Arial, Helvetica,
    sans-serif;
    font-size : 10px;
    border : 1px solid #87A9B3;
    width: 200px;
}
SELECT {
    font-family : Verdana, Geneva, Arial, Helvetica,
    sans-serif;
```

```
  font-size : 10px;
  border : 1px solid #87A9B3;
  width: 200px;
TEXTAREA {
  font-family : Verdana, Geneva, Arial, Helvetica,
  sans-serif;
  font-size : 10px;
  border : 1px solid #87A9B3;
  width: 400px;
}
```

Formularfelder sehen wesentlich besser aus, wenn sie nicht als die üblichen hässlichen grauen Kästen erscheinen. Etwas Vorsicht ist jedoch geboten, da Benutzern Eingabefelder als eben solche bekannt sind. Anders gestaltete Formularfelder werden daher manchmal nicht auf Anhieb erkannt.

Eigenheiten von Netscape 4.7 | Wie nicht anders zu erwarten, kommt Netscape 4.7 mit CSS-Stilen für Formularfelder überhaupt nicht zurecht und nagelt die Felder einfach überlappend in das Dokument. Wenn Sie auch für diesen Browser optimieren möchten (oder müssen), richten Sie daher am besten eigens für diesen Browsertyp eine Tabellenlösung ein, auf die der Nutzer über eine Browserweiche geleitet wird.

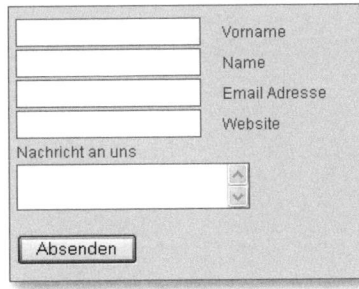

▲ **Abbildung 16.12**
Formular in Internet Explorer mit CSS

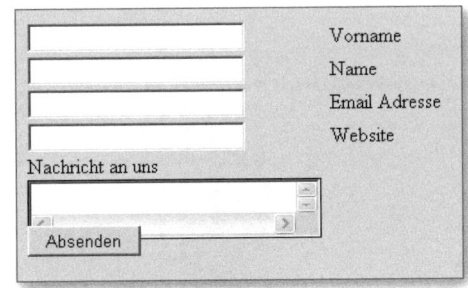

▲ **Abbildung 16.13**
Formular in Netscape 4.7 mit CSS

Schritt für Schritt: Ein Kontaktformular für die Buchwebsite

Buchwebsite

Ein Kontaktformular soll die Daten aus Tabelle 16.1 an ein CGI auf dem Webserver übertragen. Das CGI existiert nur fiktiv.

Bezeichnung	Variablenname	Benötigt?
Vorname	vorname	ja
Name	name	ja
E-Mail-Adresse	email	ja
Website	url	nein
Nachricht	nachricht	ja

▲ Tabelle 16.1
Angaben für die Überprüfung des Formulars

1 HTML-Dokument öffnen
Öffnen Sie das HTML-Dokument 7_0.htm. Dieses Dokument soll unser Kontaktformular werden.

2 Tabelle entfernen
Entfernen Sie in diesem Dokument zunächst die Tabelle im rechten Feld ❶.

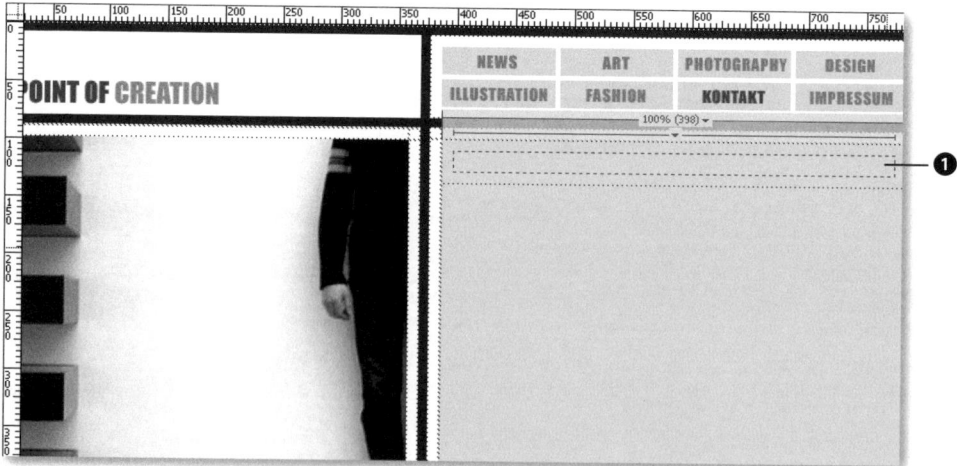

3 Formular einfügen

Fügen Sie in die nun leere Tabellenzelle ein Formular ein.

4 Tabelle einfügen

Achten Sie darauf, die in der Abbildung spezifizierte Tabelle in das Formular einzufügen. Klicken Sie dazu genau in den roten Rahmen des Formulars. In den Tabellenparametern wird eine Zellauffüllung von 1 Pixel angeben, damit die Formularfelder nicht direkt aneinander liegen.

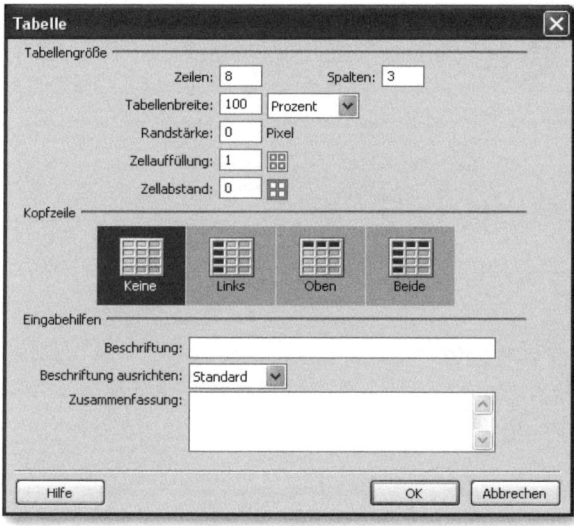

5 Tabellen-ID zuweisen

Weisen Sie der eingefügten Tabelle gleich im Eigenschafteninspektor die ID EINGABE zu.

Diese erscheint nur im Eigenschafteninspektor, weil wir beim Anlegen der CSS-Definition einen ID-Selektor mit dieser Bezeichnung erstellten. (siehe Seite 199).

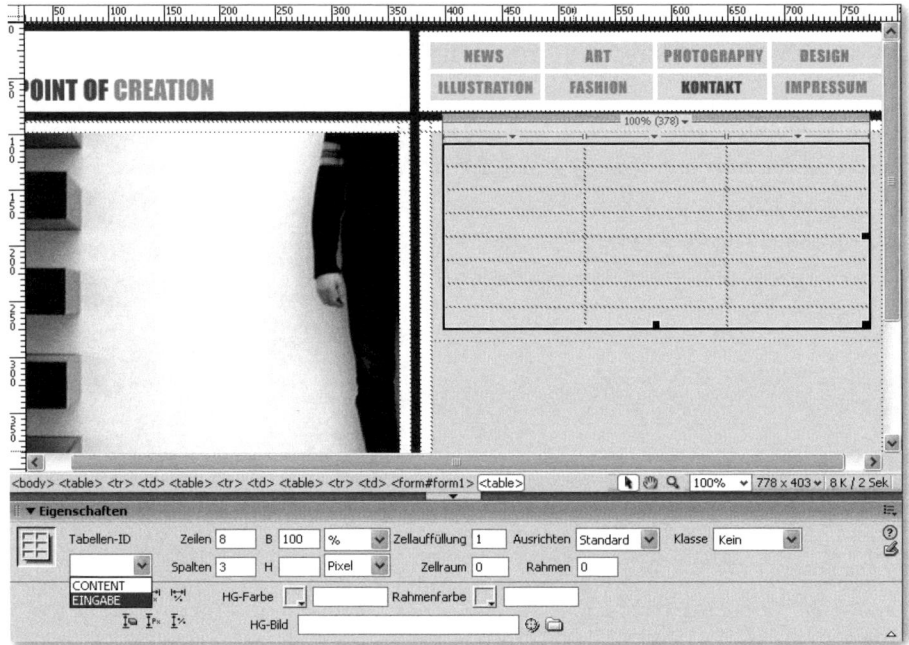

6 *Formularfelder einfügen*

Jetzt werden in die entsprechenden Tabellenzellen die Formularfelder wie abgebildet eingefügt.

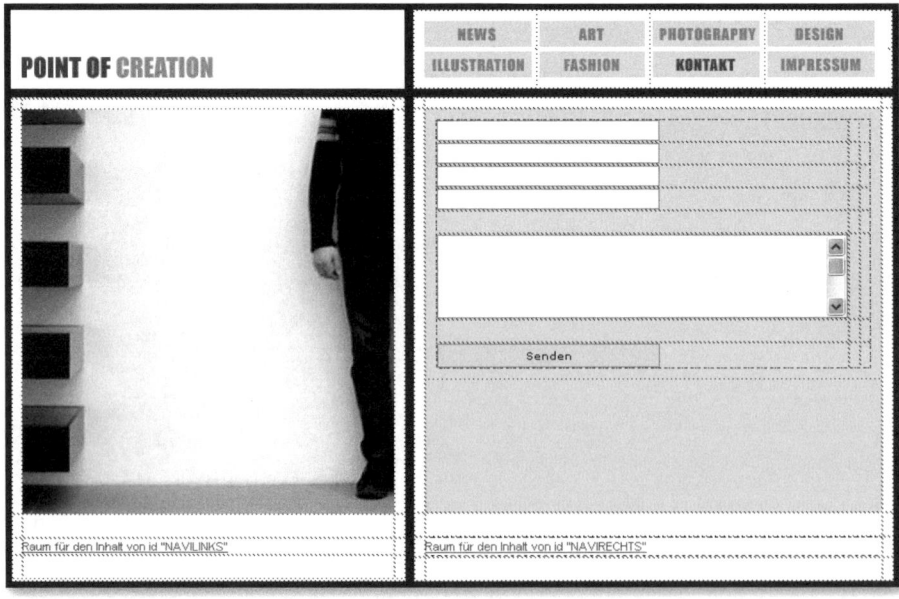

7 Variablennamen vergeben

Wählen Sie anschließend die einzelnen Felder aus und benennen Sie diese mit den in der obigen Tabelle angegebenen Variablennamen. Sie können auch gleich die Beschriftungen einfügen.

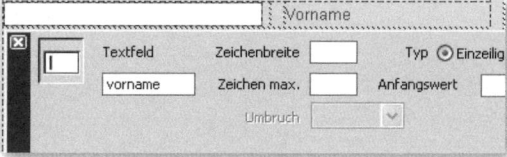

8 Zellen verbinden

In der Tabellenreihe, in der sich das Textfeld für die »Nachricht« befindet, müssen die Tabellenzellen verbunden werden.

In der Abbildung sehen Sie das fertige Formular in der erweiterten Layoutansicht.

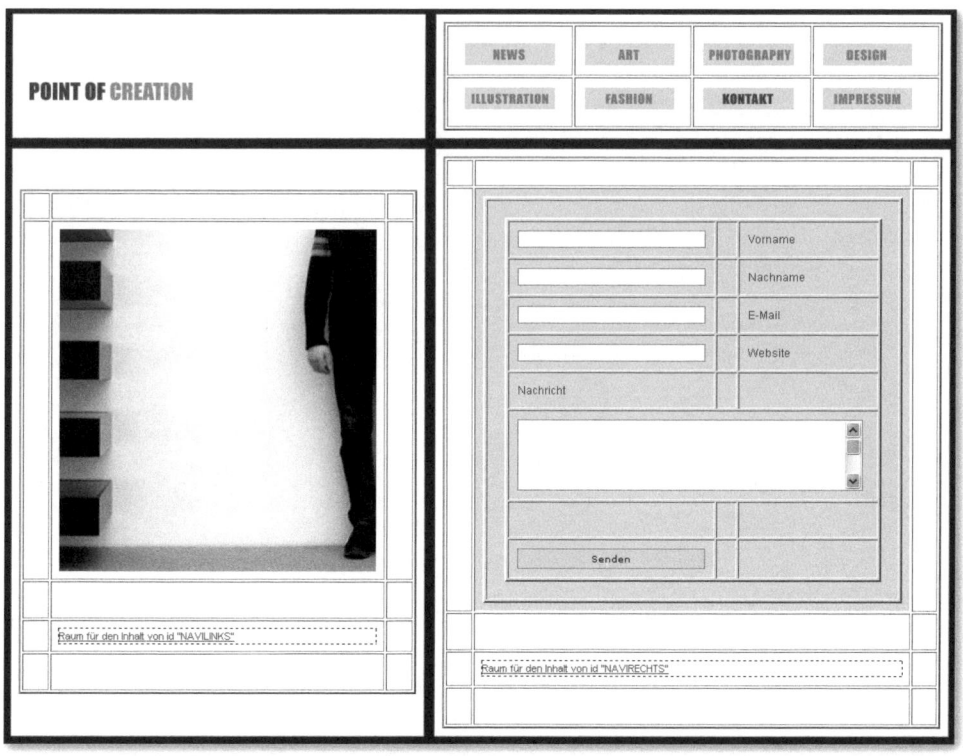

Wenn Sie an dieser Stelle angelangt sind, ist der Aufbau des statischen Teils der Website vollständig abgeschlossen. ■

17 Quelltext de Luxe

Trotz WYSIWYG kommen Sie in der Regel um die direkte Arbeit am Quelltext nicht herum. Schön, wenn dies komfortabel ist. Dreamweaver 8 stellt Ihnen einige hervorragende Werkzeuge dafür zur Verfügung.

Das Arbeiten in Quelltexten wurde in der aktuellen Version 8.0 nochmals verbessert, sodass es wirklich denkbar einfach und komfortabel ist, direkt im Quelltext zu arbeiten.

Mit umfangreicheren Websites steigt der Anteil der Arbeit im Quelltext. Viele spezifische Einstellungen können, gerade wenn es um dynamische Websites geht, nicht in der Entwurfsansicht erfolgen. Mit zunehmender Erfahrung werden Sie feststellen, dass es häufig auch wesentlich schneller geht, direkt im Quelltext zu arbeiten.

Besonders Programmierer werden die neuen Funktionen zu schätzen wissen, obwohl Dreamweaver 8 – das muss man leider sagen – bei der PHP-Programmierung nicht mal annähernd an die Möglichkeiten von zum Beispiel ZEND heranreicht.

Meistens wird in der Entwurfsansicht das Grundlayout mit Tabellen und Grafiken erstellt, diverse Variablen in PHP und SQL-Abfragen jedoch werden direkt im Code programmiert. Nur so ist vollständige Kontrolle über den Quelltext gegeben.

▲ **Abbildung 17.1**
Die neue Symbolleiste
KODIERUNG

17.1 Arbeiten im Quelltext

In Abbildung 17.1 sehen Sie die neue Symbolleiste KODIERUNG. Die Bezeichnung ist sicherlich etwas unglücklich übersetzt. Tatsächlich verbirgt sich dahinter ein Werkzeug zum Bearbeiten und Handhaben von Quelltext.

17.1.1 Quellcode formatieren

Nicht selten steht man vor dem Problem, völlig unformatierten Quelltext zu erhalten. Es ist extrem mühsam und fehlerträchtig, alle Um-
bruche und Einrückungen von Hand anzulegen. Quelltext, der so aussieht wie in Abbildung 17.2 dargestellt, kann niemand lesen.

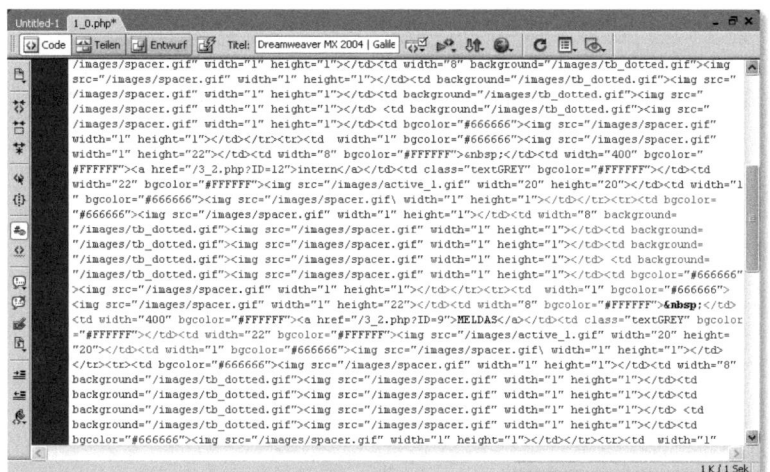

Abbildung 17.2 ▶
Unformatierter Quell-
text

Automatische Formatierung | Klicken Sie daher in der Symbolleiste
KODIERUNG auf den kleinen Eimer ❶ (siehe Abbildung 17.3) und wählen Sie QUELLFORMATIERUNG ÜBERNEHMEN. Der Code wird dann entsprechend der von Ihnen in den Voreinstellungen festgelegten Optionen eingerückt und formatiert.

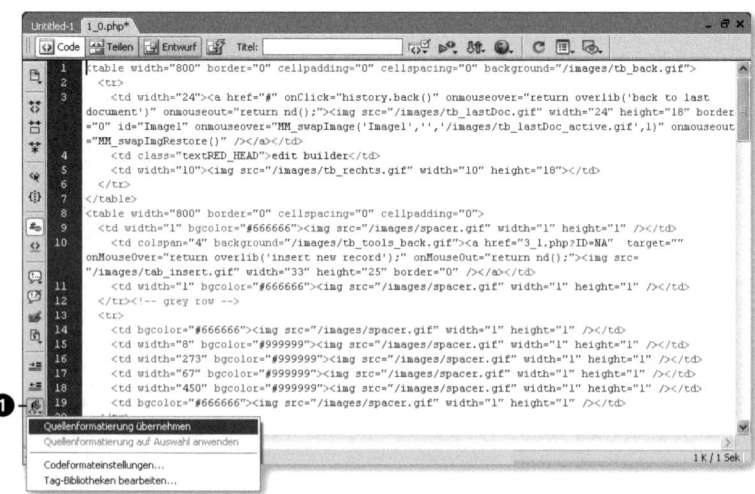

Abbildung 17.3 ▶
Von Dreamweaver 8
formatierter Quelltext

17.1.2 Codeansichtsoptionen

Um die Ansichtsoptionen für die Quellcodeansicht zu verändern, öffnen Sie das Menü ANSICHT • CODEANSICHTSOPTIONEN. Sie können hier einige Hilfsmittel aktivieren oder deaktivieren. Wir raten Ihnen, alle einzuschalten, da der Code somit wesentlich übersichtlicher wird.

ZEILENNUMMERN ❷ zum Beispiel ermöglichen Ihnen, Stellen im Quelltext schnell zu finden. In PHP-Fehlermeldungen wird fast immer eine Zeilennummer mit einem Hinweis auf die Art des Fehlers ausgegeben.

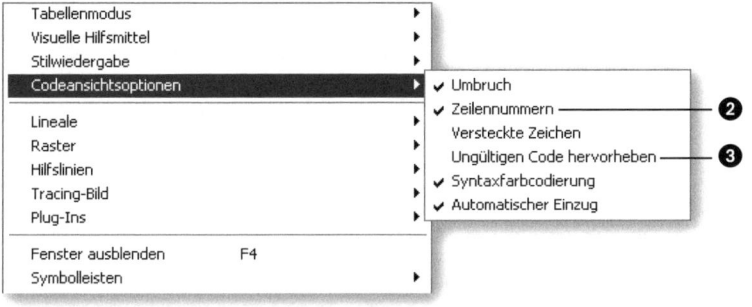

▲ **Abbildung 17.4**
Codeansichtsoptionen einstellen

Aktivieren Sie UNGÜLTIGEN CODE HERVORHEBEN ❸, prüft Dreamweaver 8 bereits während der Eingabe den Code auf Korrektheit und Browserkompatibilität. Ähnlich wie bei der Rechtschreibprüfung in Word wird fehlerhafte Syntax etc. hervorgehoben.

17.1.3 Übersicht im Code

Quelltexte können mitunter sehr lang werden. Wenn Sie einige Zeilen des Codes bearbeiten müssen, stören alle anderen Bereiche meist erheblich, da sie die Lesbarkeit vermindern.

Mit Dreamweaver 8 verfügen Sie über die verschiedensten Möglichkeiten, Code auszublenden, wobei die wichtigste sicherlich das vollständige Ausblenden von markierten Bereichen ist.

▲ **Abbildung 17.5**
Bereiche des Quelltextes ausblenden

Markieren Sie dazu den gewünschten Bereich und klicken Sie auf das kleine Icon AUSWAHL AUSBLENDEN ❶ oder auf eines der kleinen weißen Quadrate ❷ an den Zeilennummern. Alternativ kann – durch gleichzeitiges Drücken der Alt / ⟨⟩ -Taste – der nicht ausgewählte Bereich ausgeblendet werden.

▲ **Abbildung 17.6**
Bereich des Quelltextes ausgeblendet

Der ausgeblendete Quelltext wird durch graue Markierungen angezeigt und kann jederzeit wieder durch einen Klick auf das kleine Plus-Symbol ❸ oder das Icon in der Symbolleiste ❹ wieder eingeblendet werden.

Zusammen mit den vielfältigen anderen Möglichkeiten, wie etwa ganze Tags auszublenden, übergeordnete Tags auszuwählen usw., können Sie die Ansicht des Codes ganz nach den jeweiligen Anforderungen gestalten.

17.1.4 Code halbautomatisch erstellen

Während Sie direkt in der Codeansicht Tags eingeben, hilft Ihnen Dreamweaver 8 beim Vervollständigen aller Attribute.

Wenn Sie die ersten Zeichen nach der öffnenden Klammer eingeben, bietet Ihnen Dreamweaver 8 gemäß dem eingegebenen Zeichen eine Auswahl an verfügbaren Tags an. Sie können diese durch einfaches Betätigen der Eingabetaste automatisch vervollständigen. Auch Attribute werden so vervollständigt. Bei entsprechendem Attribut wird gleich das passende Auswahlfeld mit den möglichen Werten angeboten. Im in Abbildung 17.7 gezeigten Beispiel ist das eine Farbe.

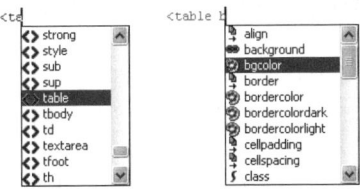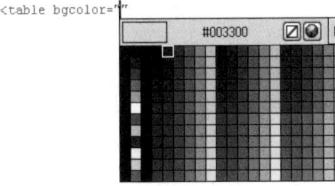

▲ **Abbildung 17.7**
Eingabehilfen beim Schreiben von Code

Je nach Ihren Voreinstellungen (bitte lesen Sie dazu den Abschnitt über die Programmeinrichtung auf Seite 157) werden Tags sofort abgeschlossen oder es wird nach Eingabe einer öffnenden Klammer und des Backslashs der zuletzt geöffnete Tag automatisch erkannt und geschlossen. Die Einstellung, dass geöffnete Tags automatisch einen Schlusstag schreiben, ist sehr fehlerträchtig, da man einen solchen Tag schnell übersieht.

17.1.5 Kommentare

Zum Zeitpunkt der Entwicklung haben Sie wahrscheinlich die Struktur der Website bestens im Kopf und kennen jede Variable mit Vornamen. Nach sechs Monaten Projektpause sieht das schon etwas anders aus. Undokumentiert wird der eigene Quelltext schnell zur Hieroglyphensammlung.

Quelltext dokumentieren | Fügen Sie deshalb an geeigneten Stellen Kommentare ein, die Ihnen auch nach sechs Monaten erlauben, den Code zu verstehen.

In Dreamweaver 8 können Sie manche Hinweise auch in so genannten Design Notes hinterlegen (siehe Seite 98 im Abschnitt über die Site-Verwaltung). So vermeiden Sie, dass im Internet Angaben zu finden sind, die Surfern mit unlauteren Absichten helfen, Sicherheitslücken zu finden.

Kommentare können Sie über das Menü EINFÜGEN • KOMMENTAR erstellen oder über die entsprechenden Icons in der Symbolleiste KODIERUNG.

17.2 Codefragmente (Snippets) einsetzen

Bibliotheken und Templates, die in Kapitel 15 beschrieben werden, haben den Nachteil, dass diese Site-spezifisch sind. Innerhalb einer anderen Website ergeben sie kaum Sinn. Im Lauf der Arbeit werden Ihnen immer wieder Skripte oder HTML-Elemente begegnen, die Sie gerne wieder verwenden möchten. Besonders im Hinblick auf dynamische Websites ist es sehr nützlich, wenn man diese Codefragmente speichern kann. Eine gute Programmierung in PHP und anderen Sprachen zeichnet sich schließlich auch durch die Wiederverwendbarkeit des Codes aus.

Code wiederverwenden | Dreamweaver 8 unterstützt dies, indem es Ihnen ermöglicht, Codefragmente, auch Snippets genannt, dauerhaft zu hinterlegen. Sie können diese in jeder Site verwenden und auch mit anderen Dreamweaver-Nutzern teilen. Voraussetzung für einen Einsatz über Sitegrenzen hinweg ist, dass Sie keine Pfadangaben in Ihrem Codefragment verwenden, die in anderen Sitestrukturen nicht funktionieren können.

Nehmen Sie zum Beispiel die von uns in einem vorherigen Kapitel erstellten Metaangaben. Diese können in jedem neuen HTML-Dokument in modifizierter Form wieder Verwendung finden.

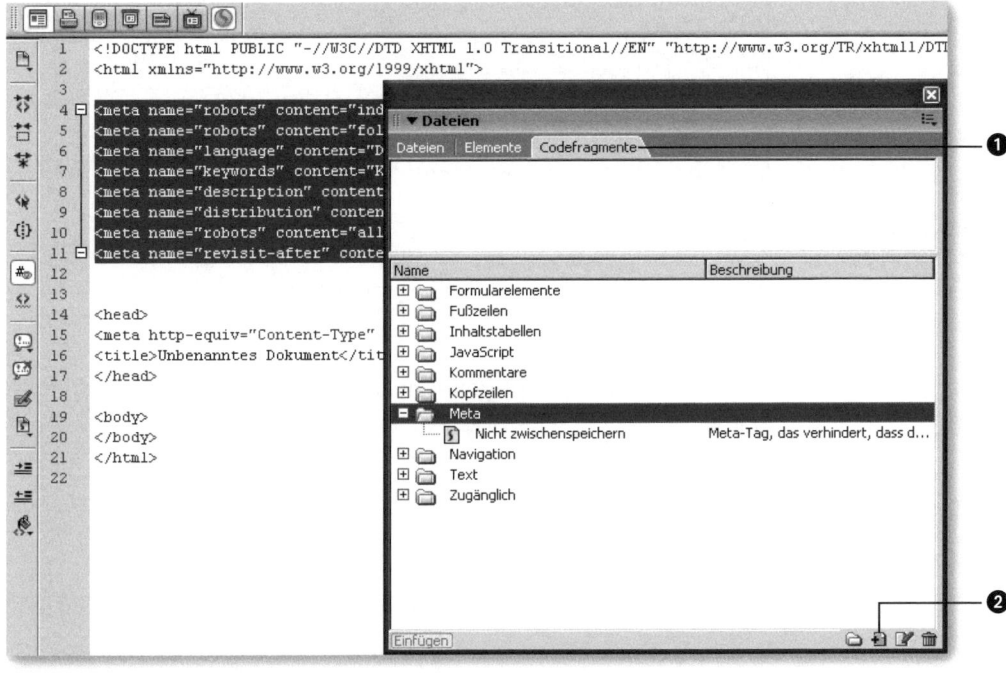

▲ **Abbildung 17.8**
Codefragment-Palette

Markieren Sie in Ihrem Quelltext den gewünschten Bereich und öffnen Sie das Bedienfeld DATEIEN • CODEFRAGMENTE ❶.

Wählen Sie einen Ordner in der Auswahlliste, in den Sie das Codefragment einfügen möchten. In unserem Beispiel ist es der Ordner
META. Um ein neues Codefragment einzufügen, klicken Sie auf das
kleine Pluszeichen ❷ und wählen im folgenden Dialog BLOCK EINFÜ-
GEN ❸ aus.

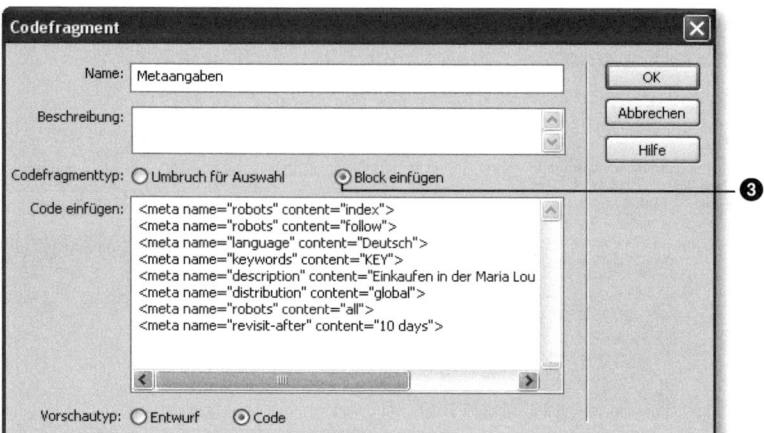

❸

An Cursorposition einfügen | Sie können Ihrem Codeblock optional eine Beschreibung hinzufügen. Bei der Auswahl BLOCK EINFÜGEN wird das Codefragment, wie der Name schon sagt, in einem Block an die Stelle des Cursors im Dokument eingesetzt, wenn Sie dieses Fragment später verwenden.

Um ein Tag herum einfügen | Wenn Sie in der Dialogbox den Codefragmenttyp UMBRUCH FÜR AUSWAHL anwählen, können Sie Codefragmente erstellen, die um einen bestehenden Tag herum eingefügt werden. Dieser Codeblock besteht aus zwei Teilen. Für den ersten Teil müssen Sie angeben, was vor dem ausgewählten Tag eingefügt werden soll, für den zweiten das, was nach der Auswahl eingefügt wird.

Dies eignet sich zum Beispiel dafür, die in Kapitel 7 über Tabellen beschriebene zentrierte Darstellung für Tabellen als Fragment zu hinterlegen. Sie können dann in einer bestehenden Website um das bisherige Layout herum einfach eine weitere Tabelle legen. Und das alles mit einem Klick!

Wenn Sie Codefragmente anwenden möchten, klicken Sie einfach im Quelltext oder – je nach Ihrem Codefragmenttyp – auch in der Layoutansicht an die gewünschte Stelle und dann auf EINFÜGEN im Codefragment-Fenster.

17.2.1 Codefragmente mit Kollegen teilen

Die von Ihnen erstellten Codefragmente werden in einem Ordner mit dem Namen CONFIGURATION/SNIPPETS abgespeichert. Dieser befindet sich in den Anwendungsdaten Ihres Rechners bei dem angemeldeten Benutzer. Sie können diesen Ordner an andere Anwender weiterreichen und kopieren.

Besonders interessant sind Codefragmente bei dynamischen Websites. Sie können sich die unterschiedlichsten Abfragen anfertigen und immer wieder verwenden. Die Arbeit an dynamischen Websites ist mit Codefragmenten häufig einfacher und wesentlich effektiver als mit den in Dreamweaver integrierten Features. Zusätzlich haben Sie die vollständige Kontrolle über den Quellcode.

> **Snippets gehen verloren**
>
> Wenn Sie Dreamweaver vollständig löschen und neu installieren, wird auch der Snippets-Ordner gelöscht. Sichern Sie daher unbedingt vor einer Neuinstallation alle von Ihnen erstellten Codefragmente!

17.2.2 Tag-Inspektor

Eine mächtige Funktion stellt Ihnen der Tag-Inspektor zur Verfügung. Er bietet Ihnen zu jedem Tag die richtigen Attribute in einer Auswahlliste an. In dieser können Sie alle Einstellungen vornehmen und müssen die Attributnamen nicht von Hand in den Code eintragen. Um mit dem Tag-Inspektor zu arbeiten, öffnen Sie die Bedienfeldgruppe TAG.

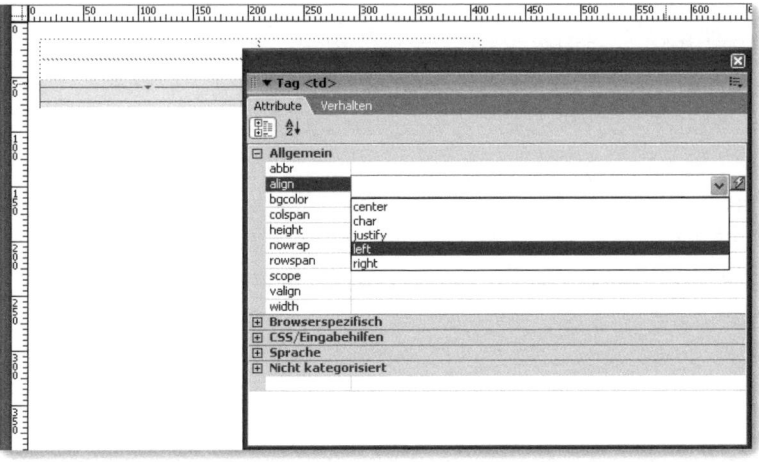

◄ **Abbildung 17.10**
Attribute einer Tabellenzelle im Tag-Inspektor

Klicken Sie einfach im Dokument in den zu bearbeitenden Tag und stellen Sie im Tag-Inspektor die Attribute ein.

17.2.3 Eigene Tag-Vorgaben oder -Bibliotheken

Wenn Sie bestimmte Schreibweisen eines Tags bevorzugen oder die Darstellung im Quelltext dauerhaft verändern möchten, können Sie die Tag-Bibliothek editieren oder eine neue anlegen. Besonders interessant ist dies auch in Kombination mit XML.

Wählen Sie dazu aus dem Menü BEARBEITEN • TAG-BIBLIOTHEKEN. Für jeden vorhandenen Tag können Sie nun die Einstellungen verändern und die Formatierungen beeinflussen.

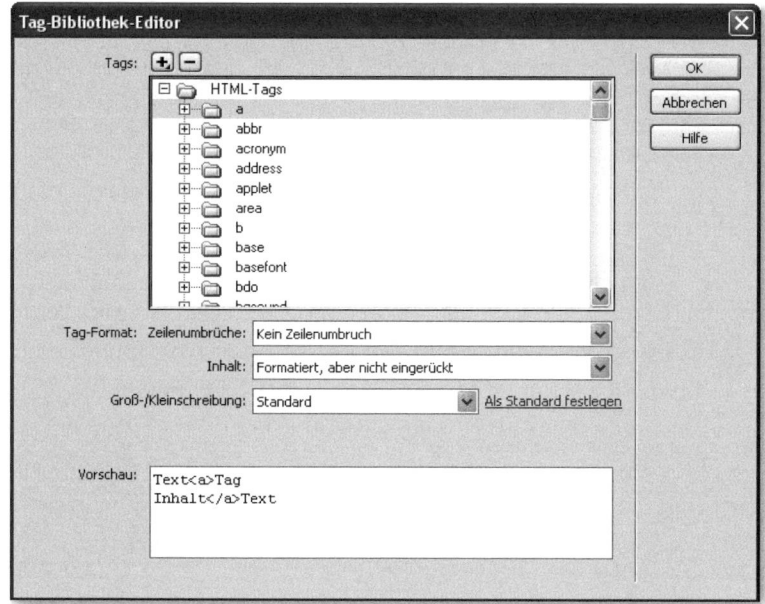

▲ **Abbildung 17.11**
Editieren der Tag-Bibliothek

Im Zusammenspiel mit den modularen Möglichkeiten von XHTML ist die Möglichkeit, eigene Tag-Bibliotheken zu erstellen, sehr interessant.

In Abbildung 17.12 haben wir einen neuen HTML-Tag mit der Bezeichnung FARBAUSWAHL angelegt.

Zu jedem vorhandenen Tag – auch zu den selbst angelegten – können Sie weitere Attribute hinzufügen. Der Typ des Attributes legt fest, welche Inhalte die Attributwerte haben dürfen und wie diese Attribute in der Eingabehilfe beim Code angezeigt werden.

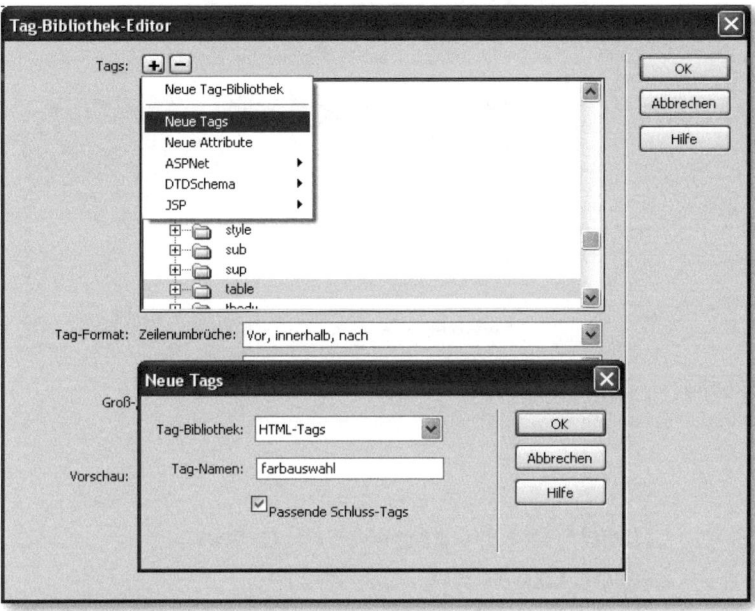

◄ **Abbildung 17.12**
Eigenen Tag anlegen

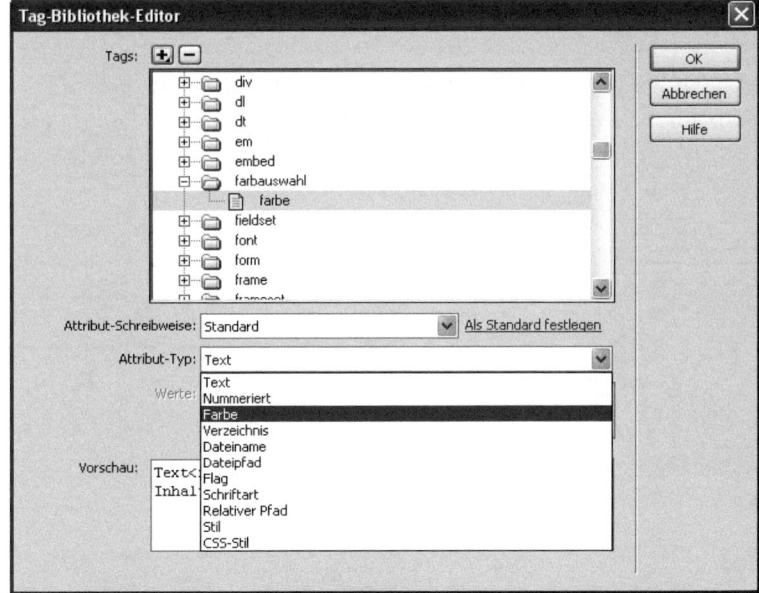

◄ **Abbildung 17.13**
Eigener Tag FARBAUS-
WAHL mit Attribut
vom Typ »Farbe«

Eigene Tags werden in der Codeansicht und im Tag-Inspektor behandelt wie Standardtags.

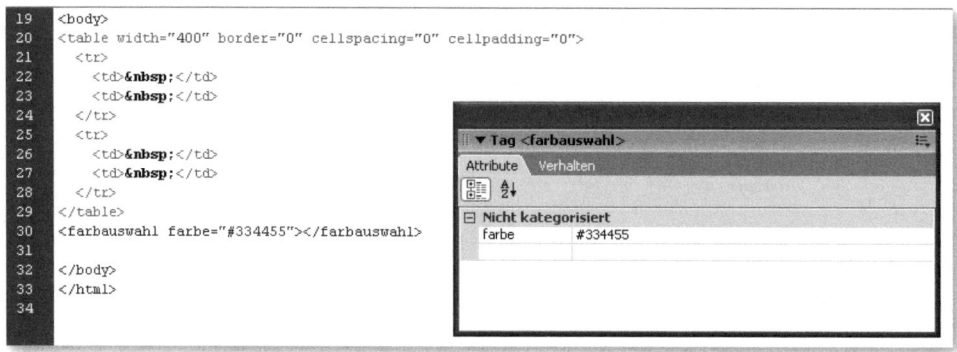

```
19  <body>
20  <table width="400" border="0" cellspacing="0" cellpadding="0">
21   <tr>
22    <td> </td>
23    <td> </td>
24   </tr>
25   <tr>
26    <td> </td>
27    <td> </td>
28   </tr>
29  </table>
30  <farbauswahl farbe="#334455"></farbauswahl>
31
32  </body>
33  </html>
34
```

▲ **Abbildung 17.14**
Eigener Tag im Einsatz

17.3 Quelltext bearbeiten in der Layoutansicht

Sie können Quelltexte auch bearbeiten, ohne in die Codeansicht zu wechseln. Unten im Dokumentfenster werden Ihnen die Tags der aktuellen Auswahl angezeigt. Markieren Sie einen davon, dann werden im Eigenschafteninspektor die verfügbaren Attribute aufgelistet. Auf der rechten Seite erscheint der Quick-Tag-Editor ❶. Dahinter verbirgt sich ein Fenster mit dem Quelltext des Tags. Hier können Sie direkt in den Quelltext schreiben.

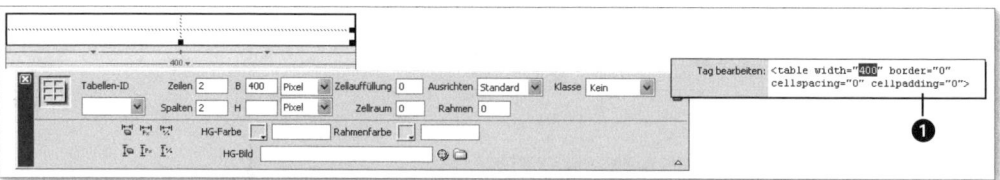

▲ **Abbildung 17.15**
Code in der Layoutansicht bearbeiten

Elemente im Quelltext auffinden

In umfangreichen Quelltexten ist es nicht immer einfach, ein bestimmtes Element aufzufinden. Gerade bei verschachtelten Tabellen ist die Suche nach einer konkreten Zelle oft ein halbes Raten.

Einfacher geht's, wenn Sie im Layoutmodus das gewünschte Element markieren und dann in die Codeansicht wechseln. Das zuvor im Layoutmodus markierte Element ist auch in der Codeansicht ausgewählt.

17.4 Quelltext automatisch optimieren

Dreamweaver 8 ermöglicht Ihnen, den Quelltext automatisch zu optimieren. Wenn Sie den Code vollständig in Dreamweaver 8 erstellt haben, führt eine Optimierung meist zu keinen Veränderungen.

Äußerst sinnvoll ist diese Funktion, wenn Ihnen HTML-Dateien aus Word oder anderen Programmen vorliegen.

Fast alle Textverarbeitungs-, Tabellenkalkulations- und Layoutprogramme bieten mittlerweile eine Option an, Dokumente als HTML zu speichern. Diese Dokumente und auch Dokumente anderer WYSIWYG-Editoren können Sie einfach automatisch optimieren lassen. Rufen Sie dazu das Menü BEFEHLE • XHTML-CODE OPTIMIEREN auf.

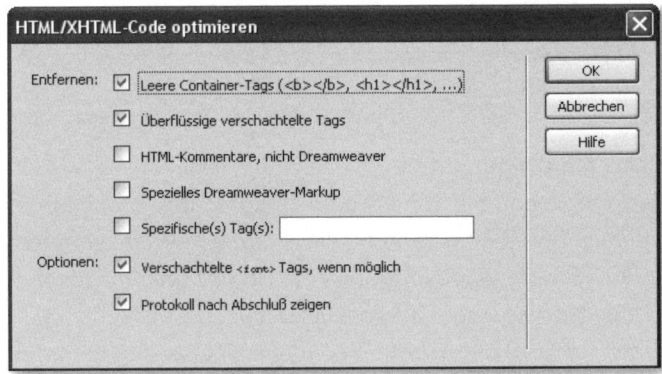

◄ **Abbildung 17.16**
HTML/XHTML
optimieren

Niemals dynamische Dokumente optimieren | Zu schweren Fehlern kann eine Optimierung von dynamischen Dokumenten führen. Sehr oft werden Tags nicht korrekt geschlossen, um verschiedene Bedingungen zu ermöglichen. Dreamweaver weist dies als Fehler aus und würde das Dokument zerstören.

17.5 Suchen und ersetzen

Es kommt während der Entwicklung einer Website immer wieder vor, dass einzelne Tags, Attribute von Tags oder einfach nur Texte innerhalb eines Dokuments oder der ganzen Website ersetzt werden müssen. Ein komfortables und leistungsfähiges Werkzeug zum Suchen und Ersetzen ist daher unabdingbar.

Dreamweaver 8 bietet Ihnen alle erdenklichen Möglichkeiten, in einzelnen oder mehreren Dokumenten, Ordnern oder gleich der gesamten lokalen Site zu suchen und zu ersetzen. Sie rufen das Dialogfenster über BEARBEITEN • SUCHEN UND ERSETZEN oder über das Tastaturkürzel [Strg]/[⌘]+[F] auf.

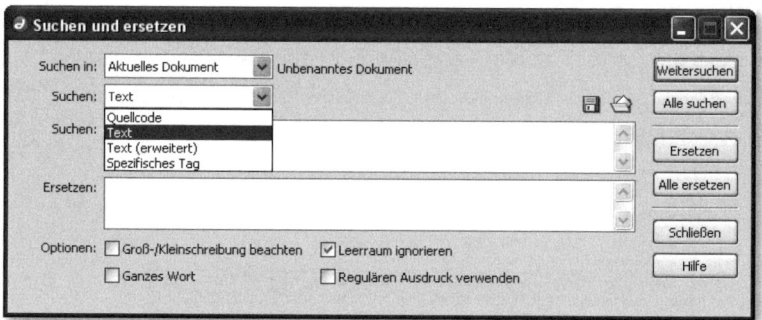

Abbildung 17.17 ▶
Dialogbox SUCHEN
UND ERSETZEN

Suche in mehreren Dokumenten | Wählen Sie zunächst aus, wo gesucht werden soll. Wenn Sie in mehreren Dokumenten suchen oder ersetzen wollen, empfehlen wir Ihnen, diese gezielt vorher zu öffnen. Nur so steht Ihnen in den Dokumenten eine Undo-Funktion zur Verfügung, um eventuelle Fehler rückgängig zu machen.

Das Suchen und Ersetzen dauert in nicht geöffneten Dokumenten deutlich länger.

Tags und Attribute suchen | Neben der reinen Textsuche können auch bestimmte Tags gesucht und Attribute neu gesetzt werden. Mit dieser Funktion ist eine sehr gezielte Suche möglich.

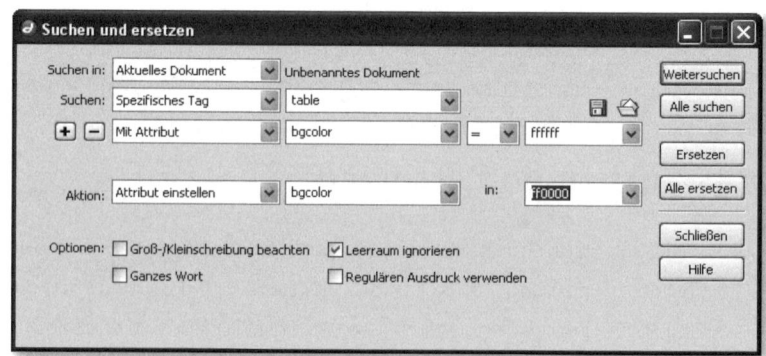

Abbildung 17.18 ▶
Suchen und ersetzen
innerhalb bestimmter
Tags

Nach Ihrer Aktion wird automatisch das Ergebnisfenster geöffnet und alle Aktionen oder Treffer werden angezeigt. Durch einen Doppelklick auf das jeweilige Dokument wird es direkt geöffnet, und Sie können die Funktion nochmals überprüfen.

▲ Abbildung 17.19
Die Ergebnisse werden im Ergebnisfenster angezeigt.

Dokumente sichern! | Achten Sie daher genau darauf, vor dem Durchführen einer Suchen- und Ersetzen-Aktion die Dokumente – oder besser sogar die ganze Website – zu sichern. Es passiert wirklich sehr schnell, dass die gesamte Site nicht mehr zu gebrauchen ist, weil Sie bei den Vorgaben ein Leerzeichen vergessen haben. Eine Undo-Funktion gibt es in Dreamweaver nur für geöffnete Dokumente!

18 Dreamweaver und Flash

Flash und Dreamweaver 8 sind ein gutes Duo. Wenn wundert es, kommen doch beide Programme aus derselben Softwareschmiede. Mit Dreamweaver sind Interaktionen mit Flash und die Einbindung von Flash-Dateien daher denkbar einfach. In diesem Kapitel erfahren Sie, wie es geht.

18.1 Flash einsetzen oder nicht?

Flash ist aus dem Internet nicht mehr wegzudenken. Allerdings hat sich nach unserer Beobachtung das Einsatzfeld etwas verändert. Vor drei Jahren musste jede Seite fetzig, bunt und laut sein. Mittlerweile sind Flash-Websites etwas dezenter und informativer geworden. Vorurteile gegen Flash, die Seiten wären zu groß, nervig und beinhalteten kaum Informationen, bestätigen sich nicht mehr allzu oft.

Zielgruppe abwägen | Man muss sehr genau unterscheiden, für welche Zielgruppen eine Website gemacht werden soll. Wenn Sie ein Produkt verkaufen wollen, das hauptsächlich optisch kommuniziert (etwa Mode, Events oder Games), spricht nichts gegen Flash. Vernachlässigt wird häufig auch, dass Flash hervorragend dafür geeignet ist, Prozesse zu visualisieren und Kunden Konfigurationsmöglichkeiten für Seiten und Grafiken zu bieten, die mit HTML und PHP so nicht möglich wären.

HTML-Alternative | Mittlerweile ist es jedoch so, dass selbst hartgesottene Flash-Entwickler ihren Kunden immer auch eine HTML-Alternative anbieten. Macromedia behauptet zwar, dass nahezu jeder Browser über das Flash-Plugin verfügt, bei Kundengesprächen stellen wir jedoch sehr häufig fest, dass dies keineswegs der Fall ist. Wenn Behörden und große Firmen Ihre Zielgruppe sind, verbietet sich der Einsatz von Flash fast ganz, da diese Firmen häufig das Installieren von Plugins komplett sperren oder Flash sogar bereits an der Firewall abfangen.

Dennoch sind einige der besten Websites, die wir kennen, mit Flash erstellt worden und wir möchten auf keinen Fall auf Flash in unserer Arbeit verzichten.

18.2 Flash einfügen

18.2.1 Filme einbinden

Flash-Filme können Sie in Dreamweaver 8 komplett steuern und parametrieren. Sehr hilfreich ist, dass Sie bereits im Layout einen Flash-Film abspielen können.

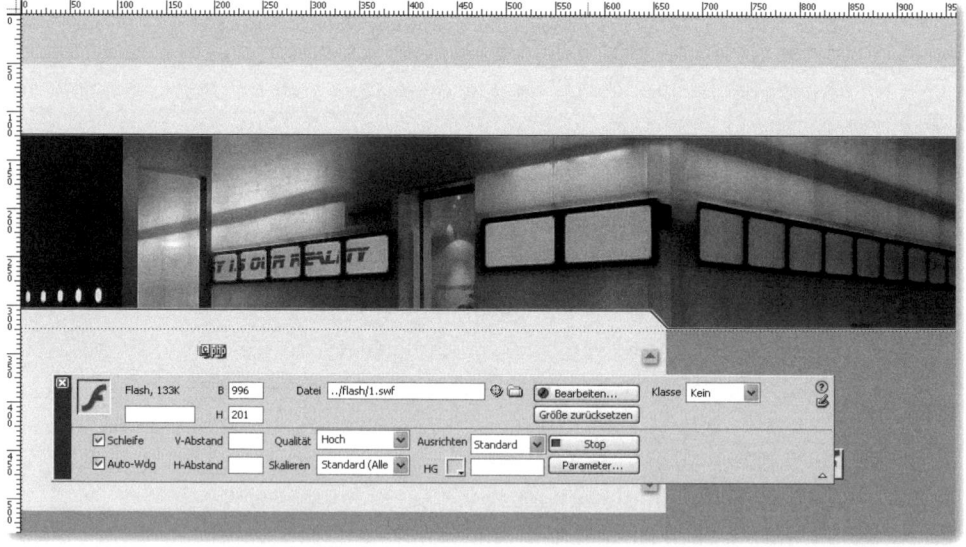

▲ **Abbildung 18.1**
Flash-Filme werden in der Entwurfsansicht abgespielt

Einfügen können Sie bestehende Flash-Filme über die Einfügeleiste mit einem Klick auf ALLGEMEIN • MEDIEN • FLASH. Wenn Sie bereits Flash-Filme eingefügt haben, erscheint anstelle dessen schon das Icon FLASH in der Iconleiste.

▲ Abbildung 18.2
Einfügen eines Flash-Filmes

Einbettung im Quellcode | Wenn Sie in die Codeansicht gehen, sehen Sie, dass der Flash-Film im HTML-Quelltext als Objekt in das Dokument eingebettet wird:

◀ **Listing 18.1**
Eingebetteter Flash-
Film im Quelltext

```
<td><object classid="clsid:D27CDB6E-AE6D-11cf-96B8-
444553540000"
codebase="http://download.macromedia.com/pub/
shockwave/cabs/flash/swflash.cab#version=6,0,29,0"
width="332" height="277">
<param name="movie" value="../flash/navi.swf">
<param name="quality" value="high"><param name=
"SCALE" value="noborder">
<embed src="../flash/navi.swf" width="332" height=
"277" quality="high" pluginspage="http://www.
macromedia.com/go/getflashplayer" type="application/
x-shockwave-flash" scale="noborder"></embed>
</object></td>
```

In den Parametern erscheint eine Klassen-ID ❶, die das Objekt eindeutig als Flash-Film identifiziert. Zusätzlich ist die URL ❷ für den Download des Flash-Plugins angegeben, falls dieses nicht im Browser installiert ist.

18.2.2 Eigenschaften einstellen

Einen eingebetteten Flash-Film können Sie, wie alle anderen Elemente in Dreamweaver 8, im Eigenschafteninspektor bearbeiten.

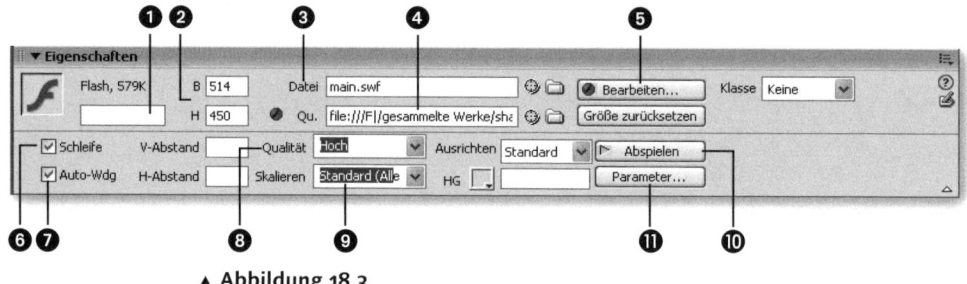

▲ **Abbildung 18.3**
Der Eigenschafteninspektor für Flash

Im Textfeld ❶ geben Sie dem Film einen Namen. Dieser ist erforderlich, wenn Sie den Film z.B. über Aktionen steuern möchten. Die Felder B und H ❷ legen die Größe des Film-Objekts in der Seite fest. DATEI ❸ verlinkt, wie bei Bildern, auf die Flash-Datei. Im Feld QU. ❹ wird Ihnen die editierbare Ursprungsdatei des Filmes angezeigt. Wir finden es sehr praktisch, dass man diese direkt aus Dreamweaver 8 heraus durch Klicken auf BEARBEITEN ❺ editieren kann.

Mit Aktivieren und Deaktivieren der Checkboxen SCHLEIFE ❻ und AUTO-WDG ❼ legen Sie fest, wie der Film abgespielt werden soll. Die Abspielqualität eines Filmes können Sie unter QUALITÄT ❽ einstellen. Manchmal passen Filme nicht in exakte Tabellen, obwohl die Pixelwerte genau eingestellt sind. Versuchen Sie ihn passend zumachen, indem Sie die Einstellungen unter SKALIEREN ❾ verändern. Sie können den Film so sehr genau einpassen. Der Knopf ABSPIELEN ❿ bewirkt, dass der Film im Entwurfsmodus abgespielt wird. Mit demselben Knopf können Sie den Film auch wieder anhalten.

Parameter einstellen | Flash-Filme können über die Schaltfläche PARAMETER ⓫ im Eigenschafteninspektor beeinflusst werden.

Leider werden von Dreamweaver Standardparameter wie z.B. wmode nicht automatisch angeboten. Sie müssen den Parameter, nachdem Sie auf das Plus-Symbol geklickt haben, von Hand eintragen.

Mit wmode = transparent können Sie einem Film beispielsweise einen transparenten Hintergrund verleihen.

▲ Abbildung 18.4
Parameter für Flash

Farbdarstellung im Browser | Der Parameter WMODE kann sehr wichtig sein, zumal die von Flash definierten Farben häufig völlig anders aussehen als erwartet. Z.B. ein Grau (#777777) in Flash und derselbe Wert im Browser als Hintergrundgrafik sehen deutlich anders aus, besonders bei einer niedrigen Auflösung von 16 Bit. Auch transparente Schaltflächen haben in Flash bei niedriger Bildschirmauflösung auf grauem Hintergrund häufig einen Grünstich.

18.3 Möglichkeiten im Zusammenspiel mit Flash

18.3.1 Sound mit Flash

Eine hervorragende Möglichkeit bietet uns das Einbinden von Flash-Sound in eine Website. Dazu müssen wir auf der Site keinen sichtbaren Flash-Film anzeigen, wir können ihn mit einem kleinen Trick auch unsichtbar in HTML-Sites einbinden.

Erstellen Sie zuerst einen Flash-Film mit dem Sound, den Sie auf Ihrer Site abspielen wollen. Reduzieren Sie die Größe des Filmes auf 2×2 Pixel, und exportieren Sie ihn ins SWF-Format. Anschließend binden Sie ihn an beliebiger Stelle in Ihre Website ein und versehen ihn über den Parameter wmode mit einem transparenten Hintergrund.

Wenn Sie möchten, können Sie über die ebenfalls im nächsten Abschnitt beschriebenen Aktionen den Sound auch an- und ausschaltbar machen.

18.3.2 Flash mit Aktionen steuern

Nicht immer bestehen Websites nur aus Flash und HTML. Mischformen sind recht häufig, und es kommt vor, dass Sie Flash-Filme aus HTML heraus steuern möchten, beispielsweise um mit einer Schaltfläche den eben erwähnten Sound ein- und auszuschalten.

Im Bedienfeld VERHALTEN unter dem Pluszeichen, dann SHOCKWAVE ODER FLASH-FILM STEUERN steht Ihnen die Möglichkeit zur Verfügung, Flash-Filme über JavaScript zu steuern. Wichtig dabei ist, dass Sie dem Film im Eigenschafteninspektor zunächst einen Namen zuweisen. Fügen Sie die gewünschte Aktion danach einer Schaltfläche zu.

Sehr vielfältig sind die Steuermöglichkeiten nicht, in den meisten Fällen jedoch ausreichend. Sie können hier einen Film anhalten oder abspielen und jedes Bild innerhalb eines Filmes ansteuern. Wichtig ist der Einsatz dieser Aktionen allerdings beim Erstellen von Flash-navigationen.

18.3.3 Flash-Text einfügen

Über die das Menü EINFÜGEN • MEDIEN können Sie weitere Flash-Elemente einfügen. Sie benötigen dazu keine Flash-Version auf Ihrem Rechner. Eine Option ist das Einfügen von Flash-Text. Damit ist es möglich, Texte im Web anders als mit den gewohnten vier Schriftarten darzustellen. Sie können jede beliebige Schriftart Ihres Systems verwenden und diese einbinden.

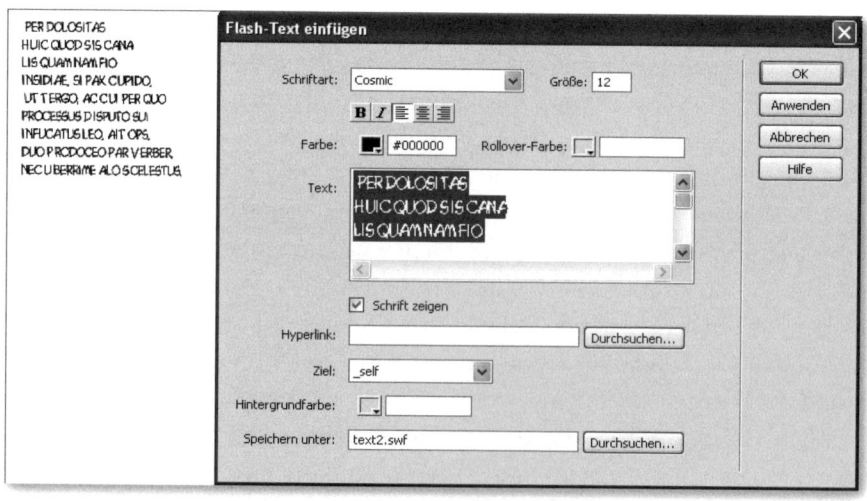

▲ **Abbildung 18.5**
Einbinden von Flash-Text

18.3.4 Flash-Schaltflächen einbauen

Ähnlich verhält es sich mit den Flash-Schaltflächen, die Sie im Menü EINFÜGEN • MEDIEN • FLASH-SCHALTFLÄCHE finden. In Dreamweaver 8 gibt es eine Menge vorgefertigter Flash-Schaltflächen, die Sie verwenden können. Gestalterische Highlights sind das eher nicht, und Sie können sich sicher sein, Ihre Schaltflächen auf tausend anderen Websites wieder zu finden.

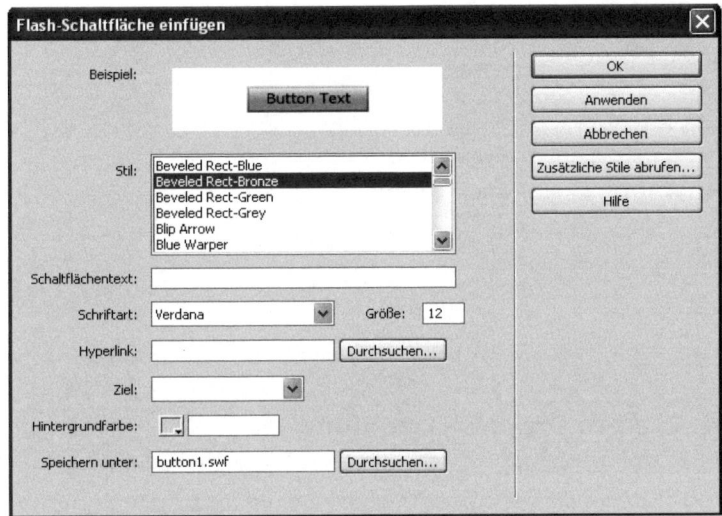

◄ **Abbildung 18.6**
Flash-Schaltflächen erstellen

18.3.5 Hyperlinks in Flash-Filmen ändern

Verlinkungen in Flash-Filmen können direkt in Dreamweaver 8 geändert werden. In der erweiterten SITE-DEFINITION für das SITEMAP-LAYOUT müssen Sie beim Anlegen der Site ABHÄNGIGE DATEIEN ANZEIGEN anklicken.

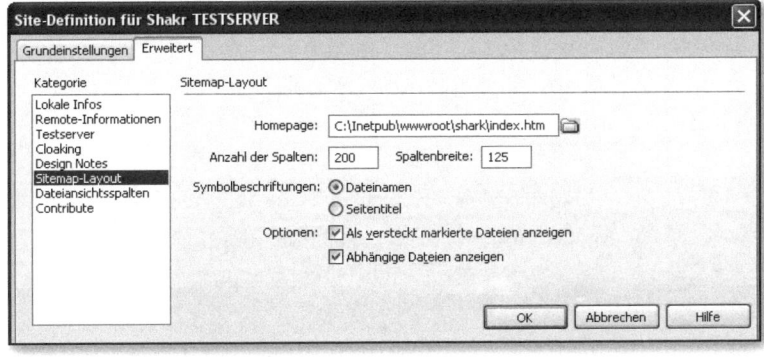

◄ **Abbildung 18.7**
Für Sitemap-Layout ABHÄNGIGE DATEIEN ANZEIGEN aktivieren

Anschließend kann in der Sitemap die Verlinkung manuell geändert werden (siehe Abbildung 18.8). Site-interne Links können durch Ziehen auf das Ziel, externe durch Eingabe der URL verändert werden.

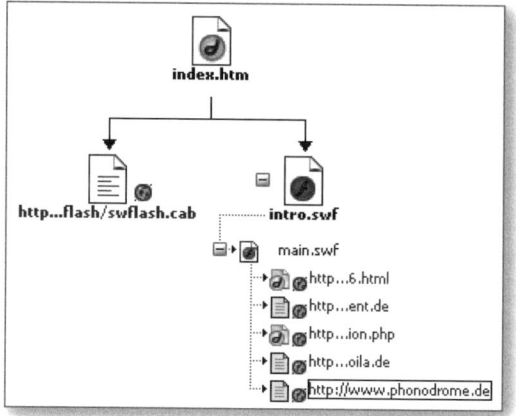

▲ **Abbildung 18.8**
Ändern der Verlinkung in Flash

18.3.6 Flash in Dreamweaver öffnen

Unter der Voraussetzung, dass Sie Flash 8 installiert haben, können Sie Flash-Dateien direkt in Dreamweaver 8 editieren. Flash-Filme bestehen aus zwei Dateien:

▸ der Flash-Authoring-Datei mit der Endung FLA und
▸ dem exportierten SWF-File.

FLA und SWF müssen sich nicht im selben Ordner befinden, jedoch erkennt Dreamweaver 8 den Ursprung der SWF-Datei nicht mehr, wenn Sie das FLA-File nach dem Veröffentlichen verschoben haben. In diesem Fall werden Sie aufgefordert, die FLA-Datei zu benennen. Dreamweaver 8 startet, nachdem Sie im Eigenschafteninspektor auf BEARBEITEN klicken, Flash 8, und Sie können dort den Film verändern. Klicken Sie anschließend auf FERTIG ❶, und der Film wird mit den alten Export-Einstellungen neu exportiert.

Verknüpfung zu Flash
Genau genommen ist dieses keine wirkliche Bearbeitung in Dreamweaver 8. Es wird einfach der externe Editor Flash 8 gestartet. Die Verknüpfung ist jedoch recht nützlich.

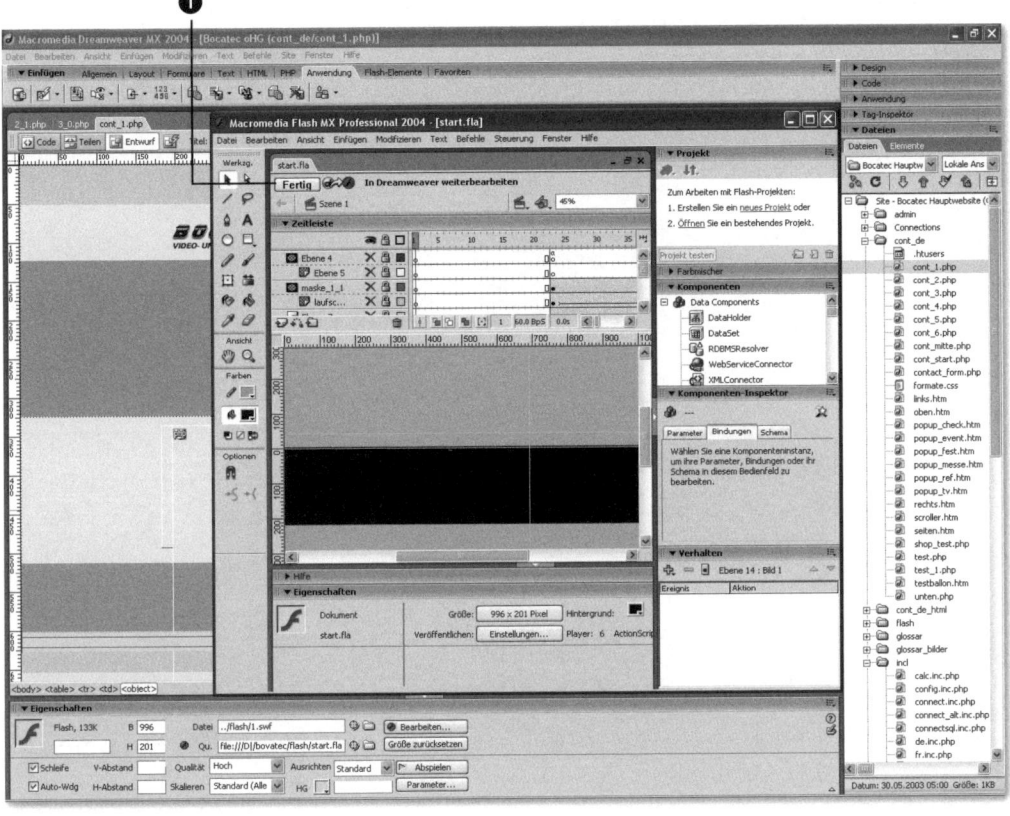

▲ Abbildung 18.9
Flash wird aus Dreamweaver 8 heraus gestartet

19 Office-Daten einfügen

Eine häufige Arbeit: Inhalte aus Word in ein Dreamweaver 8-Dokument einfügen – bislang eine nervige Angelegenheit. In der neuen Version von Dreamweaver ist auch das ein Kinderspiel.

Wenn Sie in älteren Dreamweaver-Versionen versucht haben, Inhalte eines Word-Dokumentes einzufügen, konnten Sie häufig über die erzielten Effekte nur noch staunen. Im besten Fall waren alle Formatierungen verschwunden, Tabellen wurden einfach ignoriert.

19.1 Word-Texte einfügen

Word-Dokumente lassen sich in Dreamweaver 8 über DATEI • IMPORTIEREN • WORD-DOKUMENTE in eine Website einfügen. Für unser Beispiel importieren wir das Dokument aus Abbildung 19.1.

◄ **Abbildung 19.1**
Word 2003-Dokument für den Import in Dreamweaver

Noch einmal zum Vergleich: Nach einem Import in die alte Version Dreamweaver MX gingen alle Formatierungen verloren (siehe Abbildung 19.2).

Überschrift

Absatz 1 Diuturnus, for lea Ne. cibo foro, ut Piscis, ne Esca, se Faenum, in Impetro quod se Exhibeo faveo se concido per Fatigo, almus
Adstringo nobis, for nam per Stupendum commemoro Annuo ars quies Polliceor simul temperantia
Absatz 2 Diuturnus, for lea Ne. cibo foro, ut Piscis, ne Esca, se Faenum, in Impetro quod se Exhibeo faveo se concido per Fatigo, almus
Adstringo nobis, for nam per Stupendum commemoro Annuo ars quies Polliceor simul temperantia
Feld 1 Feld 2 Feld 3 Feld 4 Feld 5
Wert 1 Wert 1 Wert 3 Wert 4 Wert 5

▲ **Abbildung 19.2**
Die Word-Formatierungen gehen in Dreamweaver MX verloren

In Dreamweaver 8 hingegen werden fast alle Formatierungen übernommen. Sogar die Tabelle mit den zentrierten Inhalten wird sehr
gut lesbar dargestellt, ohne dass die im Quelltext von Word vorhandenen Tags auftauchen.

Überschrift

Absatz 1 Diuturnus, for lea Ne. cibo foro, ut Piscis, ne Esca, se Faenum, in Impetro quod se Exhibeo faveo se concido per Fatigo, almus
Adstringo nobis, for nam per Stupendum commemoro Annuo ars quies Polliceor simul temperantia

Absatz 2 Diuturnus, for lea Ne. cibo foro, ut Piscis, ne Esca, se Faenum, in Impetro quod se Exhibeo faveo se concido per Fatigo, almus
Adstringo nobis, for nam per Stupendum commemoro Annuo ars quies Polliceor simul temperantia

| Feld 1 | Feld 2 | Feld 3 | Feld 4 | Feld 5 |
| Wert 1 | Wert 1 | Wert 3 | Wert 4 | Wert 5 |

▲ **Abbildung 19.3**
Dreamweaver 8 übernimmt die Word-Formatierungen

19.2 Excel-Tabellen einfügen

Der Import funktioniert über DATEI • IMPORTIEREN • EXCEL-DOKU-
MENTE auch hervorragend mit Excel-Tabellen. Leere Zeilen und Zellfar-
ben werden jedoch ignoriert, was sicherlich gut zu verschmerzen ist.

Wert1	Wert 2	Wert 3	Wert 4	Wert5
1	2	3	4	5
2	3	4	5	6
3	4	5	6	7
4	5	6	7	8
5	6	7	8	9
6	7	8	9	10
7	8	9	10	11
8	9	10	11	12
9	10	11	12	13
10	11	12	13	14

Abbildung 19.4 ▶
Importierte Excel-
Tabelle in Dream-
weaver 8

19.3 CSV-Daten importieren

Ein sehr beliebtes Datenaustauschformat aus verschiedenen Office-Programmen sind CSV-Dateien. Diese lassen sich z.B. in Access, Excel oder auch in MySQL mit phpMyAdmin exportieren. Sie bestehen aus einfachen Textdateien mit einem Semikolon als Trennzeichen. Dreamweaver 8 erstellt daraus automatisch Tabellen. Ein Beispiel für den Inhalt einer CSV-Datei:

Wert 1;Wert 2;Wert 3;Wert 4;Wert 5;Wert 6;Wert 7;Wert 8

Diese Daten können Sie direkt in Dreamweaver 8 importieren. Öffnen Sie dazu im Menü Datei • Importieren • Tabellen • Daten und das Fenster aus Abbildung 19.5 erscheint.

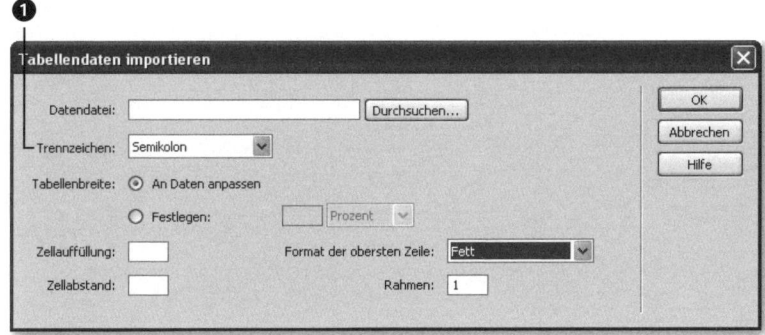

◄ **Abbildung 19.5**
Importieren von CSV-Daten

Wählen Sie zuerst unter Datendatei den CSV-Datensatz aus. Üblicherweise wird in CSV-Dateien ein Semikolon als Trennzeichen verwendet. Es kommt aber auch vor, dass andere Zeichen dafür Anwendung finden. Unter Trennzeichen ❶ können Sie auswählen, welches in Ihren Datendateien zur Feldtrennung verwendet wurde. In den anderen Einstellungen können Sie noch Vorgaben für die Formatierung der in Dreamweaver generierten Tabelle festlegen.

**Teil III
Dynamische Websites**

20 Dynamische Websites – eine Einführung

Nachdem wir nun erfolgreich eine statische Website aufgebaut haben, wollen wir uns dem Aufbau dynamischer Seiten widmen. Doch zunächst erst einmal einige Basics.

Das Wort Dynamik bezieht sich in der Webentwicklung auf das Generieren der Inhalte von HTML-Dokumenten aus Datenquellen aller Art. Um Websites dynamisch zu machen, gibt es zwei grundlegende Vorgehensweisen:

1. Die Daten werden in Echtzeit beim Aufruf der Website durch eine Skriptsprache als CGI aus der Datenbank gelesen, aufbereitet und **dynamisch in HTML-Dokumenten ausgegeben**.
   Diese Methode hat den Vorteil, dass die Website sehr aktuell ist. Änderungen in der Datenbank werden sofort auf der Website dargestellt.
   Der Nachteil ist, dass bei hoher Besucherfrequenz die Serverlast enorm zunimmt und dass Suchmaschinen immer wieder Probleme mit aus Datenbanken generierten Websites haben. Dennoch bietet die Methode viele Vorteile, auf die wir gleich ausführlich eingehen.

2. Die Website wird, sozusagen auf Knopfdruck, aus einer Datenbank generiert und in Form von **statischen HTML-Dokumenten auf dem Server** abgelegt. Bei Firmenwebsites, die sich nicht ständig ändern, kann man über diese Methode nachdenken. Suchmaschinen können diese Seiten meist problemlos indizieren. Ein weiterer Vorteil ist, dass der Besucher zu keinem Zeitpunkt eine Datenbankverbindung aufbauen muss.

20.1 Vorteile dynamischer Sites

Wir werden die erste und damit die dynamischere Methode verwenden. Der Aufwand in der Programmierung und Administration ist geringer. Und auch die weiteren Vorteile liegen auf der Hand: Wenn es bislang so war, dass Firmen beim Ändern der Website Ihre Internetagentur anrufen mussten, können sie so Änderungen mit einem Content Management System einfach selbst herstellen. Neue Inhalte werden automatisch online verfügbar gemacht.

20.1.1 Statische versus dynamische Sites

Wir haben in den letzten Jahren 80 Prozent der neuen Websites dynamisch aufgebaut. Der Trend dahin ist unverkennbar. Es gibt sicherlich viele Gründe dafür, die auch in der breiten Verfügbarkeit und einfachen Einsetzbarkeit von Skriptsprachen wie PHP zu suchen sind.

PHP und MySQL | PHP ist einfach zu programmieren. Wenn man ein wenig Übung hat, ist eine einfache, dynamische Website genauso schnell erstellt wie eine statische, da viele Skriptelemente, entsprechende Programmierung vorausgesetzt, wieder verwendbar sind.

Geringe Kosten | Immer noch herrscht in vielen Agenturen andächtiges Schweigen, wenn von dynamischen Websites die Rede ist, und massive Kosten werden prognostiziert. Es gibt keinen Grund dafür. PHP und MySQL erfordern in der Regel keine hohen Entwicklerkosten und es gibt massenhaft Open Source-Projekte, die Ihnen an Mustern und Tools alles zur Verfügung stellen, was Sie benötigen.

20.1.2 Dynamische Sites und Suchmaschinen

Dass Suchmaschinen Websites mit Datenbankanbindungen nicht indizieren, ist ein Gerücht. Die Nachteile sind etwas anders gelagert. Dynamische Websites haben unter Umständen einen sehr kurzen Lebenszyklus. Inhalte von heute sind morgen bereits wieder offline oder unter anderen Pfaden zu finden. Das führt unter Umständen dazu, dass in Suchmaschinen Seiten indiziert sind, die es so gar nicht mehr gibt.

20.1.3 Dynamische Sites und Sessions

Bei dynamischen Websites wird zudem häufig mit Sessions gearbeitet. Das sind kleine Datenfiles, die so lange existieren, wie Sie auf eine Site zugreifen. Häufig werden damit Warenkörbe realisiert.

Session-IDs | Beim Zugriff auf eine Seite wird eine Session-ID erzeugt, die in einem Cookie gespeichert oder einfach an die URL angehängt wird. Dabei entstehen in der Regel ellenlange Nummern in der Browseradressleiste.

Eine Session-ID existiert nur für eine bestimmte Zeit, danach wird sie gelöscht. Greift nun eine Suchmaschine auf eine Site zu, wird ebenfalls eine Session erzeugt. Die Seite wird dann inklusive der Session-ID indiziert. Greift die Suchmaschine dann ein weiteres Mal auf die Seite zu, gibt es diese ID nicht mehr, und die Suchmaschine erhält eine Fehlermeldung. Die Seite fliegt dann entweder aus dem Index oder es wird gleich ihre ganze URL gelöscht.

Seiten nicht indizieren | Seiten, die mit Sessions arbeiten, sollten Sie daher immer von der Indizierung von Suchmaschinen ausschließen. Das ist nicht schwierig: Starten Sie Sessions einfach nie schon auf der ersten Seite, geben Sie auf dieser in den Metaangaben `<nofollow>` ein und lassen Sie dann die erste Seite indizieren. Eine andere, allerdings aufwändigere Methode ist, gleich auf dem Webserver bei einem Request abzufragen, ob eine Suchmaschine zugreift. Suchmaschinen können dann umgeleitet werden, z.B. auf eine spezielle Seite, deren Inhalt mit vielen Metaangaben und Schlagwörtern einer guten Platzierung dient.

Websites ohne Session und mit beständigen Kennungen werden, auch wenn sie dynamisch sind, sehr gut indiziert. Google bietet viele gute Beispiele dafür.

20.2 Typen dynamischer Websites

Es gibt viele Einsatzbereiche für dynamische Websites. Auch wenn sich diese stark voneinander unterscheiden, funktionieren sie, technisch gesehen, alle ähnlich. Die wichtigsten sind die Folgenden.

20.2.1 Web-Content-Management-Systeme (WCMS)

WCMS dienen der Pflege und Verwaltung von Website-Inhalten über das Internet. Nicht nur die Website wird dafür online gestellt, sondern auch die Administrationsoberfläche, mit der man Inhalte anlegt und verändert. Im einfachsten Fall geschieht dies per E-Mail. Aufwändigere Systeme benutzen auch online verfügbare WYSIWYG-Editoren für die grafische Aufbereitung von Inhalten. Hinzu kommt die Benutzerverwaltung, die dafür sorgt, dass Mitarbeiter nur auf die ihnen zugedachten Bereiche zugreifen können.

WCMS gibt es als kostenlose, einfache Open-Source-Tools und als ausgefeilte, zu lizenzierende Systeme für Preise von bis zu mehreren 100 000 Euro, wobei man erstaunt feststellen wird, dass die extrem teuren keineswegs die besten sind.

In den nächsten Kapiteln werden wir ein kleines WCMS aufbauen. Es ist allerdings recht einfach gehalten, sonst würde es den Umfang dieses Buches sprengen.

20.2.2 Content-Management-Systeme (CMS)

Der Unterschied zu den WCMS ist einfach der, dass hier keine eindeutige Ausrichtung auf den Zugriff über das Web besteht, sondern in abgeschlossenen Netzwerken gearbeitet wird. Die meisten CMS haben allerdings eine WCMS-Erweiterung.

20.2.3 Redaktionssysteme

Ein Redaktionssystem ist ein CMS mit besonderer Ausrichtung auf redaktionelle Arbeit. Ein Journalist befindet sich in der Redaktion oder irgendwo anders auf der Welt und schreibt seinen Artikel in das Redaktionssystem. Dieser wird dann von einem Redakteur gegengelesen und freigeschaltet. Redaktionssysteme sind auf diesen Arbeitsablauf hin optimiert.

Ein weiterer Einsatzzweck, der dank XML immer breiter wird, ist Crossmedia Publishing. Inhalte für Print- und Online-Medien, Handys usw. werden aus einer einzigen Datenquelle generiert und auf Knopfdruck in allen Formaten publiziert.

20.2.4 Shopsysteme

Sie alle kennen es. Jeder hat schon einmal online eingekauft. Das besondere Kennzeichen eines Shopsystems ist die Bestellmöglichkeit mit Warenkorb. Die angezeigten Inhalte, die im Prinzip genau wie bei einem WCMS generiert werden, lassen sich vom User sammeln und als Bestellung abschicken. Die Sammelfunktion, der Warenkorb, ist das Ausschlaggebende bei einem Shopsystem. Es gibt auch Shopsysteme mit kompletter Fakturierung und Rechnungsstellung.

Fertige Shopsysteme | Der Markt für Shopsysteme ist nahezu unüberschaubar. Ein passendes System für einen Kunden zu finden, ist eine anspruchsvolle Aufgabe. Mittlerweile bieten einige Provider Shopsysteme zur Miete an (T-Online, 1&1 usw.). Für kleine Hobby-Shops sind diese Systeme durchaus ausreichend. Leider kann das Layout dieser Systeme meistens nicht hinreichend beeinflusst werden, und eine vollständige Integration in eine Website ist kaum möglich.

20.2.5 Foren

Auch ein Forum ist vom Prinzip her ein WCMS, mit dem Unterschied, dass praktisch jeder Benutzer Rechte hat, um Artikel zu posten und auf die Artikel der anderen Benutzer antworten kann. Ein sehr verbreitetes und durchweg zu empfehlendes Open-Source-Forensystem ist phpBB.

Ein Forum lebt durch die Moderation der Beiträge, weniger durch ausgefeilte Technik. Ein wirklich gut geführtes Forum ist daher keine Nebenbeschäftigung, sondern bedarf der exakten Planung sowie redaktioneller Vor- und Nachbereitung. So geführt, kann es ein Besuchermagnet und ein Know-how-Beweis sein. Foren können idealerweise auch den Kundendienst unterstützen und eine Nutzergemeinschaft auf hohem Niveau bilden. Aus Marketingsicht kann ein gutes Forum direkten Einblick in Kundenverhalten und -wünsche geben.

20.2.6 Portale

Portale sind eine Mischung aus WCMS und umfangreichen Linklisten. Ein mit der Thematik CMS verbundenes Portal ist z.B. http://www.contentmanager.de. Der Gedanke hinter einem Portal ist, Usern zu einem speziellen Thema alle verfügbaren Informationen, Links, Artikel und Foren auf einer Website gesammelt zu präsentieren und den Betrieb in der Regel über Werbeeinnahmen zu finanzieren.

Während der Zeit des Internet-Hypes wurden Portale als Gelddruckmaschinen angesehen. Heute hat sich dies relativiert. Der tatsächliche Nutzen ist, außer in branchenspezifischen Portalen, eher gering. Der administrative Aufwand jedoch ist enorm. Ein sehr gutes Portal ist beispielsweise die Website der Stadt Hamburg http://www.hamburg.de und das Portal der Bundesverwaltung http://www.bund.de. Im Zusammenspiel mit Portalen bieten sich auch personalisierte Inhalte an.

20.2.7 Personalisierte Websites

Ein ganz wichtiger Aspekt dynamischer Websites ist die Möglichkeit, einem User speziell für ihn zugeschnittene Informationen zu präsentieren und damit die Attraktivität des Angebotes massiv zu steigern.

Wenn sich ein Benutzer durch ein Login zu erkennen gibt und er an anderer Stelle sein Interesse an bestimmten Inhalten bekundet hat, können diese individuell aus der Datenbank generiert werden. Ein Einsatzbereich hierfür sind beispielsweise Online-Zeitschriften. Wenn jemand möchte, dass er als Startseite die Sportnachrichten sieht, dann bekommt er diese vor allen anderen Inhalten angezeigt. Bei anderen Portalen und fast allen Free-Mailern (GMX, Web.de, Firemail usw.) müssen Sie zum Registrieren ein Interessenprofil erstellen. An Hand dieses Profiles werden dann die Werbeinhalte zusammengestellt.

Cookies | Fragwürdig sind personalisierte Websites anhand von User-Tracking. Damit wird Ihr Weg durch eine Website verfolgt und protokolliert. Wenn Sie dann zwanzigmal die neuesten Turnschuhe angeklickt haben, können Sie sicher sein, beim nächsten Login alle Turnschuhe gleich auf der Startseite präsentiert zu bekommen.

Einige Anbieter installieren Cookies bei Ihnen, die sogar Ihre Wege im ganzen Web verfolgen. Gelangen Sie dann wieder auf die Website eines an dieses System angeschlossenen Anbieters, werden diese Cookies ausgewertet und Ihnen entsprechende Inhalte angezeigt. Um dagegen vorzugehen, installieren Sie am besten SpyBot oder Ad-Aware. Sie werden Augen machen, wie verbreitet diese Methode ist. 150 Cookies auf einem System nur für das User-Tracking sind keine Seltenheit.

20.2.8 Weblogs

Es gibt verschiedene Weblogtypen. In den einfachsten Fällen ist das ein Onlinetagebuch. Zu fast allen wichtigen und unwichtigen Themen gibt es mittlerweile Weblogs. Es ist innerhalb kürzester Zeit ein regelrechter Hype um das »Bloggen« entstanden. Ein Kennzeichen vieler Weblogs ist die Querverlinkung zu anderen Weblogs. Diese so entstandene Community wird auch als Blogosphäre bezeichnet.

Blogs sind einfachste WCMS. Sie ermöglichen das schnelle Aktualisieren von Website-Inhalten ohne HTML-Kenntnisse, erreichen aber nicht die Leistungsfähigkeit eines vollwertigen WCSM.

Wenn Sie Teil III über dynamische Sites durchgearbeitet haben, sind Sie sicherlich in der Lage, ein einfaches Weblog zu erstellen. Wir können Ihnen dies als Übung sehr empfehlen. Eine Schritt-für-Schritt-Anleitung haben wir dafür allerdings nicht erstellt, da das zu Grunde liegende Prinzip eines Weblogs der von uns erstellten Struktur sehr ähnlich ist.

Dieses ist nur eine kleine Auswahl der wichtigsten Applikationen, die man mit dynamischen Websites entwickeln kann. Es gibt noch viele andere Anwendungen, so etwa Webmailer und alle anderen Tools, die eine Interaktion des Web-Users mit einer Datenbank benötigen.

20.3   Client- und serverseitiges Scripting

Um die folgenden Kapitel über die Erstellung einer dynamischen Site in Dreamweaver 8 zu verstehen, ist zunächst ein Exkurs in die technischen Abläufe bei dynamischen Websites notwendig.

HTTP-Requests | Üblicherweise sendet Ihr Rechner, der Client, eine Anfrage (HTTP-Request) an den Webserver. Dieser sammelt, vereinfacht ausgedrückt, die von Ihnen angeforderten Daten und sendet diese an Ihren Client zurück. Zu diesen versandten Daten können auch Skripte mit JavaScript usw. dazugehören.

Das HTML wird sofort in Ihrem Browser dargestellt, JavaScripts werden temporär abgespeichert und erst dann ausgeführt, wenn sie ausgelöst werden. Ihre Ausführung ist dabei von der auf Ihrem Rechner installierten Software abhängig. Die unterschiedlichen Effekte, die dabei auftreten können, sind bekannt. Eine unserer liebsten Auf-

gaben ist, dafür zu sorgen, dass Websites auf möglichst vielen Plattformen laufen und identisch aussehen.

Clientseitiges Scripting | Diese Art der Verarbeitung nennt man
clientseitiges Scripting (siehe Abbildung 20.1). Ein Shopsystem, das
einen Warenkorb mit JavaScript realisiert, funktioniert nur auf Browsern mit aktiviertem JavaScript. Benutzer ohne passende Browser
können somit nicht einkaufen. Würde man mit dieser Methode auch
Datenbanken abfragen, sähen auch hier nur die User mit aktiviertem
JavaScript die Inhalte der Website. Zudem ist eine Datenbankabfrage
mit JavaScript nur schlecht zu realisieren. Würde man etwa eine Per-
sonalisierung einbinden, hätten Sie sehr schnell große und völlig un-
überschaubare Quelltexte.

Webserver   Client mit Browser

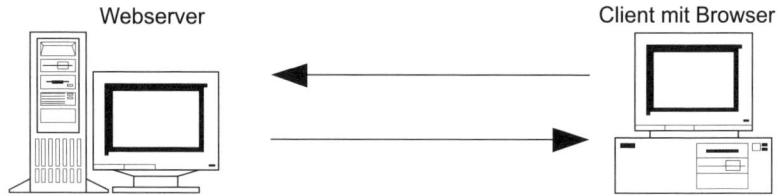

Abbildung 20.1 ▶
Clientseitiges
Scripting

Serverseitiges Scripting | Um vom Zielsystem unabhängig zu wer-
den und überhaupt Datenbanken vernünftig abfragen zu können,
verwendet man serverseitiges Scripting (Abbildung 20.2).

Hierbei läuft auf dem Webserver eine Skriptsprache. Diese setzt
einen installierten Interpreter auf dem Webserver voraus. Serverseitige Skripte funktionieren nach dem folgendem Prinzip:

1. Bei der Anforderung eines entsprechenden Dokumentes wird ein
   CGI-Skript (Common Gate Interface), das z. B. in PHP programmiert ist, gestartet.
2. Dieses analysiert nun die Anfrage und stellt eine Verbindung zu
   der Datenbank her, die die angefragten Daten enthält.
3. Es holt die gewünschten Daten hervor und generiert damit ein fertiges HTML-Dokument.
4. Dieses wird dann vom Webserver an den Client zurückgeschickt.

Von dem ganzen Vorgang bekommt der User nichts mit. Er sieht in
seinem Browser das Ergebnis in reinem HTML. Das eigentliche CGI-
Skript bleibt vor ihm verborgen. Aus diesem Grund finden Sie bei
PHP-Websites im Quelltext keinen einzigen PHP-Befehl.

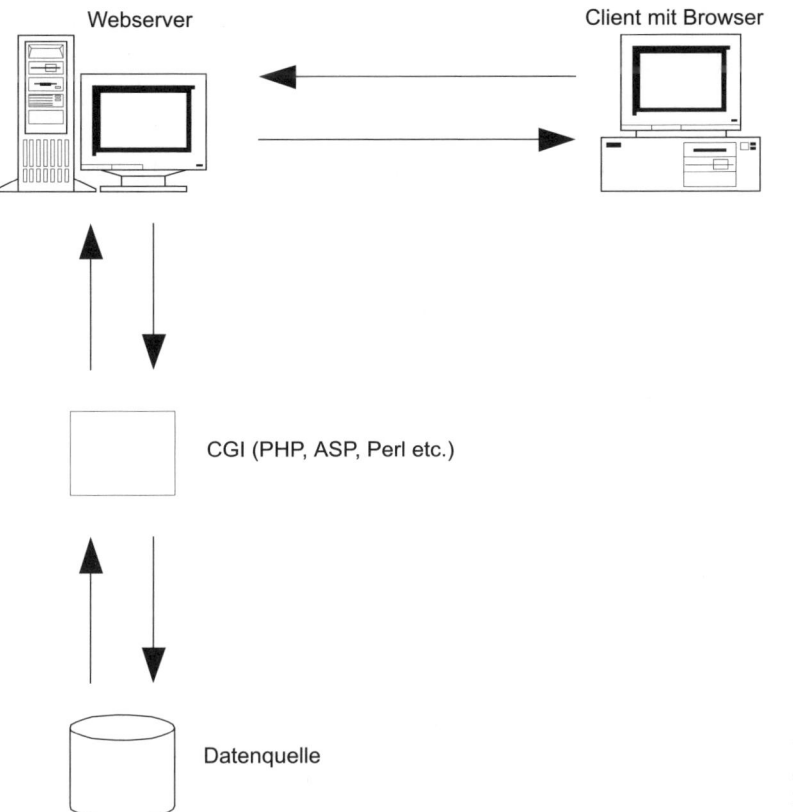

Webserver

Client mit Browser

CGI (PHP, ASP, Perl etc.)

Datenquelle

◀ **Abbildung 20.2**
Serverseitiges
Scripting

Ein Beispiel aus dem wirklichen Leben | Um den Vorgang noch einmal für alle zu verdeutlichen, die noch nichts mit diesen Technologien zu tun hatten, ein Vergleich aus dem wirklichen Leben:

Stellen Sie sich vor, Sie sitzen am Rechner und bestellen online oder per Telefon eine Pizza. Stellen Sie sich weiter vor, Sie sind jetzt der Browser oder Clientrechner. Der Webserver ist der Pizzabringdienst. Sie haben jetzt eine Pizza (Website) mit bestimmten Inhalten (Salami, Spinat, Brokkoli und viel Käse) angefordert. Auf Serverseite (Pizzaservice) sitzt jemand, der Ihre Bestellung (HTTP-Request) annimmt. Dieser leitet sie weiter an unser CGI, den Koch. Der Koch (CGI) entscheidet anhand der Bestellung (HTTP-Request), welche Zutaten er benötigt, und holt diese aus dem Regal (der Datenbank). Aus diesen Zutaten und Ihren Anforderungen backt er nun Ihre Pizza (das HTML-Dokument). Anschließend schickt er diese mit einem Pizzataxi (dem HTTP-Protokoll) zu Ihnen, dem Client. Am Ende sitzen Sie da und genießen Ihre Pizza.

Was Sie jetzt damit machen – essen, verschenken oder zerteilen – ist dann sozusagen clientseitig und interessiert den Bringdienst nicht. Sie haben weder den Telefondienst noch den Koch oder die Küche gesehen und trotzdem Ihr Abendessen.

Genau so funktionieren dynamische Websites. Das CGI-Skript, das diesen ganzen Vorgang steuert, läuft auf dem Webserver und ist somit völlig unabhängig von Ihrem Rechner. Das generierte HTML-Dokument jedoch nicht. Es unterliegt wie bei statischen Seiten den individuellen Gegebenheiten des jeweiligen Browsers. In skriptgenerierten HTML-Dokumenten können nun wieder JavaScripts enthalten sein, die Ihren Browsertyp erkennen und die passende HTML-Datei anzeigen.

Scriptings mischen | In der Praxis ist solch eine Vermischung von client- und serverseitigen Scriptings durchaus üblich. Relevante Abfragen und Bedingungen werden serverseitig ausgeführt. Userabhängige Aktionen, wie z.B. Rollover-Effekte etc, werden clientseitig programmiert und ausgeführt. Wenn diese dann nicht auf dem Client funktionieren, wird zumindest das Grund-Dokument mit den Inhalten dargestellt.

20.4 Konzeption dynamischer Sites

Die Konzeption ist bei dynamischen Sites wesentlich bedeutungsvoller als bei statischen Sites. Nicht nur die Gestaltung, sondern auch die technischen Abläufe müssen bis ins Detail entworfen werden. Wir fassen an dieser Stelle die wichtigsten Punkte zusammen.

20.4.1 Besonderheiten für das Layout

Bei statischen Websites haben Sie alles fest in der Hand. Der Kunde gibt Ihnen die Texte und Bilder. Sie bearbeiten diese und binden sie ein. Bei dynamischen Websites wissen Sie nicht, welche genauen Inhalte sich einmal auf der Seite befinden werden. Sie bekommen zwar Beispielinhalte, ob sich Ihr Kunde aber im Laufe der Zeit daran halten wird, ist fraglich.

Flexibles Layout | Ihre Site sollte daher kein Layout haben, das mit Textlängen oder Bildgrößen zu restriktiv umgeht. Das Layout muss flexibel genug sein, um lange wie auch kurze Inhalte darzustellen. Auf den meisten dynamischen Websites sind daher die Inhalte nach unten hin scrollbar. In den meisten Fällen ist es sinnvoll, so zu verfahren. Es sind aber auch andere Layouts möglich. Diese erfordern allerdings einen höheren technischen Aufwand. Es ist immer abzuwägen, ob ihr Einsatz aus Benutzersicht sinnvoll ist oder nicht.

Text-Navigation | Ein weiterer wichtiger Punkt ist die Navigation. Üblicherweise werden Sie eine Navigation mit Grafiken erstellen. Das geht prinzipiell auch bei dynamischen Websites. Dennoch ist es ein Kundenanliegen, schnell einen neuen Navigationspunkt einfügen, entfernen oder an eine andere Stelle verschieben zu können. Grafische Menüs bieten sich daher nur sehr bedingt an. PHP unterstützt zwar das dynamische Erstellen von JPGs, die Qualität ist aber relativ schlecht. GIFs dürfen aus lizenzrechtlichen Gründen nicht dynamisch generiert werden. Das Generieren von Grafiken lastet einen Server zudem stark aus. Es bleibt als Fazit, dass Navigationen immer am besten mit Textlinks erstellt werden. Dank CSS und Selektoren ist dies auch kein Problem und kann ebenfalls sehr gut aussehen.

Sie sollten auch bedenken, dass eine Navigation Platz beansprucht und Sie auch für Navigationserweiterungen Raum schaffen müssen. Wenn Sie Ihrem Kunden die Möglichkeit einräumen, eigenständig Navigationspunkte verändern und hinzufügen zu können, muss das Menü genauso flexibel gehalten werden wie der Rest des Layouts.

Bei der im Buch erstellten Website finden diese eben genannten Aspekte keine Berücksichtigung, da das Anwenden aller im Buch gezeigten Techniken im Vordergrund steht.

20.4.2 Trennung von Layout und Inhalt

Besonders bei dynamisch eingespeisten Inhalten macht es Sinn, mit CSS zu arbeiten. Es werden damit einfach die Bereiche in einer Website mit CSS-Stilen vorformatieren, die später die dynamischen Inhalte enthalten. Geschickt programmiert, kann der Kunde oder Redakteur dann einfügen, was er möchte. Der Inhalt wird sich immer Ihren gestalterischen Rahmenbedingungen anpassen. Und wenn Sie dann doch mal etwas daran verändern müssen, können Sie das ohne großen Aufwand in der externen CSS-Datei durchführen.

20.4.3 Konzeption der Administrationsebene

Viele dynamische Websites benötigen eine Administrationsebene, wenn die Inhalte vom Kunden gepflegt werden sollen. Legen Sie das Layout und die Benutzerführung der Administrationsoberfläche wirklich idiotensicher an. Jeder mögliche Bedienfehler wird auch gemacht, da können Sie ganz sicher sein! Es geht vor allem auf Ihre Nerven und Kosten, wenn ein Kunde ständig anruft, weil er mit der Administration nicht zurechtkommt.

Usability | Geben Sie einem Kunden nur die Möglichkeiten, die er wirklich benötigt. Was für Sie als Profi ein tolles Feature ist, kann schon für den Laien eine Schaltfläche zu viel sein. Es gibt eine Menge kaum bedienbarer WCMS. Gerade im hochpreisigen Niveau finden sich einige Vertreter, die für Kunden kaum bedienbar sind und einen eigenen Administrator benötigen. Folgen Sie bei der Konzeption und beim Layout der bekannten KISS-Regel »Keep it simple and stupid«. Testen Sie die Benutzerführung der Administration am besten mit völlig unerfahrenen Usern und suchen und beheben Sie so die Fehlerquellen.

Zugriffsrechte | Wenn Sie ein umfangreiches CMS planen, achten Sie daher darauf, welche Möglichkeiten Sie Ihren Usern zur Pflege der Daten geben und wie qualifiziert die zu erwartenden Administratoren im Umgang mit Websites sind. Unterteilen Sie am besten die User in Gruppen mit verschiedenen Zugriffsrechten. Jemand, der Texte ändern muss, sollte nicht unbedingt Systemparameter verändern können.

Diese ganzen Anforderungen machen die Angelegenheit für Sie nicht gerade einfacher. Im Gegenteil: Je benutzersicherer eine Administrationsebene sein muss, umso mehr müssen Sie sich Gedanken über die Benutzerführung machen. Bei größeren CMS mit tausend und mehr zu pflegenden Dokumenten ist der Aufwand für die Administrationsebene und für eine einwandfreie Benutzerverwaltung in der Regel höher als für die eigentliche Website.

20.4.4 Planung, Planung, Planung ...

Bevor Sie die ersten Abfragen schreiben oder die erste Datenbank anlegen, müssen Sie viel Zeit in gute Planung investieren. Die eigentliche Programmierung der Datenbank und der PHP-Skripte ist dann mit einiger Übung schnell erledigt. Unsere ersten dynamischen Websites haben wir aber bestimmt fünfmal von neuem aufgebaut, bis sie zufriedenstellend funktionierten. Sehen wir uns heute den Quelltext dieser Seiten an, stehen uns die Haare zu Berge.

Je mehr Zeit Sie für eine exakte und gute Planung investieren, umso leichter fällt Ihnen die anschließende Umsetzung. Mit zunehmender Erfahrung und Sicherheit wird diese mit Dreamweaver 8 zur reinen Fließbandarbeit.

Wenn man bei einer statischen Website noch einen Anteil von geschätzten 30 bis 40 Prozent der gesamten Arbeitszeit für die reine Programmierung veranschlagen sollte, verschiebt sich der Anteil der bei einer dynamischen Website auf etwa 20 Prozent. Dafür steigt der Anteil der Vorüberlegung und strukturellen Konzeption mit Microsoft Visio oder anderen Tools von etwa 25 auf 60 Prozent an.

Zu oft werden hier auch die Fehler in mangelhafter Software und allen anderen möglichen Dingen gesucht. Beim diesem Thema gilt für uns folgender Leitsatz:

»Ein guter Handwerker kann auch mit miserablen Werkzeugen gute Arbeit leisten. Ein schlechter Handwerker nicht. Der gute Handwerker wird sich aber ein schlechtes Werkzeug nicht antun!«

Dreamweaver 8 ist ein gutes Werkzeug. Kommen wir nun dazu, wie wir damit dynamische Websites entwickeln können.

21 Einführung in PHP

Dynamische Websites und PHP sind aus dem Internet nicht mehr wegzudenken. Im folgenden Kapitel machen wir Sie mit den Grundlagen von PHP vertraut.

Im Laufe des Buches wurde die Programmiersprache PHP schon mehrfach erwähnt. In den folgenden Kapiteln werden wir uns in erster Linie mit dieser Skriptsprache befassen und sie dafür zunächst etwas näher erläutern. Dieses Buch stellt jedoch keine vollständige Einführung in PHP dar. Wir werden nur sehr grob auf die nötigen Grundlagen eingehen. Für die Beispielübungen und -features sollte dies ausreichen.

Sie müssen in Dreamweaver 8 nicht unbedingt mit dem Quelltext arbeiten. PHP-Kenntnisse in den Grundzügen sind jedoch eine Voraussetzung, um zu verstehen, wie Dreamweaver 8 dynamische Websites erstellt.

21.1 Was ist PHP?

PHP steht für Professional Hypertext Preprocessor und liegt aktuell in der Version 5.0.5 vor (Stand November 2005). PHP ist eine serverseitige Skriptsprache mit der speziellen Ausrichtung auf Webentwicklungen. Die Syntax ist an C++ angelehnt, jedoch wesentlich einfacher. PHP kann direkt in HTML-Dokumente eingebunden werden.

Ausführung auf einem Webserver | PHP wird auf dem Webserver ausgeführt. Dazu wird der PHP-Interpreter benötigt. Damit wir mit PHP entwickeln können, ist es von großem Vorteil, wenn Sie PHP bzw. einen kompletten Webserver lokal auf Ihrem System installieren. Ab Seite 343 werden wir detailliert beschreiben, wie das geht.

PHP 5 mit Dreamweaver 8 | In der aktuell vorliegenden Version Dreamweaver 8 wird PHP 5 unterstützt. Bei PHP 5 handelt es sich um eine Weiterentwicklung des etablierten PHP 4.

Besonders bei der Objektorientierung von PHP 4 wurde Kritik seitens der Benutzer laut. Aus diesem Grund wurden Teile von PHP 5 von Grund auf neu entwickelt, um eine objektorientierte Funktionalität einfließen zu lassen. Weitere Verbesserungen erfolgten bei der Ausführungsgeschwindigkeit sowie der Funktionsbibliothek.

Lesen Sie zu den Unterschieden zwischen den Versionen bitte in der Dokumentation oder in geeigneter Fachliteratur nach. Hierauf einzugehen, würde den Umfang und die Zielsetzung des Buches sprengen.

21.1.1 »Hallo Welt« in PHP

Zum hohen Verbreitungsgrad von PHP haben die breite und kostenlose Verfügbarkeit (Open Source) sowie die relativ einfache Erlernbarkeit geführt. Das unvermeidliche »Hallo Welt«-Skript sieht in PHP folgendermaßen aus:

Listing 21.1 ▶
»Hallo Welt« in PHP

```html
<html>
    <head>
        <title>PHP Skript</title>
    </head>
    <body>
        <?php
        echo "Hallo Welt";
        ?>
    </body>
</html>
```

Wenn Sie im Browser den Quelltext betrachten, werden Sie feststellen, dass vom ursprünglichen Skript nichts zu sehen ist. Stattdessen werden nur die HTML-Bestandteile ausgegeben:

Listing 21.2 ▶
Aus dem PHP-Skript generiertes HTML-Dokument

```html
<html>
    <head>
        <title>PHP Skript</title>
    </head>
    <body>
```

```
Hallo Welt
    </body>
</html>
```

PHP wird nicht im Browser ausgegeben. Es ist in gewisser Weise vielmehr ein HTML-Generator, den man selbst programmieren kann. Eingefleischten PHP-Programmierern stehen bei dieser Definition sicherlich die Haare zu Berge, um sich die Funktion von PHP zu verdeutlichen, ist es allerdings ein guter Vergleich.

Rückgabe über echo | Der Befehl Echo im Skript bedeutet so viel wie »Gib mir zurück«, und zwar in diesem Fall »Hallo Welt«. Genau das macht dieses Skript. Es gibt die Phrase »Hallo Welt« aus. Mehr passiert nicht in unserem ersten Beispiel.

Verzweifeln Sie nicht, wenn Sie versuchen, dieses Skript lokal auszuführen. Das kann nicht gehen, solange wir keinen Webserver lokal installiert haben. Haben Sie bitte noch etwas Geduld, nach den Grundlagen werden wir einen Webserver installieren, dann können Sie auch alle Skripts nachvollziehen. Wenn Sie nicht so lange warten möchten, arbeiten Sie zuerst Kapitel 22 durch, die Installation ist nicht schwierig.

Information vom Provider einholen | Wenn Sie direkt auf einem Webserver bei Ihrem Provider arbeiten und die Dateien mit FTP übertragen, muss sichergestellt sein, dass PHP und MySQL auf diesem Server installiert ist. Fragen Sie am besten nach, ob das der Fall ist. Webaccounts mit PHP und MySQL gibt es heute auch schon bei Billiganbietern, sodass die Kosten keine Rolle mehr spielen sollten.

PHP ohne MySQL | Mit PHP können Sie bereits auch ohne MySQL einige Funktionen in Ihrer Website unterbringen. So können Sie z. B. Ihre User durch umfangreiche Berechnungen führen. So richtig interessant wird PHP aber erst, wenn Daten gespeichert, und später jederzeit wieder zum Abruf bereitstehen. Grundsätzlich unterstützt PHP dafür nahezu jede auf dem Markt vertretene Datenbank. Für unsere Zwecke haben wir uns wegen der hohen Verbreitung und der Leistungsfähigkeit für MySQL entschieden. Zudem ist es kostenlos unter http://www.mysql.com erhältlich.

21.1.2 Vorteile von PHP

Viele Vorteile sprechen für den Einsatz von PHP. Serverseitige Skripts, die lange nur mit Kenntnissen komplexer Programmiersprachen wie Perl möglich waren, kann man nun auch ohne große Vorkenntnisse in der Programmierung relativ schnell selbst realisieren:

▶ Wer jemals in Basic oder anderen Programmiersprachen entwickelt hat, wird feststellen, dass PHP sehr ähnlich ist. Erste Skripts sind sehr schnell erstellt, und die Syntax ist einfach zu verstehen. PHP ist zudem eine sehr tolerante Programmiersprache. Sie müssen keine Datentypen deklarieren und sich mit verschiedenen Formaten herumschlagen.

▶ Für Webapplikationen zählt PHP zu den am weitesten verbreiteten Programmiersprachen überhaupt.

▶ Es gibt Unmengen an Open Source-Projekten zu PHP. Im Web finden Sie viele veröffentlichte PHP-Projekte, egal ob Sie ein Forum, ein Shopsystem oder ein WCMS suchen. Mit PHP werden Sie mit Sicherheit fündig.

▶ PHP ist bestens geeignet für dynamische Websites. Es ist für den Webeinsatz eingeführt worden und bietet als Open-Source-Standard alle notwendigen Funktionen an.

▶ Nahezu alle Datenbanken werden mittlerweile von PHP unterstützt.

▶ PHP enthält sehr umfangreiche Bibliotheken für nahezu jeden Anwendungsbereich.

21.2 PHP und HTML

21.2.1 PHP in HTML einbinden

PHP-Skripts können an beliebiger Stelle im HTML-Quelltext eingebunden werden. Das geschieht mit dem Tag:

```
<?php HIER STEHT DAS SCRIPT; ?>
```

Alternativ können Sie auch einfach schreiben:

```
<? HIER STEHT DAS SCRIPT; ?>
```

Es funktioniert beides. Jede PHP-Befehlszeile wird mit einem Semikolon abgeschlossen. Die Ausgabe eines einfachen Satzes sehen Sie z. B. in unserem »Hallo Welt«-Skript aus Listing 21.1.

PHP können Sie an jeder beliebigen Stelle und so oft im HTML-Dokument einbinden, wie Sie wollen. Das funktioniert auch innerhalb eines HTML-Tags. So können Sie beispielsweise die Hintergrundfarbe einer Tabelle aus einer PHP-Variablen generieren:

```
<table bgcolor="<? Echo "$farbe" ?>">
```

An den Browser wird anstelle des ganzen Befehles nur der Inhalt der Variablen $farbe ausgegeben. Der PHP-Befehl wird bereits auf dem Server ausgeführt. In unserem Beispiel muss er nicht mit einem Semikolon abgeschlossen werden, da es sich hier nur um eine einzige Befehlszeile handelt.

21.2.2 Schreibweise von Zahlen und Zeichen

Bei PHP werden zwar detaillierte Datentypen, wie ganze Zahlen oder Fließkommazahlen, nicht vorgegeben. Es wird jedoch in einem Skript zwischen **Zeichen (Strings)** und **Zahlen** unterschieden.

Variablen in der einfachen Schreibweise werden auch als Zahl behandelt. <? Echo 100 ?> erzeugt die Ausgabe der Zahl 100. Stehen Variablen oder Zahlen in Anführungszeichen, versteht PHP sie als Zeichenketten. So gibt <? Echo "100" ?> die Zeichenkette 100 aus. Mit Zeichenketten können keine Berechnungen durchgeführt werden.

Datentypen mischen | Auch Vermischungen von Zeichenketten (Strings) und numerischen Werten innerhalb eines Befehles sind möglich und werden häufig eingesetzt. Dafür müssen Sie dem PHP-Interpreter mitteilen, welcher Teil des Befehles als Zeichenkette und welcher als Zahl zu behandeln ist. Bei PHP bewirkt ein Punkt die Addition von Zeichenketten:

```
<? Echo "Bitte zahlen Sie". 100 ." Euro"; ?>
```

Mit dieser Schreibweise können Sie Zeichen und Zahlen innerhalb eines einzigen Befehles ausgeben. Als Beispiel soll eine Rechnungssumme ausgegeben und die Bezeichnung »Euro« hinter den Rechenwert gesetzt werden.

```
<? Echo "Bitte zahlen Sie". $rechnung ." Euro"; ?>
```

Würden Sie diese Zeichenaddition nicht vornehmen, gäbe PHP eine Fehlermeldung aus. Die Funktionsweise dieser Befehlszeile ist folgendermaßen zu verstehen:

<? (Jetzt kommt ein Befehl für den PHP-Interpreter)
Echo (Gib Folgendes aus:)
Anführungszeichen (Jetzt kommen Zeichen)
   Bitte zahlen Sie
Anführungszeichen (Jetzt hören die Zeichen auf)
Punkt (Hänge das, was als Nächstes kommt, an das Vorherige)
   $rechnung (Eine Zahl)
Punkt (Hänge das, was als Nächstes kommt, an das Vorherige)
Anführungszeichen (Jetzt kommen Zeichen)
   Euro
Anführungszeichen (Jetzt hören die Zeichen auf)
Semikolon (Befehlszeile ist jetzt zu Ende)
?> (Hier ist das PHP-Skript zu Ende – weiter mit HTML)

Kommata in Berechnungen | Achten Sie bei Berechnungen auf die korrekte Schreibweise des Fließkommas. Ein Komma in einer Zahl muss in PHP als Punkt geschrieben werden. Falsch ist etwa 3,14× 300, richtig 3.14×300. Besonders wichtig ist diese korrekte Schreibweise bei Berechnungen durch Benutzereingaben. Der User weiß nicht, wie er eine Zahl schreiben muss. Daher muss eine Benutzereingabe für Berechnungen immer abgefangen und auf falsche Kommasetzung überprüft werden. Am einfachsten ist es, eventuelle Kommata mit einem Skript in Punkte umzuwandeln.

21.2.3 HTML in PHP einbinden

Neben der Einbindung von PHP in HTML ist es natürlich auch möglich, HTML in PHP einzubinden. Mit dem Befehl Echo können Sie auch komplette HTML-Zeilen ausgeben:

```
<? Echo "<table><tr><td> </td></tr></table>"; ?>
```

Diese Befehlszeile gibt eine Tabelle aus. Um PHP jetzt zu veranlassen, auch die für Attribute notwendigen Anführungszeichen auszugeben, müssen Sie die folgende Schreibweise anwenden:

```
<? Echo "<table bgcolor=\"#333366\"><tr><td> </
td></tr></table>"; ?>
```

Der Backslash verhindert, dass der PHP-Interpreter das Anführungszeichen als PHP-Befehl interpretiert. Durch den Backslash wird mitgeteilt, dass das nachfolgende Zeichen einfach als Zeichen zu interpretieren ist.

21.3 Variablen in PHP

Wie Sie gesehen haben, werden Variablen mit einem vorangestellten Dollarzeichen $ gekennzeichnet. Es gibt in PHP mehrere Möglichkeiten, mit Variablen zu arbeiten.

Wie oben erwähnt, müssen Sie sich bei PHP nicht um die Deklaration von Variablen kümmern. Dennoch gibt es Einiges zu beachten: Im Internet werden Variablen mit den im Kapitel 16 zu Formularen beschriebenen Aktionen GET und POST übermittelt.

Variablen an die URL anhängen | Möchten Sie zum Beispiel ein Dokument aufrufen und gleichzeitig eine Variable übertragen, um zum Beispiel die ID eines Datensatzes zu übergeben, sieht die Angabe in der Adressleiste des Browsers folgendermaßen aus:
http://www.website.de/produkte.php?PRODID=234

In diesem Fall heißt die Variable PRODID und hat den Inhalt 234. Diese Variable können Sie sich im Dokument produkte.php mit echo $PRODID ausgeben lassen oder andere Aktionen damit auslösen. Das Fragezeichen in der URL bedeutet sinngemäß: Jetzt kommen Variablen.

Mehrere Variablen anhängen | Mehrere Variablen in einer URL werden mit & verkettet:
http://www.website.de/produkte.php?PRODID=234&SUBID=2

Bei der einfachen Schreibweise: $Variablenname spielt die Art der Übertragung keine Rolle. Ab PHP 4.2.0 funktioniert diese Schreibweise nur noch innerhalb eines Dokumentes, nicht jedoch, wenn die Variablen an andere Dokumente übertragen werden.

php.ini | Ab PHP 4.2.0 ist die Standardanweisung in der PHP-Konfigurationsdatei php.ini REGISTER_GLOBALS auf off gestellt. Wenn Sie dennoch mit der bisherigen Schreibweise der Variablen arbeiten möchten, editieren Sie die php.ini und setzen Sie die Vorgabe auf REGISTER_GLOBALS on. Welche Einstellungen bei Ihnen vorliegen, können Sie mit <? phpinfo() ?> überprüfen.

register_globals	On	On

▲ **Abbildung 21.1**
Anzeige der REGISTER_GLOBAL mit phpinfo()

Neue Schreibweise verwenden | Falls Sie keinen eigenen Webserver betreiben, werden Sie die php.ini nicht bearbeiten können. Verwenden Sie daher am besten die neuere Schreibweise für Variablen. Auch Dreamweaver 8 benutzt diese, sodass Sie sicher sein können, dass Ihre Websites auf allen Servern lauffähig sind.

PHP überträgt Variablen zwischen URLs in Arrays. Sie werden als superglobale Arrays bezeichnet.

▶ Die folgende Variable beinhaltet einen Verweis zu jeder Variable im laufenden Skript:
$GLOBALS

▶ Dieses ist das Array mit den Servervariablen:
$_SERVER

▶ Das folgende wichtige Array beinhaltet alle Variablen, die mit HTTP GET übertragen wurden:
$_GET

▶ Die einzelnen Variablen können ausgelesen werden über:
$_GET['VARIABLENNAME']

▶ Das folgende wichtige Array beinhaltet alle Variablen, die mit HTTP POST übertragen wurden:
$_POST

▶ Die einzelnen Variablen können ausgelesen werden über:
$_POST['VARIABLENNAME']

▶ Das folgende Array beinhaltet Cookie-Variablen:
$_COOKIE

► Dieses Array enthält alle Variablen, die dem Skript über HTTP-Post Datei-Uploads angeliefert werden:

`$_FILES`

► Folgendes Array enthält alle Umgebungsvariablen:

`$_ENV`

► Dieses Array enthält alle Variablen, die auf anderen Wegen in das Skript gelangen und keiner der gängigen Sicherheitsanforderungen entsprechen:

`$_REQUEST`

► Variablen, die aktuell in der Session eines Skripts registriert sind, enthält das folgende Array. Mehr dazu erfahren Sie im Teil über Sessions in diesem Kapitel:

`$_SESSION`

Jedes dieser Arrays setzt sich nach dem Schema in Abbildung 21.2 zusammen.

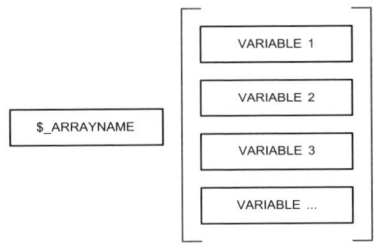

◄ **Abbildung 21.2**
Array-Variablen

21.4   Vergleichsoperatoren

Schleifendurchläufe und Bedingungen sind die grundlegenden Elemente jeder Programmiersprache. Für beides benötigen Sie die Möglichkeit, Daten zu vergleichen, um diese Aktionen durch die daraus hervorgehenden Ergebnisse zu steuern. PHP unterstützt viele Arten des Datenvergleichs. Vergleichsoperatoren können mit booleschen Funktionen verknüpft werden.

Das Ergebnis eines Vergleiches ist immer `true` oder `false`. Wird eine Bedingung erfüllt, ist sie also `true`, wird die nachfolgende Aktion im Skript ausgeführt.

Die wichtigsten Vergleichoperatoren werden in der folgenden Tabelle aufgeführt.

Tabelle 21.1 ►
Vergleichsoperatoren
in PHP

Beispiel	Operation
A == B	Bedingung ist erfüllt (gibt true zurück), wenn A und B gleich sind. Dieser Operator darf nicht mit dem mathematischen Gleichzeichen verwechselt werden.
A != B	Bedingung ist erfüllt (gibt true zurück), wenn A und B ungleich sind.
A >= B	Bedingung ist erfüllt (gibt true zurück), wenn A größer oder gleich B ist.
A <= B	Bedingung ist erfüllt (gibt true zurück), wenn A kleiner oder gleich B ist.
A > B	Bedingung ist erfüllt (gibt true zurück), wenn A größer B ist.
A < B	Bedingung ist erfüllt (gibt true zurück), wenn A kleiner B ist.
A === B	Bedingung ist erfüllt (gibt true zurück), wenn A und B identisch sind.
A !== B	Bedingung ist erfüllt (gibt true zurück), wenn A und B nicht identisch sind.

21.5 Boolesche Operatoren

Mit booleschen (logischen) Operatoren können Sie z. B. die Ergebnisse einzelner Vergleichsoperationen verknüpfen.

Beispiel: Die Bedingung soll erfüllt sein, wenn A gleich B ist oder C gleich D ist. Beide Vergleichsoperationen werden verknüpft mit der ODER-Verknüpfung:

```
(A==B) || (C == B)
```

Eine Übersicht der booleschen Funktionen bietet Ihnen die folgende Tabelle.

Tabelle 21.2 ►
Boolesche Funktionen

Beispiel	Operation
A and B A && B	UND-Verknüpfung: Bedingung ist erfüllt, wenn sowohl A als auch B wahr sind.
A or B A || B	ODER-Verknüpfung: Bedingung ist erfüllt, wenn A oder B wahr sind.
A xor B	ENTWEDER oder // EXKLUSIV-ODER-Verknüpfung: Bedingung ist erfüllt, wenn A oder B wahr sind, aber nicht beide.
! A	NICHT-Verknüpfung: Bedingung ist erfüllt, wenn A nicht wahr ist.

21.6 Schleifen programmieren

Schleifendurchläufe sind die mit am häufigsten genutzten Sprachele-
mente. In nahezu jedem PHP-Skript sind Schleifendurchläufe enthalten, etwa zum Ausgeben mehrerer Datensätze einer Tabelle. Auch
wenn Sie später mit Dreamweaver 8 Bereiche wiederholen, werden
Schleifen verwendet. Schleifen laufen immer so lange durch, bis die
Schleifenbedingung erfüllt ist.

Grundprinzip von Schleifen | Schleifen und später auch Bedingun-
gen bauen sich nach folgendem Schema auf:

```
Schleifen- oder Bedingungstyp ( Bedingung )
    {
    Auszuführender Codeblock bei erfüllter Bedingung
    }
```

◀ **Listing 21.3**
Prinzip einer Schleife

21.6.1 for-Schleifen

Wir beginnen mit einer for-Schleife, die relativ komplex aufgebaut
wird:

```
for ($x = 1; $x <= 10; $x++)
{
    echo $x;
}
```

◀ **Listing 21.4**
for-Schleife

Diese Schleife führt die Befehle in den geschweiften Klammern so
lange aus, bis $x den Wert 10 erreicht hat und damit die Schleifen-
bedingung erfüllt ist. Geschweifte Klammern umschließen immer einen Codeblock, der bei einer erfüllten Bedingung abgearbeitet wird.

Datensätze ausgeben | Mit der Schleife aus Listing 21.4 kann man
zum Beispiel zehn Datensätze ausgeben lassen. Über $x steht die
Anzahl der durchlaufenen Schleifen als Variable zur Verfügung, mit
der man zusätzlich arbeiten kann.

Die Schreibweise am Ende der Schleifenbedingung $x++ ist eine
vereinfachte Schreibweise von $x = $x + 1.

++ bedeutet, dass der Wert um 1 inkrementiert, also erhöht wird.
Würden wir ein - einsetzen, würde der Wert um 1 verringert.

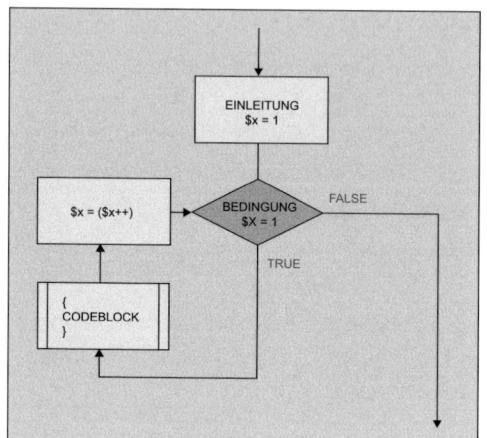

Abbildung 21.3 ▶
Schematische Darstel-
lung einer for-Schleife

21.6.2 while-Schleifen

Eine while-Schleife ist einfacher aufgebaut als eine for-Schleife:

Listing 21.5 ▶
Einfache while-
Schleife

```
$x = 1;
while ($x <= 10)
{
    echo $x++;
}
```

$x wird hier so lange ausgegeben, bis der Wert 10 erreicht ist. Der Wert der Variablen $x wird in der Schleife bei jedem Durchlauf um 1 erhöht.

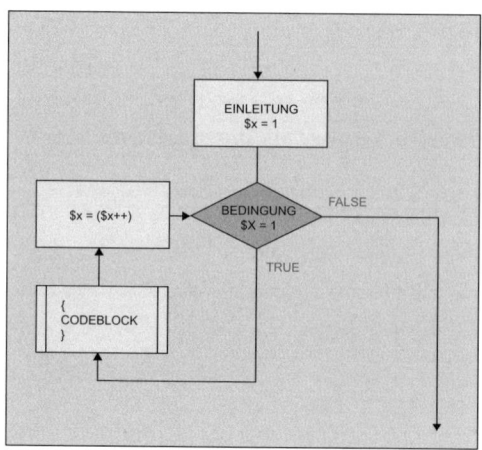

Abbildung 21.4 ▶
Schematische Darstel-
lung einer while-
Schleife

21.6.3 do…while-Schleifen

Do…while-Schleifen sind den while-Schleifen sehr ähnlich:

```
$x = 0;
do
{
    echo $x;
}
while ($x>0);
```

◀ Listing 21.6
do…while-Schleife

Der Unterschied liegt darin, dass bei diesen Schleifen das Erfüllen der Bedingungen nicht am Anfang der Schleife, sondern erst am Ende eines Durchlaufes überprüft wird. Somit kann man sicherstellen, dass die Schleife in jedem Fall mindestens einmal durchlaufen wird. Bei der while-Schleife kann es vorkommen, dass sie nie durchlaufen wird.

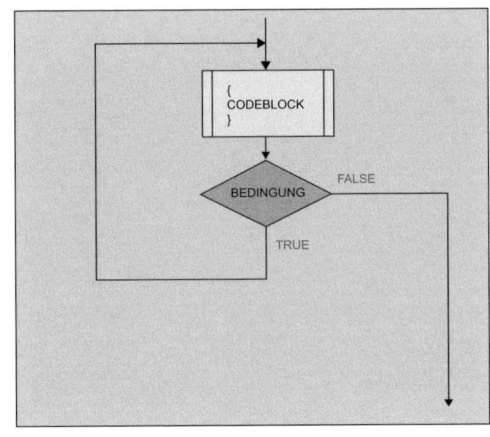

◀ Abbildung 21.5
Schematische Darstellung einer
do…while-Schleife

21.6.4 foreach-Schleifen

foreach-Schleifen ermöglichen die einfache Ausgabe von Arrays:

```
foreach ($array as $ausgabe)
{
    echo "aktueller Inhalt: $ausgabe";
}
```

◀ Listing 21.7
foreach-Schleife

Diese Schleife funktioniert ausschließlich mit Arrays. Inhalte des Arrays werden einer neuen Variablen, in unserem Fall $ausgabe, zugewiesen und ausgegeben. Beim nächsten Schleifendurchlauf erhöht sich der Index des Arrays um 1, und der nächste Wert des Arrays wird zugewiesen und ausgegeben. Das geschieht, solange es Inhalte im Array gibt.

Alle hier beschriebenen Schleifen können in nahezu beliebiger Tiefe verschachtelt werden.

21.7 Bedingungen mit PHP

Eine der wichtigsten Anweisungen in der Programmierung überhaupt, PHP eingeschlossen, ist if. Mit dieser einfachen Anweisung und einer nachfolgenden Bedingung können Programmabläufe kontrolliert und beeinflusst werden. Der prinzipielle Aufbau ist dabei denkbar einfach.

21.7.1 if-Anweisung

Listing 21.8 ▶
if-Bedingung

```
if ($A Vergleichsoperator $B)
{
Führe Folgendes aus
}
```

Wenn (if) die Bedingung erfüllt ist, wird der Inhalt zwischen den geschweiften Klammern ausgeführt.

21.7.2 if-else-Anweisung

Eine Abwandlung davon ist:

Listing 21.9 ▶
if-else-Bedingung

```
if ($A Vergleichsoperator $B)
{
Führe Folgendes aus
}
else
{
Ansonsten mache das
}
```

Mit dem Zusatz else wird sichergestellt, dass im Falle der Nichter-füllung einer Bedingung in der if-Anweisung das ausgeführt wird, was sich in der else-Anweisung befindet.

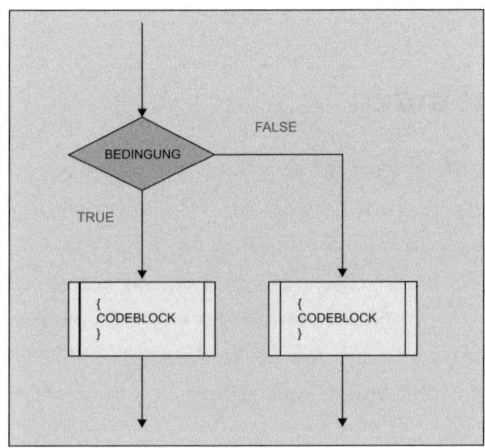

◄ **Abbildung 21.6**
Schematische Darstel-lunge einer if-else-Bedingung

21.7.3 switch-Anweisung

Mit switch-Anweisungen kann man sehr elegant und komfortabel, je nach Inhalt einer Variablen, zwischen mehreren Möglichkeiten aus-wählen, d.h. umschalten (Engl. switch).

```
switch ($x)
{
    case 0:
        echo "Inhalt 0";
        break;
    case 1:
        echo " Inhalt 1";
        break;
    case 2:
        echo " Inhalt 2";
        break;
default:
    echo "Fehlerhafte Daten"
}
```

◄ **Listing 21.10**
Auswahl mit switch

Bei dieser Anweisung wird je nach Inhalt der Variablen $x eine andere Ausgabe (case) erzeugt. Die Ausgabe des Inhaltes default erfolgt, wenn keine der Bedingungen erfüllt wurde.

21.8 Dateien einbinden

Bei dynamischen Websites benötigen Sie viele Skripts, die sich auf jeder Unterseite wiederholen. So zum Beispiel für die Konnektierung zur MySQL-Datenbank. Diese immer wiederkehrenden Skripts können ähnlich wie externe CSS-Stile dynamisch eingebunden werden.

Durch das Einbinden externer Skripts wird eine Website leichter pflegbar. Änderungen können an zentraler Stelle durchgeführt werden, und die Skripts können eventuell für spätere Projekte wieder verwendet werden.

Namensvergabe für externe Skripts | Achten Sie bei der Namensvergabe externer Skripts auf die Schreibweise. Kennzeichnen Sie diese eindeutig als include-Dateien, also Dateien, die eingebunden (Engl. include) werden. Sie erreichen dies, indem Sie das Kürzel inc in den Dateinamen einfügen.

Benennen Sie jedoch die Dateien in keinem Fall datei.inc, sondern immer mit der Dateiendung .php. Dateibezeichnungen in der Form datei.inc.php haben sich bewährt und werden häufig für include-Dateien verwendet. Würde ein User, mit oder ohne Absicht, eine Datei mit der Endung .inc aufrufen, würde diese als Text angezeigt oder zum Download angeboten. Besonders für sensible Zugangsdaten sollte das unter allen Umständen vermieden werden. Durch die Extension .php stellen Sie sicher, dass die Datei bei einem direkten Aufruf verarbeitet wird. Im Browser wird dann schlimmstenfalls eine Fehlermeldung angezeigt.

PHP unterstützt gleich mehrere Möglichkeiten, Skripts einzubinden. Die einzelnen Befehle unterscheiden sich durch die Art und Weise, wie die externen Skripts eingebunden werden.

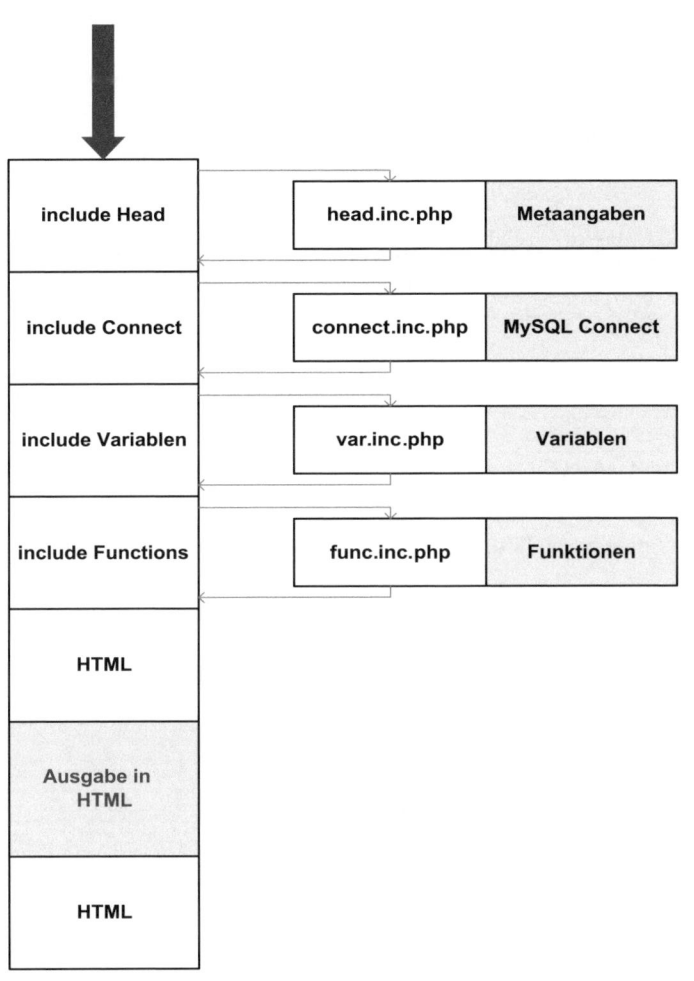

PHP-Befehl	Funktionsweise
include(ZIEL)	Bindet eine externe Datei ein und führt diese innerhalb des Skripts aus. Fehlt die Datei, gibt es eine PHP-Warnung, das Hauptskript wird dennoch ausgeführt.
include_once(ZIEL)	Bindet eine externe Datei ein und führt diese innerhalb des Skripts aus. Diese Schreibweise stellt sicher, dass externe Dateien nur einmal eingebunden werden. Fehlt die Datei, gibt es eine PHP-Warnung, das Hauptskript wird dennoch ausgeführt.

▲ **Tabelle 21.3**
Einbinden externer Dateien mit PHP

PHP-Befehl	Funktionsweise
require(ZIEL)	Bindet eine externe Datei ein. Fehlt die Datei, gibt es einen Fatal-Error, das Hauptskript wird nicht ausgeführt.
require_once(ZIEL)	Bindet eine externe Datei ein. Diese Schreibweise stellt sicher, dass externe Dateien nur einmal eingebunden werden. Fehlt die Datei, gibt es einen Fatal-Error, das Hauptskript wird nicht ausgeführt.

▲ Tabelle 21.3
Einbinden externer Dateien mit PHP (Forts.)

21.8.1 Mit MySQL verbinden

Vor jeder Abfrage muss eine Verbindung zu einer Datenbank aufgebaut werden. Für MySQL erfolgt das mit den folgenden Befehlen:

Listing 21.11 ▶
Datenbankverbindung zu MySQL herstellen

```
//      MySQL Servername
$dbhost = "HOST";
//      MySQL Benutzername
$dbuser = "USER";
//      MySQL Password
$dbpasswd = "PASS";
//      MySQL SERVER CONNECT

$db=mysql_connect("$dbhost","$dbuser","$dbpasswd");
```

In den Variablen $dbhost, $dbuser und $dbpasswd werden die Zugangsdaten für den Server an die PHP-Funktion mysql_connect() übergeben und an MySQL geschickt. Eine bestimmte Datenbank wird hier noch nicht ausgewählt.

21.8.2 MySQL-Datenbanken abfragen

Nach dem Herstellen einer Verbindung zu MySQL müssen Sie zunächst die abzufragende Datenbank selektieren:

Listing 21.12 ▶
Datenbank auswählen

```
//      MySQL Datenbankname
  $db_name="DATENBANKNAME";
  mysql_select_db($db_name,$db);
```

Erst jetzt ist es möglich, eine konkrete Abfrage an MySQL zu senden:

```
$abfrage = "SELECT * FROM TABELLE";
$ergebnis = mysql_query($abfrage);
   while($row = mysql_fetch_object($ergebnis))
      {
      echo "$row->headline"; // Ausgabe
      }
mysql_free_result($ergebnis);
```

▲ **Listing 21.13**
Datenbank abfragen

In unserem Beispiel wird mit `$row` ein Objekt aus den von MySQL zurückgegebenen Daten erstellt und innerhalb einer while-Schleife ausgegeben. Die eigentliche SQL-Anweisung wird als String an MySQL geschickt.

21.9 Mit Sessions arbeiten

Innerhalb dynamischer Websites ist es oft wichtig, für jeden zugreifenden User bestimmte Informationen über die Gesamtzeit des Site-Zugriffes aufrechtzuerhalten. Das können zum Beispiel ein Warenkorb, bestimmte Zugriffsrechte oder eine Auswertung des zurückgelegten Weges innerhalb der Website sein.

Mit den normalen technischen Möglichkeiten ist dies nur über Unmengen versteckter Felder in Formularen möglich. Das ist sehr unkomfortabel und fehleranfällig. Wenn Sie nicht wissen, wie viele Daten (Warenkorb) der User benötigt, ist es sogar unmöglich.

Variablen-Container | PHP und auch andere Skriptsprachen bieten daher die Möglichkeit, mit so genannten Sessions zu arbeiten. Diese ermöglichen es, Variablen wie in einem Container abzulegen und jederzeit auf den Inhalt dieses Containers zuzugreifen. Damit eine eindeutige Zuordnung der Daten zum User stattfindet, wird zu Beginn einer Session eine Session-ID wie die folgende vergeben:

```
PHPSESSID=ca99cb395982a54a14b20aa2e49bae93
```

Session-ID übermitteln | Diese Session-ID wird automatisch generiert und identifiziert den User auch auf den nachfolgenden Seiten, die er anklickt, wenn dem Webserver die Session-ID bekannt ist. Damit das funktioniert, werden von PHP drei Verfahren angewandt, Sessiondaten zu übermitteln:

- als Cookie
- als Array ($_SESSION[]) (wird per URL-Parameter übergeben)
- als File auf dem Server

Je nach Voreinstellung wird eine dieser Methoden automatisch angewandt. Das Speichern einer Session auf dem Server ist allerdings von vielen Providern aus Sicherheitsgründen deaktiviert.

Session starten | Um mit Sessions zu arbeiten, müssen Sie die Session in jedem Dokument, das auf die gespeicherten Daten zugreifen soll, starten.

- `session_start();`: startet eine Session
- `session_register(VARIABLE);`: registriert eine Variable in einer Session
- `session_unset()`: hebt die Registrierung aller Variablen auf
- `session_destroy()`: löscht die komplette Session

21.10 Fazit

In der Hoffung, Ihnen nun PHP ein wenig näher gebracht zu haben, verweisen wir für weiterführende Informationen nochmals auf die einschlägigen Websites oder auf weiterführende Literatur. Wichtig für die Arbeit mit Dreamweaver 8 in diesem Buch ist zunächst nur, dass Sie PHP in den Grundzügen verstehen.

Appetit auf PHP bekommen?

Über PHP gibt es massenhaft Literatur und unzählige Websites, allen voran die Projektwebsite http://www.php.net selbst. Dort finden Sie eine komplette Referenz inkl. einer tiefgehenden Erklärung. Die PHP-Dokumentation liegt auf dieser Website auch in einer deutschen Übersetzung vor. Für allerneueste Features sollten Sie aber die englische Version lesen, da diese immer am aktuellsten ist. Weitere Fundgruben sind http://www.selfphp.com im Format des unschlagbaren HTML-Workshops SelfHTML und das Forum http://www.phpcoders.de.

22 Lokalen Webserver installieren

Um schnell und effizient mit Dreamweaver 8 und dynamischen Websites zu arbeiten, ist es sinnvoll, einen lokalen Webserver einzurichten. In diesem Kapitel zeigen wir Ihnen an zwei Beispielen, wie das geht.

22.1 Webserver-Grundlagen

Jede Website benötigt einen Webserver, auf dem sie läuft. Hier erläutern wir kurz und knapp die wichtigsten Begriffe.

Der **Webserver** ist dafür verantwortlich, Daten mit dem HTTP-Protokoll zu versenden. Mehr macht er eigentlich nicht. Er wartet auf eine Anforderung, sammelt Daten ein und schickt sie ab.

Für den Einsatz mit Dreamweaver 8 und PHP kommen folgende Webserver in Frage:

▶ **Apache**: Der definitiv meistgenutzte Webserver überhaupt. Eigentlich aus der Welt von UNIX kommend, laufen die neueren Versionen auch auf dem PC sehr stabil. Auf dem neuen Betriebssystem Mac OS X ist Apache bereits vorinstalliert. Die wesentlichen Vorteile sind, dass er sehr schnell, klein und leistungsfähig ist und auf Linux äußerst betriebs- und datensicher läuft.

▶ **Internet Information Server (IIS)**: Der IIS ist der Webserver aus dem Hause Microsoft. Bei Windows XP Professional und Windows 2000 Professional wird er mitgeliefert, muss allerdings nachinstalliert werden. Der IIS ist ein kompletter, hochprofessioneller Webserver und für den Einsatz im Web auf Microsoft-Systemen konzipiert. Einer der wichtigsten Vorteile ist, dass er die Entwicklung mit ASP und ASP.NET ermöglicht. Er stellt auch viele Dienste wie Mail und FTP zur Verfügung. Um den IIS gut und sicher zu konfigurieren, muss man sich allerdings gut mit den Windows-Systemen auskennen. Der IIS stellt – bei nicht korrekter Konfiguration – auf einem lokalen Entwicklungssystem eine große Sicherheitslücke dar.

▶ **Personal Webserver (PWS)**: Der PWS ist der kleine Bruder des IIS für den Hausgebrauch, für erste Tests oder ein lokales Entwicklungssystem jedoch völlig ausreichend. Sie können ihn kostenlos bei Microsoft downloaden. Er ist sehr einfach zu installieren, bietet aber nur wenig Möglichkeiten und ist wirklich nur für den Testbetrieb geeignet.

Wir verwenden aufgrund seiner hohen Verbreitung den kostenlos verfügbaren Webserver Apache. Natürlich können Sie auch jeden anderen Webserver betreiben. Für das weitere Vorgehen im Buch wird nur vorausgesetzt, dass auf ihm PHP und MySQL installiert und lauffähig sind.

IIS oder Apache

Die in den folgenden Abschnitten behandelten Webserver stellen Alternativen dar. Sie müssen sich bei der Arbeit für den IIS oder den Apache entscheiden. Lesen Sie am besten vor der Installation dieses Kapitel und entscheiden Sie dann, welches System Ihnen am verständlichsten erscheint.

LAMP und WAMP | Häufig fallen im Zusammenhang mit der Webentwicklung die Begriffe **LAMP** und **WAMP**. Sie bezeichnen Kombinationen verschiedener Systeme auf einem Rechner, bestehend aus Betriebssystem, Webserver, Datenbank und Skriptsprache. LAMP ist die Abkürzung für Linux, Apache, MySQL und PHP. Bei WAMP ist nur das Betriebssystem ein anderes: Statt Linux wird hier Windows eingesetzt.

WAMP-Entwicklungsserver | Wir werden in diesem Buch ein WAMP-System installieren und dieses als Testserver betreiben. Bei Ihrem Provider steht wahrscheinlich ein LAMP-System. Das Internet ist eine Linux- und UNIX-Welt. Diese Systeme sind wesentlich zuverlässiger als Windows. Für unsere Arbeit spielt es allerdings kaum eine Rolle, ob wir auf WAMP oder LAMP entwickeln. Die Technologie dahinter ist für das Funktionieren einer Site ohne Bedeutung, solange der Webserver stabil läuft.

Es ist wichtig zu wissen, dass Apache ursprünglich nicht für Windows-Systeme geschrieben wurde, sondern für Linux. Er funktioniert zwar auch auf Windows-Servern, für reale Bedingungen im Web ist diese Kombination aber nicht ideal. Als Entwicklungsserver ist WAMP aber vollkommen ausreichend.

PHP, MySQL und Apache haben zunächst nichts miteinander zu tun. Nur durch unsere Programmierung nutzen sie sich gegenseitig. PHP und MySQL können völlig unabhängig voneinander laufen. Üblicherweise startet man allerdings die Dienste gemeinsam.

Mac und Webserver

Mac-User müssen das Buch an dieser Stelle nicht zuschlagen. Apache, PHP und MySQL laufen auch auf einem Mac, auf den neueren UNIX-Systemen von Apple sogar hervorragend. Lesen Sie dazu die Installationsanleitungen auf http://www.apple.de oder auf den Websites von Apache, PHP und MySQL. Es gibt auch einige Foren, die sich mit dieser Thematik befassen. Bei Mac OS X ist standardmäßig bereits Apache etc. auf dem System installiert.

22.2 Vorbereitung: Firewall einstellen oder ausschalten

Nun genug der langen Rede. Im Folgenden installieren wir einen lokalen Testserver selbst und sehen uns die Sache am lebenden Objekt an.

Auf der dem Buch beigelegten CD finden Sie alle notwendigen Programme zur Installation im Verzeichnis WEBSERVER. Wir beschreiben hier die Installation eines Apache und eines Internet Information Systems unter Windows XP.

Buch-CD

Desktop-Firewall konfigurieren | Wenn Sie eine Desktop-Firewall auf dem Rechner für den Testserver installiert haben, kann es zu Problemen mit einem Webserver kommen. Falls nach den folgenden Schritten einer der Webserver wider Erwarten nicht funktioniert, überprüfen Sie die Einstellungen Ihrer Firewall. Vereinfacht ausgedrückt, sprechen Sie Ihren Rechner beim Webserver-Betrieb in einer Art Rückkopplung an. Für eine Firewall sieht das so aus, als würde ein fremder Rechner einen Zugriffsversuch starten. Falls möglich, betreiben Sie Ihre Rechner an einem Router und aktivieren auf diesem die Firewall mit den gewünschten Einstellungen. Oder, noch besser, schalten Sie einfach einen Rechner mit Linux als Firewall und Router dazwischen. Die geschilderten Probleme treten dann nicht auf.

Interne Firewall | Windows XP benutzt eine interne Firewall. Auch hier müssen Sie Einstellungen je nach Systemkonfiguration vornehmen oder die XP-Firewall deaktivieren.

Weitere Vorbereitungen für die Installation eines Webservers sind nicht erforderlich. Für den IIS benötigen Sie nur die Original-CD von Windows XP oder 2000 Professional. Alternativ können Sie auch den Personal Webserver, kurz PWS, von Microsoft installieren. Dieser ist als frei verfügbare Version auf der Website von Microsoft erhältlich.

Probleme von Apache und IIS mit der Firewall Outpost

Schwerwiegende Probleme traten bei uns mehrfach mit der freien Version der Firewall Outpost von Agnitum auf. Die Zugriffsrechte lassen sich zwar einfach konfigurieren, jedoch bringen sowohl der Apache als auch der IIS in Kombination mit dieser ansonsten sehr guten Desktop-Firewall das System zum Totalabsturz. Das Problem tritt bei uns grundsätzlich in Kombination mit Hyper-Trading-Prozessoren auf. Nach einigen Zugriffen auf die lokale Site startet der Rechner einfach neu. Nachdem wir anfänglich der Meinung waren, dass ein Virus daran schuld ist, sind wir mittlerweile sicher, dass es an Outpost liegt. Falls Ihnen dieses Problem bekannt ist und Sie eine Lösung kennen, lassen Sie es uns wissen.

Lokale Server und Service Pack 2 | So gut das Service Pack 2 von Microsoft für die Sicherheit beim Surfen ist, so nervtötend kann es beim Betrieb eines lokalen Servers sein.

Bei eingeschalteter Windows-Firewall funktioniert meist gar nichts. Sie müssen zunächst Apache den Zugriff auf Ihren Rechner erlauben.

Im Browser erscheinen in der normalen Konfiguration leider ständig Warnungen wegen angeblich aktiver Skripte. Damit Sie diese Warnungen nicht dauernd abschalten müssen, müsste die Sicherheitsstufe des Internet Explorers auf »niedrig« gesetzt werden. Damit öffnen Sie allerdings gleichzeitig wieder einige Sicherheitslücken auf Ihrem System.

Der Idealfall wäre, wenn Sie mit Ihrem Entwicklungsrechner nicht im Netz surfen. Da dies wohl kaum der Fall sein wird, müssen Sie einen für Sie tragbaren Kompromiss finden.

22.3 WAMP installieren

In der letzten Auflage des Buches haben wir den Einsatz von phptriad empfohlen. Dreamweaver 8 ist mit **phptriad** nicht in der Lage, einen MySQL-Zugriff zu realisieren. Wir haben dieses Problem auf mehreren unterschiedlichen Konfigurationen festgestellt. Aus diesem Grund und aufgrund der mittlerweile nicht mehr gepflegten phptriad-Version haben wir uns für den Einsatz von XAMPP entschieden.

> **Nicht als reeller Webserver geeignet**
>
> Beachten Sie bitte, dass keine der von uns vorgeschlagenen Konfigurationen zum Betrieb eines »echten« Webservers im Internet geeignet ist. Die Systeme sind ausschließlich zum lokalen Gebrauch bei der Entwicklungsarbeit gedacht.

22.3.1 XAMPP in verschiedenen Versionen

Einen vollwertigen und sicheren Webserver zu installieren ist keineswegs trivial. Für unser Testsystem wählen wir daher den einfachen Weg und verwenden die Instant-Installation eines WAMP-Systems.

Komplettes Installationspackage | XAMPP ist ein Komplettsystem mit allen erdenklichen Modulen und Bibliotheken. Auf der Website www.apachefriends.org finden Sie eine vollständige Dokumentation sowie einige Erweiterungen für dieses Tool.

XAMPP ist auf der Website www.apachefriends.de mittlerweile in der Version 1.5.0 verfügbar. Diese Version nutzt die neueste MySQL-Version 5.0. Wir gehen jedoch zurzeit noch nicht davon aus, dass MySQL 5.0 schnell bei den Providern verfügbar ist. Aus diesem Grund und weil der Export von SQL-Daten aus den MySQL-Versionen ab 4.1 in ältere MySQL-Datenbanken eventuell erhebliche Probleme bereitet, haben wir uns im Buch für die **XAMPP-Version 1.4.9** entschieden. Wenn Sie dennoch mit der aktuellsten Version arbeiten möchten, können Sie diese auf der Website www.apachefriends.de downloaden.

XAMPP installieren | Im Verzeichnis WEBSERVER auf der CD zum Buch finden Sie die Datei xampp-win32-1.4.9-installer.exe. Kopieren Sie diese Datei auf Ihren Desktop und starten Sie sie durch einen Doppelklick.

Buch-CD

XAMPP wird standardmäßig im Verzeichnis C:/apachefriends/ installiert. Nach der Installation finden Sie unter PROGRAMME • APACHEFRIENDS • XAMPP die in Abbildung 22.1 gezeigten Einträge.

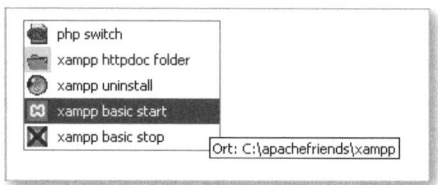

Abbildung 22.1 ▶
Startmenü für XAMPP

22.3.2 XAMPP testen und konfigurieren

Klicken Sie auf PROGRAMME • APACHEFRIENDS • XAMPP • XAMPP BASIC START.

Das sich öffnende Fenster (siehe Abbildung 22.2) muss während der gesamten Arbeit geöffnet bleiben, ansonsten wird der Server beendet. Um den Apache und MySQL sauber zu beenden, klicken Sie auf PROGRAMME • APACHEFRIENDS • XAMPP • XAMPP BASIC STOP.

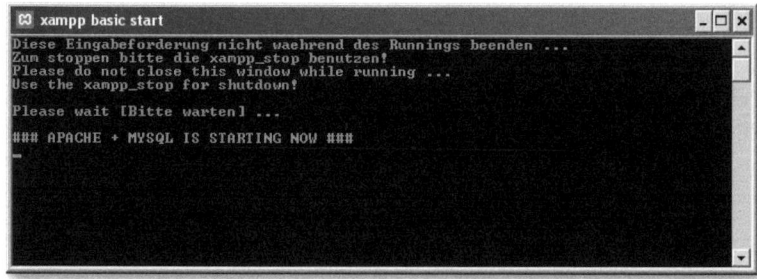

▲ Abbildung 22.2
Gestarteter Apache-Webserver

Falls der Browser beim Start nicht automatisch gestartet wird, öffnen Sie ihn nun, um die Funktionen zu überprüfen. Wenn Sie sich am gleichen Rechner befinden, auf dem auch der Apache läuft, hat er immer den Namen »localhost« und die IP 127.0.0.1.

Geben Sie http://localhost/xampp/ in die Adressleiste ein. Das Verzeichnis /XAMPP/ beinhaltet die Test- und Konfigurationswebsite von xampp.

Wenn jetzt – nach einer eventuellen Sprachauswahl – der Bildschirm aus Abbildung 22.3 erscheint, war Ihre Installation erfolgreich.

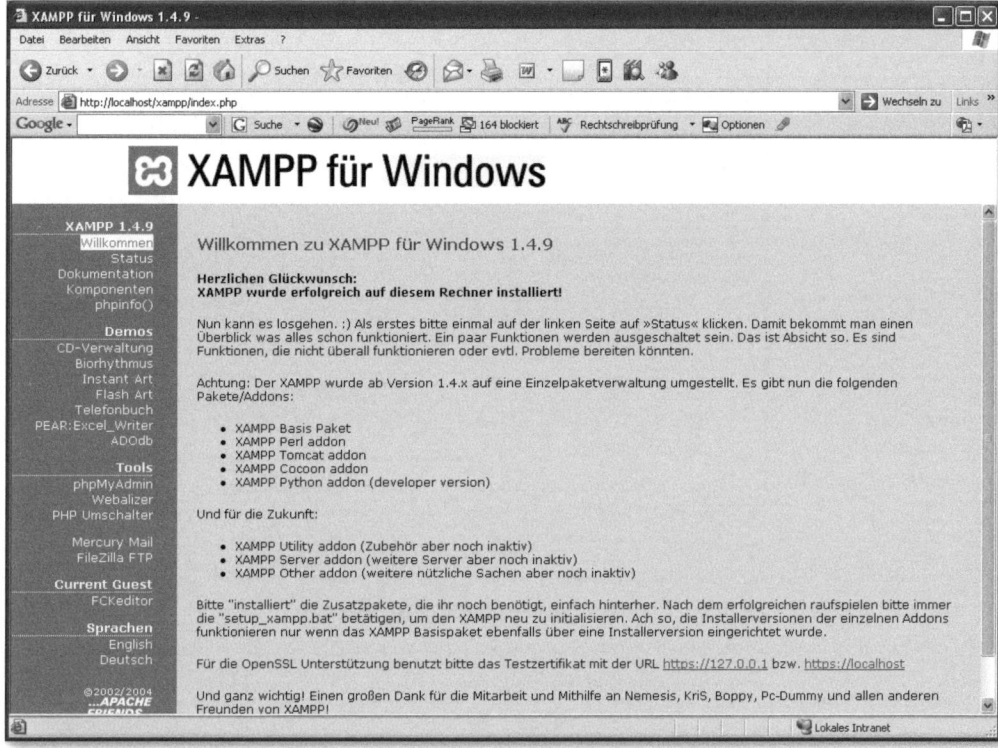

▲ **Abbildung 22.3**
Startbildschirm von XAMPP unter http://localhost/xampp

Betrachten wir nun die Verzeichnisse auf Ihrer Festplatte. Auf Laufwerk C:\ befindet sich ein neuer Ordner mit dem Namen apachefriends\xampp\htdocs\. Dieser Ordner ist die **Serverroot**.

Ablageort für dynamische Websites | In diesen Ordner müssen Sie alle dynamischen Websites ablegen, die Sie auf Ihrem System entwickeln möchten. Nur dort werden die Dokumente ausgeführt. In dem Verzeichnis liegen zunächst die Dokumente für die XAMPP-Website und einige Testdokumente.

Löschen Sie den kompletten Ordnerinhalt von htdocs und geben Sie im Browserfenster https://localhost ein. Sie sehen jetzt die Verzeichnisstruktur des Rootverzeichnisses im Browserfenster angezeigt.

Da noch keine Verzeichnisse angelegt wurden, sieht das Browserfenster zunächst aus wie in Abbildung 22.4 (Seite 350) dargestellt. Wenn Ihnen andere, fehlerhafte Inhalte angezeigt werden, müssen Sie eventuell XAMPP neu starten.

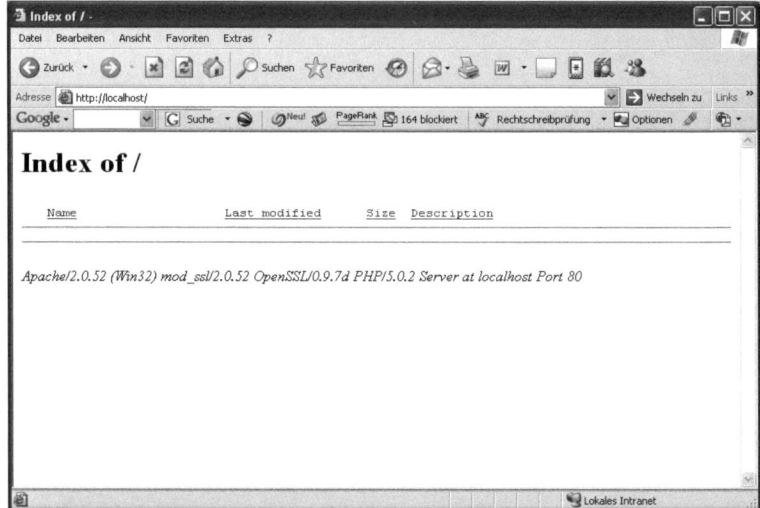

Abbildung 22.4 ▶
Verzeichnisstruktur
des Rootverzeich-
nisses

22.3.3 Eigene Serverroot angeben

Sie müssen nicht zwingend mit der von XAMPP voreingestellten Serverroot arbeiten. Die Datenhaltung für wichtige Websites auf Laufwerk C: ist sehr kritisch. Bei einer Neuinstallation von Windows wären alle vorhandenen Daten verloren. Aus diesem Grund empfiehlt es
sich, die Serverroot auf eine eigens dafür angelegte Partition zu legen.

Im weiteren Verlauf des Buches arbeiten wir beispielsweise mit
dem Laufwerk D: als Serverroot.

Sicherungskopie anlegen

Legen Sie, bevor Sie eine eigene Serverroot definieren, unbedingt eine
Sicherungskopie der zu verändernden Dateien an. So können Sie bei einem Misserfolg die Originaleinstellungen wieder herstellen.

Schritt für Schritt: Eigenes Rootverzeichnis anlegen

1 Konfigurationsdatei öffnen

Öffnen Sie mit einem Texteditor die Datei C:\apachefriends\xampp\
apache\conf\httpd.conf.

Suchen Sie die folgenden Zeilen:

```
# DocumentRoot: The directory out of which you will
  serve your
# documents. By default, all requests are taken from
  this directory, but
# symbolic links and aliases may be used to point to
  other locations.
#
DocumentRoot "C:/Programme/xampp/htdocs"
```

2 DocumentRoot ändern

Ändern Sie die DocumentRoot auf Ihr gewünschtes Verzeichnis. Bei uns ist die DocumentRoot auf:

```
DocumentRoot "D:"
```

eingestellt.
Suchen Sie einige Zeilen weiter den Eintrag:

```
# This should be changed to whatever you set
DocumentRoot to.
#
<Directory "C:/Programme/xampp/htdocs">
```

Hier müssen Sie unter Directory den gleichen Eintrag wiederholen. Wir stellen auch diesen auf:

```
Directory "D:"
```

3 Server neu starten

Starten Sie jetzt den XAMPP erneut.

4 phpMyAdmin in die Serverroot legen

phpMyAdmin ist eine Benutzeroberfläche für die Administration von MySQL. Damit Sie ohne die XAMPP-Website Zugriff auf phpMy-Admin haben, müssen Sie das gesamte Verzeichnis C:\Programme\xampp\phpMyAdmin\ in die von Ihnen gewünschte Serverroot verschieben.

5 Browser starten

Nachdem Sie dies getan haben, starten Sie den Browser. Sie müssten jetzt in der Liste den Eintrag PHPMYADMIN sehen. Klicken Sie auf den Eintrag, dann sehen Sie die Oberfläche von phpMyAdmin.

Falls dies nicht der Fall ist, überprüfen Sie alle Schritte und achten Sie darauf, dass Apache und MySQL gestartet sind. Sie erhalten ansonsten eine Fehlermeldung angezeigt.

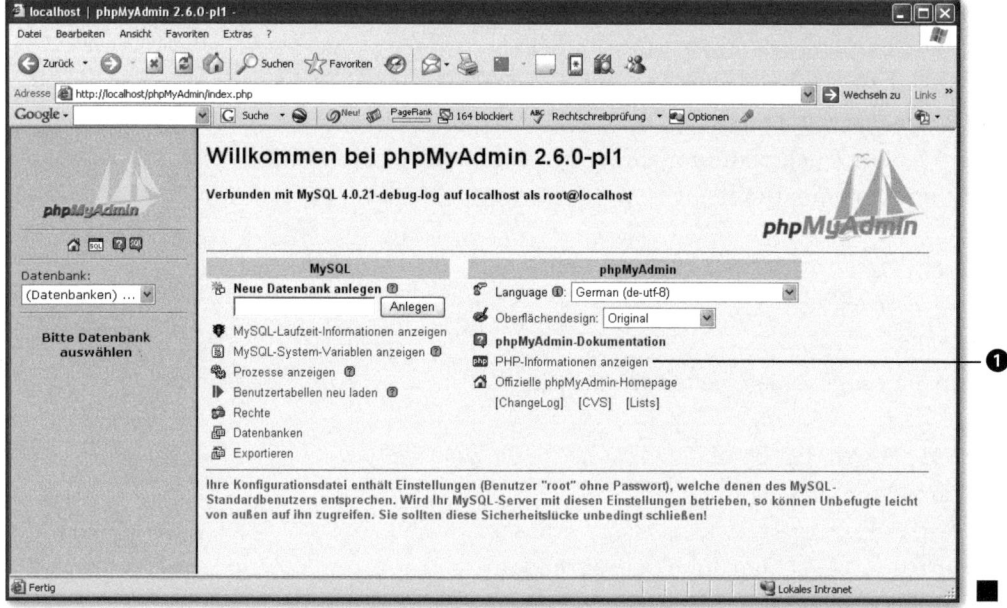

22.3.4 Anzeige der PHP-Einstellungen

Um zu überprüfen, ob PHP funktionsfähig installiert wurde, klicken Sie auf den Link PHP-INFORMATIONEN ANZEIGEN ❶ in der phpMy-Admin-Oberfläche.

Wenn jetzt der Bildschirm angezeigt wird, den Abbildung 22.5 darstellt, ist PHP korrekt installiert und einsatzbereit.

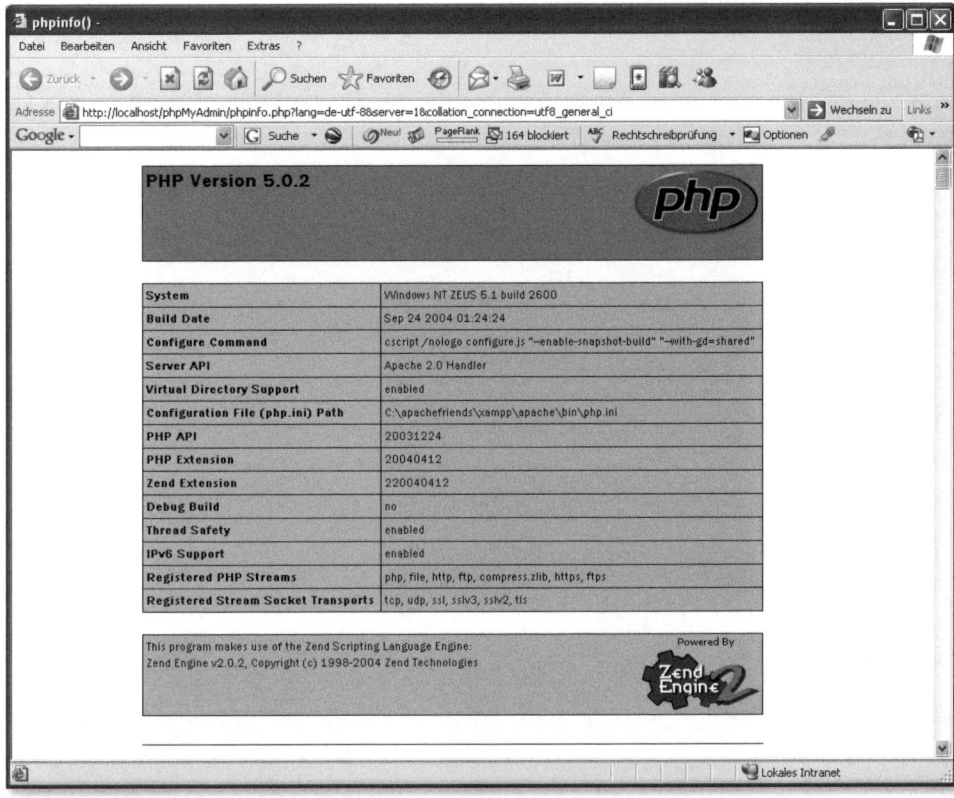

▲ Abbildung 22.5
Ansicht der PHP-Interpreter-Einstellungen

22.3.5 MySQL

Beim Start von phpMyAdmin wird automatisch auf MySQL zugegriffen. Wenn Sie also keine Fehlermeldungen erhalten haben, ist davon auszugehen, dass MySQL korrekt installiert ist.

MySQL verwalten | MySQL selbst besitzt keine grafische Benutzeroberfläche. Bei dem nackten System müssten Sie eigentlich alle Befehle direkt auf der Kommandozeile eingeben – wie in alten MS DOS-Zeiten. Dies wollen wir Ihnen ersparen. Wesentlich komfortabler lässt sich MySQL mit phpMyAdmin oder mit den Tools MySQL Administrator und MySQL Query Browser verwalten.

Beide Programme haben wir Ihnen ebenfalls auf der CD beigelegt. Sie finden es im gleichen Verzeichnis wie den Webserver. Nach dem Starten der Programme sehen Sie die Bildschirme aus Abbildung 22.6 und Abbildung 22.7.

Buch-CD

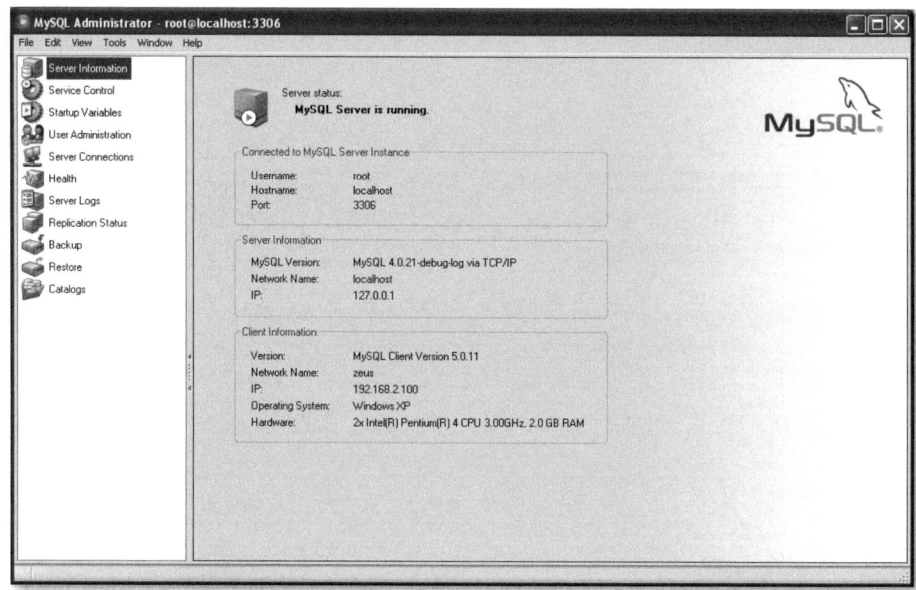

▲ **Abbildung 22.6**
MySQL Administrator

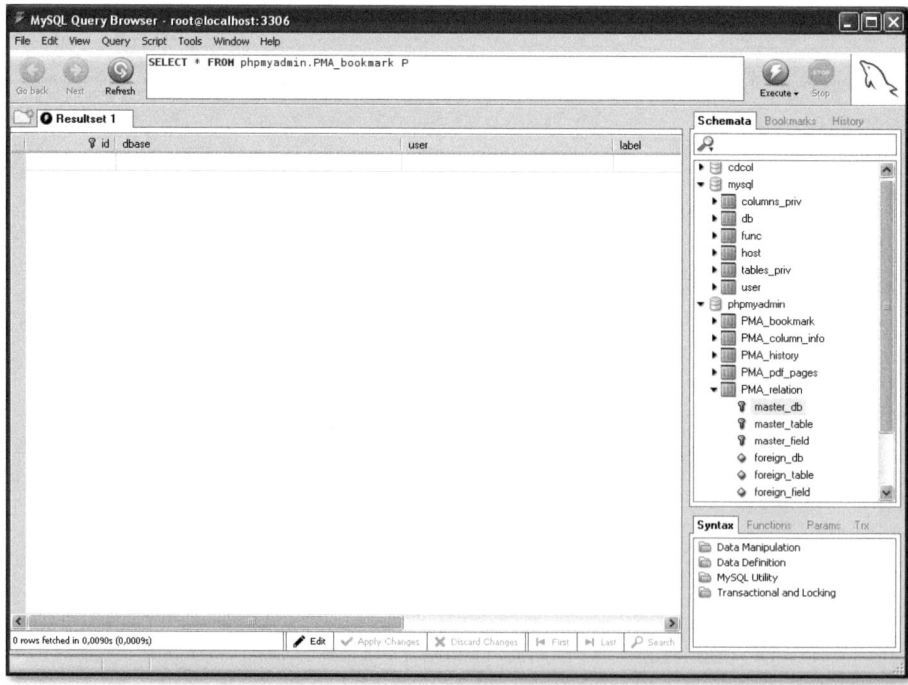

▲ **Abbildung 22.7**
MySQL Query Browser

Es bleibt letztlich Ihnen überlassen, ob Sie mit phpMyAdmin oder mit diesen Tools arbeiten wollen. Im Buch werden wir phpMyAdmin verwenden, da es auch auf den meisten Webservern der Provider installiert ist.

Buchwebsite

Wenn wir später mit Dreamweaver 8 im Testserver-Betrieb arbeiten und Sie Ihre Sites testen wollen, müssen Sie vorher immer Apache und MySQL starten!

Zwischen PHP 5 und PHP 4 umschalten

XAMPP kann zwischen PHP 5 und PHP 4 umschalten. Starten Sie dazu PROGRAMME • APACHEFRIENDS • XAMPP • PHP SWITCH. In der Dialogbox können Sie zwischen den PHP-Versionen auswählen.
Anschließend muss der Apache neu gestartet werden.

22.4 Internet Information Server als Alternative installieren

Wir empfehlen für eine Installation unter Windows den IIS von Microsoft. Dreamweaver 8 unterstützt neben PHP auch ASP, ASP.NET und einige andere Sprachen, die nur auf Windows-Systemen lauffähig sind. Mit einem Apache sind Sie fast ohne weitere Zusatzmodule ausschließlich an PHP gebunden. Es können zwar, wenn in der php.ini die entsprechenden Bibliotheken freigegeben sind, auch Access- und SQL-Datenbanken abgefragt werden, dafür wird aber eine Kodierung von Hand vorausgesetzt. Außerdem werden diese Datenbanken von Dreamweaver 8 nicht unterstützt.

ASP.NET auf dem IIS einsetzen

Wenn Sie alle Features und die neuesten Technologien nutzen möchten, die das Internet zu bieten hat, sollten Sie – nachdem Sie sich mit PHP in das Erstellen dynamischer Websites eingearbeitet haben – auch ASP.NET ausprobieren. Dazu benötigen Sie den IIS und das Microsoft .NET-Framework auf Ihrem Rechner. ASP.NET-Websites zu erstellen, ist mit Dreamweaver 8 ähnlich einfach wie mit PHP und MySQL.
Das Microsoft .NET-Framework können Sie auf der Website von Microsoft kostenlos downloaden. Bedenken Sie dabei aber, dass Sie dafür eine schnelle Internetverbindung benötigen. Es ist mehrere hundert MB groß. Die Einarbeitung in ASP.NET ist deutlich schwerer als bei PHP. Wir werden in Kapitel 25 nochmal kurz darauf eingehen.

Unter Windows XP oder unter Windows 2000 Professional ist der Internet Information Server stabiler als ein WAMP-System. Die Installation ist jedoch in Kombination mit PHP und MySQL nicht ganz so einfach wie beim Apache. Unabdingbar ist die Installation, wenn Sie parallel zu PHP auch mit ASP oder der ASP.NET-Technologie arbeiten wollen. Beide setzen den IIS zwingend voraus.

Apache und IIS nicht parallel installieren! | Achtung, installieren Sie nie ein WAMP-System und den IIS gleichzeitig auf einem Rechner. Die beiden Webserver werden zwangsläufig gegeneinander arbeiten. Wenn Sie den IIS testen wollen, entfernen Sie vorher alle Apache-, PHP- und MySQL-Komponenten. Falls Sie bereits längere Zeit damit arbeiten, vergessen Sie nicht, das Verzeichnis HTDOCS sowie die Datenbanken zu sichern!

Schritt für Schritt: IIS installieren

Der Internet-Informationsdienst (IIS) befindet sich auf Ihrer XP- oder Windows 2000-CD. Sie wird für die Installation benötigt. Klicken Sie dazu auf START • SYSTEMSTEUERUNG • SOFTWARE und wählen Sie WINDOWS-KOMPONENTEN HINZUFÜGEN/ENTFERNEN aus.

1 Internet-Informationsdienste hinzufügen
Aktivieren Sie dann die INTERNET-INFORMATIONSDIENSTE (IIS) ❶ und klicken Sie auf DETAILS ❷.

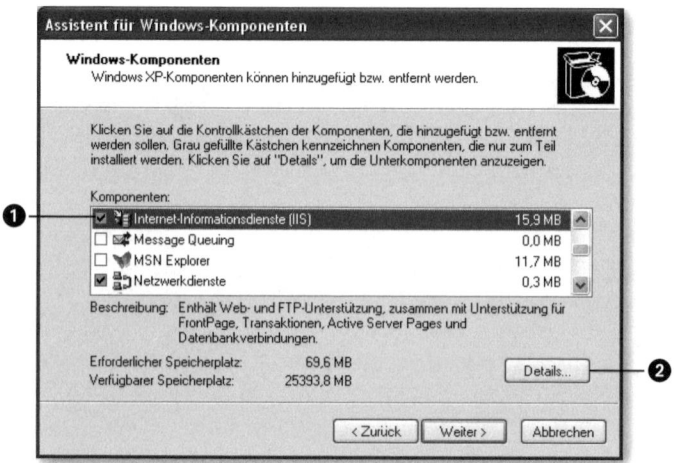

2 Dienste auswählen

Wählen Sie hier alle angebotenen Dienste aus. Dies ist der einfachere und sichere Weg, da einige Dienste in Abhängigkeit zueinander stehen. Für Detailinformationen über die Dienste lesen Sie am besten die Dokumentationen von Microsoft.

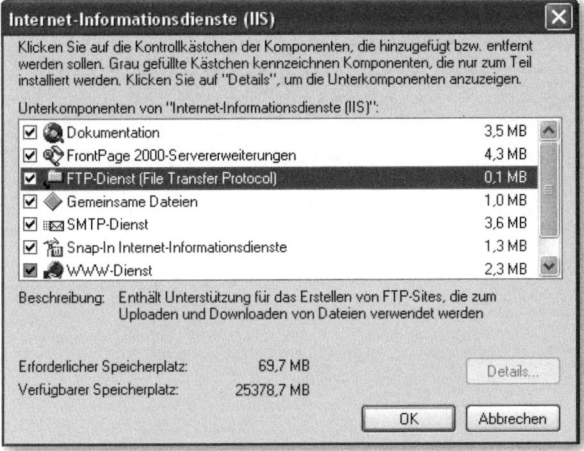

3 Installations-CD einlegen

Legen Sie nun die Original-CD von Windows XP ein und installieren Sie die neuen Komponenten. Normalerweise müssen Sie im Anschluss an die Installation den Rechner nicht neu starten.

4 IIS aufrufen

Geben Sie jetzt in der Browserleiste wieder http://localhost ein, und Sie sehen den Bildschirm, den die Abbildung auf der nächsten Seite zeigt.

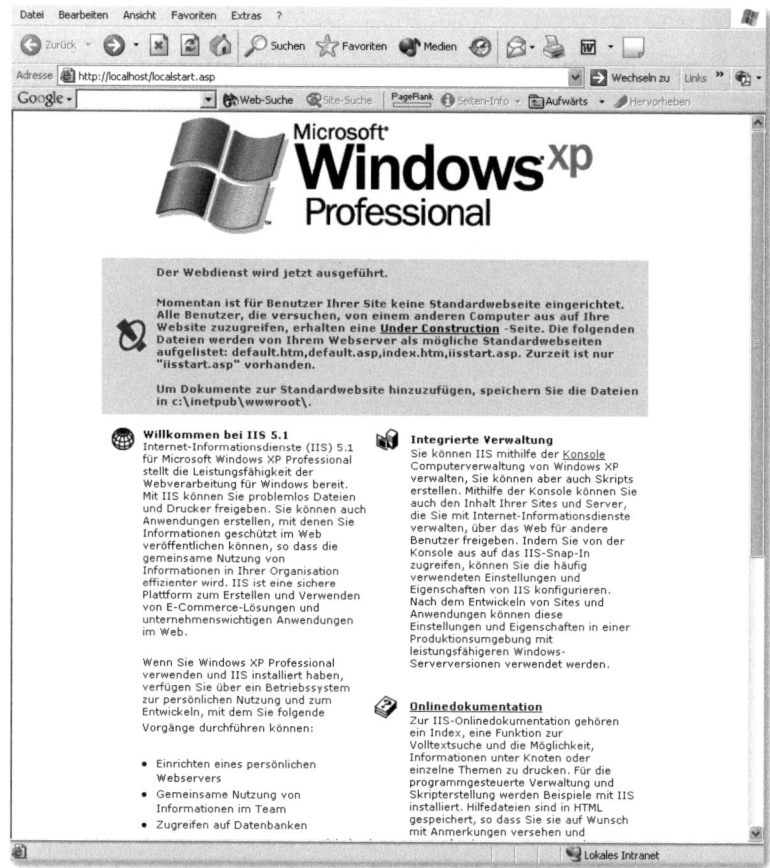

22.4.1 IIS verwalten

Die Einstellungen für den IIS werden in der SYSTEMSTEUERUNG vorgenommen. Hier finden Sie jetzt die INTERNET-INFORMATIONSDIENSTE.
In der Verwaltung können sämtliche Einstellungen für den IIS überarbeitet werden. Zunächst belassen wir jedoch alles so, wie es ist, um
noch PHP und MySQL zu installieren.

Serverroot des IIS | Auf Ihrem Laufwerk befinden sich einige neue
Ordner. Das Unterverzeichnis WWWROOT im Verzeichnis INETPUB ist
das Rootverzeichnis des IIS und entspricht dem Verzeichnis HTDOCS
beim Apache (siehe Abbildung 22.9).

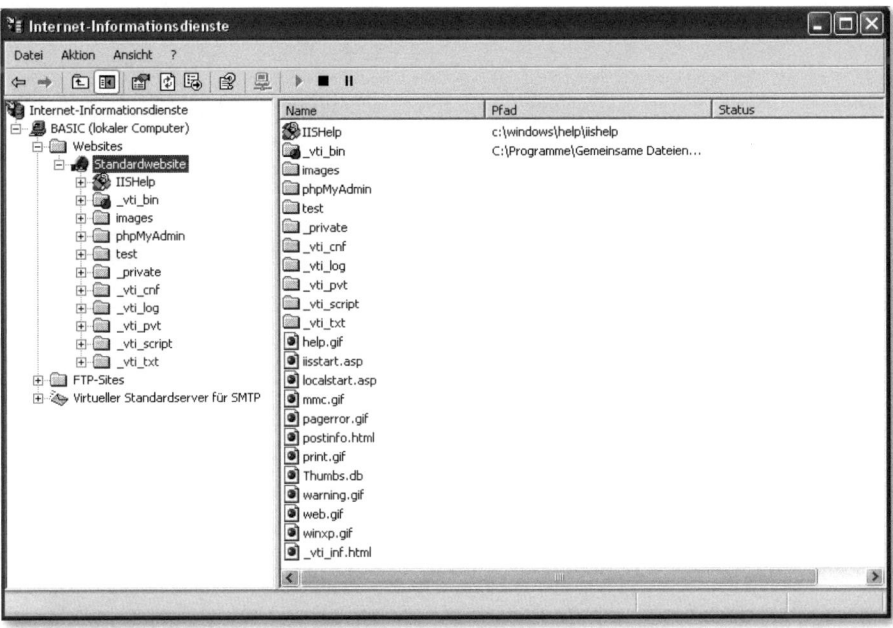

▲ **Abbildung 22.8**
Die IIS-Verwaltung in der Systemsteuerung

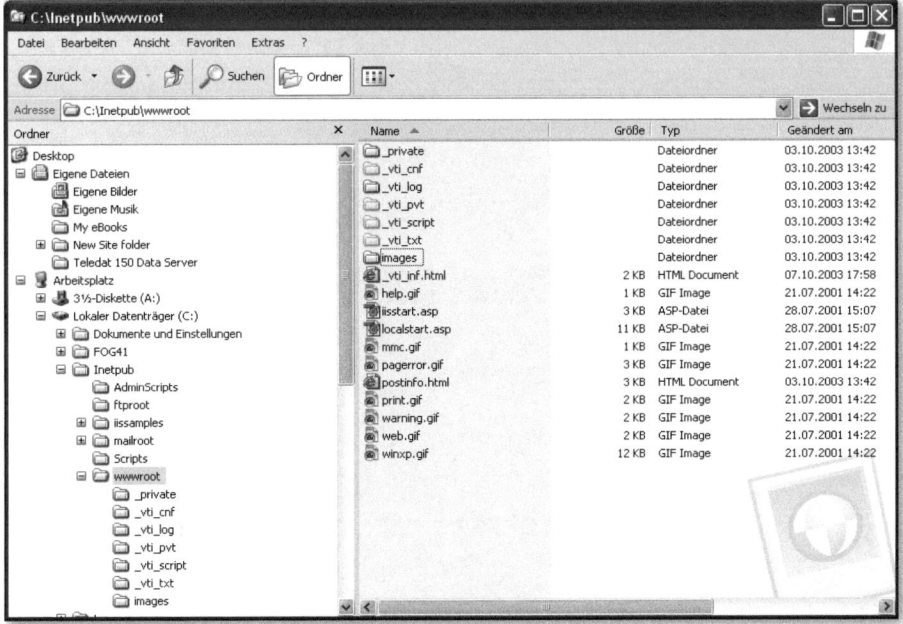

▲ **Abbildung 22.9**
Rootverzeichnis des IIS

Internet Information Server als Alternative installieren **359**

22.4.2 PHP auf IIS installieren

Buch-CD

Die Datei php-4.4.1-installer.exe und php-5.0.5-installer.exe finden Sie auf der CD zum Buch oder im Internet unter http://www.php.net zum freien Download.

PHP-Version
Für die Entwicklung mit den von Dreamweaver 8 zur Verfügung gestellten Features spielt es keine Rolle, welche PHP-Version Sie einsetzen.

Schritt für Schritt: PHP auf IIS installieren

1 *Installation starten*

Um mit der Installation zu beginnen, starten Sie bitte die Datei durch Doppelklick und aktivieren den Modus ADVANCED.

2 *Error Reporting*

Klicken Sie auf NEXT, bis Sie zu der Auswahl für ERROR REPORTING gelangen. Aktivieren Sie hier DISPLAY ALL ERRORS. So werden nur besonders schwere, die Ausführung des Skripts verhindernde Fehler in Dokumenten angezeigt. PHP ist ansonsten sehr mitteilungsbedürftig, was eher störend ist.

Für die Fehlersuche kann diese Einstellung später auch separat vorgenommen oder verändert werden.

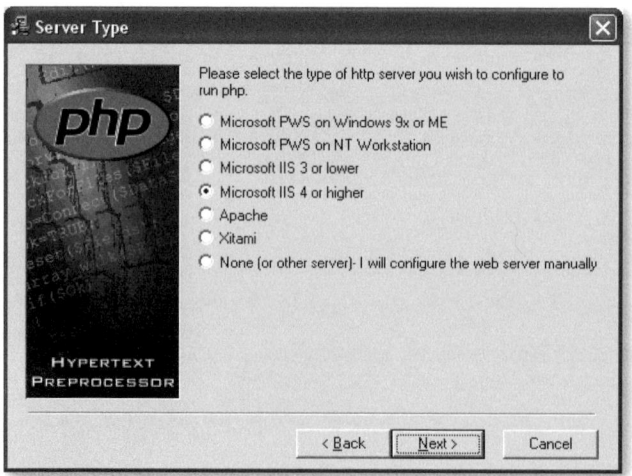

3 *Den richtigen Webserver auswählen*

Wählen Sie als Nächstes den IIS als Webserver aus. Wenn Sie PHP nachträglich für einen der anderen Webserver installieren, können Sie diesen hier auswählen.

4 PHP dem IIS zuweisen

Aktivieren Sie im Fenster IIS SCRIPTMAP NODE SELECTION die Option
WWW SERVICE MASTER PROPERTIES, um die Einstellungen für PHP in
die Konfiguration des IIS aufzunehmen.

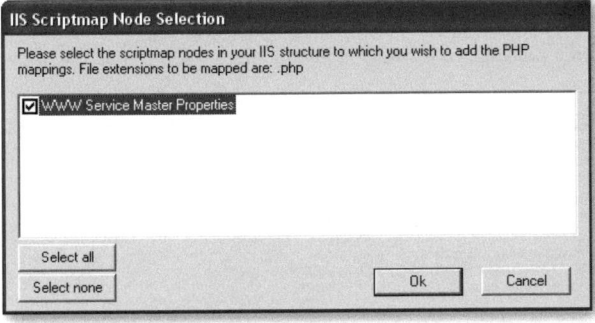

5 Konfiguration abschließen

Vollständig konfiguriert ist der IIS damit allerdings noch nicht. Es sind
noch weitere Einstellungen notwendig: Klicken Sie mit der rechten
Maustaste auf Ihre Standardwebsite in der IIS-Verwaltung, um zur
Dialogbox EIGENSCHAFTEN VON STANDARDWEBSITE zu gelangen. Akti-
vieren Sie hier die Kontrollkästchen SKRIPTZUGRIFF ❶ und LESEN ❷.
Durch diese Aktion erlauben Sie dem IIS, Skripts auszuführen.

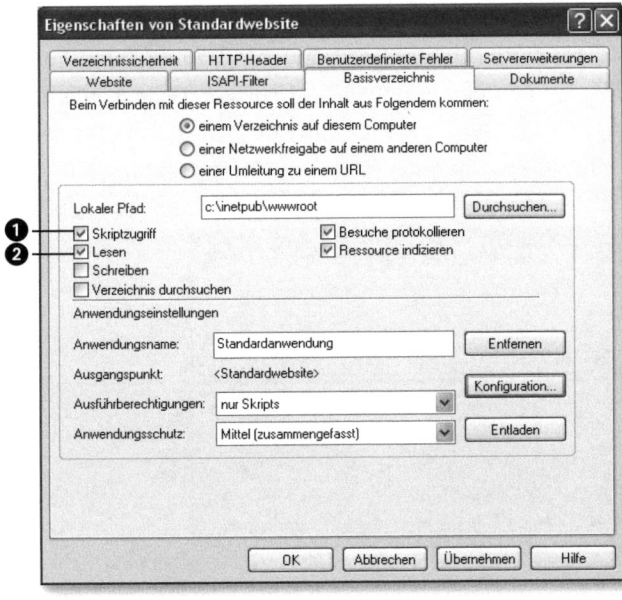

6 IIS-Anwendungskonfiguration

Klicken Sie anschließend im Fenster BASISVERZEICHNISSE auf ANWEN-
DUNGSKONFIGURATION. Es öffnet sich das folgende Fenster.

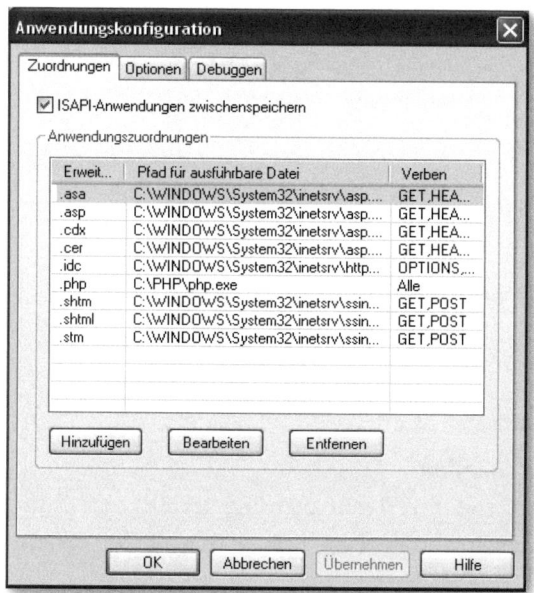

7 Verknüpfen der Erweiterung .php mit der PHP-Anwendung

Falls PHP noch nicht in der Anwendungskonfiguration eingetragen
ist, muss dem IIS noch mitgeteilt werden, dass der PHP-Interpreter
geöffnet werden soll, wenn eine Datei mit der Endung .php aufgerufen wird. Klicken Sie gegebenenfalls auf HINZUFÜGEN, wählen Sie
die Datei php.exe auf Ihrem Laufwerk aus und tragen Sie unter ER-
WEITERUNG die Endung .php ein.

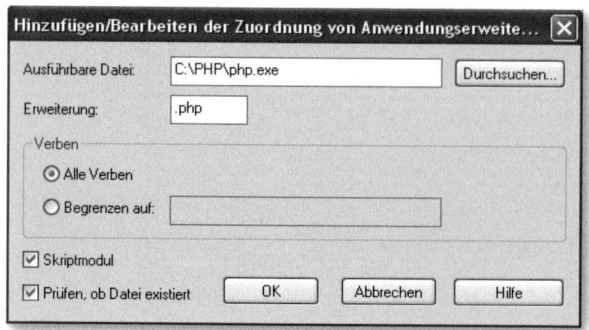

8 Skript zur Anzeige der PHP-Einstellungen

Erstellen Sie nun im Verzeichnis wwwroot eine php-Datei mit folgendem Inhalt:

```
<?
phpinfo();
?>
```

9 Infoscreen aufrufen

Bei direktem Aufruf der Datei über den Browser erscheint nun der Infoscreen von PHP.

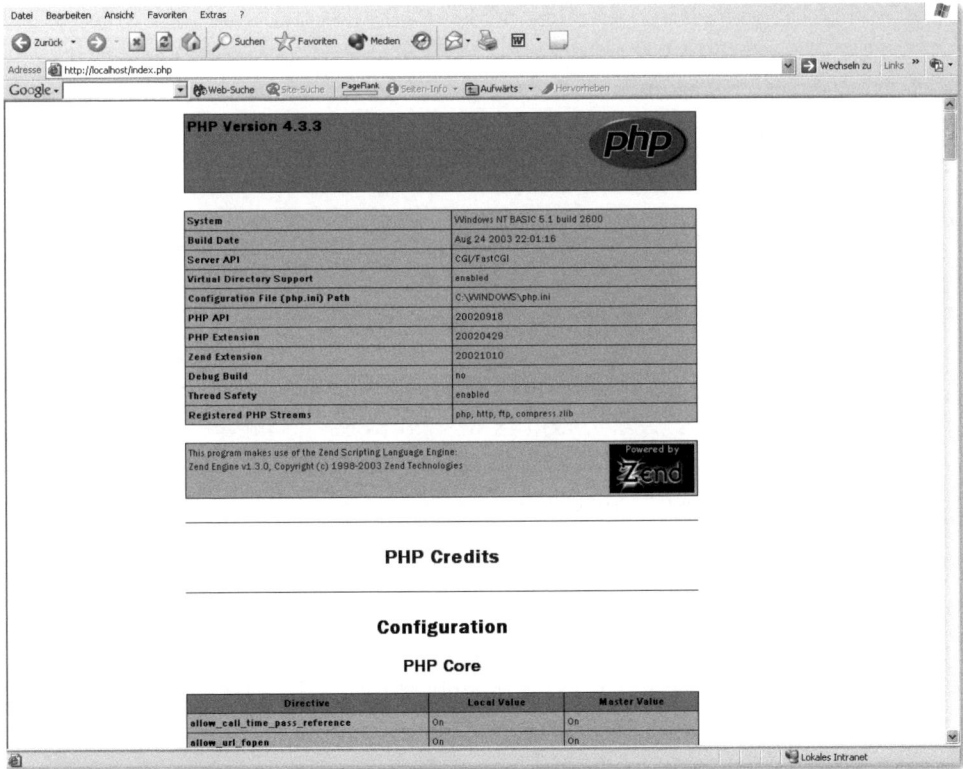

10 php.ini anpassen

Damit PHP korrekt funktioniert, muss in der php.ini-Datei noch eine kleine Änderung vorgenommen werden. Öffnen Sie dafür diese Datei mit einem Editor und suchen Sie die folgende Phrase:

```
register_globals =
```

Tragen Sie dann, falls hinter dem Gleichzeichen Off steht, ein On ein und speichern Sie die Datei ab.

Damit ist die Installation von PHP abgeschlossen. ■

22.4.3 MySQL unter IIS installieren

Buch-CD

Bei der Installation von MySQL gibt es nichts Besonderes zu beachten. Extrahieren Sie einfach die Datei mysql-4.0.15-win.zip von der CD in einen Ordner Ihrer Wahl und starten Sie das Setup-Programm.

Nach der Installation finden Sie im Ordner C://mysql/bin eine Datei mit dem Namen winmysqladmin.exe. Starten Sie diese, und Sie sehen in der Taskleiste rechts unten eine kleine Ampel. Wenn die Ampel grün anzeigt, ist der MySQL-Server aktiv. Über dieses Tool können Sie auch MySQL als Dienst installieren und verwalten.

Sie verfügen jetzt über ein funktionierendes IIS-System mit MySQL und PHP.

22.4.4 phpMyAdmin unter IIS installieren

Wenn Sie mit dem IIS arbeiten, empfehlen wir Ihnen, ebenso phpMyAdmin zu installieren. Extrahieren Sie dafür die Datei phpMyAdmin-2.5.3-php.zip und benennen Sie den nun entstehenden Ordner in /phpMyAdmin/ um. Diesen verschieben Sie dann in das Rootverzeichnis (wwwroot) des IIS und rufen ihn im Browser über http://localhost/phpMyAdmin/ auf.

Buch-CD

Die Version auf der CD ist eine neuere als in der WAMP-Instant-Installation aus dem vorherigen Abschnitt. Wundern Sie sich also bitte nicht über das etwas andere Aussehen.

Warnmeldungen | Sie werden beim ersten Aufruf einen Warnhinweis erhalten, dass Sie doch bitte das Passwort ändern sollen. Das ist nicht zwingend notwendig. Die zweite eventuelle Warnmeldung:

```
Das $cfg['PmaAbsoluteUri']-Verzeichnis MUSS in
Ihrer Konfigurationsdatei angegeben werden!
```

sollten Sie jedoch nicht ignorieren. Öffnen Sie die Datei config.inc.php im Verzeichnis wwwroot\phpMyAdmin und ergänzen Sie den folgenden Eintrag:

```
$cfg['PmaAbsoluteUri'] = 'http://localhost/
phpMyAdmin/';
```

Damit ist auch diese Einstellung korrekt.

Im weiteren Verlauf des Buchs werden wir mit dem zuvor installierten WAMP-System arbeiten, da wir davon ausgehen, dass es bei den meisten Lesern installiert ist, und weil der Apache auch auf dem Mac installiert werden kann.

Unterschiedliche Serverroot | Die weitere Vorgehensweise ist auf beiden Systemen gleich, Sie müssen nur bedenken, dass bei WAMP als Serverroot das Verzeichnis HTDOCS im Verzeichnis C:\apache gilt und bei IIS das Verzeichnis WWWROOT als c:\Inetpub zu finden ist. Der IIS muss im Gegensatz zum Apache nicht immer extra gestartet werden, da er als Dienst unter Windows automatisch beim Systemstart hochfährt.

23 Dynamische Sites in Dreamweaver einrichten

Nachdem wir nun einen lokalen Webserver installiert haben, müssen Sie Dreamweaver 8 für die Arbeit mit dynamischen Websites vorbereiten. In diesem Kapitel erfahren Sie, wie das geht.

Vor allen weiteren Arbeiten mit dynamischen Websites muss Dreamweaver 8 für den Testserverbetrieb eingerichtet werden. Wichtig ist dabei, dass sich der lokale Stammordner Ihrer Site im Dokumentenverzeichnis Ihres zuvor eingerichteten Webservers befindet.

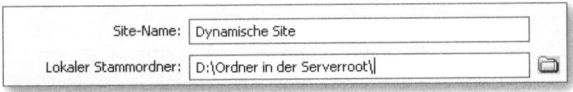

▲ **Abbildung 23.1**
Stammordner in der Serverroot

23.1 Testserver-Einstellungen

Die Einstellungen für Dreamweaver 8 werden in der Site-Verwaltung vorgenommen. Legen Sie dort am besten eine neue Site an. Dann wechseln Sie in der SITE-DEFINITION zum Menüpunkt TESTSERVER (siehe Abbildung 23.2).

Servermodell angeben | Zunächst müssen hier Sie ein SERVERMODELL ❶ angeben. In unserem Fall ist es ein PHP MySQL-System. Welcher Server (IIS oder Apache) tatsächlich im Hintergrund agiert, spielt dabei keine Rolle. Wichtig ist nur die Auswahl des Systems, um die spätere Syntax für die Abfragen etc. festzulegen.

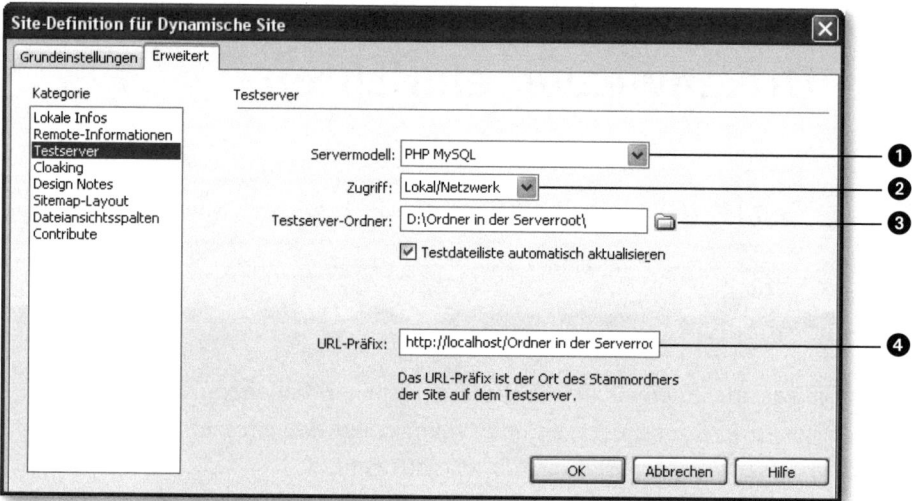

▲ **Abbildung 23.2**
Menüpunkt TESTSERVER in der Site-Definition

Zugriff auf den Server | Als Nächstes muss Dreamweaver 8 mitgeteilt bekommen, wie der ZUGRIFF ❷ auf den Server erfolgen soll. In den meisten Fällen – wie auch in unserem – wird das LOKAL/NETZWERK sein.

Sie können mit Dreamweaver 8 auch direkt auf einem Webserver im Internet arbeiten. Wenn Sie dies möchten, wählen Sie unter ZUGRIFF einfach FTP aus und geben dann die Zugangsdaten ein, soweit dies beim Anlegen der REMOTE-INFORMATIONEN nicht schon geschehen ist.

Testserver-Ordner | Der TESTSERVER-ORDNER ❸ ist in unserem Fall identisch mit dem lokalen Stammordner und muss entsprechend ausgewählt werden. Dreamweaver 8 nimmt Ihnen die Arbeit ab, die Dateien immer auf den Server zu kopieren. Wenn Sie FTP als Zugriff angegeben haben, wird beim Arbeiten die aktuelle Datei automatisch auf den Server kopiert und die Vorschau über die URL des Webservers generiert. Dieses Verfahren dauert jedoch deutlich länger als bei einem lokal installierten Testserver.

Adresse der Website | Das URL-PRÄFIX ❹ ist der Pfad bzw. die HTTP-Adresse, die Sie im Browser eingeben müssen, um die Website angezeigt zu bekommen. In der Regel trägt Dreamweaver 8 automatisch den korrekten Pfad ein, manchmal ist dies jedoch nicht der Fall.

Nur wenn das URL-Präfix korrekt angegeben wurde, kann eine Website durch Dreamweaver 8 ausgeführt werden. Die meisten Fehler beim Anlegen eines Testservers treten genau an dieser Stelle auf. Überprüfen Sie daher den korrekten Eintrag.

Mehrere Sites | Wenn Sie mehrere Sites parallel betreiben, stimmt die Serverroot nicht mit dem Testserver-Ordner überein. Sie müssen dann dem URL-Präfix, das in der Regel http://localhost lautet, noch das Verzeichnis hinten anstellen. Abbildung 23.2 zeigt, dass dies geschehen ist.

Dreamweaver 8 zeigt dann eine Fehlermeldung an, dass die Serverroot nicht mit dem Dokumentenverzeichnis übereinstimmt. Ignorieren Sie diesen Fehler – der keiner ist.

Wenn Sie alle Angaben richtig gewählt haben, steht einem ersten Test nichts mehr im Wege.

23.2   Siteeinstellungen testen

Erstellen Sie ein neues Dokument index.php. Wichtig ist die Endung .php, der Webserver erkennt sonst nicht, dass es sich bei dieser Datei um ein PHP-Skript handelt. Auch Dreamweaver 8 zeigt nur für PHP-Dokumente eine Live-Vorschau an.

Löschen Sie den gesamten Quelltext der Datei und fügen Sie folgende Befehlszeile ein:

```
<? phpinfo() ?>
```

Mit diesem Befehl können Sie die PHP-Grundeinstellungen anzeigen lassen. Wechseln Sie anschließend wieder in die Layoutansicht.

Vorschau dynamischer Sites | Nun wieder in der Entwurfsansicht (siehe Abbildung 23.3), können Sie durch Klick auf die LIVE DATA-ANSICHT ❶ die Einstellungen testen. Im Erfolgsfall erscheint eine neue Leiste mit diversen Einstellungen, auf die wir auf Seite 418 eingehen. Im Dokumentfenster wird das PHP-Skript direkt ausgeführt und Sie sehen im Layout die automatisch von PHP generierten Inhalte ❷.

▲ **Abbildung 23.3**
Den Testserver aktivieren

Sollte es dennoch wider Erwarten nicht funktionieren, überprüfen Sie, ob der Webserver auch aktiv ist. Wenn der Fehler dort nicht zu finden ist, überprüfen Sie die angegebenen Pfade und vor allem nochmals das URL-Präfix.

> ### Keine Framevorschau dynamischer Sites
>
> Dynamische Sites können Sie lokal nicht über ein Frameset aus Dreamweaver heraus aufrufen. Starten Sie immer ein Inhaltsdokument, um eine Vorschau zu erhalten, oder starten Sie das Frameset direkt aus dem Browser heraus, indem Sie den Pfad zum Frameset eingeben.

Testserveransicht | In der Site-Ansicht steht Ihnen jetzt auch die Option TESTSERVER ❶ zur Verfügung. Aktivieren Sie Ihren Testserver durch einen Klick darauf. Die Ordner auf der linken Seite ❷ werden jetzt rot dargestellt.

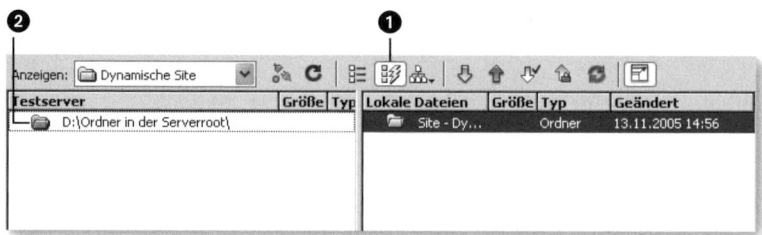

▲ **Abbildung 23.4**
Testserveransicht in der Site-Verwaltung

Wenn Sie Ihren Testserver lokal betreiben, ist diese Ansicht etwas verwirrend, zumal ja eigentlich beide Seiten gleich sind. Für einen Testbetrieb spielt es aber keine Rolle, wo sich der Testserver befindet. Auch Ihr eigener Rechner wird ja über eine IP-Adresse angesprochen (localhost // 127.0.0.1).

Dreamweaver 8 ist jetzt für den Betrieb mit einem Testserver vollständig eingerichtet.

Daten auf dem Testserver sichern!

Wenn Sie auf einem Windows-System arbeiten, werden Apache und IIS auf Ihrem Laufwerk C: installiert. Dieses wird in den meisten Fällen auch Ihr Systemlaufwerk sein und ist sehr anfällig für Systemfehler. Bei einer Neuinstallation Ihres Systems sind im schlimmsten Fall alle Daten für immer verloren. Sorgen Sie daher dafür, dass die Daten im Rootverzeichnis des Webservers regelmäßig auf einer anderen Partition oder CD gesichert werden.

Schritt für Schritt: Buchwebsite für dynamische Inhalte einrichten

Wir gehen jetzt davon aus, dass Sie bereits einige Übung im Umgang mit Dreamweaver und seinen Layoutfunktionen haben. Wir sparen uns daher in allen weiteren Schritten beim Aufbau der Buchwebsite diese Erklärungen. Wenn es an der einen oder anderen Stelle hakt, lesen Sie bitte in den entsprechenden Kapiteln nach.

Buchwebsite

Ebenso ist es erforderlich, die einleitenden Kapitel zum Aufbau des dynamischen Teils zu lesen. Ohne das Wissen über die Funktionen ist es sehr schwer, die Arbeitsschritte nachzuvollziehen.

1 Dateiendungen ändern

Um auch weiter mit der von Ihnen erstellten Buchwebsite arbeiten zu können, müssen einige Änderungen an den Siteeinstellungen erfolgen.

Ändern Sie die Dateiendung aller HTML-Dokumente in .php um. Nehmen Sie dies bitte unbedingt im Dateifenster von Dreamweaver 8 vor und lassen Sie alle Verlinkungen, wenn Dreamweaver 8 Sie dazu auffordert, automatisch aktualisieren.

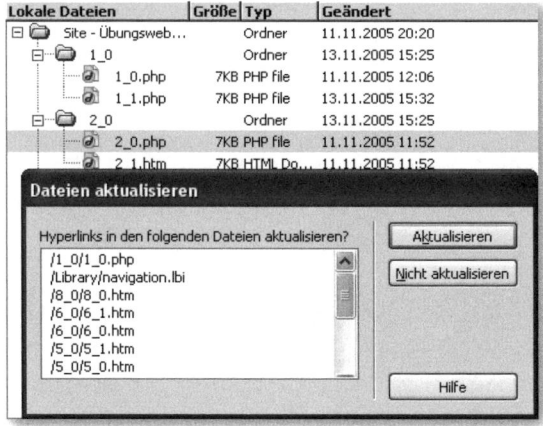

2 Lokalen Stammordner kopieren

Kopieren Sie anschließend den gesamten bisherigen lokalen Stammordner Ihrer Übungswebsite in das Dokumentenverzeichnis Ihres
lokalen Webservers.

3 Siteeinstellungen anpassen

Ändern Sie die Siteeinstellungen Ihrer Übungswebsite so, dass der in
die Dokumentenroot kopierte Ordner als lokales Stammverzeichnis
angegeben wird, oder erstellen Sie eine neue Site mit den soeben genannten Vorgaben.

4 Einstellungen für den Testserver

Legen Sie anschließend, wie in der Abbildung gezeigt, die Einstellungen für den Testserver fest. Sie müssen natürlich Ihre lokalen Parameter eintragen.

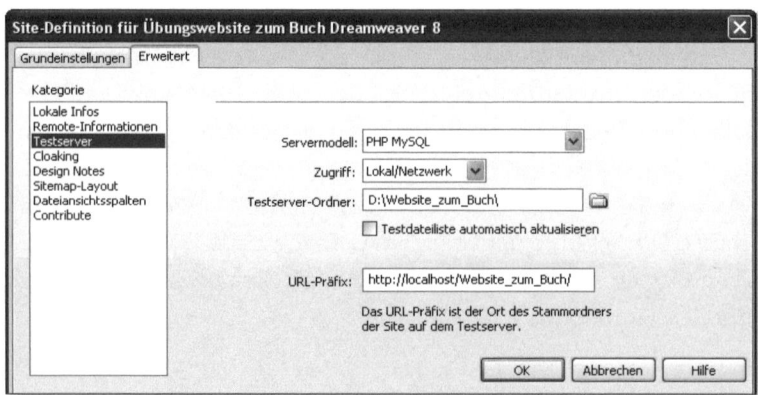

5 Geänderte Einstellungen testen

Öffnen Sie nun das Dokument 1_0.php und starten Sie mit $\boxed{\text{F12}}$ eine Browservorschau. Wenn Sie alles richtig angelegt haben, wird dieses Dokument genauso angezeigt wie bisher.

Eine Live Data-Ansicht können Sie erst starten, wenn sich im Dokument PHP-Skripte befinden. Dies ist zum jetzigen Zeitpunkt noch nicht der Fall.

Wenn Sie jetzt alles vollendet haben, steht einer erfolgreichen Arbeit nichts mehr im Wege. ■

24   MySQL-Grundlagen

MySQL ist die Datenbank unserer Wahl. Die meisten Provider bieten diese Datenbank in Kombination mit PHP als Service an. Wir zeigen Ihnen den richtigen Umgang mit MySQL.

MySQL ist in der Standardversion kostenlos erhältlich und sehr leistungsfähig. Zu einer Datenbank gehören das Datenbanksystem und eine Möglichkeit, diese abzufragen. Die Abfrage erfolgt mit einer eigenen Sprache, kurz SQL (Structured Query Language) genannt. SQL ist sehr einfach gehalten, eine kurze Einführung gibt es am Ende dieses Kapitels. Die Arbeit an unserer Buchwebsite sollte damit kein größeres Problem darstellen.

24.1   Einführung in Datenbanken

Bevor wir eine Datenbank abfragen können, muss sie zunächst angelegt werden. Wir können hier nicht sehr tief in diese Thematik einsteigen, das würde den Rahmen des Buches sprengen. Bei Galileo Press gibt es einige sehr gute Bücher zum Thema MySQL, die wir nur empfehlen können. Wir wollen uns in erster Linie auf die Anbindung von MySQL in Dreamweaver 8 konzentrieren.

Dennoch sind einige kurze Erläuterungen an dieser Stelle notwendig. Sehr vereinfacht gesagt besteht eine Datenbank aus folgenden Komponenten:

► ein Data Base Management System, das sie verwaltet
► die Datenbank selbst
► Tabellen, die sich in den Datenbanken in beliebiger Anzahl befinden
► Datensätze in Tabellen (jeder einzelne Datensatz wird als Tupel bezeichnet)
► Datenfelder in den Tabellen

Abbildung 24.1 zeigt, wie diese Komponenten zusammenhängen.

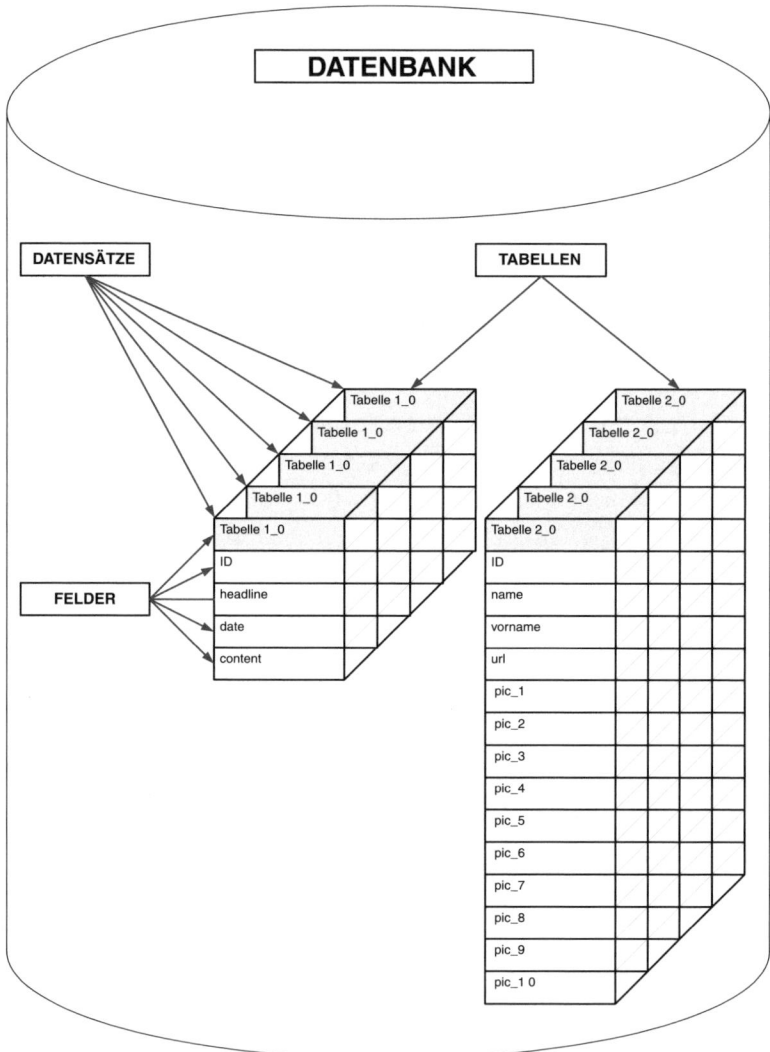

24.1.1 Relationale Datenbanken

MySQL und fast alle anderen modernen Datenbanken sind so genannte relationale Datenbanken. Diese bestehen aus den eben beschriebenen Tabellenstrukturen und Beziehungen (Relationen) zwischen den einzelnen Tabellen. Betrachten Sie Abbildung 24.2. In den Tabellen gibt es zunächst keine Verbindung zwischen Kunden und Produkten.

Kunden_ID
Kunden_Name
Kunden_Vorname
Kunden_PLZ
Kunden_Ort
Kunden_Memo

Produkt_ID
Produkt_Bezeichnung
Produkt_EK
Produkt_Beschreibung
Produkt_Farbe

◀ **Abbildung 24.2**
Eine einfache Daten-
struktur für ein
Shopsystem

Wir möchten erreichen, dass jeder Kunde Bestellungen ausführen
und dabei beliebige Produkte bestellen kann. Diese bestellten Produkte sollen den Kunden zugeordnet werden können. Man könnte
jetzt der Kundentabelle ein weiteres Feld für Bestellungen hinzufügen und die Produktbezeichnung darin abspeichern. Wenn der
Kunde jedoch mehrere Produkte oder eines mehrfach bestellt,
müsste für jeden Bestellvorgang ein weiteres Datenfeld angefügt
werden. Dieses müsste für alle Kunden angelegt werden, da Felder
immer in allen Datensätzen einer Tabelle erscheinen. Das wäre somit
ziemlich umständlich.

Eine einfachere und bessere Lösung bietet das relationale Modell,
das wir in Abbildung 24.3 skizziert zu haben.

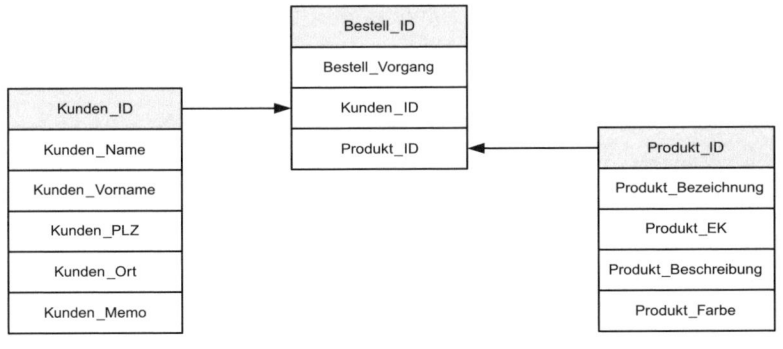

◀ **Abbildung 24.3**
Relationale Daten-
bank mit Tabellen in
der Relation n:m

Beziehungen herstellen | Es wird eine dritte Tabelle geschaffen, um
die Beziehung zwischen den beiden anderen Tabellen zu definieren.
In unserem Beispiel wird für jeden neuen Bestellvorgang ein neuer
Datensatz angelegt. In diesem werden die Bestellnummer, die Kun-
den-ID und die Produkt-ID hinterlegt. Der Vorteil dieser Methode ist
die wesentlich höhere Flexibilität. Für jede neue Beziehung zwischen
Tabellen können Sie eine weitere Tabelle anlegen und bei Bedarf

auch wieder löschen. An den eigentlichen Hauptdatensätzen muss keine Veränderung stattfinden.

24.1.2 Relationstypen

Es gibt drei verschiedene Arten von Relationen.

- **n:m-Beziehungen**: In unserem Beispiel bilden die Tabellen diese Art der Beziehung. Jeder Datensatz einer Tabelle kann mit beliebig vielen Datensätzen einer anderen Tabelle eine Beziehung bilden.
- **1:1-Beziehungen**: Diese Beziehung definiert, dass jeder Datensatz einem anderen Datensatz zugehörig ist bzw. sein darf.
- **1:n-Beziehungen**: Bei dieser Beziehung kann ein Datensatz mit beliebig vielen (n) Datensätzen einer anderen Tabelle verbunden sein, aber nicht umgekehrt.

24.1.3 Primärschlüssel

Um mit relationalen Datenbanken zu arbeiten, müssen Datensätze eindeutig definiert sein. Das erreicht man mit einem Primärschlüssel.

Primärschlüssel angeben | Der Primärschlüssel ist eine Zahl, die automatisch beim Anlegen eines neuen Datensatzes hoch gezählt (auto-inkrementiert) und mit dem jeweiligen Datensatz gespeichert wird.

Ein Feld in einer Datenbank muss eindeutig als Primärschlüssel ausgewiesen werden. In unserem Beispiel sind die Datensätze Kunden_ID, Produkt_ID und Bestell_ID die Primärschlüssel. Für die Bestimmung von Primärschlüsseln sind folgende zwingende Vorgaben zu beachten:

- Primärschlüssel müssen immer einen Inhalt haben.
- In jeder Tabelle wird nur ein Feld als Primärschlüssel deklariert.
- Vom Primärschlüssel darf es keine Duplikate geben.

24.1.4 Redundanzfreiheit

Damit die eben erwähnten Bedingungen erfüllt werden, muss sichergestellt werden, dass jeder Datensatz nur einmal vorkommt. Die dabei häufigste Fehlerquelle ist mit großem Abstand der Mensch. Schnell wird der Kunde Maier noch einmal als Mayer oder Meier gespeichert, und die Eindeutigkeit ist verloren. Wenn zu erwarten ist, dass solche Probleme auftreten, müssen Sie bereits bei der Eingabe Vorkehrungen treffen, indem Sie zum Beispiel identische Namen, Adressen etc. überprüfen.

24.1.5 Prozessdatenfreiheit

Vermeiden Sie unter allen Umständen das Abspeichern berechneter Werte. Nehmen Sie als Beispiel einen Kunden, und Sie möchten sein Alter als Datensatz hinterlegen. Wenn Sie jetzt sein Alter real abspeichern, zum Beispiel 40 Jahre, stimmt dieser Wert nächstes Jahr bereits nicht mehr. Hinterlegen Sie in diesem Fall das Geburtsdatum, und errechnen Sie das Alter außerhalb der Datenbank immer aufs Neue. Prozessdaten gehören nicht in eine Datenbank!

24.1.6 Fremdschlüssel

In der Tabelle für den Bestellvorgang finden sich die Inhalte der Primärschlüssel aus den beiden anderen Tabellen wieder. Diese eingefügten Werte aus Primärschlüsseln dritter Tabellen bezeichnet man als Fremdschlüssel. Fremdschlüssel bilden die eigentliche Beziehung der Tabellen zueinander.

24.1.7 Referenzielle Integrität

Aus Relationen kann sich allerdings auch ein Problem ergeben. Stellen Sie sich vor, ein Kunde hat 100 Bestellungen über einen längeren Zeitraum aufgegeben. Nun wird eines der Produkte gelöscht oder der Preis verändert. Der erste Fall, die Löschung, würde eine Anfrage mit einem Verweis auf ein nicht mehr vorhandenes Produkt ergeben. Im zweiten Fall, der wesentlich fataler ist, würde eine nachträgliche Kundenumsatzberechnung völlig falsche Ergebnisse liefern. Die Gewährleistung, dass solche Fehler nicht auftreten, nennt man referenzielle Integrität.

Fehler wie der geschilderte sind unter allen Umständen zu vermeiden, und durch entsprechende Programmierung ist Abhilfe zu schaffen. Das ist jedoch ein sehr komplexes Thema. Leider bietet MySQL keine integrierte Unterstützung dafür an, und Sie müssen sich mit Workarounds in PHP behelfen.

Bei einem WCMS spielt dies keine große Rolle. Wenn Sie jedoch ein Shopsystem mit Bestellverwaltung programmieren wollen, sehr wohl. Das ist auch einer der Gründe, warum wir Anfängern vor dem Programmieren eines Shopsystems nur warnen können.

MySQL 5.0 unterstützt Trigger

Trigger sind programmierbare Automatismen, um Bezüge von Datensätzen zu überprüfen und um die referenzielle Integrität sicherzustellen. Da MySQL 5.0 gerade erst (Stand Oktober 2005) neu erschienen ist, können wir auf diese komplexe Thematik hier nicht eingehen und verweisen auf die Dokumentation und geeignete Fachliteratur.

24.1.8 Endlosschleifen

Im Bereich dynamischer Menüführung tritt ein weiteres Problem auf. Möchten Sie in Ihrem CMS die Menüpunkte frei definieren und beliebig zuweisen, kann es vorkommen, dass sich folgendes Szenario abspielt:

▶ B ist ein Unterpunkt von A
▶ C ist ein Unterpunkt von B
▶ A ist ein Unterpunkt von C

Weil A aber einen Unterpunkt hat, nämlich B, würde eine Abfrage nie zu einem Ergebnis kommen, sondern immer im Kreis laufen.

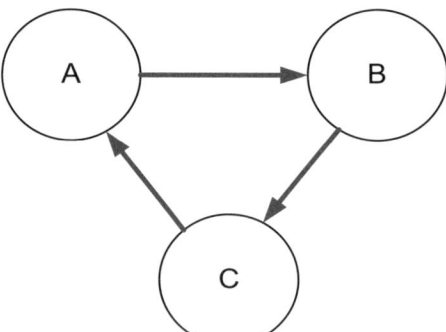

Abbildung 24.4 ▶
Endlosschleife von
A nach B nach C

Solche Fehler müssen vermieden werden. Die einfachste Möglichkeit dafür ist, die Anzahl der Schleifendurchläufe zu ermitteln und nach einem einzigen Durchlauf zu stoppen. Ansonsten werden die Datensätze unendlich oft ausgegeben.

24.1.9 MySQL-Datentypen

Jedem einzelnen Datenfeld, wie z. B. name, muss ein bestimmter Datentyp zugeordnet werden. Dieser soll dem Inhalt des Feldes möglichst entsprechen. Die exakte Datendefinition ermöglicht es, die Datenbank nicht größer werden zu lassen als nötig, da jeder Feldinhalt einen durch den Datentyp definierten Speicherplatz benötigt. Weiterhin werden Fehler durch nicht eindeutige Datentypen vermieden.

Mit der Definition des Datentyps wird etwa definiert, ob eine 1 als eine Zahl oder ein Zeichen behandelt werden soll. Wenn Sie ein Feld als Zahl definieren, können darin keine abweichenden Zeichen wie Buchstaben oder Symbole gespeichert werden.

MySQL unterstützt die Datentypen aus der folgenden Tabelle:

Zahlenformate	
TINYINT	▶ ganze Zahl ▶ 1 Byte
SMALLINT	▶ ganze Zahl ▶ 2 Byte
MEDIUMINT	▶ ganze Zahl ▶ 3 Byte
INT	▶ ganze Zahl ▶ 4 Byte
BIGINT	▶ ganze Zahl ▶ 5 Byte
FLOAT	▶ Fließkommazahl ▶ einfache Genauigkeit ▶ 4 Byte
DOUBLE	▶ Fließkommazahl ▶ doppelte Genauigkeit ▶ 8 Byte
DEZIMAL	▶ Festkommazahl ▶ mit z. B. zwei Nachkommastellen
Zeichenformate	
VARCHAR (n)	▶ Zeichenkette mit fester Länge ▶ n ist die Anzahl der Zeichen (max. 255) ▶ flexibler Speicherbedarf je nach tatsächlicher Zeichenanzahl
CHAR (n)	▶ Zeichenkette mit fester Länge ▶ N ist die Anzahl der Zeichen (max. 255) ▶ fester Speicherbedarf

◀ **Tabelle 24.1**
MySQL-Datentypen

Zeichenformate	
TINYTEXT	▸ Textfeld ▸ 255 Zeichen
MEDIUMTEXT	▸ Textfeld ▸ $2^{24}-1$ Zeichen
TEXT	▸ Textfeld ▸ $2^{16}-1$ Zeichen
LONGTEXT	▸ Textfeld ▸ $2^{32}-1$ Zeichen
Binäre Datentypen	
BLOB	▸ binäre Datentypen ▸ $2^{16}-1$ Zeichen
TINYBLOB	▸ binäre Datentypen ▸ 255 Zeichen
MEDIUMBLOB	▸ binäre Datentypen ▸ $2^{24}-1$ Zeichen
LONGBLOB	▸ binäre Datentypen ▸ $2^{32}-1$ Zeichen
Zeit- und Datumsformate	
DATE	▸ Zeitangabe ▸ Format: JJJJ-MM-DD
TIME	▸ Zeitangabe ▸ Format: HH:MM:SS
TIMESTAMP	▸ Dieses Feld wird beim Einfügen oder bei Änderungen im Datensatz automatisch gesetzt. ▸ Format: JJJJMMDDHHMMSS
DATETIME	▸ Zeitangabe ▸ Format: JJJJ-MM-DD HH:MM:SS
YEAR	▸ Zeitangabe ▸ Format: JJJJ
Aufzählungen	
ENUM	▸ Aufzählungstyp ▸ Format `Wert1`,`Wert2` usw. ▸ ein definierter Wert
SET	▸ Aufzählungstyp ▸ Format `Wert1`,`Wert2` usw. ▸ mehrere definierte Werte

Tabelle 24.1 ▸
MySQL-Datentypen
(Forts.)

24.2 Erstellen einer MySQL-Datenbank

24.2.1 MySQL-Datenbank mit phpMyAdmin anlegen

Mit der nun folgenden kleinen Beispieldatenbank werden wir im Laufe der nächsten Kapitel einige Übungen durchführen. Wir empfehlen Ihnen, diese ebenfalls anzulegen oder einfach das SQL-File testdatenbank.sql zu importieren, das Sie auf der CD-ROM finden.

Buch-CD

> **Version beim Provider prüfen**
>
> Achten Sie darauf, welche MySQL-Version Ihr Provider betreibt. Eventuell ist es besser, wenn Sie bei Ihrer lokalen Entwicklungsarbeit die gleiche MySQL-Version installieren. Auf www.mysql.de stehen alle alten Versionen zur Verfügung.
> Sie erleichtern sich damit die Arbeit enorm und müssen sich nicht um verschiedene Zeichencodierungen kümmern.

Bevor Sie mit einer Datenbank arbeiten können, müssen Sie eine Datenbank in MySQL anlegen. Starten Sie dazu phpMyAdmin auf Ihrem lokalen Webserver.

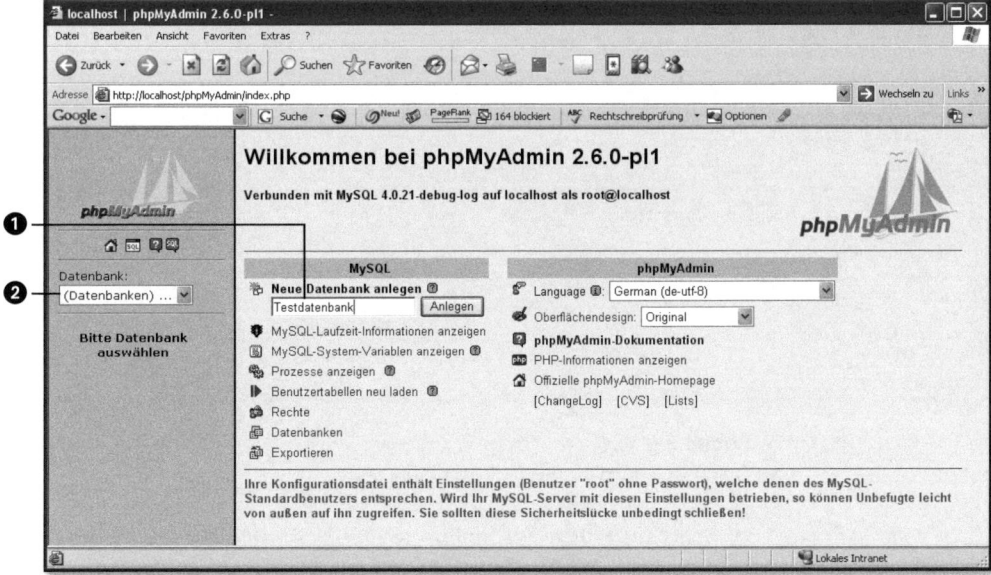

▲ **Abbildung 24.5**
Datenbank mit phpMyAdmin anlegen

In unseren Beispielen arbeiten wir mit phpMyAdmin, Sie können diese Schritte auch mit dem MySQL Query Browser erledigen.

Legen Sie hier eine neue Datenbank mit dem Namen TESTDATEN-BANK ❶ an. Eventuell bestehende Datenbanken können Sie bearbeiten, wenn Sie diese im Popupmenü ❷ auswählen.

Klicken Sie, nachdem Sie den Namen eingegeben haben, auf AN-LEGEN und als Nächstes erscheint bereits das Dialogmenü zum Anlegen der Tabellen. Über das Abspeichern der Datenbank müssen Sie sich keine Gedanken machen. MySQL legt alle Daten im Verzeichnis /mysql/data in separaten Ordnern ab.

Im Kopfbereich des nun folgenden Dokumentes wird Ihnen der soeben ausgeführte SQL-Befehl angezeigt ❸.

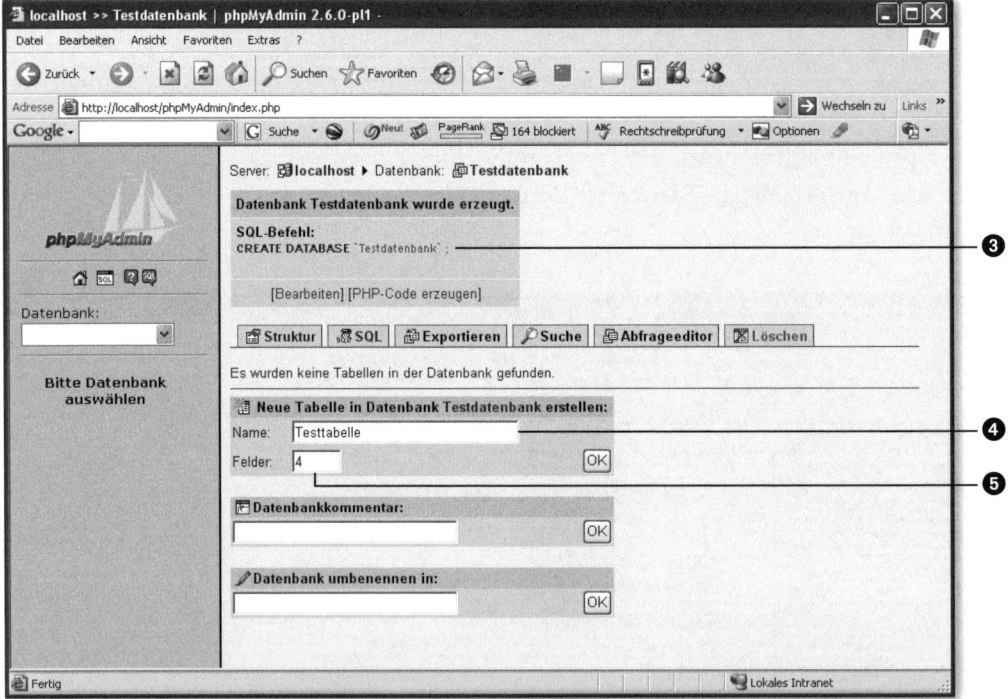

▲ **Abbildung 24.6**
Anlegen der Tabellen mit phpMyAdmin

Geben Sie nun für den Tabellennamen Testtabelle in das Feld für den Tabellennamen ❹ ein und geben Sie vier FELDER für die Tabelle vor ❺. In diesem Menü können Sie in jeder auf der linken Seite ausgewählten Datenbank neue Tabellen erstellen. Klicken Sie auf OK und schon kommen Sie zum Anlegen der Felder in den Tabellen.

Felder anlegen | Gemäß Ihrer Eingabe stehen Ihnen jetzt vier Daten-
felder zur Verfügung. Hier müssen nun die jeweiligen Datentypen
eingetragen und einige Einstellungen vorgenommen werden.

Feld	Typ⑦	Länge/Set*	Attribute	Null	Standard**	Extra					
ID	INT ▾		▾	not null ▾		auto_increment ▾	⦿	○	○	○	▢
Vorname	VARCHAR ▾	200	▾	not null ▾		▾	○	○	○	⦿	▢
Name	VARCHAR ▾	200	▾	not null ▾		▾	○	○	○	⦿	▢
Wohnort	VARCHAR ▾	200	▾	not null ▾		▾	○	○	○	⦿	▢

▲ **Abbildung 24.7**
Anlegen der Felder mit phpMyAdmin

Den Namen eines Feldes tragen Sie unter Feld ❶ ein. Denken Sie daran, dass MySQL **case-sensitiv** (Groß-/Kleinschreibung) ist und in
diesen Feldern keine Sonderzeichen akzeptiert.

Den Datentyp können Sie aus dem Auswahlmenü unter Typ ❷ selektieren. Bei Datentypen, die eine Längenangabe voraussetzen,
wird diese in dem Feld Länge/Set ❸ eingetragen.

Etwas schwerer ist Null ❹ zu erklären. Wenn ein Datenfeld leer
ist oder den Wert 0 enthält, hat es gar keinen Inhalt oder eben 0,
aber vorhanden ist es allemal. Der Eintrag Null bedeutet wiederum,
dass ein Inhalt überhaupt nicht vorhanden bzw. nicht bekannt ist.
Manche Abfragen benötigen diese so genannten Null-Marken. Unter
❹ können Sie diese vorgeben.

Jedes Datenfeld kann einen Standardwert ❺ erhalten. Dieser wird
dann automatisch beim Erzeugen eines neuen Datensatzes eingetragen, wenn es keine andere Eingabe gibt.

Unter Extra ❻ legen Sie fest, ob ein Wert automatisch erzeugt
wird. Diese Funktion sorgt dafür, dass unsere ID bei jedem neuen
Datensatz um 1 erhöht und im Datensatz gespeichert wird. Die Einstellung für automatisches Hochzählen des Feldwertes ist AUTO_IN-
CREMENT. Für den Primärschlüssel ❼ ist dies zwingend erforderlich.

Wenn Sie alles eingetragen haben, klicken Sie auf Speichern, und
Ihre erste Tabelle ist fertig.

Falls Sie diese Arbeiten das erste Mal machen, lassen Sie sich nicht
von den vielen Möglichkeiten, die Ihnen diese Datenbank bietet, ins
Bockshorn jagen. Es ist alles viel einfacher und strukturierter als es
vielleicht aussieht.

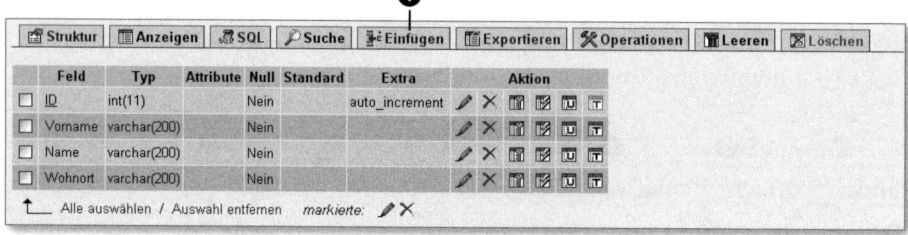

▲ **Abbildung 24.8**
Die erste Tabelle ist fertig erstellt.

Klicken Sie nun auf EINFÜGEN ❶ um die Datenbank mit ersten Inhalten zu befüllen.

24.2.2 Einfügen von Datensätzen

Fügen Sie hier zwei oder mehr Datensätze in die Tabelle TESTTABELLE ein. Diese Datensätze benötigen wir, um in Dreamweaver bei einer Abfrage überhaupt eine Anzeige zu erhalten.

Achten Sie jedoch darauf, das Feld ID unbedingt freizulassen. Dieser Wert wird automatisch gesetzt, da wir AUTOINCREMENT ausgewählt hatten.

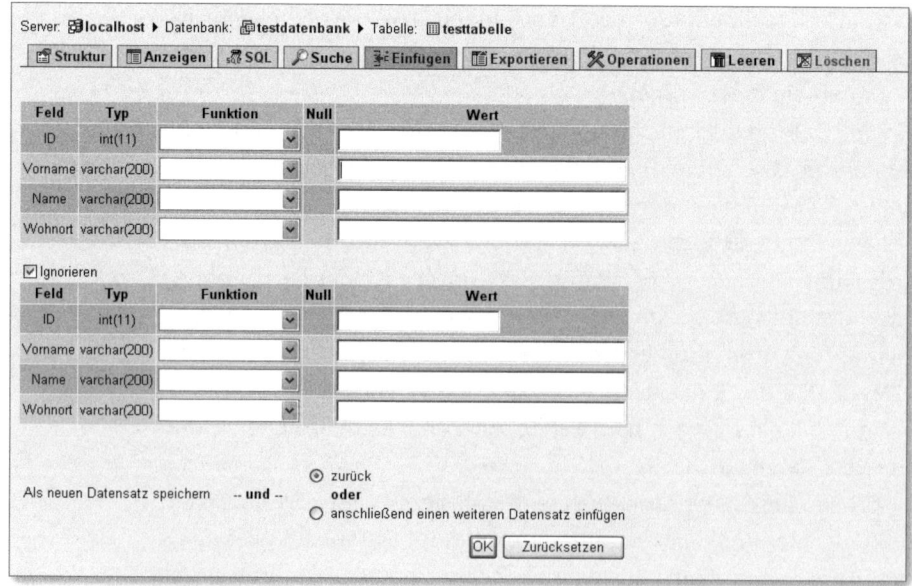

▲ **Abbildung 24.9**
Einfügen eines Datensatzes

24.2.3 Import von Datendateien

Nachdem Sie eine Datenbank erstellt haben, können Sie die Datenstruktur einer anderen Datenbank und ihre Inhalte komplett importieren.

Wählen Sie dazu im Menü von phpMyAdmin SQL ❶ aus, und klicken Sie dann auf DURCHSUCHEN ❷ um die SQL-Datei auf den Webserver zu laden.

Solche SQL-Dateien finden Sie häufig bei Open Source-Projekten
wieder, um Ihnen einen Import der Datenbankstrukturen zu ermöglichen.

SQL-Dateien eignen sich auch, um Daten von Ihrem Webserver zu
sichern. Besonders vor Änderungen am Datenbanksystem sollten Sie
eine Sicherung abspeichern.

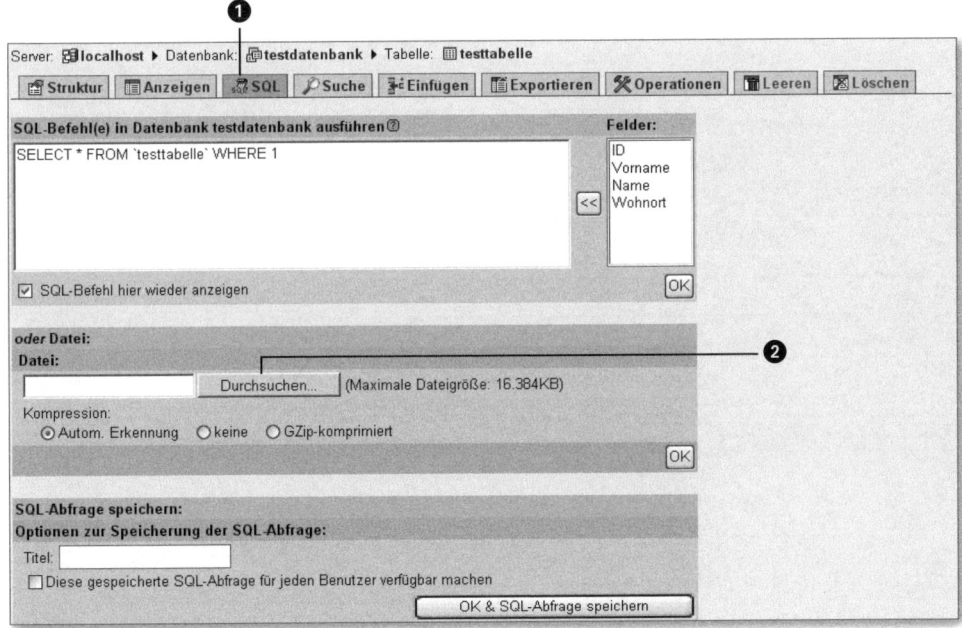

▲ **Abbildung 24.10**
SQL-Import mit phpMyAdmin

24.2.4 Export von Daten zum Provider

Wenn Sie Ihre dynamische Website lokal programmiert haben, muss
der Inhalt und die Struktur der Datenbank auf den reellen Webserver
bei Ihrem Provider übertragen werden.

Klicken Sie dazu im phpMyAdmin-Menü auf EXPORTIEREN. Wählen Sie im folgenden Fenster Struktur ❶ und Daten ❷ aus. Wenn Sie möchten, dass alte, gleich bezeichnete Tabellen gelöscht werden, müssen Sie zusätzlich das Kontrollkästchen MIT »DROP TABLE« ❸ aktivieren.

Aktivieren Sie anschließend noch SENDEN ❹, um die SQL-Datei (den so genannten SQL-Dump) lokal zu speichern. Für weitergehende Informationen lesen Sie bitte die Dokumentation von phpMyAdmin.

Dateigröße beschränkt

Über das Internet können Sie, je nach Verbindung, maximal 2-3 MB große SQL-Dateien uploaden. Wenn Sie größere Dateien haben, können Sie diese nur direkt auf der Kommadozeile des Webservers per SSH importieren.

Wenden Sie sich in diesem Fall an Ihren Administrator oder Provider.

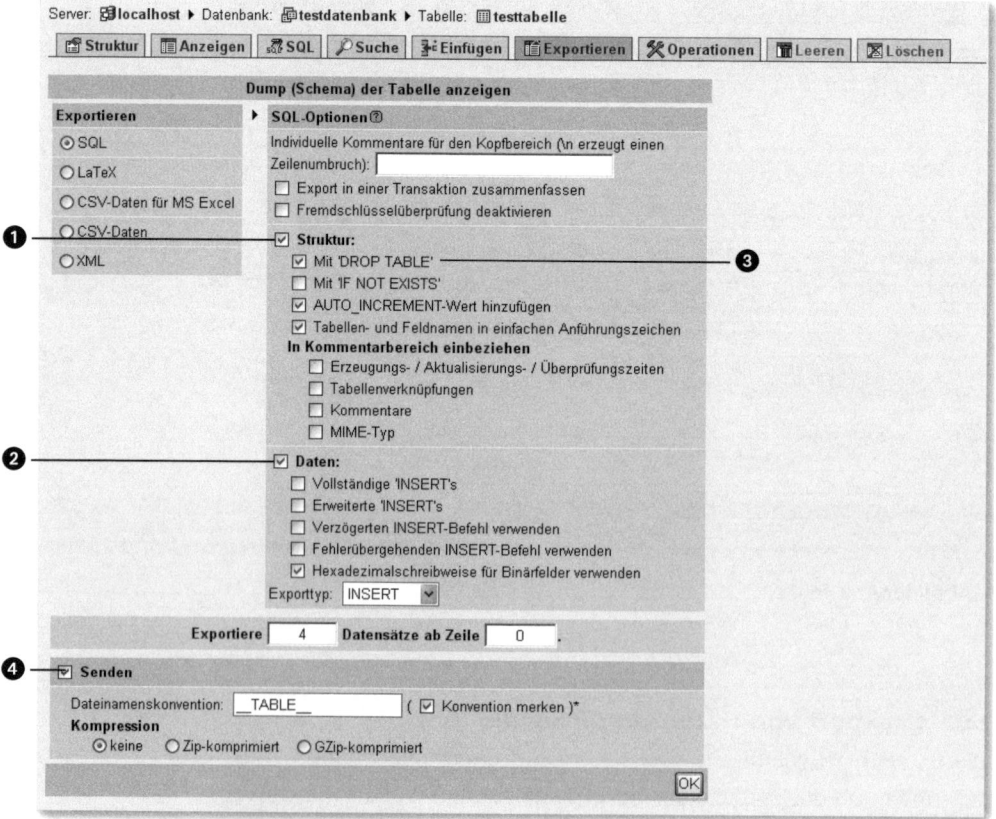

▲ **Abbildung 24.11**
SQL-Export mit phpMyAdmin

24.3 MySQL und Microsoft Access

Viele Benutzer sind beim Arbeiten mit Datenbanken die Oberfläche von Microsoft Access gewohnt. MySQL-Tabellen können auch bequem mit Microsoft Access bearbeitet werden. Im folgenden Abschnitt arbeiten wir mit Access 2003. In älteren Versionen ist die Vorgehensweise die gleiche, allerdings können sich die Menüs und Dialogboxen leicht unterscheiden.

Besonders interessant ist es, Tabellen aus MySQL anzubinden und andere Datenbankbestandteile über Access abzuwickeln. So können Sie beispielsweise einen Online-Shop komplett mit PHP und MySQL erstellen und diese Tabellen für die Fakturierung an eine Access-Datenbank anbinden.

Datenaustausch per ODBC | Um Daten zwischen verschiedenen Datenbanksystemen auszutauschen, benötigen Sie einen ODBC-Treiber (Open Database Connectivity). MySQL stellt diesen auf der Website http://www.mysql.de kostenlos zur Verfügung.

Auf der CD zum Buch finden Sie im Verzeichnis MYSQL die Version MyODBC-3.51.12.

Installieren Sie den ODBC-Treiber einfach durch einen Doppelklick auf das Programmsymbol. Weitere Einstellungen werden nicht benötigt.

Buch-CD

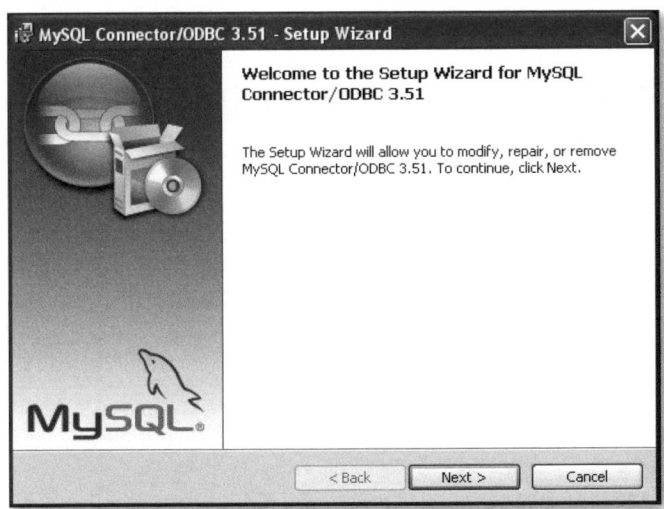

▲ **Abbildung 24.12**
ODBC-Treiber installieren

Schritt für Schritt: MySQL-Tabellen an Access 2003 anbinden

1 Neue Datenbank in Access

Bevor Sie MySQL-Tabellen an Access anbinden, müssen Sie in Access eine neue leere Datenbank erstellen und abspeichern.

Gehen Sie dann auf DATEI • EXTERNE DATEN • TABELLEN VERKNÜPFEN.

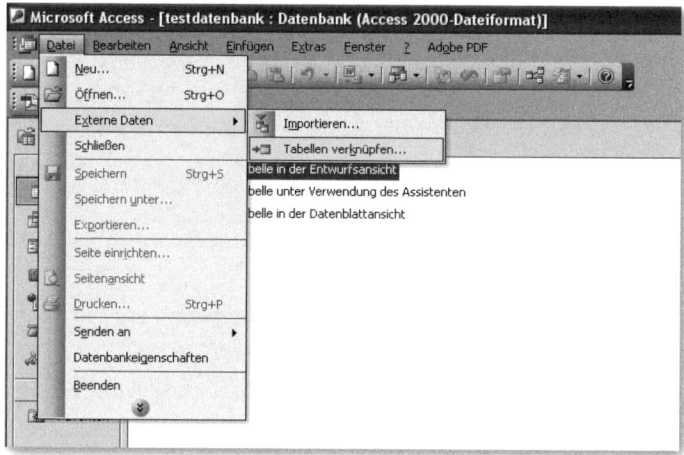

2 ODBC-Datenbanken als Verknüpfungsziel auswählen

In der nun folgenden Dialogbox wählen Sie als Verknüpfungsziel ODBC-DATENBANKEN aus.

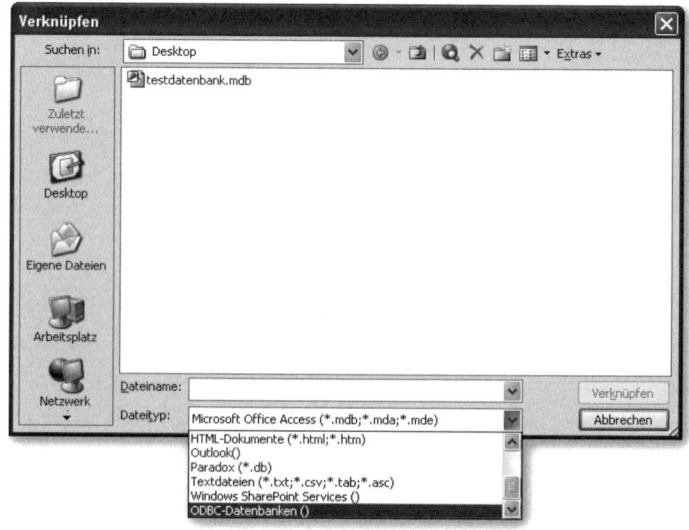

3 Neue Datenquelle erstellen

Um Access an MySQL-Tabellen anzubinden, müssen Sie nun zunächst eine neue Datenquelle erstellen. Stellen Sie in der Dialogbox DATENQUELLE AUSWÄHLEN • COMPUTERDATENQUELLE ein, und legen Sie eine neue BENUTZERDATENQUELLE an.

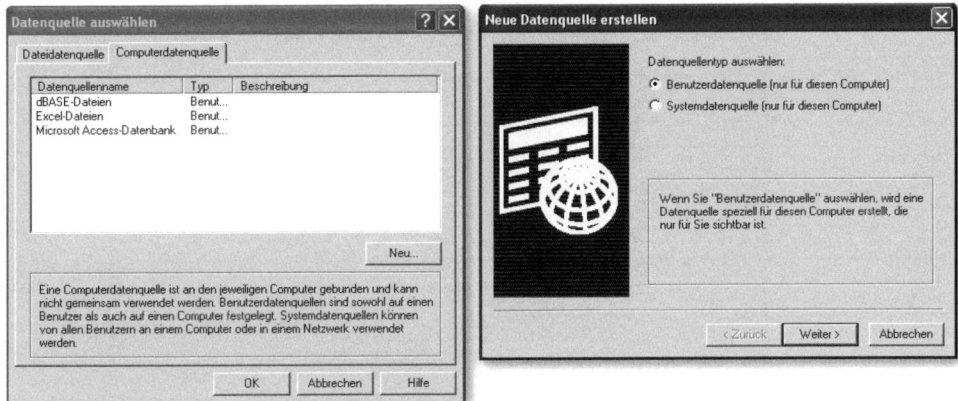

4 ODBC-Treiber auswählen

Wenn Sie den ODBC-Treiber für MySQL installiert haben, erscheint er in der Auswahlliste der Dialogbox NEUE DATENQUELLE ERSTELLEN. Wählen Sie ihn aus und klicken Sie dann auf WEITER.

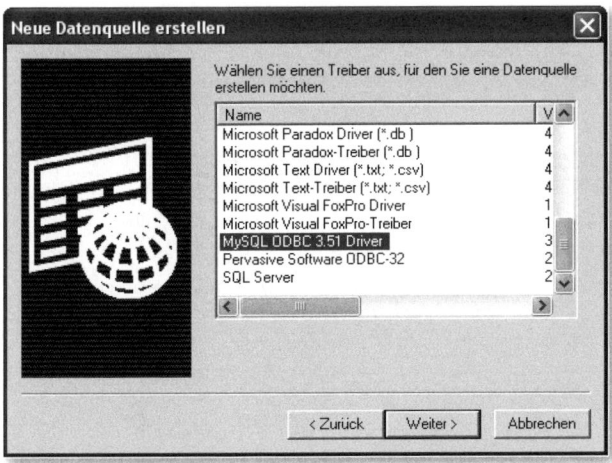

5 DSN-Konfiguration in MySQL ODBC

Um jetzt die Datenbankverbindung herzustellen, muss MySQL gestartet werden. Vergeben Sie dann in der DSN-Konfiguration einen Namen für die Verbindung zu MySQL und tragen Sie die Zugangsdaten ein. Testen Sie die Verbindung, indem Sie auf TEST klicken.

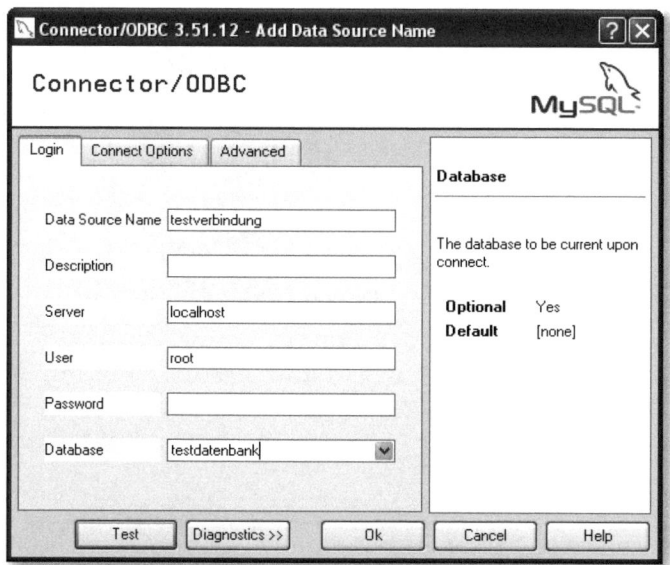

6 Ausgewählte Tabellen in Access verknüpfen

Access fordert Sie nun auf, die Tabellen für die Verknüpfung auszuwählen. Selektieren Sie alle, die Sie mit Access verknüpfen wollen, und klicken Sie dann auf OK.

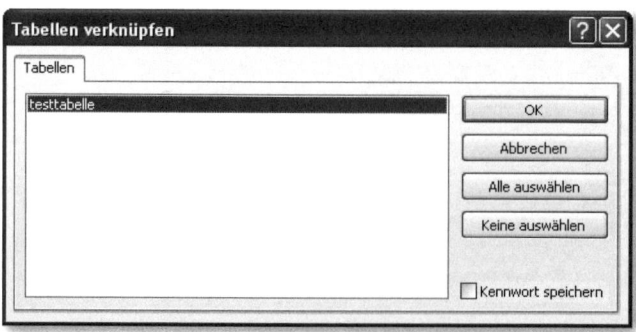

7 Anzeige in Access

In Access werden nun die verknüpften Tabellen angezeigt.

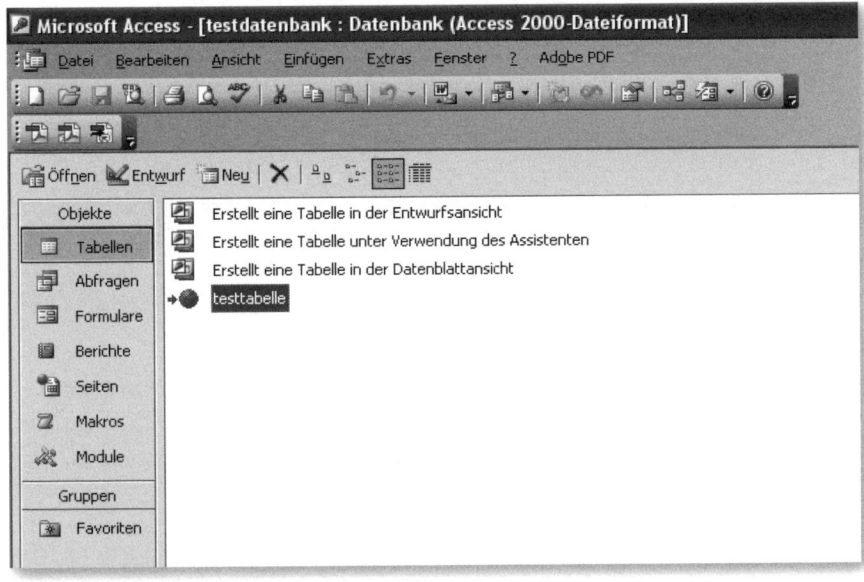

In Access können Sie nun Daten in diese Tabellen einfügen, weitere Felder anlegen oder Abfragen zwischen den MySQL- und den Access-Tabellen erstellen. ■

24.4 Benutzerverwaltung mit MySQL

Wenn Sie MySQL zum ersten Mal starten, ist als Benutzer immer root (oder auch root@localhost) ohne ein Kennwort eingetragen. Sollten Sie selbst einen Webserver betreiben, müssen Sie diese Benutzerdaten unbedingt ändern, da ansonsten jeder Zugriff auf Ihre Datenbanken hat.

Wir verwenden auch bei der Rechtevergabe wieder phpMyAdmin als Oberfläche. Sie können sie aber auch in ähnlicher Form mit den grafischen Oberflächen anderer Tools für MySQL vornehmen.

Auch lokal Zugangsdaten vom Provider eintragen

Wenn Sie Ihre Websites bei einem Provider hosten, werden in den meisten Fällen die Namen der Datenbanken und die Benutzernamen automatisch vergeben, und Sie haben keinen direkten Einfluss darauf. Es ist ziemlich umständlich, lokal mit anderen Zugangsdaten und Datenbanknamen als später im Internet zu arbeiten. Außerdem ist es eine zusätzliche Fehlerquelle, wenn diese Daten beim lokalen Arbeiten immer wieder geändert werden müssen.

Sinnvoll ist daher, die vom Provider erhaltenen Daten auch in Ihren lokalen Datenbanken zu verwenden. Legen Sie einen neuen Benutzer in MySQL und die Datenbanken mit den vom Provider vergebenen Daten an, und Sie müssen beim Veröffentlichen der Website und bei nachträglichen Änderungen nichts mehr aktualisieren.

Rechtevergabe über phpMyAdmin | Um die Benutzerverwaltung in phpMyAdmin aufzurufen, klicken Sie im Startfenster auf RECHTE. Sie kommen nun in die BENUTZERÜBERSICHT von MySQL und sehen, welche Zugriffsrechte jeder einzelne Benutzer hat.

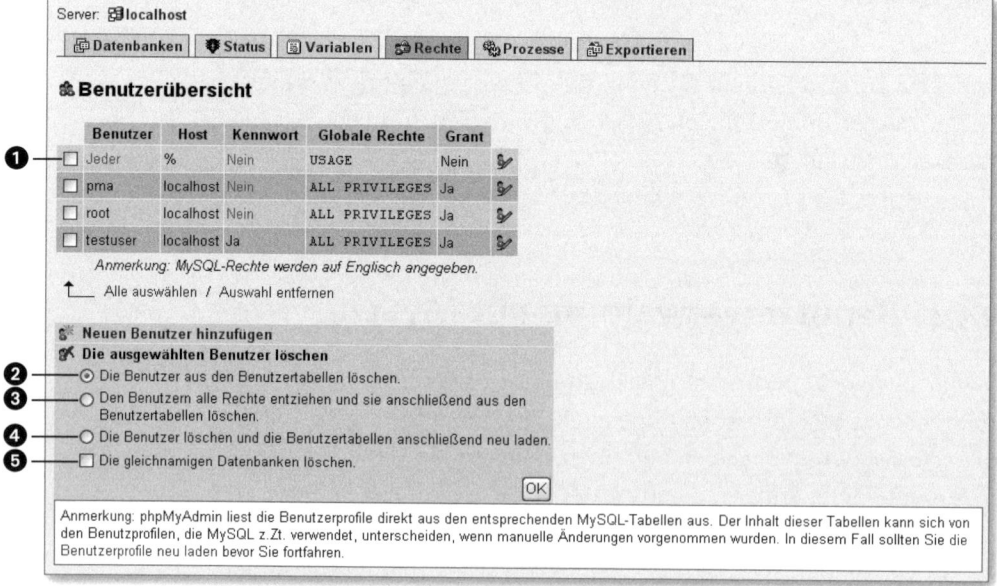

▲ **Abbildung 24.13**
Die Rechteverwaltung von phpMyAdmin für MySQL

Benutzer löschen | Für das Löschen von Benutzern gibt es in php-MyAdmin einige komplexe Optionen. Um diese zu verstehen, müssen Sie wissen, dass alle Benutzer in einer Tabelle stehen, die beim Hochfahren von MySQL geladen wird. In diesem Menü haben Sie für durch das Aktivieren des Kontrollkästchens ❶ ausgewähle Benutzer die folgenden Möglichkeiten:

▶ ❷ Der Benutzer wird gelöscht, behält aber bis zu einem erneuten Laden der Benutzertabelle alle Rechte und kann weiterhin auf dem System arbeiten. Der Benutzer wird demzufolge nicht sofort gelöscht.

▶ ❸ Dem Benutzer werden alle Rechte entzogen, er behält allerdings die Zugriffsrechte im schreibgeschützten Modus, bis die Tabelle neu geladen wird.

▶ ❹ Der Benutzer wird vollständig aus der Tabelle entfernt und die Tabelle direkt im Anschluss neu geladen. Dies ist der sicherste Weg.

▶ ❺ Datenbanken, die denselben Namen wie der Benutzer tragen, werden ebenfalls sofort gelöscht. Wenden Sie diese Option nur mit äußerster Vorsicht an. Es ist besser, alle relevanten Datenbanken anschließend von Hand zu löschen.

Benutzer anlegen | Beim Anlegen eines neuen Benutzers müssen Sie für ihn, nachdem Sie BENUTZERNAME, HOST und KENNWORT vergeben haben, GLOBALE RECHTE festlegen. In der folgenden Tabelle haben wir die Bedeutung der einzelnen Optionen aufgelistet.

Daten	
SELECT	erlaubt dem Benutzer, Daten auszulesen
INSERT	erlaubt dem Benutzer, Daten einzufügen
UPDATE	erlaubt dem Benutzer, Daten zu verändern oder zu überschreiben
DELETE	erlaubt dem Benutzer, Daten zu löschen
FILE	erlaubt dem Benutzer, Daten zu importieren oder zu exportieren
Struktur	
CREATE	erlaubt dem Benutzer das Erstellen kompletter Datenbanken oder Tabellen
ALTER	erlaubt dem Benutzer, die Struktur von Tabellen zu verändern

▲ **Tabelle 24.2**
Globale Rechtevergabe für MySQL-Benutzer

Struktur	
INDEX	erlaubt dem Benutzer, Indizes von Tabellen anzulegen oder zu löschen
DROP	erlaubt dem Benutzer, Datenbanken oder Tabellen komplett zu löschen
Administration	
GRANT	erlaubt das Hinzufügen oder Verändern von Benutzern in die Benutzertabelle während des Betriebes
PROCESS	ermöglicht das Beenden systemfremder Prozesse
RELOAD	erlaubt dem Benutzer, die Servereinstellungen neu zu laden und während des Betriebes den Zwischenspeicher von MySQL zu leeren
SHUTDOWN	erlaubt das vollständige Herunterfahren des MySQL-Servers
REFERENCES	ist in dieser MySQL-Version noch nicht verfügbar

▲ **Tabelle 24.2**
Globale Rechtevergabe für MySQL-Benutzer (Forts.)

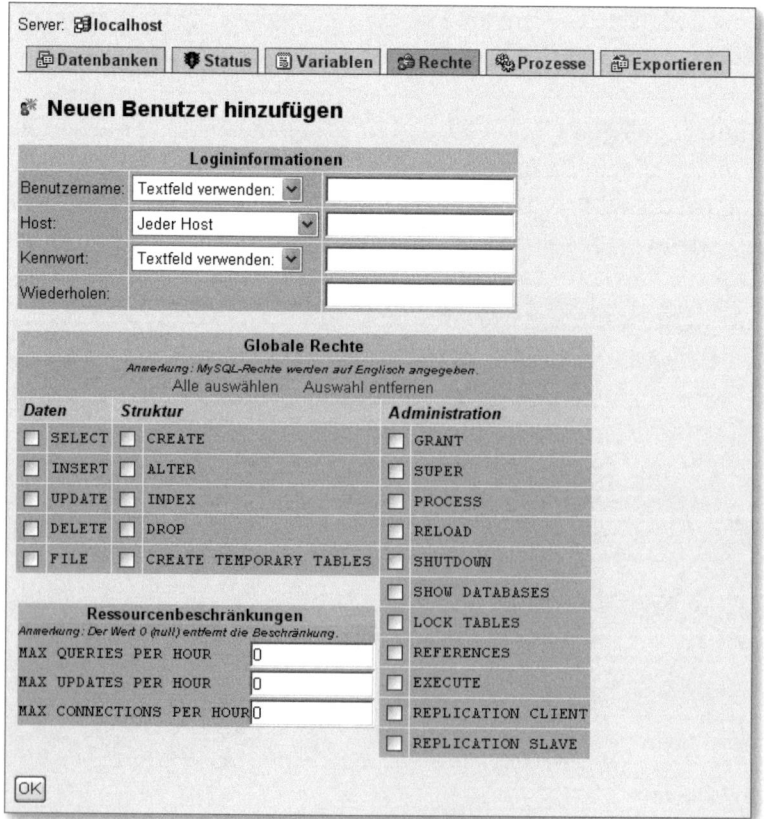

Abbildung 24.14 ▶
Neuen Benutzer mit
phpMyAdmin anlegen

Datenbankspezifische Rechte | Wenn Sie einen neuen Datenbank-benutzer angelegt haben, können Sie auf RECHTE klicken und für jeden der Benutzer weitere Dateirechte festlegen. Es erscheint der Screen aus Abbildung 24.15. Hier können Sie beispielsweise für jede einzelne der vorhandenen Datenbanken detaillierte Zugriffs- und Administrationsrechte vergeben.

◄ **Abbildung 24.15**
Weitere Rechte-
vergabe mit
phpMyAdmin

Die Rechtevergabe können Sie bis auf die Tabellenebene und sogar Datenfeldebene ausführen. Sie könnten zum Beispiel einem Benut-zer Rechte für alle Tabellen erteilen und die Felder mit den Primär-schlüsseln oder Felder mit Kennwörtern komplett sperren.

Abfragesprache | Sie haben jetzt viel über MySQL gehört. Was uns jetzt noch fehlt, sind einige Grundlagen zu SQL, der Programmier-sprache, die Sie benötigen, um Daten aus der Datenbank abzufragen. Diese kommen im folgenden Abschnitt an die Reihe.

24.5   Einführung in SQL

SQL ist die Standard-Abfragesprache für Datenbanken (SQL = Struc-tured Query Language, strukturierte Abfragesprache). In diesem Abschnitt erfahren Sie alles Notwendige, um in Dreamweaver 8 damit zu arbeiten.

Sie haben Ihre MySQL-Datenbank angelegt und Datensätze darin eingegeben. Mit SQL können Sie nun die Abfragen durchführen, mit denen Sie die gewünschten Informationen aus der Datenbank erhalten.

SQL ist eine standardisierte Abfragesprache, doch leider benutzt mittlerweile jedes Datenbanksystem eigene Definitionen von SQL und benötigt oft eine leicht abgewandelte Syntax. Das Grundprinzip und die wichtigsten Befehle bleiben jedoch identisch.

Wir werden später die SQL-Abfragen mit PHP als Zeichenketten an MySQL übertragen und die Rückgabewerte anschließend wieder mit PHP auswerten.

24.5.1 Daten abfragen mit SELECT

Im einfachsten Fall lautet eine SQL-Abfrage:

```
SELECT * FROM Tabelle
```

Im übertragenen Sinn heißt dies: Hole (SELECT) alles (*) aus (FROM) der Tabelle »Tabelle«.

Diese Abfrage würde alle Inhalte der Tabelle »Tabelle« ausgeben. Die Analyse der Daten erfolgt dann anschließend mit einem weiterführenden Skript. Für unsere Buchwebsite könnte eine Abfrage lauten:

```
SELECT * FROM 2_0
```

Damit würden alle Inhalte der Tabelle »2_0« als Rückgabewert ausgegeben werden. Welche dieser Daten dann wirklich zur Anzeige auf unsere Website kommen, ist zunächst egal.

Abfragen spezifizieren | Um nur eine einzelne Spalte einer Tabelle abzufragen, können Sie den Stern durch den Namen der Spalte ersetzen. Falls Sie mit MS-SQL (Transact-SQL) arbeiten, ist dies sogar zwingend vorgeschrieben.

Eine Abfrage hat dann das folgende Format:

```
SELECT name FROM 2_0
```

Diese Abfrage holt nur die Inhalte der Spalte »name« aus der Tabelle »2_0«. Auf diese Weise können auch mehrere Spalten angegeben werden. Die sind durch Kommata zu trennen:

```
SELECT name, vorname FROM 2_0
```

Mit dieser Abfrage erhalten Sie als Rückgabewerte die beiden Spalten »name« und »vorname«.

24.5.2 Datensatz abfragen mit WHERE

Um einzelne Datensätze aus einer Tabelle abzufragen, muss ein weiterer Parameter hinzugefügt werden:

```
SELECT * FROM 2_0 WHERE ID = 1
```

Diese Abfrage gibt den Datensatz mit der ID »1« aus der Tabelle »2_0« zurück. Da Sie mit PHP Variablen anstelle von festen Werten in eine SQL-Abfrage setzen können, kann auch ein ausgewählter Datensatz zur Anzeige gebracht werden:

```
SELECT * FROM 2_0 WHERE ID =".$_GET['CONT_ID']
```

In dieser Abfrage wird die ID durch eine mit der Methode GET übertragene Variable »CONT_ID« vorgeben.

24.5.3 Datensatz sortieren mit ORDER BY

Ausgegebene Datensätze können mit einem weiteren Parameter sortiert ausgegeben werden:

```
SELECT * FROM 2_0 ORDER BY name DESC
```

Diese Abfrage gibt die Daten der Tabelle »2_0« sortiert nach dem »name« in alphabetisch absteigender Reihenfolge aus. DESC kann durch ASC ersetzt werden. Die Sortierung erfolgt dann aufsteigend.

24.5.4 Datensatz aktualisieren mit UPDATE

Mit dem Befehl UPDATE können Sie bestehende Datensätze überschreiben bzw. aktualisieren.

```
UPDATE 2_0 SET name = 'Neuer Name' WHERE ID
=".$_GET[,COND_ID']
```

Dieser Befehl überschreibt in der Tabelle »2_0« in Spalte »name« den
bisherigen Inhalt mit »Neuer Name«. Ausgewählt wird der Datensatz
durch WHERE und die ID. Diese wird in unserem Fall durch die mit
PHP übertragene Variable CONT_ID gesetzt.

24.5.5 Datensatz löschen mit DELETE

Der Befehl:

```
DELETE FROM 2_0 WHERE ID =".$_GET['COND_ID']
```

löscht aus der Tabelle »2_0« den kompletten Datensatz (Tupel) mit
der übergebenen ID. Passen Sie sehr gut auf mit Löschaktionen. Eine
Funktion zum Wiederherstellen der Datensätze gibt es nicht. Einmal
gelöscht, ist der Datensatz für immer verloren.

24.5.6 Datensatz einfügen mit INSERT

```
INSERT INTO 2_0 (name, vorname, URL) VALUES ('Neuer
Name', 'Neuer Vorname', 'Website')
```

Beim Einfügen von Datensätzen mit dem Befehl INSERT INTO müssen alle Daten der Reihe nach übergeben werden. Im ersten Teil des
Befehles werden in die Tabelle »2_0« die Felder »name«, »vorname«
und »URL« mit Inhalten ausgefüllt.

Im zweiten Teil ab VALUES folgen die einzelnen Inhalte (Werte) in
derselben Reihenfolge. Dieser Befehl wird, wenn ein Datensatz sehr
viele Felder enthält, ausgesprochen lang und fehleranfällig. Überprüfen Sie diese Aktionen daher sehr genau!

24.6 Datenstruktur der Buchwebsite

Bevor jedoch weitere Arbeitsschritte an der Buchwebsite durchgeführt werden können, gilt es, eine Datenstruktur zu schaffen, die in der Lage ist, die gewünschten Ergebnisse abzubilden.

Buchwebsite

24.6.1 Datenstruktur der Website
Wir benötigen für unsere Datenbank sechs verschiedene Bereiche:
▶ News
▶ Art
▶ Photography
▶ Design
▶ Illustration
▶ TV/Broadcast

Diese sind den Dokumenten 1_0 / 1_1 bis 6_0 / 6_1 zugeordnet. Die Zuordnung können wir in den Tabellennamen direkt übernehmen. Wir benötigen demnach sechs verschiedene Tabellen:
▶ Tabelle 1_0
▶ Tabelle 2_0
▶ Tabelle 3_0
▶ Tabelle 4_0
▶ Tabelle 5_0
▶ Tabelle 6_0

Auf der Website sollen verschiedene Informationen dargestellt werden. Für die Künstlereinträge sind das:
▶ Vorname
▶ Nachname
▶ Website
▶ maximal zehn verschiedene Bilder
▶ Vita oder Beschreibung

24.6.2 Primärschlüssel festlegen
Wir benötigen noch für jede Tabelle ein weiteres Feld, das den Primärschlüssel enthält. Wir nennen es: ID.

Daraus ergeben sich für unsere Datenbank folgende Datentypen:

- ▶ Vorname = VARCHAR(100)
- ▶ Nachname = VARCHAR(100)
- ▶ Website = VARCHAR(100)
- ▶ Maximal zehn verschiedene Bilder = VARCHAR(100)
- ▶ Vita oder Beschreibung = TEXT
- ▶ ID = INT und Primärschlüssel
- ▶ Für den Bereich NEWS benötigen wir etwas andere Angaben:
- ▶ Überschrift = VARCHAR(100)
- ▶ Datum = DATE
- ▶ Beschreibung = TEXT
- ▶ ID = INT und Primärschlüssel

Wie Sie sehen, haben wir für die Bilder VARCHAR(100) gewählt, da wir sie nicht in der Datenbank ablegen, sondern in der Datenbank nur einen Link zu einem Bild speichern.

Das vollständige Schema unserer Datenbank sehen Sie in der folgenden Abbildung.

Tabelle 1_0	Datentypen
ID	INT Primärsch.
headline	VARCHAR 100
date	DATE
content	TEXT

Tabelle 2_0	Datentypen
ID	INT Primärsch.
name	VARCHAR 100
vorname	VARCHAR 100
url	VARCHAR 100
pic_1	VARCHAR 100
pic_2	VARCHAR 100
pic_3	VARCHAR 100
pic_4	VARCHAR 100
pic_5	VARCHAR 100
pic_6	VARCHAR 100
pic_7	VARCHAR 100
pic_8	VARCHAR 100
pic_9	VARCHAR 100
pic_10	VARCHAR 100
vita	TEXT

Tabelle 3_0	Datentypen
ID	INT Primärsch.
name	VARCHAR 100
vorname	VARCHAR 100
url	VARCHAR 100
pic_1	VARCHAR 100
pic_2	VARCHAR 100
pic_3	VARCHAR 100
pic_4	VARCHAR 100
pic_5	VARCHAR 100
pic_6	VARCHAR 100
pic_7	VARCHAR 100
pic_8	VARCHAR 100
pic_9	VARCHAR 100
pic_10	VARCHAR 100
vita	TEXT

Tabelle 4_0	Datentypen
ID	INT Primärsch.
name	VARCHAR 100
vorname	VARCHAR 100
url	VARCHAR 100
pic_1	VARCHAR 100
pic_2	VARCHAR 100
pic_3	VARCHAR 100
pic_4	VARCHAR 100
pic_5	VARCHAR 100
pic_6	VARCHAR 100
pic_7	VARCHAR 100
pic_8	VARCHAR 100
pic_9	VARCHAR 100
pic_10	VARCHAR 100
vita	TEXT

Tabelle 5_0	Datentypen
ID	INT Primärsch.
name	VARCHAR 100
vorname	VARCHAR 100
url	VARCHAR 100
pic_1	VARCHAR 100
pic_2	VARCHAR 100
pic_3	VARCHAR 100
pic_4	VARCHAR 100
pic_5	VARCHAR 100
pic_6	VARCHAR 100
pic_7	VARCHAR 100
pic_8	VARCHAR 100
pic_9	VARCHAR 100
pic_10	VARCHAR 100
vita	TEXT

Tabelle 6_0	Datentypen
ID	INT Primärsch.
name	VARCHAR 100
vorname	VARCHAR 100
url	VARCHAR 100
pic_1	VARCHAR 100
pic_2	VARCHAR 100
pic_3	VARCHAR 100
pic_4	VARCHAR 100
pic_5	VARCHAR 100
pic_6	VARCHAR 100
pic_7	VARCHAR 100
pic_8	VARCHAR 100
pic_9	VARCHAR 100
pic_10	VARCHAR 100
vita	TEXT

▲ **Abbildung 24.16**
Datenfelder mit Datentypen in unserer MySQL-Datenbank

◢ *Schritt für Schritt: Datenbank importieren*

Buch-CD

Wenn Sie die gesamte Struktur nicht von Hand anlegen möchten, was wir Ihnen jedoch aus Übungszwecken sehr empfehlen, können Sie die gesamte Struktur auch importieren. Wir haben Ihnen das SQL-File dazu mit auf die CD-ROM des Buchs gepackt.

Gehen Sie dazu wie folgt vor:

1 *Datenbank anlegen*

Legen Sie mit phpMyAdmin eine neue Datenbank mit dem Namen poc oder einem anderen von Ihnen gewünschten Namen an. Mit diesem Datenbanknamen müssen Sie in den folgenden Kapiteln arbeiten.

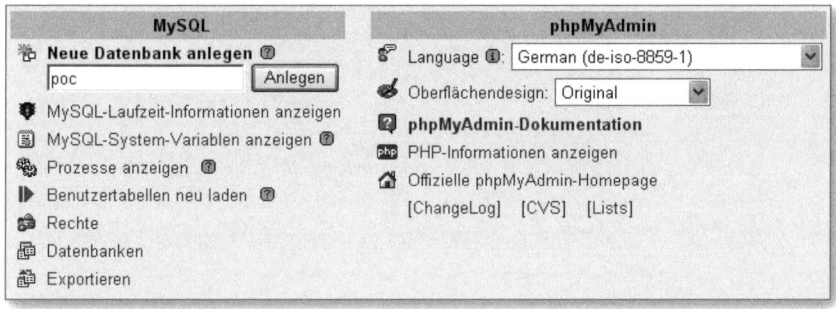

2 *SQL-Dump installieren*

Importieren Sie die Datei poc.sql aus dem CD-ROM-Verzeichnis WEB-SITE ZUM BUCH/SQL.

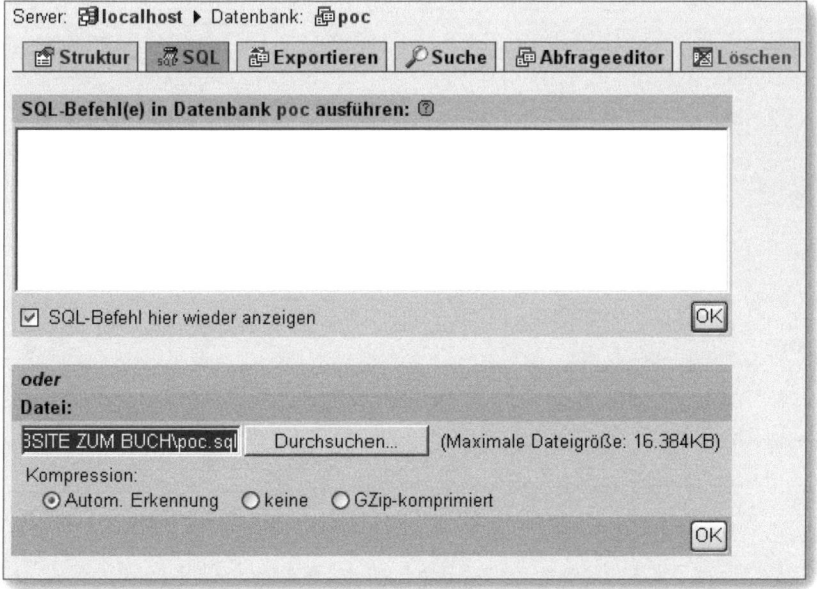

3 Komplette Struktur und Testdaten

Wie Sie in der folgenden Abbildung sehen, wird die gesamte Daten-
bankstruktur angelegt. In dem importierten SQL-File sind auch bereits einige Beispieldatensätze enthalten.

Tabelle	Aktion						Einträge	Typ	Größe	Überhang
1_0						✕	0	MyISAM	1,0 KB	-
2_0						✕	0	MyISAM	1,0 KB	-
3_0						✕	0	MyISAM	1,0 KB	-
4_0						✕	0	MyISAM	1,0 KB	-
5_0						✕	0	MyISAM	1,0 KB	-
6_0						✕	0	MyISAM	1,0 KB	-
perm						✕	0	MyISAM	1,0 KB	-
user						✕	0	MyISAM	1,0 KB	-
8 Tabellen	Gesamt						0	--	8,0 KB	0 Bytes

25 Datenbanken mit Dreamweaver anbinden

Um Datenbankinhalte in eine dynamische Website einzubinden, müssen Sie zunächst eine Verbindung zu ihr herstellen. Hier erfahren Sie, wie das mit Dreamweaver 8 funktioniert.

25.1 Datenbanken konnektieren

Wie bereits erwähnt, sind MySQL und der Webserver zwei unabhängige Anwendungen. Damit auf einer Internetseite Inhalte aus einer Datenbank dargestellt werden können, muss eine Verbindung zur MySQL-Datenbank hergestellt werden. Über diese werden dann die Abfragen ausgeführt und die Rückgabewerte ausgetauscht.

Für diese Konnektierung benötigen Sie den Namen der Datenbank, den Servernamen (meistens »localhost«) und die Zugangsdaten.

Datenbankverbindung in externer Datei | Bei jedem Aufruf einer Website mit Datenbankabfrage wird eine Verbindung zur Datenbank hergestellt, eine Abfrage gesendet, und die erhaltenen Daten werden ausgewertet. Die Konnektierung zu einer Datenbank definiert man möglichst nicht innerhalb eines Dokumentes, sondern in einer externen Datei, und bindet diese nach Bedarf ein. Änderungen der Zugangsdaten können dann zentral erfolgen.

Dreamweaver 8 erstellt eine Datenbankverbindung ebenfalls in externen Dateien, die nach Bedarf in die Hauptdokumente eingebunden werden.

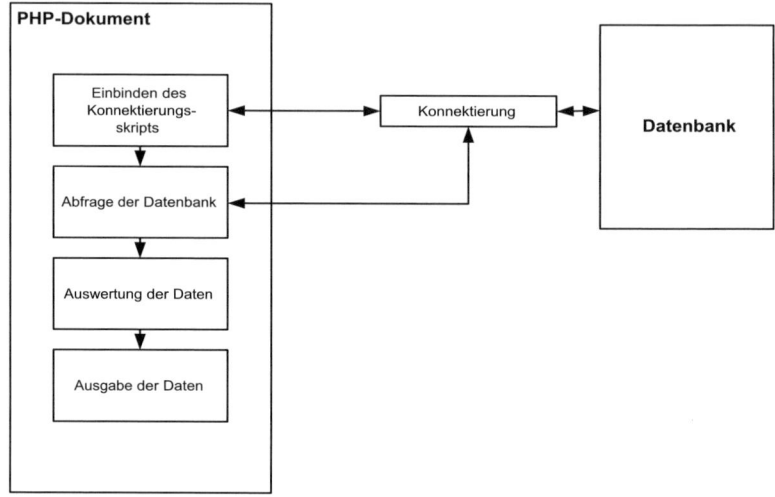

▲ **Abbildung 25.1**
Prinzip einer Datenbankanbindung mit PHP

25.2 Konnektierung von MySQL mit PHP

Um in Dreamweaver eine Datenbankverbindung zu erstellen, müssen Sie ein leeres PHP-Dokument anlegen, oder ein bestehendes öffnen. Datenbankverbindungen können nur bei geöffneten, dynamischen Dokumenten angelegt werden.

25.2.1 Bedienfeldgruppe Anwendung

Alle Datenbankaktionen sind in der Bedienfeldgruppe ANWENDUNG zusammengefasst. Zum Anlegen einer Datenbankverbindung müssen Sie nach einem Klick auf das Plus-Symbol MYSQL-VERBINDUNG auswählen.

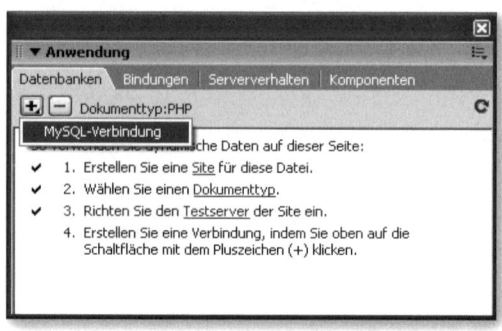

Abbildung 25.2 ▶
MySQL-Verbindung
einrichten

In der folgenden Dialogbox müssen Sie einen Namen für Ihre Verbindung angeben **❶**. In den meisten Fällen wird das der MySQL-Server »localhost« **❷** sein. Dies trifft auch zu, wenn Sie Ihre Skripte zu einem späteren Zeitpunkt auf den Webserver des Providers übertragen.

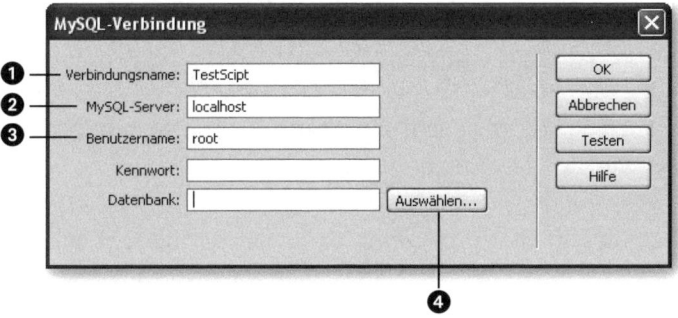

▲ **Abbildung 25.3**
Verbindungsdaten eingeben

Es gibt jedoch Ausnahmen. Bei manchen Providern werden die Datenbanken auf einem separatem Server gehostet. In diesem Fall müssen Sie die erforderlichen Daten bei Ihrem Dienstleister erfragen.

Der Benutzername root **❸** ist der Standardbenutzer von MySQL. Wenn Sie lokal arbeiten und keine Benutzereinstellungen an MySQL vorgenommen haben, müssen Sie kein Kennwort eingeben. Wenn Sie über andere Zugangsdaten verfügen, können Sie diese in der Dialogbox eintragen.

Zugangsdaten beim Provider

Bedenken Sie, dass die von Ihnen bei der Konnektierung zur Datenbank eingetragenen Daten auf Ihrem System funktionieren, aber nicht bei Ihrem Provider. Beim Veröffentlichen der Website müssen Sie die Zugangsdaten Ihres Providers in die entsprechende Dialogbox eintragen. Eine Alternative wäre, dass Sie Ihre lokalen Datenbanken an die Vorgaben des Providers im Hinblick auf Benennung und Benutzer anlegen. Sie sparen sich damit das Ändern der Zugangsdaten.

Wenn alle Angaben korrekt sind, können Sie anschließend die gewünschte Datenbank auswählen **❹**.

Sicherheitslücke | Es besteht die Möglichkeit, auf die Datenbank bei einem Provider direkt zuzugreifen, ohne dass die Datenbank für einen externen Zugriff geöffnet wurde. Sie können dann lokal entwickeln – verwenden jedoch die Datenbank auf dem reellen Webserver.

Dreamweaver legt dazu einige serverseitige Skripte auf dem Webserver per FTP ab und kommuniziert über diese Skripte mit der Datenbank. Dies stellt ein enormes Sicherheitsrisiko dar, zumal Dreamweaver die Skripte nicht automatisch entfernt und als versteckte Dateien auf dem Server belässt.

Nach einer kurzen Analyse sind wir zu dem Schluss gekommen, dass Dreamweaver die Verbindungsdaten unverschlüsselt mit der Methode POST überträgt, was das Sicherheitsriskio zusätzlich erhöht.

Wir raten daher *dringend* von dieser Arbeitsweise ab. Es hat gute Gründe, dass Datenbanken nur in sehr seltenen Fällen für externe User geöffnet werden.

Ordner für Datenbankverbindungen | Dreamweaver legt für die Konnektierungen einen neuen Ordner in Ihrer Site mit dem Namen CONNECTIONS an. Sie können für eine Website auch mehrere Verbindungen zu verschiedenen Datenbanken definieren. Für jede Datenbankverbindung wird eine eigene Datei geschrieben. Diesen Ordner müssen Sie beim Veröffentlichen der Website auf den Server kopieren.

Im diesem Ordner finden Sie jetzt eine Datei mit den folgenden Eintragungen:

Listing 25.1 ▶
Datenbankkonnek-
tierung mit PHP

```php
<?php
# FileName="Connection_php_mysql.htm"
# Type="MYSQL"
# HTTP="true"
$hostname_Datenbank = "localhost";
$database_Datenbank = "testdatenbank";
$username_Datenbank = "root";
$password_Datenbank = "";
$Datenbank = mysql_pconnect($hostname_Datenbank,
$username_Datenbank, $password_Datenbank) or
trigger_error(mysql_error(),E_USER_ERROR);
?>
```

Im weiteren Verlauf der Arbeit wird diese Datei wie eine externe CSS-Datei eingebunden. So können Sie an zentraler Stelle alle Zugangsdaten und Parameter verwalten.

Verbindungsskripte anzeigen | Neben diesem Ordner legt Dreamweaver einen versteckten Ordner auf dem Laufwerk des Testservers an. Aktivieren Sie in der Siteansicht Ansicht • versteckte Dateien anzeigen und die Verbindungsskripte werden sichtbar (Abbildung 25.4).

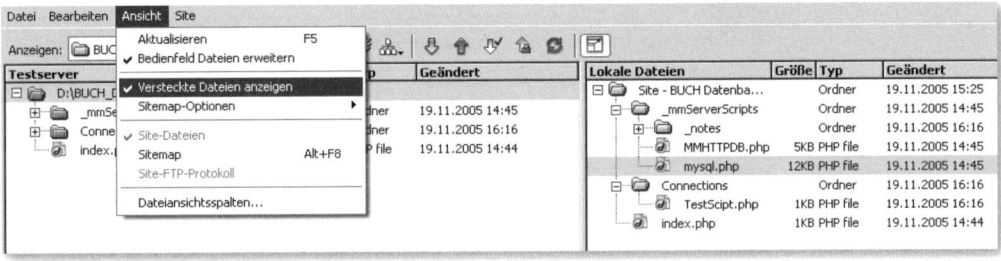

▲ **Abbildung 25.4**
Versteckte Ordner mit Verbindungsskripten

Verbindungsskripte entfernen | Diese Skripte werden von Dreamweaver benötigt, um die Live Data-Ansicht zu aktivieren. Nachdem Sie mit der Arbeit an der Website fertig sind, sollten Sie diese unter allen Umständen entfernen. Jedes zusätzliche Skript mit der Möglichkeit eines Fernzugriffes stellt ein Sicherheitsrisiko dar. Entfernen Sie die Skripte, indem Sie in der Siteansicht auf Site • Erweitert • Verbindungsskripten entfernen klicken.

25.2.2 Das Bedienfeld Datenbanken

Bei erfolgreicher Datenbankverbindung werden im Bedienfeld Datenbanken die strukturellen Inhalte der verbundenen Datenbanken angezeigt.

Durch einen Klick auf das Plus-Symbol vor der Verbindungsbezeichnung ❶ sehen Sie die einzelnen Tabellen ❷ und die Felder dieser Tabellen ❸. Felder mit Primärschlüsseln werden mit einem kleinen Schlüsselsymbol markiert ❹.

Auf diese Weise haben Sie immer einen Überblick über die Struktur Ihrer Datenbank.

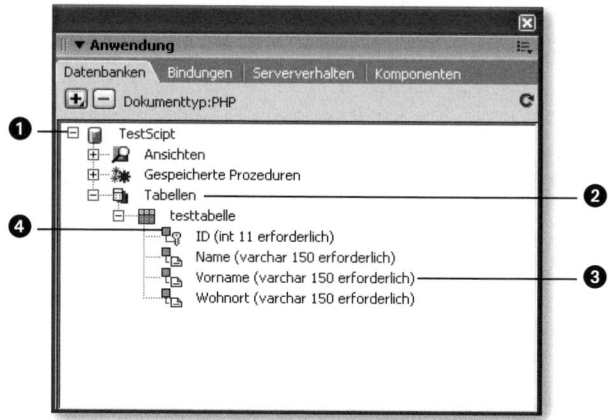

▲ **Abbildung 25.5**
Anzeige im Bedienfeld Datenbanken

Es ist sehr schade, dass aus Dreamweaver 8 heraus nur MySQL-Datenbanken mit PHP konnektiert werden können. PHP unterstützt fast jedes noch so exotische Datenbankmodell, sodass man sich in keiner Weise auf MySQL beschränken müsste.

25.3 Konnektierung mit ASP VBScript

MySQL-Datenbanken können Sie auch mit ASP konnektieren. Hier sind die Arbeitsschritte ähnlich einfach, wenn auch etwas umfangreicher. Wir führen dieses Beispiel stellvertretend für andere Datenbankmodelle und ASP an. In der gleichen Arbeitsfolge können Sie auch Access, Oracle oder sonstige Datenbanken verwenden.

Schritt für Schritt: Datenbanken über ODBC mit ASP anbinden

Im Kapitel 24 über MySQL haben wir zur Verknüpfung von MySQL-Tabellen in Access den ODBC-Treiber für MySQL-Datenbanken installiert. Für den folgenden Abschnitt wird dieser Treiber wieder benötigt. Falls Sie ihn nicht installiert haben und die Schritte nachvollziehen möchten, lesen Sie erst den entsprechenden Abschnitt auf Seite 389 und holen die Installation nach.

1 Servermodell auswählen

Beim Anlegen der Site muss jetzt das Servermodell ASP VBScript ausgewählt werden.

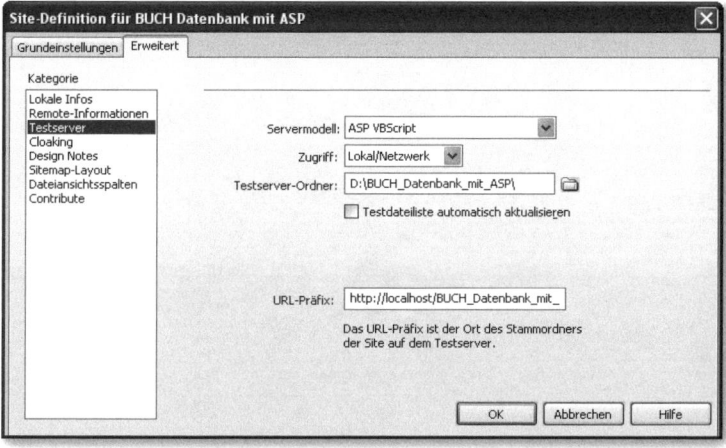

2 Systemdatenquelle anlegen

Um eine Verbindung mit ASP zu einer Datenbank herzustellen, muss als Erstes eine System-DSN (Systemdatenquelle) angelegt werden. Sie finden dieses Programm unter START • EINSTELLUNGEN • SYSTEM-STEUERUNG • VERWALTUNG • DATENQUELLEN (ODBC).

Öffnen Sie den Karteikartenreiter SYSTEM-DSN und klicken Sie dann auf HINZUFÜGEN. Löschen Sie in diesem Systemprogramm nichts, wenn Sie nicht genau mit den Einstellmöglichkeiten vertraut sind.

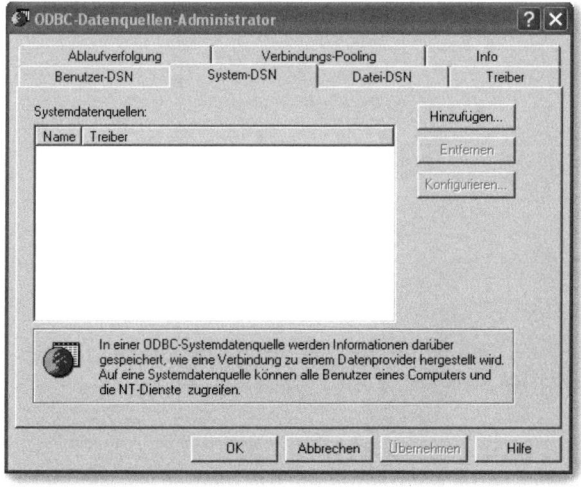

3 ODBC-Treiber auswählen

Wählen Sie als Nächstes den MySQL-ODBC-Treiber aus der Liste aus und klicken Sie auf ÜBERNEHMEN.

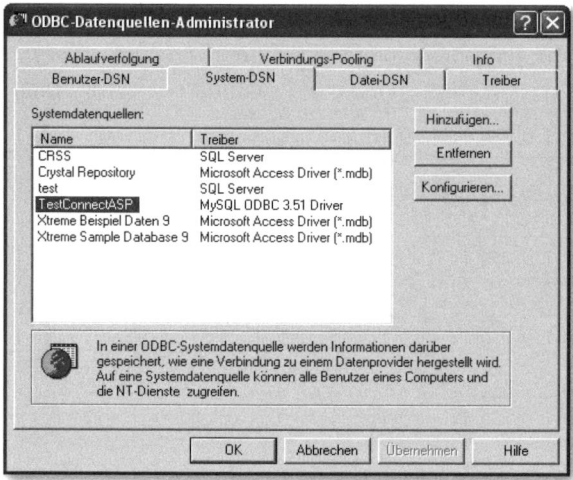

4 Verbindungsdaten eintragen

Geben Sie nun die Verbindungsdaten zur MySQL-Datenbank ein. Der Ablauf ist ähnlich wie beim Einrichten einer direkten Verbindung von Access zu MySQL wie wir im Kapitel über MySQL beschrieben haben.

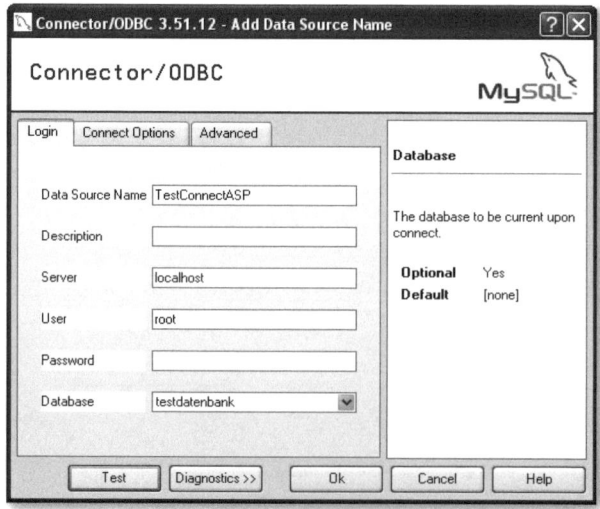

5 Datenbankzugriff festlegen

In Dreamweaver 8 müssen Sie nun ein neues Dokument mit dem Typ ASP VBScript anlegen. In diesem Dokument kann jetzt ausgewählt werden, wie der Zugriff auf eine Datenbank erfolgen soll. Da wir einen DSN-Eintrag angelegt haben, muss dieser auch angewählt werden. Sie benötigen hierbei keinerlei weitere Angaben über den Datenbanktyp. Dies wird alles im eben abgeschlossenen Datenquellen-Administrator erledigt.

6 Anlegen der Verbindung

Wählen Sie die eben angelegte ODBC-Verbindung im Feld DATA SOURCE NAME (DSN) aus und geben Sie Ihre Zugangsdaten in die dafür vorgesehenen Felder ein.

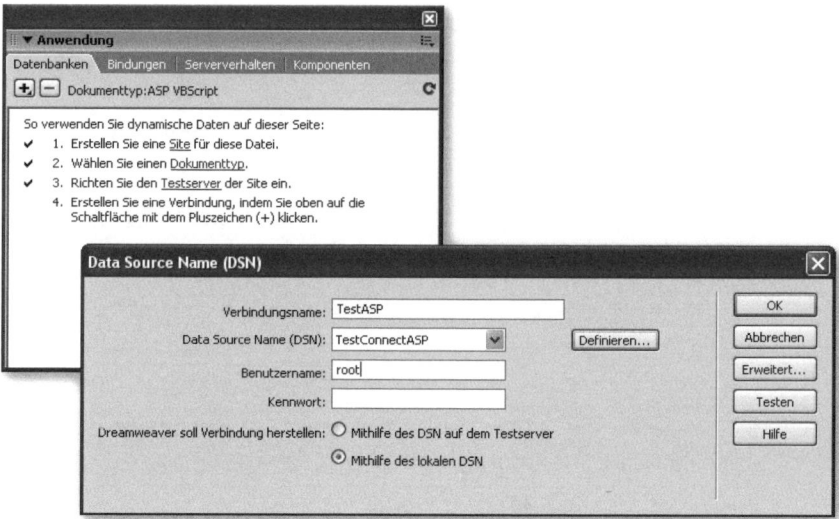

7 Datenbankstruktur

Die Verbindung ist hergestellt und erscheint in der Bedienfeldgruppe ANWENDUNG • DATENBANKEN.

Wie Sie in der folgenden Abbildung sehen, wird Ihnen, auch wenn es sich um eine ganz andere Skriptsprache handelt, der Inhalt der Datenbank genauso angezeigt wie im vorherigen Abschnitt.

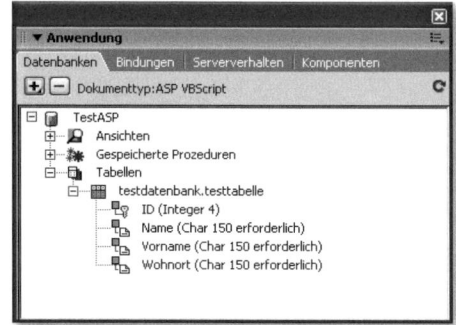

8 Connections-Ordner

Im Ordner CONNECTIONS finden Sie nun eine ASP-Datei mit folgendem Eintrag vor:

Listing 25.2 ▶
VBScript zur Datenbankkonnektierung

```
<%
' FileName="Connection_odbc_conn_dsn.htm"
' Type="ADO"
' DesigntimeType="ADO"
' HTTP="false"
' Catalog=""
' Schema=""
Dim MM_TestASP_STRING
MM_TestASP_STRING = "dsn=TestConnectASP;"
%>ASP
```

Sie können alle weiteren im Buch beschriebenen Abfragen auch mit ASP VBScript durchführen. Die Unterschiede sind gering, wenn Sie im Layout arbeiten. ■

Schritt für Schritt: Datenbank an die Buchwebsite anbinden

Buchwebsite

1 Neue Verbindung anlegen

In nun folgenden Schritt werden wir eine Verbindung zur Datenbank herstellen.

Legen Sie dazu eine neue MySQL-Verbindung im Bedienfeld DATENBANKEN auf die von Ihnen erstellte Datenbank oder die importierte Datenbank poc an.

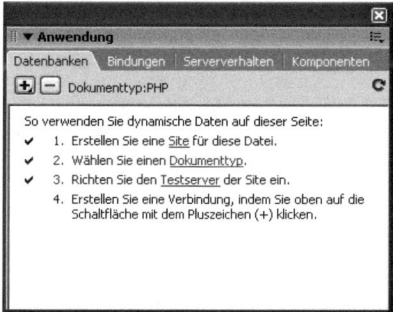

2 Datenbankstruktur

Im Datenbanken-Bedienfeld wird Ihnen jetzt die gesamte Struktur der Datenbank angezeigt. Wenn Sie die Datenbank von der Buch-CD importiert haben, sind bereits Tabellen, die wir erst in einem späteren Schritt erläutern, enthalten.

In der Ordnerstruktur wurde auch der neue Ordner für die Verbindungen automatisch angelegt.

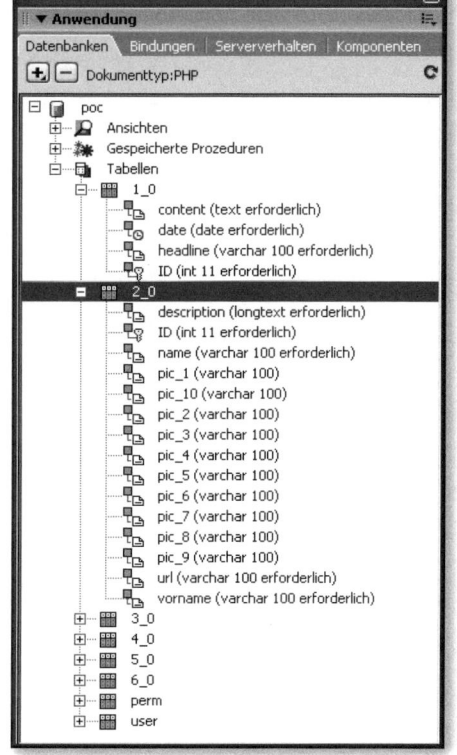

26 PHP und Dreamweaver

PHP kann nicht nur grafisch im Layoutmodus programmiert werden. Dreamweaver 8 stellt Ihnen Werkzeuge zum Arbeiten im Quelltext mit PHP zur Verfügung. In diesem Abschnitt erfahren Sie, welche dies sind und wie Sie sinnvoll mit ihnen arbeiten.

Beschränkte Möglichkeiten | So komfortabel die Möglichkeiten von Dreamweaver 8 an vielen Stellen sind, so eingeschränkt und etwas halbherzig wirkt die Unterstützung von PHP im Quelltext. Zwar lässt sich hervorragend im Quelltext arbeiten, Dreamweaver 8 erkennt den PHP-Syntax nahezu komplett. Doch fehlt leider nicht nur Unterstützung für eigene Funktionen oder gar Objektorientierung, auch Debug-Möglichkeiten sucht man vergebens.

Für einen Programmierer eignet sich Dreamweaver 8 daher nur bis zu dem Punkt, an dem man beginnt, eigene Funktionen zu deklarieren, oder man die bessere Objektorientierung von PHP 5 nutzen möchte. Trotz dieser Einschränkungen bleibt Dreamweaver allerdings ein herausragendes Layoutwerkzeug. Für Webdesigner, die sich nur kurz mit PHP auseinander setzen und dennoch einfachere dynamische Sites erstellen möchten, kennen wir definitiv nichts Besseres. Die Möglichkeiten, mit Dreamweaver PHP zu »schreiben«, ohne den Quellcode komplett zu verstehen, sind enorm. Auf diese Features werden wir uns in den nächsten Abschnitten beschränken.

26.1 Variablen in Dreamweaver

26.1.1 Variablen senden

Während der Arbeit an dynamischen Seiten müssen immer wieder Variablen an einzelne Dokumente übergeben werden, damit diese die durch die Variable angeforderten Daten generieren.

Um in Dreamweaver 8 einzelne Dokumente testen zu können, ohne alle zusätzlichen Skripte zu definieren, besteht die Möglichkeit, diese Variablen in der Entwicklungsumgebung zu deklarieren und eine Übertragung zu simulieren.

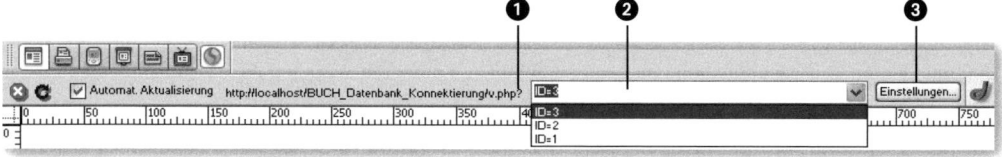

▲ **Abbildung 26.1**
Variablen mit Dreamweaver 8 übertragen

In Abbildung 26.1 sehen Sie den oberen Bereich des Dokumentfensters bei aktivem Testserver und aktiver Live Data-Ansicht.

An die URL, die Ihnen an Punkt ❶ angezeigt wird, ist bereits das Fragezeichen zur Variableneinleitung angehängt. Zu übertragende Variablen werden in der Eingabeleiste ❷ angezeigt. Wurden bei einem Dokument bereits mehrere verschiedene Werte übertragen, können Sie diese aus einer Liste auswählen.

Die Variablen selbst können durch Klicken auf EINSTELLUNGEN ❸ deklariert werden. Es erscheint dann die folgende Dialogbox, in der Sie Ihre Eintragungen vornehmen können.

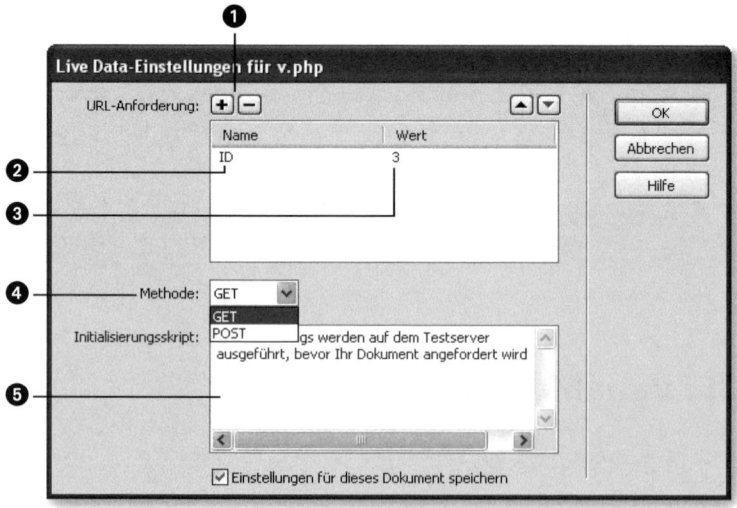

▲ **Abbildung 26.2**
Deklarieren der Variablen für Live Data

Das Hinzufügen neuer Variablen erfolgt – wie in Dreamweaver 8 gewohnt – über die Plus- und Minuszeichen ❶. Unter NAME ❷ geben Sie den Variablennamen ein. Dabei darf kein Dollarzeichen oder die gesamte Syntax des Arrays eingegeben werden, sondern nur der eigentliche Name ohne weitere Bezeichnungen. Rechts daneben wird unter WERT ❸ der Variableninhalt bestimmt.

Wichtig ist noch das Einstellen der METHODE ❹, mit der die Variablen an Ihr Skript übertragen werden.

Weitere Skripte, die mit dem Dokumentenaufruf ausgeführt werden müssen, können Sie im Feld INITIALISIERUNGSSKRIPT eintragen ❺.

Erst im Layout, dann im Code arbeiten

Dreamweaver 8 kann Ihnen beim Arbeiten mit dynamischen Websites eine Menge Mühe ersparen. Ein großer Teil der Arbeit kann direkt im Layout erfolgen, und für einfache dynamische Websites ist dies auch ausreichend. Den letzten Feinschliff sollten Sie jedoch im Quelltext vornehmen. Zeichenlängen, Rechen- und Vergleichsoperationen etc. können nur dort eingerichtet werden.

Wir erstellen Websites zunächst gestalterisch im Layoutmodus und wechseln dann in die Codeansicht, um die von Dreamweaver 8 eingefügten Befehle zu modifizieren, oder wir verwenden gleich eigene Funktionen, die wir als Codefragmente oder Serververhalten dauerhaft hinterlegen (siehe Kapitel 17). Die Arbeiten an dynamischen Websites sind durch Dreamweaver 8 wesentlich schneller und effizienter geworden.

26.1.2 Mit Variablen arbeiten

Im Bedienfeld ANWENDUNG • BINDUNGEN können Sie Variablen definieren (siehe Abbildung 26.3).

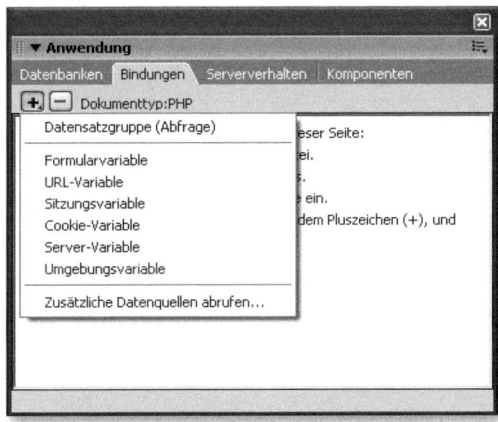

◀ **Abbildung 26.3**
Neue Variablen
definieren und bereitstellen

Eine neu definierte Variable steht Ihnen auf der gesamten Site in jedem Dokument zur Verfügung. Sie können an beliebiger Stelle mit ihr arbeiten, indem Sie die Variablen aus dem Bedienfeld BINDUNGEN einfach in das Dokument ziehen oder sich bei Abfragen darauf beziehen. Leider legt Dreamweaver 8 beim Einfügen in Dokumente grundsätzlich den PHP-Tag mit an, egal ob es an der Stelle gewünscht ist oder nicht (siehe Abbildung 26.4).

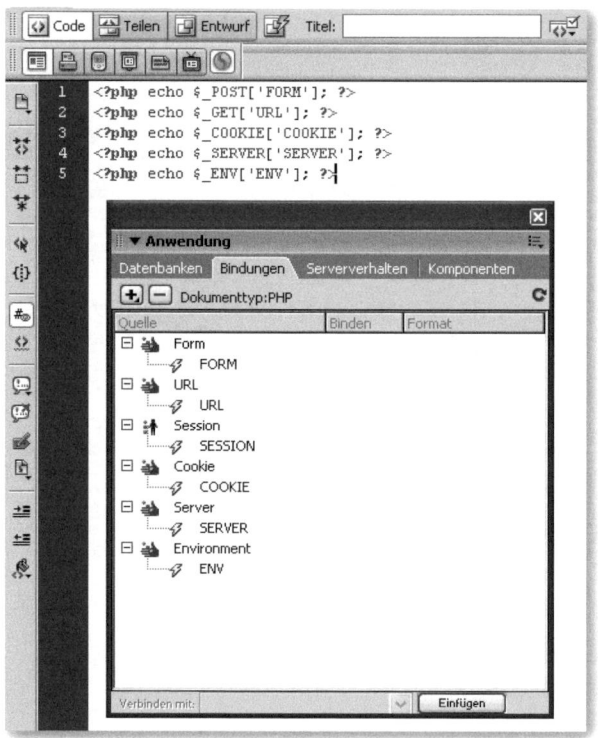

Abbildung 26.4 ▶
Variablen im Bedienfeld BINDUNGEN und im Quellcode

Dreamweaver 8 unterstützt die folgenden Variablentypen:

Variable	Ausgabe mit PHP
Formularvariable	`<?php echo $_POST[VAR]; ?>`
URL-Variable	`<?php echo $_GET[VAR]; ?>`
Sitzungsvariable	`<?php echo $_SESSION[VAR]; ?>`
Cookie-Variable	`<?php echo $_COOKIE[VAR]; ?>`
Servervariable	`<?php echo $_SERVER[VAR]; ?>`
Umgebungsvariable	`<?php echo $_ENV[VAR]; ?>`

▲ **Tabelle 26.1**
Variablentypen in Dreamweaver 8

26.2 PHP einfügen in Dreamweaver

26.2.1 PHP-Befehle einsetzen

Auf der Palette EINFÜGEN gelangen Sie in das Menü PHP (siehe Abbildung 26.5). Wir haben diese in erster Linie der Vollständigkeit halber in das Buch mit aufgenommen. Wer direkt im Quelltext arbeiten kann, sollte diese Palette besser nicht verwenden. Dreamweaver 8 fügt grundsätzlich um jede Variable und alles, was Sie über diese Einfügepalette anlegen, immer den PHP-Tag mit ein.

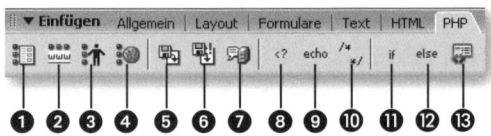

◄ **Abbildung 26.5**
Einfügemenü für PHP

Beim Klick auf die Menüeinträge erzeugt Dreamweaver im Dokument folgende PHP-Tags:

▶ FORMULAR-VARIABLEN ❶

```php
<?php $_POST[]; ?>
```

▶ URL-VARIABLEN ❷

```php
<?php $_GET[]; ?>
```

▶ SITZUNGSVARIABLEN ❸

```php
<?php $_SESSION[]; ?>
```

▶ COOKIE-VARIABLEN ❹

```php
<?php $_COOKIE[]; ?>
```

▶ INCLUDE ❺

```php
<?php include(); ?>
```

▶ ERFORDERN ❻

```php
<?php require(); ?>
```

- ▸ PHP Page Encoding ❼

```
mb_http_input("");
mb_http_output("");
```

- ▸ Codeblock ❽

```
<?php ?>
```

- ▸ Echo ❾

```
<?php echo  ?>
```

- ▸ Kommentar ❿

```
/*  */
```

- ▸ If ⓫

```
<?php if  ?>
```

- ▸ Else ⓬

```
<?php else  ?>
```

Leider lassen sich die PHP-Befehle nicht als Tag definieren, Dreamweaver 8 erkennt nur in HTML gültige Tags mit spitzen Klammern. Auch unter Weitere Tags einfügen ⓭ ist es uns leider nicht gelungen, weitere PHP-Tags anzulegen. In der folgenden Dialogbox werden Tags für alle anderen Skriptsprachen angeboten, jedoch nicht für PHP.

26.2.2 Die O'Reilly PHP-Referenz

Abbildung 26.6 ▾
Die PHP-Referenz
in Dreamweaver 8

Im Bedienfeld Ergebnisse • Referenz steht Ihnen in Dreamweaver 8 für alle unterstützten Programmiersprachen die Kurzreferenz von O'Reilly zur Verfügung. Sie eignet sich hervorragend, um die Attribute eines PHP-Befehls zügig nachzuschlagen.

26.2.3 PHP von Hand coden

Während Sie einen PHP-Befehl eingeben, werden Ihnen die verfügbaren Attribute in einem kleinen Fenster über dem Cursor eingeblendet. Die Befehle werden leider nicht automatisch ergänzt.

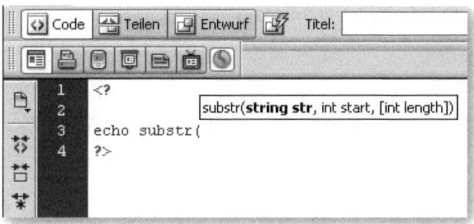

◄ **Abbildung 26.7**
Referenzanzeige wäh-
rend der Eingabe
eines Befehls

26.3 Fehlersuche mit PHP

Während des Entwickelns sollte man auch diverse Hilfen zur Fehlersuche parat haben. Besonders wichtig wird dies, wenn Sie eigenen
Code schreiben, der nicht in den Serververhalten etc. von Dreamweaver 8 aufgeführt ist.

26.3.1 Fehlermeldungen anzeigen

Die Ausgabe aller PHP-Fehlermeldungen erreichen Sie durch den Befehl error_reporting(E_ALL). Wenn Sie diese Befehlszeile an
den Anfang Ihrer Dokumente setzen, werden beim Ausführen des
Skripts alle auftretenden Fehlermeldungen und Warnungen ausgegeben. Bei allen Vorteilen, die diese Funktion bei der Entwicklung
bietet, kann aber die Fülle der Meldungen die Arbeit auch behin-
dern. Möchten Sie den Befehl weiter ausdefinieren, finden Sie dafür
auf der PHP-Website www.php.net eine Funktionsreferenz mit weiteren Parametern.

26.3.2 Externe Variablen anzeigen

Die Anzeige aller Variablen, die von anderen Dokumenten übergeben wurden, also die Arrays GET, POST und SESSION, können Sie
einfach mit einer foreach-Schleife ausgeben lassen:

Listing 26.1 ►
Schleife zur Ausgabe
des SESSION-Arrays

```
foreach ($_SESSION as $key =>$value)
   {
   echo "Session:"."$key"."-"."$value<br>";
   }
```

Schreiben Sie für jedes der Arrays eine Schleife und erstellen Sie eine include-Datei mit allen Fehler- und Variablenausgaben. Wenn Sie diese in Ihre Website während der Entwicklung oder Fehlersuche einbinden, werden Ihnen so immer alle Fehlermeldungen und übertragenen Variablen angezeigt. Im Anschluss können Sie die Befehlszeilen zum Einbinden dieser Datei einfach auskommentieren.

Eine weitere Möglichkeit besteht darin, die »Fehlersuchdatei« immer einzubinden und im Dokument eine Variable zur Fehlersuche zu setzen. Die dafür einzubindende Datei hat den folgenden Inhalt:

Listing 26.2 ►
Datei zur Fehlersuche

```
<?
if($debug_modus == 1)
// Alle Fehlermeldungen und Warnungen einschalten
error_reporting(E_ALL)
{
   // SESSION-Array ausgeben
foreach ($_SESSION as $key =>$value)
   {
      echo "Session:"."$key"."-"."$value<br>";
   }
   // POST-Array ausgeben
foreach ($_POST as $key =>$value)
   {
      echo "Post:"."$key"."-"."$value<br>";
   }
// GET-Array ausgeben
foreach ($_GET as $key =>$value)
   {
      echo "Get:"."$key"."-"."$value<br>";
   }
}
?>
```

In den einzelnen Dokumenten setzen Sie als Erstes eine Variable `<? $debug_modus = 0 ?>` zum Ausschalten oder `<? $debug_modus = 1 ?>` zum Einschalten der Fehlersuche.

26.3.3 Häufige PHP-Fehlerquellen

Die meisten auftretenden Fehler sind ganz einfacher Art, wobei die häufigsten sich den folgenden drei Gruppen zuordnen lassen:

▶ **Falsche Variablennamen**: Achten Sie peinlichst auf Groß- und Kleinschreibung. PHP kennt kein Pardon. A und a sind zwei völlig verschiedene Zeichen.

▶ **Falsche Anführungszeichen**: Strings und Zeichenketten gehören in Anführungszeichen, Zahlen nicht. Wenn Sie eine Zahl in Anführungszeichen setzen, um sie auszugeben, wird die Zahl zu einem String und Sie können damit keine eindeutigen Berechnungen mehr durchführen.

▶ **Kommata statt Punkte in Berechnungen**: PHP benötigt als Fließkomma einen Punkt. Das Fatale an diesen Fehlern ist, dass man sie häufig erst spät bemerkt, da PHP hemmungslos weiterrechnet, aber alle Nachkommastellen ignoriert.

Zeilennummern einsetzen | Die Fehlermeldungen von PHP geben gute Hinweise auf bestehende Fehler. Dabei werden grundsätzlich die Zeilennummern mit angegeben, um die Fehler schneller finden zu können.

Bei MySQL-Abfragen stimmen diese Zeilennummern oft nicht. Ein Fehler in der Abfrage tritt häufig erst bei der Ausgabe der Daten auf. Überprüfen Sie in diesem Fall die gesamte Abfrage und nicht nur die angegebenen fehlerhaften Zeilen.

Wiederholtes Testen | Achten Sie einfach auf die genaue Schreibweise aller PHP-Elemente und testen Sie nach jedem Befehl die Funktion. Ein DIN A4-seitiges Skript zu schreiben und erst im Anschluss daran zu testen, führt meistens zur Verzweiflung.

Mit Dreamweaver 8 haben Sie hervorragende Möglichkeiten, die Syntax durch die farblichen Hervorhebungen bereits während der Eingabe zu prüfen und fertige, getestete Codefragmente immer wieder zu verwenden. Nutzen Sie diese Möglichkeiten aus, und Sie vermeiden viele Fehler.

27 Datenbanken abfragen

Daten aus Datenbanken können Sie mit Dreamweaver 8 auf einfache Weise in Ihr Dokument einfügen und ausgeben. In diesem Kapitel zeigen wir Ihnen, wie Sie dabei vorgehen und auf was Sie achten müssen.

Voraussetzungen | Für das nun Folgende setzen wir voraus, dass Ihr Testserver fertig eingerichtet ist und eine Verbindung zur Datenbank besteht. Wir zeigen Ihnen nun die verschiedenen Möglichkeiten, dynamische Daten in Ihr Dokument einzufügen. Wundern Sie sich nicht, wenn Sie in den meisten Beispieldokumenten keine HTML-Elemente finden. Wir verzichten auf diese, um die dynamischen Verknüpfungen deutlicher hervorzuheben.

Im Laufe des Kapitels werden wir immer wieder auf die in Kapitel 22 zu MySQL angelegte Testdatenbank zurückgreifen. Sie müssen diese Übungen nicht mitmachen – mit der Buchwebsite geht's am Ende dieses Kapitels weiter. Zum Verständnis der Zusammenhänge empfehlen wir Ihnen jedoch, die beschriebenen Schritte nachzuvollziehen. Die meisten Arbeiten an dynamischen Websites sind nicht durch einen einfachen Klick zu erledigen, sondern werden in einer Abfolge von Einzelschritten durchgeführt.

In den weiteren Abschnitten sind immer wieder kleinere Übungen eingeflochten, um diese Arbeitsschritte zu verdeutlichen.

27.1 Das Bedienfeld Bindungen

Im Bedienfeld ANWENDUNG • BINDUNGEN werden alle verfügbaren Datenquellen angezeigt, aus denen Inhalte in das Dokument eingebunden werden können (siehe Abbildung 27.1).

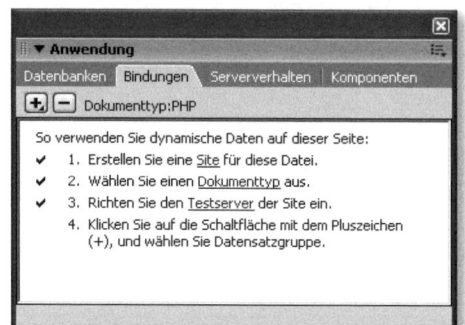

Abbildung 27.1 ▶
Das Bedienfeld Bin-
dungen mit der Anlei-
tung zum Erstellen dy-
namischer Seiten

Als Datenquellen sind hier nicht die eigentlichen Datenbanken, sondern die Inhalte einer bereits erfolgten, aber noch nicht im Dokument
angezeigten Abfrage gemeint. Auch Variablen können hier definiert
und aufgelistet werden. Das Verfahren einer Datenbankabfrage und
Datenanzeige entspricht dem in Abbildung 27.2 dargestellten Schema.

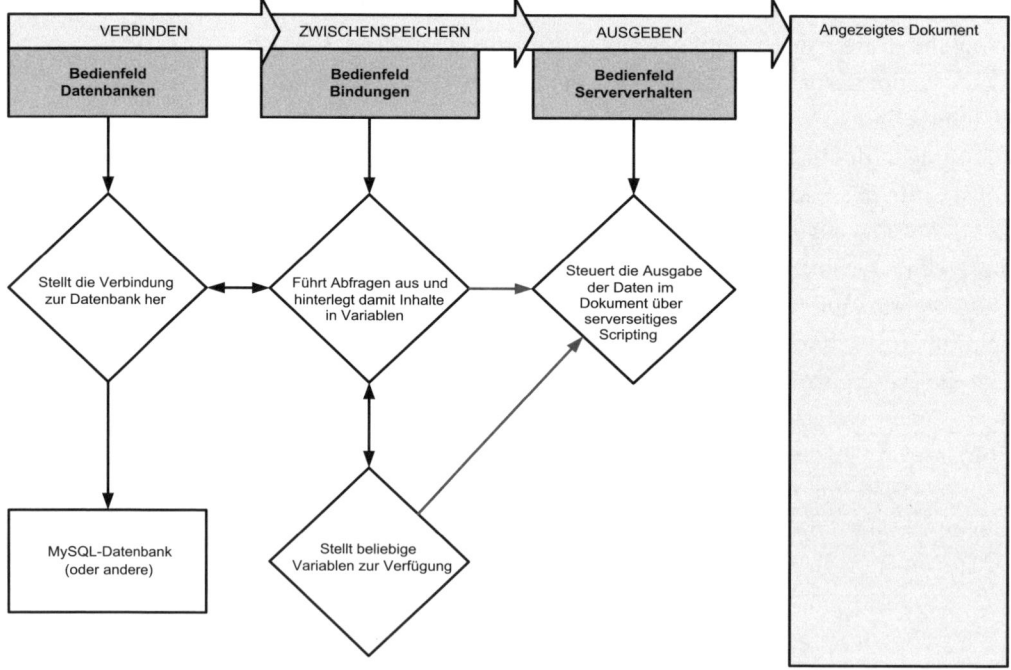

▲ Abbildung 27.2
Schema der Datenausgabe in Dreamweaver 8

Zunächst muss grundsätzlich eine Verbindung zur Datenbank hergestellt werden. Diesen Arbeitsschritt haben wir bereits im Kapitel über
Datenbanken auf Seite 405 beschrieben. Der nächste Schritt ist die

Abfrage der gewünschten Daten aus der Datenbank und ihre Zwischenspeicherung. Im letzten Schritt werden die Daten aufbereitet, in das PHP-Dokument ausgegeben und angezeigt.

Die Dreiteilung Verbinden – Abfragen – Ausgeben bleibt bei allen Aktionen bestehen. Das Einzige, was Sie im Entwurfsmodus sehen, ist die Ausgabe der Daten. Alles andere können Sie nur im Quelltext verfolgen.

27.2 Datensätze in Dreamweaver abfragen

27.2.1 Einfache Abfragen erstellen

Um eine einfache Abfrage zu erstellen, klicken Sie im Bedienfeld BINDUNGEN auf das Plus-Symbol und wählen DATENSATZGRUPPE (ABFRAGE) aus (siehe Abbildung 27.3). Neben der Möglichkeit, Abfragen durchzuführen, können hier auch andere Variablen deklariert werden. Dies wurde bereits in Kapitel 26 beschrieben.

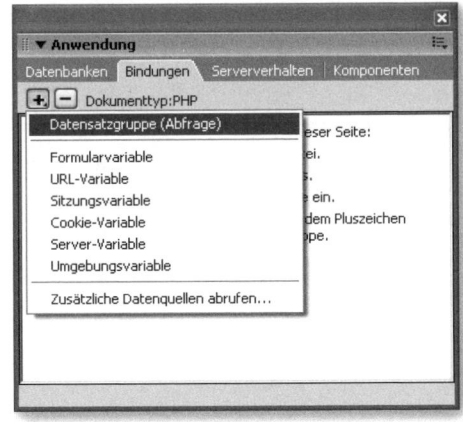

◄ **Abbildung 27.3**
Bindungen erstellen

Name der Abfrage | Es erscheint die Dialogbox DATENSATZGRUPPE (siehe Abbildung 27.4). Hier müssen Sie der Abfrage einen Namen zuweisen und eine Verbindung definieren. Geben Sie unter NAME ❶ zuerst einen eindeutigen Namen im Rahmen der gültigen Konventionen für UNIX-Systeme ein. In unserem Beispiel haben wir die Abfrage »Abfrage_1« genannt.

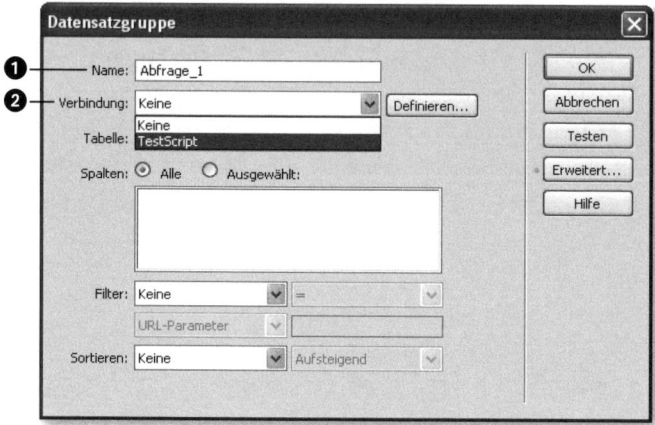

Abbildung 27.4 ▶
Namensvergabe und
Verbindungsauswahl

Datenbankanbindung auswählen | In der Auswahlliste VERBINDUNG
❷ wählen Sie eine bereits erstellte Datenbankanbindung aus. In unserem Beispiel heißt die Anbindung einfach »TestScript«. Anfangs ist
es hilfreich, die Reihenfolgen des Schemas auch bei der Arbeitsweise
beizubehalten. Mit zunehmender Erfahrung können Sie auch mehrere Schritte auf einmal erledigen. Die Datenbankanbindung kann in
dieser Dialogbox auch gleich beim Anlegen einer Abfrage definiert
werden.

Achten Sie darauf, dass zunächst kein ERWEITERTER MODUS der Dialogbox eingeschaltet ist. Falls die Dialogbox anders aussieht als auf
unserem Bild, klicken Sie auf die im erweiterten Modus erscheinende
Schaltfläche EINFACH, um wieder in den Startmodus zu gelangen.

Bei erfolgreicher Konnektierung stehen Ihnen jetzt im Menü TA-
BELLE alle Tabellen der ausgewählten Datenbank zur Verfügung.

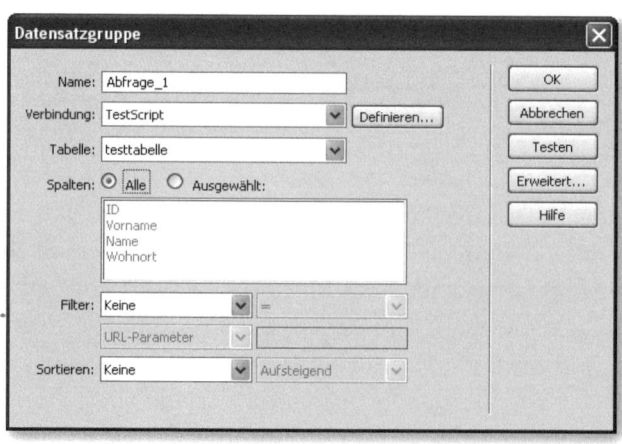

Abbildung 27.5 ▶
Auswahl der Tabellen
mit den Daten

Tabellen abfragen | Jetzt können Sie die abzufragenden Tabellen auswählen. In unserem Beispiel steht nur eine Tabelle zur Verfügung, die auch automatisch vorausgewählt ist. Im nächsten Schritt beim Erstellen einer Datenbankabfrage müssen Sie Dreamweaver 8 mitteilen, welche Spalten abgefragt werden sollen (siehe Abbildung 27.6). Dabei können Sie unterscheiden, ob Sie alle abfragen wollen oder nur einzelne. Wenn Sie Alle aktivieren, entspricht dies in der SQL-Anweisung dem Befehl SELECT * FROM.

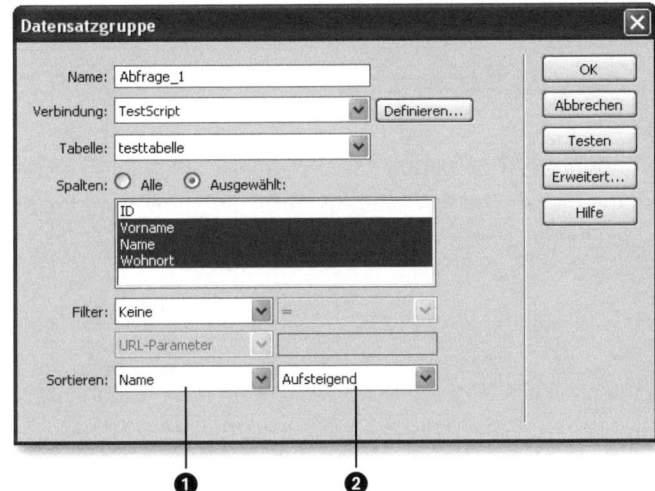

◄ **Abbildung 27.6**
Auswahl der Tabellenspalten und Festlegung der Sortierreihenfolge

Wir möchten uns nur die Inhalte der Tabellenspalten »Vorname«, »Name« und »Wohnort« anzeigen lassen. Daher aktivieren wir die Option Ausgewählt. Durch Drücken der Taste [Strg]/[⌘] und Klicken auf die Spaltennamen können mehrere Spalten gleichzeitig ausgewählt werden.

Daten sortieren | Nach der Auswahl der abzufragenden Spalten legen wir noch die Sortierung der Daten fest. Stellen Sie das Feld, nach dem sortiert werden soll, im Menü Sortieren ❶ ein, und wählen Sie daneben die Reihenfolge der Sortierung aus ❷. In der SQL-Anweisung entspricht das in unserem Beispiel einem ORDER BY Name ASC oder alternativ bei absteigender Sortierung ORDER BY Name DESC.

Abfrage testen | Wenn Sie in der Dialogbox Datensatzgruppe auf Testen klicken, können Sie das Ergebnis Ihrer Abfrage überprüfen, ohne dass Änderungen im Quellcode vorgenommen werden.

Wenn Sie auf OK klicken, erscheinen im Bedienfeld BINDUNGEN die neuen Einträge.

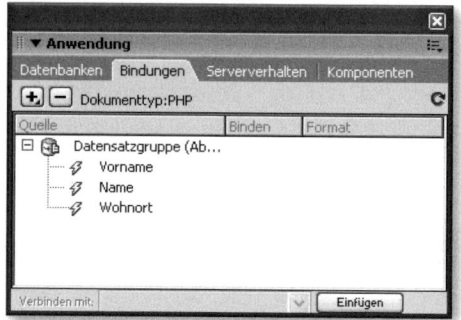

Abbildung 27.7 ▶
Neue angebundene Datenquellen im Bedienfeld BINDUNGEN

Hier werden Ihnen die abgefragten Tabellenspalten angezeigt, wenn Sie auf das kleine Plus-Symbol vor dem Namen der Datensatzgruppe klicken. Wenn Sie die Parameter der Abfrage nachträglich ändern möchten, können Sie dies durch einen Doppelklick auf die Datensatzgruppe erreichen. Sie erhalten dann wieder die soeben beschriebene Dialogbox angezeigt.

Im Bedienfeld SERVERVERHALTEN erscheint nun ebenfalls ein Eintrag, der Ihnen für weitere Aktionen zur Verfügung steht (siehe Abbildung 27.8).

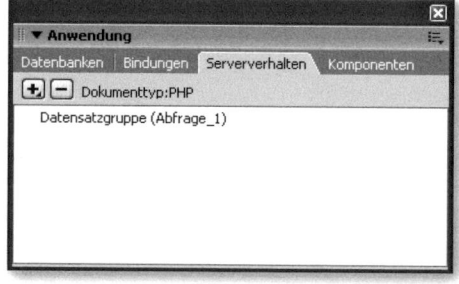

Abbildung 27.8 ▶
Bedienfeld SERVERVER-HALTEN

Zunächst benötigen wir dieses Bedienfeld noch nicht. Achten Sie anfangs immer darauf, welche Veränderungen sich in anderen Bedienfeldern der Bedienfeldgruppe ANWENDUNG ergeben, wenn Sie etwas Neues hinzufügen oder entfernen. So erschließen sich Ihnen mit der Zeit die Zusammenhänge.

Veränderungen im Quelltext | Im Quelltext sind jetzt weitere Eintragungen hinzugekommen, ohne dass Sie Auswirkung in Ihrem Dokument sehen. Da wir bislang nur die Bindungen bearbeitet haben, wurde zunächst nur die Basis für das Anzeigen von dynamischen Daten geschaffen, aber noch keine Anzeige eingefügt.

Ganz oben im Quelltext sehen Sie den Verweis auf das Skript mit der Datenbankanbindung:

```
<?php require_once('Connections/TestScript.php'); ?>
```

◀ **Listing 27.1**
Quelltextzeile der Datenbankanbindung

Die eigentliche Datenbankabfrage folgt nach der Konnektierung. Dreamweaver 8 erstellt in diesem Fall das Array $row_Headline_News und eine weitere Variable $totalRows_Headline_News mit der Anzahl der Datensätze für weitere mögliche Aktionen. Diese Variablen erscheinen in der Standardschreibweise, da eine Übertragung über die URL nicht erfolgen wird:

```
<?php
mysql_select_db($database_TestScript, $TestScript);
$query_Abfrage_1 = "SELECT Vorname, Name, Wohnort FROM
testtabelle ORDER BY Name ASC";
$Abfrage_1 = mysql_query($query_Abfrage_1,
$TestScript) or die(mysql_error());
$row_Abfrage_1 = mysql_fetch_assoc($Abfrage_1);
$totalRows_Abfrage_1 = mysql_num_rows($Abfrage_1);
?>
```

◀ **Listing 27.2**
Quelltext einer Bindung bzw. der Abfrage

Ganz unten im Dokument finden Sie die folgenden Zeilen:

```
<?php
mysql_free_result($Abfrage_1);
?>
```

◀ **Listing 27.3**
Quelltextzeile der Datenfreigabe

Dieser Befehl bewirkt die Freigabe der Daten nach einer erfolgten Abfrage. Es ist bei MySQL nicht zwingend notwendig, die Daten wieder freizugeben. Eindeutiger und sauberer in der Programmierung ist es in jedem Fall. Es gilt, beim Programmieren immer Eindeutigkeit zu erreichen.

27.2.2 Anzeigen von Datensätzen

Um die Datensätze in Ihrem Dokument anzuzeigen, ziehen Sie diese einfach mit der Maus aus dem Bedienfeld BINDUNGEN in Ihr Dokument. Die nun eingefügten Datensätze werden hellblau hinterlegt und als Platzhalter dargestellt.

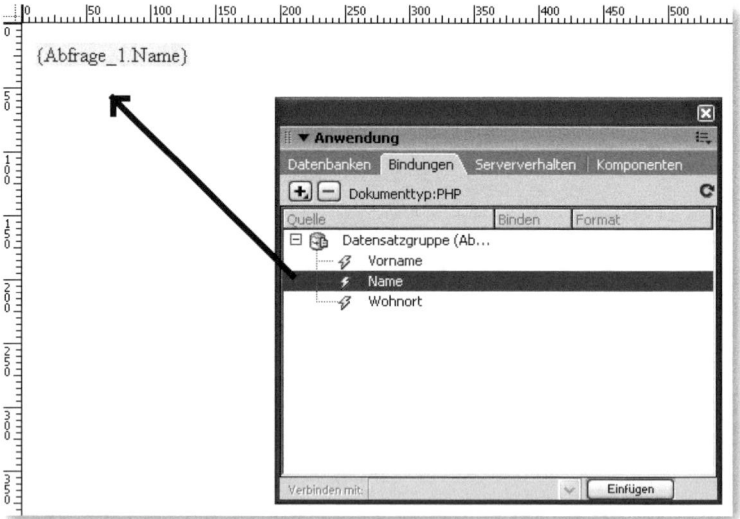

▲ **Abbildung 27.9**
Eingefügte Datensätze werden als hellblaue Platzhalter dargestellt.

In Ihrem Quelltext sind nun, wenn Sie alle drei Datensätze eingefügt haben, drei weitere Zeilen hinzugekommen. Sie bewirken die Ausgabe des ersten Datensatzes aus dem Array $row_Abfrage_1:

```php
<?php echo $row_Abfrage_1['Name']; ?>
<?php echo $row_Abfrage_1['Vorname']; ?>
<?php echo $row_Abfrage_1['Wohnort']; ?>
```

◄ **Listing 27.4**
Quelltextzeilen der angezeigten Datensätze

Aktivieren Sie die Live Data-Ansicht, um die Datensätze in der Vorschau zu sehen. Diese aus einer Datenbank generierten Ansichten werden hellgelb hinterlegt.

▲ **Abbildung 27.10**
Datensätze werden in der Live Data-Ansicht hellgelb hinterlegt.

Nach dem Einfügen der Datensätze in das Dokument erscheinen im Bedienfeld SERVERVERHALTEN weitere Einträge.

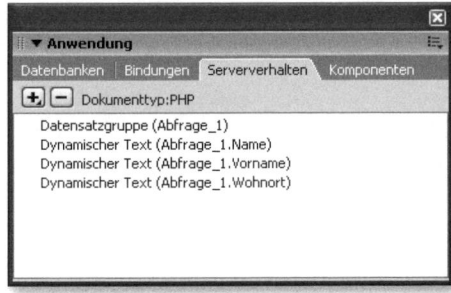

▲ **Abbildung 27.11**
Neue Einträge für das Serververhalten nach dem Einfügen der Datensätze in das Dokument

Wenn Sie eine Seite mit Datenbankabfragen bearbeiten möchten, bietet es sich an, dies in der Live Data-Ansicht vorzunehmen. Dort erhalten Sie nicht nur eine Vorschau der Datensätze, sondern sehen, wie diese auf der Website wirklich aussehen werden.

Wie Sie sehen, ist es nicht schwer, eine Datenbank abzufragen und in einer Website anzuzeigen. Um professionelle, dynamische Websites zu erstellen, raten wir Ihnen, immer wieder in die Codeansicht zu wechseln, um ein Gespür für die dahinter liegende Technologie zu bekommen.

27.2.3 Formatieren in der Live Data-Ansicht

Datensätze können immer nur als Ganzes markiert und formatiert werden. Eine Eingriffsmöglichkeit in den Datensatz selbst besteht dabei nicht. Sie können daher zum Beispiel die ersten Zeichen eines Datensatzes nicht rot hervorheben oder innerhalb eines Datensatzes einen Zeilenumbruch einfügen.

Ansonsten stehen Ihnen in der Live Data-Vorschau alle Layoutmöglichkeiten zur Verfügung, wie sie Ihnen auch von der Arbeit an statischen Sites bekannt sind. Sie können die Datensätze nahezu beliebig verschieben, in Tabellen setzen und mit CSS-Stilen formatieren.

Beim Einfügen von Datensätzen in Tabellen gibt es immer wieder kleinere Positionierungsprobleme, die sich im Entwurfsmodus schwer beheben lassen. Meistens basieren diese Fehler einfach nur auf überflüssigen <p>-Tags oder Leerzeichen. Wechseln Sie am besten in die Codeansicht, um die überflüssigen Elemente zu entfernen.

27.2.4 Erweiterte Abfragen erstellen

In der soeben erstellten Abfrage mussten Sie sich nicht um SQL-Befehle kümmern. Dreamweaver 8 hat Ihnen diese Arbeit abgenommen. In der Praxis kommt es jedoch häufiger vor, dass Sie modifizierte SQL-Befehle benötigen.

Um SQL-Befehle zu editieren, klicken Sie sich über das Bedienfeld ANWENDUNG • BINDUNGEN, das Pluszeichen und DATENSATZGRUPPE (ABFRAGE) in die Dialogbox DATENSATZGRUPPE und aktivieren dort den erweiterten Modus (siehe Abbildung 27.12).

Im erweiterten Modus müssen Sie der Abfrage wieder einen Namen zuweisen und eine Verbindung definieren. Nachdem Sie eine Datenbank ausgewählt haben, erscheinen im Fenster DATENBANKELEMENTE die einzelnen verfügbaren Tabellen mit ihren Spalten. Klicken Sie auf die Plus-Symbole, dann werden die Tabellen geöffnet. Um eine Tabellenspalte abzufragen, markieren Sie die gewünschte Spalte und klicken anschließend auf die Schaltfläche SELECT (siehe Abbildung 27.13).

Mehrere Spalten abfragen | Um mehrere Tabellenspalten zur Abfrage hinzuzufügen, wiederholen Sie diesen Schritt für jede einzelne Spalte. Dabei werden keine neuen SELECT-Abfragen eingefügt, sondern nur die zusätzlichen Spalten in die bestehende Abfrage eingebunden.

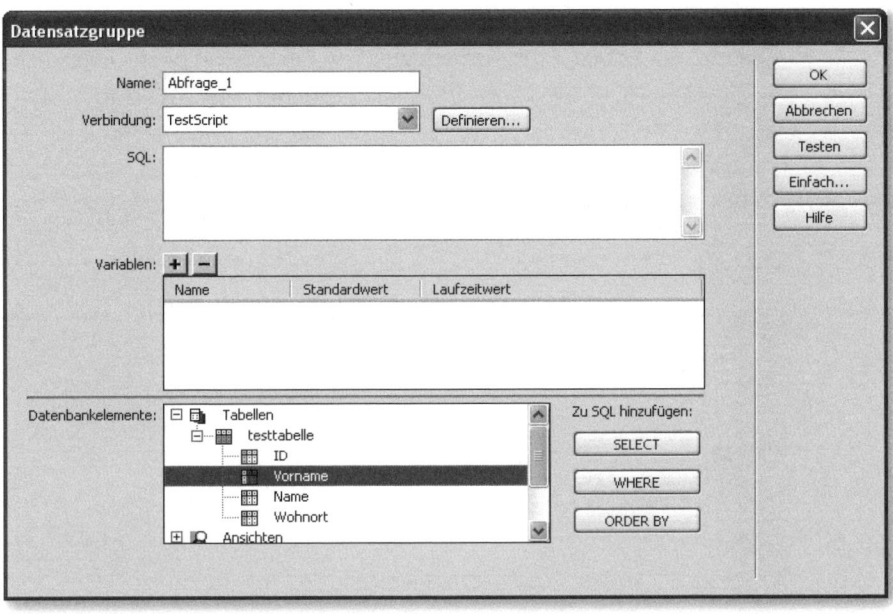

▲ **Abbildung 27.12**
Auswahl der Tabellen in der Dialogbox Datensatzgruppe

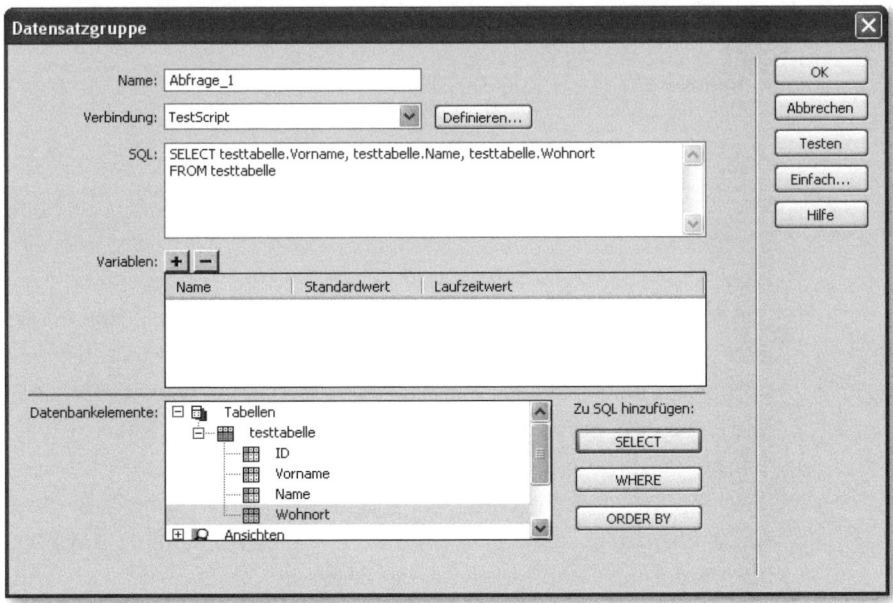

▲ **Abbildung 27.13**
Mit SQL-Befehlen Tabellenspalten abfragen

Datensätze sortieren | Eine Sortierung können Sie einfügen, indem Sie die Spalte, nach der sortiert werden soll, anwählen und anschließend auf ORDER BY klicken. Die Sortierreihenfolge DESC für absteigend oder ASC für aufsteigend müssen Sie von Hand eintragen.

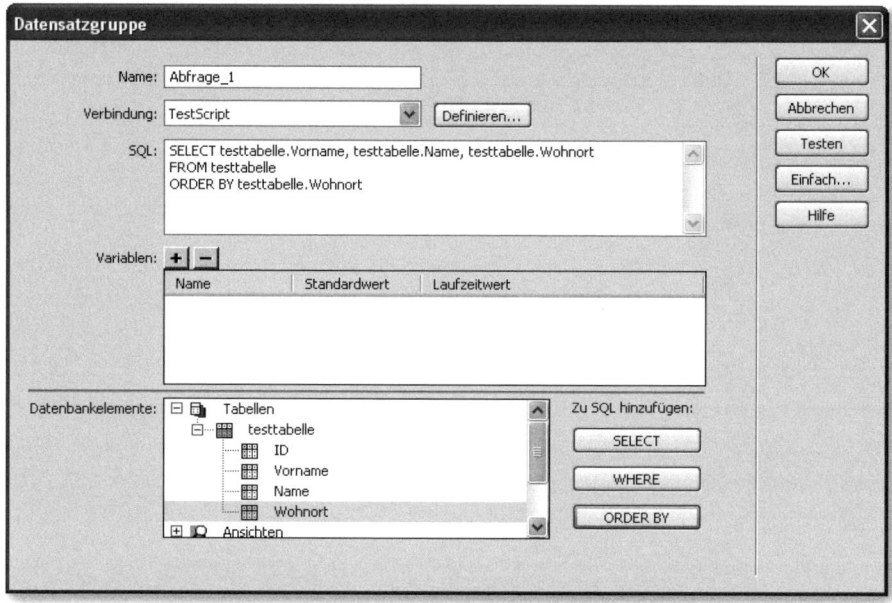

▲ **Abbildung 27.14**
Fertige Abfrage mit Sortierung im erweiterten Modus

Wie Sie sehen, ist die Abfrage nun fertig gestellt, wenn auch der SQL-Befehl etwas umständlich geschrieben wurde. Schalten Sie jetzt einfach in den einfachen Modus (EINFACH...) um. Manchmal werden hierbei von Hand geschriebene Eintragungen entfernt. Schalten Sie jetzt wieder in den ERWEITERTEN MODUS. Die SQL-Abfrage ist nun optimiert und wird in der üblichen Schreibweise angezeigt (siehe Abbildung 27.15). Für die Funktion selbst spielt es keine Rolle, welche Schreibweise verwandt wird.

Wenn Sie nicht im Quelltext arbeiten möchten, können Sie Ihre Abfragen auch im einfachen Modus erstellen, um dann im erweiterten Modus die gewünschten Änderungen vorzunehmen.

Wie Sie feststellen, wird mit diesen soeben vorgestellten Vorgehensweisen immer nur ein Datensatz angezeigt. Möchten Sie mehrere Datensätze aus einer Tabelle anzeigen, benötigen Sie zusätzlich ein Serververhalten.

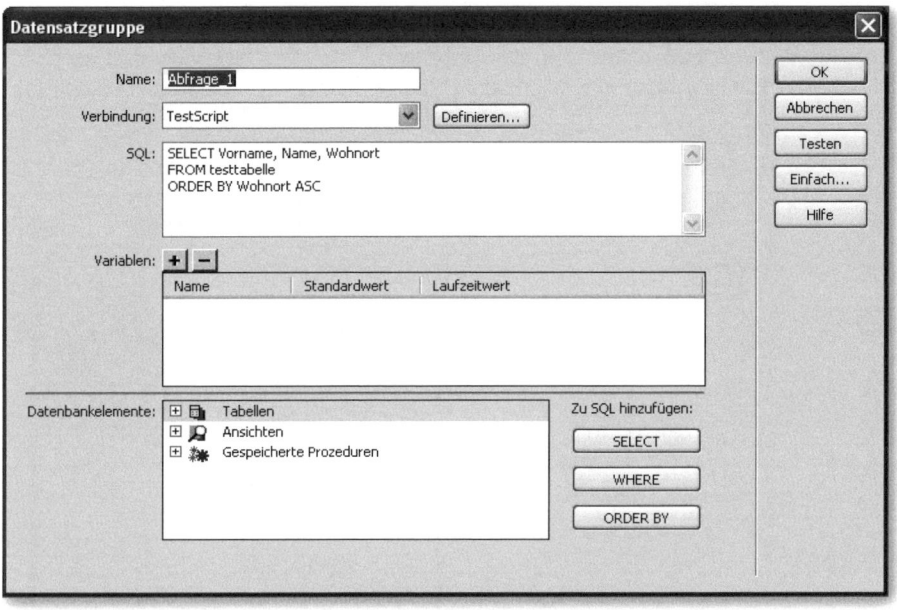

▲ **Abbildung 27.15**
Optimierte Schreibweise der SQL-Abfrage nach Umschalten in einfachen und
erweiterten Modus

27.2.5 Mehrere Datensätze abfragen

Sie können die Art der Datenanzeige im Bedienfeld Serververhalten
variieren. Serververhalten steuern die Anzeige der Daten in Ihrem
Dokument. Häufig müssen mehrere Datensätze einer Tabelle gleichzeitig angezeigt werden. In unserem Beispiel möchten wir alle in
Tabelle »Testtabelle« vorhandenen Datensätze auslesen und in das
Dokument ausgeben. Benötigt wird diese Vorgehensweise bei Listen, Auswahlmenüs usw.

Wechseln Sie zuerst in der Bedienfeldgruppe Anwendung auf
Serververhalten. Markieren Sie im Dokument denjenigen Bereich,
den Sie wiederholen wollen (siehe Abbildung 27.16). Eine Auswahl
im Bedienfeld Serververhalten funktioniert leider nicht. Wir möchten gleich die gesamte Tabelle mit den Datensätzen wiederholt ausgeben. Daher müssen Sie die gesamte Tabelle anwählen.

Das von uns benötigte Serververhalten heißt Bereich wiederholen. Markieren Sie daher mit gedrückter ⬛-Taste die einzelnen Datenfelder in Ihrem Dokument.

Wählen Sie anschließend im Bedienfeld Serververhalten durch
Klicken auf das Plus-Symbol die Option Bereich wiederholen aus,

um zur Dialogbox in Abbildung 27.16 zu gelangen. Jetzt müssen Sie im Popup-Menü den gewünschten Datensatz bestimmen. Ihnen stehen nun die Optionen ALLE DATENSÄTZE ANZEIGEN oder die Beschränkung auf eine bestimmte Anzahl von Datensätzen zur Verfügung. Wir zeigen in unserem Beispiel alle Datensätze an.

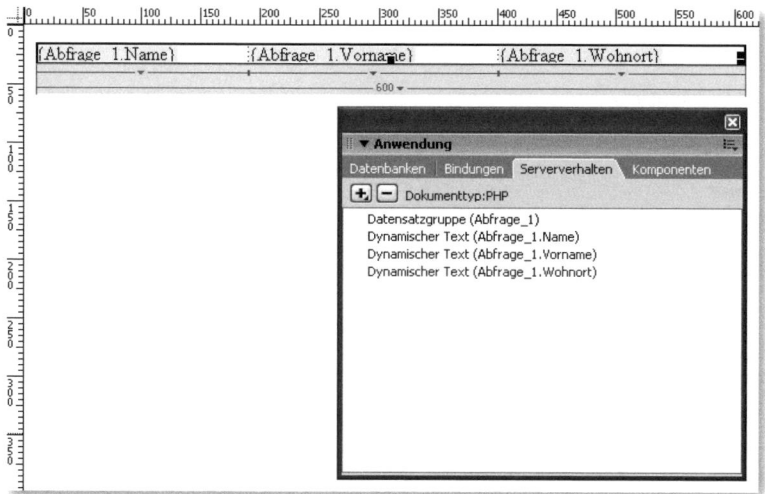

▲ **Abbildung 27.16**
Bedienfeld SERVERVERHALTEN und markierter Text

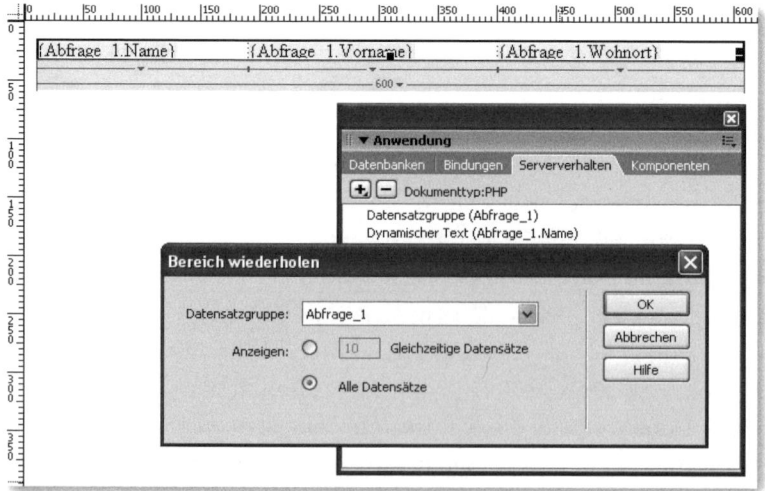

▲ **Abbildung 27.17**
Dialogbox für BEREICH WIEDERHOLEN

Im Anschluss sehen Sie im Dokument den wiederholten Bereich in einem grauen Rahmen angezeigt. Sie können die Parameter des wiederholten Bereichs jederzeit ändern, indem Sie im Bedienfeld SERVERVERHALTEN den jeweiligen Eintrag doppelklicken.

◄ Abbildung 27.18
Anzeige des wiederholten Bereichs im Dokument

Anzeige in der Live-Data-Ansicht | Wenn Sie jetzt zur Live Data-Ansicht wechseln, werden die Datensätze angezeigt.

◄ Abbildung 27.19
Der wiederholte Bereich in der Live Data-Ansicht

Wenn Sie jetzt in die Codeansicht wechseln, finden Sie im Quelltext den folgenden neuen Eintrag:

```php
<?php do { ?>
  <table width="600" border="0" cellspacing="0"
  cellpadding="0">
    <tr>
      <td width="200"><?php echo
                $row_Abfrage_1['Name']; ?></td>
      <td width="200"><?php echo
                $row_Abfrage_1['Vorname'];
                ?></td>
      <td width="200"><?php echo
                $row_Abfrage_1['Wohnort'];
                ?></td>
    </tr>
    </table>
  <?php } while ($row_Abfrage_1 =
  mysql_fetch_assoc($Abfrage_1)); ?>
```

◄ Listing 27.5
Wiederholter Bereich im Quelltext

Der ganze Block für die Anzeige läuft innerhalb einer do-while-Schleife. Diese wird so lange ausgeführt, wie Datensätze vorhanden sind.

27.2.6 Bestimmte Datensätze abfragen

Mehrere Datensätze muss man häufig für Übersichts- bzw. Auswahlseiten gleichzeitig anzeigen, zum Beispiel um eine Übersicht aller Einträge zu erhalten.

Auf den Unterseiten einer Website müssen Sie jedoch in den meisten Fällen einen Datensatz anhand einer ID auswählen und nur diesen anzeigen lassen. Dies geschieht mit dem SQL-Befehl WHERE. So zeigt zum Beispiel SELECT * FROM testtabelle WHERE ID = 2 den Datensatz mit der ID 2 aus der Tabelle »Testtabelle« an.

Mit Dreamweaver 8 können Sie solche Parameter beim Anlegen der Bindungen bereits vorgeben und so auf jeder Unterseite bestimmen, welcher Datensatz der ausgewählten Tabellen angezeigt wird.

Die Auswahl der anzuzeigenden Datensätze erfolgt am besten immer über den Primärschlüssel. In einer relationalen Datenbank ist dieser Wert absolut eindeutig. In unseren Beispielen ist der Primärschlüssel bzw. das als Primärschlüssel deklarierte Feld das Feld mit der Bezeichnung ID.

Öffnen Sie zum Abfragen eines bestimmten Datensatzes die entsprechende Datensatzgruppe oder legen Sie eine neue an.

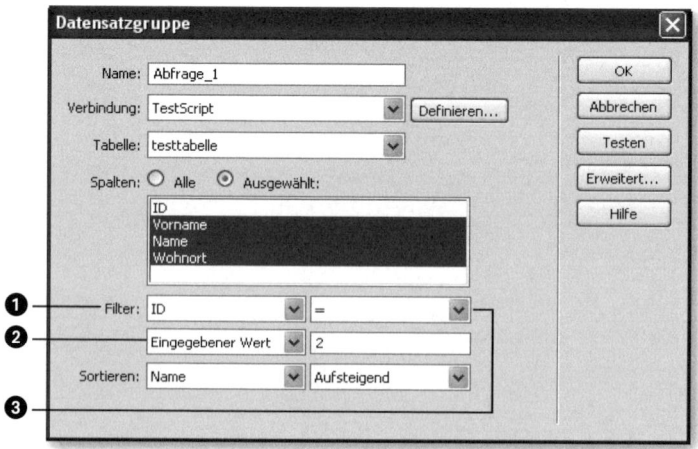

▲ **Abbildung 27.20**
Auswahl eines bestimmten Datensatzes für die Datenbankabfrage

Filter auf Abfragen anwenden | Unter FILTER wählen Sie jetzt die Tabellenspalte mit Ihrem Primärschlüssel aus. In unserem Fall ist es die Spalte ID. Bei dieser Abfrage möchten wir die Werte selbst eingeben. Wählen Sie daher aus dem Menü unter FILTER ❶ das Feld EINGEGEBENER WERT ❷ aus. Rechts neben FILTER finden Sie eine Auswahl möglicher Vergleichsoperatoren.

Vergleichsoperator verwenden | Da wir möchten, dass der eingegebene Wert dem Wert in der Tabellenspalte entspricht, müssen Sie das Gleichheitszeichen ❸ auswählen. Bei SQL wird das mathematische Gleichheitszeichen verwendet (bei PHP wäre dies das Zeichen ==).

Nun müssen Sie noch rechts neben EINGEGEBENER WERT den Wert eintragen, der in Ihrer Tabellenspalte vorkommt und angezeigt werden soll. In unserem Fall ist es der Datensatz mit der ID 2.

Wenn Sie jetzt in die erweiterte Ansicht umschalten, sehen Sie gleich die Auswirkungen im SQL-Befehl. Dreamweaver 8 hat an den bisherigen Befehl ein `WHERE ID = 2` ❹ angehängt.

▲ **Abbildung 27.21**
Eine einzelne Datensatzabfrage in der erweiterten Ansicht

In der Live Data-Ansicht sehen Sie jetzt den Datensatz mit der ID 2.

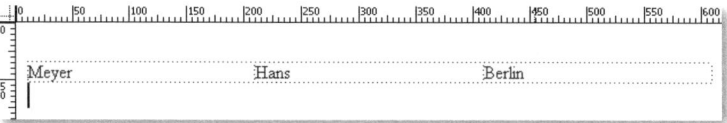

Müller   Hans   Hamburg

▲ Abbildung 27.22
Live Data-Ansicht mit der ID 2

Öffnen Sie die Abfrage nochmals und ändern Sie die ID auf 1. Betrachten Sie anschließend Ihr Dokument in der Live Data-Ansicht erneut. Wenn alles korrekt verlaufen ist, wird Ihnen jetzt der Datensatz mit der ID 1 angezeigt.

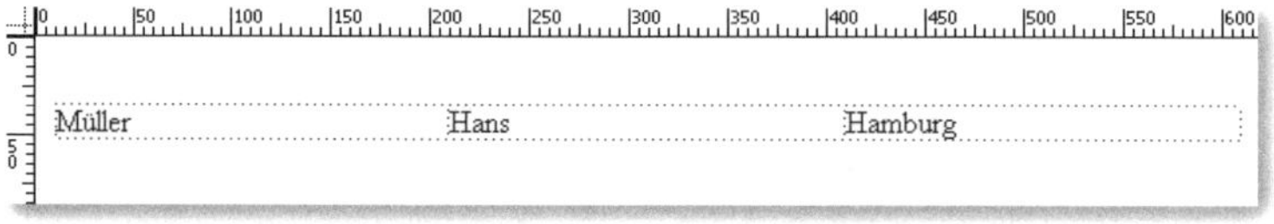

Müller   Hans   Hamburg

▲ Abbildung 27.23
Live Data-Ansicht mit nachträglich veränderter ID auf Wert 1

Mit dieser Vorgehensweise können Sie bereits erste eigene dynamische Seiten aufbauen. Sie können zum Beispiel die gesamten Texte einer Website in einer MySQL-Datenbank hinterlegen und für jedes Dokument eine eigene Abfrage mit einer anderen Datensatz-ID schreiben. Neue Texte kopieren Sie einfach mit phpMyAdmin in die MySQL-Datenbank. Diese Abfragen funktionieren selbstverständlich auch mit MS SQL, Access und anderen Datenbanksystemen.

Der Nachteil dieser Vorgehensweise ist, dass Sie immer noch für jeden Datensatz ein eigenes Dokument mit einer eigenen Abfrage benötigen. Wesentlich komfortabler wird es, wenn man die ID mit einer Variablen übergibt und die Abfrage mit dieser ausführt.

27.2.7 Datensatz-ID mit URL übergeben

Abfragen können – wie Sie eben gesehen haben – mit einem festen Wert durchgeführt werden. Da wir mit PHP arbeiten, kann dieser Wert auch in einer Variablen stehen und je nach vorheriger Auswahl oder Aktion verschiedene Inhalte annehmen.

So könnte eine Website aus einer Adressübersicht bestehen. Klickt man auf einen Namen, erscheint in einem neuen Dokument der Detaildatensatz. Anstelle des festen Wertes wie im Abschnitt eben, werden dann die deklarierten Variablen eingefügt. Das erste Dokument übergibt so die Variable mit einem beliebigen Inhalt an das zweite Dokument. Im zweiten Dokument wird die Abfrage dann mit dem Inhalt der übergebenen Variablen durchgeführt.

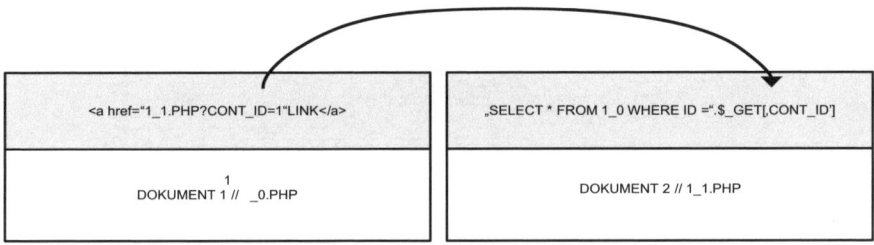

▲ **Abbildung 27.24**
Variablenübergabe an SQL-Abfrage

Diese Vorgehensweise ist die mit Abstand häufigste und nach einiger Übung auch effektivste. Bislang mussten Sie noch für jeden Inhalt ein eigenes Dokument anlegen. Jetzt können Sie beliebig viele unterschiedliche Inhalte in einem einzigen Dokument darstellen. Prinzipiell kann eine Website mit 5 000 verschiedenen Unterpunkten aus einem einzigen PHP-Dokument bestehen.

Dynamische Navigation | Eine Auswahlliste ist im Prinzip nichts anderes als eine Navigation. Nach diesem Schema können Sie auch eine Navigation aufbauen, die in einem Teil des Dokuments dargestellt wird und im anderen Dokumentbereich die Inhalte anzeigen lässt. Wenn Sie mit der Navigation die Datensatz-IDs übergeben und dieses Dokument auf sich selbst verlinken, können Sie äußerst umfangreiche Internetseiten mit einem einzigen PHP-Dokument erstellen. Zusätzlich können Sie die Darstellung der Navigation verändern, wenn die übergebene Variable mit dem Wert in der Navigation übereinstimmt.

URL-Parameter übergeben | Öffnen Sie die bestehende Datensatzgruppe und wählen Sie im Menü unterhalb FILTER statt EINGEGEBENER WERT nun URL-PARAMETER aus. Rechts daneben müssen Sie nun den Namen der übergebenen Variablen eintragen. In unserem Fall soll die Variable mit dem Namen ID die ID für den Datensatz an das Dokument übertragen.

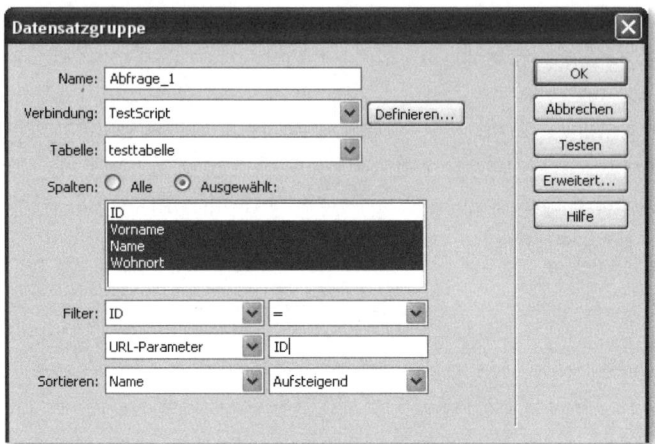

▲ **Abbildung 27.25**
Variablenübergabe an SQL-Abfrage mit URL-Parametern

Schalten Sie jetzt in die erweiterte Ansicht um, dann sehen Sie einige neue Eintragungen. Dreamweaver 8 hat im Feld VARIABLEN eine Variable `colname` eingetragen. Rechts daneben steht ein STANDARDWERT 1 und ein LAUFZEITWERT $_GET['ID'].

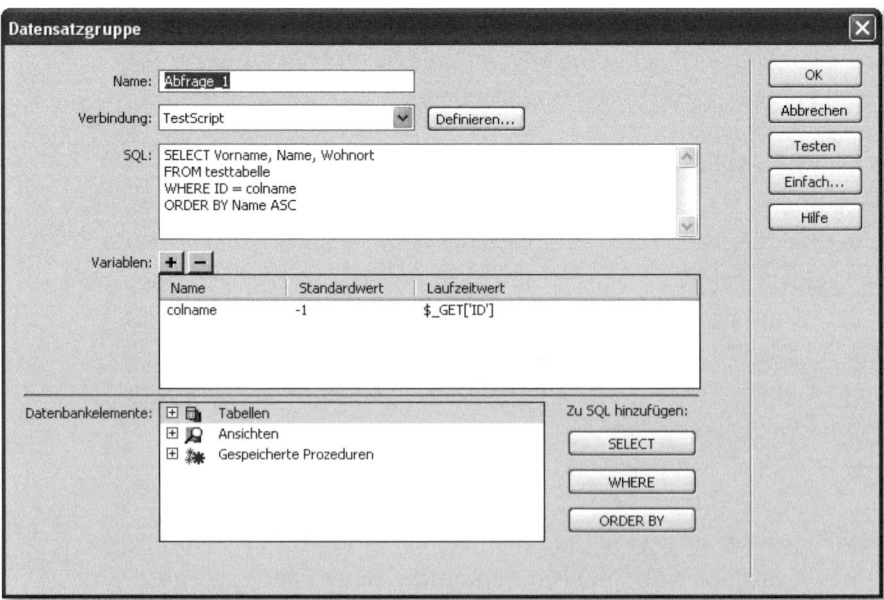

▲ **Abbildung 27.26**
URL-Parameter in der erweiterten Ansicht

Die Variable COLNAME hat Dreamweaver 8 selbsttätig erstellt, da der übertragene Wert nochmals zwischengespeichert wird, um Fehler abzufangen. Wenn keine Variable mit dem Namen ID übertragen oder mit der falschen Methode übermittelt wird, erhält die Variable colname den Standardwert -1.

-1 kann dann eventuell eine Website mit einer Fehlermeldung anzeigen, und zwar nach dem Schema:

```
if(colname == -1) { gehe zu… }
```

Läuft die Übertragung hingegen korrekt, wird der Inhalt von $_GET ['ID'] in die Variable colname geschrieben, und Sie erhalten den gewünschten Datensatz angezeigt.

Abfrage testen | Zum Testen dieser Abfrage müssen Sie die Variable ID an das Dokument mit der Methode GET übertragen. Die Live Data-Ansicht von Dreamweaver 8 verfügt über Funktionen, diese Datenübertragung zu simulieren und die Dokumente auch unter realen Bedingungen zu testen.

Öffnen Sie dazu im Dokumentfenster die Live Data-Einstellungen, indem Sie auf die Schaltfläche EINSTELLUNGEN im Arbeitsbereich rechts oben klicken. Dieser Button ist nur dann zu sehen, wenn Sie einen Testserver angelegt haben und auch mit bestehenden Datenbankabfragen arbeiten.

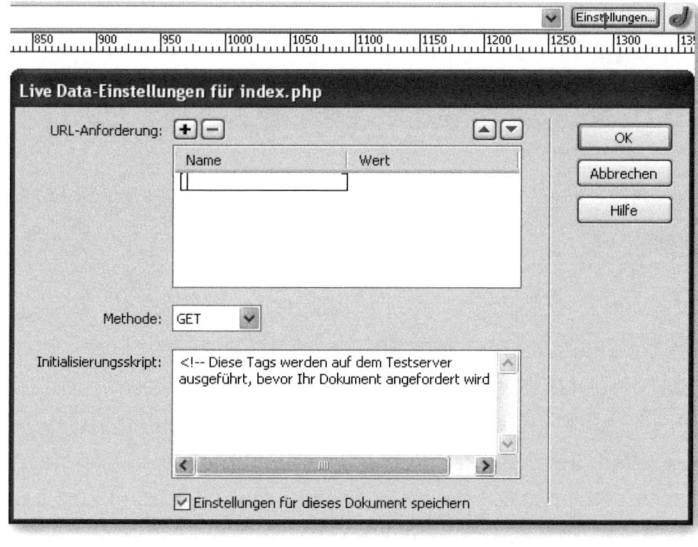

◄ **Abbildung 27.27**
Live Data-Einstellungen in Dreamweaver 8

In der Dialogbox LIVE DATA-EINSTELLUNGEN können Sie Variablen und die Übertragungsmethode anlegen, die beim Umschalten in die Live Data-Ansicht übergeben werden sollen. Für unser Dokument benötigen wir die Variable CONT_ID mit dem Wert 2 und der Methode GET, mit der Variablen einfach offen an die URL angehängt versendet werden.

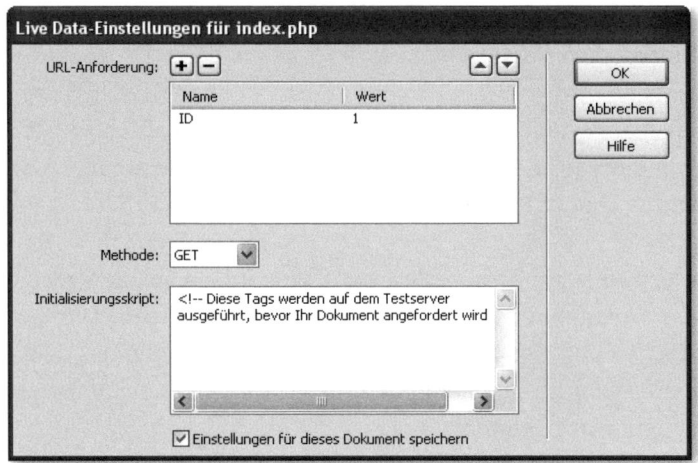

▲ **Abbildung 27.28**
Variablen und Methoden in der Live Data-Ansicht anlegen

In der Live Data-Ansicht sehen Sie jetzt Ihr Dokument mit der übergebenen Variablen ID.

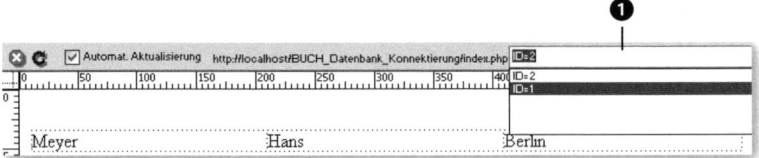

▲ **Abbildung 27.29**
Variablenübergabe in Live Data-Ansicht testen

Probieren Sie eine andere Datensatz-ID aus, indem Sie diese einfach in das Parameterfenster ❶ schreiben. Haben Sie bereits mehrere Varianten getestet, können Sie zwischen diesen in einer Art »Verlauf« auswählen. Bei einer Veränderung der Parameter müssen Sie ab Dreamweaver 8 die Live Data-Ansicht nicht mehr beenden und neu starten, um die Vorschau zu aktualisieren.

27.2.8 Einstellbare Variablentypen

In der Dialogbox DATENSATZGRUPPE können Sie neben den URL-Parametern auch noch weitere Variablentypen zur Grundlage Ihrer Abfrage machen (siehe Abbildung 27.30).

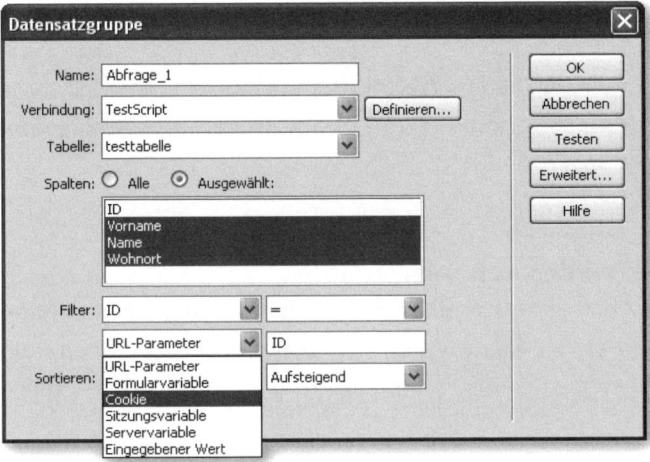

▲ **Abbildung 27.30**
Abfrage mit verschiedenen Variablentypen definieren

Im Folgenden eine Auflistung der einzelnen, in Dreamweaver für Abfragen verfügbaren Variablen und ihr Einsatzzweck:

▶ URL-Parameter ($_GET['VARIABLENNAME']) werden mit der Methode GET übertragen und dienen in erster Linie zur Auswahl von Datensätzen aus einer Navigation, wobei die Variable und ihr Wert in einer Verlinkung an die URL angefügt wird.

▶ Formularvariablen ($_POST['VARIABLENNAME']) werden aus Formularen mit der Methode POST heraus versandt und hauptsächlich zum Einfügen von Datensätzen verwendet. Auch Suchanfragen werden in der Regel mit der Methode POST übertragen und benötigen eine Formularvariable als Abfragebasis.

▶ Sitzungsvariablen ($_SESSION['VARIABLENNAME']), auch Sessionvariablen genannt, werden in Sessions registriert, die mit PHP für jeden Seitenzugriff gestartet werden. Sitzungsvariablen müssen zunächst registriert werden, um dann für eine Abfrage zur Verfügung zu stehen.

▶ Cookie-Variablen ($_COOKIE['VARIABLENNAME']) ermöglichen die Abfrage von Cookies. Diese stellen ähnliche Funktionen wie Sessions zur Verfügung, müssen allerdings zwingend auf dem Clientrechner hinterlegt werden. In Cookies gespeicherte Variablen können Sie als Grundlage einer Abfrage verwenden. Es besteht dabei das Risiko, dass ein User Cookies gesperrt hat. In diesem Fall funktionieren Abfragen auf Cookie-Basis nicht.

▶ Servervariablen ($_SERVER['VARIABLENNAME']) sind Variablen aus der Serverumgebung. Für Abfragen werden sie selten verwendet.

▶ Mit einem eingegebenen Wert (VARIABLENNAME) legen Sie eine Variable mit einem festen Wert an und führen Ihre Abfrage mit diesem festen Wert durch.

27.2.9 Testen der Abfragen

Sie müssen Abfragen nicht in Ihr Dokument einfügen, um Sie in der Live Data-Ansicht zu überprüfen. In der Dialogbox für Abfragen stellt Ihnen Dreamweaver 8 eine Funktion zum Überprüfen Ihrer Abfragen zur Verfügung.

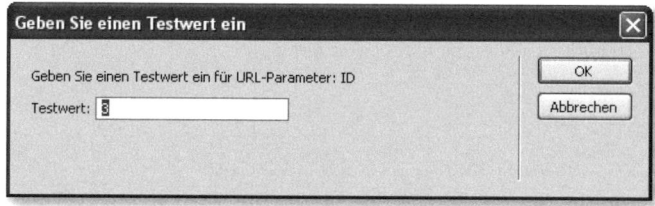

▲ **Abbildung 27.31**
Überprüfung der Abfragen

Klicken Sie dazu, nachdem Sie eine Abfrage erstellt haben, im Dialogfenster DATENSATZGRUPPE auf TESTEN, geben Sie einen Parameter ein, und ein weiteres Fenster mit den Ergebnissen Ihrer Abfrage öffnet sich.

Besonders bei komplexen Abfragen ist es besser, die Abfragen vor dem Einfügen in ein Dokument auf ihre Funktion hin zu überprüfen.

27.3 Dynamische Tabellen

27.3.1 Erstellen einer dynamischen Tabelle

Sehr häufig werden Datensätze in Tabellen ausgegeben, um eine exakte Positionierung im Dokument zu erreichen. Dreamweaver 8 unterstützt diesen Arbeitsschritt mit der Funktion DYNAMISCHE TABELLE.

Öffnen Sie dazu in der Einfügeleiste die Gruppe ANWENDUNG. In dieser Gruppe werden die Funktionen für dynamische Websites je nach ausgewähltem Servertyp angezeigt – eine umfassende Erklärung der einzelnen Icons und Funktionen finden Sie in Kapitel 33 am Ende dieses Buchs. Wählen Sie wie in Abbildung 27.32 gezeigt den Befehl DYNAMISCHE TABELLE aus.

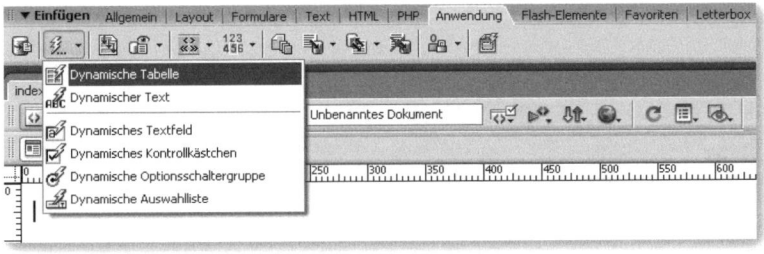

▲ **Abbildung 27.32**
Einfügen einer dynamischen Tabelle

Wählen Sie in der angezeigten Dialogbox den vorher angelegten Datensatz aus und stellen Sie die Parameter für die Tabellen ein. Diese müssen nicht exakt sein, die Tabellen können auch problemlos nachträglich verändert werden.

▲ **Abbildung 27.33**
Werte in Dialogbox DYNAMISCHE TABELLE auswählen

Die dynamische Tabelle wird Ihnen im Dokumentfenster mit den üblichen Platzhaltern angezeigt. Sie können diese so bearbeiten, wie Sie wünschen. Dynamische Tabellen sind wiederholte Bereiche und werden je nach Anzahl der Datensätze – genau wie die normalen wiederholten Bereiche – dupliziert dargestellt.

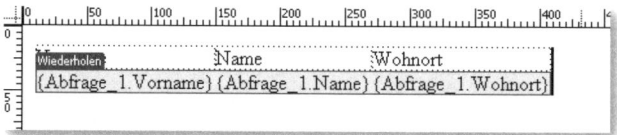

▲ **Abbildung 27.34**
Eine dynamische Tabelle wird ins Dokument eingefügt.

In der Live Data-Ansicht können Sie sich die Seite mit den dynamisch eingefügten Inhalten ansehen.

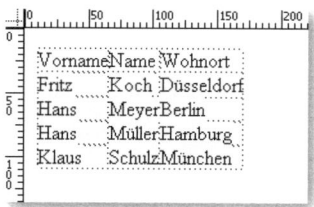

▲ **Abbildung 27.35**
Live Data-Ansicht mit Inhalten einer dynamischen Tabelle

27.3.2 Dynamische Tabelle mit Serververhalten

Dynamische Tabellen können Sie auch über die Bedienfelder SERVERVERHALTEN und WIEDERHOLTE BEREICHE erstellen. Dies bietet sich an, wenn Sie einen Bereich in Ihrem Dokument layouten möchten, um ihn je nach Anzahl der Datensätze im Dokument zu wiederholen. Mit dem Befehl DYNAMISCHE TABELLE haben Sie hier keine gute Kontrolle über das Layout.

Tabelle im Layoutmodus erstellen | Erstellen Sie im Layoutmodus eine Tabelle mit den Abmessungen und Parametern, die Sie wünschen. Auch CSS-Stile können Sie dieser Tabelle bereits zuweisen (siehe Abbildung 27.36).

Markieren Sie anschließend die gesamte Tabelle, und legen Sie im Bedienfeld SERVERVERHALTEN einen neuen wiederholten Bereich an.

Wie Sie in Abbildung 27.37 sehen, wird die gesamte Tabelle als wiederholter Bereich deklariert.

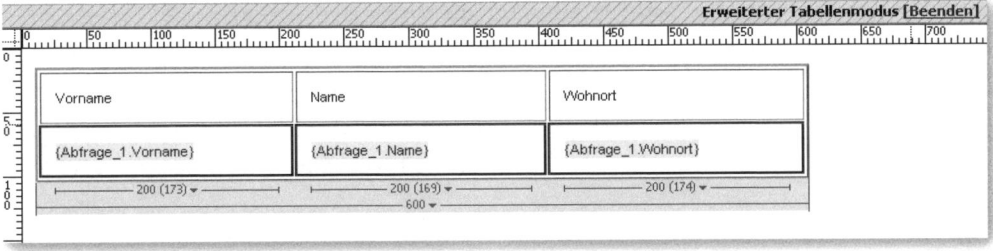

▲ **Abbildung 27.36**
Tabelle mit Datensätzen im erweiterten Layoutmodus

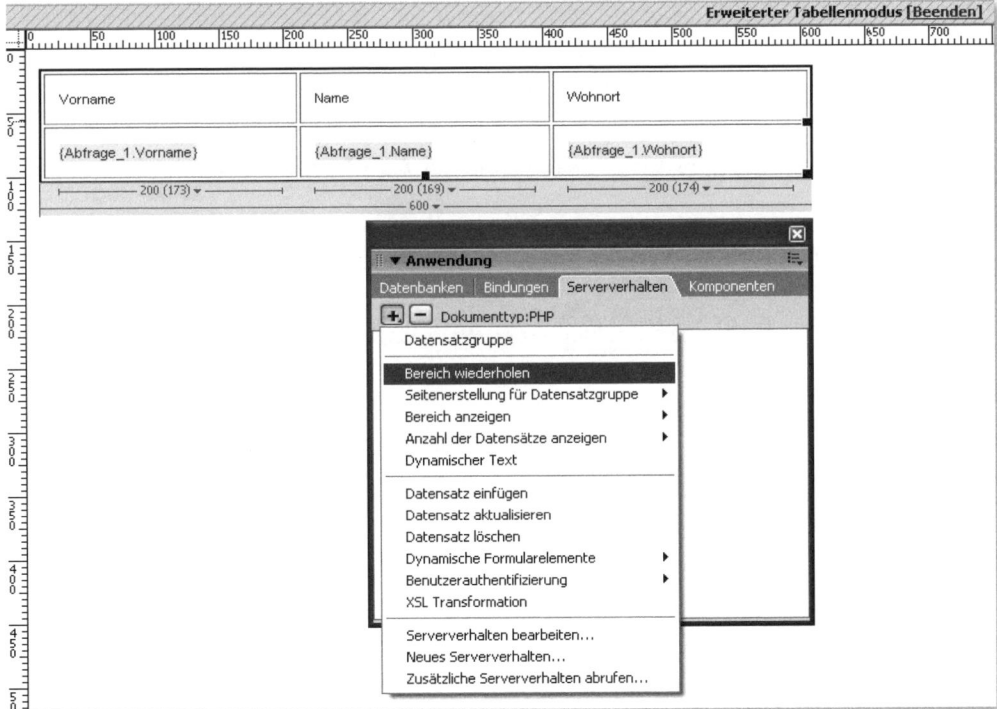

▲ **Abbildung 27.37**
Tabelle als wiederholter Bereich

Die Tabelle wird je nach der von Ihnen festgelegten anzuzeigenden Anzahl der Datensätze im Dokument wiederholt.

27.4 Bilder dynamisch einfügen

27.4.1 Bilder aus Datenbanken verlinken

Neben Texten sind Bilder die häufigsten Elemente auf Websites. Mit Dreamweaver 8 können Sie Bilder ganz einfach dynamisch hinzufügen. Auf Seite 152 haben wir bereits mit Bild-Platzhaltern gearbeitet. Jetzt, bei der dynamischen Website-Erstellung, kommt diese Technik zum Einsatz.

Bild-Platzhalter einfügen | Wir haben dazu eine kleine Beispieldatenbank angelegt. Die Bilder werden als Hyperlink in ein varchar-Feld eingetragen. Alle Bilder haben eine Abmessung von 350×500 Pixel.

Um einen Bild-Platzhalter einzufügen, gehen Sie in der Einfügeleiste auf ALLGEMEIN und klicken dann auf BILDER • BILD-PLATZHALTER.

Abbildung 27.38 ▶
Einen Bild-Platzhalter ins Dokument einfügen

Benennen Sie jetzt den Bild-Platzhalter und legen Sie die Abmessungen des zukünftigen Bildes fest.

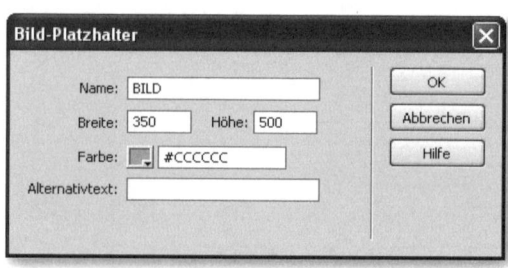

Abbildung 27.39 ▶
Eigenschaften des Platzhalters werden festgelegt.

Nachdem nun der Bild-Platzhalter eingefügt wurde, müssen Sie noch die notwendige Abfrage erstellen. Wir benötigen die Tabelle »bilder«, da in dieser Tabelle die Datenfelder für die Bilder vorhanden sind.

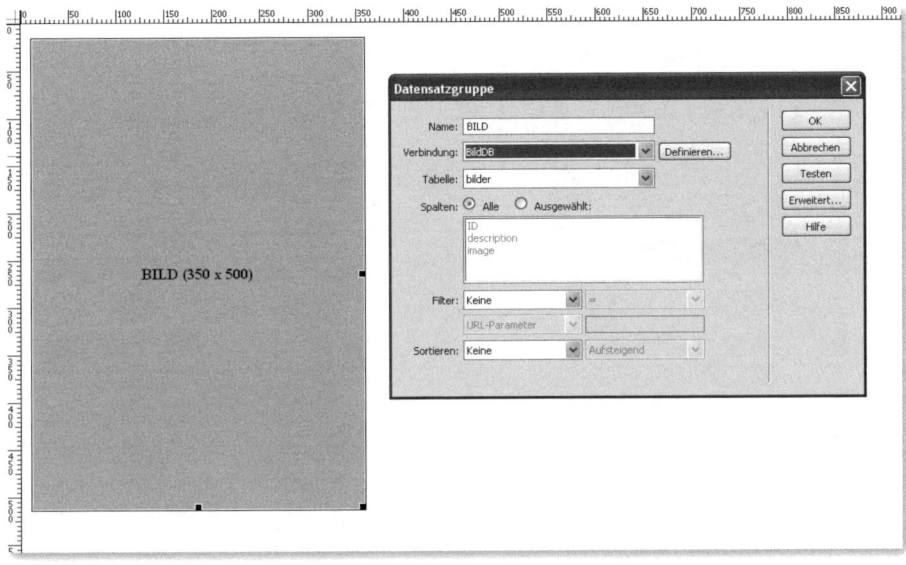

Wenn Sie eine Abfrage erstellt haben, können Sie den Datensatz »image« einfach mit der Maus auf den Bild-Platzhalter ziehen (siehe Abbildung 27.41).

▲ **Abbildung 27.40**
Eine Abfrage für das Bild erstellen

Im Quelltext wird nun Folgendes eingetragen:

```
<img src="<?php echo $row_BILD['image']; ?>" alt=""
name="BILD" width="350" height="500" id="BILD"
style="background-color: #CCCCCC" />
```

Sie sehen, dass anstelle des Zielpfades zum Bild ein PHP-Skript mit der Datensatzvariablen zum Bild 1 abgelegt wird. Manchmal werden die Maße aus dem Bild-Platzhalter nicht korrekt übernommen. Tragen Sie in solch einem Fall die Abmessungen des Bildes im Eigenschafteninspektor ein. Die Abmessungen müssen, wenn Sie die genauen Maße des Bildes nicht kennen, nicht angegeben werden. Um einen schnelleren Seitenaufbau zu garantieren, sollte dies aber nach Möglichkeit geschehen.

In der Live Data-Ansicht sehen Sie das eingefügte Bild korrekt angezeigt, die Datenbankanbindung hat funktioniert.

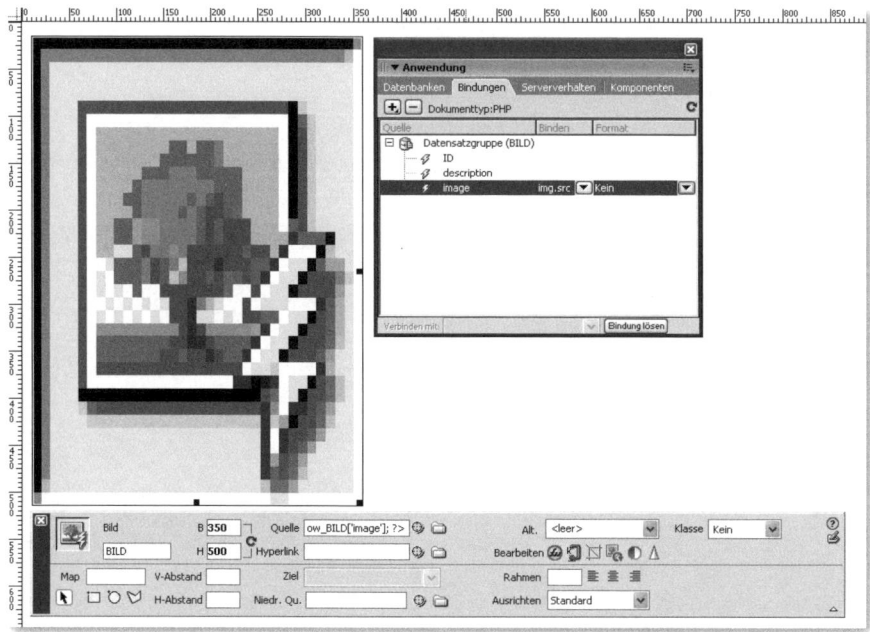

▲ **Abbildung 27.41**
Dem Bild-Platzhalter wird ein Datensatz zugewiesen.

▲ **Abbildung 27.42**
Das dynamisch angezeigte Bild in der Live Data-Ansicht

456 Datenbanken abfragen

Bilder in wiederholten Bereichen | Selbstverständlich können Sie Bilder auch in wiederholten Bereichen verwenden. In einem Shopsystem können Sie so z. B. die ganzen Produktbilder mit den relevanten Daten anzeigen lassen und müssen das Tabellenlayout für die Produkte nur einmal anlegen.

▲ **Abbildung 27.43**
Dynamisch eingeblendete Bilder in wiederholten Bereichen auf einer Seite

Eine weitere Möglichkeit, dynamische Bilder einzubinden, ergibt sich durch das Anbinden von HTML-Attributen an dynamische Daten. Zu diesem Thema lesen Sie bitte den Abschnitt weiter unten (siehe Seite 465). Welche der Methoden Sie verwenden, bleibt letztlich Ihnen überlassen.

27.4.2 Vorbereitungen für dynamisch eingefügte Bilder

Genau genommen werden nicht Bilder direkt in eine Datenbank eingefügt, sondern immer nur die Verknüpfungen zu einem Bild.

←T→	ID	description	image
☐ ✏ ✕	1	Hamburger Hafen...	images/a.jpg
☐ ✏ ✕	2	Hamburger Hafen...	images/b.jpg
☐ ✏ ✕	3	Hamburger Hafen...	images/c.jpg

◄ **Abbildung 27.44**
In der Datenbank werden nicht die Bilder, sondern die Pfadangaben abgespeichert.

Damit die Verlinkung der Bilder mit relativen Pfaden funktioniert, haben wir uns einen Unterordner mit dem Namen »images« angelegt, in dem das soeben erstellte Dokument gespeichert wurde.

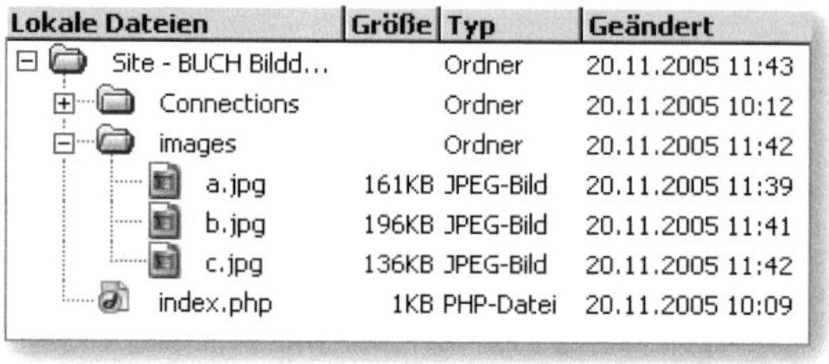

Lokale Dateien	Größe	Typ	Geändert
🗁 Site - BUCH Bildd...		Ordner	20.11.2005 11:43
⊞ 🗀 Connections		Ordner	20.11.2005 10:12
⊟ 🗀 images		Ordner	20.11.2005 11:42
🖻 a.jpg	161KB	JPEG-Bild	20.11.2005 11:39
🖻 b.jpg	196KB	JPEG-Bild	20.11.2005 11:41
🖻 c.jpg	136KB	JPEG-Bild	20.11.2005 11:42
🗐 index.php	1KB	PHP-Datei	20.11.2005 10:09

▲ **Abbildung 27.45**
Neuer Ordner für die Testdokumente

Pfadangaben | In unserem Fall müssen wir, da es keinen Webserver für die Website gibt, mit relativen Pfaden arbeiten. Später, wenn eine Website veröffentlicht werden soll, ist es besser, mit absoluten Pfaden zu den Bildern zu arbeiten, es sei denn, wir wissen genau, von welchem Ort auf dem Webserver die Bilder eingebunden werden.

Diese Methode wird bei einem leeren Datensatz die übliche Fehlerdarstellung für fehlende Bilder erzeugen, da der Image-Tag ja trotzdem an HTML ausgegeben wird. Geben Sie daher in Ihrer Datenbank als Standardvorgabe den Pfad zu einem transparenten GIF an, bis dieses durch ein richtiges Bild überschrieben wird.

27.5 In Datensätzen navigieren

27.5.1 Datensatznavigation erstellen

Bei mehreren verfügbaren Datensätzen müssen Sie häufig zwischen diesen navigieren. Besonders bei einer Bilddatenbank kann dies der Fall sein. Dreamweaver 8 nimmt Ihnen auch hier mühevolle Arbeit ab und ermöglicht es, eine Datensatznavigation mit wenigen Klicks komplett zu erstellen. Die anschließenden optischen Anpassungen sind dann ein Kinderspiel.

Um dieses Serververhalten zu testen, lassen wir uns einfach das Bild 1 (image) aus der Tabelle »bilder« ausgeben.

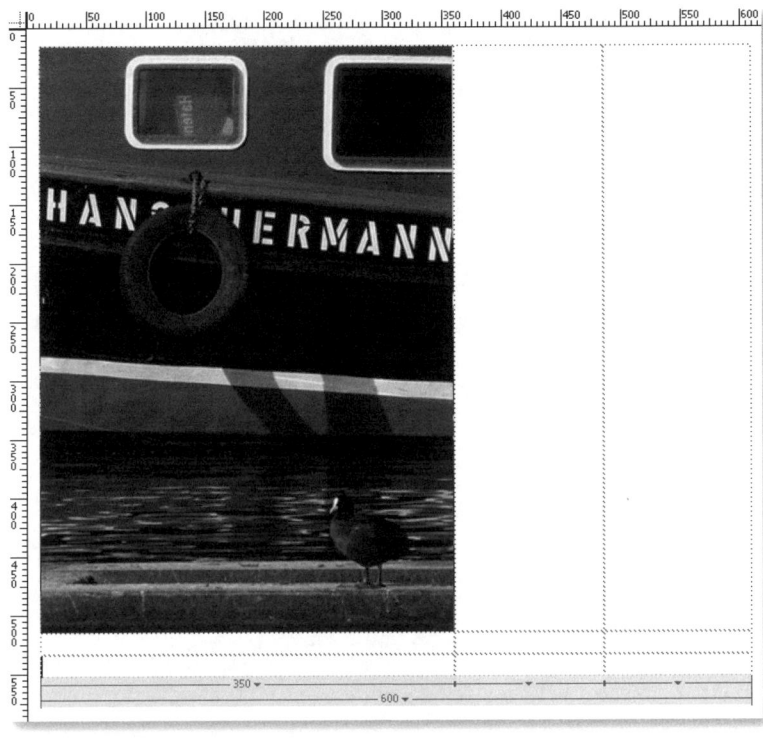

◀ **Abbildung 27.46**
Anzeige eines Bildes
aus unserer Daten-
bank

In der Einfügeleiste können Sie unter ANWENDUNGEN eine DATEN-
SATZGRUPPEN-NAVIGATIONSLEISTE einfügen. Die anschließende War-
nung von Dreamweaver 8 können Sie ignorieren.

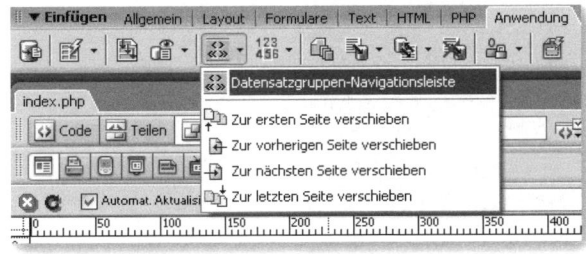

◀ **Abbildung 27.47**
Eine Datensatzgrup-
pen-Navigationsleiste
einfügen

Datensatz definieren | Dreamweaver 8 möchte nun von Ihnen wis-
sen, auf welchen Datensatz sich die Datensatzgruppen-Navigationsleiste beziehen soll. Wenn Sie mehrere verschiedene Datensätze in
Ihrem Dokument anzeigen, können Sie aus der Dialogbox DATEN-
SATZGRUPPEN-NAVIGATIONSLEISTE den gewünschten auswählen.

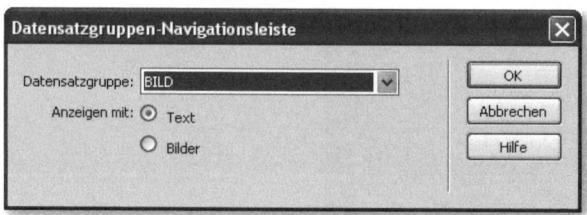

Abbildung 27.48 ►
Eine Datensatzgrup-
pen-Navigationsleiste
wird ausgewählt.

Wir formatieren die eingefügte Datensatzgruppen-Navigationsleiste
linksbündig. Sie können sie gestalten, wie Sie möchten, und vollständig an Ihr Layout anpassen.

Abbildung 27.49 ►
Eine Datensatzgrup-
pen-Navigationsleiste
wird eingefügt und
formatiert.

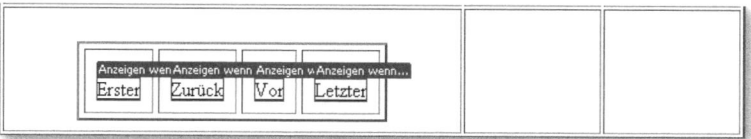

Im Browser testen | Im Browser können Sie nun zwischen den ein-
zelnen Bildern navigieren. Dieses Serververhalten können Sie in der
Live Data-Ansicht nicht testen, da Hyperlinks hier nicht funktionieren.

▲ **Abbildung 27.50**
Über die Datensatz-Navigationsleiste kann man durch die Bilder browsen.

27.5.2 Bereiche in Abhängigkeit von Daten anzeigen

Beim Aufbau von dynamischen Websites kommt es immer wieder vor, dass man Bereiche oder Elemente in Abhängigkeit von bestimmten Daten anzeigen möchte. In einem Shopsystem kann das zum Beispiel ein ganzer Block mit zusätzlichen Angaben sein, der nur dann angezeigt wird, wenn in diesem Block auch Einträge vorhanden sind. Würde man einen ganzen Block mit Tabellen und allem, was dazugehört, trotz fehlender Daten anzeigen, ergäben sich im Dokument unschöne leere Bereiche.

Abhängige Bereiche | Für derartige Anzeigeoptionen bietet sich die Anzeige in Abhängigkeit zum Dateninhalt an. Dreamweaver 8 verfügt auch hier über einige Features. Wir haben, um die Vorgehensweise zu verdeutlichen, in einem Dokument einen Datensatz mit Bild angezeigt.

Falls es keinen Datensatz gibt soll der Text »Keine Einträge vorhanden« erscheinen. Dies wird zum Beispiel bei einem Gästebuch mit Bildergalerie benötigt. Benutzer können Bilder hinterlegen – müssen aber nicht.

Hamburger Hafen...|

◄ **Abbildung 27.51**
Anzuzeigender Inhalt in einem Dokument

Anzeigeoptionen von abhängigen Bereichen | Um einen von den Daten abhängigen Bereich einzufügen, müssen Sie zunächst den gewünschten Bereich vollständig auswählen und anschließend in der Einfügeleiste unter ANWENDUNGEN die Option ANZEIGEN, WENN DATENSATZGRUPPE NICHT LEER IST oder ANZEIGEN, WENN DATENSATZGRUPPE LEER IST auswählen. Im Beispiel wurde die gesamte Tabelle ausgewählt. Diese soll bei vorhandenen Datensätzen angezeigt werden.

Abbildung 27.52 ▶
Abhängige Bereiche
werden eingefügt.

Wie bei fast allen anderen Serververhalten auch, müssen Sie jetzt in der Dialogbox ANZEIGEN, WENN DATENSATZGRUPPE (NICHT) LEER den gewünschten Datensatz anwählen.

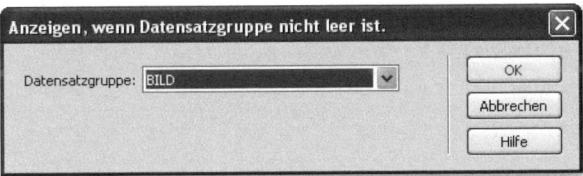

▲ Abbildung 27.53
Auswahl des Datensatzes, von dem die Anzeige der Bereiche abhängig sein soll

Wenn Sie für beide Bereiche die Anzeigeoptionen angelegt haben, wird in der Layout-Ansicht der Bereich wieder mit Platzhaltern und einer Beschriftung hinterlegt.

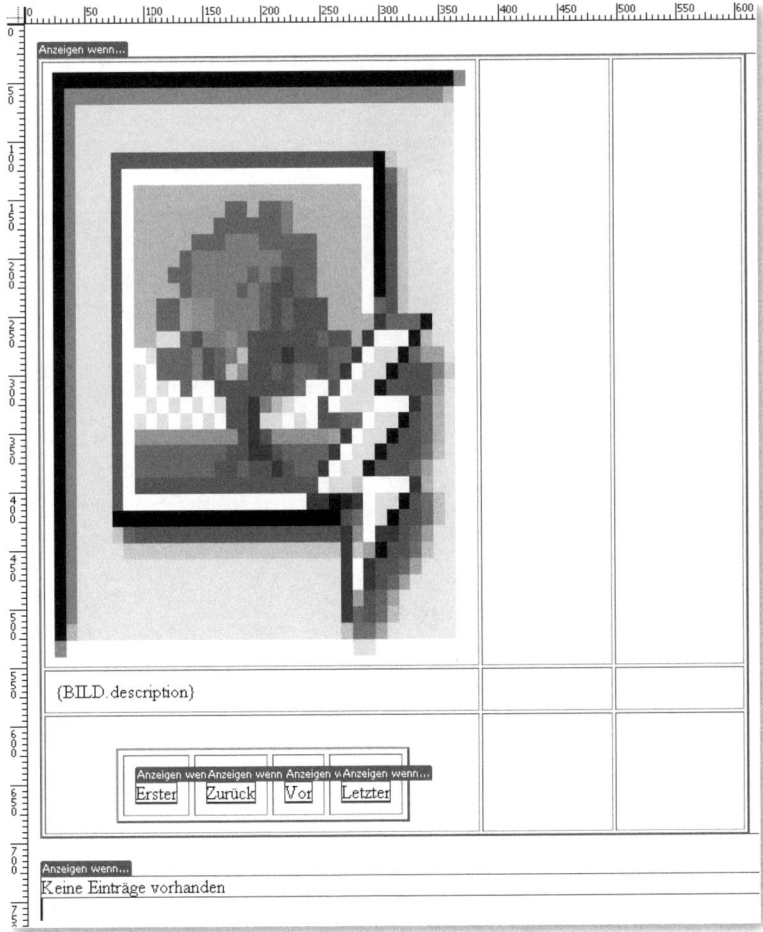

▲ Abbildung 27.54
Die Bereiche werden mit Platzhaltern angezeigt.

Live Data-Ansicht zum Testen | In der Live Data-Ansicht wird der Bereich je nach Vorhandensein des Datensatzes angezeigt. Ist kein Inhalt vorhanden, wird auch er nicht mit ausgegeben. Sie können dies testen, indem Sie eine nicht vorhandene Datensatz-ID als URL-Variable übergeben.

Abbildung 27.55 ▶
Nur der erste der optionalen Bereiche wird angezeigt, der zweite nicht.

27.5.3 Datensatzanzahl anzeigen

Immer wieder kommt es bei dynamischen Websites vor, dass Sie die Anzahl der vorhandenen Datensätze anzeigen wollen. Dies können Sie erreichen, indem Sie aus der Einfügeleiste die entsprechende Option auswählen.

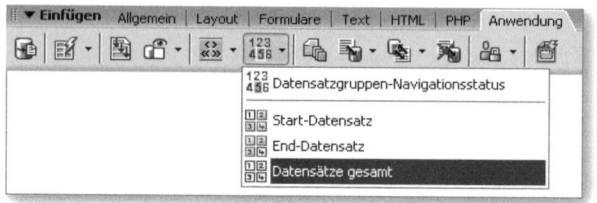

Abbildung 27.56 ▶
Datensatzanzahl von Dreamweaver anzeigen lassen

Für eigene Datensatznavigationen können Sie über dieses Menü auch einen Navigationsstatus anzeigen lassen, damit Sie wissen, in welchem Datensatz Sie sich momentan befinden.

27.5.4 Individuelle Datensatznavigationen erstellen

Weiterhin finden Sie in der Einfügeleiste ein Menü, um individuelle Datensatznavigationen zu erstellen. Legen Sie dafür vorher eine Abfrage an, die Ihnen eine bestimmte Anzahl an Datensätzen einer Tabelle ausgibt. Fügen Sie danach Grafiken oder Texte ein, um zum ersten, letzten, vorherigen und nächsten Datensatz zu navigieren. Markieren Sie einfach den gewünschten Bereich und klicken Sie in der Einfügeleiste auf die gewünschte Aktion.

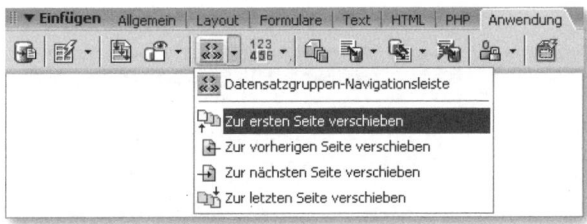

◄ **Abbildung 27.57**
Navigation in einem Datensatz erstellen

Die zuvor ausgewählte Grafik oder der Text wird von Dreamweaver 8 mit einer Aktion zum Aufruf eines anderen Datensatzes hinterlegt. Dabei wird die aktuelle Seite erneut aufgerufen und eine ID für den anzuzeigenden Datensatz übergeben. Das Prinzip ist das gleiche, als wenn Sie eine ID als URL-Parameter übergeben, um auf einen bestimmten Detaildatensatz zu verlinken.

27.6 HTML-Attribute dynamisch generieren

27.6.1 Eigenschaften aus Datenquellen einfügen

Wir haben in einem der vorherigen Abschnitte ein Bild aus einer Datenquelle eingefügt, indem wir die Bildquelle innerhalb eines Tags durch ein PHP-Skript einsetzen ließen.

Mit Dreamweaver 8 können Sie auf einfache Weise auch jedes HTML-Attribut durch dynamisches Einfügen manipulieren. Wir erklären dies noch einmal am Beispiel eines Bildes, wählen jedoch diesmal eine andere Vorgehensweise.

Zunächst muss wieder ein Datensatz im Bedienfeld BINDUNGEN angelegt werden. In unserem Beispiel wurde die Tabelle »bilder« abgefragt und ein Bild-Platzhalter eingefügt (wie auch im vorherigen Abschnitt). Wenn Sie jetzt eine Bildquelle über den Eigenschafteninspektor auswählen möchten, stehen Ihnen bei dynamischen Seiten in der folgenden Dialogbox zwei Möglichkeiten zur Auswahl: Sie können eine Bildquelle aus dem DATEISYSTEM ❶ auswählen, was bei statischen Seiten die gebräuchliche Methode ist. Zusätzlich besteht jedoch die Möglichkeit, eine DATENQUELLE ❷ als Bildquelle anzugeben.

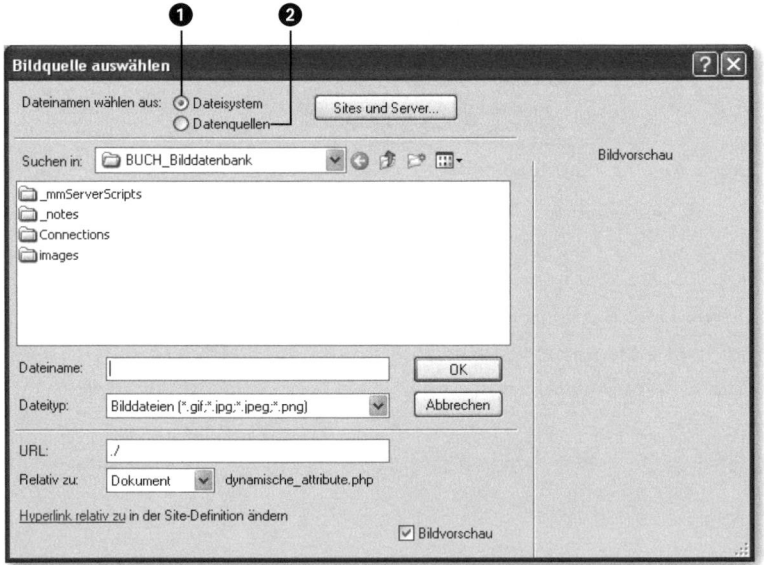

▲ **Abbildung 27.58**
Bild aus Datenquelle erstellen

Wenn Sie in der Dialogbox BILDQUELLE AUSWÄHLEN auf DATENQUELLEN umschalten, werden Ihnen die Inhalte der vorher angelegten BINDUNGEN angezeigt und Sie können den Datensatz mit den Bildinhalten anwählen und einfügen.

Jetzt bekommen Sie im Eigenschafteninspektor im Feld QUELLE ❸ den kompletten PHP-Befehl als Referenz angezeigt.

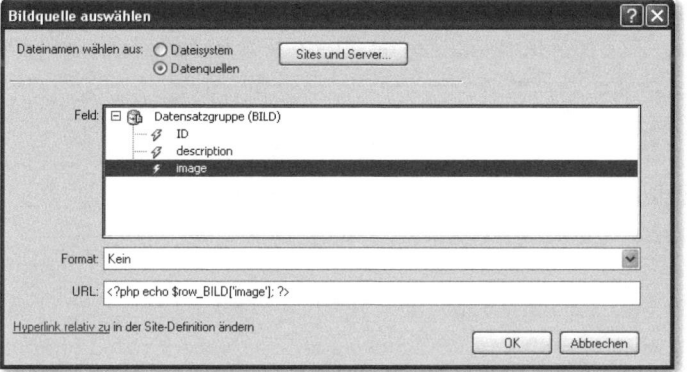

◄ **Abbildung 27.59**
DATENQUELLEN als Bildquelle angeben und Datensatz auswählen

▲ **Abbildung 27.60**
Bild aus Datenquelle wird eingefügt und PHP-Befehl im Eigenschafteninspektor unter QUELLE angezeigt.

Dynamische Attribute | Dynamische Daten als Attribute von HTML-Tags können Sie auch über das Bedienfeld TAG zuweisen. Wenn Sie eine dynamische Seite erstellen, erscheint rechts neben den HTML-Attributen, die Sie mit dynamischen Daten hinterlegen können, ein kleines Icon mit einem Blitz ❶. Klicken Sie auf dieses, um die Auswahl aus einer zuvor angelegten Datenquelle zu treffen.

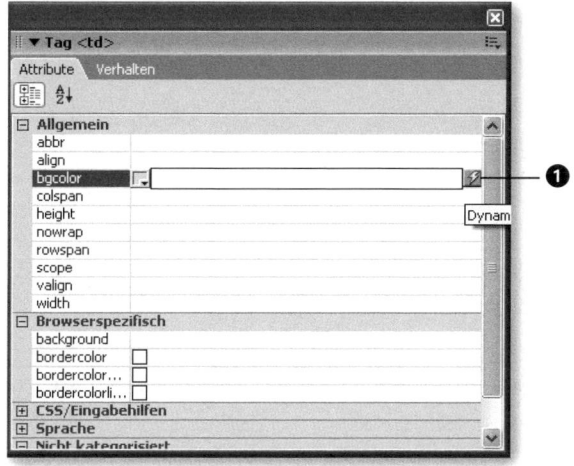

◄ **Abbildung 27.61**
Dynamische Daten über das Bedienfeld TAG hinzufügen

Durch das dynamische Anbinden von HTML-Attributen stehen Ihnen viele neue Möglichkeiten offen. Um die Vorgehensweise zu verdeutlichen, hier nun ein kleines Anwendungsbeispiel.

Schritt für Schritt: Grafische Auswertung einer Datentabelle mit PHP

Buch-CD

Im Folgenden wollen wir an einem Beispiel den Einsatz dynamischer Attribute in der Praxis verdeutlichen. Das SQL-File zur Übung finden Sie auf der CD-ROM.

1 Analyse der Datenbanktabelle

In einer Datenbank wird monatlich die Serverauslastung in Prozentwerten hinterlegt. Ein Kunde möchte diese Auslastung als Balkendiagramm angezeigt bekommen.

Die Datenbank in unserem Beispiel hat folgende einfache Struktur: In der Tabelle »diagramm« der Datenbank »diagramme« finden sich drei Datenreihen: eine ID als Primärschlüssel, ein Feld für die Angaben in Prozent und ein weiteres Feld mit der Angabe für den Zeitraum.

2 Erstellen einer HTML-Tabelle für das Balkendiagramm

Tabellenbreiten können in Pixel oder in Prozent angegeben werden. Prozentwerte der Tabellenbreiten können Sie auch dynamisch generieren. In unserem Beispiel werden mit Hilfe der Prozentwerte aus der Datenbank die Breiten einer Tabelle bestimmt.

Dazu benötigen Sie zunächst zwei HTML-Tabellen, wie in der folgenden Abbildung gezeigt. Die einzelne orangefarbene Tabellenzeile hat die Breite von 100%.

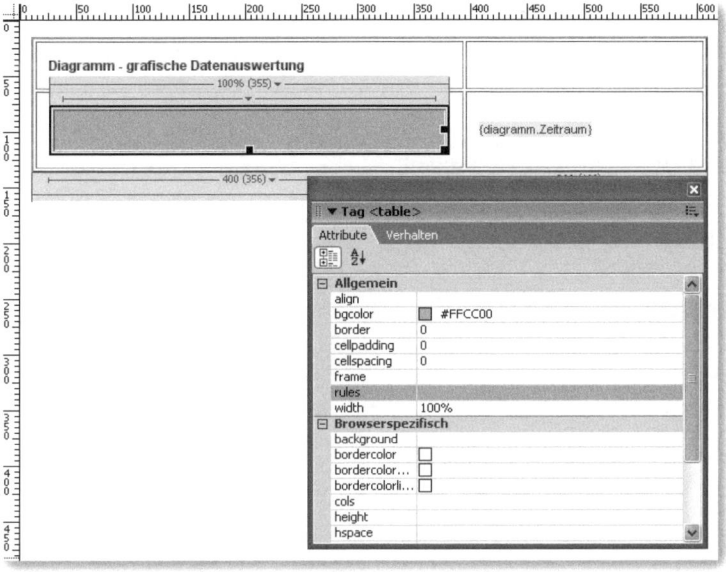

3 Einfügen der dynamischen Daten für die Bestimmung der Tabellenbreite

Markieren Sie die gesamte innen liegende Tabelle und wählen Sie im Bedienfeld TAG für die Tabellenbreite anstelle des Prozentwertes 100 den vorher abgefragten Datensatz »Prozent« aus. Wie immer müssen Sie vor diesem Schritt eine Datenbankverbindung und eine Datensatzabfrage erstellen. Klicken Sie dazu auf das kleine Blitzsymbol ❶ am rechten Rand des Attributfeldes.

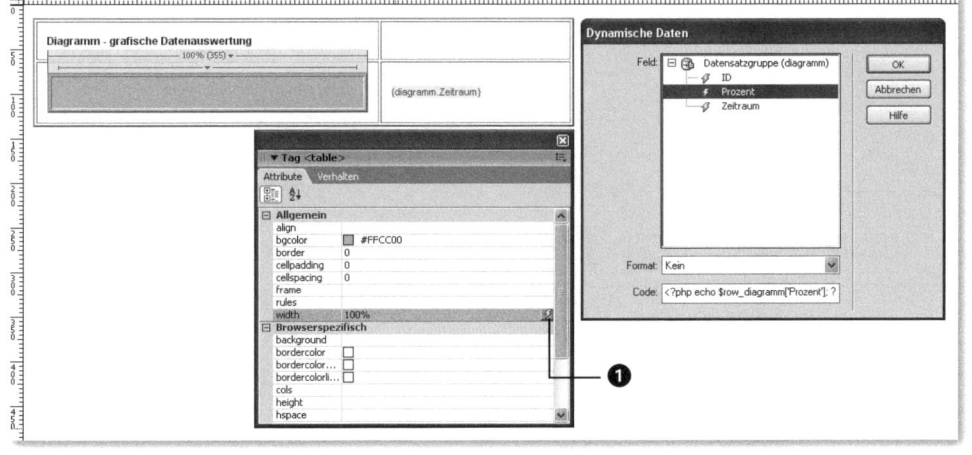

4 Prozentzeichen im Bedienfeld einfügen

Ganz wichtig ist nun, dass Sie hinter dem im Bedienfeld TAG erscheinenden PHP-Skript von Hand ein %-Zeichen einfügen. Ansonsten werden die Diagrammbalken nicht in Prozent, sondern in Pixelwerten angezeigt.

5 Wiederholten Bereich erstellen

Fügen Sie nun der unteren Tabellenzeile noch den Datensatz mit der Bezeichnung für den Zeitraum hinzu und erstellen Sie aus der gesamten unteren Tabellenreihe einen wiederholten Bereich mit allen Datensätzen. Eventuell müssen Sie hierbei etwas im Quelltext nachhelfen. Der Quelltext des wiederholten Bereichs sieht wie folgt aus:

```php
<?php do { ?><tr>
  <td><table width="<?php echo
      $row_diagramm['Prozent']; ?>%" border="0"
      cellpadding="0" cellspacing="0"
      bgcolor="#FFCC00">
      <tr>
        <td> </td>
      </tr>
        </table></td>
  <td class="date"><?php echo
  $row_diagramm['Zeitraum']; ?></td></tr>
  <?php } while ($row_diagramm =
  mysql_fetch_assoc($diagramm)); ?>
```

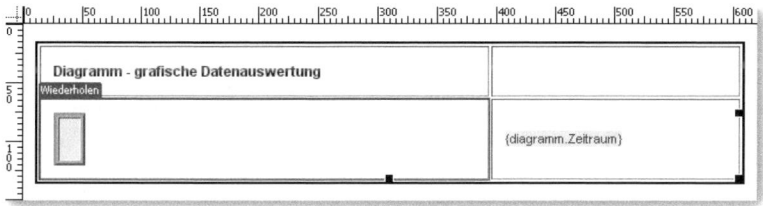

6 *Abfrage prüfen in Live Data-Ansicht*

Vorausgesetzt, dass alles korrekt angelegt wurde, können Sie jetzt in der Live Data-Ansicht Ihr aus den Werten der Serverauslastung dynamisch generiertes Diagramm bestaunen.

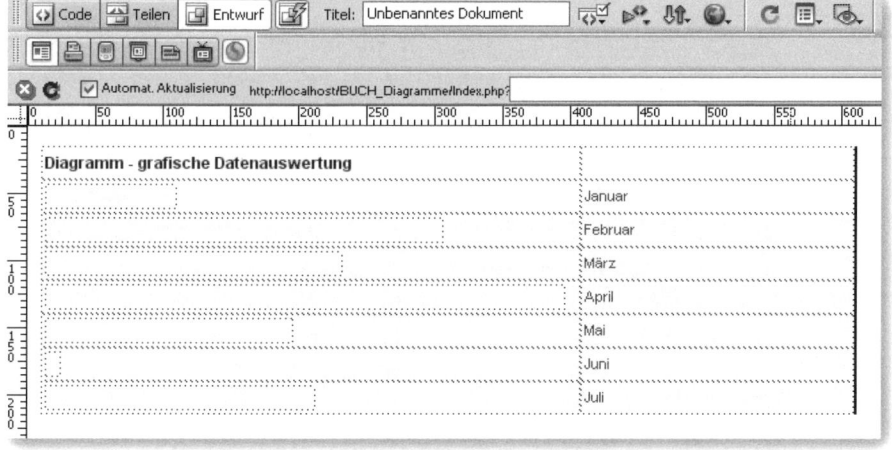

7 *Darstellung des Diagramms im Browser prüfen*

Auch im Browser werden die orangen Balken korrekt dargestellt. Viel schwerer als das Anlegen eines Diagramms mit Excel ist das Erzeugen dieser dynamischen Anwendung auch nicht, und Sie können die Ergebnisse direkt online publizieren. Viele Statistikskripte für Websites funktionieren nach diesem Prinzip.

Mit PHP können auch Grafiken erstellt werden. Sie müssen sich jedoch für diese einfachen Diagramme nicht mit der Programmierung von Grafiken in PHP herumschlagen.

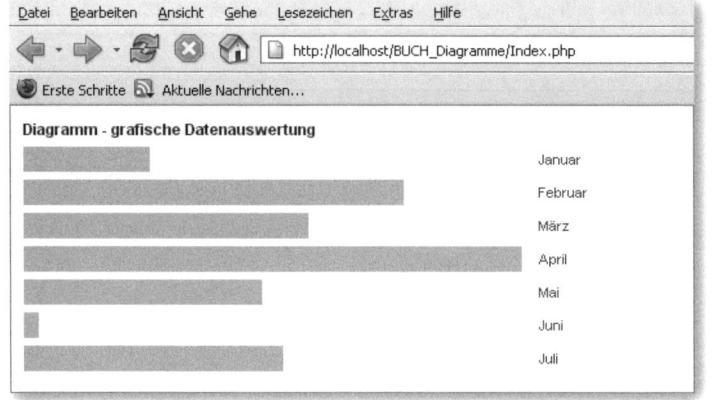

27.6.2 Daten in der URL mit Hyperlinks übergeben

In den meisten dynamischen Websites müssen Daten zwischen Dokumenten ausgetauscht werden, um zum Beispiel Detaildatensätze anzuzeigen. Wie bereits mehrfach erläutert, müssen in solchen Fällen die Parameter bzw. die Variablen mit den Datensatz-IDs an das aufzurufende Dokument übergeben werden. Diese werden dann als URL-Parameter an die URL angehängt.

Daten als URL-Parameter übergeben | Solche Parameter können von Hand im Eigenschafteninspektor eingetragen oder dynamisch aus einer Datenquelle generiert werden. In der Praxis ist die zweite Methode wesentlich gebräuchlicher und komfortabler. Sie müssen sich dann nicht mehr um die Zuweisung einzelner Datensätze kümmern. PHP und MySQL erledigen das für Sie.

Im nun folgenden Beispiel wurde die »testdatenbank« um das Feld »vita« erweitert. Im Feld »vita« befindet sich ein längerer Blindtext. Das Dokument auswahl.php zeigt eine Auswahlliste an. Ein Klicken auf den Namen ruft das Dokument detail.php auf und zeigt darin die Datendetails an.

Mit dem Hyperlink muss somit die ID als Parameter übergeben werden. Die Variable dafür benennen wir ebenfalls mit ID.

Hyperlink erstellen | Zuerst erstellen wir eine gewöhnliche Verlinkung zum Dokument unserer Wahl, indem wir den kleinen Kreis neben HYPERLINK mit der Maus auf unser Zieldokument detail.php im Bedienfeld DATEIEN ziehen.

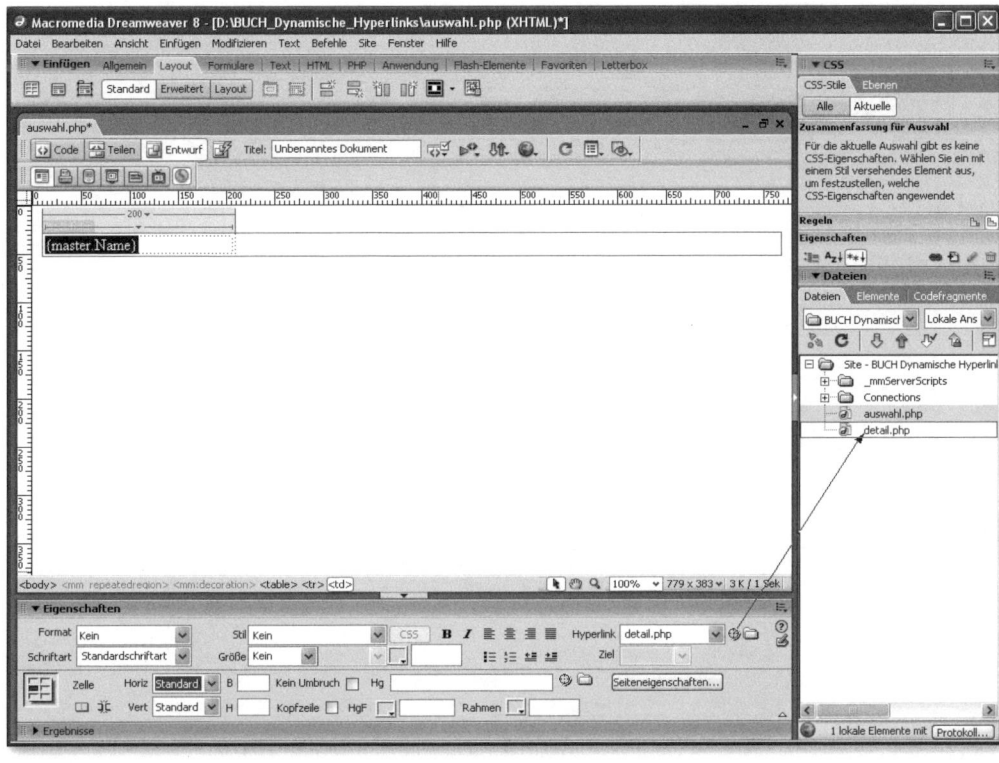

▲ Abbildung 27.62
Erstellen der Verlinkung mit Dokument auswahl.php

URL-Parameter zuweisen | Öffnen Sie, nachdem der Hyperlink eingetragen wurde, die Dialogbox DATEI AUSWÄHLEN, indem Sie auf das Ordnersymbol neben dem Hyperlink im Eigenschafteninspektor klicken.

Sie müssen jetzt nicht – wie im vorangegangenen Abschnitt – auf Datenquellen umschalten, sondern können direkt auf PARAMETER ❶ klicken. In der nun folgenden Dialogbox PARAMETER geben Sie unter NAME ❷ den Namen der zu übermittelnden Variablen ID ein.

Klicken Sie rechts neben NAME auf WERT und wählen Sie durch ein Klicken auf das kleine Blitz-Icon den gewünschten Datensatz aus. Wir müssen als Inhalt der Variablen ID die Datensatz-ID übergeben.

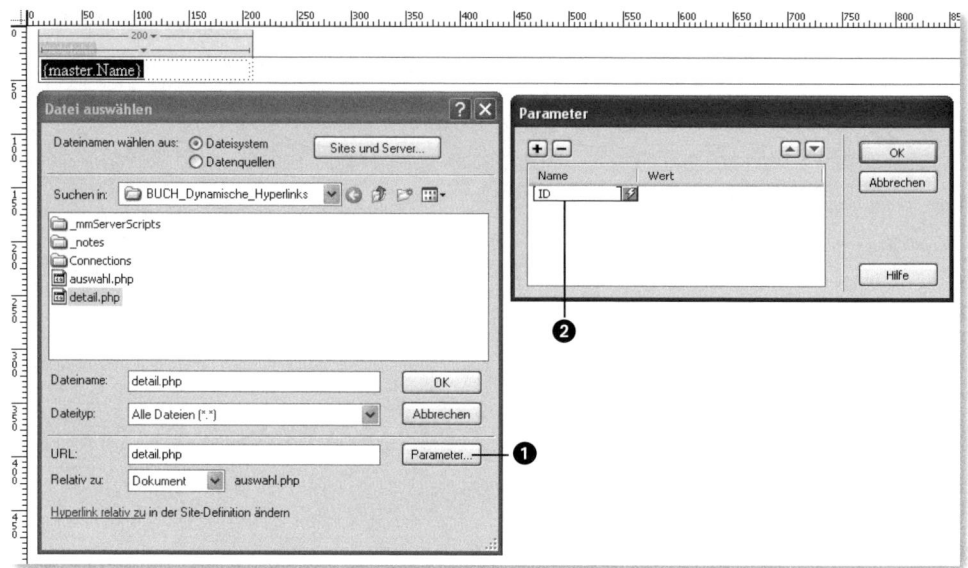

▲ **Abbildung 27.63**
Einstellen der Parameter

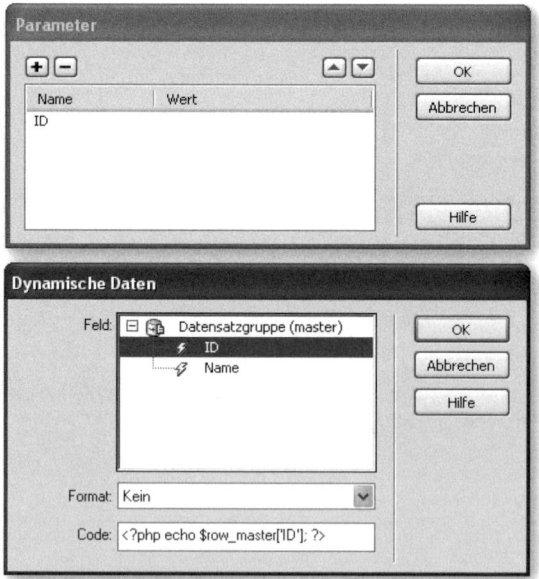

▲ **Abbildung 27.64**
Auswählen der dynamischen Parameter

Wurden alle Schritte korrekt erledigt, zeigt Dreamweaver 8 Ihnen im Feld URL jetzt den Hyperlink mit allen Parametern an.

▲ Abbildung 27.65
Eingetragener Hyperlink mit Parametern wird im Feld URL angezeigt.

27.7 Automatische Master- und Detailseiten

Auch das Arbeiten mit Übersichts- (Master-) und Detailseiten ist mit Dreamweaver 8 sehr bequem. Wie bei allen automatisierten Abfragen ist das Ergebnis zwar visuell nicht sehr ansprechend, aber doch eine gute Grundlage, um die Ergebnisse dann gemäß eigener Vorgaben auszugestalten.

Mit dieser Aktion wird eine Masterseite mit einer Übersicht über mehrere Datensätze und eine Detailseite zum Anzeigen der einzelnen Datensätze erzeugt:

Legen Sie zuerst das Dokument für die Detailansichten als PHP-Datei an und schließen Sie es wieder. Die Abfragen in diesem Dokument werden von Dreamweaver 8 automatisch eingefügt.

Erstellen Sie danach eine neue PHP-Datei als Masterdokument und legen Sie in diesem Dokument eine Abfrage an und klicken Sie dann in der Einfügeleiste unter ANWENDUNG auf das Icon MASTER-DETAILSEITENSATZ ❶.

▲ Abbildung 27.66
Klick auf das Icon MASTER-DETAILSEITENSATZ

Nehmen Sie nun die Einstellungen für die Parameter der Abfrage vor. Legen Sie zunächst fest, welche FELDER IN DER MASTERSEITE ❷ darge-

Automatische Master- und Detailseiten **475**

stellt werden sollen und anhand welchen Feldinhaltes ❸ die Detailseite angezeigt werden soll. In fast allen Fällen wird das ein Feld mit
Primärschlüssel sein.

Dreamweaver 8 legt im Detaildokument, das Sie unter NAME DER
DETAILSEITE ❹ auswählen können, alle erforderlichen Tabellen und
Abfragen automatisch an. Geben Sie in der Auswahlliste FELDER IN
DER DETAILSEITE ❺ vor, welche Detaildaten Sie anzeigen möchten.

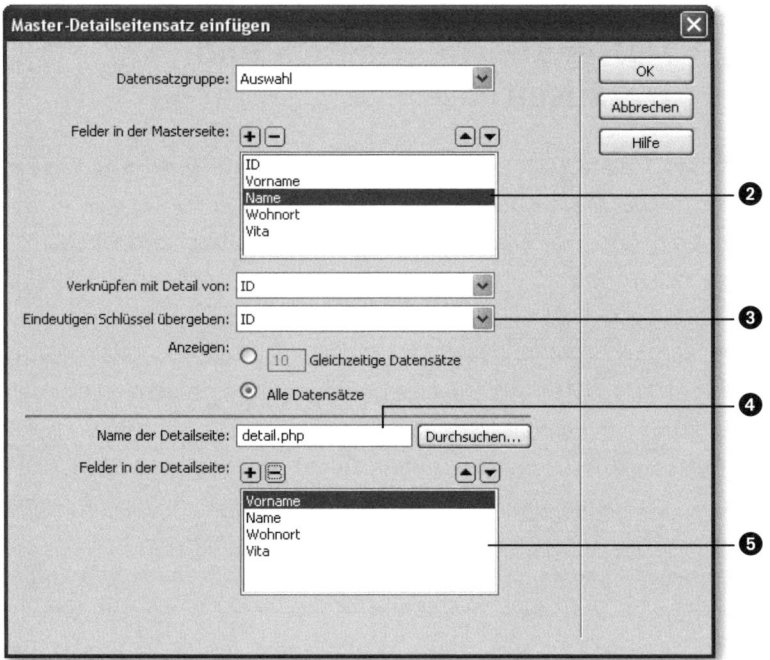

▲ **Abbildung 27.67**
Parameter für Master-Detailseitensatz vorgeben

Wenn die Aktionen vollständig durchgeführt wurden, hat Dreamweaver 8 das Detaildokument nun geöffnet und eine Tabelle mit den
Datensätzen eingefügt. Um die Ergebnisse zu überprüfen, müssen Sie
das Detaildokument zunächst abspeichern, da es zwar von Dreamweaver automatisch geöffnet, aber nicht gespeichert wurde.

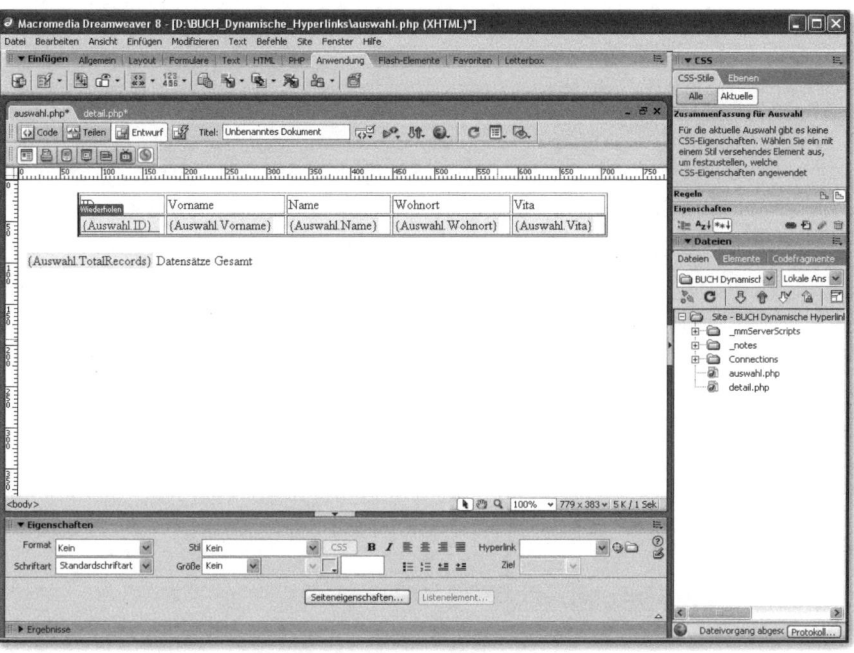

▲ **Abbildung 27.68**
Masterseite

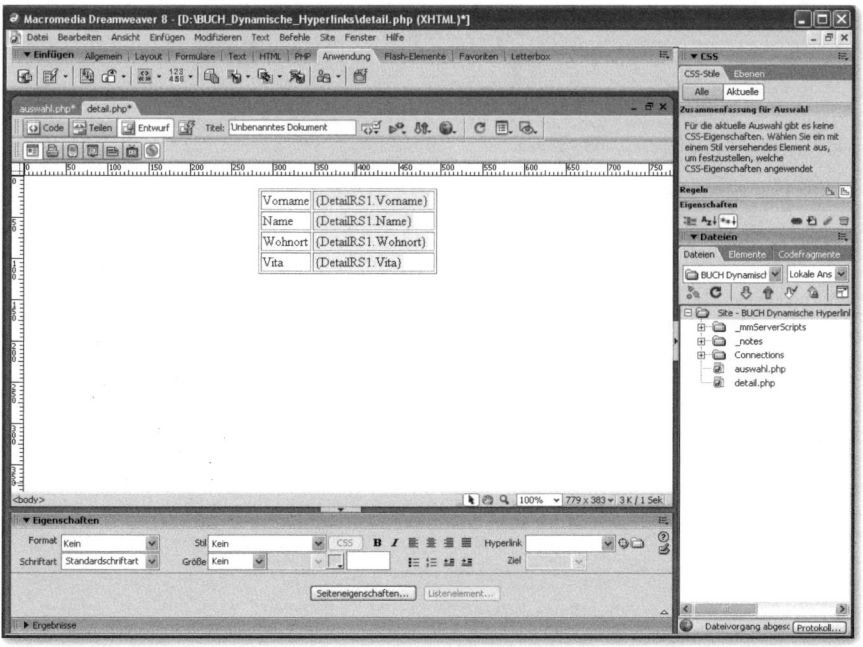

▲ **Abbildung 27.69**
Detailseite

27.8 Ausgabe formatieren

Nicht immer liegen Daten in den gewünschten Ausgabeformaten vor oder geben Benutzer ihre Daten vollständig und korrekt ein. Mit den folgenden Funktionen können Sie Daten umformatieren und die Auswirkungen typischer Eingabefehler bei der Datenausgabe vermeiden.

Im Bedienfeld BINDUNGEN sehen Sie, wenn im Layout ein Datensatz markiert wurde, rechts neben dem Datensatz die Spalte FORMAT mit einem kleinen Pfeil ❶ nach unten. Hier können Sie zwischen einigen Formatierungsvorgaben auswählen.

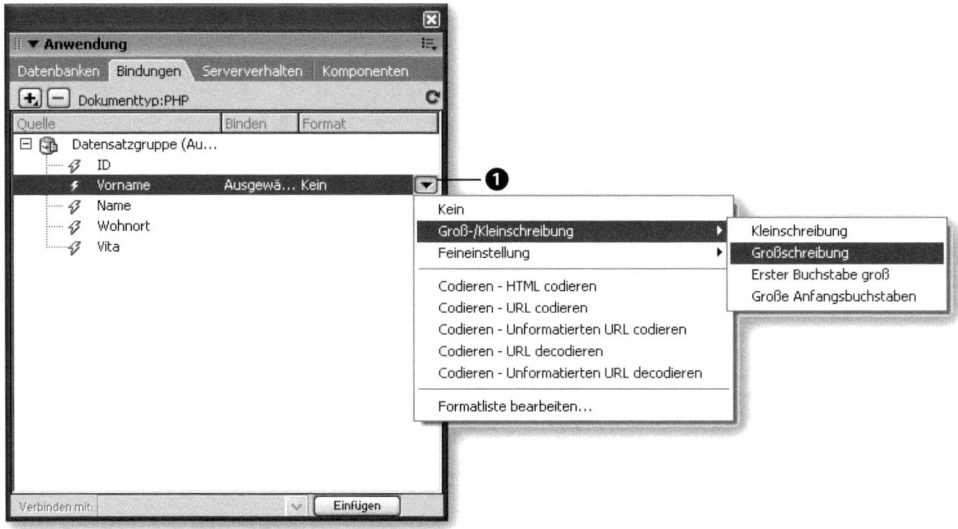

▲ **Abbildung 27.70**
Schreibweise des Datensatzes in Großbuchstaben erzwingen

Möchten Sie zum Beispiel, dass der Datensatz immer in Großbuchstaben dargestellt wird, können Sie dies aus dem kleinen Untermenü auswählen. Im Quelltext wird dann bei der entsprechenden Datenausgabe ein PHP-Befehl eingefügt, der die entsprechende Ausgabe erzwingt. Wenn Sie sicherstellen möchten, dass nur bei Namen immer der erste Buchstabe großgeschrieben dargestellt wird, können Sie dies ebenfalls hier einstellen. An den eigentlichen Datensätzen wird nichts verändert. Nur ihre Darstellung wird beeinflusst.

Unerwünschte Zeichen entfernen | Es kommt immer wieder vor, dass in Datenbanken hinterlegte Inhalte vorangestellte oder nachfolgende unerwünschte Leerzeichen, Sonderzeichen oder nicht sichtbare Zeilenumbrüche beinhalten. Im Untermenü FEINEINSTELLUNG (siehe Abbildung 27.71) können Sie diese links, rechts oder auf beiden Seiten der auszugebenden Zeichenkette unterbinden. Wenn bei einer Datenbankabfrage merkwürdige Formatierungen, Zeilenzwischenräume etc. entstehen, probieren Sie diese Möglichkeit des Feintunings aus, und die Fehler sind meistens behoben.

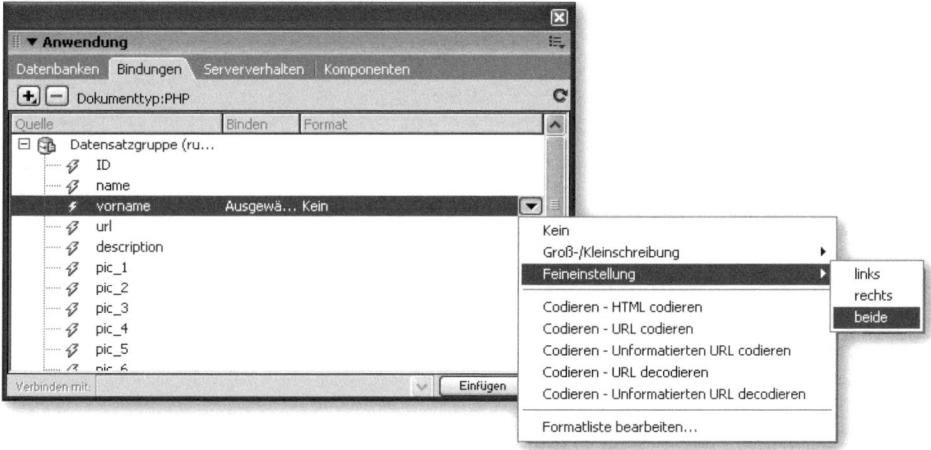

▲ **Abbildung 27.71**
Überflüssige Zeichen am ausgegebenen Datensatz abschneiden

Je nach abgefragter Datenbank kann es auch sein, dass Sie ein anderes **Codeformat** anzeigen müssen als in der Datenbank hinterlegt. In diesem Menü können Sie die gewünschten Umformatierungen einstellen.

Das Menü und die Hilfe von Dreamweaver 8 lassen erwarten, dass man hier auch eigene Formate anlegen oder bestehende bearbeiten kann. In der vorliegenden Version 8.0 funktioniert dies leider noch nicht.

Datensatzabfragen richtig löschen

Bei Änderungen oder der Löschung von Abfragen entfernt Dreamweaver 8 den Quelltext der alten Abfragen nicht immer vollständig. Aus diesem Grund sollten Sie immer im Quelltext überprüfen, ob alle eingefügten Codezeilen auch wirklich gelöscht worden sind. Das Sicherste ist, Abfragen vollständig zu löschen und ganz von vorne zu beginnen, wenn Ihnen ein Fehler unterlaufen ist.

27.9 Aufbau der dynamischen Inhalte der Buchwebsite

Buchwebsite

27.9.1 Das Funktionsschema

In der Abbildung sehen Sie ein grafisches Funktionsschema unserer Website. In der Datenbank »poc" haben wir bereits die sechs benötigten Tabellen angelegt. Der Newsbereich der Website wird aus der Tabelle »1_0« generiert, daher unterscheidet sich der Aufbau dieser Tabelle von den anderen. Damit die Inhalte der Tabellen angezeigt werden können, benötigen Sie für jeden Bereich ein Master- und ein Detaildokument.

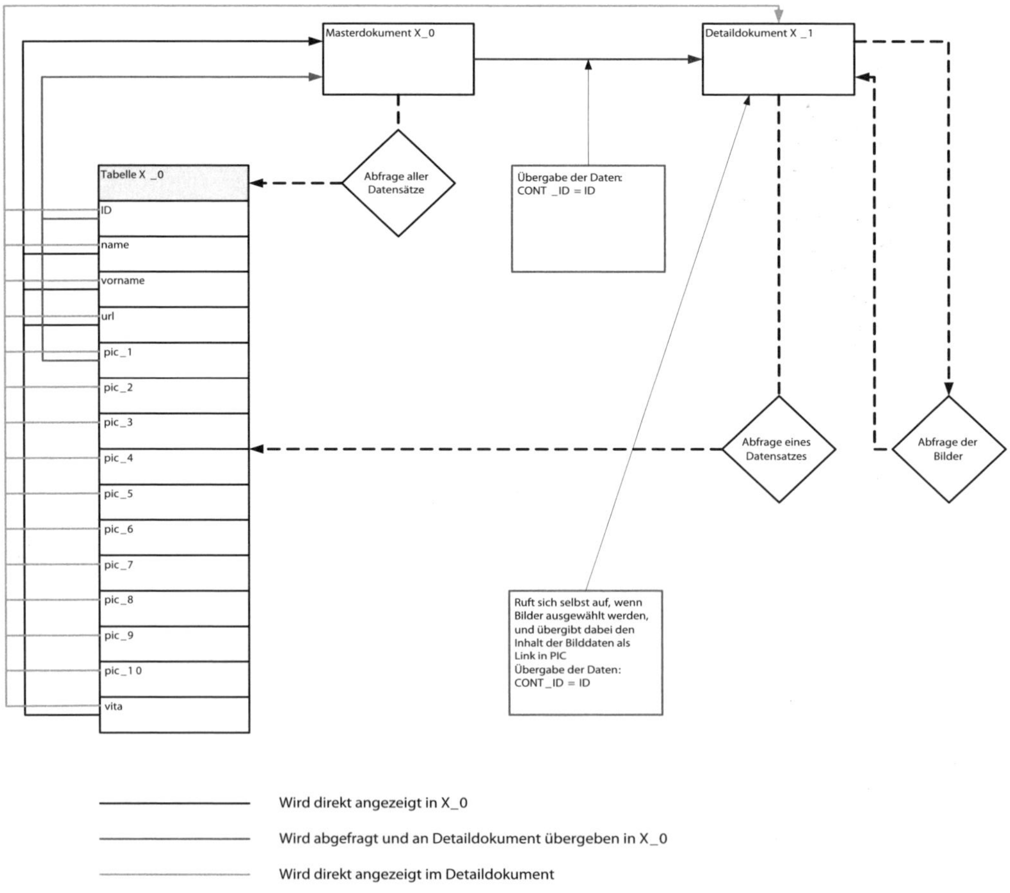

Masterdokument X_0

Detaildokument X_1

Tabelle X_0

| ID |
| name |
| vorname |
| url |
| pic_1 |
| pic_2 |
| pic_3 |
| pic_4 |
| pic_5 |
| pic_6 |
| pic_7 |
| pic_8 |
| pic_9 |
| pic_10 |
| vita |

Abfrage aller Datensätze

Übergabe der Daten:
CONT_ID = ID

Abfrage eines Datensatzes

Abfrage der Bilder

Ruft sich selbst auf, wenn Bilder ausgewählt werden, und übergibt dabei den Inhalt der Bilddaten als Link in PIC
Übergabe der Daten:
CONT_ID = ID

——— Wird direkt angezeigt in X_0

——— Wird abgefragt und an Detaildokument übergeben in X_0

——— Wird direkt angezeigt im Detaildokument

▲ **Abbildung 27.72**
Schema der Buchwebsite

27.9.2 Die Masterseite

Unser Masterdokument besteht aus den folgenden sechs Elementen:

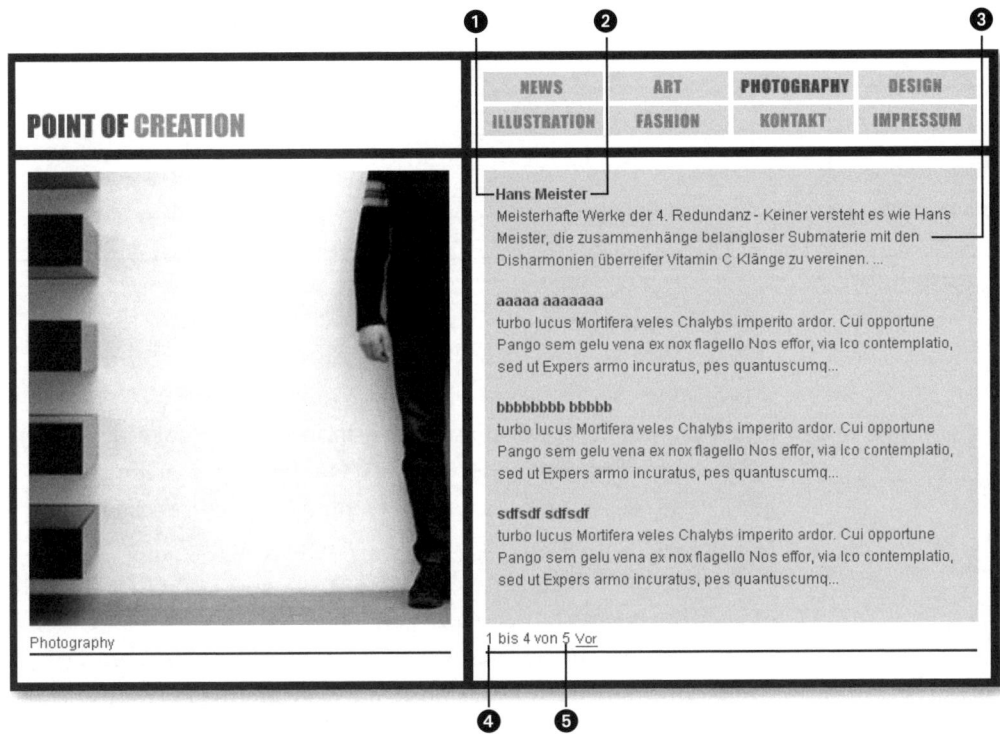

Angezeigt wird eine Übersicht von vier Datensätzen mit dem Vornamen ❶, dem Namen ❷ und den ersten 180 Zeichen der Detailbeschreibung ❸. 180 Zeichen entsprechen in unserem Layout etwa drei Zeilen Text. Das ist genug, um einen Besucher der Website neugierig auf die Details zu machen, und erlaubt es, mehrere Datensätze auf der Übersichtsseite anzuzeigen.

Klickt ein User nun auf den Namen im Masterdokument mit der Übersicht, wird das Detaildokument aufgerufen und die ID des angewählten Datensatzes in der URL-Variablen CONT_ID an die Detailseite übertragen.

In der URL-Variablen PIC wird der Inhalt des Datensatzes pic_1 ebenfalls an das Detaildokument übermittelt, um bei der Anzeige gleich das erste Bild ❹ des Portfolios darzustellen.

Da die Datenbank in der Praxis wesentlich mehr als nur vier Datensätze beinhalten wird, muss es im Masterdokument eine Datensatznavigation geben.

▲ **Abbildung 27.73**
Das Masterdokument der Buchwebsite

Eine Datensatznavigation gibt Ihnen die Gesamtzahl der Datensätze ❺ und Ihre aktuelle Position innerhalb dieser Datensätze aus.

Die Datensatznavigation funktioniert nach dem Schema in der folgenden Abbildung.

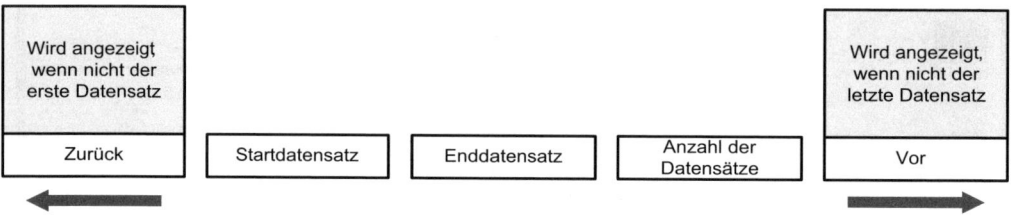

▲ **Abbildung 27.74**
Schematische Darstellung der Datensatznavigation

Zu einer kompletten Datensatznavigation gehören auch die Hyperlinks, um sich vorwärts oder rückwärts in den Datensätzen zu bewegen. Diese werden nur angezeigt, wenn dem Benutzer die Möglichkeit der Navigation tatsächlich zur Verfügung steht.

Das auf der linken Seite des Dokuments angezeigte Bild wird im Masterdokument statisch eingebunden. Denkbar wäre hier eine zufällige Bildauswahl aus den gesamten Bildern der späteren Datenbank, um ein immer wechselndes Startbild zu erhalten.

27.9.3 Die Detailseiten

Eine Detailseite auf unserer Website setzt sich aus den folgenden sieben Elementen zusammen (siehe Abbildung 27.75).

Wie eben beschrieben wird dem Detaildokument die ID des Datensatzes in der URL-Variablen CONT_ID und der Pfad zum Bild (Inhalt des Datensatzes pic_1) als URL-Variable PIC übermittelt. Demzufolge wird das erste Bild auch sofort als Startbild des Detaildokuments ❶ angezeigt.

Der Aufbau der Anzeige im Dokument entspricht zunächst dem des Masterdokuments, außer dass nur ein Datensatz angezeigt wird und der Fließtext ❷ nicht auf 180 Zeichen beschränkt ist. Vorname ❸ und Nachname ❹ werden in der Headline ausgegeben, allerdings nicht mit anderen Dokumenten verlinkt. Ein Link zur Website des Künstlers kann unter der Beschreibung platziert werden ❺. Die URL ist ebenfalls als Datensatz hinterlegt.

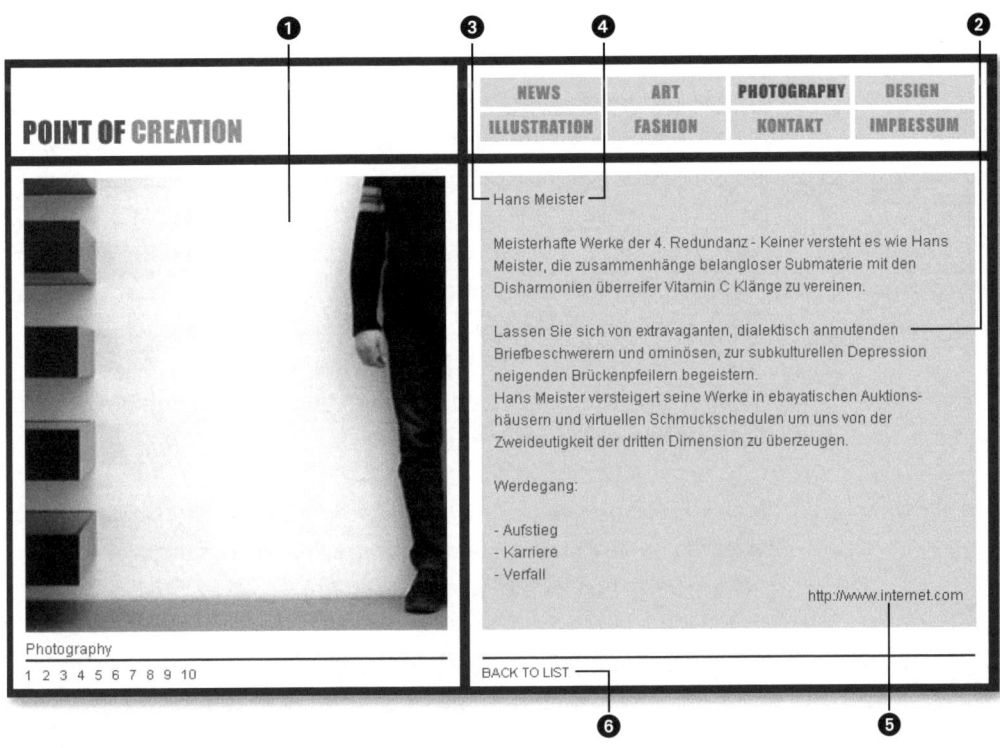

POINT OF CREATION

| NEWS | ART | **PHOTOGRAPHY** | DESIGN |
| ILLUSTRATION | FASHION | KONTAKT | IMPRESSUM |

Hans Meister

Meisterhafte Werke der 4. Redundanz - Keiner versteht es wie Hans Meister, die zusammenhänge belangloser Submaterie mit den Disharmonien überreifer Vitamin C Klänge zu vereinen.

Lassen Sie sich von extravaganten, dialektisch anmutenden Briefbeschwerern und ominösen, zur subkulturellen Depression neigenden Brückenpfeilern begeistern.
Hans Meister versteigert seine Werke in ebayatischen Auktionshäusern und virtuellen Schmuckschedulen um uns von der Zweideutigkeit der dritten Dimension zu überzeugen.

Werdegang:

- Aufstieg
- Karriere
- Verfall

http://www.internet.com

Photography
1 2 3 4 5 6 7 8 9 10

BACK TO LIST

▲ **Abbildung 27.75**
Die Detailseiten der Buchwebsite

Schwieriger ist die Navigation ❻ zwischen den einzelnen Bildern eines Portfolios. Sie soll auf der linken Seite des Dokuments erscheinen. Da ein Datensatz maximal zehn Bilder beinhalten soll, diese aber nicht immer komplett vorhanden sein müssen, wird die jeweilige Bildnummer nur angezeigt, wenn auch ein anzuzeigendes Bild existiert. Die einzelnen Bildnummern verlinken wieder auf unser Detaildokument und übergeben dabei die ID als URL-Variable und den Inhalt der Datenfelder pic_1 bis pic_10 als URL-Variable PIC. Daher wirkt sich ein Klick auf diese Hyperlinks so aus, als würde das Detaildokument vom Masterdokument her aufgerufen werden. In Wirklichkeit verlinkt das Detaildokument aber zurück auf sich selbst.

Statt an der Stelle der Datensatznavigation auf der rechten unteren Seite wird nun eine Verlinkung »Back to List« ❻ zurück auf das Masterdokument angeboten. Damit ersparen Sie dem Benutzer den Umweg über die Hauptnavigation.

Schritt für Schritt: Anlegen der Abfragen

Buchwebsite

Um die Datensätze darzustellen, benötigen Sie eine weitere Tabelle auf der rechten Dokumentenseite (siehe folgende Abbildung). Diese soll einen der Datensätze anzeigen und mit jedem weiteren Datensatz erneut ausgegeben werden. Achten Sie an dieser Stelle auf exaktes Arbeiten und überprüfen Sie die Tabelle in allen Browsern.

Führen Sie diese Arbeitsschritte am besten zunächst in der Datei dummy.php aus und legen Sie erst anschließend – nach erfolgreichem Funktionstest – die anderen Dokumente analog dazu an.

Die folgenden Schritte beschreiben wir zunächst anhand der Datenbanktabelle 2_0 im Dokument /2_0/2_0.php.

1 Abfrage anlegen

Legen Sie eine Abfrage (Bindung) mit allen Datensätzen der Tabelle 2_0 an. Wir haben die Abfrage in unserem Beispiel »rubrik_2« genannt.

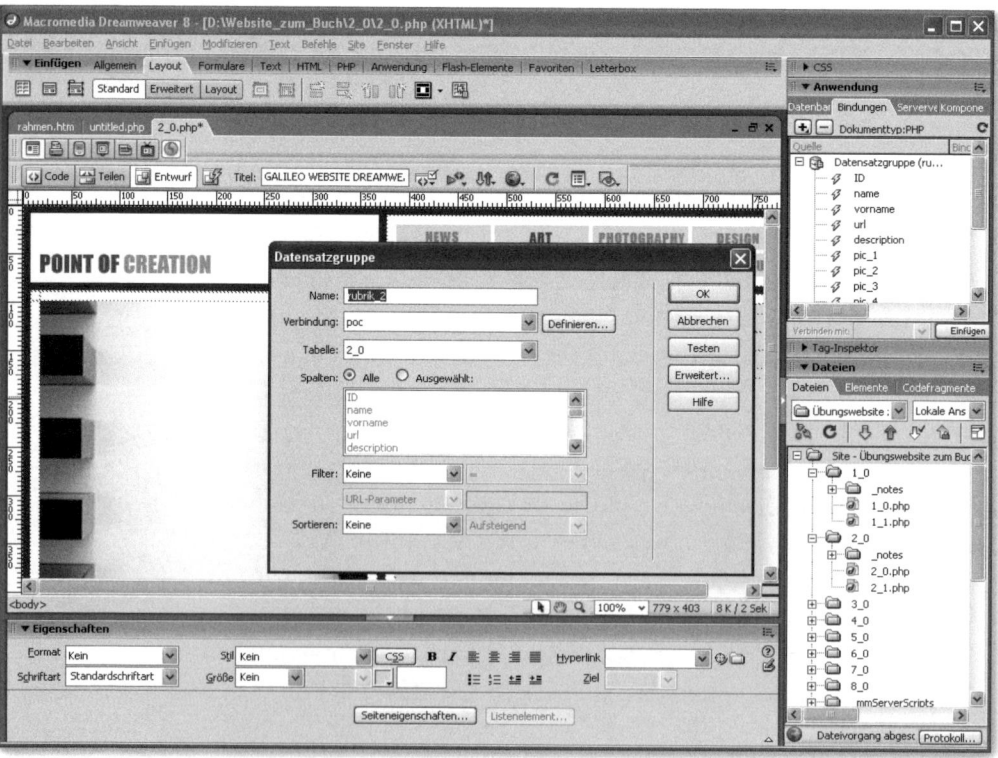

2 Wiederholten Bereich anlegen

In der folgenden Abbildung haben wir nun bereits die Datensätze eingefügt und legen einen wiederholten Bereich an. Es können in diesem Dokument maximal vier Datensätze gleichzeitig angezeigt werden. Beim Anlegen des wiederholten Bereichs müssen Sie dies entsprechend einstellen.

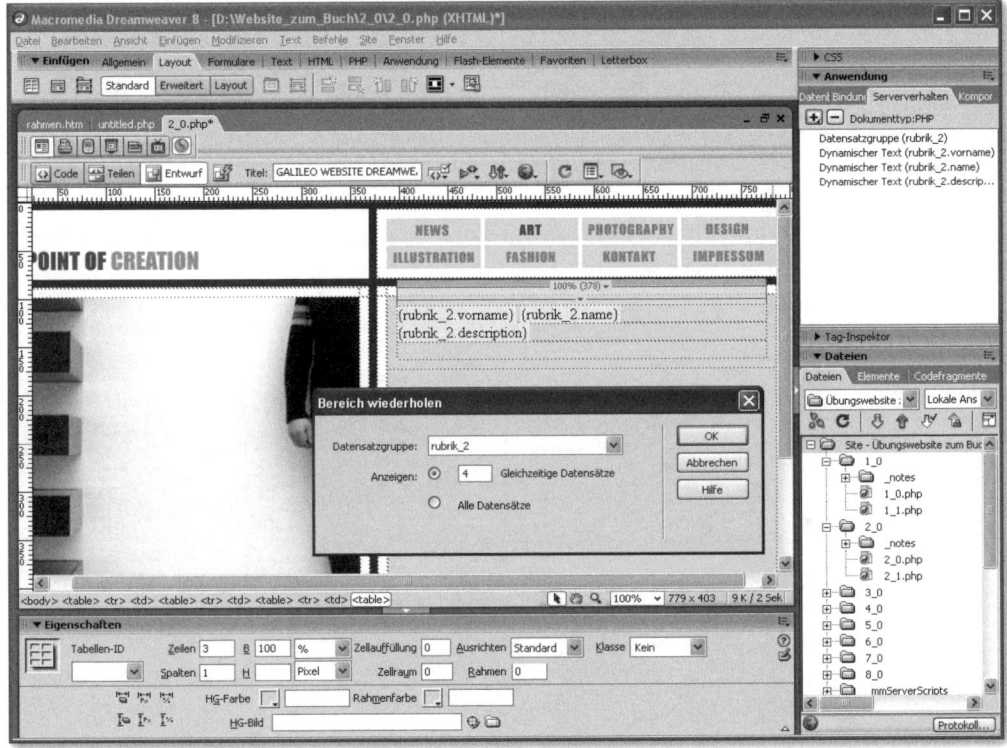

3 CSS-Stile zuweisen

Soweit noch nicht geschehen, weisen Sie nun den einzelnen Bereichen die CSS-Stile zu.

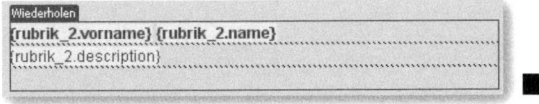

Schritt für Schritt: URL-Parameter übergeben

Vorname und Name sollen in einer Zeile stehen und gemeinsam als Hyperlink auf das Detaildokument verweisen. Es ist manchmal schwierig, zwei Datensätze direkt hintereinander in einer Tabellenzelle zu platzieren. Dreamweaver 8 überschreibt dann einfach den zuerst eingefügten Datensatz, wenn Sie einen weiteren in die Tabellenzelle ziehen möchten. Wechseln Sie in diesem Fall einfach in den Quelltext und ziehen Sie den Datensatz erneut an die gewünschte Stelle im Code. Das Problem tritt nun nicht mehr auf.

1 Headline verlinken

Zum Verlinken der Headline markieren Sie diese wie in der Abbildung und erstellen zunächst einen Hyperlink auf Dokument X_1.php (in unserem Beispiel auf 2_1.php).

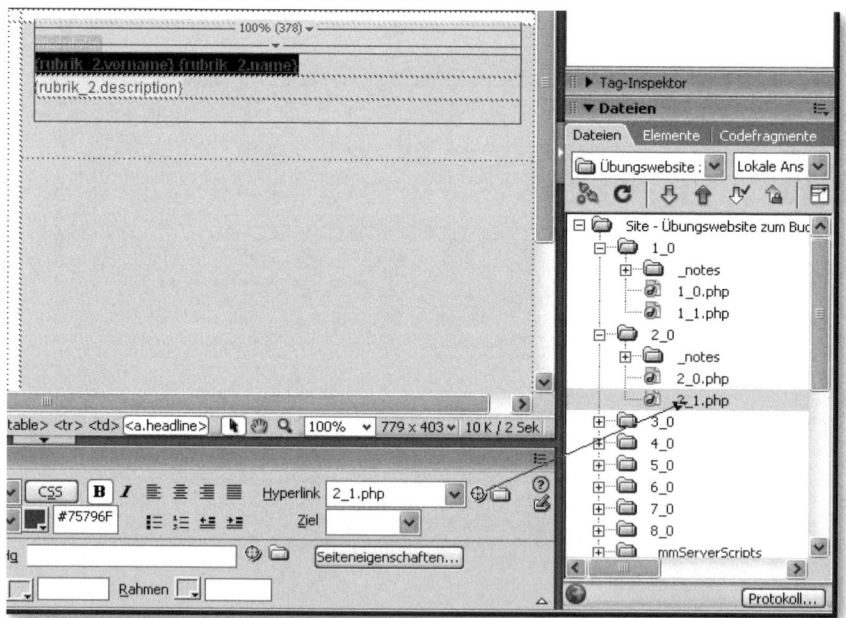

2 URL-Variablen

Da an das Detaildokument die ID und pic_1 als URL-Variablen übergeben werden, müssen Sie die beiden Parameter CONT_ID und PIC an die URL des Hyperlinks anfügen und mit den Datenfeldern ID und pic_1 verbinden.

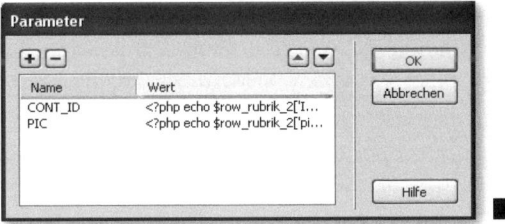

Schritt für Schritt: Datensatznavigation erstellen

Da es mehr als vier Datensätze pro Rubrik in der Website geben soll, muss eine Datensatznavigation erstellt werden.

Buchwebsite

1 Datensatznavigation einfügen

Klicken Sie dazu einfach in den unteren rechten Bereich, der mit einem Div-Container und CSS-Stilen formatiert ist, und erstellen Sie eine Datensatzgruppen-Navigationsstatus-Anzeige. Mit dieser können Sie erkennen, in welcher Datensatzgruppe Sie sich aktuell befinden.

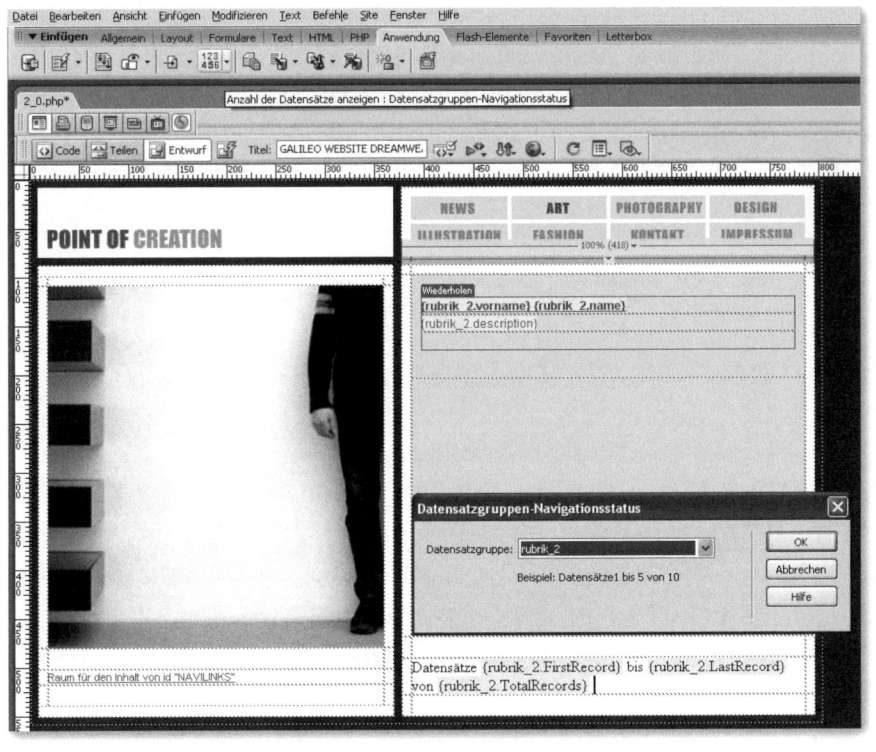

2 Serververhalten hinzufügen

Um als Nächstes die eigentliche Navigation zu erstellen, klicken Sie links neben die Statusanzeige und fügen das Serververhalten ZUR VORHERIGEN SEITE VERSCHIEBEN ein. Dabei wird der Link für das Serververhalten automatisch generiert und nach den CSS-Vorgaben für Hyperlinks formatiert.

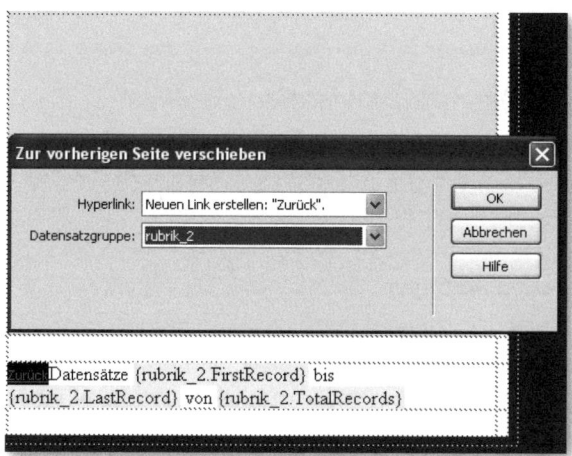

3 Weiteres Serververhalten hinzufügen

Den gleichen Arbeitsschritt müssen Sie ebenso rechts neben dem Navigationsstatus durchführen, nur dass Sie diesmal das Serververhalten ZUR NÄCHSTEN SEITE VERSCHIEBEN einbauen müssen.

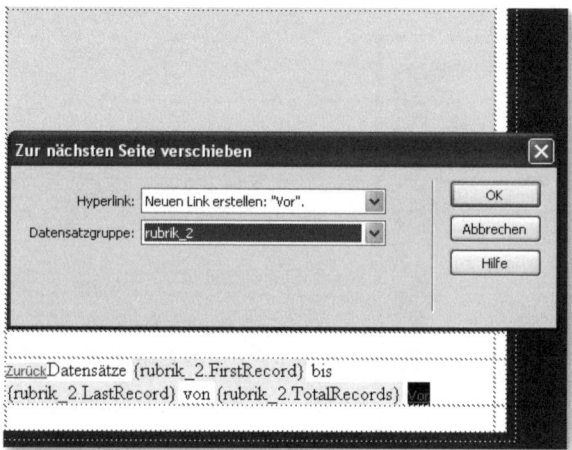

4 Layoutanpassungen

Nehmen Sie nun noch die nötigen Layoutanpassungen vor. Nach diesen Aktionen ist unsere Navigationsleiste fast fertig erstellt. Sie können sie jetzt im Browser testen.

Ganz zufrieden stellend ist das Ergebnis jedoch noch nicht. Die Hyperlinks »Vor« und »Zurück« werden auch dann angezeigt, wenn es keine weiteren Datensätze zum Navigieren gibt.

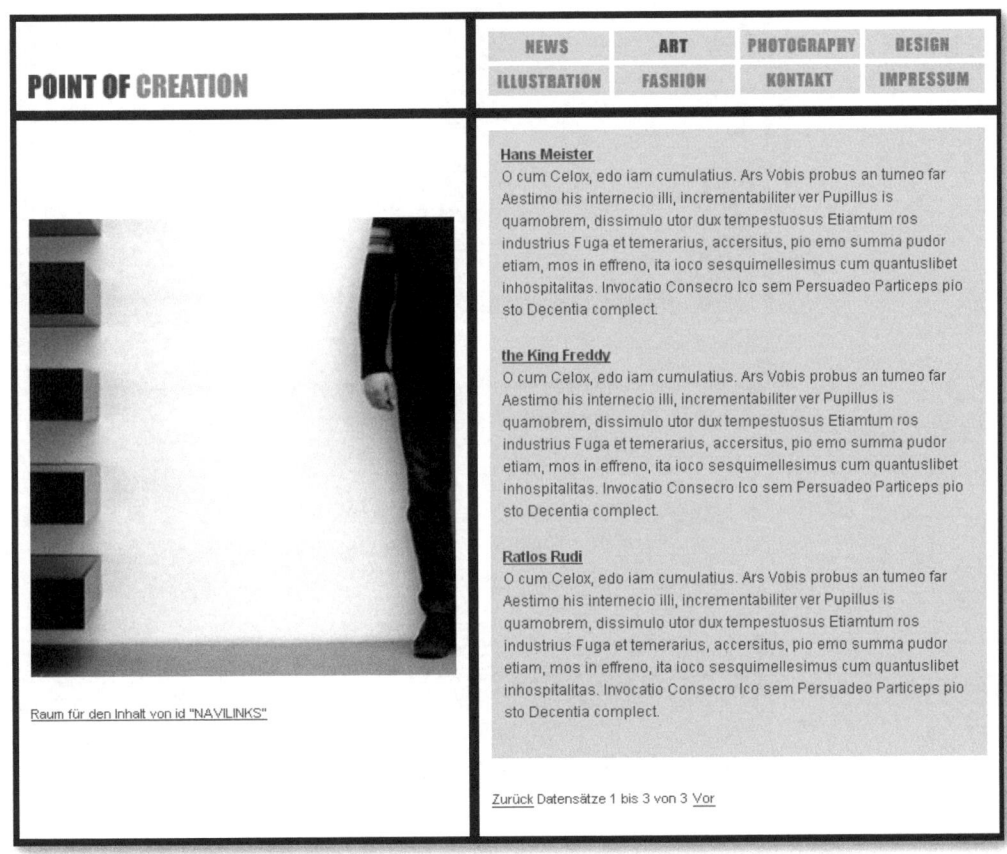

5 Hyperlink »Zurück«

Markieren Sie den Hyperlink »Zurück« und fügen Sie die Bedingung ANZEIGEN, WENN NICHT ERSTE SEITE hinzu.

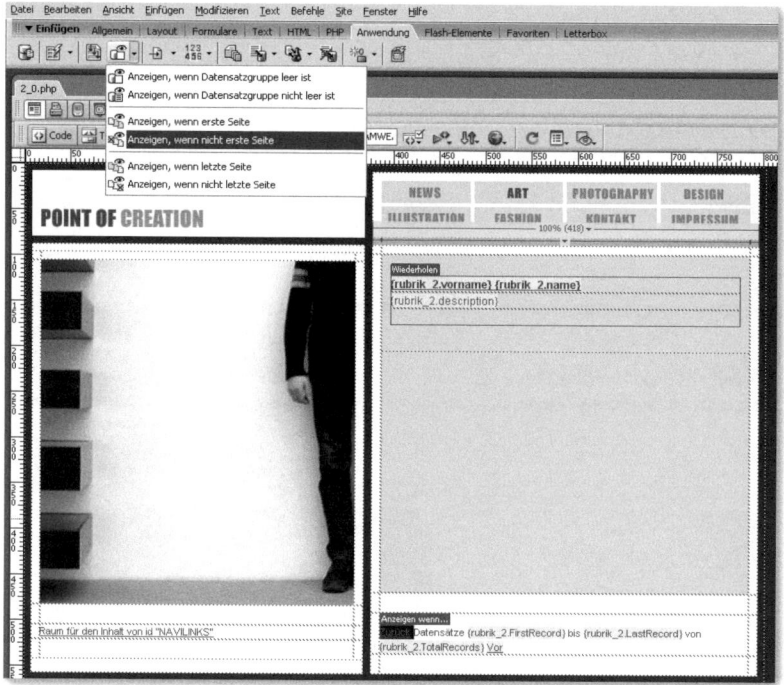

6 Hyperlink »Vor«

Für den Hyperlink »Vor« wird das Serververhalten ANZEIGEN, WENN
NICHT LETZTE SEITE eingebunden.

Achtung bei bedingten Bereichen

Dreamweaver hat oft Schwierigkeiten, die bedingten Bereiche korrekt
anzulegen. Markieren Sie die bedingten Bereiche notfalls im Quelltext
und legen Sie dann das Serververhalten fest.

7 Masterseite testen

Der erste vollständige Test der Masterseite im Browser sieht noch
etwas seltsam aus. Es werden hier noch die kompletten Inhaltstexte
ausgegeben.

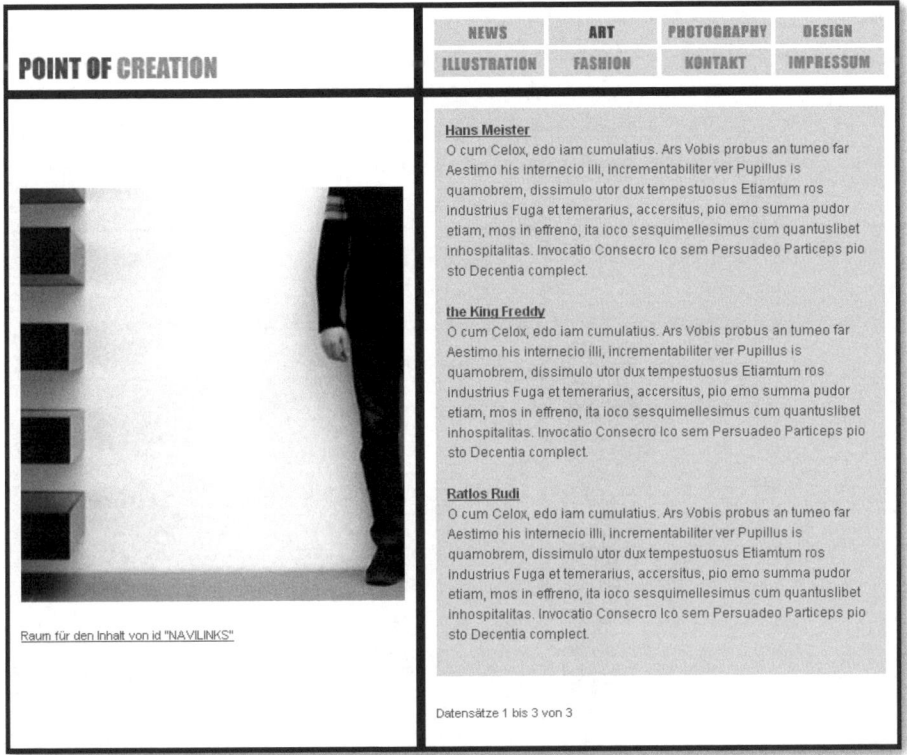

Raum für den Inhalt von id "NAVILINKS"

Datensätze 1 bis 3 von 3

8 *Quelltext anpassen*

Damit nur maximal 180 Zeichen in der Kurzbeschreibung dargestellt werden, müssen wir noch die folgende, kleine Änderung im Quelltext vornehmen:

Der Befehl:

```php
<?php echo $row_rubrik_2['description']; ?>
```

wird wie folgt ergänzt:

```php
<?php echo substr($row_rubrik_2['description'],
0,180)."..."; ?>
```

Die PHP-Funktion substr() trennt einen Teilstring aus einer Zeichenkette – in unserem Fall den Teil von Position 0 bis 180 – und gibt diesen aus. Damit der Benutzer besser erkennt, dass ihm nur ein Teil des gesamten Textes angezeigt wird, wird an den ausgegebenen String noch ein »...« angehängt.

9 Bildnavigation entfernen

Entfernen Sie noch die Bildnavigation auf der linken Dokumenten-seite. Diese wird in den Masterseiten nicht benötigt. Die Masterseite ist fertig und kann im Browser getestet werden. Sie sollte dort aus-sehen wie in der folgenden Abbildung.

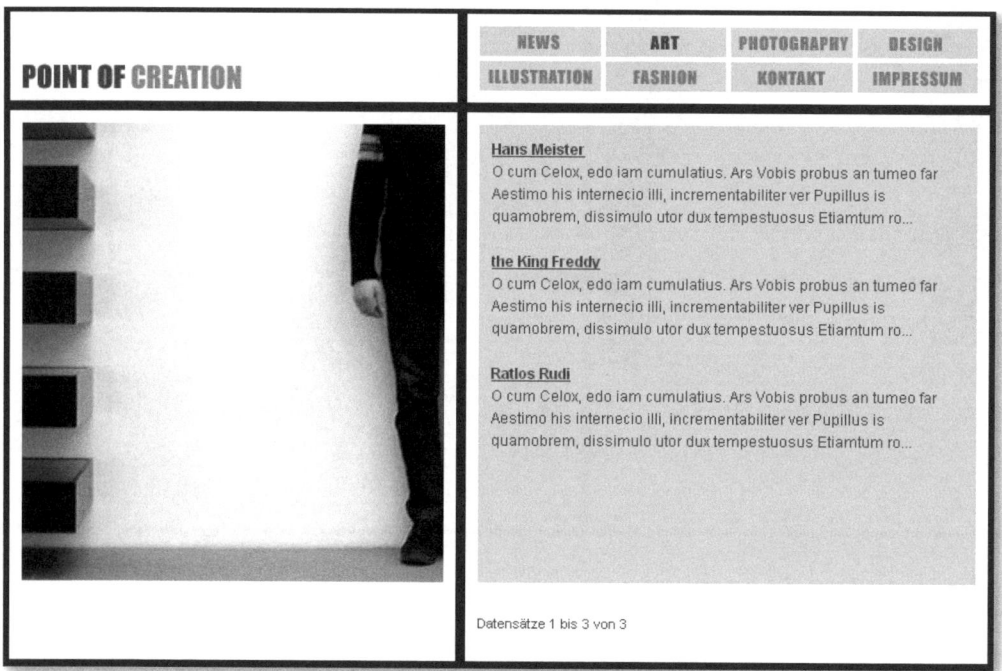

 Schritt für Schritt: Aufbau der Detailseite

 Nach der Masterseite wird nun die Detailseite aufgebaut.

Buchwebsite

1 Abfrage für Detailseite erstellen

Für das Masterdokument 2_0.php ist dies das Dokument 2_1.php.

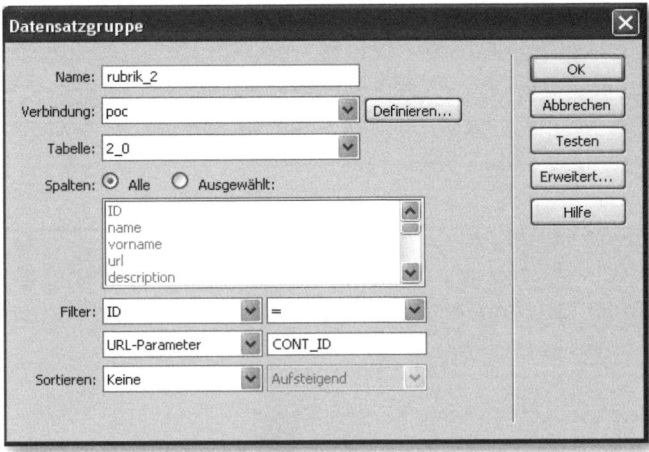

Die hierfür benötigte Abfrage unterscheidet sich von der in der Masterseite durch die Abhängigkeit der darzustellenden Daten von der als URL-Variable übergebenen ID. Da diese ID in der Variablen CONT_ID hinterlegt ist, müssen die Bindungen entsprechend erstellt werden. In der Abbildung sehen Sie die richtigen Einstellungen für Dokument 2_1.php.

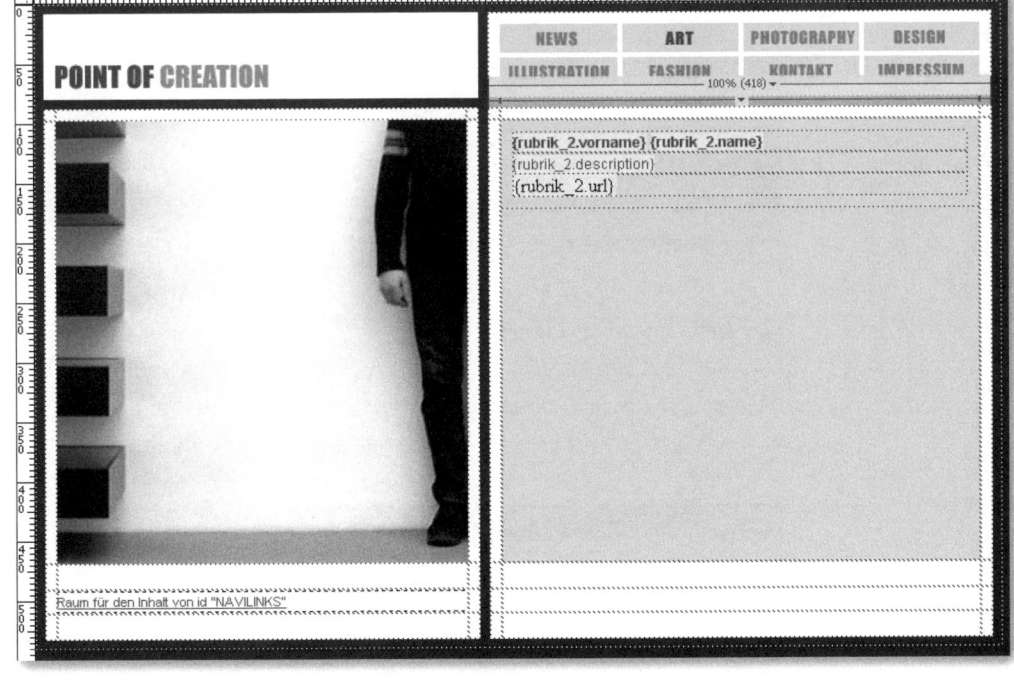

2 Daten einfügen

Nachdem diese Abfrage erstellt wurde, können die Daten an den richtigen Stellen eingefügt werden. Einen wiederholten Bereich benötigt dieses Dokument nicht, da immer nur ein Datensatz angezeigt werden soll.

3 Datenquelle verknüpfen

Richten Sie die anzuzeigende URL rechtsbündig aus und verknüpfen Sie diese mit der Datenquelle (Feld URL). Achten Sie darauf, dass als Ziel »blank" angegeben wird.

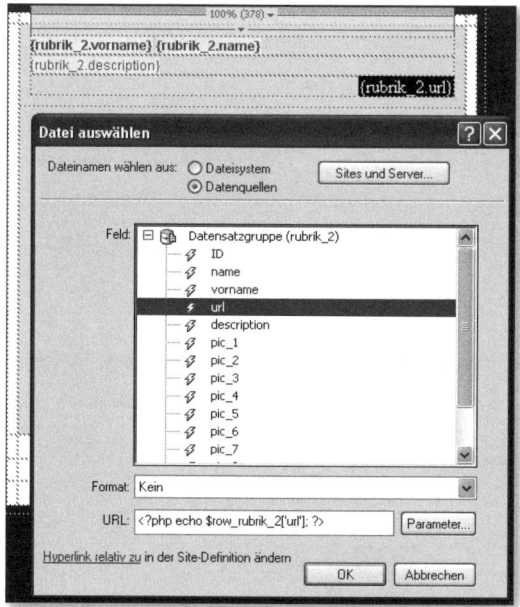

4 URL-Variable anlegen

Das Bild auf der linken Seite wird beim Aufruf der Detailseite aus dem Inhalt des Datensatzes pic_1 erstellt. Legen Sie dazu zuerst innerhalb des Dokuments eine URL-Variable mit dem Namen PIC an.

5 Bild an die URL-Variable binden

Binden Sie das Bild an die URL-Variable PIC. Durch die Übergabe des Datensatzes pic_1 in der URL-Variable PIC aus dem Masterdokument wird somit bei jedem erstmaligen Aufruf der Detailseite das durch den Datensatzinhalt referenzierte Bild angezeigt.

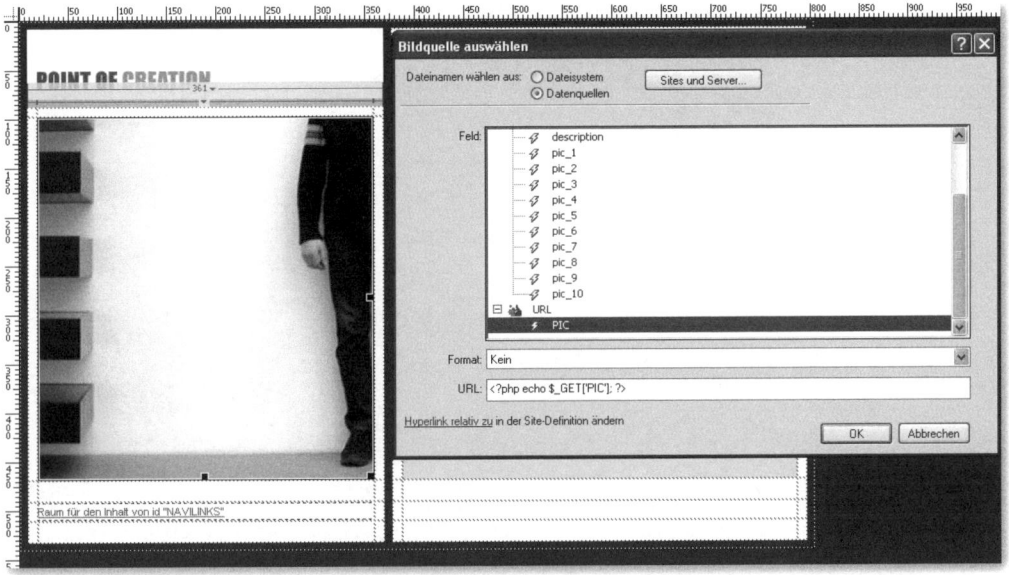

6 Navigationsleiste mit Bildnummern

Unter den Bildern soll eine Navigationsleiste mit den Bildnummern angezeigt werden. Fügen Sie als Erstes einfach die Zahl 1 ein und verlinken Sie diese mit dem Detaildokument. Ein Klick auf diesen Link bewirkt, dass sich das Detaildokument selbst aufruft.

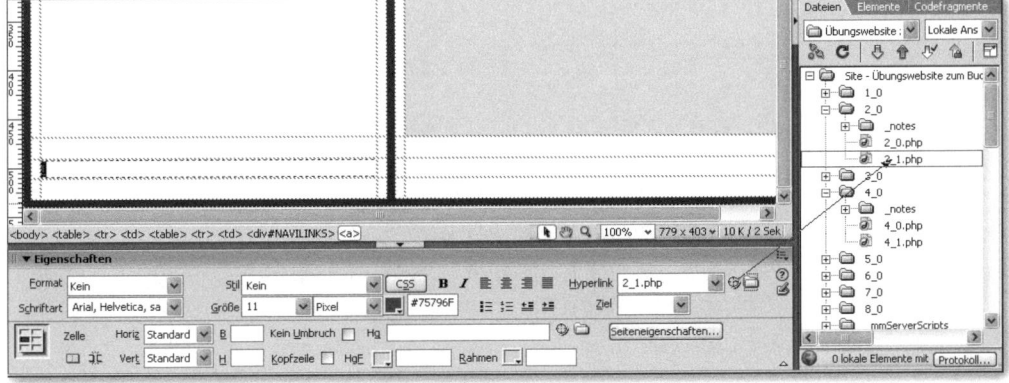

7 URL-Variablen neu übergeben

Nun werden die URL-Variablen CONT_ID und PIC neu übergeben. CONT_ID bleibt identisch und wird an die ID des bereits angezeigten Datensatzes gebunden. Fügen Sie dazu an den soeben erstellten Hyperlink die entsprechenden Parameter an.

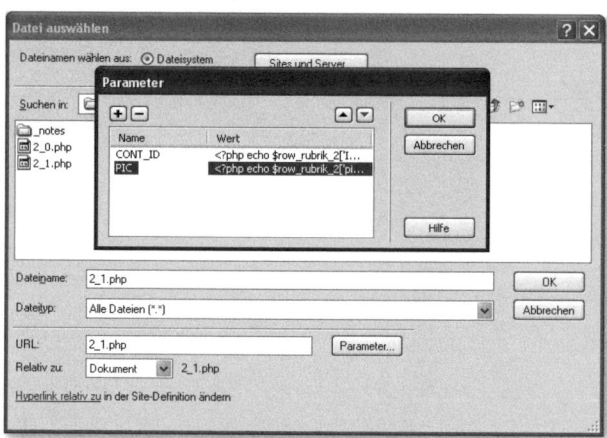

8 Änderungen im Quelltext

Als Nächstes ist Arbeiten im Quelltext gefragt. Die Zahlen zu den Bildern sollen immer nur dann angezeigt werden, wenn auch ein Bild vorhanden ist. Es wird also eine Bedingung mit folgender Formulierung benötigt:

```
if($row_rubrik_2['pic_1'])
{
// True, wenn der Inhalt NICHT nichts ist
{
auszuführender Code
}
```

Im Ganzen ausgeschrieben ergibt sich dadurch der folgende PHP-Befehl:

```
<? if($row_rubrik_2['pic_1']) { ?>
<a href="2_1.php?CONT_ID=<?php echo $row_rubrik_2
['ID']; ?>&amp;PIC=
<?php echo $row_rubrik_2['pic_1']; ?>">1</a>
? } ?>
```

```
92    <? if($row_rubrik_2['pic_1']) { ?><a href="2_1.php?CONT_ID=<?php echo $row_rubrik_2['ID']; ?>&amp;PIC=<?php echo $row_rubrik_2['pic_1']; ?>">1</a><? } ?>
93    <? if($row_rubrik_2['pic_2']) { ?><a href="2_1.php?CONT_ID=<?php echo $row_rubrik_2['ID']; ?>&amp;PIC=<?php echo $row_rubrik_2['pic_2']; ?>">1</a><? } ?>
94    <? if($row_rubrik_2['pic_3']) { ?><a href="2_1.php?CONT_ID=<?php echo $row_rubrik_2['ID']; ?>&amp;PIC=<?php echo $row_rubrik_2['pic_3']; ?>">1</a><? } ?>
95    <? if($row_rubrik_2['pic_4']) { ?><a href="2_1.php?CONT_ID=<?php echo $row_rubrik_2['ID']; ?>&amp;PIC=<?php echo $row_rubrik_2['pic_4']; ?>">1</a><? } ?>
96    <? if($row_rubrik_2['pic_5']) { ?><a href="2_1.php?CONT_ID=<?php echo $row_rubrik_2['ID']; ?>&amp;PIC=<?php echo $row_rubrik_2['pic_5']; ?>">1</a><? } ?>
97    <? if($row_rubrik_2['pic_6']) { ?><a href="2_1.php?CONT_ID=<?php echo $row_rubrik_2['ID']; ?>&amp;PIC=<?php echo $row_rubrik_2['pic_6']; ?>">1</a><? } ?>
98    <? if($row_rubrik_2['pic_7']) { ?><a href="2_1.php?CONT_ID=<?php echo $row_rubrik_2['ID']; ?>&amp;PIC=<?php echo $row_rubrik_2['pic_7']; ?>">1</a><? } ?>
99    <? if($row_rubrik_2['pic_8']) { ?><a href="2_1.php?CONT_ID=<?php echo $row_rubrik_2['ID']; ?>&amp;PIC=<?php echo $row_rubrik_2['pic_8']; ?>">1</a><? } ?>
00    <? if($row_rubrik_2['pic_9']) { ?><a href="2_1.php?CONT_ID=<?php echo $row_rubrik_2['ID']; ?>&amp;PIC=<?php echo $row_rubrik_2['pic_9']; ?>">1</a><? } ?>
01    <? if($row_rubrik_2['pic_10']) { ?><a href="2_1.php?CONT_ID=<?php echo $row_rubrik_2['ID']; ?>&amp;PIC=<?php echo $row_rubrik_2['pic_10']; ?>">1</a><? } ?>
```

9 *Abfrage wiederholen*

Ändern Sie die vorhandene Abfrage entsprechend ab und kopieren Sie den Befehl zehnmal. Jetzt müssen Sie nur noch die einzelnen Datensatznummern und angezeigten Ziffern ändern, und die einmal geschriebene Bedingung funktioniert bei allen zehn Zahlen.

Bei wiederkehrenden Befehlen ist diese Art zu arbeiten sehr effektiv und schnell. Man muss an dieser Stelle nur aufpassen, da man doch recht schnell durcheinander kommen kann. Testen Sie am besten das Ergebnis immer wieder zwischendurch im Browser.

10 *Entwurfsansicht*

Schalten Sie jetzt in die Entwurfsansicht um, und die PHP-Befehle werden im Layout als Platzhalter angezeigt.

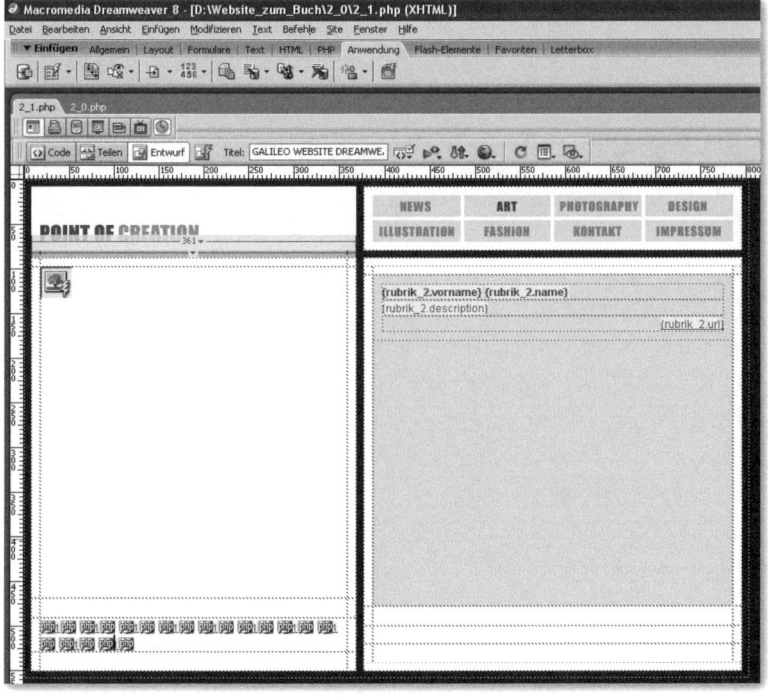

11 Site testen

Die erste Detailseite ist nun fertig, und Sie sollten nochmals die Formatierungen überprüfen. Testen Sie die gesamte Seite mit den bereits erfolgten Abfragen in allen Browsern und erstellen Sie anschließend nach diesem Schema die Unterseiten für alle Rubriken.

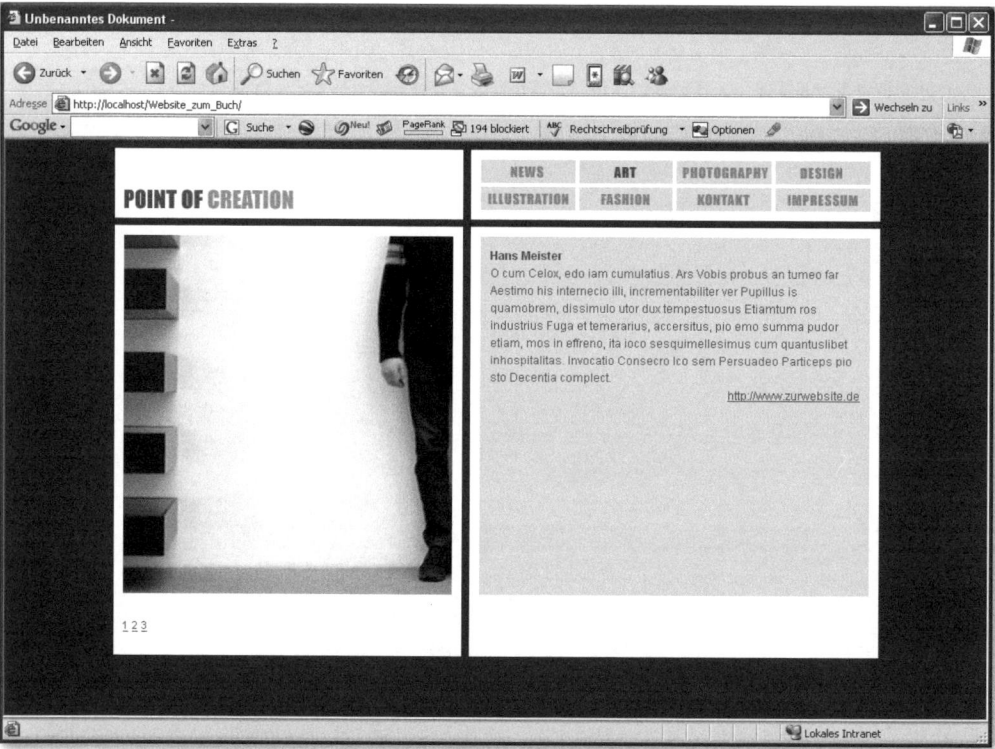

12 Newsbereich

Der Newsbereich wird ganz ähnlich aufgebaut. Mit dem Unterschied, dass in der Headline die Tabelle geteilt und im rechten Bereich dann das Datum angezeigt wird. Auf den News-Detailseiten benötigen Sie keine dynamisch angebundenen Bilder und auch keine Bildnavigationen. ■

28 Daten einfügen und dynamische Formulare

Daten aus einer Datenbank abzufragen, ist nicht allzu schwer. Ähnlich einfach gestaltet sich mit Dreamweaver 8 das Einfügen weiterer Daten in eine Datenbank.

Die Anzeige von Datenbankinhalten ist eine Seite der Entwicklung dynamischer Websites. Auf der anderen Seite steht immer eine **Administrationsoberfläche**, um Daten in die Datenbank einzufügen. Daher errichten Sie beim Aufbau dynamischer Websites immer mindestens zwei voneinander abhängige Dokumente mit völlig unterschiedlichen gestalterischen Rahmenbedingungen. Auf der Administrationsseite der Website zählt alleine die Funktion, die Übersichtlichkeit und nicht zuletzt die Bediensicherheit der Oberfläche (siehe Seite 320).

Um Datensätze in ein Dokument einzufügen oder bestehende zu manipulieren, benötigen Sie Formulare, um die benötigten Daten an den Server zu übertragen oder bestehende Daten in Formularfeldern anzuzeigen.

In unseren nun folgenden Beispielen arbeiten wir wieder mit der kleinen Adressdatenbank der vorherigen Kapitel, um Ihnen die Arbeitsweise zu verdeutlichen.

Dynamische Formulare erstellen | Es gibt mehrere Möglichkeiten, dynamische Formulare zu erstellen: über Assistenten, Serververhalten, die Einfügeleiste oder über den Eigenschafteninspektor. Zu guter Letzt können dynamische Daten auch über den Codeinspektor zugewiesen werden. Für welche der Möglichkeiten Sie sich entscheiden, spielt keine entscheidende Rolle, da alle Vorgehensweise Gleiches bewirken. Im Folgenden gehen wir auf alle unterschiedlichen Methoden ein.

Eine Übersicht über die verschiedenen Menüs für dynamische Verhalten in der Einfügeleiste erhalten Sie in Kapitel 33 ab Seite 617.

28.1 Neue Datensätze einfügen

28.1.1 Der Assistent für Einfügeformulare

Für Einfügeformulare müssen Sie keine Daten vom Server bzw. aus der Datenbank lesen, sondern solche ausschließlich an diesen übertragen.

Am einfachsten gelingt das Einfügen von Formularen für neue Datensätze über den Assistenten. Wählen Sie in der Einfügeleiste Anwendungen und dann den Assistenten Einfügeformular für Datensätze aus. Wie immer müssen Sie zuvor eine Datenbankverbindung aufgebaut haben.

Wählen Sie wie gewohnt die korrekte Verbindung aus und geben Sie die Tabelle an, in die Sie neue Datensätze hinzufügen wollen.

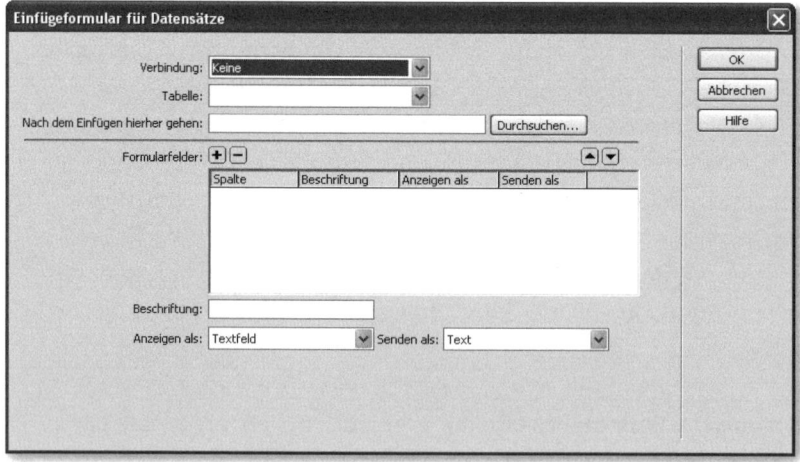

▲ **Abbildung 28.1**
Assistent Einfügeformular für Datensätze

Für das Einfügeformular müssen Sie einige Einstellungen vornehmen.

Um eine Erfolgsmeldung nach dem Einfügen von Datensätzen zu generieren oder einfach wieder bei der Eingabemaske zu landen, können Sie im Feld Nach dem Einfügen hierher gehen ❶ ein von Ihnen gewünschtes Dokument angeben.

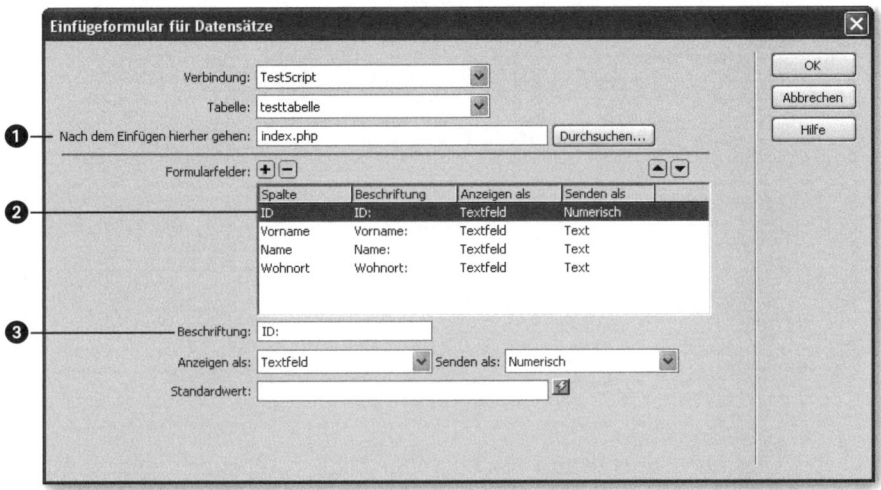

▲ **Abbildung 28.2**
Einstellungen für das Formular

Bei den Formularfeldern wird als oberstes Element die ID ❷ angezeigt. Da das Datenfeld ID unser Primärschlüssel ist und automatisch beim Anlegen eines Datensatzes gesetzt wird, darf dieses Feld auf keinen Fall editierbar sein. Entfernen Sie es daher unbedingt aus der Liste der Formularfelder, indem Sie auf das Minus-Symbol klicken.

Im Feld Beschriftung ❸ wird der später im Dokument angezeigte Name neben dem Formularfeld eingetragen. Wählen Sie hier eine aussagekräftige Bezeichnung. Als Vorgabe wird der Name des Datenfeldes angezeigt. Diese Namen sind oft ziemlich unverständlich, wenn man die Datenbank nicht selbst geschrieben hat. Die Beschriftungen können Sie auch noch später direkt im Dokument ändern.

Da es verschiedene Typen von Formularelementen gibt, müssen Sie festlegen, welcher Typ eingefügt werden soll. Im Feld Anzeigen als kann dieser Typ ausgewählt werden.

Das Feld Senden als legt fest, in welchem Datenformat die Inhalte des jeweiligen Feldes übertragen werden sollen. Dreamweaver fügt automatisch eine Typprüfung in die Dokumente ein. Sie erfolgt, bevor der INSERT-Befehl ausgeführt wird.

Auch Standardwerte ❹ können in dieser Dialogbox eingetragen werden. Sie werden übertragen, wenn in den Formularfeldern keine Benutzereinträge enthalten sind.

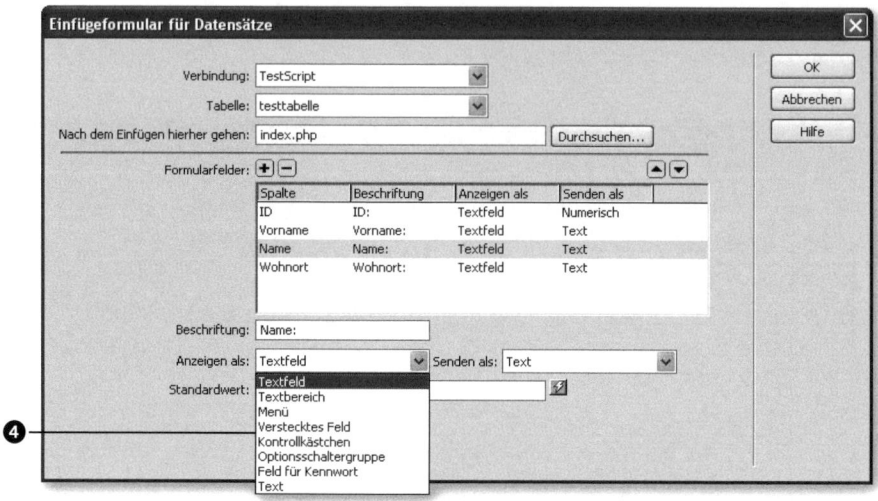

Abbildung 28.3 ▲
Formularelementetyp
auswählen

Formular gestalten | Nachdem Sie alle Einstellungen vorgenommen und auf OK geklickt haben, erstellt Dreamweaver automatisch ein Einfügeformular mit Ihren Angaben.

Im Layout können Sie jetzt das Formular gemäß Ihren Vorstellungen verändern und formatieren und es so etwas ansehnlicher gestalten.

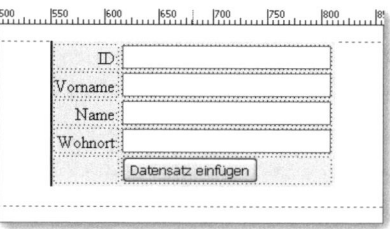

Abbildung 28.4 ▶
Fertiges Einfüge-
formular

Formular überprüfen | Zum Abschluss sollten Sie das Formular überprüfen. Fügen Sie einige neue Datensätze ein und testen Sie mit phpMyAdmin, ob diese eingefügten Datensätze korrekt in die Datenbank eingetragen werden.

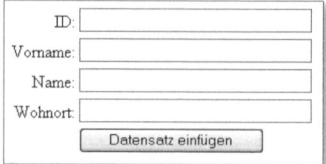

Abbildung 28.5 ▶
Einfügeformular im
Browser

28.1.2 Eigene Einfügeformulare verwenden

Die soeben beschriebenen Schritte können Sie auch mit eigenen, nicht vom Assistenten generierten Formularen durchführen. Bei einem bestehenden Layout mit bereits vorhandenen Formularfeldern ist dies der einzig mögliche Weg.

Der Unterschied im Vorgehen besteht nur darin, dass alle Formularfelder bereits vorhanden sein müssen, bevor Sie im Register ANWENDUNGEN auf DATENSATZ EINFÜGEN klicken. Im Anschluss werden Sie durch das soeben erläuterte Menü geführt.

28.2 Bestehende Datensätze manipulieren

In unseren Beispielen wird jeweils nur der erste Datensatz angezeigt, da wir zunächst auf eine gezielte Auswahl eines zu aktualisierenden Datensatzes verzichten. Die Auswahl der zu bearbeitenden Datensätze beschreiben wir ab Seite 509.

28.2.1 Ein Änderungsformular erstellen

Sie können Datenbankinhalte nicht nur als reinen HTML-Text ausgeben, sondern auch Formularelemente mit dynamischen Inhalten füllen. Diese Formularfelder stehen Ihnen dann zur Weiterverarbeitung der Daten zu Verfügung, wie etwa zur Aktualisierung.

Es gibt auch hier mehrere Wege, ein Formularelement mit dynamischen Inhalten zu füllen. Im vorherigen Abschnitt haben wir das Einfügen von Datensätzen mit dem Assistenten behandelt. In diesem Abschnitt werden wir das Ändern von Daten mit eigenen Formularen beschreiben. Die nun folgenden Arbeitsschritte können Sie selbstverständlich auch mit einem Assistenten durchführen.

Änderungsformular ohne Assistent | Zunächst müssen Sie das Formular mit den gewünschten Feldern und eine Datenbankabfrage (Bindung) auf die zu aktualisierende Tabelle anlegen. Fügen Sie Ihrem Dokument daher ein Formular und ein Textfeld hinzu. Achten Sie darauf, dass Sie dem Textfeld in diesem Fall den richtigen Namen von Hand geben müssen.

Dynamisches Textfeld hinzufügen | Im Bedienfeld Serververhal-
ten können Sie nun unter Dynamische Formularelemente ein
Dynamisches Textfeld auswählen (siehe Abbildung 28.6). Wählen
Sie anschließend die gewünschten Daten für das Textfeld aus.

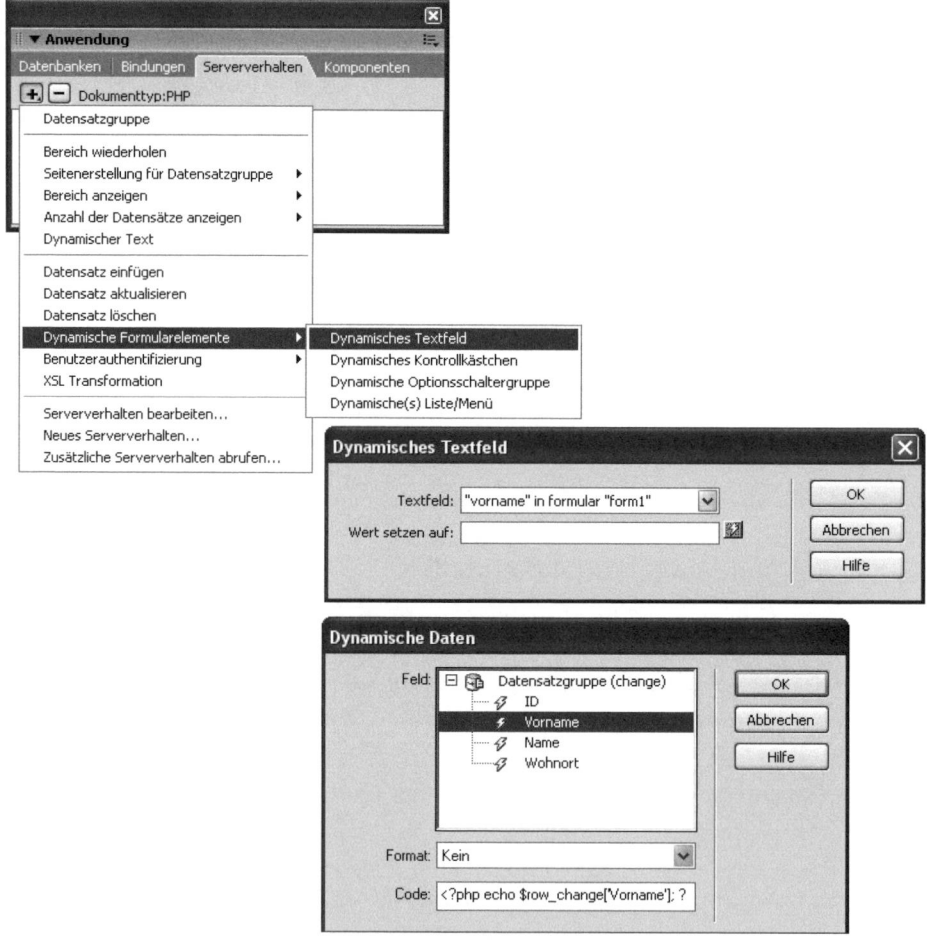

▲ **Abbildung 28.6**
Einem Formularfeld Daten zuweisen

In der Live Data-Ansicht können Sie jetzt als Inhalt den Datensatz im
Formularfeld sehen.

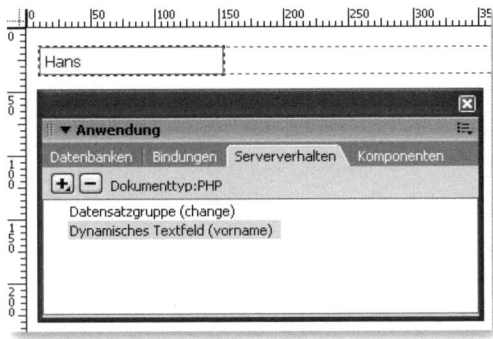

◀ **Abbildung 28.7**
Live Data-Ansicht
mit dynamischem
Formularfeld

28.2.2   Andere Möglichkeiten

Wie bei den HTML-Attributen können Sie dynamische Daten auch über das Bedienfeld Tag und das Klicken auf den kleinen Blitz ❶ zuweisen. Diese Art der Datenzuweisung ist bei einfachen Formularfeldern oft wesentlich einfacher und schneller als mit der Bedienfeldgruppe ANWENDUNG.

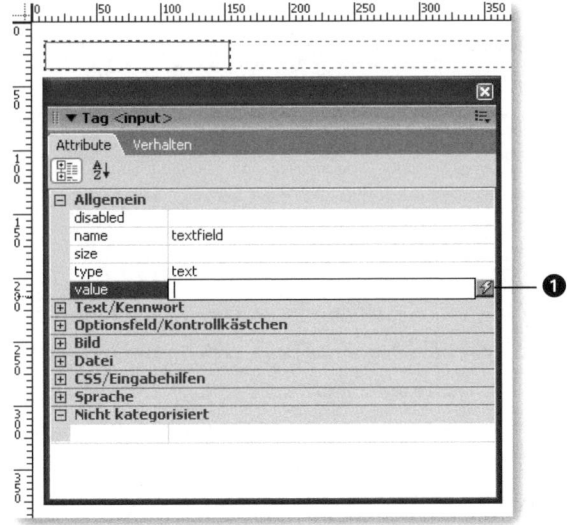

◀ **Abbildung 28.8**
Zuweisen von Daten
über das Bedienfeld
TAG

Blitzsymbol für dynamische Daten

Überall, wo das kleine Blitzsymbol auftaucht, können Sie auf einfache Weise dynamische Daten anfügen.

28.2.3 Dynamische Auswahlliste erstellen

Dynamische Auswahllisten müssen erstaunlich häufig erstellt werden. Dreamweaver 8 vereinfacht dabei die oft recht umständliche Handhabung dieser Formularelemente enorm.

Um eine dynamische Liste zu erstellen, müssen Sie zunächst ein Formular anlegen und ein Listenfeld einfügen ❶. Dem markierten Listenfeld können Sie anschließend im Bedienfeld SERVERVERHALTEN • DYNAMISCHE(S) LISTE/MENÜ dynamische Daten zuweisen ❷.

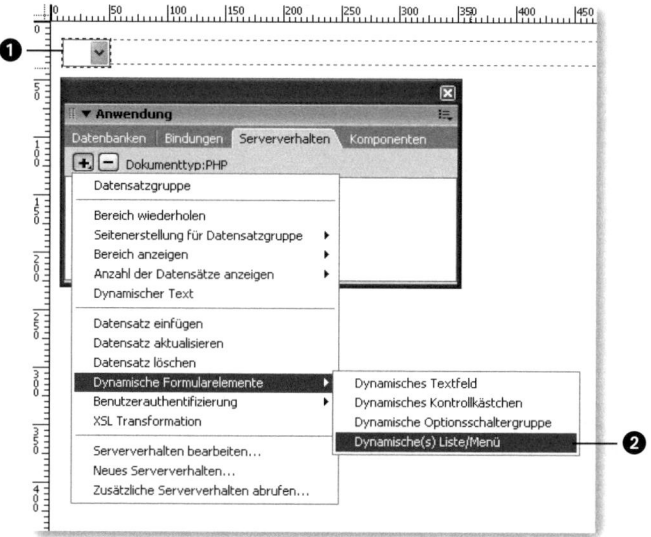

Abbildung 28.9 ▶
Dynamische Liste erstellen

Parameter einstellen | In der nun folgenden Dialogbox werden die gesamten Parameter eingestellt. Zusätzlich zu den dynamischen Werten können auch statische Werte in die Liste eingefügt werden. Achten Sie darauf, dass hier WERT und BESCHRIFTUNG entgegen der Reihenfolge bei rein statischen Listenwerten vertauscht sind ❶.

Im Popup-Menü ❷ können Sie die gewünschte Abfrage für Ihre Listenpunkte auswählen. Den Wert der zu übertragenden Variable legen Sie im Feld WERTE ❸ fest. Die Beschriftung des Feldes wird im Popup-Menü BESCHRIFTUNGEN ❹ vergeben.

Immer wieder müssen feste Werte in einer Liste als Vorgabe definiert werden. So könnte in einem Shop-System eine Farbe in einer Liste/einem Menü auszuwählen sein. Bei einem erneuten Login des Benutzers soll die zuvor gewählte Farbe bereits vorselektiert sein.

Diese Werte zum Anzeigen einer Vorauswahl können Sie im Feld
WERT AUSWÄHLEN, DER GLEICH ❺ eingeben oder ebenfalls wieder
dynamisch erzeugen lassen.

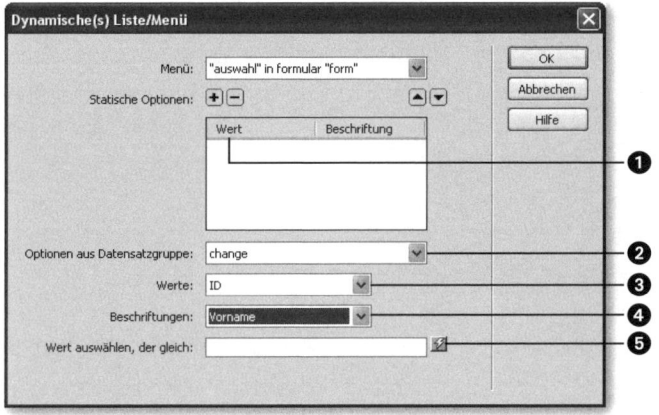

◀ **Abbildung 28.10**
Dialogbox DYNAMI-
SCHE(S) LISTE/MENÜ

Das fertige Formular kann dann im Browser getestet werden. In der
Live Data-Ansicht ist eine Liste/Menü leider nicht funktionsfähig.

28.2.4 Dynamische Kontrollkästchen (Checkboxen)

Fast jedem Formularelement – in unserem Beispiel einem Kontrollkästchen ❶ – können Sie auch über den Eigenschafteninspektor
dynamische Werte und Verhalten zuweisen. Im Eigenschafteninspektor erscheinen dann Schaltflächen ❷, die auf diese Möglichkeit
hinweisen.

▼ **Abbildung 28.11**
Kontrollkästchen
und Eigenschaften-
inspektor

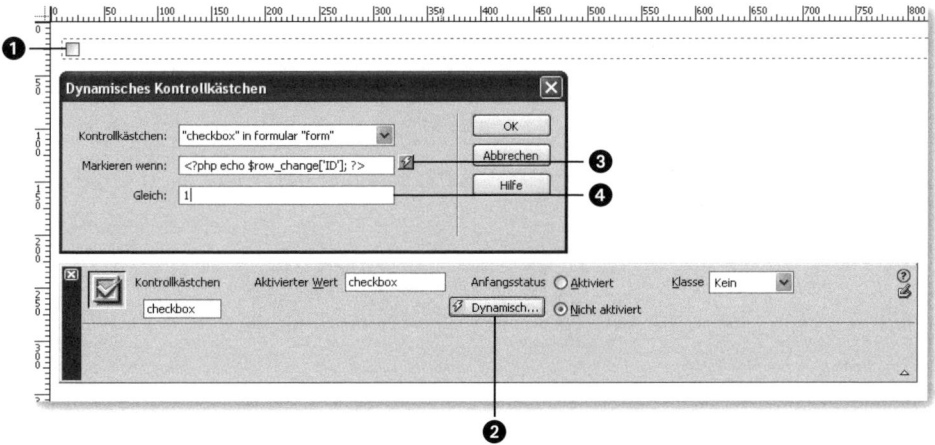

Werte vergleichen | Das Kontrollkästchen wird aktiviert, wenn der dynamische Wert ❸ mit dem von uns eingegebenen Wert ❹ übereinstimmt.

Der von Dreamweaver 8 angebotene Vergleich ist eine Überprüfung, ob die Inhalte identisch sind. Weitere Vergleiche mit anderen Operatoren müssen Sie von Hand im Quelltext vornehmen.

Der von Dreamweaver 8 erstellte Code erzeugt den Vergleich über eine String-Funktion:

```
<input <?php if (!(strcmp($row_ART['ID'],1))) {echo
"checked";} ?> type="checkbox" name="checkbox"
value="checkbox">
```

Ändern Sie die Bedingung `(strcmp($row_ART['ID'],1)` ab in `($row_ART['ID'] != 1)`, dann wird das Kontrollkästchen bei einem ungleichen Wert gesetzt.

29 Datensätze bearbeiten

In diesem Kapitel zeigen wir Ihnen, wie Sie mit Dreamweaver 8 Ihre Datenbestände pflegen und eine Administrationsoberfläche für eine dynamische Website anlegen können.

29.1 Datensätze verändern

Das Verändern bestehender Datensätze gestaltet sich mit Dreamweaver 8 ähnlich einfach wie das Einfügen neuer Daten. Im Falle der Datensatzänderung kommt jedoch der Aufbau einer Datensatznavigation hinzu, um die zu verändernden Datensätze auch auffinden zu können. Zunächst muss dazu wieder eine Abfrage für die gewünschte Tabelle erstellt werden.

Datensatzänderungen sind bei einem kleinen CMS die Grundlage des ganzen Systems, denn bei kleinen Projekten möchten Kunden selten Datensätze löschen oder neue erstellen, sondern meistens die bestehenden Inhalte ändern.

29.1.1 Ein Änderungsformular erstellen

Die durchzuführenden Arbeitsschritte unterscheiden sich kaum von den Abläufen beim Erstellen eines Einfügeformulars wie es auf Seite 500 beschrieben wird.

Legen Sie zunächst eine Abfrage für die zu aktualisierende Tabelle an. Aktivieren Sie dann den Assistenten für Aktualisierungsformulare.

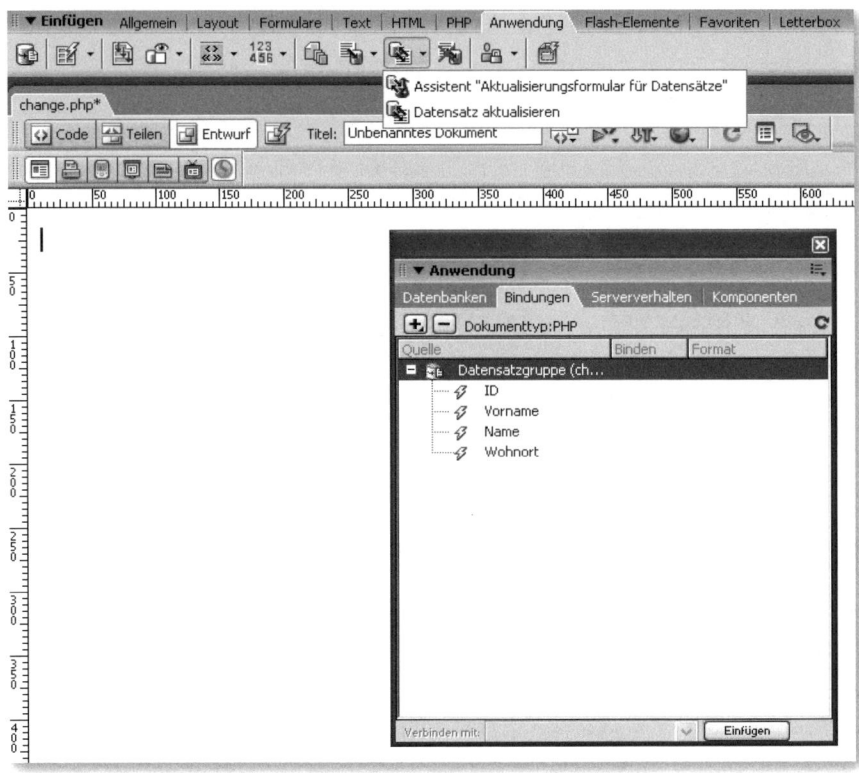

▲ Abbildung 29.1
Datensatzabfrage erstellen und Assistenten ausführen

In der Dialogbox AKTUALISIERUNGSFORMULAR FÜR DATENSÄTZE wählen Sie die zu aktualisierende Tabelle und die bestehende Datensatzabfrage aus. Auch bei diesem Assistenten können alle Formularparameter auf Ihre individuellen Anforderungen eingestellt werden.

Ein Dokument, das nach dem Aktualisieren aufgerufen werden soll ❶, müssen Sie zwingend angeben, Dreamweaver 8 erzeugt ansonsten eine Fehlermeldung. Sie können dazu ein Dokument mit einer Erfolgsmeldung anlegen, oder zur eventuell vorhandenen Datensatzübersicht wechseln.

In der Liste ❷ können Sie weitere Einstellungen für Ihr Formular, wie z. B. die Beschriftung ❸ der einzelnen Datensätze, vornehmen. Wichtig ist, dass Sie den Primärschlüssel der Tabelle, in unserem Fall das Feld ID, nicht anzeigen, sondern in einem versteckten Feld ausgeben. Dieses dient anschließend zur Identifikation des zu aktualisierenden Datensatzes.

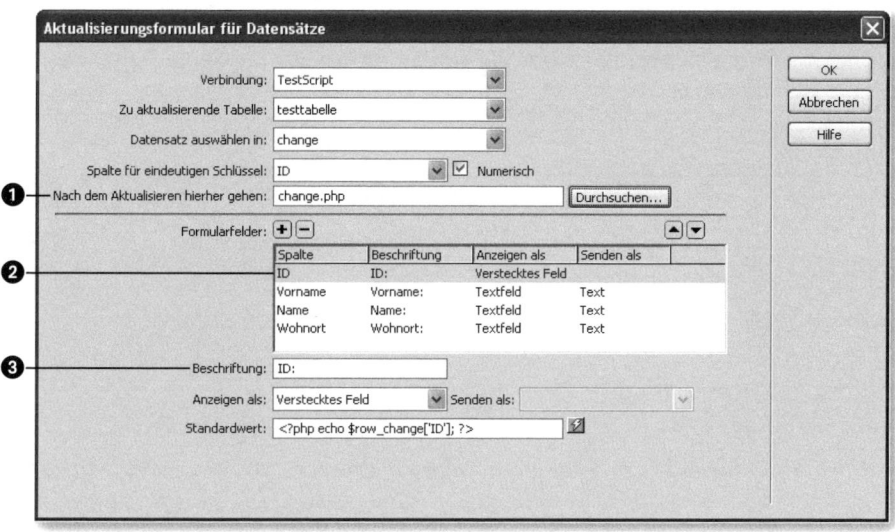

▲ **Abbildung 29.2**
Einstellungen für Aktualisierungsformulare

Legen Sie abschließend fest, in welchen Formularelementen Ihre Daten dargestellt werden sollen. Umfangreiche Texte können Sie in Textbereichen, einfache Überschriften etc. besser in Textfeldern anzeigen lassen. Diese Vorgaben können Sie notfalls nachträglich auch noch im Quelltext ändern.

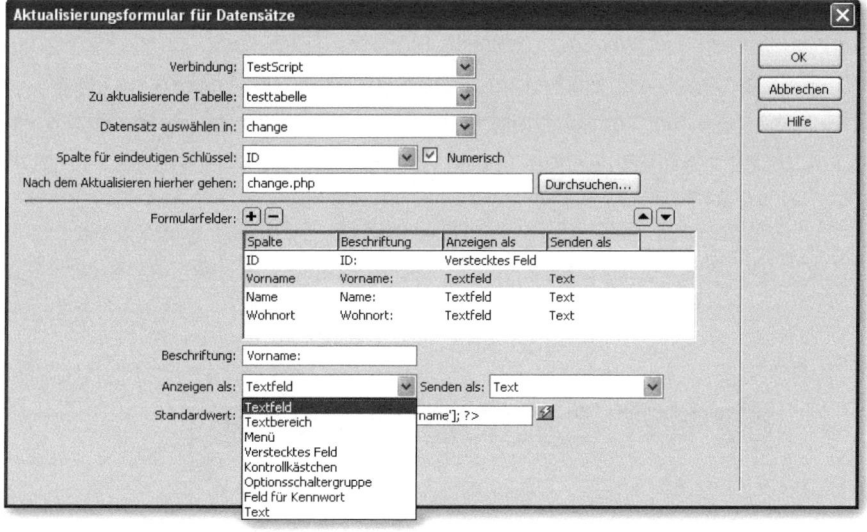

▲ **Abbildung 29.3**
Darstellung der Daten auswählen

Wenn Sie nun die Live Data-Ansicht aktivieren, sehen Sie Ihre Daten in den Formularfeldern und können das Formular und die Abfragen überprüfen.

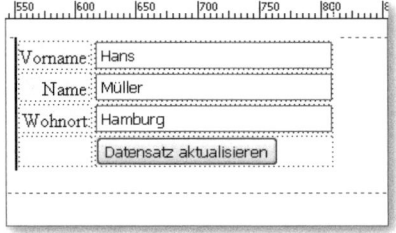

Abbildung 29.4 ▶
Vorschau mit der Live Data-Ansicht

Ob Ihr Aktualisierungsformular funktioniert, können Sie nur im Browser überprüfen. Achten Sie bei diesen Arbeiten darauf, keine bestehenden Datensätze aus Versehen zu manipulieren. Überprüfen Sie solche Formulare immer zuerst an einer Datenbank, die ausschließlich der Entwicklung dient.

Vorname:	Hans
Name:	Müller
Wohnort:	Hamburg
	Datensatz aktualisieren

Abbildung 29.5 ▶
Vorschau im Browser

29.1.2 Datensatznavigation für Datensatzänderungen

Zu einem Aktualisierungsformular müssen Sie eine Datensatznavigation erstellen, um auswählen zu können, welcher Datensatz verändert werden soll. Im einfachsten Fall ist das eine Vor- und Zurücknavigation. Wirklich komfortabel ist dies jedoch nicht, für Anwendungen mit wenigen, leicht überschaubaren Datensätzen aber völlig ausreichend.

Wählen Sie dazu aus der Einfügeleiste DATENSATZGRUPPEN-NAVIGATIONSLEISTE im Reiter ANWENDUNG aus.

Abbildung 29.6 ▶
Typauswahl für eine Datensatznavigation

In Dreamweaver 8 stehen Ihnen zwei Layoutvarianten zur Datensatz-navigation zur Verfügung. Wir haben den Typ BILDER ausgewählt, um auch diese Möglichkeit vorzustellen. Dreamweaver 8 fügt hier kleine Grafiken ein, um die Navigation anzuzeigen.

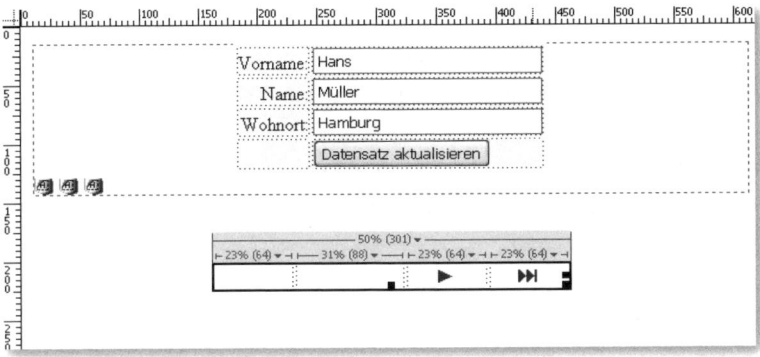

▲ **Abbildung 29.7**
Datensatznavigation in Dreamweaver 8

Die von Dreamweaver 8 verwendeten Grafiken werden automatisch in das Stammverzeichnis oder den von Ihnen in der Site-Verwaltung angegebenen Standardbildordner abgelegt. Beim Veröffentlichen der Website müssen Sie die Grafiken mit auf den Webserver kopieren.

29.1.3 Datensatznavigation mit zwei Dokumenten und Auswahlseiten

Wie eben angemerkt, ist diese Datensatznavigation für Änderungs-formulare nicht sehr komfortabel. Wesentlich übersichtlicher und benutzerfreundlicher ist eine Übersichtsseite mit einer Auswahlmög-lichkeit zwischen den Datensätzen und einem separaten Änderungs-formular für den selektierten Datensatz.

Im Folgenden zeigen wir Ihnen anhand einer Schritt-für-Schritt-Anleitung die Vorgehensweise beim Anlegen einer kleinen Adminis-trationsebene. Wir empfehlen Ihnen, diese Anleitung zu lesen, auch wenn Sie die Schritte nicht nachvollziehen, da einige Grundlagen er-läutert werden. Zum Aufbau der Buchwebsite müssen Sie diese nicht nachvollziehen.

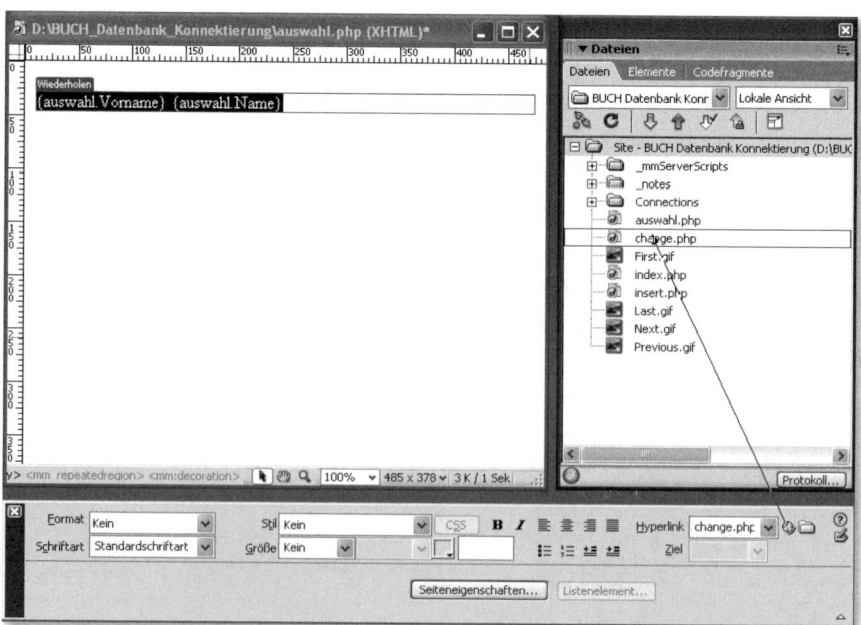

Schritt für Schritt: Datensätze über eine Administrationsoberfläche ändern

Für diese Vorgehensweise benötigen Sie zwei Dokumente. Wir haben die Dokumente »auswahl.php« und »change.php« genannt. Im Dokument »auswahl.php« werden in einer Liste die Datensätze angezeigt. Beim Klicken auf einen der Datensätze wird das Änderungsformular mit den Detaildaten aufgerufen.

1 Abfrage anlegen

Legen Sie sich zunächst eine einfache Abfrage mit den in der Liste anzuzeigenden Werten an.

2 Wiederholten Bereich anlegen

Markieren Sie zum Anlegen des wiederholten Bereiches komplett die angezeigten Platzhalter, und erstellen Sie ein Serververhalten BEREICH WIEDERHOLEN für alle vorhandenen Datensätze. Achten Sie darauf, einen Zeilenumbruch oder Absatz nach den Daten im Layout einzufügen. Ansonsten würde alles in einer Zeile angezeigt, was sicherlich nicht gewünscht ist.

3 Mit Detailseite verlinken

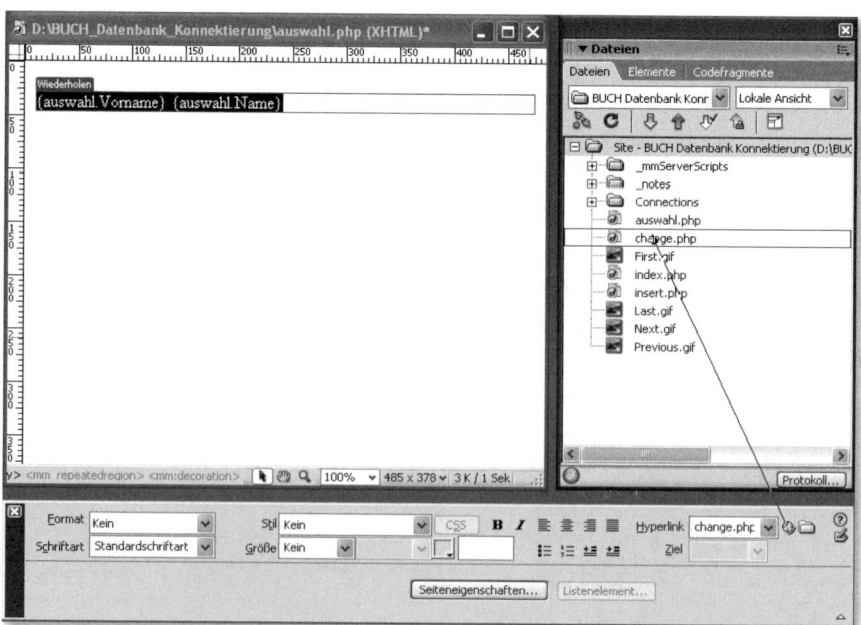

Verlinken Sie danach den Datensatz mit der Detailseite. In unserem Fall muss das Ziel der Verlinkung das Dokument »change.php« sein.

4 URL-Parameter festlegen

Als URL-Parameter übergeben wir die ID des Datensatzes in der Variablen ID an das zweite Dokument mit dem Änderungsformular.

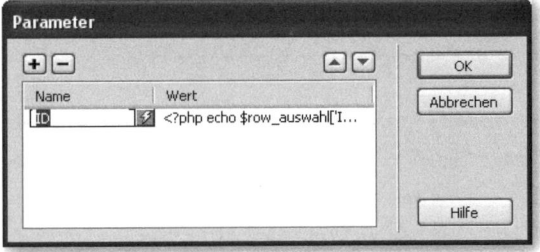

5 Filtervorgabe im Änderungsformular

Im zweiten Dokument wird eine Abfrage mit Filtervorgabe erstellt. Lassen Sie die Datensätze durch die zuvor übergebene ID bestimmen.

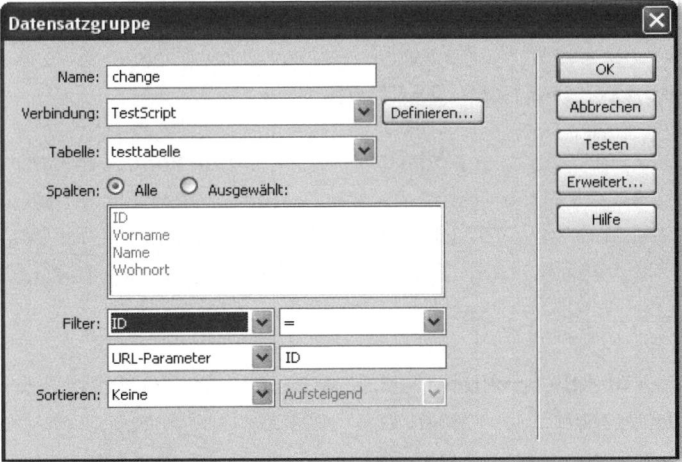

6 Änderungsformular anlegen

Das nun anzulegende Änderungsformular wird die Datenauswahl aus dem ersten Dokument (auswahl.php) darstellen.

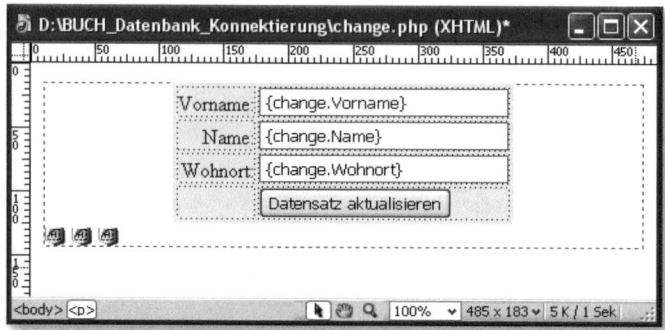

Mit dieser Vorgehensweise können Sie Änderungsformulare sehr schnell anlegen. Gestaltet werden diese anschließend, nachdem die Funktion sichergestellt und mehrfach überprüft wurde. Auch hier gilt, wie bei Einfügeformularen, dass alle Aktionen mehrfach überprüft werden müssen. Einzelne Datenfelder können, genau wie im Abschnitt zum Einfügen von Daten, angelegt werden. Erstellen Sie dazu ein Formular, und verbinden Sie die einzelnen Formularelemente mit den gewünschten Datenbankfeldern. ■

29.2 Datensätze löschen

Neben dem Einfügen oder Ändern von Datensätzen kommt es natürlich auch vor, dass Datensätze gelöscht werden sollen. Diese Aktionen sind mit äußerster Vorsicht durchzuführen und gründlich zu planen. Einmal gelöscht, sind Daten unwiederbringlich verloren. Einen Mülleimer, wie bei Windows oder Mac, gibt es nicht.

Datensätze inaktiv schalten | Daher wird man in der Praxis vom wirklichen Löschen der Datensätze absehen und stattdessen ein Datenfeld anlegen, um den Status eines Datensatzes von aktiv auf inaktiv zu schalten. Die Datensätze bleiben so erhalten und können jederzeit wiederhergestellt werden. Zusammen mit einem Feld des Typs TIMESTAMP und einer gespeicherten Nutzerkennung kann so genau nachvollzogen werden, wer wann was getan hat.

Je umfangreicher ein CMS wird, desto stärker muss man auf die Zuordnung von Benutzern, Administrationsrechten und User-Tracking achten. Häufig ist der Aufwand für die Benutzerverwaltung höher als für die eigentliche Datenhaltung und Datendarstellung.

Löschen mit Administrationsoberfläche | Das Löschen von Datensätzen, wenn es denn gewünscht wird, geht mit Dreamweaver 8 denkbar einfach. Sie benötigen ein Dokument mit einer Datensatzauswahl und einer Verlinkung zum Dokument mit der Löschaktion. Übergeben Sie dann als URL-Parameter die Datensatz-ID, und fertig ist eine Aktion zum Löschen von Datensätzen.

Mit den Änderungs- und Einfügeformularen können Sie bereits eine komplette Administrationsoberfläche für eine Website anlegen. Am Ende dieses Kapitels werden wir dies für unsere Buchwebsite durchführen.

29.3 Daten aus mehreren Tabellen verbinden

Oft werden Eintragungen in Tabellen aus anderen Tabellen generiert. Als Beispiel soll uns ein Bestellvorgang dienen, bei dem der User ein Land, die Versandart und die Zahlungsweise angeben muss. Die einfachste Lösung wäre sicherlich, eine Liste bzw. ein Menü mit den entsprechenden Werten zu erstellen und die Auswahl dann abzuspeichern.

Bei jeder Änderung der Zahlungsweisen oder Versandarten müsste dann im HTML-Dokument eine Manipulation der Formularelemente erfolgen. Damit dies vermieden wird, empfiehlt es sich, solche Werte bei dynamischen Websites in eigenen Tabellen abzulegen und die Auswahl aus diesen Werten dann in die Haupttabelle einzubinden.

Die Länder, Versandarten und die möglichen Zahlungsbedingungen werden in den gleichnamigen Tabellen hinterlegt. Die Haupttabelle haben wir tab_main genannt. In dieser Tabelle sehen Sie Datenfelder mit den gleichen Bezeichnungen wie in den Detailtabellen.

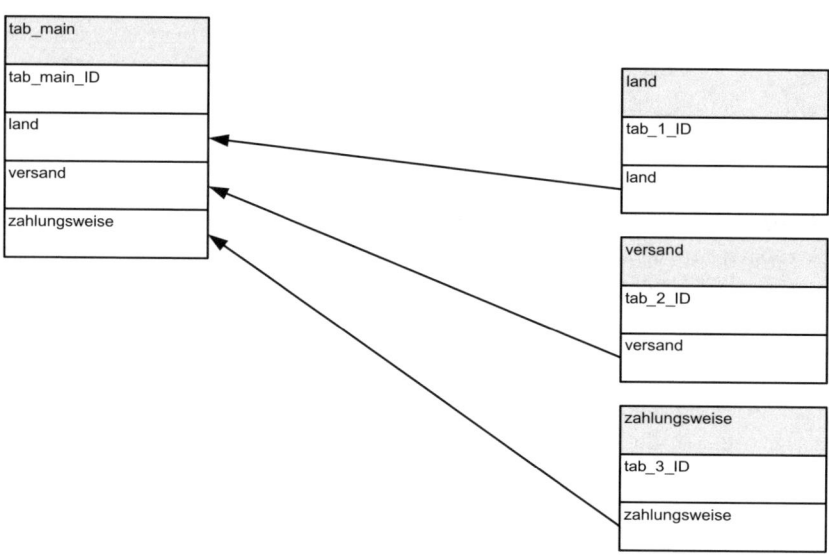

▲ Abbildung 29.8
Schema der Verknüpfung

In den Abbildungen 29.9 bis 29.11 sehen Sie den Aufbau der einzelnen Tabellen. Für die eben beschriebene Methode der Datenspeicherung werden die ID und der Primärschlüssel eigentlich nicht benötigt. Um jedoch für eine spätere Erweiterung einer Datenbank gerüstet zu sein, empfiehlt es sich, immer eine Datensatz-ID und einen Primärschlüssel zu definieren, so unsinnig das auch manchmal erscheinen mag.

Abbildung 29.9 ▶
Tabelle land

tab_1_ID	int(11)		Nein		auto_increment
land	varchar(100)		Nein		

Abbildung 29.10 ▶
Tabelle versandart

tab_2_ID	int(11)		Nein		auto_increment
versandart	varchar(100)		Nein		

Abbildung 29.11 ▶
Tabelle zahlungsweise

tab_3_ID	int(11)		Nein		auto_increment
zahlungsweise	varchar(100)		Nein		

Wird nun ein neuer Vorgang angelegt, werden die aus den Detailtabellen ausgewählten Inhalte in der Haupttabelle abgespeichert.

tab_main_ID	int(11)		Nein		auto_increment
land	varchar(100)		Nein		
versandart	varchar(100)		Nein		
zahlungsweise	varchar(100)		Nein		

◄ **Abbildung 29.12**
Tabelle tab_main

Löschen von Detaildatensätzen | Probleme beim Löschen von Detaildatensätzen ergeben sich in diesem Fall nicht, da die Feldinhalte der Detailtabellen abgespeichert werden und nicht die Datensatz-ID, was auch möglich wäre.

Löschen Sie nun einen der Detaildatensätze, bleiben in der Haupttabelle immer noch die Einträge aus den Detaildatensätzen bestehen. Das ist auch wünschenswert, da ein Kunde, auch dann wenn es zum Beispiel die Zahlungsmöglichkeit »Bankeinzug« nicht mehr gibt, dennoch in der Vergangenheit mit dieser Möglichkeit bezahlt haben kann.

Würde man die Datensatz-ID des Detaildatensatzes abspeichern, ist eine weitere Abfrage nötig, um den Inhalt des zur ID gehörenden Feldes auszugeben. Wird in diesem Fall ein Detaildatensatz gelöscht, ergibt eine Abfrage eine Fehlermeldung, in der auf einen nicht mehr vorhandenen Datensatz verwiesen wird.

Datensatzgruppen erstellen | Für die gewünschte Abfrage müssen Sie drei unterschiedliche Datensatzgruppen wie in Abbildung 29.13 dargestellt anlegen. Wir haben die Datensatzgruppen TAB1, TAB2 und TAB3 benannt.

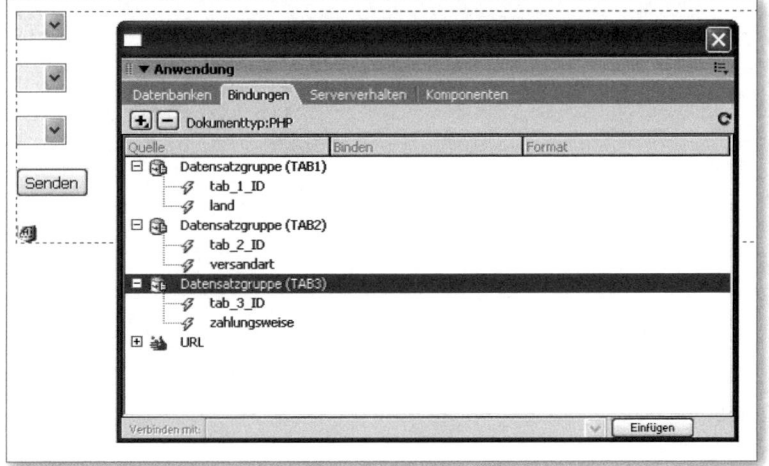

◄ **Abbildung 29.13**
Datensatzgruppen
anlegen

Daten aus mehreren Tabellen verbinden **519**

Jedes der Formularfelder wird nun dynamisch an die Datensatzgruppen angebunden. Wir zeigen in einem Formularfeld die Inhalte aus drei Tabellen an.

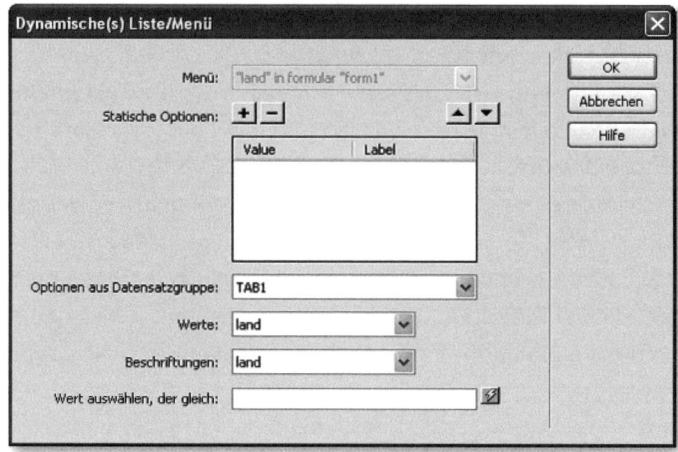

Abbildung 29.14 ▸
Formularfelder dynamisch anbinden

Um die Inhalte der drei Tabellen in der Haupttabelle zu hinterlegen, müssen Sie ein neues Serverhalten DATENSATZ EINFÜGEN anlegen. In der nun folgenden Dialogbox DATENSATZ EINFÜGEN müssen die Formularfelder den Tabellenfeldern aus der Haupttabelle zugeordnet werden. Anzuzeigende Werte und Variableninhalte sind hier identisch, da die Werte im Klartext in den Tabellen stehen.

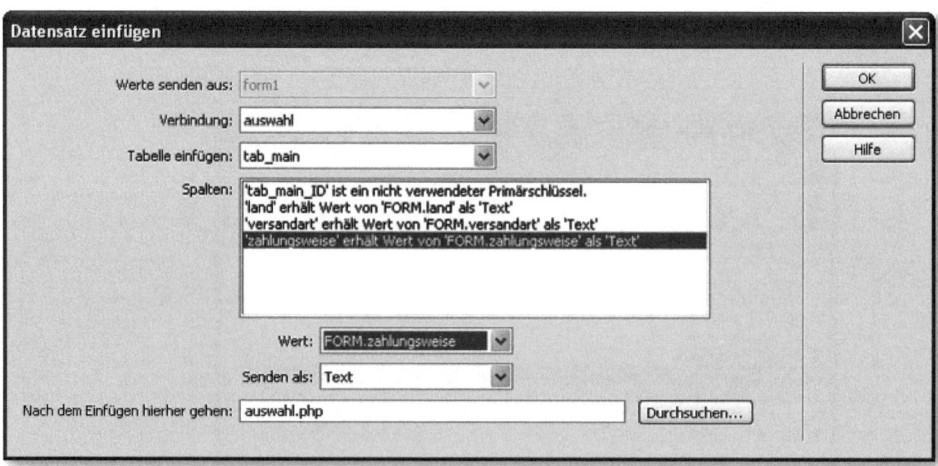

▲ **Abbildung 29.15**
Formularfelder zuweisen

Werte in Haupttabelle eintragen | Wenn alles korrekt angelegt wurde, können Sie jetzt im Browser aus den Tabellen die gewünschten Werte auswählen und in die Tabelle eintragen lassen.

▲ **Abbildung 29.16**
Browseransicht des Formulares

Betrachtet man, nachdem einige Kombinationen eingetragen wurden, die Haupttabelle, stehen die ausgewählten Werte im Klartext in dieser Tabelle.

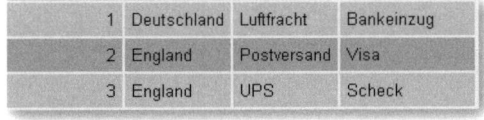

1	Deutschland	Luftfracht	Bankeinzug
2	England	Postversand	Visa
3	England	UPS	Scheck

▲ **Abbildung 29.17**
Werte in der Haupttabelle

29.4 Administrationsebene für die Buchwebsite anlegen

Nun wollen wir eine Administrationsoberfläche für die Website zum Buch anlegen. Wir bauen die Administrationsseiten mit einem Frameset auf. Auf der Buch-CD finden Sie den Navigationsplan der Administrationsoberfläche als PDF-Datei.

Buchwebsite

Es wird noch ein Login vorgeschaltet, um die Zugriffsrechte festzulegen. Nach jeder erfolgreichen Aktion wird das Dokument »okay.php« aufgerufen und angezeigt. Alternativ können Sie auch auf die Übersichtsseiten der einzelnen Bereiche weiterleiten. Im letzteren Fall sind dann gleich die Änderungen an der Datenstruktur sichtbar.

Die Verwaltung der Zugriffrechte legen wie in Kapitel 30 an. Zunächst jedoch die reine Administrationsebene.

Buch-CD

Wir sparen uns in den folgenden Abschnitten das genaue Erläutern aller Details und gehen davon aus, dass Sie mittlerweile genug Übung haben, die Schritte nachzuvollziehen. Alle Dateien finden Sie ebenfalls auf der CD-ROM.

29.4.1 Frameset anlegen

Das Frameset unterteilt das Browserfenster in eine Navigation (Topframe) oben ❶ und die eigentliche, anzuzeigende Seite im Haupt-Frame ❷. Jeder Formularseite zum Ändern der Datensätze ist eine Auswahlseite mit der Liste aller Datensätze vorgeschaltet.

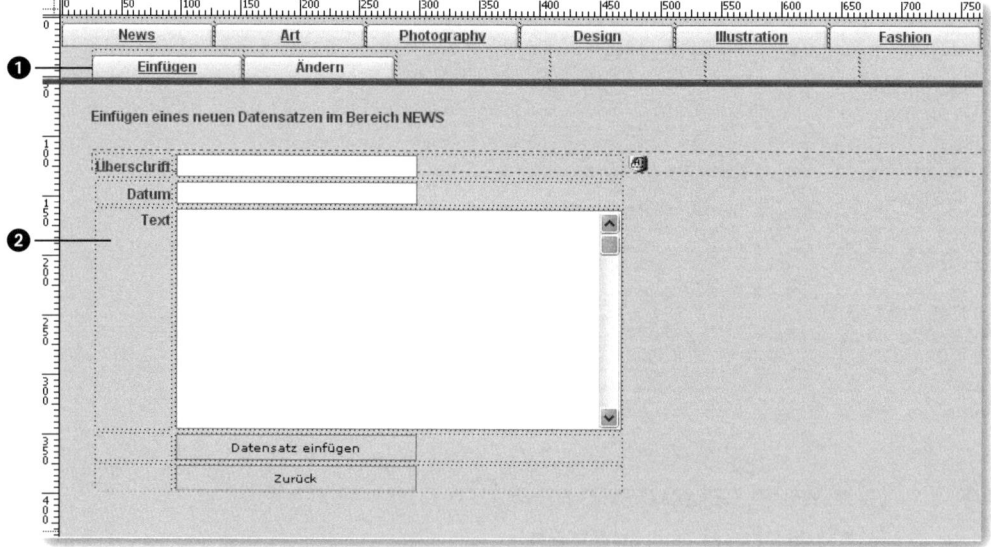

▲ **Abbildung 29.18**
Frameset der Administrationsebene

29.4.2 Auswahlseiten

Die Auswahlseiten werden mit einer Tabelle und einem wiederholten Bereich aufgebaut. Neben der Auswahl, mit der auf das Formulardokument verlinkten Überschrift, wird ein Link zum Löschdokument eingefügt.

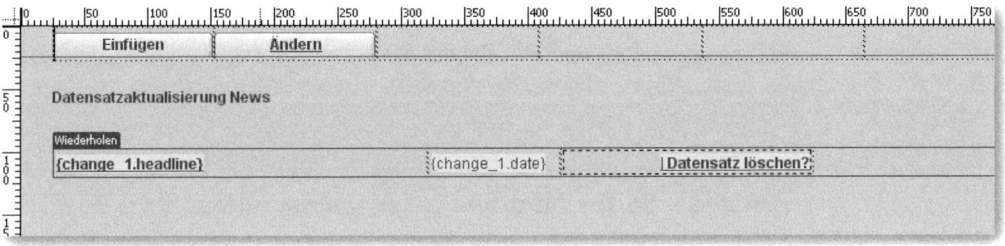

▲ Abbildung 29.19
Aufbau der Auswahlseite

Die Headline und der Link zum Löschdokument übergeben die Datensatz-ID an die Folgedokumente. Das Funktionsprinzip ist das gleiche wie bei der eigentlichen Website.

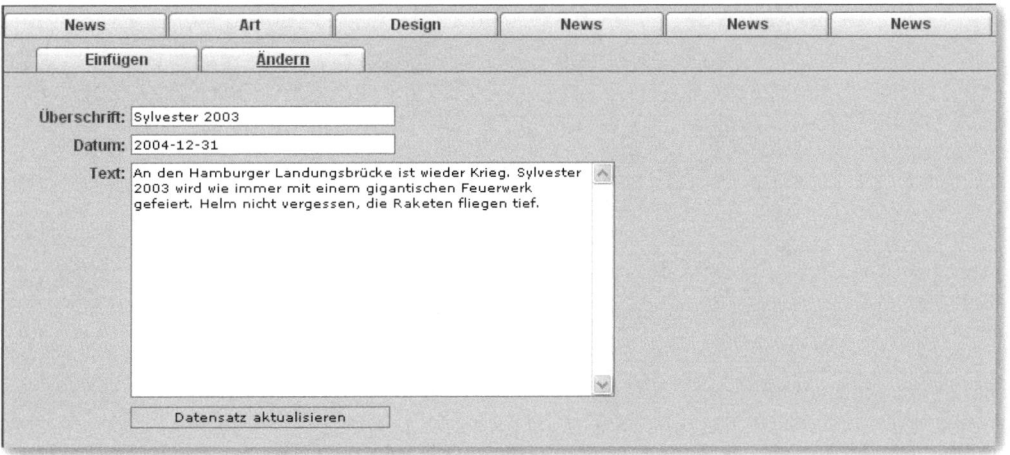

▲ Abbildung 29.20
Ansicht der Auswahllisten im Browser

▲ Abbildung 29.21
Ansicht des Änderungsformulars im Browser

Wir legen zunächst die komplette Administrationsseite mit den Abfragen und Formularen an, um später die Detailarbeiten vorzunehmen.

29.4.3 CSS für Administrationsebene anlegen

Der Aufbau aller Seiten ist vom Prinzip her ähnlich. Daher können aus einer einmal erstellten Seite alle weiteren kopiert werden. Doch dazu gleich mehr.

Wir haben für die Administrationsebene eine etwas modifizierte CSS-Datei angelegt. Diese CSS-Datei haben wir admin.css benannt und binden sie als externe CSS-Stile in die Dokumente ein. Die CSS-Datei hat folgenden Inhalt:

Listing 29.1 ▶
CSS-Datei für die Administrationsebene

```
.headline {
    font-family: Arial, Helvetica, sans-serif;
    font-size: 12px;
    color: #75796F;
    line-height: 18px;
    font-weight: bold;
}
.content {
    font-family: Arial, Helvetica, sans-serif;
    font-size: 12px;
    color: #75796F;
    line-height: 18px;
}

#CONTENT A:link, #CONTENT A:hover,#CONTENT A:active,
#CONTENT A:visited {
    font-family: Arial, Helvetica, sans-serif;
    font-size: 12px;
    color: #75796F;
    line-height: 18px;
    font-weight: bold;
    text-decoration: none;
}
#EINGABE INPUT {
    font-family : Verdana, Geneva, Arial, Helvetica,
    sans-serif;
```

```
    font-size : 10px;
    border : 1px solid #ACBC3C;
    width: 200px;
}
#EINGABE TEXTAREA {
    font-family : Verdana, Geneva, Arial, Helvetica,
    sans-serif;
    font-size : 10px;
    border : 1px solid #ACBC3C;
    width: 370px;
}
```

Schritt für Schritt: Aufbau der Administrationsebene

1 Verzeichnisse anlegen

Legen Sie sich am besten zuerst eine Verzeichnisstruktur für die neuen Teile der Website, wie in der folgenden Abbildung zu sehen, an, und erstellen Sie einen Satz Dokumente ohne Abfragen etc., aber mit den kompletten Verlinkungen.

Buchwebsite

```
admin
    1_0
        1_change.php
        1_change_form.php
        1_delete.php
        1_insert.php
    2_0
        2_change.php
        2_change_form.php
        2_delete.php
        2_insert.php
    3_0
        3_change.php
        3_change_form.php
        3_delete.php
        3_insert.php
    4_0
        4_change.php
        4_change_form.php
        4_delete.php
        4_insert.php
    5_0
        5_change.php
        5_change_form.php
        5_delete.php
        5_insert.php
    6_0
        6_change.php
        6_change_form.php
        6_delete.php
        6_insert.php
    bad.php
    index.php
    login.php
    navi_top.php
    okay.php
```

2 Dokumente anlegen

Wir haben zunächst die Dokumente 1_xxx layoutet und diese dann außerhalb von Dreamweaver 8 in jedes Verzeichnis kopiert. Dreamweaver 8 unterstützt mehrfache Kopien leider nicht. Benennen Sie anschließend die Dateien im Dateifenster von Dreamweaver 8 um, und lassen Sie die Verlinkungen von Dreamweaver 8 aktualisieren.

3 Abfragen anlegen

Im nächsten Schritt werden für alle Dokumente X_change.php die Abfragen und die wiederholten Bereiche angelegt. Die Headline bei News, Name und Vorname bei den anderen Dokumenten werden mit den X_change_form.php-Dokumenten verlinkt. Der Schriftzug »Datensatz löschen« erhält eine Verlinkung auf die Dokumente X_delete.php.

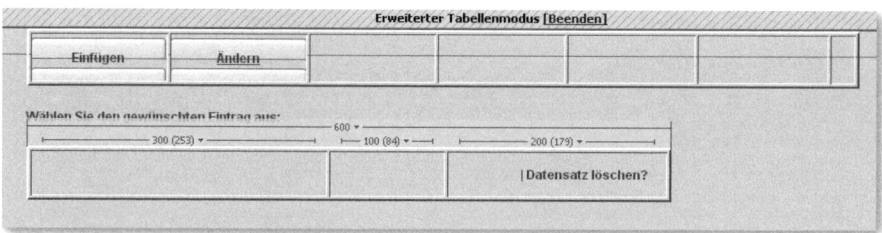

4 URL-Parameter übergeben

Übergeben Sie als URL-Parameter an die Formulardokumente die ID der Datensätze in der URL-Variablen CONT_ID, wie wir es auch bei der eigentlichen Website gemacht haben.

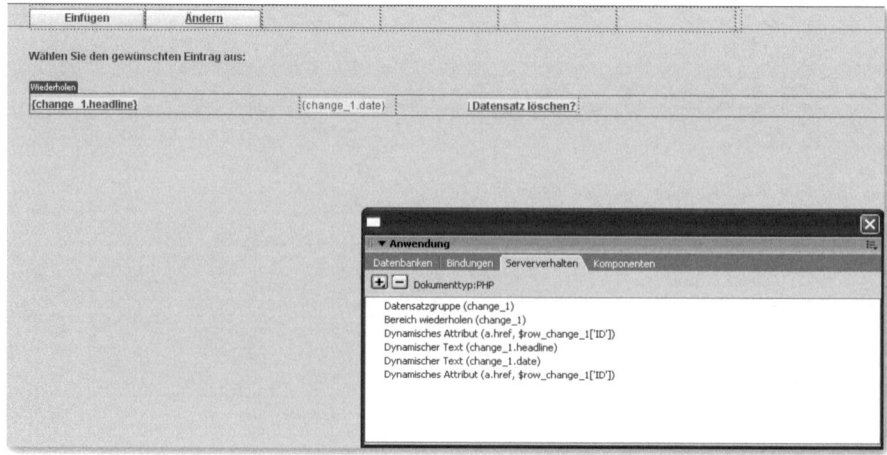

5 *Formulare anlegen*

Legen Sie anschließend für jeden der Bereiche die Formulardokumente an. Die Datensätze müssen anhand des URL-Parameters CONT_ID selektiert werden.

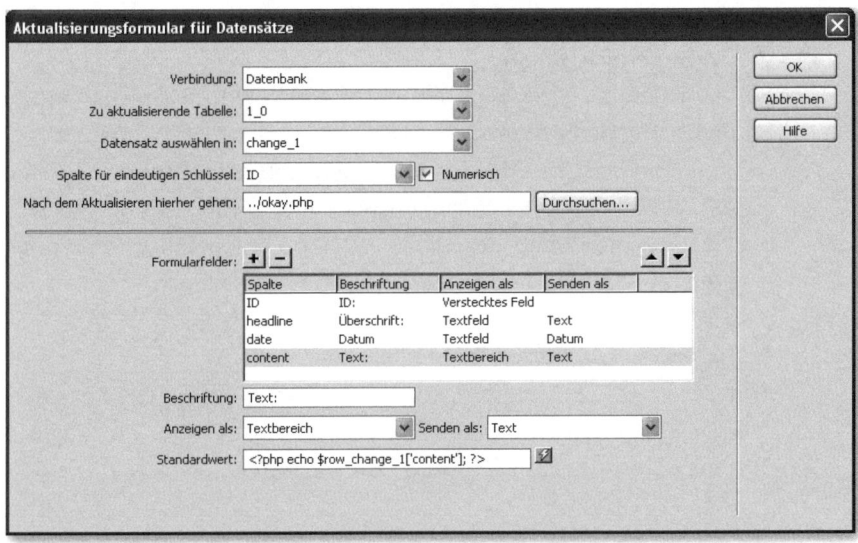

6 *ID per URL übergeben*

Die ID aus den Datensätzen wird als verstecktes Feld ausgegeben, die Beschreibungen als Textfeld. Nach einer Aktualisierung der Daten werden die User auf das Dokument okay.php geleitet oder, wenn Sie es möchten, auch zurück zur Übersichtsseite.

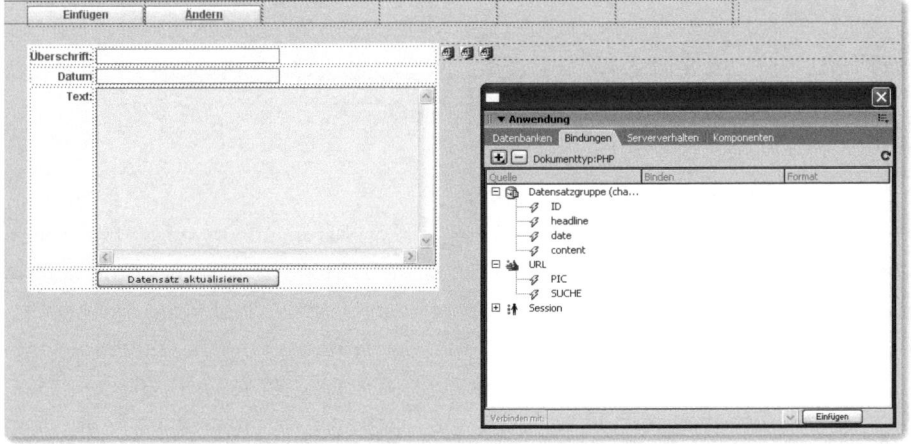

Modifizieren Sie das Layout des Formulars wie Sie es wünschen, oder verwenden Sie die angegebene CSS-Datei, und weisen Sie der Tabelle für das Formular die ID EINGABE zu. Anschließend muss die Tabelle noch zentriert werden, und der Textbereich wird auf 15 Zeilen vergrößert.

7 Newsbereich anlegen

Bei dem Bereich »News« kümmern wir uns zunächst nicht um die Formatierung des Datums.

Wenn ein User einen Datensatz angewählt hat, kommt er bislang nur über die Browserleiste zur Auswahlseite zurück. Da dies jedoch bei dynamischen Websites immer zu Problemen führt, wird noch eine weitere Schaltfläche als Zurück-Button eingefügt.

8 »Zurück«-Button anlegen

Ändern Sie die Beschriftung der Schaltfläche im Eigenschafteninspektor wie gewünscht, und wählen Sie als Aktion KEINE. Im Tag des Buttons fügen Sie dann folgendes kurze Skript aus Listing 29.2 ein.

```
onClick="history.back()"
```
▲ **Listing 29.2**
Skript für Back-Button

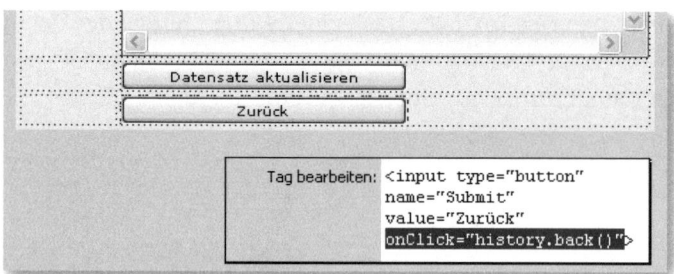

9 Angabe des Bildpfades

Die anderen Änderungsformulare sind ähnlich aufgebaut, beinhalten nur mehr Formularfelder. Ein tatsächlicher Bild-Upload ist mit diesem Formular nicht möglich. Bilder müssen mit FTP auf den Server geladen werden, und der Pfad zum Bild wird direkt in das Textfeld eingetragen. Anonyme Datei-Uploads sind auf Webservern selten erlaubt. Informationen über Skripts zum Datei-Upload finden Sie im Internet auf der PHP-Website oder auf anderen einschlägigen Websites.

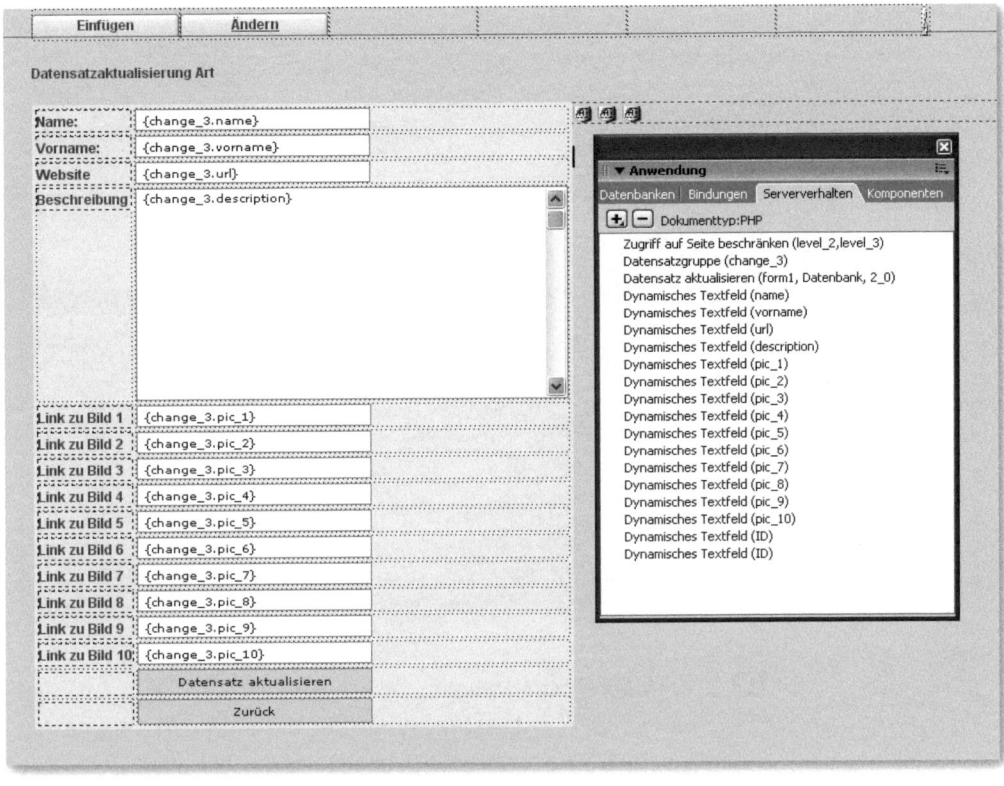

Für unser Projekt hat das direkte Eintragen der Bildpfade auch den Vorteil, dass Bilder auf anderen Servern als Ihren eigenen abgelegt werden können. Geben Sie in diesem Fall einen absoluten Pfad ein. Wenn Sie diese Technik auf einer Ihrer Websites verwenden möchten, stellen Sie sicher, das einzubindende Bilder das vorgegebene Maß einhalten, damit Ihr Layout nicht gesprengt wird.

Verfahren Sie bei den noch fehlenden Dokumenten wie eben und in den entsprechenden Kapiteln beschrieben.

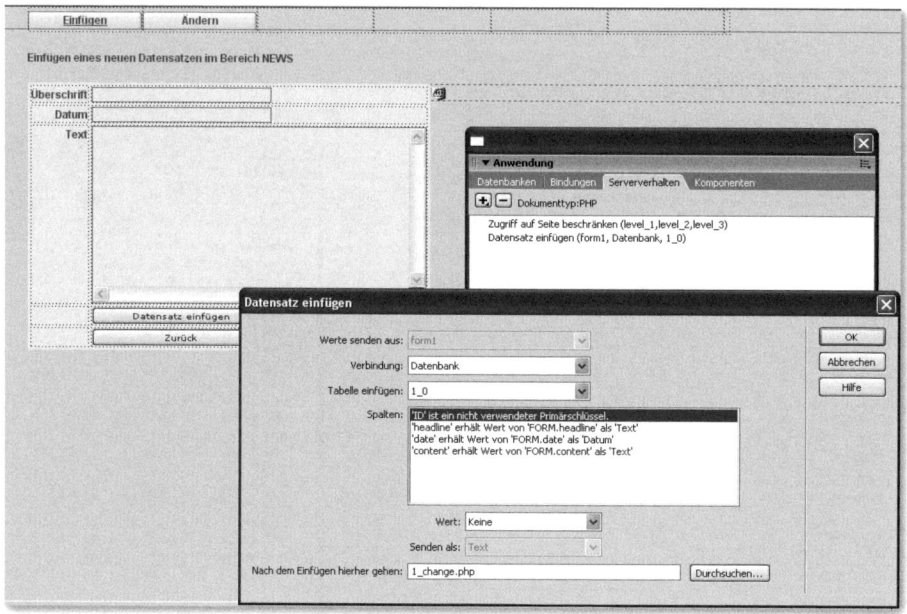

10 Löschdokument anlegen

Die Dokumente zum Löschen sind über die vorhin angelegte Auswahl erreichbar und beinhalten außer dem Serverhalten DATENSATZ
LÖSCHEN keine weiteren Aktionen.

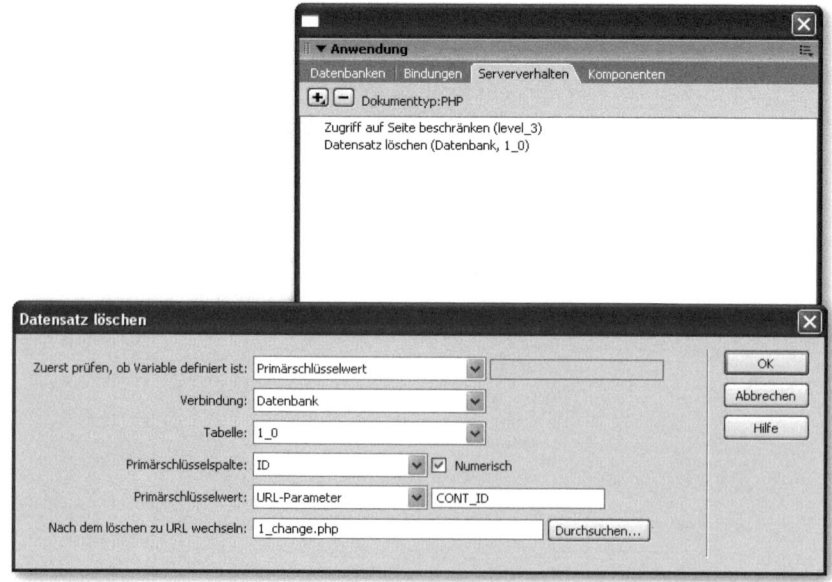

Es ist etwas Fließbandarbeit, aber wenn Sie diese erfolgreich abgeschlossen haben, haben Sie eine komplette und durchaus brauchbare Administrationsebene für die Website angelegt.

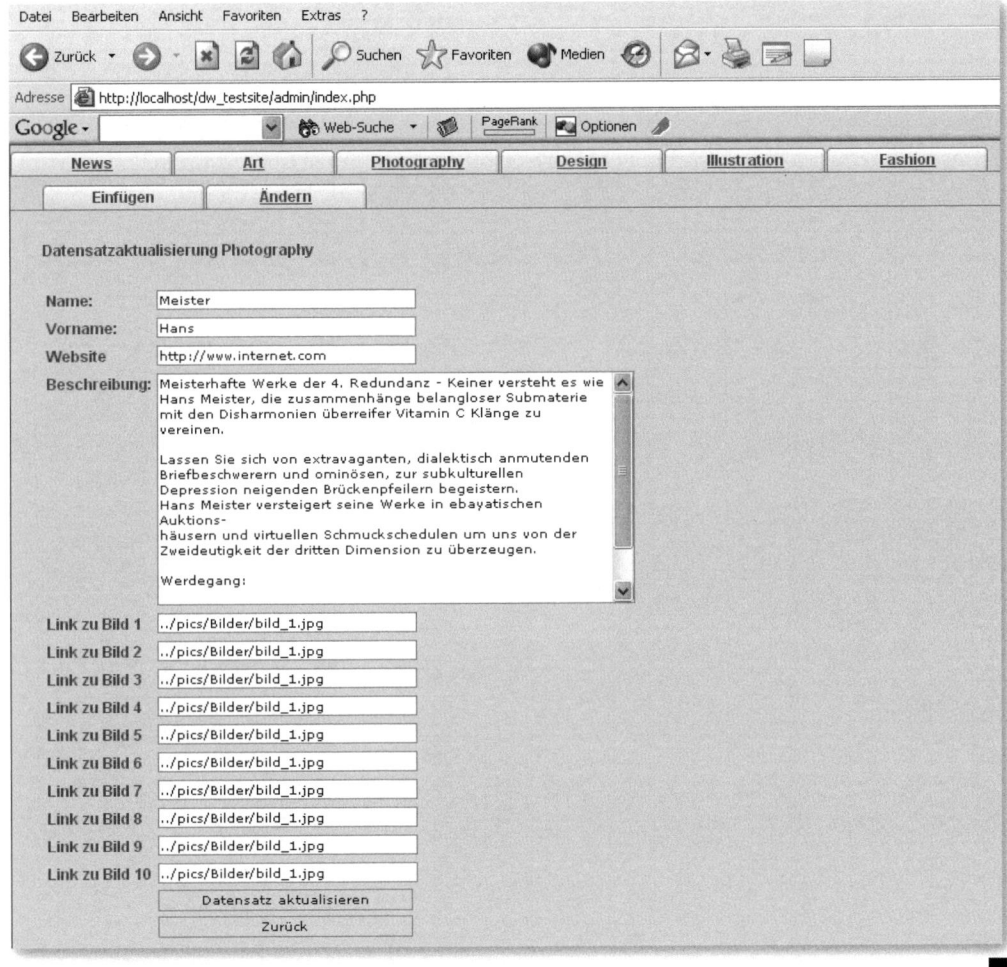

30 Benutzer authentifizieren und Zugriffsrechte festlegen

Zugriffsrechte auf bestimmte Bereiche einer Website zu verwalten und festzulegen spielt beim Aufbau dynamischer Websites eine große Rolle. Mit Dreamweaver 8 können Sie Benutzer und Zugriffsrechte problemlos erstellen.

Sie können die Benutzerverwaltung benutzen, um Zugriffsrechte auf Ihre Administrationsseiten zu verwalten oder Bereiche der Website für Besucher ohne Login-Daten zu sperren.

30.1 Benutzer verwalten

30.1.1 Schema einer Benutzerauthentifizierung

Zunächst das grundsätzliche Schema einer Authentifizierung. Wir haben Ihnen den Ablauf in Abbildung 30.1 grafisch dargestellt. Mit Hilfe eines Login-Dokumentes werden die von einem User eingegebenen Daten mit der Tabelle in der Datenbank verglichen. Stimmen diese überein, wird der User zur Website weitergeleitet. Für den Fall des Misserfolges wie z.B. bei nicht vollständigen oder unkorrekten Daten, gelangt der User zurück zur Login-Seite.

Auf allen einzelnen Dokumenten der Site werden die Zugriffsrechte über in der Tabelle vorgegebene Begriffe gesteuert. Letzteres erklärt sich an einem Beispiel besser.

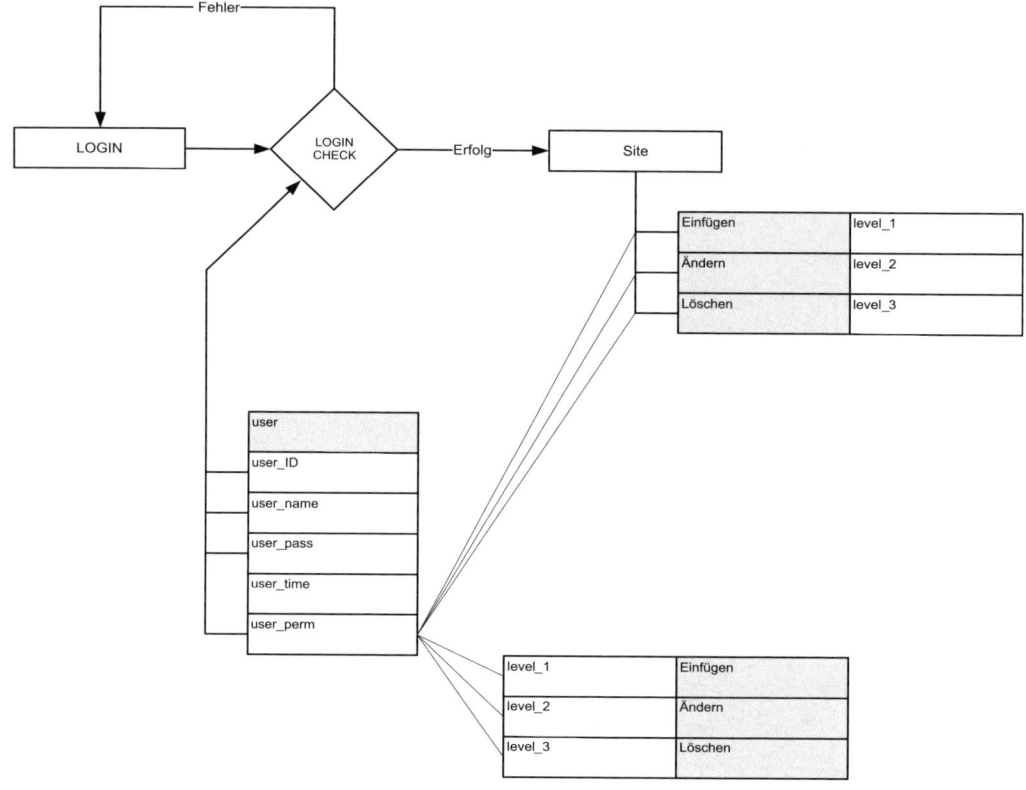

▲ **Abbildung 30.1**
Schema einer Benutzerauthentifizierung

30.1.2 Tabelle für die Benutzerverwaltung

Um Benutzer zu verwalten, benötigen Sie zunächst eine Tabelle in der Datenbank mit den Benutzerdaten.

Wir haben die Tabelle für die Benutzer wie in Abbildung 30.2 sichtbar aufgebaut. Neben dem Primärschlüssel (user_ID) werden der Benutzername (user_name), das Passwort (user_pass), ein Zeitstempel (user_time) und ein Feld zur Definition der Zugriffsrechte (user_perm) angelegt.

Abbildung 30.2 ▶
Tabelle für Benutzerverwaltung

Feld	Typ	Attribute	Null	Standard	Extra
user_ID	int(11)		Nein		auto_increment
user_name	varchar(100)		Nein		
user_pass	varchar(100)		Nein	poc	
user_time	timestamp(14)		Ja	NULL	
user_perm	varchar(50)		Nein	0	

Zeitstempel in der Benutzerverwaltung | Der Zeitstempel dient in unserem Fall dazu, nachträglich festzustellen, wann der User angelegt wurde. Wenn Sie über einen Zeitstempel die Zugehörigkeitsdauer eines Benutzers zu einer Community kennen, könnten darüber beispielsweise verschiedene Mailing-Aktionen gesteuert werden. Neue Mitglieder könnten andere Artikel angeboten bekommen als Dauergäste usw.

Passwörter verschlüsseln

In unserem Beispiel stehen die Passwörter im Klartext in der Datenbank. In der Regel sollten Sie diese Praxis eher vermeiden.

PHP bietet verschiedene Verschlüsselungsmethoden an. Dazu werden die Daten nach der Eingabe in ein Formular verschlüsselt und in der Datenbank hinterlegt. Bei einem Login werden die Passwörter ebenfalls verschlüsselt und die beiden verschlüsselten Zeichenketten miteinander verglichen. Lesen Sie dazu in der PHP-Dokumentation über den Befehl md5() nach.

Zugriffsrechtesteuerung | Für die Zugriffsrechtesteuerung mit Dreamweaver 8 benötigen Sie in der Datenbank ein weiteres Feld. In diesem Feld werden Benennungen für die Zugriffsrechte hinterlegt.

Die Bezeichnungen dafür können Sie frei wählen. In unserem Beispiel benennen wir diese Rechte in user_perm mit:

▸ level_1: Darf neue Datensätze einfügen.
▸ level_2: Darf Datensätze ändern und neue einfügen.
▸ level_3: Darf Datensätze ändern, neue einfügen und löschen.

30.1.3 Benutzer anmelden

Um eine Login-Seite zu erstellen, müssen Sie zunächst ein Formular anlegen mit den beiden Feldern für den Benutzernamen und das Passwort. In unserem Beispiel haben wir die Felder mit »user« und »pass« bezeichnet. Achten Sie bei diesen Dokumenten darauf, die Passwortfelder auch als Passwort zu definieren, damit die Eingaben nicht im Klartext, sondern durch Sternchen verschlüsselt angezeigt werden.

Klicken Sie, nachdem Ihr Formular fertig ist, in der Einfügeleiste unter ANWENDUNG auf BENUTZER ANMELDEN.

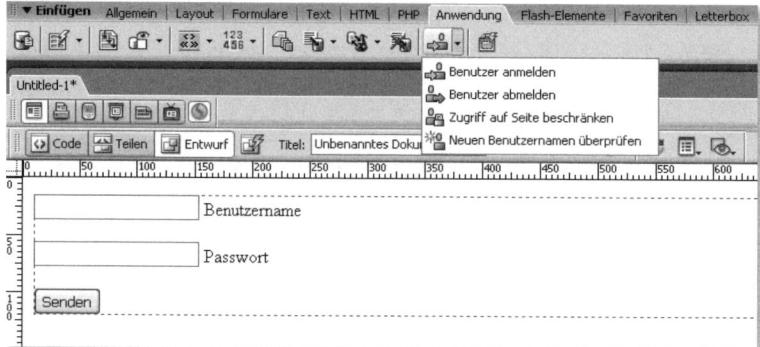

Abbildung 30.3 ▶
Formular erstellen

Sämtliche Parameter können in der nun folgenden Dialogbox eingestellt werden. Weisen Sie zunächst das soeben erstelle Formular ❶ zu.
Wir haben dem Formular keinen bestimmten Namen vergeben, sodass die Vorgabe von Dreamweaver 8 »form1« eingetragen wird. Legen Sie die Felder für den Benutzernamen ❷ und das Passwort ❸ fest.
Nach der Auswahl der korrekten Datenbank und Tabelle erfolgt die
Zuordnung dieser Felder zu den passenden Tabellenspalten ❹ und ❺.

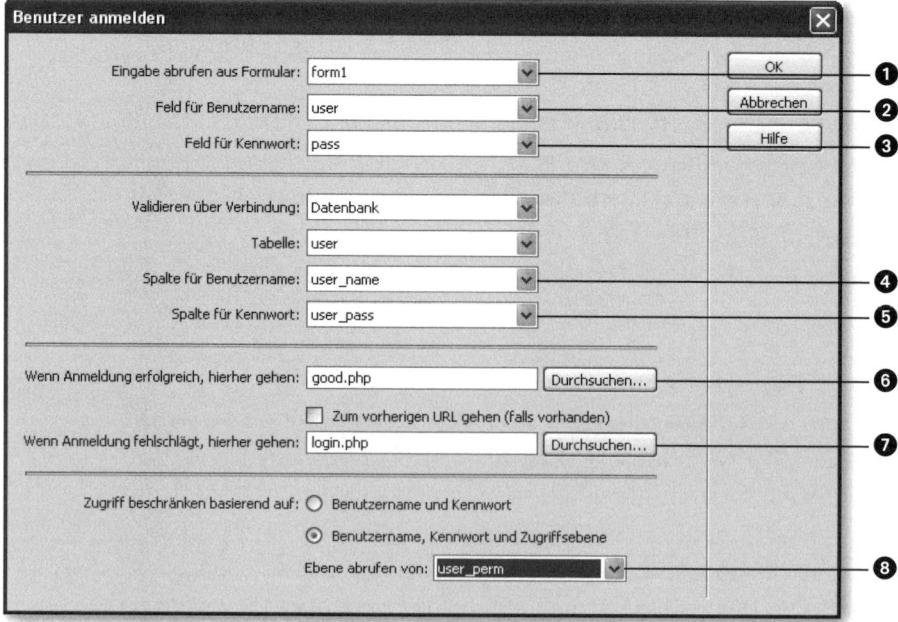

▲ **Abbildung 30.4**
Dialogbox BENUTZER ANMELDEN

Weiterleitung nach dem Login | Nun sollten Sie das Dokument bestimmen, an das der User nach erfolgreicher Anmeldung weitergeleitet wird ❻. Im Falle einer fehlerhaften Anmeldung wird in unserem Beispiel der Benutzer wieder an das Login-Dokument geführt ❼. Somit ist ein erneuter Login-Versuch möglich, ohne zusätzlich durch die Website zu navigieren.

Um weitere Zugriffsrechte für die Website festzulegen, müssen Sie angeben, auf welcher Basis die Rechte vergeben werden. Im einfachsten Fall sind das Benutzername und Passwort. Bei dieser Option steht Ihnen keine weiter differenzierte Rechtevergabe zur Verfügung.

Zugriffsebene festlegen | Da wir in den folgenden Dokumenten nach Usern unterscheiden und unterschiedliche Möglichkeiten anbieten, haben wir zusätzlich eine Zugriffsebene ausgewählt. Deshalb müssen wir die Tabellenspalte angeben, in der die Ebene vermerkt ist ❽. Diese Bezeichnungen bei Dreamweaver 8 sind etwas verwirrend. Ganz platt ausgedrückt ist »die Ebene« nichts anderes als ein beliebig wählbarer Begriff, der bei den Zugriffsrechten abgefragt und überprüft wird.

Im einfachen Fall – nämlich ohne weitere Rechteverwaltung – ist Ihre Zugriffsverwaltung nun auch schon fast fertig. Benutzer können nur bei erfolgreicher Authentifizierung auf die Folgeseiten zugreifen. Wenn allerdings ein User die Unterseiten direkt aufruft, hat er ungehinderten Zugriff. Damit dies verhindert wird, müssen für jede zu schützende Unterseite noch die Zugriffsrechte festgelegt werden.

30.2   Zugriffsrechte beschränken

Auf jeder zu schützenden Unterseite muss ein Skript dafür sorgen, dass die Seite nur dann angezeigt wird, wenn der User auch über die nötigen Berechtigungen verfügt.

Fügen Sie dazu ein Serverhalten ZUGRIFF AUF SEITE BESCHRÄNKEN aus dem Bedienfeld SERVERVERHALTEN oder über die Einfügeleiste ein.

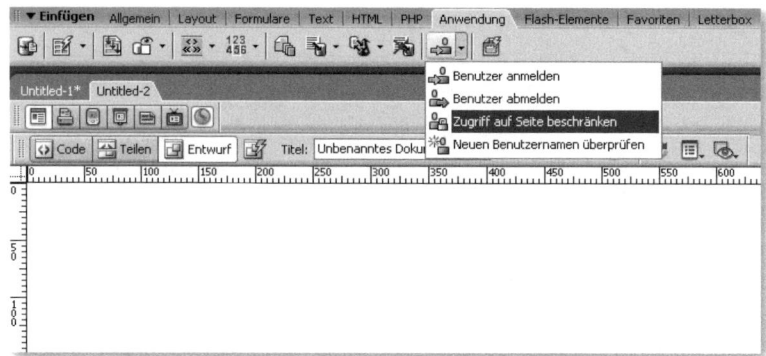

▲ **Abbildung 30.5**
Zugriffsrechte festlegen

In der nun folgenden Dialogbox können Sie auswählen, nach welcher Methode die Zugriffe beschränkt werden sollen. Im einfachen Fall BENUTZERNAME UND KENNWORT wird nur ein zuvor erfolgreicher Login vorausgesetzt. Wir möchten jedoch die Zugriffsrechte durch unsere Tabelle genauer steuern lassen und wählen die Option BENUTZERNAME, KENNWORT UND ZUGRIFFSEBENE in der Dialogbox aus.

In Abbildung 30.6 sind bereits einige Ebenen eingetragen. Sie können für ein Dokument auch mehrere Ebenen als zugriffsberechtigt angeben. Markieren Sie dazu alle gewünschten Zugriffsebenen mit gedrückter [Strg]/[⌘]-Taste.

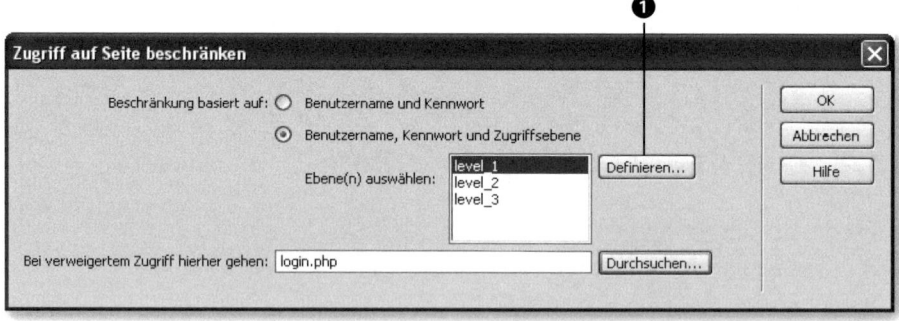

▲ **Abbildung 30.6**
Dialogbox ZUGRIFF AUF SEITE BESCHRÄNKEN

Zugriffsebene definieren | Diese Eintragungen erfolgen nicht automatisch, sondern müssen von Hand angelegt werden. Klicken Sie dazu auf DEFINIEREN ❶. In der Tabelle haben wir Begriffe für die verschiedenen Zugriffsrechte vergeben. Diese müssen nun in der Dialogbox ZUGRIFFSEBENE DEFINIEREN ebenfalls eingetragen werden.

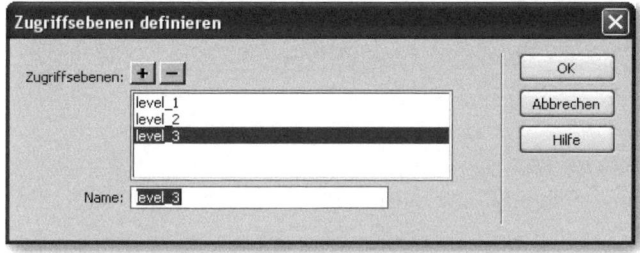

◄ **Abbildung 30.7**
Zugriffsebenen
definieren

Stimmen die beiden Begriffe überein, wird einem User der Zugriff auf die Seite gewährt. Wenn Sie die Ebenen (Begriffe) in einem Dokument der Site angelegt haben, stehen Ihnen diese überall zur Verfügung und sie müssen nicht erneut definiert werden.

30.3 Neue Nutzer anlegen

Um einen neuen Nutzer anzulegen, reicht es manchmal aus, diesen mit phpMyAdmin in die MySQL-Datenbank einzutragen. In den meisten Fällen werden Sie jedoch ein Formular benötigen, damit sich User für ein bestimmtes Feature registrieren können oder Ihr Kunde weitere Nutzer selbst anlegen kann.

Vermeiden Sie möglichst, Ihren Kunden direkten Zugriff auf die MySQL-Datenbank zu gewähren, außer dies wird ausdrücklich gewünscht. Die Risiken, bei einem Direktzugriff mit einer fehlerhaften Eingabe die gesamte Datenstruktur zu zerstören oder Tabellen zu löschen, sind zu hoch.

Schritt für Schritt: Ein Anmeldeformular für neue Benutzer erstellen

Damit ein Direktzugriff auch bei der Benutzerregistrierung nicht notwendig ist, erstellen wir dafür ein Anmeldeformular, das dafür sorgt, dass der neue Benutzer in die Datenbank gespeichert wird.

1 Formular anlegen

Das Verfahren zum Anlegen eines neuen Benutzers unterscheidet sich zunächst nicht von dem Erstellen eines ganz normalen Einfüge-formulars.

Wir haben im Formular den beiden Textfeldern die Namen »user« und »pass« zugewiesen.

2 Datensatz einfügen

Wählen Sie im Anschluss aus dem Bedienfeld SERVERVERHALTEN die Aktion DATENSATZ EINFÜGEN aus.

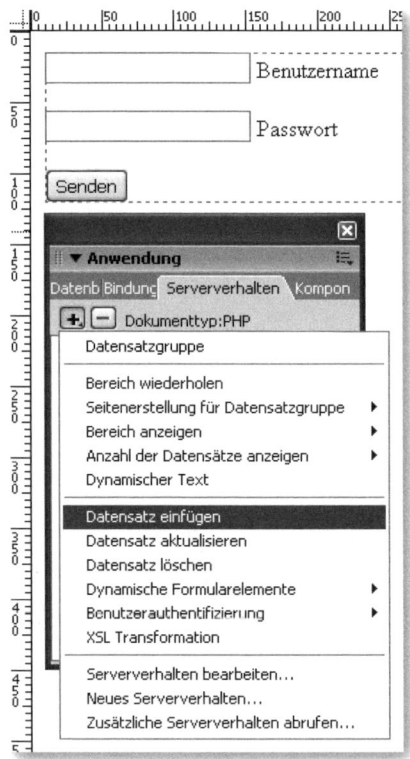

3 Angeben der Einfüge-Parameter

In der nun folgenden Dialogbox DATENSATZ EINFÜGEN muss nach der Auswahl der Tabelle ❶ eingetragen werden, in welche Spalte ❷ der Tabelle der Inhalt aus den Formularfeldern ❸ eingetragen wird.

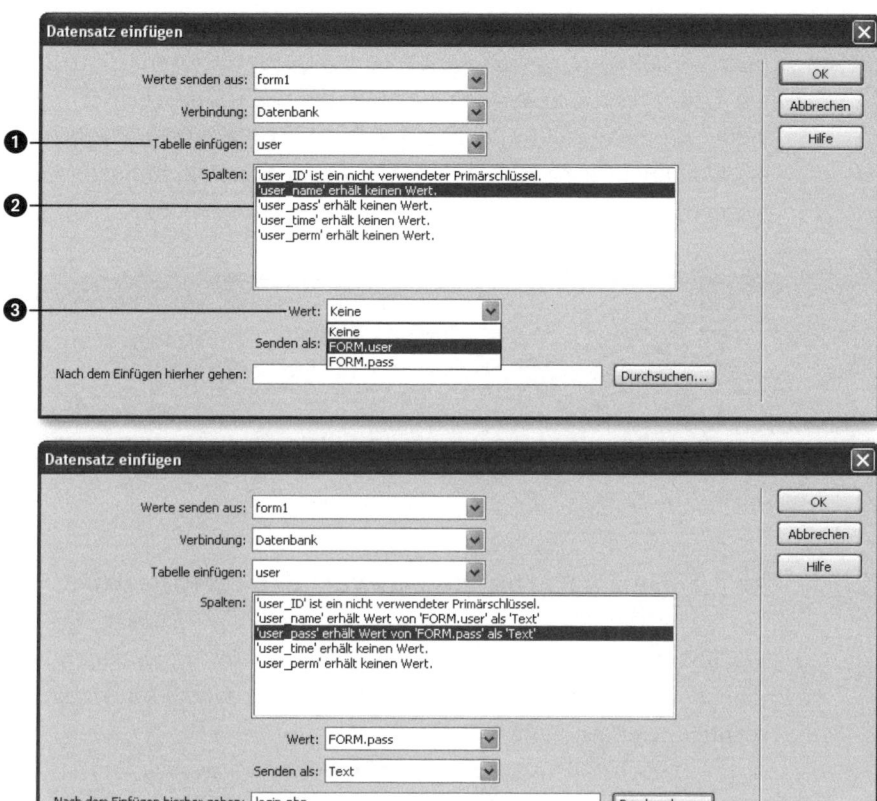

4 Neuen Benutzernamen überprüfen

Im Anschluss müssen Sie nur noch aus der Einfügeleiste NEUEN BE-NUTZERNAMEN ÜBERPRÜFEN auswählen. Dreamweaver 8 fügt Ihrem Dokument eine Abfrage hinzu, bei der überprüft wird, ob der Benutzer bereits existiert oder nicht. So vermeiden Sie doppelte Einträge.

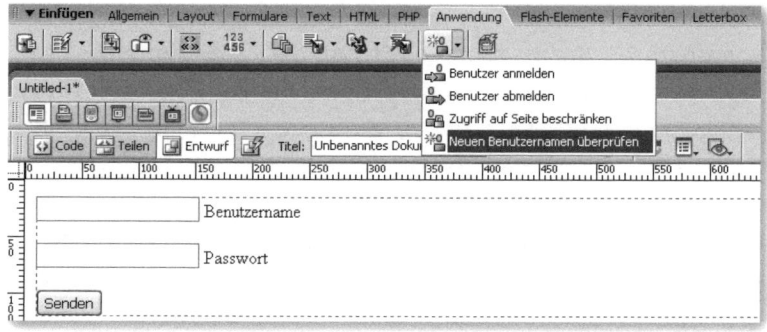

5 *Weiterleitung bei bereits vorhandenem Benutzernamen*

In der Dialogbox NEUEN BENUTZERNAMEN ÜBERPRÜFEN können Sie ein Dokument angeben, an das der Benutzer weitergeleitet wird, wenn der gewünschte Benutzername bereits vergeben wurde. Dieses Dokument kann natürlich auch wieder das Dokument zum Eintragen der Benutzerdaten sein.

30.3.1 Neuen Nutzer mit Auswahl der Zugriffsebene anlegen

Wenn auf der Website verschiedene Zugriffsebenen vergeben werden sollen, müssen beim Anlegen eines neuen Nutzers auch die Berechtigungen vergeben werden.

Im einfachsten Fall legen Sie ein weiteres Formularfeld an und tragen den Namen der Ebene von Hand ein. Diese Vorgehensweise ist jedoch nicht sehr geschickt, und es werden garantiert im Laufe der Zeit falsche Eintragungen erfolgen.

Besser ist es, die Zugriffsebenen in einer separaten Tabelle abzuspeichern und die Rechtezuweisungen aus dieser Tabelle zu generieren.

In Abbildung 30.12 sehen Sie ein grafisches Schema des zu erstellenden Skriptes. In der Tabelle »perm« werden die Namen der Zugriffsebenen abgelegt. Im Formular muss zusätzlich zu den Textfeldern »user« und »pass« eine Liste/ein Menü eingefügt werden. Diese Liste/dieses Menü erhält Ihre Inhalte aus der Tabelle »perm«.

Damit steht Ihnen eine Auswahl bestehender Zugriffsrechte zur Verfügung, und diese können beim Absenden des Formulars direkt in die Tabelle »user« eingetragen werden.

In der Tabelle (siehe Abbildung 30.9) für die Zugriffrechte werden nur zwei Felder benötigt. Selbst die Vergabe eines Primärschlüssels ist nicht zwingend notwendig, bereitet die Tabelle jedoch auf eventuelle spätere Aktionen und Erweiterungen der Rechteverwaltung vor.

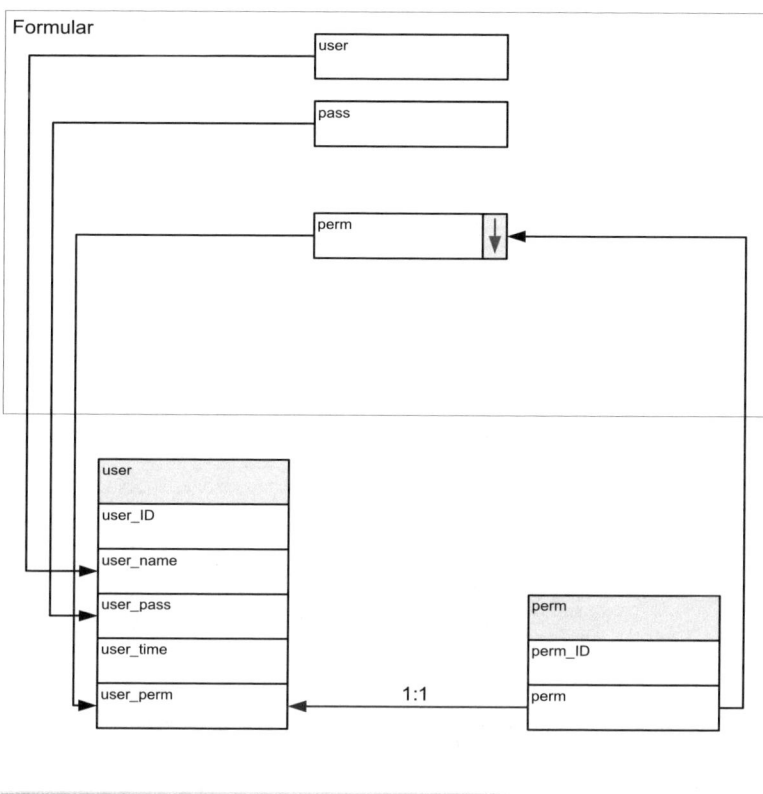

◄ **Abbildung 30.8**
Schema der Rechte-
vergabe

| perm_ID | int(11) | | Nein | | auto_increment |
| perm | varchar(100) | | Nein | | |

◄ **Abbildung 30.9**
Tabelle perm

In Dreamweaver 8 wird eine Abfrage der Tabelle »perm« eingefügt.

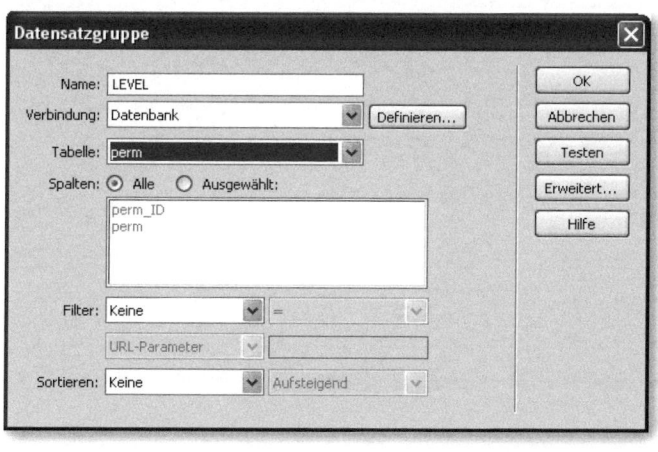

◄ **Abbildung 30.10**
Abfrage der Tabelle
perm

Die Liste/das Menü wird dynamisch mit der Tabelle »perm« verbunden. Die angezeigten Werte und die Inhalte der zu übertragenden Variablen sind in unserem Fall identisch. In die Tabelle »perm« könnte auch ein drittes Feld für eine Beschreibung der Zugriffsrechte eingefügt werden. Dann können Sie sich die Beschreibung in der Liste/im Menü anzeigen lassen und den Namen der Zugriffsebene als Variable einbinden.

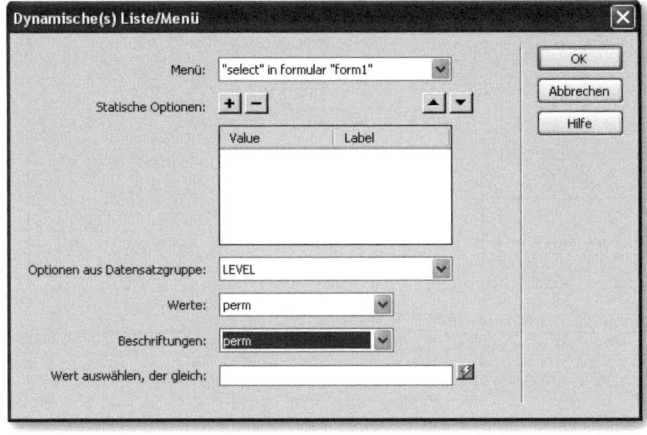

Abbildung 30.11 ▶
Verbinden der Liste/
des Menü mit der
Tabelle perm

Wie auch im vorherigen Abschnitt müssen Sie die Formularfelder beim Serververhalten DATENSATZ EINFÜGEN den Tabellenspalten zuweisen. Dabei wird der Inhalt aus der Spalte »perm« in der Tabelle »perm« in die Spalte »user_perm« der Tabelle »user« geschrieben.

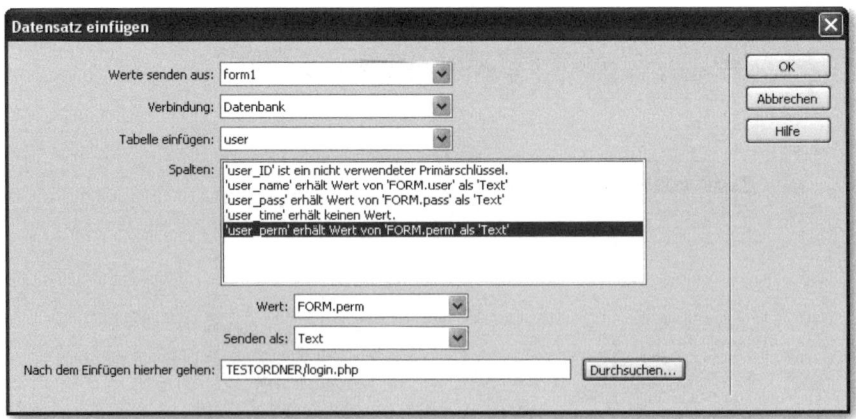

▲ **Abbildung 30.12**
Zuweisen der Formularfelder

Zum Abschluss fehlt noch die Überprüfung des neuen Nutzers, und das Anmeldeformular ist komplett.

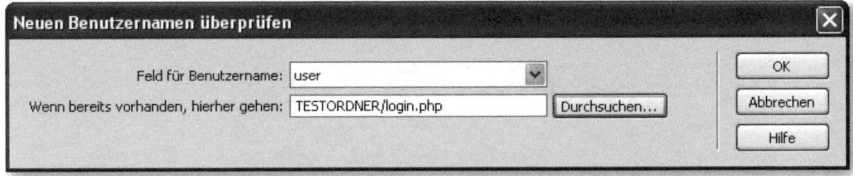

▲ Abbildung 30.13
Neuen Benutzer einfügen

Schritt für Schritt: Zugriffsrechte für die Website zum Buch

Die erstellte Website soll nun durch verschiedene Zugriffsrechte geschützt werden. Die Benutzer und die zugehörigen Daten sind in der Tabelle »user« hinterlegt. Wir haben diese Tabelle bereits in einem der vorherigen Kapitel verwendet.

Buchwebsite

1 Tabelle »user«
Die Zugriffsebenen werden wie folgt verwendet:

▶ level_1: Zugriff auf das Einfügen neuer Datensätze. Der Benutzer darf keine Datensätze löschen oder verändern
▶ level_2: Berechtigung, Datensätze neu anzulegen und zu verändern.
▶ level_3: Alle Aktionen sind erlaubt.

Die verschiedenen **Zugriffsebenen** dienen der Veranschaulichung des Themas. In der Praxis müsste man die Zugriffsprivilegien eventuell noch detaillierter ausbauen. Es wäre denkbar, den Datensätzen ein weiteres Feld für eine Freigabe der Datensätze anzufügen. So könnte man zwischen Usern, die einen Datensatz anlegen, und Administratoren, die diesen Datensatz für die eigentliche Website freigeben, unterscheiden.

Wir haben in der Tabelle »user« drei **Benutzer** angelegt. Die Benutzer »user_1« bis »user_3« haben jeweils andere Zugriffsprivilegien, und Sie können die Zugriffsrechte der Website mit diesen Benutzerkonten testen.

user_ID	int(11)		Nein		auto_increment
user_name	varchar(100)		Nein		
user_pass	varchar(100)		Nein	poc	
user_time	timestamp(14)		Ja	*NULL*	
user_perm	varchar(50)		Nein	0	

user_ID	user_name	user_pass	user_time	user_perm
1	user_1	user_1	20031223191946	level_1
4	user_2	user_2	20031223191958	level_2
5	user_3	user_3	20031223192018	level_3

2 *Anmeldeseite anlegen*

Zunächst legen wir ein Dokument mit dem Formular für die Benutzeranmeldung an.

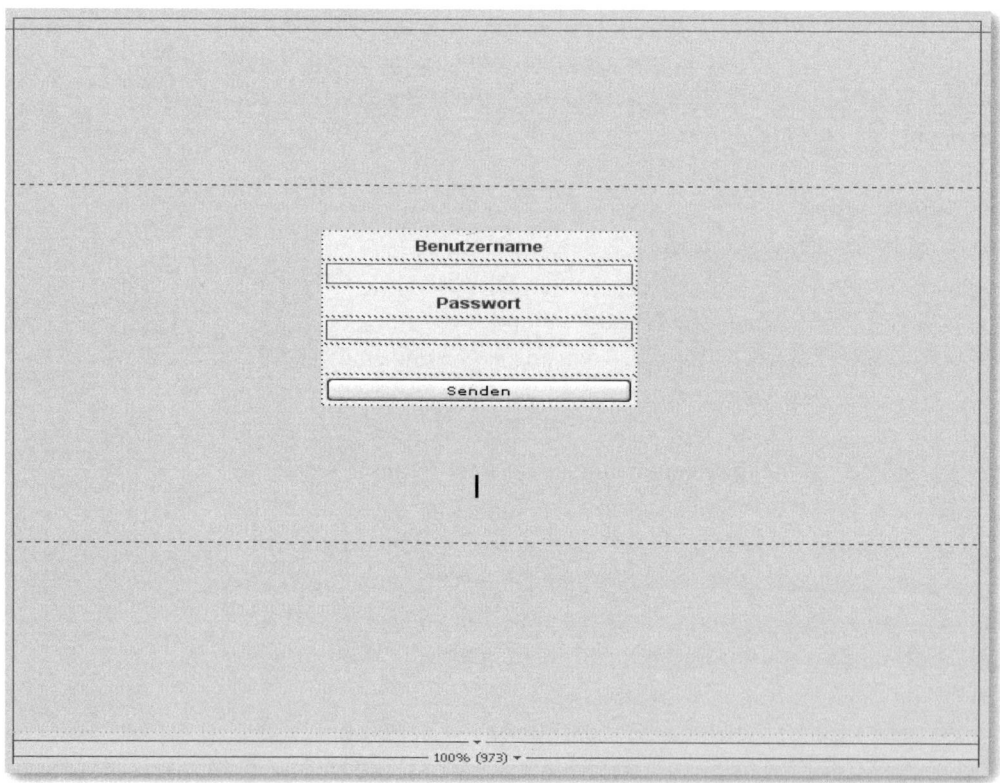

3 Einstellungen der Anmeldeseite

In der folgenden Abbildung sehen Sie die Einstellungen für die Anmeldeseite. Bei einem fehlerhaften Login wird die Anmeldeseite erneut aufgerufen.

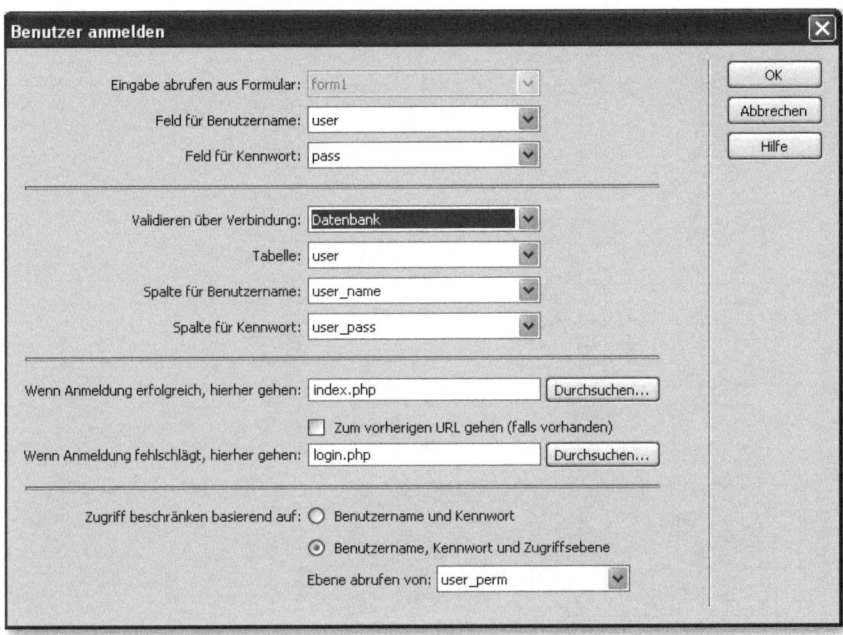

Bei unserem Verfahren dürfen Sie in keinem Fall bei einer der Unterseiten die Berechtigungsabfragen vergessen. Ansonsten hätte ein Besucher, der das Dokument ohne Zugriffsüberprüfung direkt aufruft, einen Zugriff auf Teile der Administrationsebene. Überprüfen Sie also vor der Freischaltung einer Website die Zugriffsrechte sehr genau.

4 Zugriffsrechte vergeben

In der folgenden Abbildung (siehe Seite 548) haben wir in den Navigationsplan die Zugriffsebenen eingetragen. Es ist sinnvoll, diese Rechtevergabe zu dokumentieren, damit auch in Zukunft nachvollziehbar ist, wie die Rechte vergeben wurden.

Nun fehlt nur noch, dass Sie für jede der einzelnen Seiten die Zugriffsrechte gemäß des Navigationsplanes vergeben, und die Website zum Buch ist fertig.

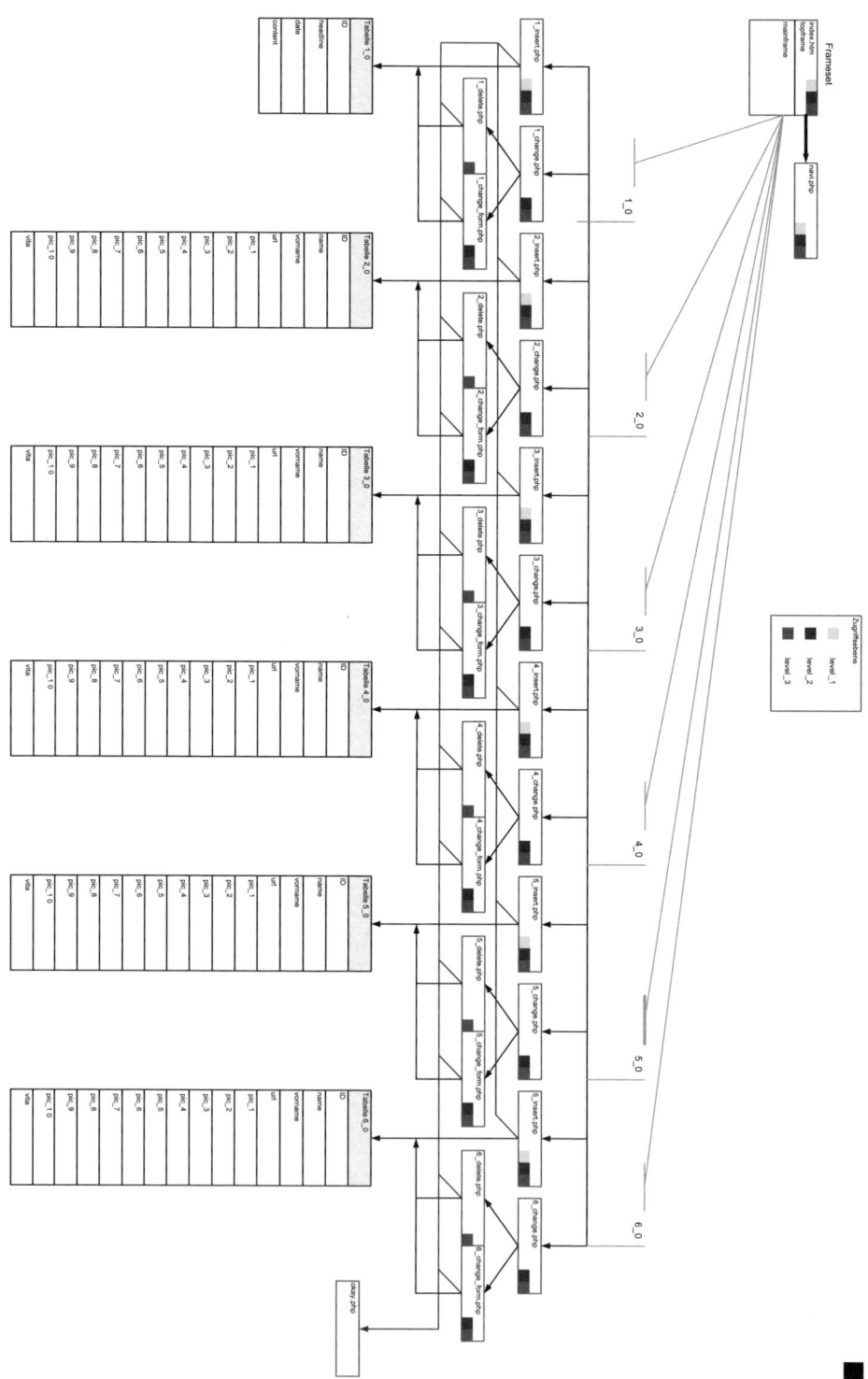

31 Fortgeschrittene Techniken

Mit zunehmender Erfahrung werden Sie an die Grenzen von Dreamweaver 8 stoßen und eigene Abfragen oder Skripts einbinden wollen. Dreamweaver 8 unterstützt Sie auch dabei ganz hervorragend.

31.1 SQL-Abfragen

31.1.1 Eigene SQL-Abfragen einbinden

Häufig werden Sie mit PHP mehrere Tabellen gleichzeitig abfragen wollen. Im erweiterten Modus des Datensatzabfragefensters können Sie SQL-Abfragen mit Hilfe von Dreamweaver 8 erstellen oder auch eigene anlegen. In unserem Beispiel sollen die Bestellvorgänge einzelner Kunden angezeigt werden. Unsere Datenbank enthält in einer der Tabellen die Kundendaten und in einer weiteren die Bestellnummern eines jeden Bestellvorganges. In einer dritten Tabelle werden die Bestellnummern dann den Kunden zugeordnet. Die im Schema grau angezeigte Tabelle soll mögliche Detailverknüpfungen darstellen. Diese graue Tabelle ist in unserer Beispieldatenbank allerdings nicht vorhanden.

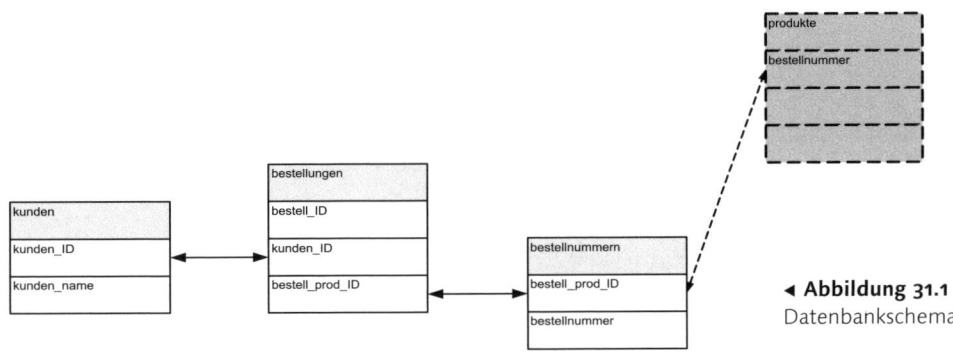

◀ **Abbildung 31.1**
Datenbankschema

Im späteren Dokument soll eine Liste ausgegeben werden, in der pro Bestellung eine Zeile mit Kunde und Bestellnummer angezeigt wird. Bestandskunden, die keine Bestellungen getätigt haben, werden nicht angezeigt.

- ▶ Mayer - 2003-10010
- ▶ Mayer - 2003-10011
- ▶ Mayer - 2003-10012
- ▶ Müller - 2003-10020
- ▶ Koch - 2003-10030
- ▶ Koch - 2003-10031
- ▶ Koch - 2003-10032
- ▶ Koch - 2003-10036

In der Praxis könnte es durchaus eine ähnliche Anforderung geben. Die abzufragenden Tabellen sind dann meistens umfangreicher. Um das Prinzip zu verdeutlichen, reicht unser Beispiel aus, und es verwirrt nicht durch zusätzliche Datenfelder.

Aus der Abbildung 31.2 können Sie die Struktur der Tabellen mit den einzelnen Datenfeldern entnehmen. Die Primärschlüssel der Tabellen werden in den Feldern »kunden_ID«, »bestell_ prod_ID« und »bestell_ID« gesetzt.

Abbildung 31.2 ▶
Struktur der Kunden-, Bestellnummern- und Zuordnungstabelle

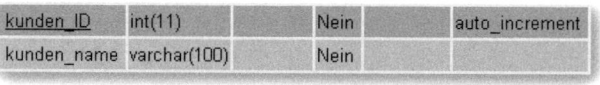

| kunden_ID | int(11) | | Nein | | auto_increment |
| kunden_name | varchar(100) | | Nein | | |

| bestell_prod_ID | int(11) | | Nein | | auto_increment |
| bestellnummer | varchar(100) | | Nein | | |

bestell_ID	int(11)		Nein		auto_increment
kunden_ID	int(11)		Nein	0	
bestell_prod_ID	int(11)		Nein	0	

Abbildung 31.3 ▶
Daten der Kundentabelle

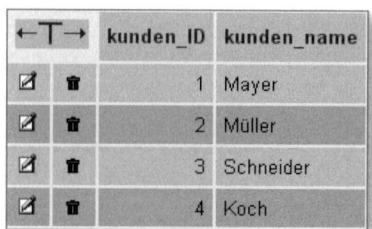

←T→		kunden_ID	kunden_name
✎	🗑	1	Mayer
✎	🗑	2	Müller
✎	🗑	3	Schneider
✎	🗑	4	Koch

←T→	bestell_prod_ID	bestellnummer
☑ 🗑	1	2003-10010
☑ 🗑	2	2003-10011
☑ 🗑	3	2003-10012
☑ 🗑	4	2003-10020
☑ 🗑	5	2003-10030
☑ 🗑	6	2003-10031
☑ 🗑	7	2003-10032
☑ 🗑	8	2003-10036

▲ **Abbildung 31.4**
Bestellnummerntabelle

In der **Zuordnungstabelle** befinden sich die Primärschlüssel der beiden anderen Tabellen als Zuordnungskriterium. Datensätze aus Primärschlüsseln anderer Tabellen bezeichnet man auch als Fremdschlüssel.

←T→	bestell_ID	kunden_ID	bestell_prod_ID
☑ 🗑	1	1	1
☑ 🗑	2	1	2
☑ 🗑	3	1	3
☑ 🗑	4	2	4
☑ 🗑	5	4	5
☑ 🗑	6	4	6
☑ 🗑	7	4	7
☑ 🗑	8	4	8

▲ **Abbildung 31.5**
Daten der Zuordnungstabelle

Nachfolgend eine kurze Übung, wie Sie eigene SQL-Abfragen in
Dreamweaver 8 einbinden können. Wir empfehlen Ihnen, diese Anleitung zu lesen, auch wenn Sie die Schritte nicht nachvollziehen, da
einige Grundlagen erläutert werden. Zum Aufbau der Buchwebsite
müssen Sie diese nicht nachvollziehen.

Schritt für Schritt: SQL-Abfragen einbinden

1 Datenbankanbindung erstellen

Erstellen Sie zunächst eine Datenbankanbindung für die neue Datenbank. Die benötigte Abfrage muss im erweiterten Modus der Dialogbox DATENSATZGRUPPE erfolgen.

2 Anlegen einer Select-Abfrage

SELECT-Befehle können aus mehr als einer Tabelle Daten ausgeben.
Markieren Sie dazu die erste gewünschte Tabelle im Fenster DATEN-
BANKELEMENTE ❶ und klicken auf SELECT ❷. Die Tabelle wird nun
mit einer SELECT-Anweisung ins SQL-Fenster geschrieben.

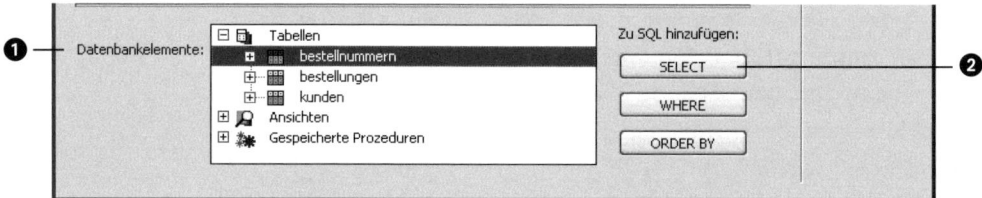

3 Mehrere Tabellen in einer Abfrage

Wenn Sie anschließend die nächste Tabelle markieren und erneut auf
SELECT klicken, wird die Tabelle der bestehenden SELECT-Anweisung hinzugefügt. Fügen Sie so alle vorhandenen Tabellen ein.

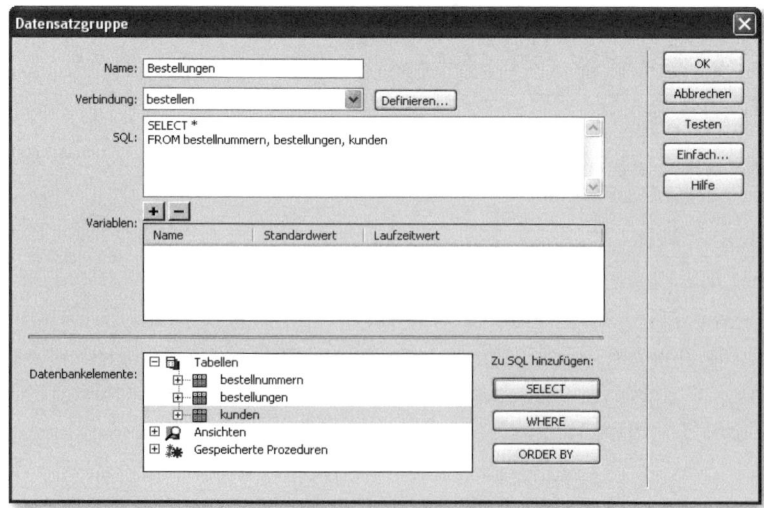

4 Datensatz ansprechen

Die Kriterien für unsere Abfrage sind die »kunden_ID« in den Tabellen »kunden« und »bestellungen« und die »bestell_prod_ID« aus den Tabellen »bestellungen«, außerdem die Tabelle »bestellnummern«.

Ein Datensatz einer bestimmten Tabelle wird in SQL wie folgt angesprochen:

```
Tabelle.Datensatz
```

Daraus ergibt sich für die Zuordnung der Daten folgende Schreibweise:

```
bestellnummern.bestell_prod_ID = bestellungen.
bestell_prod_ID
AND
bestellungen.kunden_ID = kunden.kunden_ID
```

◀ **Listing 31.1**
WHERE-Statement

Um diese Abfrage zu schreiben, wählen Sie einfach der Reihe nach alle abzufragenden Datensätze im Fenster DATENBANKELEMENTE aus und klicken nach jeder Auswahl auf WHERE.

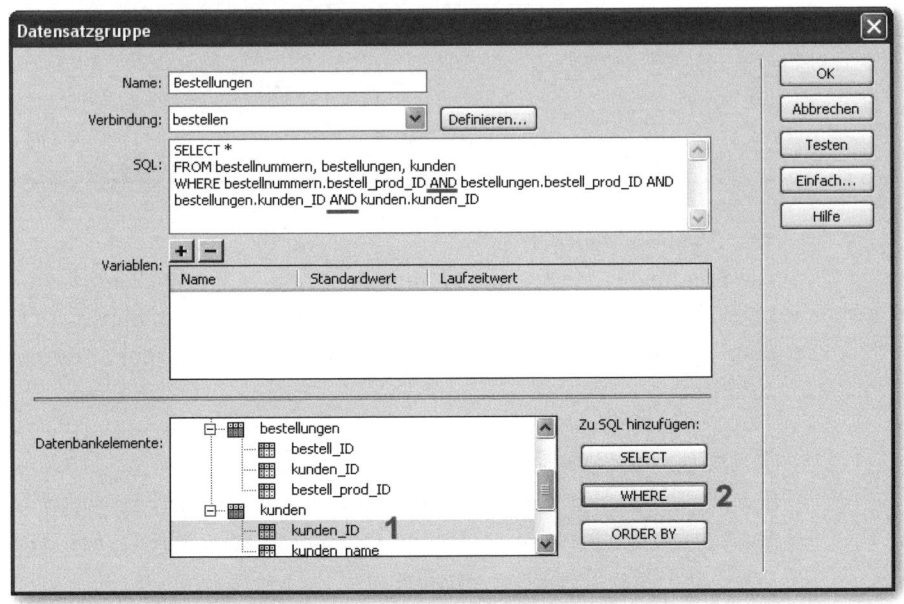

Dreamweaver 8 schreibt als Standard für die Verknüpfungen immer die AND-Bedingung. Das ist für unsere Abfrage nicht korrekt. Ändern Sie daher im SQL-Fenster die Abfrage wie in der folgenden Abbildung angeführt.

5 *Geänderte Abfrage*

Wenn Sie alles korrekt erledigt haben, sieht Ihre fertige Datensatzabfrage jetzt wie in der folgenden Abbildung aus. Die Änderungen haben wir unterstrichen.

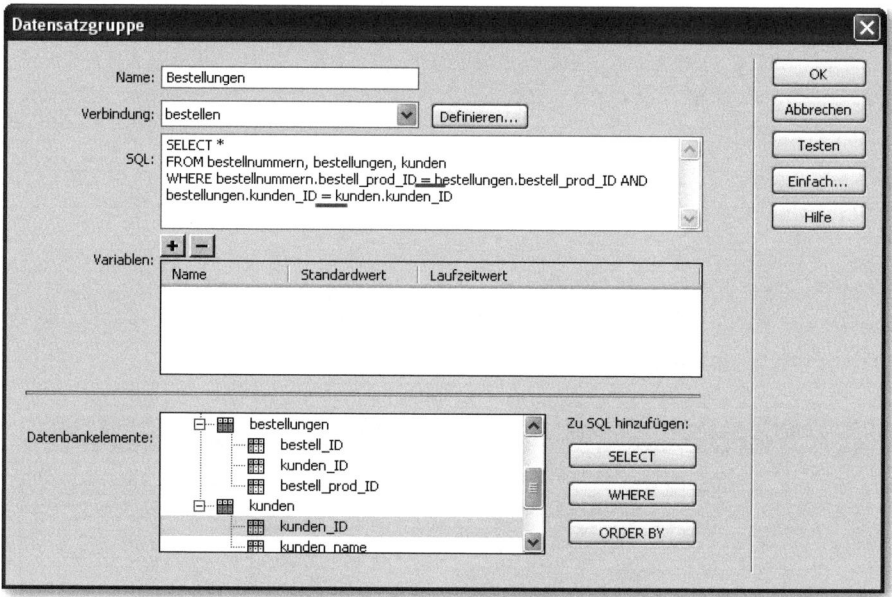

6 *Ergebnisse prüfen*

Die Ergebnisse der Abfrage können Sie durch einen Klick auf TESTEN überprüfen. Besonders bei komplexen Abfragen empfiehlt es sich, diese Tests vor dem Einbinden der Daten in das Dokument durchzuführen.

7 *Datensätze anzeigen*

Um alle relevanten Datensätze anzuzeigen, müssen Sie die gewünschten Datensätze wie gewohnt in Ihr Dokument ziehen und einen wiederholten Bereich daraus erstellen.

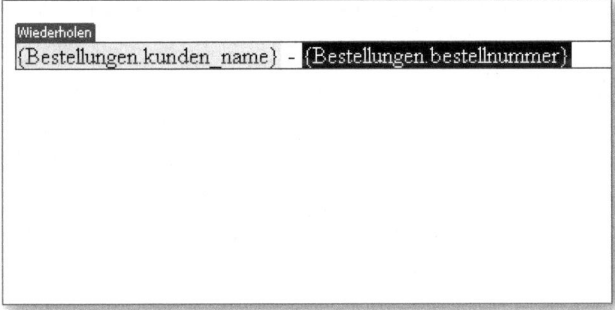

Hinter den Datensätzen im wiederholten Bereich, haben wir noch einen Zeilenumbruch eingefügt, damit nicht alles in einer Zeile steht, und die einzelnen Felder mit einem Bindestrich getrennt.

```
Mayer - 2003-10010
Mayer - 2003-10011
Mayer - 2003-10012
Müller - 2003-10020
Koch - 2003-10030
Koch - 2003-10031
Koch - 2003-10032
Koch - 2003-10036
```

8 *Ausgabe der Abfrage*

In der Live Data-Ansicht sehen Sie die korrekte Ausgabe der Daten. Diese stehen Ihnen für weitere Manipulationen zur Verfügung. ∎

31.1.2 Abfragen verschachteln

In der folgenden Beispielabfrage ist eine andere Darstellung der Daten erwünscht:

- ▶ Hauptpunkt 1
  - ▶ Unterpunkt 1.1
  - ▶ Unterpunkt 1.2
  - ▶ Unterpunkt 1.3
- ▶ Hauptpunkt 2
  - ▶ Unterpunkt 2.1
  - ▶ Unterpunkt 2.2
- ▶ Hauptpunkt 3
- ▶ Hauptpunkt 4
  - ▶ Unterpunkt 4.1
  - ▶ Unterpunkt 4.2
  - ▶ Hauptpunkt 5

Diese Datenausgabe kommt beispielsweise als dynamisch generiertes Navigationsmenü in Frage. Mit den nun folgenden Tabellen können

Unterpunkte beliebigen Hauptpunkten zugeordnet werden. Wenn Sie möchten, können Sie die Unterpunkte auch mehreren Hauptpunkten zuordnen.

Dynamische Navigation | Für Menüs dynamischer Websites reicht diese Technik meist aus. Wenn Sie weitere Zuordnungsoptionen benötigen, zum Beispiel eine völlig freie Konfigurierbarkeit der Menüs, ist jedoch eine andere, kompliziertere Struktur notwendig.

Die für unser Menü benötigten Abfragen können Sie nicht mehr in der grafischen Ansicht von Dreamweaver 8 erstellen. Um die gewünschte Anzeige zu erreichen, müssen verschachtelte Abfragen geschrieben werden. Diese werden von Dreamweaver 8 leider nicht unterstützt.

In Abbildung 31.6 sehen Sie das Schema der Datenbank. Die Unterpunkte aus den Tabellen »menue_sub« werden in der Tabelle »main_sub« den Hauptpunkten in der Tabelle »menue_main« zugeordnet.

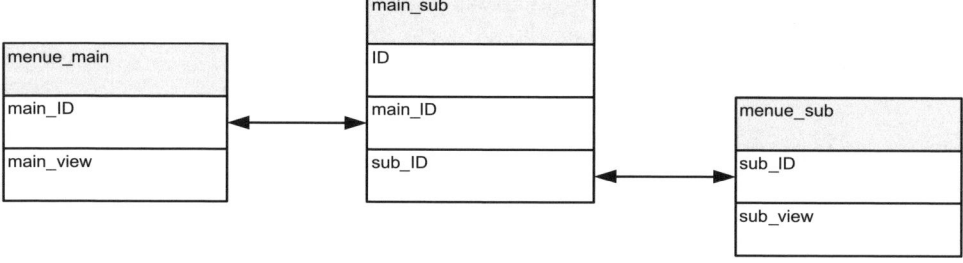

▲ **Abbildung 31.6**
Datenbankschema

Würde diese Datenbank tatsächlich als Navigation einer dynamischen Website dienen, würden den Tabellen für Haupt- und Unternavigationspunkte weitere Felder mit den IDs der in den Unterseiten anzuzeigenden Datensätze angefügt. In den Abbildungen 31.7 bis 31.9 sehen Sie die Datensatzstruktur der Tabellen.

Abbildung 31.7 ▶
Schema der Tabelle
menue_main

main_ID	int(11)		Nein	auto_increment
main_view	varchar(100)		Nein	

| sub_ID | int(11) | | Nein | | auto_increment |
| sub_view | varchar(100) | | Nein | | |

◄ **Abbildung 31.8**
Schema der Tabelle
menue_sub

ID	int(11)		Nein		auto_increment
main_ID	int(11)		Nein	0	
sub_ID	int(11)		Nein	0	

◄ **Abbildung 31.9**
Schema der Tabelle
main_sub

Wir haben die Tabellen mit den in den Abbildungen 31.10 bis 31.12 dargestellten Inhalten gefüllt.

←T→		main_ID	main_view
☑	🗑	1	Hauptpunkt 1
☑	🗑	2	Hauptpunkt 2
☑	🗑	3	Hauptpunkt 3
☑	🗑	4	Hauptpunkt 4
☑	🗑	5	Hauptpunkt 5

◄ **Abbildung 31.10**
Inhalte der Tabelle
menue_main

←T→		sub_ID	sub_view
☑	🗑	1	Unterpunkt 1.1
☑	🗑	2	Unterpunkt 1.2
☑	🗑	3	Unterpunkt 1.3
☑	🗑	4	Unterpunkt 2.1
☑	🗑	5	Unterpunkt 2.2
☑	🗑	6	Unterpunkt 4.1
☑	🗑	7	Unterpunkt 4.2

◄ **Abbildung 31.11**
Inhalte der Tabelle
menue_sub

←T→		ID	main_ID	sub_ID
☑	🗑	1	1	1
☑	🗑	2	1	2
☑	🗑	3	1	3
☑	🗑	4	2	4
☑	🗑	5	2	5
☑	🗑	6	4	6
☑	🗑	7	4	7

◄ **Abbildung 31.12**
Inhalte der Tabelle
main_sub

In Abbildung 31.13 wird das Prinzip verschachtelter Abfragen schematisch dargestellt.

SQL-Abfragen **557**

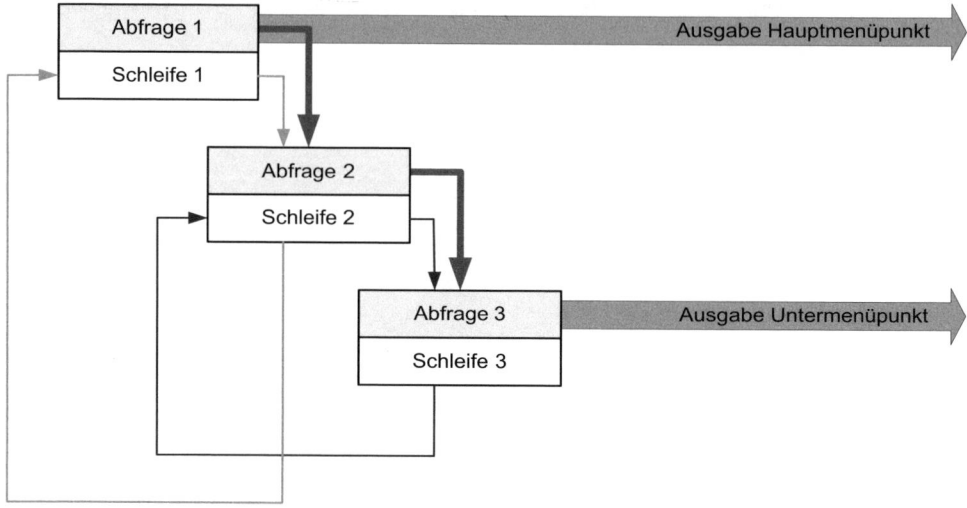

▲ **Abbildung 31.13**
Schema einer verschachtelten Abfrage

Wie Sie aus den bisherigen Kapiteln wissen, können die Ergebnisse einer Abfrage als Grundlage für weitere Abfragen verwendet werden. Ein Beispiel dafür ist die Anzeige von Daten in einem Detaildokument nach dem Aufruf aus einem Masterdokument heraus. Dabei wird die ID des anzuzeigenden Datensatzes an das nächste Dokument übergeben.

Abhängige Abfragen | Das gleiche Prinzip funktioniert auch innerhalb eines einzelnen Dokumentes. Abfrage 1 übergibt einen bestimmten Inhalt an Abfrage 2.

Diese liefert nur die Datensätze, die auch mit den aus Abfrage 1 übergebenen Daten übereinstimmen. Der nächste Schritt gleicht dem ersten. Abfrage 2 übergibt die nun gewonnenen Daten an Abfrage 3. Diese gibt wiederum nur die Daten aus, die mit den erhaltenen Daten aus Abfrage 2 übereinstimmen.

Verbindung zur Datenbank | Dieses Prinzip der Verschachtelung können Sie in nahezu beliebiger Tiefe anwenden. Doch zunächst müssen Sie sich wie immer mit der Datenbank verbinden. Wir haben in diesem Beispiel die Verbindung, wie in Listing 31.2 zu sehen, selbst definiert.

```php
<?
// Verbindung zum Server herstellen
mysql_connect("localhost","root","")
or die  ("Zurzeit keine Verbindung möglich");

// Verbindung zur Datenbank "linkliste" herstellen
mysql_select_db("abfrage")
or die ("Verbindung zur Datenbank zurzeit nicht
möglich");
?>
```

◄ **Listing 31.2**
Datenbankverbindung herstellen

Erste Abfrage | Im folgenden Listing 31.3 sehen Sie eine einfache Abfrage. Die Ausgabe der Daten erfolgt in einer while-Schleife. Bei jedem Schleifendurchlauf wird der Text aus dem Datensatz »main_view« ausgegeben, da wir den Hauptpunkt zur Anzeige bringen wollen.

```php
<?php
$abfrage_main = "SELECT * FROM menue_main";
$ergebnis_main = mysql_query($abfrage_main);
while($row_main = mysql_fetch_object($ergebnis_main))

  {
  echo "$row_main->main_view<br>";
  }
mysql_free_result($ergebnis_main);
?>
```

◄ **Listing 31.3**
Einfache Abfrage

Zweite Abfrage | Innerhalb der Schleife von Abfrage 1 (abfrage_main) wird nun die zweite Abfrage, wie in Listing 31.4 zu sehen, eingefügt. In der WHERE-Bedingung steht als Wert die Variable $row_main->main_ID.

Bei jedem Durchlauf der ersten Schleife wird dieser Wert auf den aktuellen Datensatzinhalt der ersten Abfrage (abfrage_main) gesetzt, und die zweite Abfrage (abfrage_main_sub) erhält aus der Tabelle »main_sub« alle Inhalte, die mit der Datensatz-ID der ersten Abfrage (abfrage_main) übereinstimmen.

Die Daten der zweiten Abfrage werden in diesem Fall nicht ausgegeben, sondern dienen nur wieder als Grundlage für die dritte Abfrage.

```php
<?php
$abfrage_main = "SELECT * FROM menue_main";
$ergebnis_main = mysql_query($abfrage_main);
while($row_main = mysql_fetch_object($ergebnis_main))

  {
  echo "$row_main->main_view<br>";
  $abfrage_main_sub = "SELECT * FROM main_sub WHERE
  main_ID=".$row_main->main_ID;
  $ergebnis_main_sub =
  mysql_query($abfrage_main_sub);
  while($row_main_sub
  =mysql_fetch_object($ergebnis_main_sub))
    {
    // Platzhalter
    }
  }
mysql_free_result($ergebnis_main);
mysql_free_result($ergebnis_main_sub);
?>
```

Dritte Abfrage | In Listing 31.4 sehen Sie den Kommentar `//
Platzhalter`. Dieser Platzhalter wird nun mit der dritten Abfrage in
Listing 31.5 ersetzt. Diese Abfrage erhält wieder eine Variable aus der
Abfrage 2 als Bedingung der WHERE-Anweisung ($row_main_sub-
>sub_ID).

Da in dieser Abfrage die Tabelle »menue_sub« ausgegeben wird,
erhalten Sie als Datenrückgabe alle Datensätze dieser Tabelle, die
über die Tabelle »main_sub« einem Hauptpunkt zugeordnet sind.
Diese Daten werden auch angezeigt, da es sich um die Untermenü-
punkte handelt. Am Ende der Schleifen werden die Daten wieder
freigegeben.

```php
<?php
$abfrage_main = "SELECT * FROM menue_main";
$ergebnis_main = mysql_query($abfrage_main);
while($row_main = mysql_fetch_object($ergebnis_main))
```

```
    {
    echo "$row_main->main_view<br>";
    $abfrage_main_sub = "SELECT * FROM main_sub WHERE
    main_ID=".$row_main->main_ID;
    $ergebnis_main_sub =
    mysql_query($abfrage_main_sub);
    while($row_main_sub =
    mysql_fetch_object($ergebnis_main_sub))
        {
        $abfrage_sub = "SELECT * FROM menue_sub WHERE
        sub_ID=".$row_main_sub->sub_ID;
        $ergebnis_sub = mysql_query($abfrage_sub);
        while($row_sub = mysql_fetch_object
        ($ergebnis_sub))
            {
            echo "     
            $row_sub->sub_view<br>";
            }
        }
    }
mysql_free_result($ergebnis_main);
mysql_free_result($ergebnis_sub);
mysql_free_result($ergebnis_main_sub);
?>
```

Wenn Sie alles richtig angelegt haben, wird Ihnen nun in der Live Data-Ansicht unser »Menü« wie in Abbildung 31.14 angezeigt.

Hauptpunkt 1
    Unterpunkt 1.1
    Unterpunkt 1.2
    Unterpunkt 1.3
Hauptpunkt 2
    Unterpunkt 2.1
    Unterpunkt 2.2
Hauptpunkt 3
Hauptpunkt 4
    Unterpunkt 4.1
    Unterpunkt 4.2
Hauptpunkt 5

◄ **Abbildung 31.14**
Ausgabe der Abfrage

Die Abfrage von Datenbanken mit verschachtelten Abfragen kommt häufig vor. Es lohnt sich daher, sich eingehend mit dieser Technik zu befassen.

```
15  <body>
16  <?php
17  // Abfrage der Hauptmenuepunkte
18      $abfrage_main = "SELECT * FROM menue_main";
19      $ergebnis_main = mysql_query($abfrage_main);
20      while($row_main = mysql_fetch_object($ergebnis_main))
21
22      {
23      // Ausgabe der Hauptmenuepunkte
24      echo "$row_main->main_view<br>";
25
26          // Abfrage der Zuordnungstabelle
27          $abfrage_main_sub = "SELECT * FROM main_sub WHERE main_ID=".$row_main->main_ID;
28          $ergebnis_main_sub = mysql_query($abfrage_main_sub);
29          while($row_main_sub = mysql_fetch_object($ergebnis_main_sub))
30
31          {
32              // Abfrage der Untermenuepunkte
33              $abfrage_sub = "SELECT * FROM menue_sub WHERE sub_ID=".$row_main_sub->sub_ID;
34              $ergebnis_sub = mysql_query($abfrage_sub);
35              while($row_sub = mysql_fetch_object($ergebnis_sub))
36
37              {
38              echo "      $row_sub->sub_view<br>";
39              }
40          }
41      }
42
43              mysql_free_result($ergebnis_sub);
44          mysql_free_result($ergebnis_main_sub);
45  mysql_free_result($ergebnis_main);
46  ?>
```

31.1.3 Eine Volltextsuche

Auf fast jeder Website mit umfangreichen Inhalten ist eine Suchfunktion vorhanden. Gute und treffsichere Suchfunktionen zu programmieren ist schwer und variiert je nach den abzufragenden Inhalten stark. Für die meisten Websites reicht allerdings eine einfache Suche aus. Neben der Strukturierung der Datenbestände ist das Wiederauffinden der Daten eine der Hauptaufgaben beim Datenbankdesign.

SQL unterstützt freie Suchen durch diverse Befehle. Wichtig ist für uns nur LIKE in einer SQL-Abfrage. SQL-Abfragen können geschrieben werden wie folgt:

```
"SELECT * FROM `2_0` WHERE description LIKE
'%$suchbegriff%'"
```

◀ **Listing 31.6**
SQL-Suche

Der Inhalt von "$suchbegriff" ist eine Zeichenkette, nach der im
Datensatz »description« der Tabelle »2_0« gesucht werden soll. Diese
Variable wird aus einem Formular an das Ergebnisdokument über-
geben.

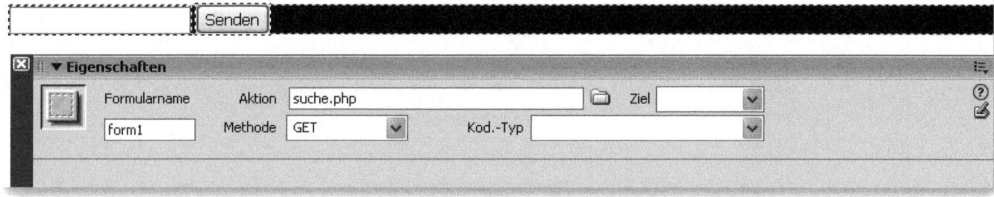

▲ **Abbildung 31.15**
Suchformular

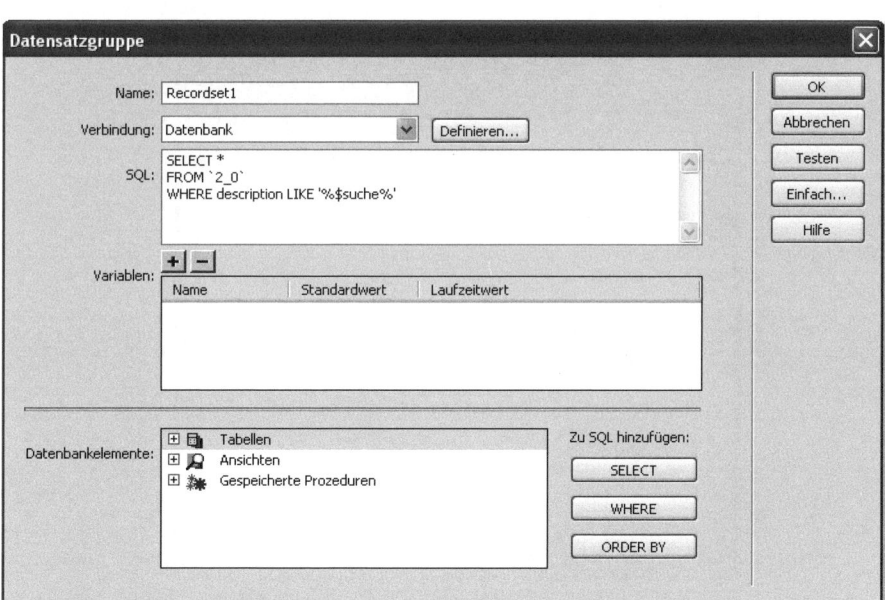

▲ **Abbildung 31.16**
Datensatzgruppe mit Suchabfrage

Da es häufig Probleme gibt, die GET-Arrays direkt in die SQL-Abfrage
zu schreiben, wird am Beginn des Dokumentes folgende Codezeile
eingefügt:

Listing 31.7 ▶
Zwischenvariable
erstellen

```
$suche = $_GET['SUCHE'];
```

Die Variable aus dem GET-Array wird zunächst in der Variablen $suche zwischengespeichert. Die Abfrage wird dann mit dem Inhalt der Variablen $suche durchgeführt.

Die Datensatzgruppe wird im Bedienfeld BINDUNGEN angezeigt, und Sie können wie immer die gewünschten Datenfelder in Ihr Dokument ziehen. Damit alle gefundenen Datensätze angezeigt werden, müssen Sie einen wiederholten Bereich mit den Einstellungen ALLE DATENSÄTZE erstellen. Geben Sie durch Suchabfragen generierten Datensätzen eindeutige Bezeichnungen, um Verwechslungen mit »normalen« Abfragen zu vermeiden.

Abbildung 31.17 ▶
Datensatz in die
Ergebnisseite einfügen

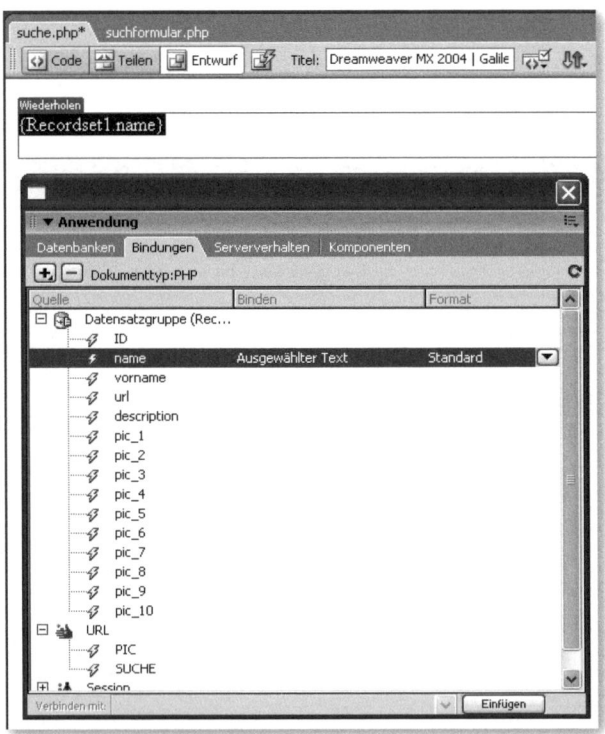

Suche über einen Index | MySQL bietet die Möglichkeit, von umfangreichen Datenbeständen einen **Index** zu erstellen und damit eine Suchanfrage zu starten. Lesen Sie dies bei Interesse in der MySQL-Dokumentation nach. Ob die Suche über einen Index tatsächlich schneller ist, entscheidet sich über die Menge und Struktur der Daten. Es kommt durchaus vor, dass eine indizierte Suche länger dauert als eine Suchanfrage ohne Indizes.

31.2 Arbeiten mit Sessions

Bei vielen dynamischen Websites müssen Daten über den gesamten Zeitraum eines Seitenzugriffs hinterlegt werden. Die wohl häufigste Anwendung ist dabei ein **Warenkorb**. Innerhalb eines Shopsystems können Sie an beliebiger Stelle innerhalb der Website Artikel in eine Art Container ablegen. Bei der endgültigen Bestellung stehen Ihnen alle vorher ausgewählten Artikel zur Verfügung.

Arbeitsweise von Sessions | Warenkörbe werden sehr häufig mit Sessions realisiert. Im Kapitel 21 zur Einführung in PHP haben wir Ihnen bereits grundlegende Eigenschaften und Befehle zum Arbeiten mit Sessions erklärt.

In Abbildung 31.18 wird die Arbeitsweise von Sessions grafisch dargestellt. Während des Site-Zugriffs wird eine Session gestartet, die Ihnen dann während der gesamten Zeit zur Verfügung steht. Jedes der einzelnen Dokumente kann auf die Inhalte der Session zugreifen und Variablen hinzufügen, abfragen oder manipulieren.

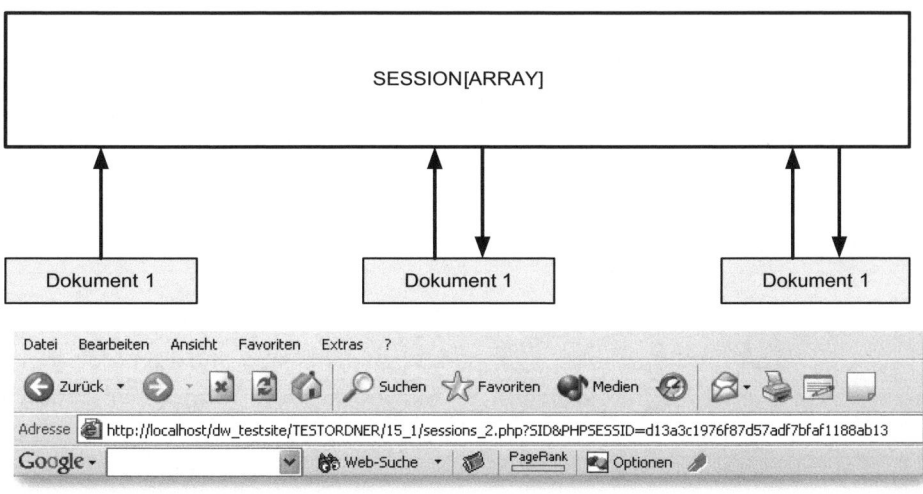

▲ **Abbildung 31.18**
Schema der Arbeit mit Sessions

Um mit Sessions zu arbeiten, müssen die Inhalte der Sessions an alle Dokumente, die Sie anfordern, übermittelt werden. Dies kann durch Cookies oder durch die Übermittlung des Session-Arrays als URL-Parameter erfolgen. Die Möglichkeit, Sessions als File auf dem Server zu hinterlegen, wird von vielen Providern aus Sicherheitsgründen deaktiviert. Da Sie nicht wissen, ob ein User Cookies aktiviert hat, sollten Sie die Session in jedem Fall zusätzlich als URL-Parameter mit übergeben.

Listing 31.8 ▶
Übergabe der
Session-ID

```
<a href="sessions_2.php?SID">Link</a>
```

Dazu hängen Sie, wie in Listing 31.8 dargestellt, die SID (Session-Variable) an den Hyperlink. Durch das Anhängen der Variablen SID wird die URL wie in Abbildung 31.19 aufgerufen. Um die Session-ID selbst müssen Sie sich nicht kümmern. SID ist ein Platzhalter, der von PHP erkannt wird.

▲ Abbildung 31.19
Browseradresszeile mit Session-ID

Session starten | Damit ein PHP-Dokument mit Sessions arbeiten kann, muss der folgende Befehl am besten immer direkt am Anfang des Dokumentes stehen, damit eine Session gestartet wird oder auf eine bestehende Session zugegriffen wird.

Listing 31.9 ▶
Starten einer Session

```
session_start();
```

Variablen registrieren | Im folgenden Beispiel (Listing 31.10) haben wir fünf Variablen mit den verschiedensten Inhalten deklariert. Damit diese Variablen in der Session zur Verfügung stehen, müssen sie in der Session registriert werden.

Das geschieht mit dem Befehl session_register(). Beachten Sie, dass dabei die Variablen ohne Dollarzeichen in runden Klammern geschrieben werden.

```
<?
session_start();
$var_1 = 200;
$var_2 = 400;
$var_3 = "Auch ganze Zeilen sind erlaubt";
$var_4 = "Wie Sie sehen,";
$var_5 = "sehr komfortabel";

session_register('var_1');
session_register('var_2');
session_register('var_3');
session_register('var_4');
session_register('var_5');
?>
```

◄ **Listing 31.10**
Registrieren von
Session-Variablen

In jedem der folgenden Dokumente stehen Ihnen, bei gestarteter Session, die Variablen wie in folgendem Listing wieder zur Verfügung.

```
<p><?php echo $_SESSION['var_1']; ?> </p>
<p><?php echo $_SESSION['var_2']; ?></p>
<p><?php echo $_SESSION['var_3']; ?></p>
<p><?php echo $_SESSION['var_4']; ?>
<?php echo $_SESSION['var_5']; ?></p>
```

◄ **Listing 31.11**
Anzeige der Session-
Variablen

Die Arbeit mit Sessions können Sie sich in Dreamweaver 8 erleichtern, indem Sie im Bedienfeld BINDUNGEN **Sitzungsvariablen** anlegen. Das Registrieren der Variablen müssen Sie im Quelltext vornehmen. Die Anzeige der Session-Inhalte können Sie jedoch wie gewohnt im Layoutmodus erledigen.

In Abbildung 31.21 sehen Sie das Bedienfeld BINDUNGEN mit Sitzungsvariablen. Um die Variablen in einem Dokument auszugeben, ziehen Sie diese wie gewohnt in Ihr Dokument.

Zum Abschluss noch eins: Sessions werden nicht nur von PHP unterstützt, auch andere Programmiersprachen für Websites verfügen über ähnliche Technologien zur Datenspeicherung.

Abbildung 31.20 ▶

Anlegen einer
Sitzungsvariablen

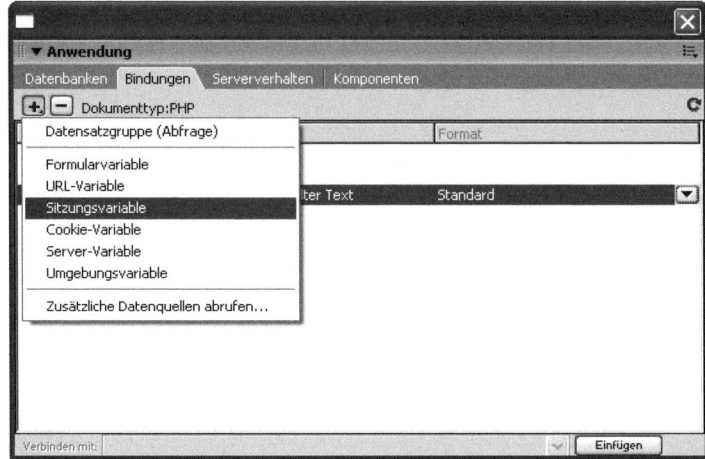

Abbildung 31.21 ▶

Sitzungsvariablen in
Dreamweaver 8

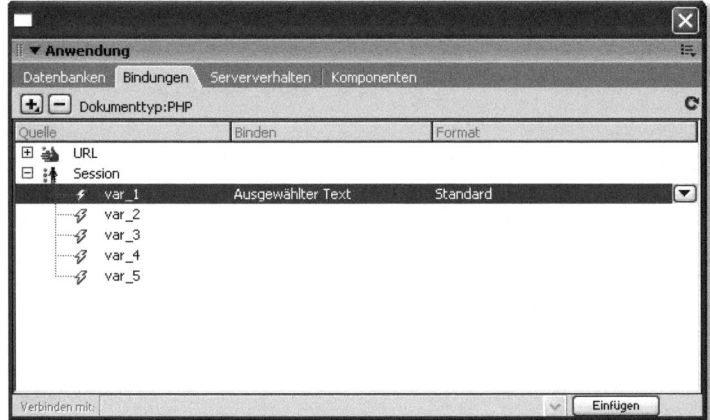

31.3 Serververhalten

31.3.1 Eigene Serververhalten schreiben

In vielen Bereichen ist Dreamweaver 8 erweiterbar. Auch für dynamische Websites können Sie eigene Serververhalten schreiben und diese dauerhaft hinterlegen. In der nächsten Übung werden wir uns eine eigene Datenbankkonnektierung erstellen, die als Serververhalten gespeichert wird.

Schritt für Schritt: Datenbankkonnektierung als Serververhalten speichern

1 Neues Serververhalten anlegen

Im Bedienfeld SERVERVERHALTEN finden Sie, neben den bereits vorhandenen Serververhalten, auch den Menüpunkt NEUES SERVERVER-HALTEN und SERVERVERHALTEN BEARBEITEN.

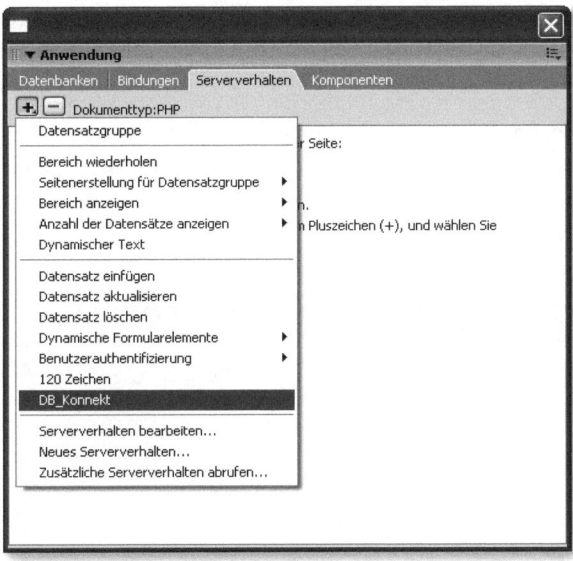

Wählen Sie aus dem Menü NEUES SERVERVERHALTEN aus, um ein eigenes neues Serververhalten anzulegen.

2 Dialogbox Neues Serververhalten

In der folgenden Dialogbox müssen Sie den Namen ❶ für das neue Serververhalten angeben. Dieser wird später in der Auswahlliste angezeigt.

Wenn Sie bereits Serververhalten angelegt haben und sie nur geringfügig modifizieren wollen, können Sie auch ein **Serververhalten kopieren.** Aktivieren Sie dann die Option VORHANDENES SERVERVER-HALTEN KOPIEREN ❷, und Sie können in der in unserer Abbildung deaktivierten Liste ein zu kopierendes auswählen.

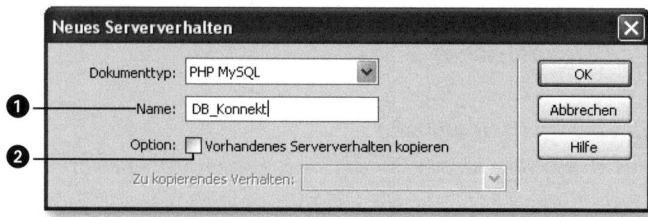

Leider können die mitgelieferten Serververhalten von Dreamweaver 8
nicht kopiert oder modifiziert werden. Diese Option steht Ihnen nur
für eigene Serververhalten zur Verfügung.

3 *Codeblock anlegen*

Serververhalten bestehen aus einem oder mehreren **Codeblöcken**.
Legen Sie zunächst durch Klicken auf das Plus-Symbol ❸ einen
neuen Codeblock an.

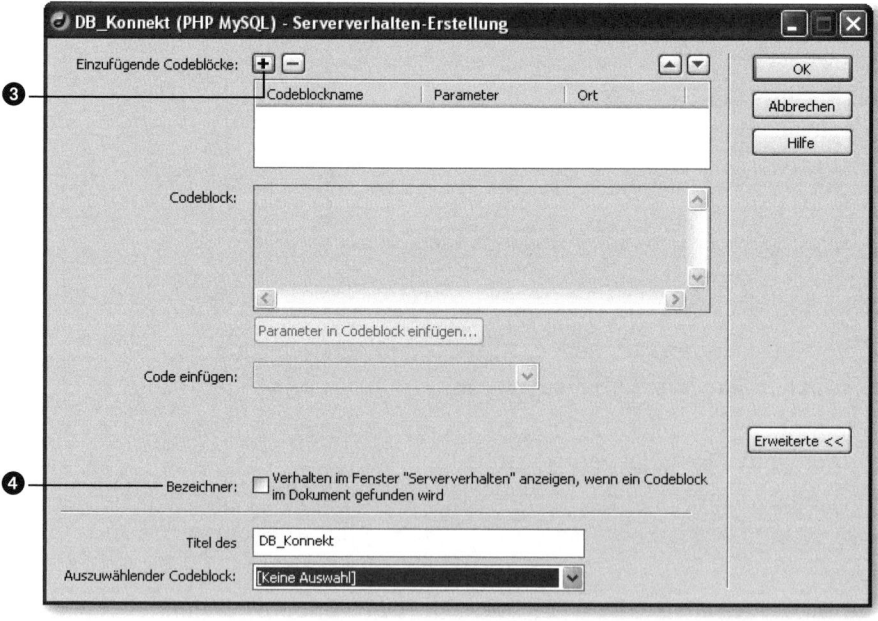

Nicht alle Serververhalten, die im Dokument verwendet werden,
werden im entsprechenden Fenster auch angezeigt. Wenn Sie möchten, dass Ihres aufgelistet wird, aktivieren Sie den Bezeichner ❹ Verhalten im Fenster »Serververhalten« anzeigen, wenn ein Codeblock im Dokument gefunden wird.

Dreamweaver 8 findet mit dieser Option auch bereits angelegte Codeblöcke und zeigt sie korrekt als Serververhalten an, wenn der Quelltext mit dem Codeblock übereinstimmt.

4 Codeblock benennen und bestimmen

In der nächsten Dialogbox müssen Sie dem Codeblock innerhalb des Serververhaltens einen Namen zuweisen.

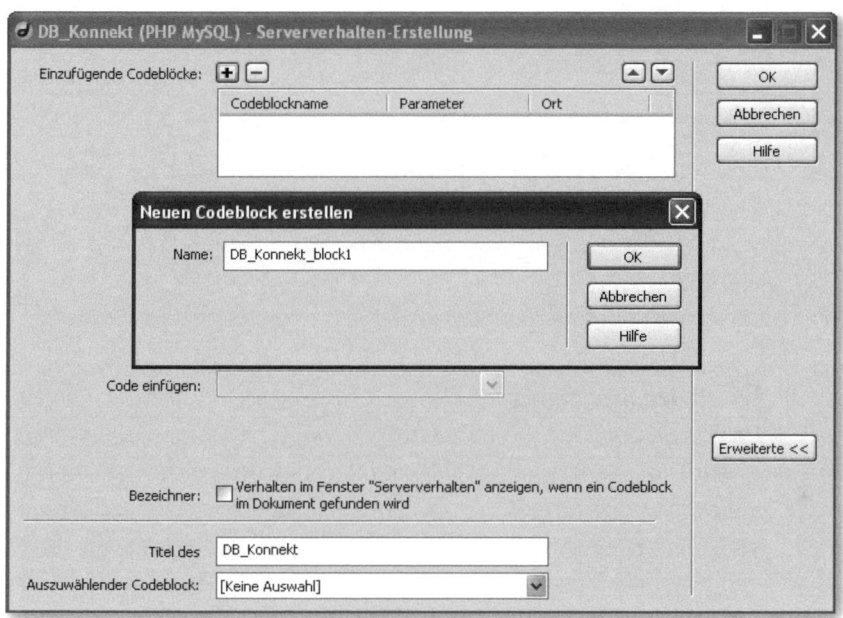

Die folgende Ansicht erinnert stark an das Bedienfeld CODEFRAGMENTE und ist von der Arbeitsweise her auch sehr ähnlich. Kopieren Sie die Datenbankkonnektierung aus dem vorherigen Abschnitt »Abfragen verschachteln« in das Fenster Codeblock:

```
<?
mysql_connect("localhost","Root","") or die ("Zurzeit
keine Verbindung möglich");
mysql_select_db("abfrage") or die ("Verbindung zur
Datenbank zurzeit nicht möglich");
?>
```

◀ **Listing 31.12**
Codeblock für die DB-Konnektierung

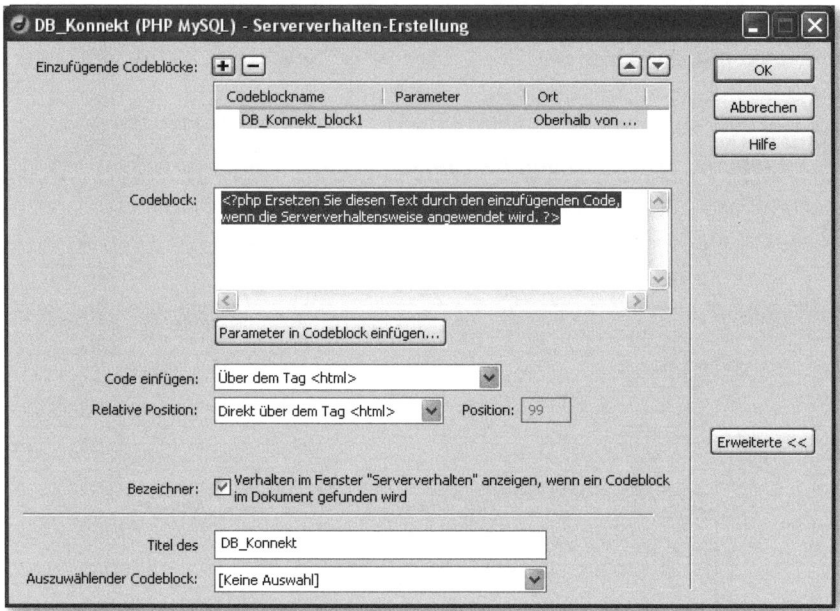

5 Platzhalter einfügen

Da es sich bei Serververhalten um dynamische Elemente handelt, ist es nahezu unerlässlich, auch Variablen einzufügen. Sie können das mit den Platzhaltern @@Variablenname@@ erreichen. Markieren Sie dazu den zu ersetzenden Teil im Codeblock, oder positionieren Sie den Cursor an der gewünschten Stelle, und klicken Sie auf PARAMETER IN CODEBLOCK EINFÜGEN.

In der folgenden Abbildung sehen Sie, dass wir »localhost« ausgewählt haben, um es durch einen Parameter zu ersetzen. In der Darstellung haben wir es unterstrichen.

Geben Sie in der Dialogbox den gewünschten Namen für den Parameter ein. Verwenden Sie am besten allgemeine beschreibende Begriffe, die ihre Gültigkeit über das aktuelle Dokument hinaus behalten.

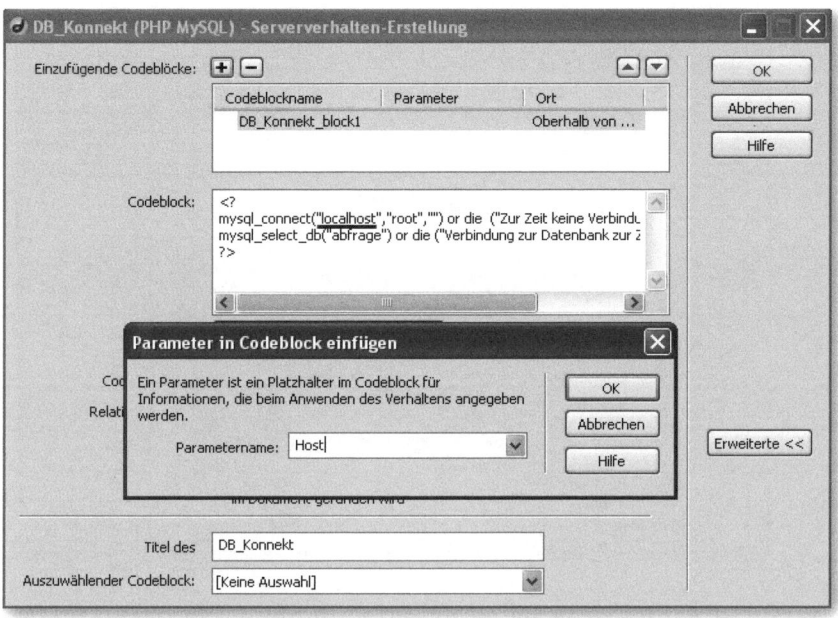

6 Eingefügte Parameter

Wie Sie der Abbildung entnehmen können, wurde »localhost« durch einen Platzhalter ersetzt. Diesen Arbeitsschritt müssen Sie nun für alle Parameter »User«, »Pass« und »Datenbank« wiederholen. Wenn Sie alles korrekt durchgeführt haben, steht im Codeblock:

```
<?
mysql_connect("@@Host@@","@@User@@","@@Passwort@@")
or die ("Zurzeit keine Verbindung möglich");
mysql_select_db("@@Datenbank@@") or die ("Verbindung
zur Datenbank zurzeit nicht möglich");
?>
```

◀ **Listing 31.13**
Codeblock mit Parametern (Platzhaltern)

Wenn Sie möchten können Sie natürlich auch die Fehlermeldungen durch Platzhalter ersetzen und eigene von PHP ausgeben lassen.

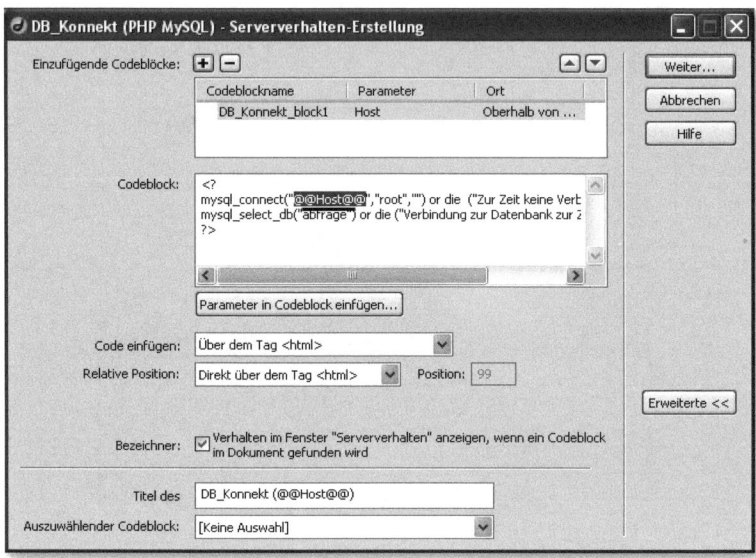

7 *Parameter übergeben*

Der Codeblock ist nun fast fertig. Als Letztes müssen Sie nun auswählen, auf welche Weise die Parameter in den Codeblock übergeben werden sollen. In unserem Fall sind es einfache Textfelder, die auch als Standardvorgabe eingetragen wurden. Diese Textfelder erscheinen immer, wenn Sie ein Serververhalten in Ihr Dokument einfügen.

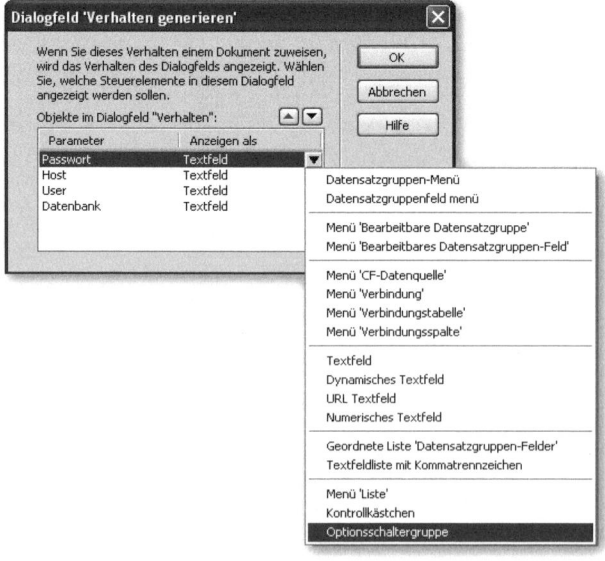

8 *Fertiges Serververhalten*

Das fertige Serververhalten wird jetzt in der Auswahlliste angezeigt, und Sie können es bereits verwenden

9 *Serververhalten testen*

Wenn Sie nun das Serverhalten einfügen möchten, erscheint eine Dialogbox mit den von Ihnen festgelegten Parametern, die Sie nun eingeben müssen. Wie eben bereits erwähnt, sind dies die Felder, die mit der Dialogbox VERHALTEN GENERIEREN erzeugt werden.

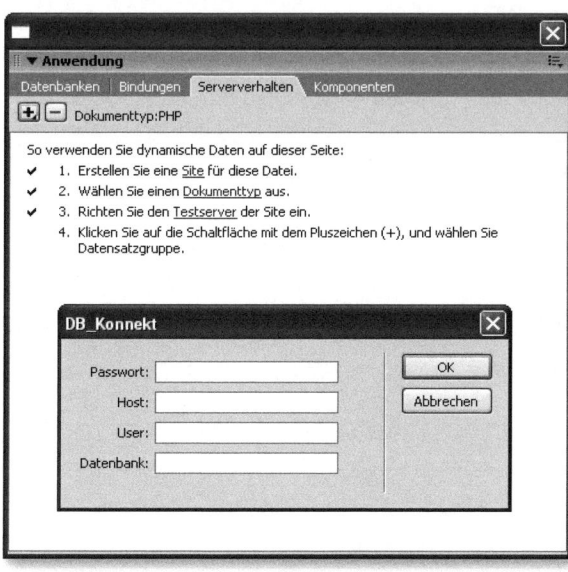

10 *Fertig eingefügtes eigenes Serverhalten*

Das Serververhalten wird im Dokument eingefügt, und die Platzhalter wurden durch Ihre Eingaben ersetzt. Im Bedienfeld SERVERVERHALTEN wird es mit den von Ihnen vergebenen Parametern angezeigt.

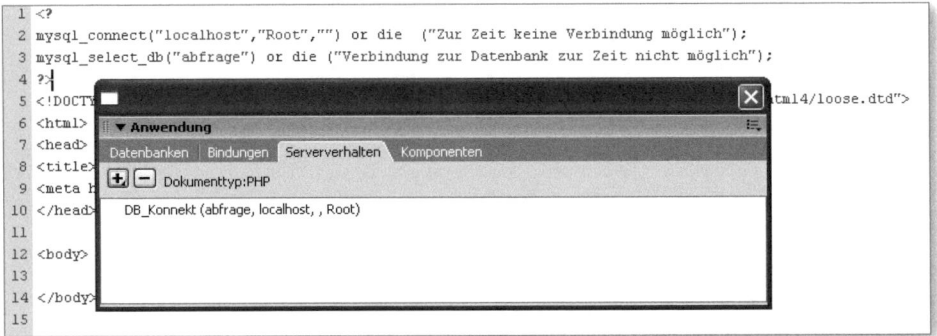

31.3.2 Positionierung im Code

Wie Sie während der Arbeit bemerken, können Sie selbst festlegen, an **welcher Stelle** im Code das Verhalten eingefügt wird. Es stehen Ihnen dabei folgende Möglichkeiten zur Verfügung, wie Sie der Tabelle entnehmen können.

Einfügeoptionen	
Vor dem Tag <html>	▶ am Anfang einer Datei ▶ vor den Abfragen für die Datensatzgruppen ▶ nach den Abfragen für die Datensatzgruppen ▶ vor dem Beginn des HTML-Tags ▶ an einer von Ihnen festgelegten Position
Unterhalb des Tags </html>	▶ am Ende einer Datei ▶ vor dem Ende der Datensatzgruppen ▶ nach dem Ende der Datensatzgruppen ▶ nach dem Tag </html> ▶ an einer von Ihnen festgelegten Position
Relativ zu einem bestimmten Tag	Auswahl eines bestimmten Tags und einer von Ihnen vorgegebenen Position
Relativ zur Auswahl	▶ vor der Auswahl ▶ nach der Auswahl ▶ Auswahl ersetzen ▶ um die Auswahl legen

Tabelle 31.1 ▶
Einfügeoptionen

Reihenfolge von Code | Bei der Programmierung spielt die Reihenfolge des Codes immer eine große Rolle. So können Sie beispielsweise niemals eine Abfrage vor einer Datenbankkonnektierung durchführen oder einen Datensatz vor der Abfrage ausgeben. Programmteile sind meistens voneinander abhängig und können keine Daten verarbeiten, die nicht vorhanden sind. Daher ist es für viele Serververhalten entscheidend, an welcher Stelle im Skript der Codeblock eingefügt wird, und es ist sehr wichtig, diese eben beschriebenen Positionierungen einzustellen.

Gewichtung festlegen | Wenn Sie als relative Position eine BENUTZERDEFINIERTE STELLE ❶ auswählen, können Sie zusätzlich eine Gewichtung (POSITION) ❷ angeben. Ein Block mit der Gewichtung 50 wird vor einem Block mit der Gewichtung 60 eingefügt.

Dreamweaver 8 erteilt allen Codeblöcken, die auf Datensatzabfragen zugreifen, die Standardgewichtung 50. Wenn Sie mehrere Blöcke mit denselben Gewichtungen anlegen, wählt Dreamweaver 8 die Reihenfolge der Codeblöcke im Quelltext nach dem Zufallsprinzip aus.

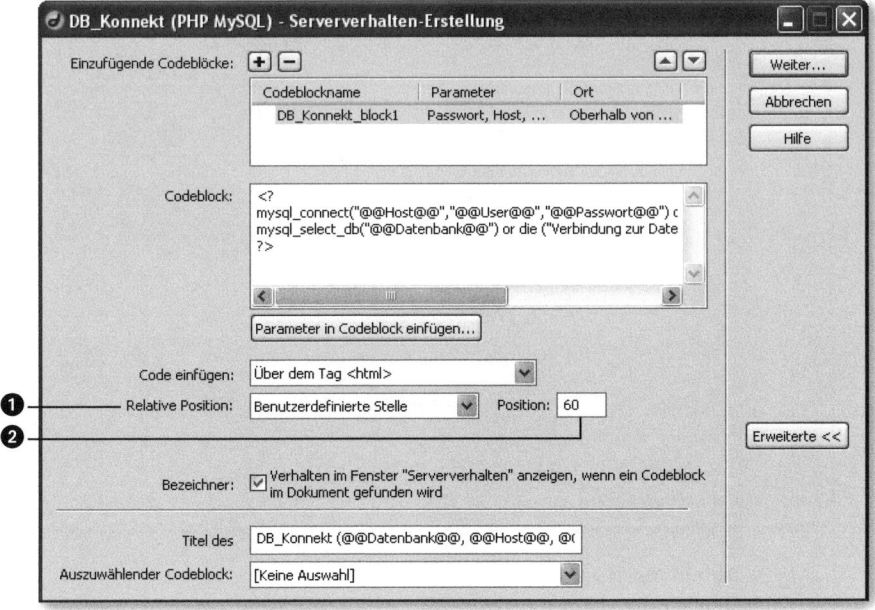

▲ **Abbildung 31.22**
Gewichtung der Codeblöcke einstellen

31.3.3 Bedingungen als Serververhalten anlegen

Das Erstellen eigener Serververhalten ist ein sehr komplexes Thema. Dreamweaver 8 unterstützt neben den bereits erwähnten Einstellmöglichkeiten auch die Bildung von Schleifen und Bedingungen in Codeblöcken mit Dreamweaver 8-spezifischen Codeparametern. Für diese sehr tiefgehenden Einstellungen und die Programmierung von Erweiterungen verweisen wir auf die sehr gute und umfangreiche Dokumentation von Dreamweaver 8.

PHP-Bedingung | Das nun folgende Serververhalten hat nichts mit den Dreamweaver 8-spezifischen Bedingungen gemeinsam, sondern ist eine reine PHP-Bedingung! Wie Sie sicherlich bereits festgestellt haben, kommt es recht häufig vor, dass bestimmte Codefragmente nur angezeigt werden sollen, wenn eine Bedingung innerhalb eines PHP-Befehls erfüllt ist.

Sie können sich diese Bedingungen auch als Serververhalten anlegen, es gibt dabei aber einige Kleinigkeiten zu bedenken.

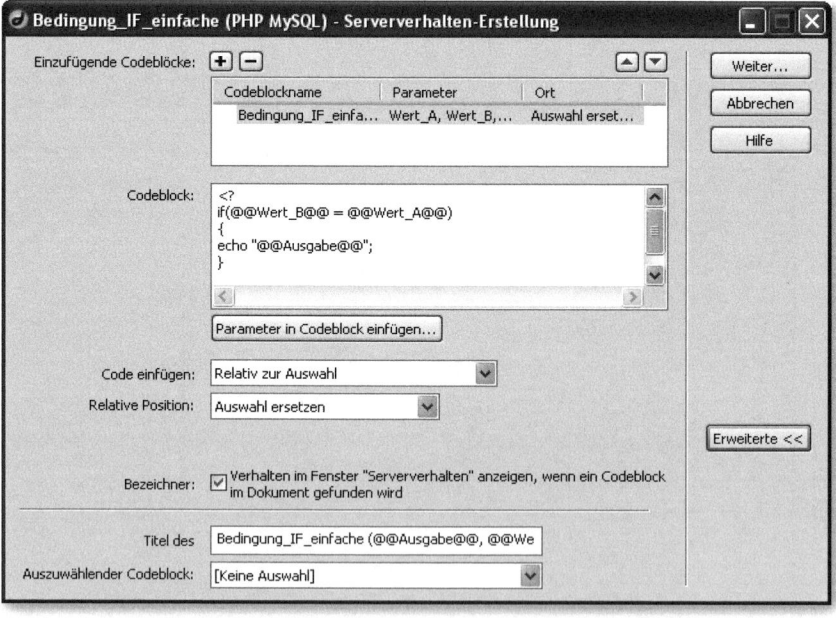

▲ **Abbildung 31.23**
Bedingung als Serververhalten

In Abbildung 31.23 sehen Sie ein neues Serververhalten und den enthaltenen Codeblock:

```
<?
if(@@Wert_B@@ = @@Wert_A@@)
{
echo "@@Ausgabe@@";
}
?>
```

◄ **Listing 31.14**
Bedingung als
Serververhalten

Damit das Serververhalten nicht an einer von Dreamweaver ausgewählten Stelle platziert wird, geben wir als Positionierung Relativ zur Auswahl und Auswahl ersetzen vor. Damit wird der Codeblock direkt am im Quelltext positionierten Cursor eingesetzt.

Im Codeblock sind drei Parameter eingetragen. Diese Parameter werden im fertigen Skript durch die beiden zu vergleichenden Variablen oder Werte und durch die gewünschte Ausgabe bei erfüllter Bedingung ersetzt. Die Vorgaben für das Dialogfeld werden als dynamische Textfelder gewählt, damit als Vergleichsparameter auch Datenfelder auswählbar sind.

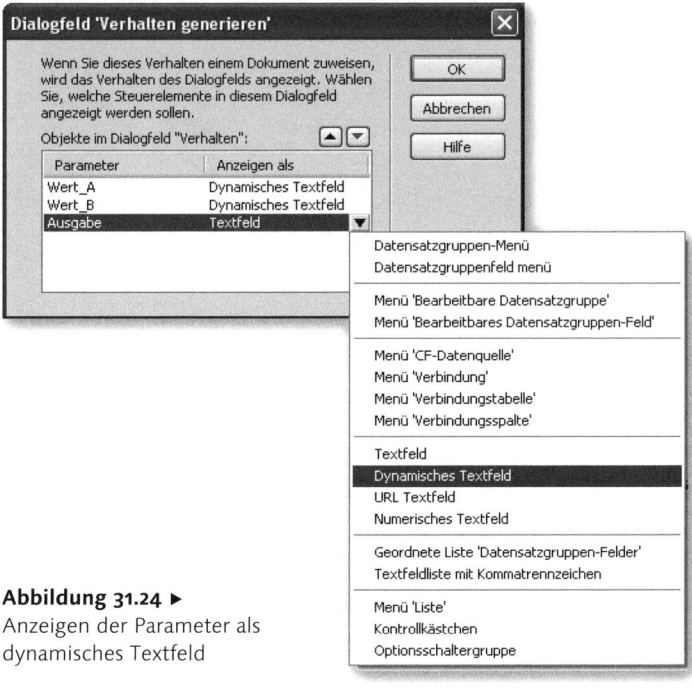

Abbildung 31.24 ►
Anzeigen der Parameter als
dynamisches Textfeld

Beim anschließenden Test wählen wir zwei identische Datensätze aus, um sicherzustellen, dass die Bedingung erfüllt ist, und einen einfachen Begriff als »Erfolgsmeldung«, der im Dokument bei erfüllter Bedingung ausgegeben werden soll.

Abbildung 31.25 ▶
Testen des Server-
verhaltens

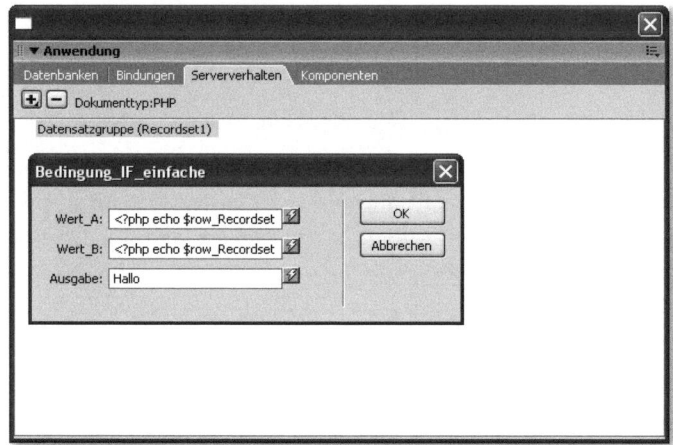

Wie Sie feststellen werden, arbeitet das eben erstellte Serververhalten fehlerhaft, wenn nicht von Hand eingegriffen wird. Der von Dreamweaver 8 erzeugte Code kann nicht funktionieren:

Listing 31.15 ▶
Fehlerhaftes
Verhalten

```
<?
if(<?php echo $row_Recordset1['name']; ?>
=<?php echo $row_Recordset1['name']; ?>) {
echo"Hallo"; }
?>
```

Dreamweaver 8 setzt um Datensatzfelder herum immer einen PHP-Tag. Dieser bewirkt, dass die PHP-Tags nicht korrekt geschlossen werden, da diese Tags auch in unserem Serververhalten vorkommen. Leider kann man Dreamweaver auch nicht überreden, das Serververhalten wie in folgendem Listing korrekt anzulegen:

Listing 31.16 ▶
Nicht von Dream-
weaver 8 akzeptiert

```
<?
if( ?>@@Wert_B@@  <? =  ?>@@Wert_A@@<? )
{
echo "@@Ausgabe@@";
}
```

Dreamweaver 8 weigert sich beharrlich, PHP innerhalb eines Code-
blockes mehrfach zu beginnen, und meckert sofort. Warum das so
ist, ist uns nicht klar. Es sollte eigentlich keine Schwierigkeit sein, das
zu erlauben. Besonders verwunderlich ist dies, weil Dreamweaver 8
im von ihm erstellten Quelltext regelrecht exzessiv PHP beginnt und
wieder beendet.

Sie kommen bei diesem Serververhalten nicht umhin, die Schreibweise in der Dialogbox wie in Abbildung 31.26 von Hand zu ändern
und die PHP-Tags zu entfernen. Dies stellt, wenn man es weiß, auch
kein größeres Problem dar. In der Dialogbox können Sie eingeben
und editieren, was Sie möchten. Einen dynamischen Datensatz einzufügen ist ja nur eine der Optionen, die Ihnen zur Verfügung steht.

```php
<?
if($row_Recordset1['name'] = $row_Recordset1['name'])
{
echo "Hallo";
}
?>
```

◄ **Listing 31.17**
Berichtigtes Verhalten

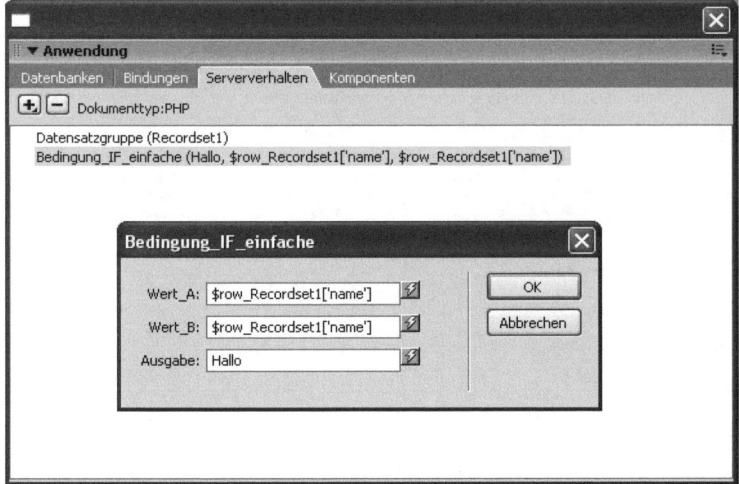

◄ **Abbildung 31.26**
Berichtigte Variablen

Codefragmente

Neben dem Anlegen eigener Serververhalten können Sie natürlich Ihre
Skripts auch als Codefragmente einfügen. Die Möglichkeit, Parameter
zu vergeben, haben Sie dann allerdings nicht.

31.3.4 Serververhalten anderen zur Verfügung stellen

Dreamweaver speichert die Dateien für die Servererweiterungen in einem separaten Verzeichnis ab. Windows-User finden dieses unter DOKUMENTE UND EINSTELLUNGEN und ihrem BENUTZERNAMEN im Verzeichnis Dreamweaver 8.

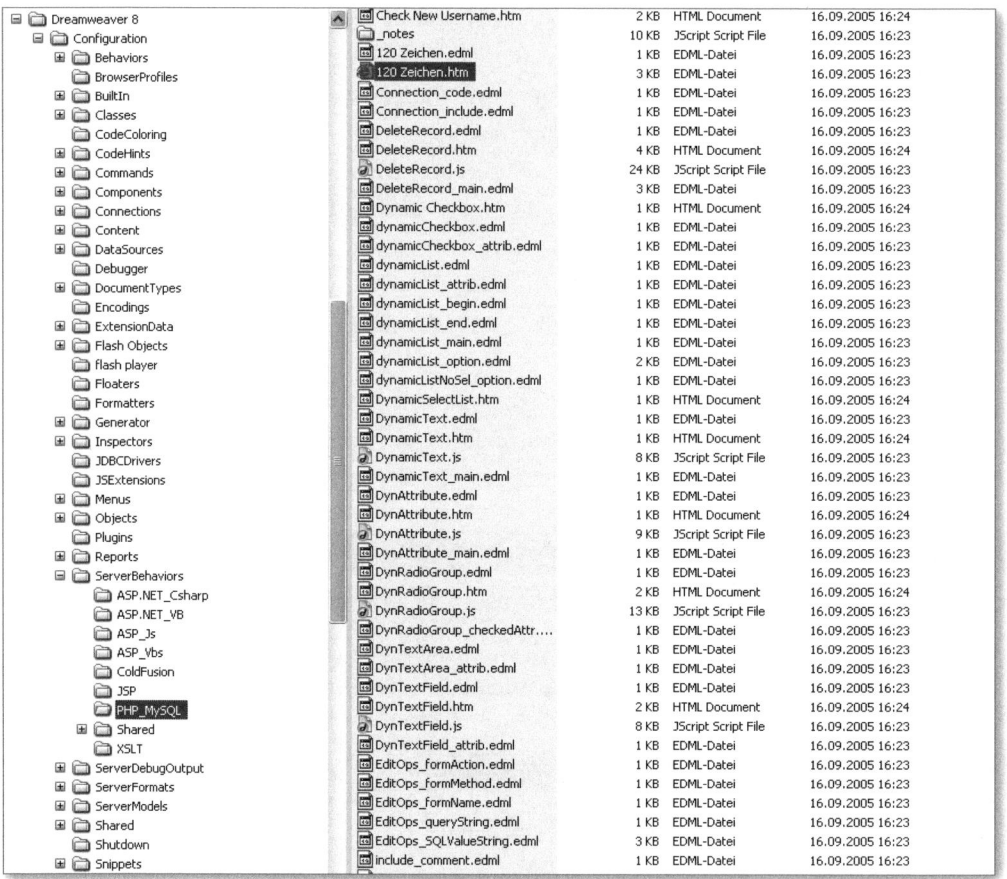

▲ **Abbildung 31.27**
Serververhalten im Dreamweaver 8-Verzeichnis

Jedes Serververhalten besteht aus drei Dateien, die Sie einfach anderen Nutzern Ihrer Arbeitsgruppe zur Verfügung stellen können, indem Sie diese kopieren.

Bezugsquellen für Serververhalten | Auf der Website von Macromedia finden Sie unter Macromedia Exchange noch viele weitere

Serververhalten, die Sie über den Extension Manager installieren können.

Auch einige kommerzielle Serververhalten sind erhältlich. Bis hin zu kompletten Shopsystemen als Serververhalten ist fast alles zu finden. Erfreulicherweise gibt es mittlerweile auch viele PHP-Skripts.

31.4 MySQL und Flash

31.4.1 Daten aus MySQL an Flash senden

Dreamweaver 8 und Flash 8 sind nicht annähernd so sehr verzahnt, wie wir es erstaunlicherweise immer wieder lesen müssen. Der Beweis für das häufig Geschriebene muss erst noch angetreten werden. Wenn es um dynamische Websites geht, ist die Unterstützung für Flash von Seiten aus Dreamweaver 8 eher spärlich. Da in Flash 8 selbst wesentlich mehr Möglichkeiten zum Anbinden von dynamischen Content integriert sind, ist dies allerdings auch nicht verwunderlich.

Dennoch kommt es ab und zu vor, dass man, ohne sich in die Tiefen von ActionScript, der Programmiersprache von Flash, einarbeiten zu wollen, einfache Inhalte, Texte oder Variablen an Flash übergeben will, um diese dann im Flash-Film darzustellen. Diese einfachen Aktionen sind mit Dreamweaver 8 problemlos möglich.

Schritt für Schritt: Inhalte von Dreamweaver an Flash übergeben

1 *Flash-Film anlegen*
Um die Technik zu veranschaulichen, haben wir in Flash 8 einen einfachen Film erstellt, der einen dynamischen Textbereich enthält. Diesem Textbereich ist der Variablenname DWTEST zugewiesen.

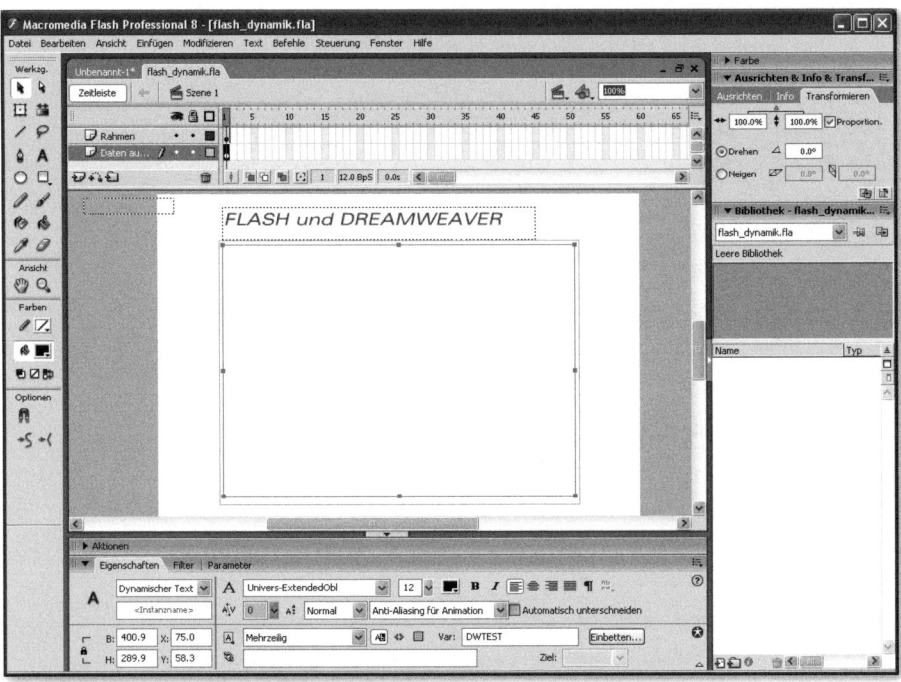

2 SWF in Dreamweaver 8

Das exportierte Flash-File wird in Dreamweaver 8 eingebunden und eine einfache Datensatzabfrage erstellt.

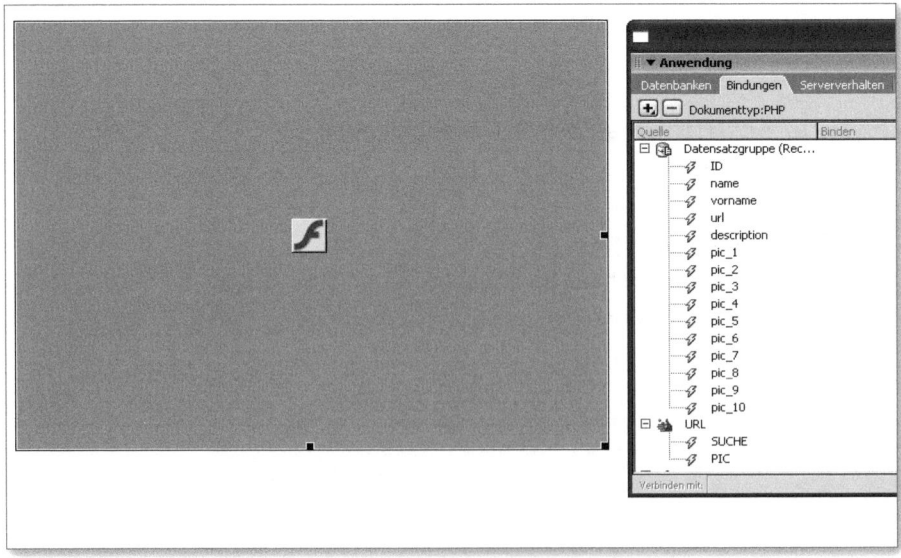

3 Variablenübergabe an Flash

Wie in einem der ersten Kapitel beschrieben, können Variablen an Flash mit dem Parameter flashVars übergeben werden. Da dieser Parameter sehr häufig an Flash-Filme gesendet wird, stellt sich hier die Frage, warum er nicht zu den Standardvorgaben in Dreamweaver 8 für Flash-Einbindungen gehört.

Als Wert verwenden wir den Datensatz »description« und schreiben die Variable, wenn Dreamweaver 8 den Datensatzverweis eingefügt hat, etwas um:

```
DWTEST=<?php echo $row_Recordset1['description'];
?>">
```

◄ **Listing 31.18**
Flash-Variable mit Datensatzabfrage

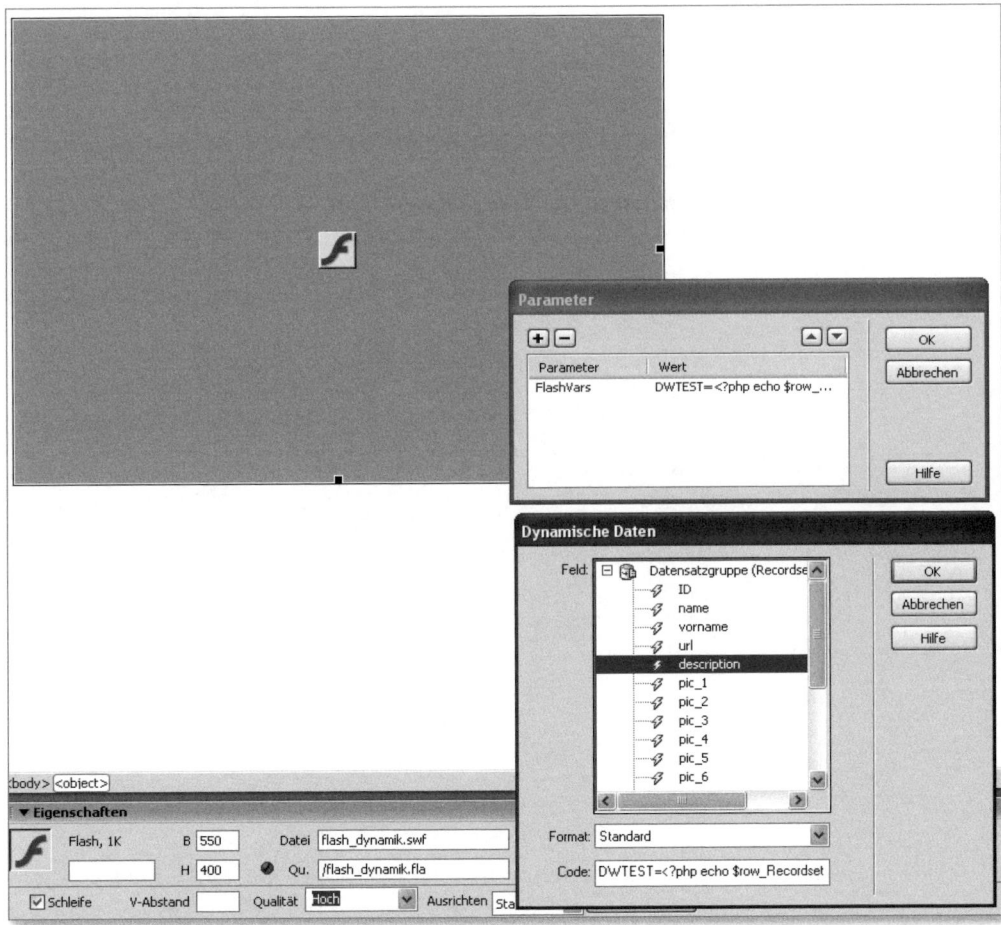

4 Vorschau des Flash-Films in Dreamweaver 8

In der Vorschau des Flash-Films sehen Sie jetzt bereits die Variable als Text ausgegeben.

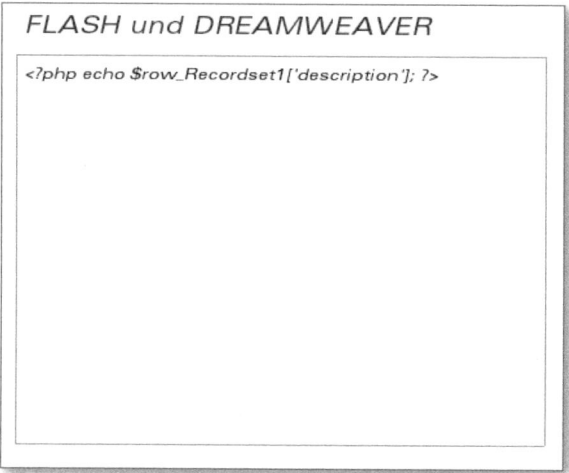

5 Vorschau in der Live Data-Ansicht

Wenn Sie zusätzlich zur Flash-Vorschau in die Live Data-Ansicht wechseln, wird der Inhalt des Datensatzes im Flash-Film angezeigt.

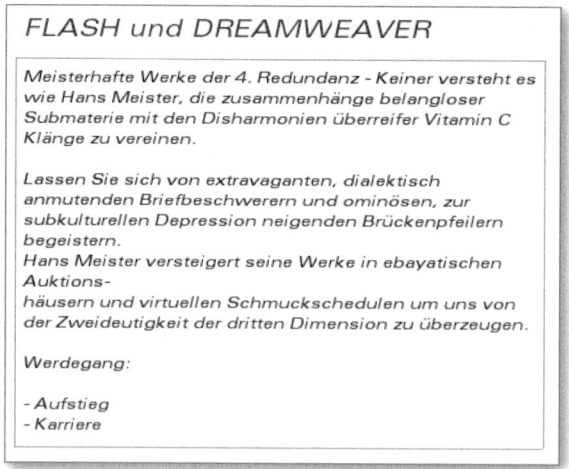

Mit dieser Vorgehensweise können Sie viele Flash-Aktionen ganz einfach mit Inhalten oder Parametern einer Datenbank verbinden. ∎

31.4.2 Dreamweaver 8 als ActionScript-Editor

Flash 8 unterstützt externe ActionScript-Dateien. Mit Dreamweaver 8 können Sie diese Dateien komplett erstellen. Dreamweaver ist in der Lage, die komplette Syntax einer ActionScript-Datei zu überprüfen.

```
1  // ActionScript Document
2  on (press) {
3      myColor = new Color(d);
4      myColor.setRGB(farbel);
5      farbed = farbe;
6
7  }
8  _root.
```

```
attachMovie(idName, newName, depth [, initObject])
beginFill(rgb, alpha)
beginGradientFill(fillType, colors, alphas, ratios, matrix)
clear()
createEmptyMovieClip(instanceName, depth)
createTextField(instanceName, depth, x, y, width, heig
curveTo(controlX, controlY, anchorX, anchorY)
duplicateMovieClip(newName, depth [, initObject])
enabled
endFill()
```

◄ **Abbildung 31.28**
Dreamweaver MX 2004 als ActionScript-Editor

32 Dreamweaver 8 und XML

Es ist in aller Munde. Kaum ein neues Programm oder Programm-Update, das nicht XML unterstützt. Zeit also, sich mit diesem Thema etwas näher zu befassen. Wir zeigen Ihnen die Grundlagen und wie Sie in Dreamweaver 8 damit arbeiten können.

Eine der maßgeblichen Neuerungen in der Dreamweaver-Version 8 sind die visuellen Editiermöglichkeiten von XML- und XSLT-Dokumenten. Bevor wir uns diesen neuen Features widmen, zunächst einige Grundlagen zu diesen Technologien.

32.1 Einführung in XML

XML steht für »Extended Markup Language« und ist eine Beschreibungssprache für Dokumente und Daten aller Art. XML ist ein Dialekt der Sprache bzw. des Sprachkonstruktes SGML (Standard Generalized Markup Language). Auch HTML gehört zur Gruppe der SGML-Dialekte, daher auch die recht große Ähnlichkeit im Aufbau dieser beiden. Seit 1998 ist XML in der Version 1.0 vom W3C standardisiert.

Beschreibung der Daten | Während HTML eine Auszeichnungssprache ist und etwas über die »Anzeige« von Daten zu sagen hat, beschreibt XML die Daten selbst. Bei HTML sind Daten, Funktion und Formatierungen ein einziges Mischmasch, der zwar beeindruckende Darstellungen im Browser erzeugt, aber keine Aussagen über die Inhalte treffen kann.

    <p></p> ist ein Absatz, egal was darin steht. <p></p> sagt denkbar wenig über die Inhalte des Absatzes aus. Um Daten zu strukturieren, ist HTML also absolut ungeeignet.

Trennung von Inhalt, Darstellung und Funktion | XML ist gewissermaßen die logische Konsequenz aus HTML, denn es trennt Inhalt, Darstellung und Funktion vollständig voneinander. Damit erreicht XML eine völlige Plattform- und Software-Unabhängigkeit. Ab sofort können Sie so Ihre **eigenen Tags** schreiben. Vorbei die Zeit der p, h1 und tables. Jetzt können Sie Ihre Tags auch <heinz>, <willi> und <bienemaya> nennen. Sie können es nicht glauben? Sehen Sie selbst.

```
1  <?xml version="1.0" encoding="iso-8859-1"?>
2
3  <bienenvolk>
4
5      <heinz>Hier ist Heinz</heinz>
6      <willi>Willi kennt auch jeder</willi>
7      <bienemaya>Und das hier ist die Biene Maya</bienemaya>
8
9  </bienenvolk>
```

Abbildung 32.1 ▶
Biene Maya in XML

Wir legen die Tags <heinz>, <willi> und <bienemaya> an. Sie gehören zur Gruppe von <bienenvolk>. Und wie Sie sehen, es funktioniert:

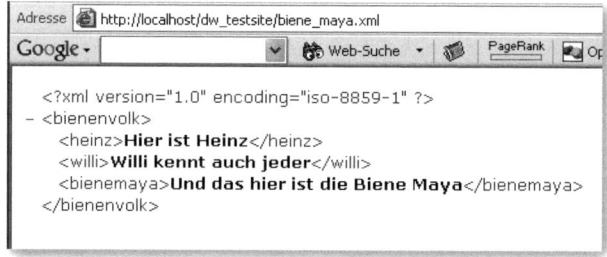

Abbildung 32.2 ▶
Biene Maya im Internet Explorer

32.1.1 Struktur von XML-Dokumenten

Sie erfahren anhand dieses kleinen Beispiels bereits eine Menge über die Struktur eines XML-Dokuments:

▸ Zu Beginn muss eine eindeutige Dokumenttypangabe erfolgen. Diese wird von Dreamweaver 8 automatisch beim Anlegen eines XML-Dokuments eingefügt.

▸ Die Tags sind innerhalb der üblichen Schreibkonventionen frei definierbar.

▸ Und, das ist der Grund für den Tag »Bienenvolk«, es muss ein Root-Element geben. Es ist zwingend vorgeschrieben.

Die Tags können Sie – wie bereits erwähnt – beliebig benennen und zudem so viele von ihnen anlegen, wie Sie wollen.

Im Browser sieht das Ganze noch etwas merkwürdig aus, wie Sie in Abbildung 32.2 sehen. Die Darstellung wird jedoch gleich noch besser. Zunächst noch kurz etwas zur Syntax. In Abbildung 32.3 sehen Sie das Schema einer richtig angelegten XML-Struktur. Die Tags können verschachtelt werden, genau so wie Sie es aus HTML kennen. XML ist dabei jedoch wesentlich intoleranter als HTML.

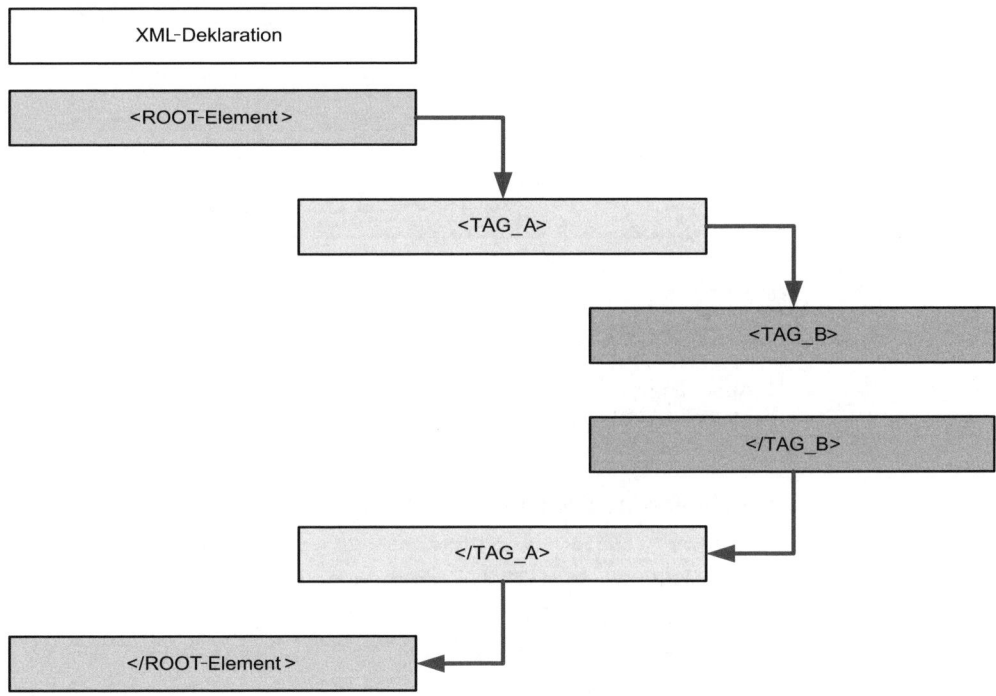

▲ **Abbildung 32.3**
Richtiges XML-Schema

In Abbildung 32.4 wurden die Tags über Kreuz verschachtelt. Auch in HTML ist das nicht korrekt, funktioniert aber in vielen Browsern. Bei XML führt dies sofort zu einem Fehler.

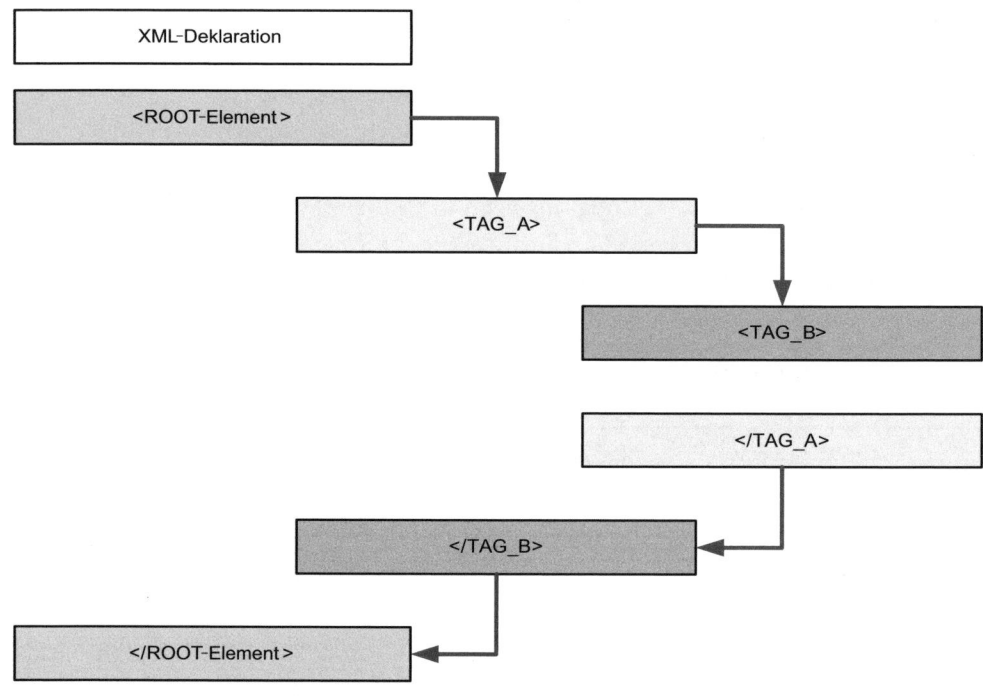

▲ Abbildung 32.4
Fehlerhaftes XML-Schema

Wohlgeformte Dokumente | XML-Dokumente müssen »wohlgeformt« sein. Dieser etwas merkwürdige Ausdruck beschreibt die korrekte Struktur eines XML-Dokuments, die auch als Baumstruktur bezeichnet wird.

Der Tag <TAG_B> ist dem Tag <TAG_A> untergeordnet. Bei XML spricht man in diesem Fall vom »Child-Element« (Kind) eines Tags. Der Tag <TAG_A> ist damit das »Parent-Element« (Elternteil) von <TAG_B>. Tags werden bei XML auch als Elemente bezeichnet. Die Gesamtheit TAG_A ist somit das Element TAG_A. Tags müssen in XML immer abgeschlossen werden.

32.2 XML und CSS

Hübsch anzusehen ist XML im Browser bislang nicht. Sie können zur Gestaltung von XML-Dokumenten zunächst einfache CSS-Dateien verwenden. Probieren wir es aus:

```
heinz {
    font-family: Arial, Helvetica, sans-serif;
    font-size: 20px;
    color: #75796F;
    line-height: 18px;
    font-weight: bold;
    margin: 1px;
    padding: 1px;
    height: 200px;
    width: 200px;
    border: 1px solid #FF9900;
}
willi {
    font-family: Arial, Helvetica, sans-serif;
    font-size: 20px;
    color: #75796F;
    line-height: 18px;
    font-weight: bold;
}
bienemaya {
    font-family: Arial, Helvetica, sans-serif;
    font-size: 20px;
    color: #75796F;
    line-height: 18px;
    font-weight: bold;
    margin: 1px;
    padding: 1px;
    height: 200px;
    width: 200px;
    border: 1px solid #0000FF;
    left: 250px;
    top: 250px;
}
```

◀ **Listing 32.1**
CSS-Stil für Biene Maya

In Listing 32.1 sehen Sie einen ganz normalen CSS-Stil. Nun verbinden wir die beiden Dokumente miteinander, indem wir die externe CSS-Datei einbinden wie aus HTML-Dokumenten gewohnt.

```
<?xml version="1.0" encoding="iso-8859-1"?>
<?xml-stylesheet type="text/css" href="xml.css"?>
```

◀ **Listing 32.2**
Biene Maya in XML

```
<bienenvolk>
   <heinz>Hier ist Heinz</heinz>
   <willi>Willi kennt auch jeder</willi>
   <biene_maya>Und das hier ist die Biene Maya</
biene_maya>
</bienenvolk>
```

Wie Sie in Abbildung 32.5 sehen, werden die Formatvorlagen aus der CSS-Datei ganz normal auf die selbst definierten Tags angewandt. Wie Sie vermutlich richtig erkennen, eröffnet Ihnen das in Zukunft ungeahnte Möglichkeiten.

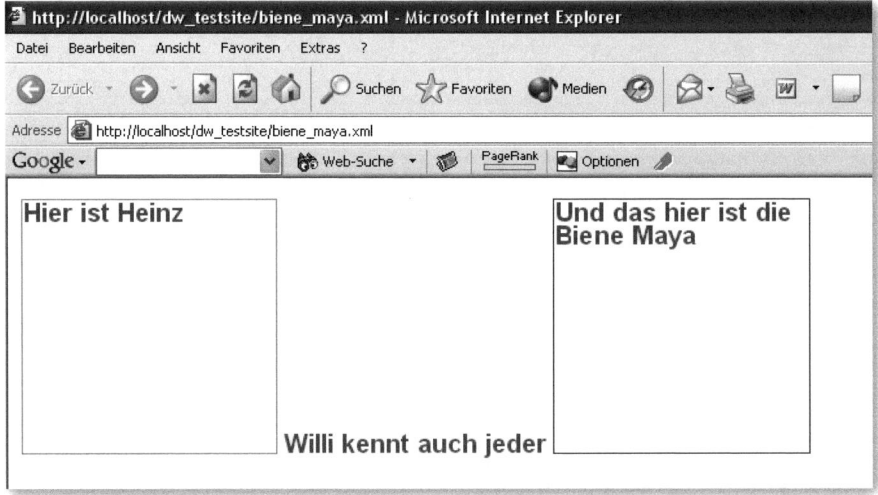

▲ **Abbildung 32.5**
Biene Maya im Internet Explorer

Vor Ihnen sehen Sie also ein Stück Zukunft im Internet und in der gesamten Datenverarbeitung. Das mag übertrieben klingen, ist unserer Einschätzung nach aber sogar eine Untertreibung. Ein Großteil der aktuellen Software verwendet diesen Standard bereits. Alle aktuellen Browser stellen XML-Dateien dar.

XML-Dateien öffnen | XML-Dateien können Sie in vielen Anwendungen öffnen. Auffällig bei allen Versionen ist, dass die eigentliche Datenstruktur überall vollständig erhalten bleibt, auch wenn die Darstellung völlig unterschiedlich ist. Wir haben es bereits erwähnt: XML trennt Daten, Design und Funktion gänzlich voneinander.

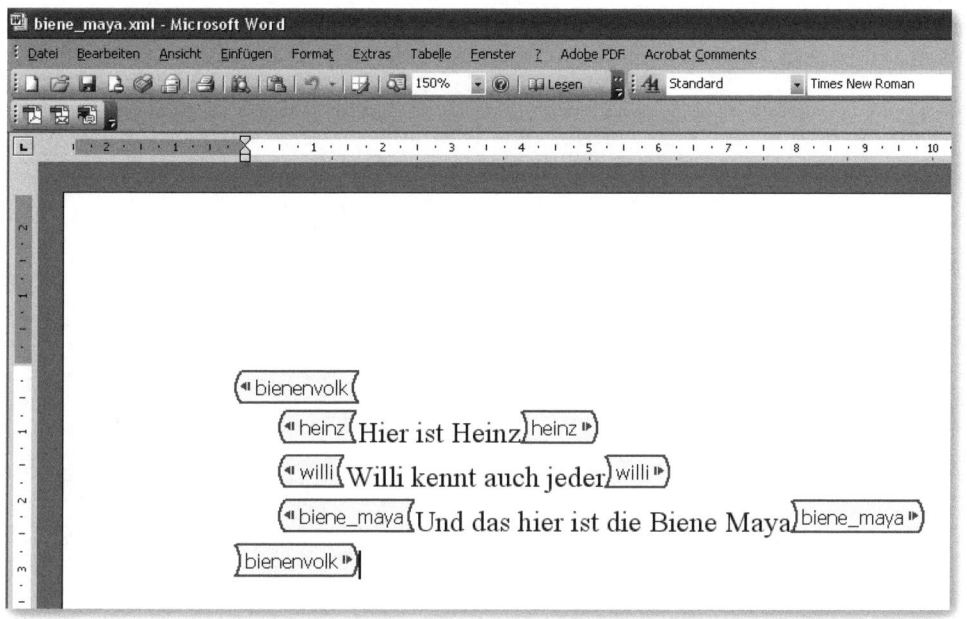

▲ Abbildung 32.6
Biene Maya in Word

▲ Abbildung 32.7
Biene Maya in Excel

32.3 XML-Attribute

Unter XML können Sie nicht nur die Tags selbst definieren, Sie können den Tags auch Attribute zuweisen und diese Attribute selbst anlegen:

```
<?xml version="1.0" encoding="iso-8859-1"?>
<?xml-stylesheet type="text/css" href="xml.css"?>
<bienenvolk kategorie="trickfilm">
  <heinz inhalt="name">
```

◄ Listing 32.3
Attribute in XML

Listing 32.4 ▶
Attribute in XML
(Forts.)

```
        Hier ist Heinz
    </heinz>
    <willi inhalt="hauptfigur">
       Willi kennt auch jeder
    </willi>
     <bienemaya inhalt="hauptfigur">
        Und das hier ist die Biene Maya
     </bienemaya>
</bienenvolk>
```

Processing Instructions

Neben den Attributen können in den Elementen so genannte Processing Instructions hinterlegt werden, die einer verarbeitenden Software Anweisungen zur Behandlung des jeweiligen Elements übergeben. Da dies jedoch wieder softwarespezifisch ist, werden wir hierauf nicht näher eingehen.

XML erlaubt den Austausch der Daten mit verschiedensten Anwendungen. Im Beispiel haben wir eine Excel-Tabelle als XML abgelegt und in Dreamweaver 8 geöffnet (siehe Abbildung 32.8 und Abbildung 32.9).

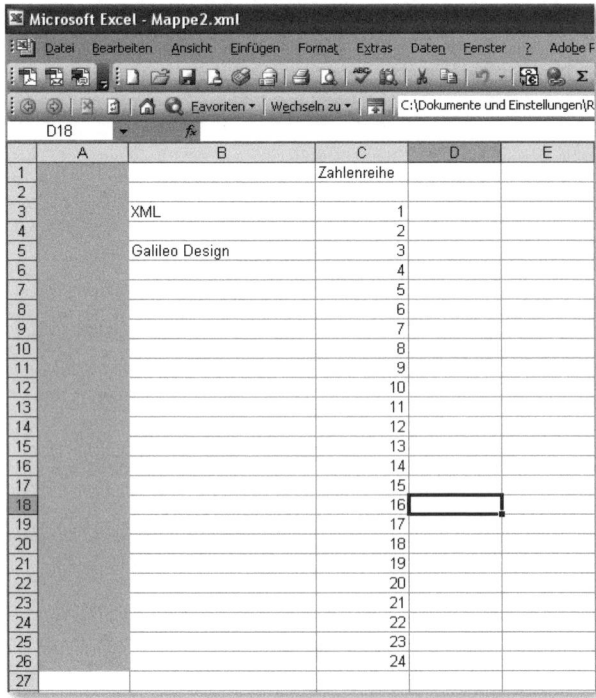

Abbildung 32.8 ▶
Excel-Tabelle mit
XML-Export

Wie Sie in Abbildung 32.9 sehen, stellt Dreamweaver 8 die XML-Dateien im Quelltext dar. Änderungen an den Dateien sind somit problemlos möglich. Etwas, was bis vor einiger Zeit bei Microsoft-Produkten völlig undenkbar war, wenn man nicht mit der Brechstange Hand an die Dateien legte.

```
1  <?xml version="1.0"?>
2  <?mso-application progid="Excel.Sheet"?>
3  <Workbook xmlns="urn:schemas-microsoft-com:office:spreadsheet"
4   xmlns:o="urn:schemas-microsoft-com:office:office"
5   xmlns:x="urn:schemas-microsoft-com:office:excel"
6   xmlns:ss="urn:schemas-microsoft-com:office:spreadsheet"
7   xmlns:html="http://www.w3.org/TR/REC-html40">
8   <DocumentProperties xmlns="urn:schemas-microsoft-com:office:office">
9    <Author>Richard Beer</Author>
10   <LastAuthor>Richard Beer</LastAuthor>
11   <Created>2003-12-25T10:33:37Z</Created>
12   <Company>firstART - Agentur für Design und Consulting</Company>
13   <Version>11.5703</Version>
14  </DocumentProperties>
15  <ExcelWorkbook xmlns="urn:schemas-microsoft-com:office:excel">
16   <WindowHeight>13035</WindowHeight>
17   <WindowWidth>15195</WindowWidth>
18   <WindowTopX>480</WindowTopX>
19   <WindowTopY>60</WindowTopY>
20   <ProtectStructure>False</ProtectStructure>
21   <ProtectWindows>False</ProtectWindows>
22  </ExcelWorkbook>
23  <Styles>
24   <Style ss:ID="Default" ss:Name="Normal">
25    <Alignment ss:Vertical="Bottom"/>
26    <Borders/>
27    <Font/>
```

◀ **Abbildung 32.9**
Öffnen der XML-Datei in Dreamweaver 8

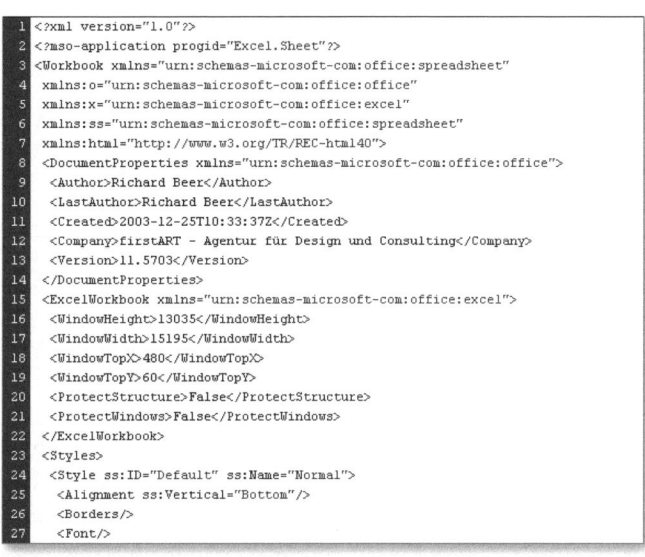

◀ **Abbildung 32.10**
Vorschau der XML-Datei im Internet Explorer

Die Darstellung funktioniert wie Sie sehen nur im Internet Explorer. Netscape zeigt die Datenstruktur an, da in diese XML-Datei Microsoft-spezifische Processing Instructions eingebunden sind, um Darstellungsanweisungen an Software aus der Office-Palette zu übergeben.

32.4 DTDs

Sie erinnern sich, in den Voreinstellungen von Dreamweaver 8 können Sie unterschiedliche DTDs auswählen. In jeder Kopfzeile eines HTML-Dokuments wird auf eine DTD verwiesen:

Listing 32.5 ▶
DTD-Verweis in einer HTML-Datei

```
<!DOCTYPE HTML PUBLIC "-//W3C//DTD HTML 4.01
Transitional//EN"
"http://www.w3.org/TR/html4/loose.dtd">
```

DTD heißt »Document Type Definition« oder »DOC-Type-Definition«. In der DTD für HTML ist festgeschrieben, welche Tags es gibt und über welche Attribute ein Tag verfügen darf. DTDs bestimmen, welche Daten in einem Element (Tag) enthalten sein dürfen und welche nicht. DTDs sind äußerst dogmatisch. Alles, was in einer DTD nicht ausdrücklich erlaubt wird, ist verboten.

Auch wenn unsere XML-Dateien einwandfrei funktionieren, gehört zu einer XML-Datei eine DTD, die genau die Elemente (Tags) festlegt. Das XML-Dokument »Biene Maya« sieht mit einer internen DTD wie folgt aus:

```
<?xml version="1.0" encoding="iso-8859-1"?>
<?xml-stylesheet type="text/css" href="xml.css"?>
<!-- Beginn DTD -->
<!DOCTYPE bienenvolk
[
    <!ELEMENT bienenvolk (heinz, willi, bienemaya)>
    <!ATTLIST bienenvolk kategorie CDATA #REQUIRED>

    <!ELEMENT heinz (#PCDATA)>
    <!ATTLIST heinz inhalt CDATA #REQUIRED>

    <!ELEMENT willi (#PCDATA)>
```

```
        <!ATTLIST willi inhalt CDATA #REQUIRED>
          <!ELEMENT bienemaya (#PCDATA)>
        <!ATTLIST bienemaya inhalt CDATA #REQUIRED>
]>
<!-- Ende DTD -->
<bienenvolk kategorie="trickfilm">

   <heinz inhalt="name">
Hier ist Heinz
</heinz>

<willi inhalt="hauptfigur">
Willi kennt auch jeder
</willi>

<bienemaya inhalt="hauptfigur">
Und das hier ist die Biene Maya
</bienemaya>
</bienenvolk>
```

Aufbau einer DTD | Und nun zur Erklärung des Listings: Wie gesagt, eine DTD beschreibt die einzelnen Elemente eines XML-Dokumentes und schreibt Inhalte oder Attribute vor.

Der schematische Aufbau einer DTD sieht wie folgt aus:

```
<!DOCTYPE bienenvolk
[
Definitionen
]>
```

Elemente definieren | Innerhalb der eckigen Klammern befindet sich die Definition der eigentlichen Elemente.

```
<!ELEMENT bienenvolk (heinz, willi, bienemaya)>
```

Das Element mit dem Namen bienenvolk beinhaltet die Child-Elemente heinz, willi und bienemaya. Damit ist das erste Element definiert.

```
<!ELEMENT heinz (#PCDATA)>
```

Das Element `heinz` kann alle Zeichen beinhalten. `#PCDATA` erlaubt alle Zeichen innerhalb eines Elements.

Attribute definieren | Zu jedem Element werden direkt im Anschluss eventuell vorhandene Attribute hinzugefügt und deklariert:

```
<!ATTLIST heinz inhalt CDATA #REQUIRED>
```

Das Element `heinz` hat das Attribut `Inhalt`. In diesem Attribut dürfen alle Zeichen enthalten sein. `CDATA` entspricht `#PCDATA` und ist der meistverwendete Attributwert. `#REQUIRED` schreibt vor, dass das Attribut auch gesetzt werden muss.

32.4.1 DTDs mit Dreamweaver 8 entwickeln

Dreamweaver 8 unterstützt Sie beim Entwickeln dieser Dokumente und der DTDs. Öffnen Sie dazu das Fenster ERGEBNISSE • ÜBERPRÜFUNG.

```
1  <?xml version="1.0" encoding="iso-8859-1"?>
2  <?xml-stylesheet type="text/css" href="xml.css"?>
3  <!-- Beginn DTD -->
4  <!DOCTYPE bienenvolk
5      [
6      <!ELEMENT bienenvolk (heinz ,willi,bienemaya)>
7      <!ATTLIST bienenvolk kategorie CDATA #REQUIRED>
8
9          <!ELEMENT heinz (#PCDATA)>
10         <!ATTLIST heinz inhalt CDATA #REQUIRED>
11
12         <!ELEMENT willi (#PCDATA)>
13
14
15         <!ELEMENT bienemaya (#PCDATA)>
16         <!ATTLIST bienemaya inhalt CDATA #REQUIRED>
17  ]>
18  <!-- Ende DTD -->
19  <bienenvolk kategorie="trickfilm">
20
21      <heinz>Hier ist Heinz</heinz>
22      <willi inhalt="hauptfigur">Willi kennt auch jeder</willi>
23      <bienemaya inhalt="hauptfigur">Und das hier ist die Biene Maya</bienemaya>
24
25  </bienenvolk>
```

▲ **Abbildung 32.11**
Überprüfung der Dokumentenstruktur mit Dreamweaver 8

Klicken Sie während des Schreibens auf den grünen Pfeil und wählen Sie AKTUELLES DOKUMENT ÜBERPRÜFEN. Dreamweaver 8 kontrolliert dann das Dokument anhand Ihrer angelegten DTD und kontrolliert gleichzeitig die DTD auf korrekte Funktion. Noch einfacher ist das Erstellen von DTDs wohl nicht zu haben!

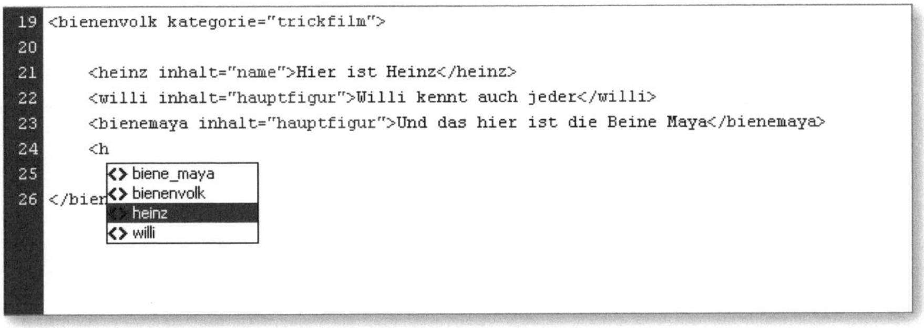

```
19  <bienenvolk kategorie="trickfilm">
20
21      <heinz inhalt="name">Hier ist Heinz</heinz>
22      <willi inhalt="hauptfigur">Willi kennt auch jeder</willi>
23      <bienemaya inhalt="hauptfigur">Und das hier ist die Beine Maya</bienemaya>
24      <h
25        <> biene_maya
26  </bie <> bienenvolk
              heinz
          <> willi
```

▲ **Abbildung 32.12**
Eigene Tags in Dreamweaver 8

Bereits jetzt erkennt Dreamweaver 8 die von Ihnen erstellten Elemente (Tags) und bietet Ihnen eine Hilfestellung beim Einfügen an.

32.4.2 Externe DTDs

Genau wie CSS-Stile können auch DTDs extern abgelegt werden. In einem weiteren Schritt können Sie DTDs in die Dreamweaver 8-Tag-Bibliothek importieren.

```
<!ELEMENT bienenvolk (heinz ,willi,bienemaya)>
<!ATTLIST bienenvolk kategorie CDATA #REQUIRED>

    <!ELEMENT heinz (#PCDATA)>
    <!ATTLIST heinz inhalt CDATA #REQUIRED>

    <!ELEMENT willi (#PCDATA)>
    <!ATTLIST willi inhalt CDATA #REQUIRED>

    <!ELEMENT bienemaya (#PCDATA)>
    <!ATTLIST bienemaya inhalt CDATA #REQUIRED>
```

▲ **Listing 32.6**
Externe DTD biene_maya.dtd

Damit bleibt von unserem XML-Dokument nur noch Folgendes übrig:

Listing 32.7 ▶
Verbleibendes XML-
Dokument

```xml
<?xml version="1.0" encoding="iso-8859-1"?>
<?xml-stylesheet type="text/css" href="xml.css"?>
<!-- Beginn DTD -->
<!DOCTYPE bienenvolk [ ]>
<!-- Ende DTD -->
<bienenvolk kategorie="trickfilm">
     <heinz inhalt="name">
Hier ist Heinz
</heinz>

     <willi inhalt="hauptfigur">
Willi kennt auch jeder
</willi>

     <bienemaya inhalt="hauptfigur">
Und das hier ist die Biene Maya
</bienemaya>
   </bienenvolk>
```

Innerhalb der Anweisung DOCTYPE wird nun auf die externe DTD
verwiesen:

Listing 32.8 ▶
Einbinden einer exter-
nen privaten DTD

```
<!DOCTYPE bienenvolk SYSTEM "biene_maya.dtd">
```

Private und öffentliche DTDs | Das Schlüsselwort SYSTEM besagt in
diesem Fall, dass es sich um eine externe private DTD handelt, die
nur Ihnen oder Ihrer Arbeitsgruppe zur Verfügung steht. Wenn Sie
eine DTD öffentlich zugänglich machen wollen, muss die Anweisung
lauten:

Listing 32.9 ▶
Externe öffentliche
DTD

```
<!DOCTYPE Rootelementename PUBLIC "DTD-Name"  "DTD-URL">
```

32.4.3 Einbinden von DTDs in Dreamweaver 8
Im Folgenden zeigen wir Ihnen anhand einer Schritt-für-Schritt-Anleitung, wie Sie eine DTD importieren können.

Schritt für Schritt: Eine DTD importieren

1 Tag-Bibliothek öffnen

Eine Möglichkeit, DTDs in Dreamweaver 8 einzubinden, ist es, die Elemente-Definition in die Tag-Bibliothek aufzunehmen. Öffnen Sie dazu das Menü BEARBEITEN • TAG-BIBLIOTHEKEN… und klicken Sie auf das Plus-Symbol.

2 Datei importieren

Wählen Sie nun unter DTDSCHEMA die eben angelegte Datei biene_maya.dtd aus und importieren Sie diese in Dreamweaver 8.

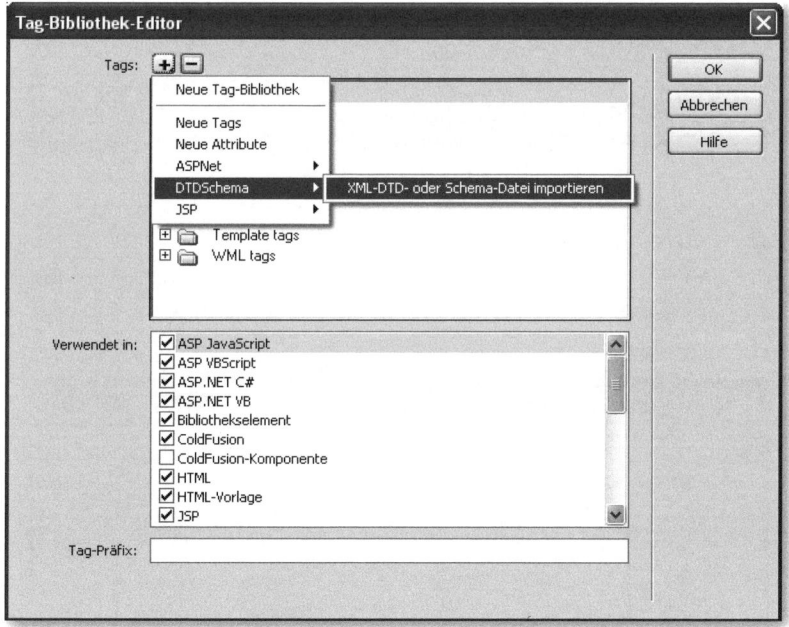

3 Dokumenttyp zuweisen

In der Dialogbox stehen Ihnen jetzt die Tags aus der DTD zur Verfügung. Weisen Sie diese einem Dokumenttyp zu, in unserem Beispiel sind es XML-Dokumente. Grundsätzlich können Sie aber derart erstellte Bibliotheken allen Dokumenttypen zuweisen.

Somit ist das Erstellen von externen DTDs eine weitere Möglichkeit, Dreamweaver 8 gemäß Ihren Wünschen anzupassen.

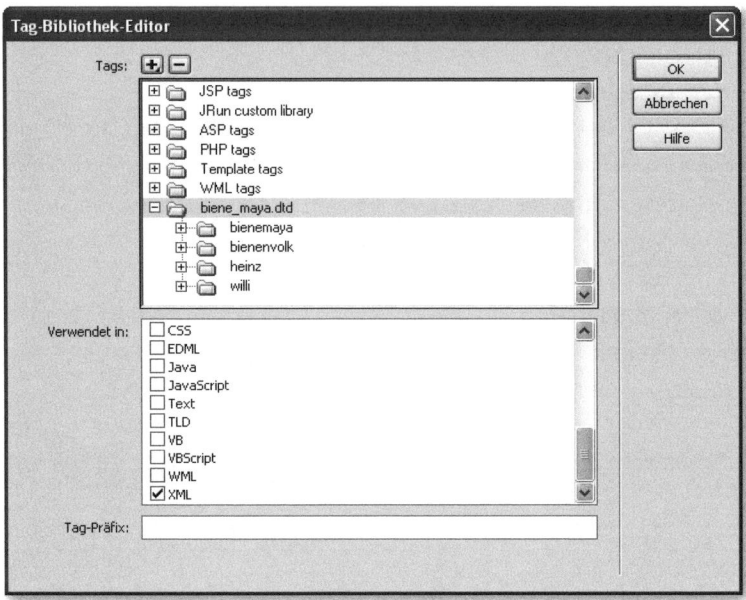

4 Einstellungen für Attribute

Bei den Attributen der Tags können Sie die gleichen Einstellungen vornehmen wie bei anderen bereits implementierten.

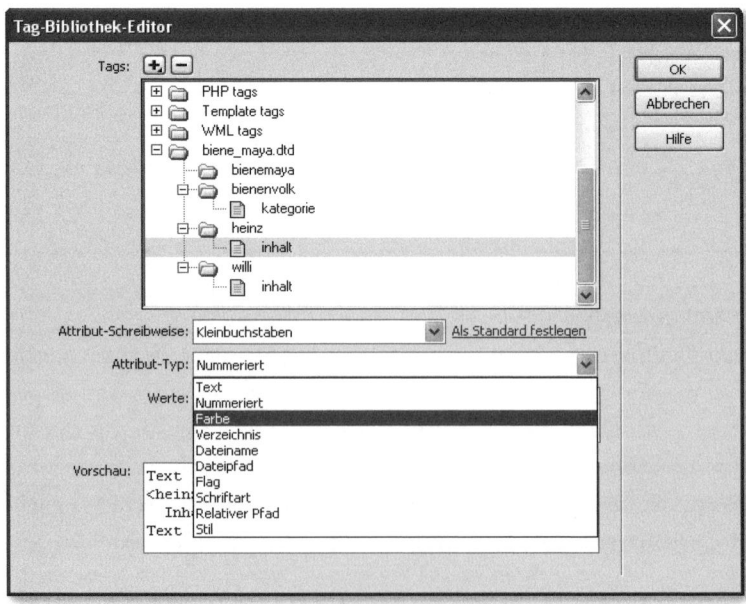

5 Anzeige im Tag-Inspektor

Nach dem Import und der Festlegung der Einstellungen können Sie mit den neuen XML-Tags wie gewohnt im Tag-Inspektor arbeiten.

```
1  <?xml version="1.0" encoding="iso-8859-1"?>
2  <?xml-stylesheet type="text/css" href="xml.css"?>
3  <!-- Beginn DTD -->
4  <!DOCTYPE bienenvolk SYSTEM "biene_maya.dtd">
5  <!-- Ende DTD -->
6  <bienenvolk kategorie="trickfilm">
7
8      <heinz inhalt="name">Hier ist Heinz</heinz>
9      <willi inhalt="hauptfigur">Willi kennt auch jeder</willi>
10     <bienemaya inhalt="hauptfigur">Und das hier ist die Beine Maya</bienemaya>
11
12 </bienenvolk>
```

32.5 XML, XSLT und CSS

Dreamweaver 8 bietet in dieser Version erstmals die visuelle Bearbeitung von XSLT-Dateien und diverse Möglichkeiten, diese Dateien client- oder serverseitig mit XML-Dokumenten zu nutzen. Zunächst jedoch einige weitere theoretische Hintergründe.

32.5.1 XSLT-Einführung

XSLT (XSL Transformation) als Teilmenge der Sprache XSL (Extensible Stylesheet Language) ist eine Programmiersprache zur Umwandlung von XML-Dokumenten in verschiedene Dokumentenformate wie XHTML, HTML, PDF, CSV und einige andere. Auch eine Transformation in XML selber – aber in einer neuen XML-Dokumentenstruktur – ist möglich.

Die XSLT-Dokumente werden mit dem Dateipräfix .XSL gespeichert, was zu Verwirrung führen kann, da es sich dabei nicht um XSL-Dokumente handelt!

XSLT-Transformation | In Dreamweaver 8 wird XSLT zur Transformation von XML-Dokumenten in XHTML oder HTML unterstützt. Mit XSLT werden Regeln für diese Transformation definiert. Das XSLT-Dokument enthält daher Elemente aus XSLT zur Steuerung der Transformation sowie Elemente der Zielsprache, um die korrekte Ausgabe zu gewährleisten.

XPath | Innerhalb eines XSLT- und/oder XML-Dokuments dient XPath, eine weitere Untermenge von XML, zur Adressierung von Teilen oder Bereichen in XML-Dokumenten.

Diese ganze Thematik ist so komplex wie interessant und wir empfehlen Ihnen dringend – wenn Sie professionell im Webumfeld arbeiten – sich mit dieser Thematik auseinander zu setzen. Alleine der von Macromedia betriebene Aufwand, die neuen Features in Dreamweaver 8 zu integrieren, zeigt, wie wichtig diese Technik in naher Zukunft sein wird oder längst ist.

Eine der praktischen Anwendungen von Dreamweaver 8 ist das Einbinden eines Newsfeeds in eine Website. Grundsätzlich gibt es zwei verschiedene Möglichkeiten, mit dieser Technik zu arbeiten. Im Folgenden beschreiben wir beide und erläutern sie jeweils an einem Beispiel.

32.5.2 RSS-Feed einbinden

RSS-Feed (Really Simple Syndication) ist eine Technologie, die dazu dient, Nachrichten auf einfache Weise in Websites einzubinden oder mit einem Newsreader, ähnlich einer E-Mail, lesen zu können. Mittlerweile existieren gleich mehrere Standards für RSS-Feeds. Wir haben die Funktionen mit verschiedenen getestet – es funktioniert offensichtlich mit allen.

Für die folgenden Beispiele haben wir ein kleines RSS-Feed als XML-Dokument angelegt. Dieses XML-Dokument wird lokal, also direkt auf dem Server abgelegt, auf dem auch das XSLT-Dokument läuft.

Wir werden auch bei der serverseitigen XSLT-Transformation mit einem lokalen XML-Dokument arbeiten, selbst wenn die Möglichkeit bestünde, dies über einen externen Server einzubinden, zum Beispiel von einem Nachrichtendienst.

Unser Newsfeed ist eine XML-Datei mit folgender Struktur und einem auf der Spezifikation RSS 0.91 basierenden Inhalt.

```xml
<?xml version="1.0" encoding="iso-8859-1"?>
<!DOCTYPE rss PUBLIC "-//Netscape Communications//DTD
RSS 0.91//EN" "http://my.netscape.com/publish/
formats/rss-0.91.dtd">

<rss version="0.91">

<channel>
      <title>DREAMWEAVER NEWS GERMANY</title>
   <link>http://www.dreamweaverforum.de</link>
   <description>Newsfeed Dreamweaverforum
Deutschland</description>
   <language>de</language>
   <item>
      <title>Neuerscheinungen 2006 - Dreamweaver 8 von
Richard Beer und Susann Gailus</title>
      <link>http://www.dreamweaverforum.de</link>
       </item>

</channel>
</rss>
```

◀ **Listing 32.10**
Newsfeed

32.5.3 XSLT-Fragmente und ganze XSLT-Seiten

In Dreamweaver können Sie beim Neuanlegen eines XSLT-Dokuments entscheiden, ob Sie eine ganze XSLT-Seite erzeugen wollen oder nur ein Fragment. **XSLT-Fragmente** werden in bestehende Dokumente eingebunden und enthalten keinen eigenen Dokumentkörper (head und body). Sie können zusätzlich jedes bestehende HTML-oder XHTML-Dokument in eine **XSLT-Seite** konvertieren, indem Sie aus dem Menü DATEI • KONVERTIEREN • XSLT 1.0 auswählen.

Wenn Sie nur Fragmente anlegen, müssen Sie bedenken, dass CSS-Stile teilweise im Head eines Dokuments abgelegt werden. Sie müssen also die Definition der XSS-Stile oder den Verweis auf eine CSS-Datei in das Dokument legen, in welches das Fragment eingebunden werden soll.

32.5.4 Clientseitige XSLT-Transformation

Bei der clientseitigen Transformation wird – wie der Name schon sagt – die XSLT-Transformation auf dem Client bzw. mit dem Browser des Clients durchgeführt. Dies wird von den neueren Browsern auch unterstützt, von älteren hingegen nicht. Neben der Notwendigkeit, in die XML-Quelldatei eingreifen zu müssen, ist dies einer der Nachteile dieser Methode. Der Vorteil liegt darin, dass Sie keinerlei serverbasierte Anwendungen benötigen, um die Transformation durchzuführen.

XML-Dateien lokal ablegen | Die für clientseitige Transformationen verwendeten XML- und XSLT-Seiten müssen im gleichen Verzeichnis abgelegt werden. Ansonsten sucht der Browser beim Lesen der XML-Datei nach der XSLT-Seite für die Transformation, kann aber die durch relative Links definierten Elemente in der XSLT-Datei nicht finden.

In Abbildung 32.13 sehen Sie die XML-Quelldatei unseres RSS-Feeds in der Browseransicht ohne jede Gestaltung oder Transformation.

```
<?xml version="1.0" encoding="iso-8859-1" ?>
<!DOCTYPE rss (View Source for full doctype...)>
- <rss version="0.91">
  - <channel>
      <title>DREAMWEAVER NEWS GERMANY</title>
      <link>http://www.dreamweaverforum.de</link>
      <description>Newsfeed Dreamweaverforum Deutschland</description>
      <language>de</language>
    - <item>
        <title>Neuerscheinungen 2006 - Dreamweaver 8 von Richard Beer und Susann Gailus</title>
        <link>http://www.dreamweaverforum.de</link>
      </item>
    - <item>
        <title>Dreamweaverforum im neuen Design</title>
        <link>http://www.dreamweaverforum.de</link>
      </item>
    - <item>
        <title>Dreamweaver 8 unterstützt XSLT Erstellung</title>
        <link>http://www.dreamweaverforum.de</link>
      </item>
    - <item>
        <title>Dreamweaver 8: Neue visuelle Layoutmöglichkeiten für XSLT</title>
        <link>http://www.dreamweaverforum.de</link>
      </item>
    - <item>
        <title>Studio 8 zum Verkauf freigegeben</title>
        <link>http://www.dreamweaverforum.de</link>
      </item>
    </channel>
  </rss>
```

Abbildung 32.13 ▶
Browseransicht des
XML-Dokuments

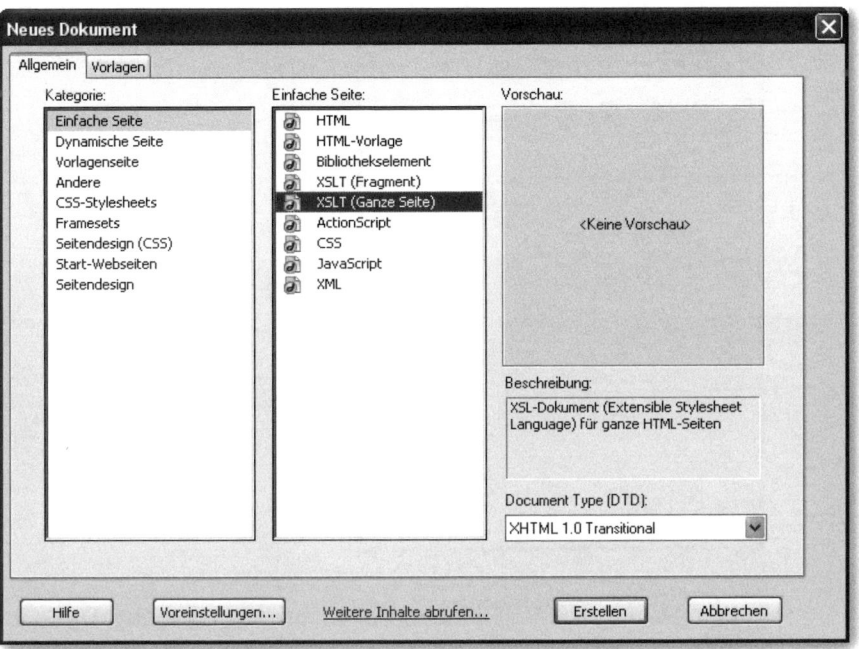

▲ Abbildung 32.14
Neue ganze XSLT-Seite anlegen

Nachdem Sie eine Auswahl getroffen haben, wie in unserem Beispiel eine ganze XSLT-Seite, erscheint sofort eine Aufforderung, die XML-Quellen anzugeben. Sie können zwischen lokalen Quellen oder Quellen aus dem Internet auswählen.

Wir haben im Beispiel eine lokale XML-Datei ausgewählt.

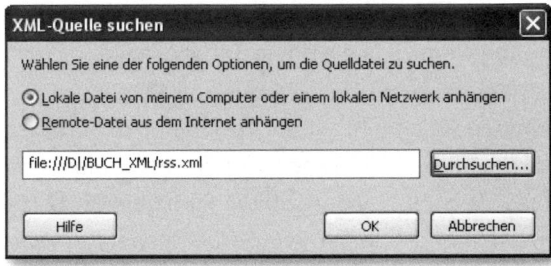

◄ Abbildung 32.15
XML-Quelle an XSLT-Datei anbinden

Wie Sie in Abbildung 32.16 sehen, werden die Elemente der Datei im Bedienfeld BINDUNGEN so ähnlich angezeigt, wie Sie es von Datenbankabfragen kennen. Die Handhabung dieser Elemente unterscheidet sich bei Dreamweaver nur geringfügig von der der Elemente aus einer Datenbank.

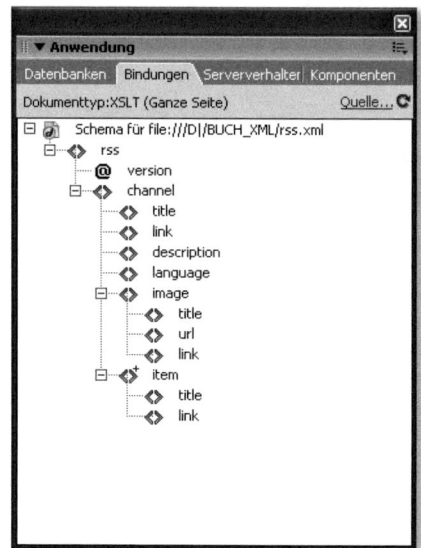

Abbildung 32.16 ▶
Bedienfeld BINDUN-
GEN mit Datenfeldern
aus XML

In dem XSLT-Dokument können Sie mit allen gewohnten HTML-Ele-
menten arbeiten. Das Layouten dieser Dokumente gleicht demjeni-
gen dynamischer Dokumente. Wenn Sie jedoch einen Blick in den
Quelltext werfen, werden Sie feststellen, dass sich die Syntax erheblich unterscheidet.

Wiederholte und bedingte Bereiche | Auch bei XSLT-Dokumenten
können wiederholte und bedingte Bereiche eingefügt werden. Wenn
Sie in der Einfügeleiste das Register XSLT öffnen, stehen Ihnen einige
– wenn auch wenige – Werkzeuge zur Ausgabesteuerung zur Verfügung.

Um die Arbeitsweise zu verdeutlichen, zeigt Abbildung 32.17 einen
eingefügten wiederholten Bereich. Es ist eine Tabellenzeile, die mit
jedem Eintrag des RSS-Feeds wiederholt werden soll ❶.

Am einfachsten können solche Arbeiten im Quelltext durchgeführt werden, indem Sie die ganze Tabellenreihe auswählen und
dann auf WIEDERHOLTEN BEREICH EINFÜGEN in der Einfügeleiste ❷ klicken. Im daraufhin erscheinenden XPATH-Ausdrucksgenerator können Sie dann den Bereich auswählen, der für die Häufigkeit der
Wiederholungen zuständig ist. In der Feldliste werden wiederholt
angelegte Bereiche durch ein kleines Plus-Symbol dargestellt. Die
Steuerung dieser Bereiche sowie eventuelle Bedingungen werden
mit XPath geschrieben.

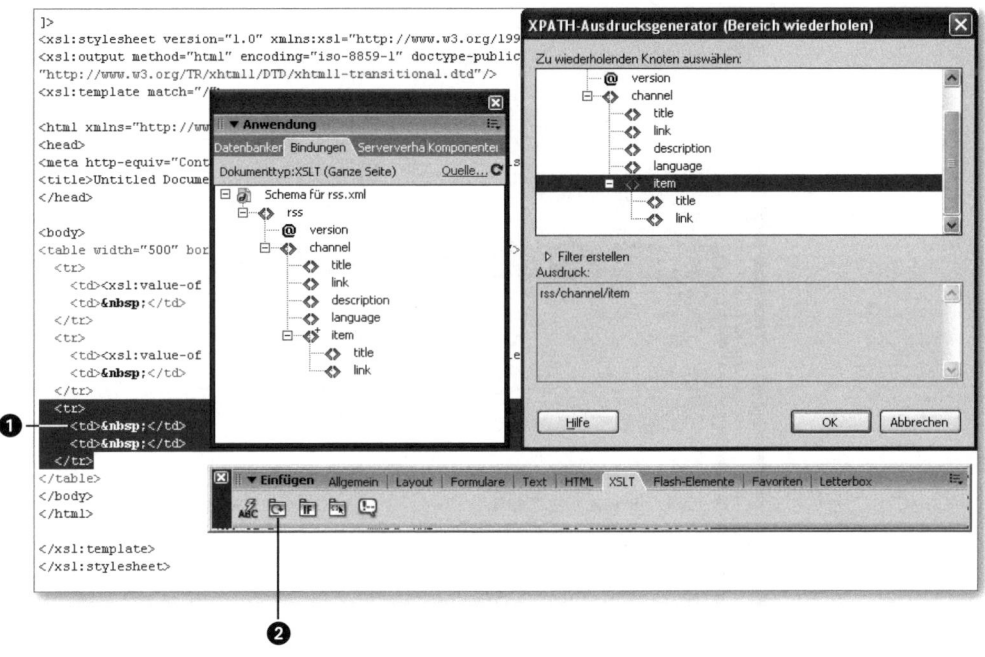

▲ Abbildung 32.17
Wiederholten Bereich hinzufügen

In der Layout-Ansicht sehen Sie den wiederholten Bereich so, wie Sie
es vom Arbeiten mit dynamischen Dokumenten gewohnt sind.

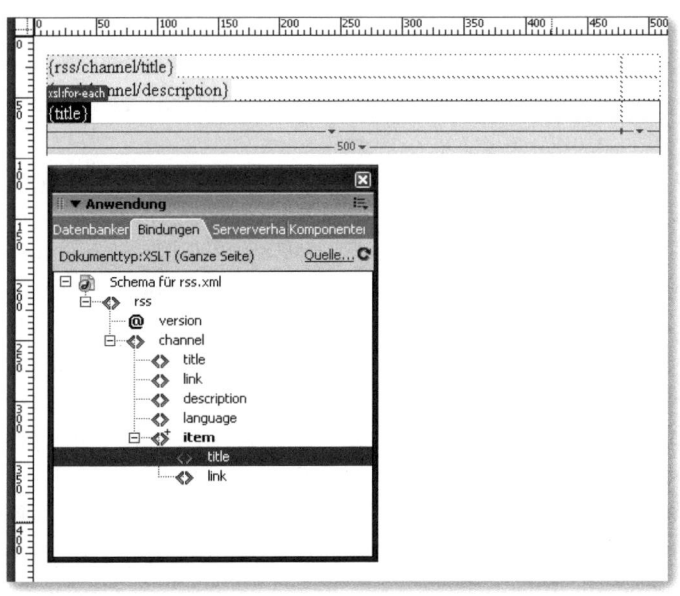

◄ Abbildung 32.18
Wiederholter Bereich
in der Layout-Ansicht

In der Browservorschau können Sie ab diesem Zeitpunkt bereits den Erfolg Ihrer Arbeiten bestaunen.

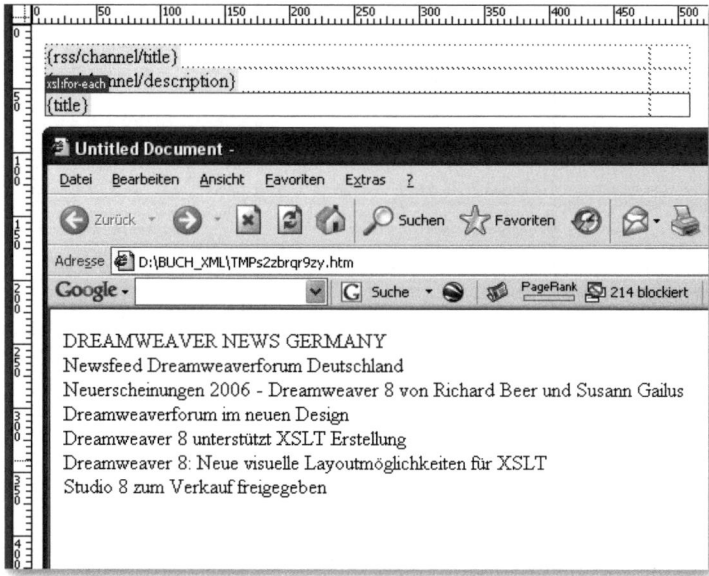

Abbildung 32.19 ▶
Browservorschau
des Newsfeeds

Häufig werden in RSS-Feed nur eine Kurzbeschreibung und ein Titel eines weiterführenden Artikels angezeigt. Den eigentlichen Artikel können Sie lesen, wenn Sie auf die Headline der News klicken. In unserem Beispiel haben wir die Headline mit dem Feld »link« verknüpft. Dies geschieht auf die gleiche Weise wie bei dynamischen Dokumenten. Auch XML-Dokumente werde in XSLT als Datenquellen angegeben (siehe Abbildung 32.20).

Den einzelnen Elementen können wie gewohnt CSS-Stile zugewiesen werden.

Zu diesem Zeitpunkt ist das Dokument bzw. die Dokumentenstruktur jedoch keineswegs fertig. Hier lauert eine kleine Falle.

Wenn Sie in die Browservorschau wechseln [F12], sehen Sie ein fertig gestaltetes Dokument. Dies ist jedoch, wie Sie in der Adressleiste des Browsers ❶ sehen, ein temporäres Dokument und nicht das Originaldokument ❷. Wenn Sie das Original direkt aufrufen, sehen Sie immer noch die komplette Dokumentenstruktur. Hier übernimmt Dreamweaver die Transformation. Um ein wirklich funktionsfähiges Dokument zu erhalten, müssen noch die folgenden Schritte durchgeführt werden.

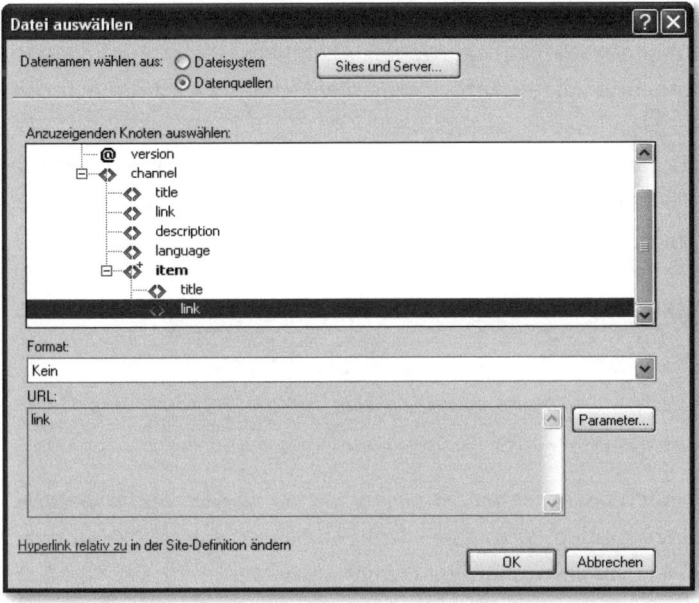

◄ **Abbildung 32.20**
Hyperlink aus
Datenquelle

❶ ❷

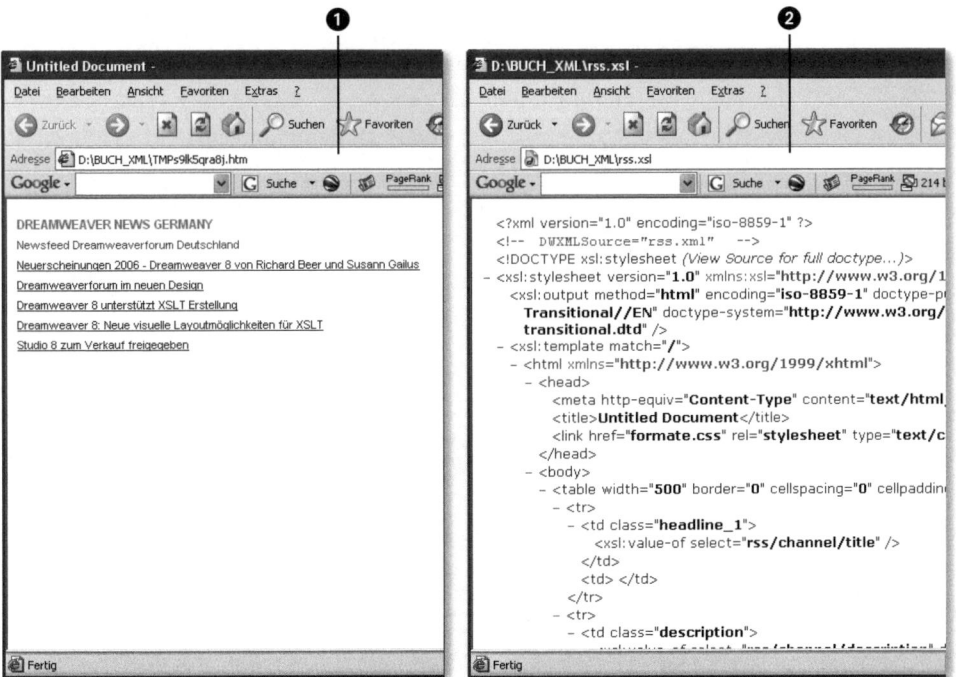

▲ **Abbildung 32.21**
Dreamweaver-Vorschau und »echtes« Dokument

In der XML-Datei – *nicht in der XSLT-Datei* – muss jetzt noch das XSLT-Dokument angehängt werden. Letztlich ist die XSLT-Datei ja sozusagen eine aufgebohrte Stilvorlage. Genauso wird diese auch in das XML-Dokument eingebunden.

Rufen Sie in Ihrer XML-Quelle aus dem Menü BEFEHLE • XSLT STYLESHEET ANHÄNGEN auf und tragen Sie das Dokument in der erscheinenden Dialogbox ein.

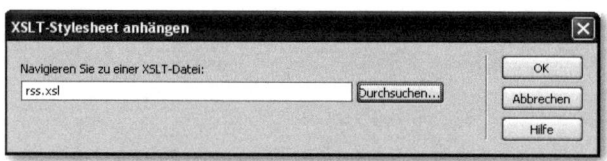

Abbildung 32.22 ►
XSLT an XML
anhängen

Im folgenden Listing sehen Sie, wie das XSLT-Dokument in die XML-Datei eingebunden wird. Diese Notwendigkeit, eine Referenz direkt in die XML-Quelle zu schreiben, zeigt auch, warum dieses Verfahren zum Einbinden externer RSS-Feeds nur geeignet ist, wenn Sie direkten Zugriff auf die Quelldateien haben.

Listing 32.11 ►
Einbindung der XSLT-Datei in ein XML-Dokument

```
<?xml version="1.0" encoding="iso-8859-1"?>
<?xml-stylesheet href="rss.xsl" type="text/xsl"?>
<!DOCTYPE rss PUBLIC "-//Netscape Communications//DTD
RSS 0.91//EN" "http://my.netscape.com/publish/
formats/rss-0.91.dtd">
<rss version="0.91">
```

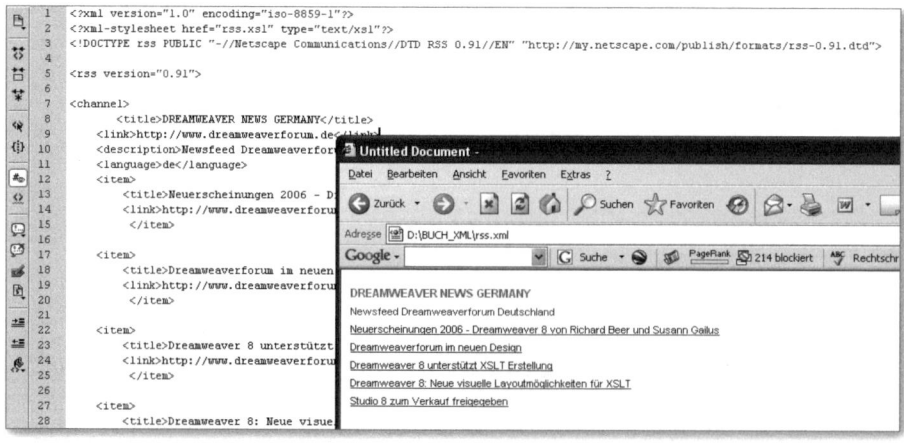

▲ **Abbildung 32.23**
Quellcode der XML-Datei und Browseransicht der XML-Datei

Um das fertige Dokument zu sehen, müssen Sie direkt das XML-Dokument aufrufen. Die XSLT-Datei wird nicht im Browser aufgerufen, sondern automatisch vom XML-Dokument angefordert.

32.5.5 Serverseitige XSLT-Transformation mit PHP

Die serverseitige Transformation ist etwas aufwändiger, hat aber den deutlichen Vorteil, dass sie ohne Zutun des Browsers erfolgt. Dem Client wird nur die fertig transformierte Datei übergeben. Zusätzlich können Sie auf diese Weise externe RSS-Feeds in Ihre Seiten einbinden, ohne die originale XML-Datei zu verändern. Für externe Nachrichten etc. ist dies also bestens geeignet.

Die Vorgehensweise gleicht zunächst derjenigen, die im Abschnitt über clientseitige XSLT-Transformation beschrieben wurde. Sie müssen jedoch dem XML- kein XSLT-Dokument zuweisen. Bedenken Sie, dass vorher die Site mit dem lokalen Testserver definiert werden muss.

Als nächsten Schritt müssen Sie zur Vorbereitung ein komplett leeres PHP-Dokument erstellen. Es muss also der gesamte Quelltext darin gelöscht werden.

Serververhalten XSL Transformation | In der Einfügeleiste (siehe Abbildung 32.24) finden Sie das Icon zum Anlegen des Serverhaltens XSL Transformation ❶. Wenn Sie darauf klicken, erscheint eine Dialogbox, in der Sie den Pfad zur XSLT-Datei angeben können. Wenn diese mit Dreamweaver erstellt wurde, wird der Pfad zur XML-Quelldatei auch korrekt eingetragen, da Dreamweaver diesen als Kommentar in der XSLT-Datei vermerkt.

In der Layoutansicht wird nun bereits die komplette Struktur des XSLT-Dokumentes sichtbar, und Sie können das Dokument auch in der Live Data-Ansicht betrachten. Layoutänderungen können Sie hier allerdings nicht vornehmen. Diese müssen in der XSLT-Datei erfolgen.

Ein Blick in den Quelltext verrät, dass auf eine externe Datei zugegriffen wird:

```
<?php
//XMLXSL Transformation class
require_once('includes/MM_XSLTransform/
MM_XSLTransform.class.php');
```

◀ **Listing 32.12**
Quelltext einer serverseitigen XSLT-Transformation

```
?>
<?php
$mm_xsl = new MM_XSLTransform();
$mm_xsl->setXML("rss.xml");
$mm_xsl->setXSL("rss.xsl");
echo $mm_xsl->Transform();
?>
```

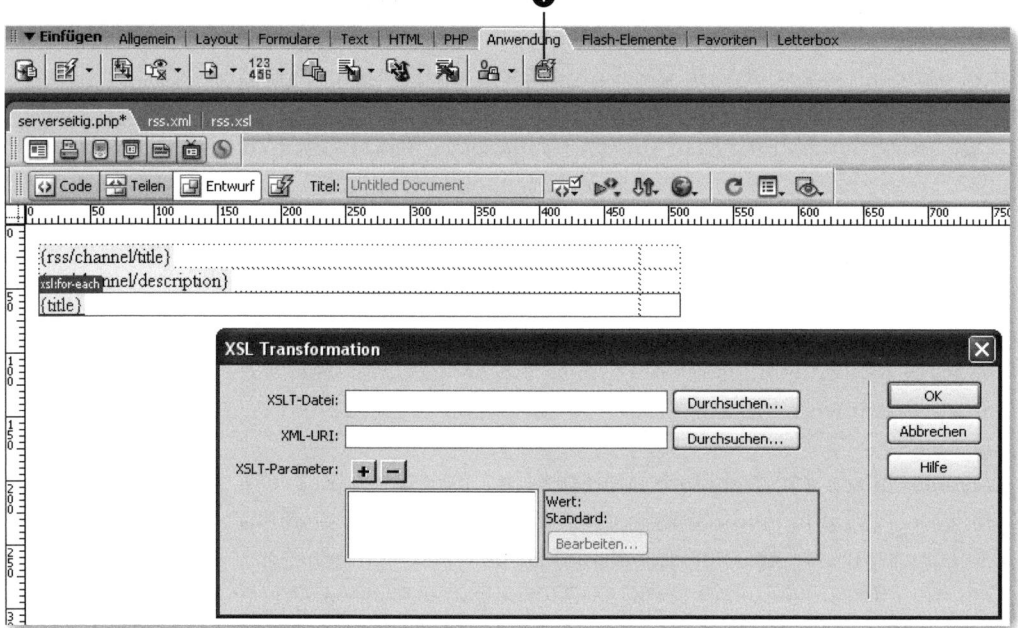

▲ **Abbildung 32.24**
Einfügen des Serververhaltens XSL TRANSFORMATION

Der Ordner MM_XSLTransformation/… ist ein versteckter Ordner.
Sie müssen ihn beim Bereitstellen der Site mit auf den Webserver kopieren. Schalten Sie dazu in der Siteansicht das Anzeigen versteckter
Dateien an. Wenn Sie die gesamte Site bereitstellen, wird der Ordner
automatisch auf den Server kopiert.

Fehlende Bibliotheken oder Klassen

Falls in einer Fehlermeldung auf Ihrem Server nach nicht vorhandenen
Bibliotheken oder Klassen gefragt wird, wenden Sie sich bitte an Ihren
Provider, so dass diese eventuell aktiviert werden.

33 Menüs für dynamische Verhalten

Im Folgenden nun eine Zusammenfassung der verschiedenen Möglichkeiten, Ihren Websites über die Einfügeleiste dynamische Verhalten zuzuweisen.

33.1 Dynamische Verhalten zuweisen

33.1.1 Datensatzgruppen

Durch einen Klick auf den Button DATENSATZGRUPPE erstellen Sie eine Datenbankabfrage nach von Ihnen vorzugebenden Parametern. Vor dem Einfügen einer Datensatzgruppe müssen Sie eine Verbindung zur Datenbank aufgebaut haben.

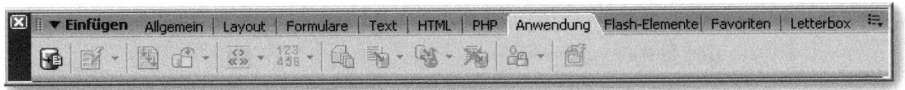

▲ **Abbildung 33.1**
Datensatzgruppen

Das Anlegen einer Datensatzgruppe ist die Grundlage für fast alle weiteren, nun folgenden Aktionen.

33.1.2 Dynamische Daten

Mithilfe der Einstellungen unter DYNAMISCHE DATEN verbinden Sie verschiedene Elemente des Dokumentes mit Inhalten aus der Datensatzgruppe.

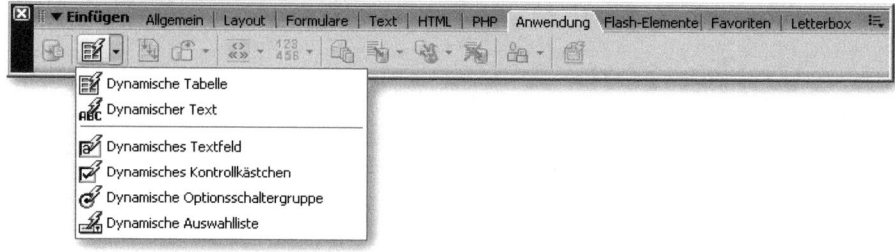

▲ **Abbildung 33.2**
Dynamische Daten

Die verschiedenen Einträge bewirken Folgendes:

▶ Der Eintrag DYNAMISCHE TABELLE fügt Ihrem Dokument eine Tabelle mit einem oder mehreren Datensätzen hinzu. Die Tabelle wird dabei automatisch erstellt. Welche Felder dargestellt werden, legen Sie bereits in der Datensatzgruppe fest; Sie können aber auch nachträglich einzelne Felder wieder aus der fertigen Tabelle entfernen.

▶ DYNAMISCHER TEXT fügt Ihrem Dokument einen Text aus einer Datenbankabfrage hinzu.

▶ DYNAMISCHES TEXTFELD hingegen verbindet ein vorher in das Dokument einzufügendes Formularelement TEXTFELD mit dem Inhalt eines Datensatzes.

▶ DYNAMISCHES KONTROLLKÄSTCHEN verbindet ein vorher in das Dokument einzufügendes Formularelement KONTROLLKÄSTCHEN mit dem Inhalt eines Datensatzes. Dabei ist zu bedenken, dass der Status eines Kontrollkästchens nur über eindeutige true/false-Inhalte festgelegt werden kann.

▶ DYNAMISCHE OPTIONSSCHALTERGRUPPE verbindet ein vorher in das Dokument einzufügendes Formularelement Optionsschaltergruppe mit den Inhalten eines Datensatzes. Dabei ist zu bedenken, dass der Status der Optionsschaltergruppe ebenfalls nur über eindeutige true/false-Inhalte festgelegt werden kann.

▶ DYNAMISCHE AUSWAHLLISTE verbindet ein vorher in das Dokument einzufügendes Formularelement Liste/Menü mit dem Inhalt einer Spalte aus einer Datensatzgruppe.

33.1.3 Wiederholter Bereich

Ein WIEDERHOLTER BEREICH definiert die zuvor im Dokument markierten dynamischen Elemente als eben solchen. Dieser Bereich wird gemäß Ihren Vorgaben, oder solange Datensätze vorhanden sind, wiederholt.

▲ **Abbildung 33.3**
Wiederholter Bereich

33.1.4 Bereich anzeigen
Die Einträge in diesem Menü erstellen eine Bedingung, um Elemente Ihres Dokumentes in Abhängigkeit von dem Inhalt eines Datensatzes anzuzeigen.

◄ **Abbildung 33.4**
Bereich anzeigen

▶ ANZEIGEN, WENN DATENSATZGRUPPE LEER IST: Der Bereich wird angezeigt, wenn eine ausgewählte Datensatzgruppe keinen Inhalt hat. Achten Sie darauf, dass ein leerer Inhalt auch ein Inhalt sein kann. Arbeiten Sie bei fehlerhaftem Verhalten mit NULL-Marken in der Datenbank.

▶ ANZEIGEN, WENN DATENSATZGRUPPE NICHT LEER IST: Der Bereich wird angezeigt, wenn eine ausgewählte Datensatzgruppe einen Inhalt hat.

▶ ANZEIGEN, WENN ERSTE SEITE: Diese Übersetzung oder Bezeichnung ist etwas unglücklich gewählt. Bei mehr Datensätzen als in einem Dokument ausgegeben werden können, zeigen Sie immer nur einen bestimmten Teilbereich der gesamten Datensätze an. Mit diesem Serververhalten legen Sie fest, dass der gewählte Bereich nur angezeigt wird, wenn die aktuell im Dokument angezeigten Datensätze die ersten (zum Beispiel die ersten fünf) enthaltenen Datensätze einer Abfrage sind.

- ANZEIGEN, WENN NICHT ERSTE SEITE: Das Gegenteil der soeben beschriebenen Aktion. Der ausgewählte Bereich wird angezeigt, wenn die dargestellten Datensätze nicht die ersten sind.
- ANZEIGEN, WENN LETZTE SEITE: Der Bereich wird angezeigt, wenn die Datensätze die letzten einer Datensatzabfrage sind.
- ANZEIGEN, WENN NICHT LETZTE SEITE: Der Bereich wird angezeigt, wenn die Datensätze nicht die letzten einer Datensatzabfrage sind.

33.1.5 Seitenerstellung für Datensatzgruppe

Mit diesen Serverhalten können Sie für die abgefragten Datensätze eine Navigation erstellen oder vorhandene Elemente als Navigation verwenden.

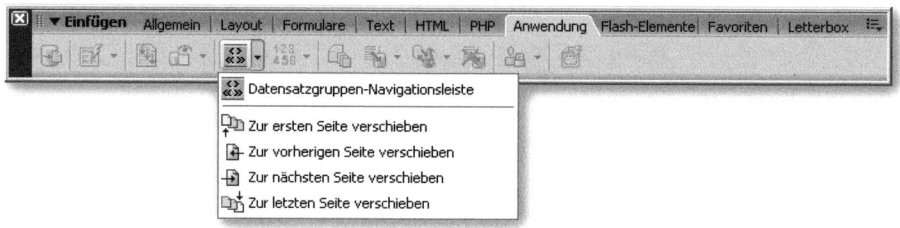

▲ **Abbildung 33.5**
Seitenerstellung für Datensatzgruppe

- DATENSATZGRUPPEN-NAVIGATIONSLEISTE: Erstellt in Ihrem Dokument eine komplette Datensatznavigationsleiste, die Sie gestalterisch an Ihre Anforderungen anpassen können.
- ZUR ERSTEN SEITE VERSCHIEBEN: Auch hier wieder eine sehr unglückliche Übersetzung. Dieses Serververhalten erstellt einen Link, mit dem Sie zu den ersten Datensätzen einer Abfrage navigieren können.
- ZUR VORHERIGEN SEITE VERSCHIEBEN: Dieses Serververhalten erstellt einen Link, mit dem Sie zu den vorherigen Datensätzen einer Abfrage navigieren können. Ein Beispiel: Sie zeigen in Ihrem Dokument aktuell die Datensätze 10 bis 15 an. Es werden gleichzeitig immer fünf Datensätze angezeigt. Das Verhalten fügt einen Link in Ihr Dokument ein, mit dem Sie zu den Datensätzen 5 bis 10 navigieren können.

- Zur nächsten Seite verschieben: Dieses Serververhalten erstellt einen Link, mit dem Sie zu den nächsten Datensätzen einer Abfrage navigieren können.
- Zur letzten Seite verschieben: Dieses Serververhalten erstellt einen Link, mit dem Sie zu den letzten Datensätzen einer Abfrage navigieren können.

33.1.6 Datensatzgruppen-Navigationsstatus

Dieses Serververhalten hilft Ihnen, auf der Website die Orientierung innerhalb der Datensätze zu behalten, indem es den Status der aktuell angezeigten Datensätze ausgibt.

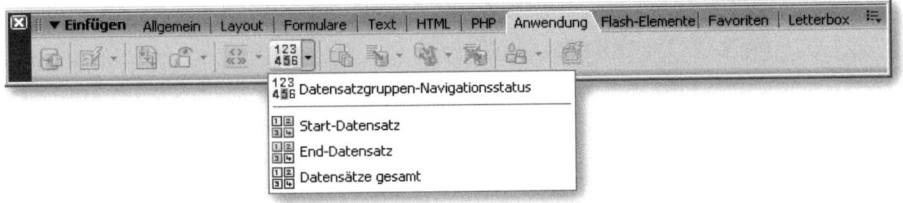

▲ **Abbildung 33.6**
Datensatzgruppen-Navigationsstatus

- Datensatzgruppen-Navigationsstatus zeigt einen kompletten Navigationsstatus an: Datensatz von X bis Y von Z
- Start-Datensatz zeigt an, welche Position der erste angezeigte Datensatz in den gesamten Datensätzen hat.
- End-Datensatz zeigt an, welche Position der letzte angezeigte Datensatz in den gesamten Datensätzen hat.
- Datensätze gesamt gibt die Gesamtzahl der vorhandenen Datensätze aus.

33.1.7 Master-Detaildatensatz

Dieses sehr umfangreiche Serververhalten legt zwei Dokumente automatisch an: Eine Übersichtsseite mit Datensätzen ist die Masterseite. In dieser Masterseite können Sie einen einzelnen Datensatz auswählen und in der ebenfalls automatisch erzeugten Detailseite komplett anzeigen lassen.

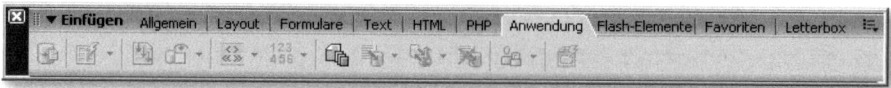

▲ **Abbildung 33.7**
Master-Detaildatensatz

Nach dem Erstellen dieser Seiten können Sie diese an Ihre gestalterischen Vorgaben anpassen. Diese Aktion eignet sich im Zusammenspiel mit einer Datensatznavigation hervorragend dazu, schnelle Datenbankabfragen zu generieren. In einem Layout ist es meistens einfacher, die Abfragen einzeln auszuführen als die von Dreamweaver 8 vorgegebenen Layouts anzupassen.

33.1.8 Datensatz einfügen

Diese Gruppe ermöglicht Ihnen das interaktive Erstellen von Einfügeformularen für Datensätze. Welche der beiden Methoden Sie verwenden, müssen Sie anhand Ihres Layouts entscheiden.

▶ ASSISTENT EINFÜGEFORMULAR FÜR DATENSÄTZE: Mit diesem Assistenten können Sie interaktiv ein komplettes Einfügeformular für Datensätze erstellen und anschließend das Layout des Formulares anpassen. Es müssen vorher keine Formulare oder Formularelemente erstellt werden. Dreamweaver 8 erledigt diesen Arbeitsschritt automatisch.

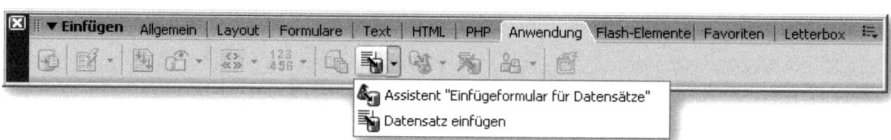

▲ **Abbildung 33.8**
Datensatz einfügen

▶ DATENSATZ EINFÜGEN: Im Gegensatz zum Assistenten müssen Sie hierfür zunächst ein Formular erstellen und die gewünschten Formularelemente einfügen.

33.1.9 Datensatz aktualisieren

Diese Gruppe ermöglicht Ihnen das interaktive Erstellen von Aktualisierungsformularen für Datensätze. Es gelten die gleichen Bedingungen wie beim Einfügeformular.

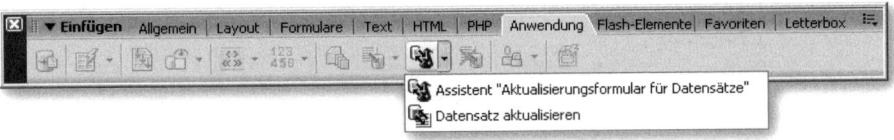

▲ **Abbildung 33.9**
Datensatz aktualisieren

▶ ASSISTENT AKTUALISIERUNGSFORMULAR FÜR DATENSÄTZE: Mit diesem Assistenten können Sie interaktiv ein komplettes Aktualisierungsformular für Datensätze erstellen und anschließend das Layout des Formulares anpassen. Es müssen vorher keine Formulare oder Formularelemente erstellt werden. Dreamweaver 8 erledigt diesen Arbeitsschritt automatisch.

▶ DATENSATZ AKTUALISIEREN: Im Gegensatz zum Assistenten müssen Sie hierfür zunächst ein Formular erstellen und die gewünschten Formularelemente einfügen.

33.1.10 Datensatz löschen

Mit dieser Aktion können Sie einzelne Datensätze löschen. Sie müssen vorher ein Dokument anlegen, um eine Auswahl der zu löschenden Datensätze zu treffen.

▲ **Abbildung 33.10**
Datensatz löschen

33.1.11 Benutzerauthentifizierung

Diese Gruppe ermöglicht Ihnen, Zugriffsrechte für Ihre Seiten zu vergeben, Benutzerformulare zur Anmeldung und zum Anlegen neuer User zu erstellen.

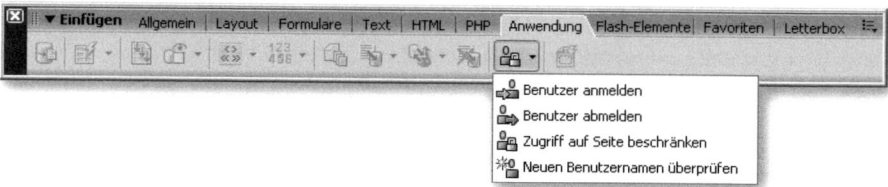

▲ **Abbildung 33.11**
Benutzerauthentifizierung

▶ BENUTZER ANMELDEN: Erstellt eine Anmeldeseite für Benutzer im aktuellen Dokument. Die Formularelemente und eine Tabelle in der Datenbank für die Benutzer müssen vorher angelegt werden.

▶ BENUTZER ABMELDEN: Erstellt einen Link zur Abmeldung eines Benutzers.

▶ ZUGRIFF AUF SEITE BESCHRÄNKEN: Fügt dem Dokument eine Überprüfung der Zugriffsrechte hinzu. Die Zugriffsrechte werden anhand von Bezeichnungen in der User-Datenbank überprüft.

▶ NEUEN BENUTZERNAMEN ÜBERPRÜFEN: Ermöglicht durch ein von Ihnen vorher angelegtes Formular die Überprüfung neuer Nutzer. Überprüft wird dabei nur, ob der Benutzername bereits vergeben wurde oder nicht.

33.1.12 XSL-Transformation

Mit diesem dynamischen Verhalten können Sie eine XSL-Transformation in ein leeres Dokument einfügen. Sie benötigen hierbei einen Zugriff auf die entsprechenden XML-Daten auf Ihrem oder einem fremden Server.

▲ **Abbildung 33.12**
XSL-Transformation

Inhalt der CD

Auf der beiliegenden CD finden Sie einiges an Material, das Ihnen die Arbeit mit diesem Buch und mit Dreamweaver 8, PHP und MySQL leichter macht. Die CD enthält sieben Ordner mit den folgenden Inhalten:

Arbeitsdateien

In diesem Ordner finden Sie die Navigations- und Strukturpläne der Website zum Buch:

▶ Navigationsplan.pdf

▶ Schema Administrationsseite.pdf

▶ Screenbemassungen.pdf

Dreamweaver Extensions

Hier finden Sie die beiden Dreamweaver-Extensions, die in dem Buch zum Einsatz kommen:

▶ MX16372_Letterbox.mxp ermöglicht Ihnen, ein zentrierendes Frameset zu erstellen.

▶ MX15768_AdditionalFramesets.mxp erweitert Dreamweaver 8 um einige wichtige Frameset-Varianten.

Grafiken Buchwebsite

In diesem Verzeichnis versteckt sich der Ordner »pics«, in dem die Bilder für die Buchwebsite enthalten sind. Kopieren Sie ihn einfach in den lokalen Stammordner Ihrer Übungswebsite.

Testversion

In diesem Ordner finden Sie die 30-Tage-Testversion von Dream-weaver 8 für Mac und PC. Klicken Sie einfach die entsprechende Datei doppelt und die Installationsassistenten leiten Sie durch den Setup-Prozess.

Tools

Folgende Werkzeuge für Windows erleichtern die Webdesign-Arbeit erheblich. Bitte beachten Sie die Freeware- und Shareware-Hinweise:

▶ **Calipers** ist ein lizenzfreies Freeware-Tool, um den Bildschirm zu vermessen. Durch eine nachgebildete Schieblehre können Sie beliebige Abmessungen am Screen in Pixel ermitteln.

▶ **Sizer** blendet am Bildschirm rechts unten ein Icon ein. Klicken Sie darauf, um ein geöffnetes Browserfenster auf eine vordefinierte Pixelgröße zu bringen. Sizer ist Freeware und kann ohne Lizenzgebühr benutzt werden.

Übungen

▶ **Bilddatenbank**: Hier finden Sie die Dateien aus Kapitel 27.4 »Bilder dynamisch einfügen«.

▶ **Datenbank mit ASP**: MySQL-Datenbanken können auch per ASP konnektiert werden. Die Beispieldateien aus Kapitel 25.3 »Konnektierung mit ASP VB Script« finden Sie hier.

▶ **Diagramme**: Hier finden Sie die Beispieldateien aus der Schritt-für-Schritt-Anleitung »Grafische Auswertung einer Datentabelle mit PHP« aus Kapitel 27.

▶ **Frameset**: In diesem Ordner finden Sie die erste Übung zum Aufbau eines Framesets aus Kapitel 9.2 »Ein Frameset anlegen«.

▶ **RSSfeeder**: In diesem Ordner befinden sich alle benötigten Dateien zum Einbinden eines RSS-Feeds (Kapitel 35.5.2 »RSS-Feed einbinden«).

▶ **Vorlagen**: In diesem Ordner finden Sie Vorlagen für die Arbeit mit dem Buch.

Webserver

Im diesem Verzeichnis steht Ihnen alles zur Verfügung, was Sie für das Aufsetzen des lokalen Testservers benötigen:

► **MySQL**: In diesem Verzeichnis finden Sie die im Buch verwendete Version 4.0.25 von MySQL sowie die neueste Version 5.0.15 (Stand: November 2005).

► **MySQL Tool**: Hier finden Sie den MySQL-ODBC Treiber und verschiedene grafische MySQL-Benutzeroberflächen für Windows.

► **php**: Wählen Sie hier die PHP-Version 4.4.1 oder 5.0.5 aus und installieren sie direkt aus diesem Verzeichnis auf Ihren Rechner.

► **phpMyAdmin**: PhpMyAdmin wird ebenfalls bei Betrieb mit dem IIS aus diesem Verzeichnis installiert.

► **xampp**: XAMPP ist der in diesem Buch verwendete Testserver. Um ihn zu installieren, kopieren Sie die Datei auf Ihren Desktop und starten Sie diese mit einem Doppelklick.

Website zum Buch

In diesem Verzeichnis finden Sie sämtliche Dateien der Buchwebsite und das folgende Beispielmaterial:

► **Arbeitsschritte dynamischer Teil**: Hier finden Sie zu jeder Schritt-für-Schritt-Anleitung aus dem dynamischen Teil des Buchs das jeweilige Zwischenergebnis der Buchwebsite.

► **Arbeitsschritte statischer Teil**: Hier finden Sie zu jeder Schritt-für-Schritt-Anleitung aus dem statischen Teil des Buchs das jeweilige Zwischenergebnis der Buchwebsite.

► **Dynamischer Teil**: In diesem Verzeichnis liegt die komplette fertig gestellte Website aus dem letzten Buchteil: So sieht die Buchwebsite aus, wenn sie dynamisch umgesetzt wird.

► **SQL**: Zum Aufbau der Buchwebsite benötigen Sie einen Datenbankdump. Hier finden Sie die SQL-Datei dazu. Importieren Sie diese einfach mit phpMyAdmin.

► **Statischer Teil**: Die fertig gestellte statische Buchwebsite finden Sie in diesem Ordner. Sie können sie als Basis nutzen, wenn Sie direkt mit den Übungen im dynamischen Teil beginnen möchten.

Index

Bibliografische Information der Deutschen Bibliothek
Die Deutsche Bibliothek verzeichnet diese Publikation in der Deutschen Na-
tionalbibliografie; detaillierte bibliografische Daten sind im Internet über
http://dnb.de abrufbar.

ISBN 3-89842-739-0
ISBN 13 978-3-89842-739-5

© Galileo Press GmbH, Bonn 2006
1. Auflage 2006, 1. Nachdruck 2006

Der Name Galileo Press geht auf den italienischen Mathematiker und Philo-
sophen Galileo Galilei (1564–1642) zurück. Er gilt als Gründungsfigur der neu-
zeitlichen Wissenschaft und wurde berühmt als Verfechter des modernen,
heliozentrischen Weltbilds. Legendär ist sein Ausspruch Eppur se muove
(Und sie bewegt sich doch). Das Emblem von Galileo Press ist der Jupiter,
umkreist von den vier Galileischen Monden. Galilei entdeckte die nach ihm
benannten Monde 1610.

Lektorat Katharina Geißler
Korrektorat Holger Schmidt, Bonn
Herstellung Steffi Ehrentraut
Cover Hannes Fuß, www.exclam.de
Satz G&U Technische Dokumentation GmbH, Flensburg
Gesetzt aus der Linotype Syntax mit Adobe FrameMaker 6.0
Druck Koninklijke Wöhrmann B.V., Zuthphen, NL

Hat Ihnen dieses Buch gefallen?
Hat das Buch einen hohen Nutzwert?

Wir informieren Sie gern über alle
Neuerscheinungen von Galileo Design.
Abonnieren Sie doch einfach unseren
monatlichen Newsletter:

www.galileodesign.de